[제3판]

SOCIAL WELFARE
LAW AND PRACTICE

사회복지법제와 실천

박석돈 유승창 이영희 이용환 이장희
이진용 정명희 정은아 정주석 한신애 공저

수양재

개정 제3판 머리말

'사회복지법제와 실천'초판이 출판된 지도 벌써 7년여의 세월이 흘렀다. 그동안 박근혜 정부의 탄핵정국을 거쳐 문재인 정부의 코로나 정국을 지나 윤석열 정부를 맞았으나 나라 정국은 여전히 혼란스럽기만 하다. 이러한 사회적 혼란은 교육 현장에도 크게 영향을 끼쳐 대학 강의의 비대면 수업으로 학생들의 수업료 반환운동이 일어나기도 했다. 그러다가 이제 겨우 정상적인 상태로 돌아오는가 싶었지만, 학생들은 이제 와서 비대면 시대가 오히려 좋았다는 아이러니를 보이기도 한다. 이러한 혼란기에 사회복지법제는 가소성(可塑性)이라는 사회법의 특성에 따라 외연(外延)은 자꾸만 확장되고 내포(內包) 또한 더욱 충실해져 가니 사회복지 실천현장에서 활동하는 사회복지사들은 그 내용을 잘 파악해서 Clients들에게 누가 되지 않도록 최선의 준비와 노력을 기울여야 할 것이다.

우리나라 사회복지사업법은 제2조에서 사회복지사업의 정의 및 범위를 규정하고 있다. 이에 따라 이번 개정 제3판에서는 사회복지사업법에서 사회복지사업으로 규정한 33개의 사회복지서비스 관련법과 사회부장기본법에 해당하는 2개 법, 그리고 사회보험에 관한 6개법을 포함, 모두 41개 법을 기본으로 하였다. 그것은 종전에 사회복지사업법으로 규정했던 '입양특례법'을 '국내입양에 관한 특례법'과 '국제입양에 관한 법률'로 분리함에 따라 법규의 수가 41개로 늘어났기 때문이다. 그 외에 사회복지사업법과 관련되는 '사회서비스 이용 및 이용권관리에 관한 법률'과 '사회복지사 등의 처우 및 지위향상을 위한 법률' 그리고 가족복지 관련법으로 '양육비이행확보 및 지원에 관한 법률'과 '아이돌봄지원법'을 추가하였다.

이렇게 사회복지법제는 날이 갈수록 양적으로나 질적으로 그 규모가 증폭되어 가고 학생들의 부담도 정신적으로나 물질적으로 커져만 가니 저자로서는 책의 부피를 줄이는 일이 무엇보다 긴요한 과제가 되어버렸다. 이에 요점파악을 쉽게 할 수 있도록 용어 정의와 편집에 많은 노력을 기울였다. 무엇보다 어려운 법이론은 최대한 생략하고 실천현장에서 쉽게 법을 적용할 수 있도록 소제목을 적극 활용하였다. 그리고 법이 수시로 개정됨에 따라 법의 연혁을 달아 이 책에서 기준으로 한 법률을 (최신)으로 표기하여 새로운 법개정이 있었음을 쉽게 파악할 수 있게 하였다.

전체적으로 10개 부로 구분하여 제1장 총론과 제1부 사회복지 일반은 사회복지사라면 누구나 기본적으로 이해하고 있어야 할 기초적인 법이론과 사회복지사업 전반에 걸친 법 내용을 다루었다. 특히 제1부 제3장 사회복지서비스 관련법은 법인이나 시설에서 총무직을 수행하는 직원이나 간부들이라면 꼭 파악하고 있어야 할 부분이다. 제2부 공공부조부터 제9부 교정복지까지는 해당 분야에 종사하는 사회복지사들이 주로 파악하고 있어야 할 부분이 되겠다. 제10부 사회보험 부분은 사회복지 일반에 대한 상식적인 부분으로 사회복지 현장에서 일하는 사람이라면 누구나 상당부분 파악하고 있어야 할 내용이다. 그러나 학생들은 '사회복지법제와 실천' 과목이 사회복지사 1급 국가시험의 필수과목이므로 교제 전체를 열심히 공부하여 모두가 좋은 성적을 얻기를 바란다.

2024년 8월 한여름 밤에
저자대표 박 석 돈

차 례

제2부 공공부조

제3부 아동 · 청소년복지

제4부 노인복지

제5부 장애인복지

제6부 가족복지

제7부 여성복지

제8부 정신질환자복지

제9부 교정(矯正)복지

제10부 사회보험

제1장

총 론

제 1 절 사회복지법제의 이념과 원리

Ⅰ. 법의 일반이념

법은 법의 가치, 법의 이념에 맞아야 한다. 사회복지에 관련된 법들은 법의 가치, 법의 이념에 맞으면서 동시에 사회복지의 가치와 이념에도 맞아야 한다. 라드부르흐(Gustav Radbruch, 1878-1949)에 의하면 법의 일반이념으로 정의, 합목적성(合目的性), 법적 안정성을 들고 있다. 법개념을 규정하기 위하여 법가치 즉, 법이념을 필요로 한다. 법이란 법이념의 실현을 위해서 존재한다.

① **정의**(正義): 정의의 본질은 같은 것은 같게, 다른 것은 다르게 취급하는 데 있다. 그런데 정의는 법개념의 방향을 제시할 뿐이지, '무엇이 같은 것이며 무엇이 다른 것인가'라는 법내용에 대한 지침을 제시해 주지는 않는다(丘秉朔, 1988: 32). 즉, 정의는 절대적 가치이긴 하나 같은 것은 같게, 다른 것은 다르게 취급하는 기준 및 내용을 확정하는 일은 어렵다. 따라서 그에 대한 지침과 구체적 방식에 대한 답을 주는 것은 법이념의 두 번째 요소인 합목적성이라고 하겠다.

② **합목적성**(合目的性): 합목적성이란 다른 말로 하면 타당성을 말한다. 라드부르흐에 의하면 정의의 내용은 법의 목적에 맞아야 하기 때문에 법의 목적에 따라 정해진다. 그러니 무엇이 법의 목적이고 합목적적이냐 하는 것은 분명하지가 않다. 법의 이념 중에서 정의는 법개념의 방향을 제시할 뿐이지, '무엇이 같은 것이며 무엇이 다른 것인가'를 제시하는 법내용에 대한 지침을 주지는 않을 뿐더러, 그것을 '어떻게 다르게 취급할 것인가'하는 구체적 내용을 제시하지 않고 있다. 이런 두 개의 문제에 대해 해답을 주는 것이 바로 법의 목적이므로, 합목적성이 법이념의 두 번째 요소가 된다.

정의가 일반화하는 경향이 있는 데 비해, 합목적성은 개별화하는 경향이 있다. 즉, 시대와 각 사회가 요구하는 것에 따라 달라질 수 있다는 것이다. 정의는 넓은 뜻에서 윤리적 가치와 결부된 법이념이고, 합목적성은 공리적(功利的) 가치와 맺어지는 법이념이라고 하겠다.

③ **법적 안정성**(安定性): 법이 공동생활의 질서인 이상, 의견의 대립을 넘어서서 단일한 법질서를 이룩해야 한다. 따라서 법은 사회질서의 안정성과 법 자체의 안정성을 요구한다. 즉, 질서를 유지하고 분쟁이 발생한 경우에 평화를 회복하거나 유지하는 데 법의 기능이 있다. 사회가 혼란에 빠지게 되면 법을 지키라고 말한다. 그래야 질서가 잡히고 평화가 온다는 뜻이다. 그러나 여기서 말하는 법적 안정성이란 법 자체의 안정성을 말한다. 법이 수시로 예고도 없이 바뀐다면 사회는 혼란에 빠질 것이다. 어제까지는 합법적인 행동이 오늘 갑자기 불법이 된다면 어떻겠는가? 따라서 여기에는 법내용의 명확성, 법 변경의 곤란성, 법의 실행성, 법의 적합성 등이 요구된다.

이렇게 볼 때 정의는 법의 외적 요소요, 합목적성과 법의 안정성은 법의 내적 요소라 할 수 있다(서울대학교 법학연구소, 1985: 48-51). 그러므로 사회복지법제는 이러한 법의 일반이념을 충족시켜야 한다. 동시에 사회복지법제는 사회복지의 이념과 가치를 추구한다. 이러한 사회복지법제는 근대 법체계 이론에 따르면 사회법(社會法) 체계에 속한다. 사회법은 사회정의의 실현과 사회적 위험이나 요보호상태로부터의 보호가 그 주된 기능이며 이러한 기능이 국가 책임하에 이루어진다는 데 특징이 있다.

Ⅱ. 사회복지의 기본이념

사회복지의 기본이념은 인간존엄성의 구현에 있다. 인간의 존엄성은 평등사상이 실현될 때 가능한 것이다. 이러한 사회적 평등의 이념은 궁극적으로 국가책임으로 이루어져야 한다. 따라서 사회복지의 기본이념은 인간존중사상, 평등사상, 국가책임사상으로 요약된다.

① **인간존중사상**: 사회복지가 지향하는 첫째 목표는 인간존엄성의 구현이므로 사회복지란 하나의 가치개념이라 할 수 있다(A. Forder, 1984: 14). 왓슨(Watson, 1985: 46)은 말하기를 "인간은 누구나 개인으로서 존중받아야 한다는 사상은 모든 인간에게 해당된다. 그것은 그 사람의 성취 여부에 관계없이, 비록 어떤 결함이 있는 사람이라 할지라도 인간인 한 존중받아야 한다."고 했다. 이와 같이 인간을 존중한다는 것은 사회복지에 있어서 가장 기본적인 원칙이다.

퍼네스와 틸튼(Furniss & Tilton, 1979: 28)은 복지국가의 기반을 이루고 그 매력의 구성요소가 되는 가치를 평등, 자유, 민주주의, 공동체의식(solidarity; 연대), 안정성(security), 경제적 효율성 등이라고 하였다. 이러한 것들은 결국 개인의 인간으로서의 가치와 존엄성이 본질적인 바탕이 된다.

인간존중사상에서 나온 인권사상은 17세기 이래 점차 확대되어 영국의 시민전쟁, 미국의 독립전쟁, 18세기 프랑스 대혁명 등을 통한 인권선언으로 이어졌다. 이러한 인권선언들에서는 인간은 인격자로서 대우받아야 하며 평등하게 취급받아야 하고 자유로워야 하며 인간다운 생활을 해야 한다고 하였다. 그러나 근세 이후에는 인간다운 최저생활을 영위할 수 없는 대량의 실직자가 있었고, 이들에게 인간의 존엄을 확보해 주기 위해서는 경제적인 생활여건의 부여가 절대적이었다. 여기에 자유주의에 대한 경제적 평등주의가 나타났고, 경제적 평등의 주장은 사회정의의 실현을 요청하게 되었다(金哲洙, 1989: 29).

② **평등사상:** 현대 복지국가의 기본이념은 사회적 평등에 기초하고 있다. 평등에는 교육을 받을 균등한 기회를 가질 권리, 법 앞에서의 평등, 인간으로서 동등하게 존중받을 권리, 정치적 · 경제적 혜택을 공평하게 받을 권리 등 다양한 내용들이 포함된다. 그러나 복지지상주의자들(social welfare statists)이 생각하는 평등원리의 핵심은 모든 사람이 풍요롭고 만족스러운 삶을 살 수 있는 다 같은 권리를 가지고 있다는 것이다. 이러한 평등의 개념은 기회의 균등을 말하는 자유주의의 이념에서 좀 더 발전한 것이다(N. Furniss & T. Tilton, 1979: 29).

오늘날 자유자본주의 사회의 가장 심각한 사회문제 중 하나가 바로 인간평등의 관념에 입각한 사회문제이다. 즉, 인간은 누구나 인간인 이상 살고자 하는 욕구를 인정하지 않으면 안 된다는 것, 즉 생활권을 인정해야 한다는 입장에서 출발하는 사회문제이다(飯島幡司, キリスト教 社會觀, 起基勳譯, 1973: 225). 이러한 사회문제는 개인주의적 자유주의를 바탕으로 한 자본주의 사회의 자체 모순에서 야기되는 것이다. 국가독점자본주의 시대에 나타난 빈곤의 일반화가 이 시대 사회문제의 특징이며, 이에 대한 새로운 사회적 대책으로서 등장한 것이 평등사상을 바탕으로 한 생활권사상이다(張壎, 1973: 354-355). 그래서 퍼네스와 틸튼은 전통적인 자유국가와 복지국가 형태를 구별 짓는 것은 여러 가지 가치들 중 평등이 가장 특징적인 것이라고 하였다(Furniss & Tilton, 1979: 29).

③ **국가책임사상**

㉮ **개인의 복지에 대한 사회적 책임:** 사회복지란 인간이 달성하고자 하는 이상과 목표에 대한 사회적 노력과 제도이다. 그리고 그 이상과 목표를 인간존엄성의 구현에 두고 있다. 인간존엄성의 구현은 평등을 전제로 하고 있으며 평등의 객관적 기준을 사회적 욕구라고 보고 이 욕구충족의 최종적 책임을 사회 또는 국가에 지우고 있다.

이러한 개념들의 합의점을 통해 사회복지를 정의한다면 "사회복지란 개인의 사회적 욕구를 사회 또는 국가가 최종적인 책임을 지고 이를 충족시키고자 하는 정책, 제도 및 실제"라고 할 수 있다.

사회복지에 대한 국가의 기본적 책임은 영국 엘리자베스 시대의 구빈법에 의해 처음으로 인정되었다. 스키드모어와 새커리(Skidmore & Thackeray, 1982: 199)는 사회복지의 근원을 영국의 1536년 구빈법에 두었다. 이 법은 빈민구제를 교회로부터 세속으로 이동하는 내용을 규정하였다. 1601년에 최초로 집대성한 구빈법에서는 빈민구제를 체계화하였고, 지역사회의 보호를 통해 공적 책임을 이행하도록 하는 제도를 확립하였다(Skidmore & Thackeray, 1982: 43-44).

㉯ **국민의 복지권적 기본권:** 국민의 복지에 대한 국가의 책임이 인정된다면 반사적으로 개인은 국가에 대해서 자신의 복지를 요구할 권리, 즉 복지권이 있다는 해석이 가능해진다. 이러한 복지권은 자연법 학자들에 의하면 다른 인권과 마찬가지로 천부적인 권리(natural rights)라는 것이다(Leiby, 1985: 325). 그러나 오늘날 많은 사회철학자나 정치철학자들은 침해될 수 없는 복지권이라는 이념에 대해서 반대하고 있다. 예컨대, 럭스(Lux)는 "복지국가가 베푸는 급부는 배분적 정의(distributive justice)라기보다 차라리 공익을 바탕으로 할 때 타당성이 있는 것이다. 정의 때문이 아니다."(Plant, Lesser, & Taylor-Gooby, 1980: 55)라고 했다. 그래서 국가의 복지시책을 자연법적인 정의의 측면에서 보기보다 실정법적인 권리의 측면에서 보아야 한다는 것이다.

실정법상 복지권을 인정한다면 복지시책에 대한 국가책임이 인정되고 다른 인권을 보장해 줄 책임이 국가에 있는 것과 마찬가지로 복지에 대한 국가책임도 인정될 것이다. 이러한 권리의 보장은 어떤 경우에도 민간이나 시장, 우연성(chance), 또는 개인의 자선에 맡겨져서는 안 된다는 것이다(Plant, Lesser, & Taylor-Gooby, 1980: 71). 따라서 자연법상의 정의로 보느냐 실정법상의 권리로 보느냐 하는 문제는 법철학상의 문제이지만 그 결과는 마찬가지이다.

㉰ **빈곤에 대한 사회적 책임:** 이와 같이 사회복지정책에서는 가난에 대한 일차적인 책임이 개인에게 있느냐 사회에 있느냐 하는 문제가 끊임없이 되풀이되면서 사회 안에 공존해 오고 있다. 그래서 시대와 상황에 따라 개인의 책임이 부각되기도 하고 때로는 사회의 책임이 강조되기도 한다. 사실 전적으로 어느 한쪽의 책임이라고 단정지을 만한 경우란 없는 것이다. 다만 어느 한쪽의 책임이 더 강조되고 덜 강조되는 경우가 있을 따름이다. 그것은 궁극적으로 시대와 사회 여건에 따라 정책적으로 결정하게

되는 선택의 문제이다. 그러나 오늘날 일반적인 추세가 복지국가라면 사회 또는 국가의 책임이 강조되는 측면에서 평가되는 것이다.

Ⅲ. 사회복지서비스의 원리

1. 법적 청구권으로서의 사회복지서비스

구빈제도는 역사적으로 볼 때 국가가 공공질서 유지라는 경찰행정의 관점에서 행해졌으나, 현대 복지국가에 있어서의 사회복지는 개인의 사회적 보호라는 인간존중, 인도주의의 관점에서 시행되고 있으므로 우선 그 본질에 있어서 커다란 성격변화를 가져왔다. 과거와 같은 구빈제도의 관점에서는 그 사회급여가 생존을 위한 최저수준에 머물 것이 당연시되었다(李相光, 1988: 264-271).

이러한 열등처우의 원칙(principle of less eligibility)은 1834년 영국의 신구빈법에 처음 나타난 원칙으로 '지역사회에서 최소의 임금을 받는 노동자보다 공공부조 대상자의 생활조건이 더 좋지 않을 것'(Friedland & Apte, 1980: 21)을 제시하였다. 이것은 오늘날 보조성의 원리로 발전해 왔다.

첫째, 보충성의 원리가 점차 완화되어 가고 있다. 국민기초생활보장법에 의한 보호는 보호대상자가 자신의 생활의 유지 · 향상을 위하여 그 자산과 근로능력 등을 활용하여 최대한 노력하는 것을 전제로 이를 보충 · 발전시키는 것을 원칙으로 하고 있다(小川政亮, 1985: 228-229). 그러나 인간다운 생활수준은 점점 높아지고, 자산조사를 통한 자산 및 근로능력의 활용요구수준은 점점 낮아지고 있다.

둘째, 욕구(needs)조사, 자산조사(means test)에 대한 정치적 반발이 심해졌다(荒木誠之, 1983: 179-180). 자산조사는 개인의 사적 영역을 침해할 뿐만 아니라 수급권자로 하여금 수치감과 불쾌감을 갖게 한다. 그러나 복지의 남용을 방지하고 복지 의존성을 탈피하게 하기 위해 부득이한 조치로 여겨져 왔다. 이러한 점을 감안하여 오늘날 자산조사의 요건은 완화해 가고, 요보호대상자의 인격을 손상시키지 않는 방법을 강구하기 위해 노력하고 있다.

셋째, 사회복지 급여수준의 향상이다. 경제발전은 그에 기여한 노동자, 사용자, 자본가에게만 혜택을 주었을 뿐 아니라 사회로부터 보호를 받아야 할 계층의 사람들에게도 혜택을 가져다주었다. 따라서 오늘날 산업 선진국에서 공공부조의 목표는 절대빈곤을 해결하는 데 있는 것이 아니라 그 나라의 사회 · 경제발전의 일반적 수준에 맞는 상대적 빈곤을 기준으로 최저생활 및 의료보장을 통한 인간다운 생활을 보장해 주는 데 있다. 그뿐만 아니라 공공부조의 수준

이 과거에는 행정주체의 편의재량(便宜裁量)[1]에 속하였으나,[2] 오늘날 서구사회에서는 인간다운 생활의 보장이 소송에 의하여 실현할 수 있는 국가에 대한 법적 청구권으로까지 이해되고 있다(李相光, 1988: 27-33).

2. 사회복지서비스의 적극적 원리

공공부조는 원래 개인의 생존에 필요한 최소한의 급여를 지급하는 것을 기본원리로 하고 있다. 따라서 그것은 소극적 원리였다. 그러나 국가경제가 발전함에 따라 이 원리는 소극적 목표에 의한 기준 자체가 향상됨은 물론 일반적 생활수준의 향상과 개인의 욕구에 적응하려는 시도, 그리고 교육이나 고용기회의 증대를 위한 시책 등 자활 또는 재활을 목표로 삼고 있다. 뿐만 아니라 인격의 계발 등까지 목표로 삼고 있어 적극적인 원리로 바뀌어 가고 있다. 이것은 마치 행정에서 과거의 소극적 경찰행정이 현대의 복지행정으로 바뀌어 가는 경향과도 맥을 같이 한다(李相光, 1988: 270).

3. 사회복지 전문서비스의 중요성

오늘날 사회적 문제는 경제적 빈곤문제뿐만 아니라 이로 인해 야기되는 여러 가지 사회부조정 및 부조화 문제가 더욱 심각하다. 이러한 문제들은 흔히 경제적 빈곤문제와는 관계없이 발생하기도 한다. 따라서 여기에는 상담 또는 사회복지의 전문적 서비스가 필요하다. 현대사회에 있어서 이와 같은 서비스급여의 중요성이 커진 결과 이러한 역할을 담당할 전문요원의 양성과 이러한 전문서비스의 제공을 위한 행정전달체계가 필요하다. 이와 같은 원리를 법제도에 도입하여 입법화한 것이 구체적으로 사회복지서비스에 관한 여러 법률인 것이다.

---

1) 행정 관청이 법을 적용할 때 무엇이 가장 행정 목적에 알맞은가를 판단하여 행하는 행정 관청의 재량을 말한다. 자유재량(自由裁量)이라고도 한다.

2) 李相光(1988). 사회법. pp. 163-164; p. 178, 일본의 朝日訴訟에서의 대법원 부가의견 참조.

제 2 절 사회복지법제의 성격

Ⅰ. 사회복지법규의 개념

사회복지법규의 개념은 사회복지와 법규라는 용어가 복합된 개념으로 파악해야 한다(桑原洋子, 1982: 1). 법규란 법률과 규칙을 말한다. 즉, 사회복지가 하나의 국가제도로서 법의 형태를 취하고 있는 것을 말한다. 법이 무엇이냐 하는 문제는 전문적으로 법학의 영역에서 다루어질 문제이겠으나 사회복지의 법규는 오늘날 사회복지가 국가와 국민 간의 권리와 의무의 관계로 등장하고 있음을 국가가 인정하고 또 사회복지를 구현하고자 하는 구체적인 사업들을 공익에 맞게 보호하고자 하는 뜻으로 국가가 이를 법의 형태로 제도화한 것을 말한다.

Ⅱ. 인간다운 생활을 할 권리

1. 헌법 제34조의 의의

사회복지법규의 법적 위치를 파악하기 위해서는 먼저 헌법의 규정을 살필 필요가 있다. 헌법 제34조 제1항은 "모든 국민은 인간다운 생활을 할 권리를 가진다."고 하여 국민의 기본권으로서의 생존권에 대한 이념적 기초를 제시하고 있다. 그러나 이 규정은 어디까지나 원칙적인 선언으로서, 이 말은 1919년 바이마르(Weimar) 공화국 헌법 제151조에서 처음 사용되었는데, 그 후 각국 헌법은 표현방법은 다르지만 대체로 이와 비슷한 규정을 두고 있다.

또 제2항은 "국가는 사회보장, 사회복지의 증진에 노력할 의무를 진다."고 규정하고 있는데, 이는 일반적으로 광의의 사회복지라고 할 때의 사회보장과 협의의 사회복지를 포함한다. 그러므로 여기서 사회복지라고 함은 협의의 사회복지를 지칭한다고 해석된다. 따라서 우리 헌법은 광의의 사회복지, 즉 사회보장과 협의의 사회복지를 포함해서 이를 국가의 의무로 규정하고 있다.

여기서 말하는 '사회보장'은 주로 소득보장을 말하는데, 그것은 국민의 생존 및 생활을 위협하는 각종 빈곤의 원인이 되는 사회적 사고(事故)에 대해 금품을 급여함으로써 그 경제적 · 사회적 생활을 유지시키는 것을 말한다. 그리고 '사회복지'는 공적인 사회복지, 즉 사회서비스 급여를 말한다. 어떠한 이유로든지 스스로 자립해서 최저생활을 영위해 나갈 수 없는 자 또는 그 가족이 필요로 하는 대인적인 각종 사회서비스를 가정에서나 시설에서 급여하는 것 등이다.

헌법 제34조 제5항은 "신체장애자, 질병, 노령, 기타의 사유로 생활능력이 없는 국민은 법률의 정하는 바에 의하여 국가의 보호를 받는다."고 하여 제2항의 사회보장 규정에도 불구하고 별도로 규정하였다. 이것은 사회보장으로서의 사회보험 및 공공부조라는 제도를 확충하기까지는 국가재정과 밀접한 관계를 가지고 있어 국가의 경제사정에 따라 그 시행 시기와 규모가 달라질 수 있기 때문에 제2항은 "국가가 사회보장 · 사회복지의 증진에 노력할 의무를 진다."고 규정하였다. 이에 비해 생활무능력자는 국가의 재정형편을 물을 것 없이 인간의 생존권 자체로서 가장 중요하고 제1차적인 권리로 보호해야 한다는 뜻으로 제2항에 대한 보다 구체적이고 더욱 강조된 규정으로 보아야 한다.

2. 사회복지법제의 가소성(可塑性)

사회복지법제는 현대산업사회의 시대 상황 속에서 생성된 법분야이다. 사회복지법제도 다른 법분야와 같이 하나의 규범체계를 이루고 있으나 그 규범체계의 정적(靜的) 성격과 안정성이 민법이나 형법 등 종래의 일반적 공법이나 사법 등과 다르게 느껴지는 것은 바로 움직이는 법으로서의 사회법의 특성 때문이다(金麗洙, 1962: 125). 즉, 법은 안정성이 있어야 하지만 사회복지법제는 이 안정성과 동시에 시대상황에 맞게 변화해 가야 한다는 뜻이다.

이것은 사회복지법제도 사회법의 한 영역인한 마찬가지인데, 이상광(1988: 27-33)은 그 특성을 법의 인식대상으로서 유동성, 기능상의 역동성, 합목적성의 세 가지를 들고 있다. 이를 사회복지법제에 맞추어 설명하면 다음과 같다.

1) **사회복지대상의 유동성(流動性):** 사회복지법제는 인식대상으로서 유동성을 갖는다. 사회복지의 지역성과 역사성으로 인해 사회복지는 그 개념과 범위가 국가와 시대에 따라 달라진다. 사회복지의 바탕을 이루는 사회적 · 문화적 · 경제적 · 정치적 기초는 지역과 국가에 따라 상이하므로 사회복지법제도 지역과 국가에 따라 상이한 내용으로 발전함은 당연한 귀결이다. 또 같은 지역, 같은 국가에 있어서도 사회복지법제는 그 바탕, 즉 사회적 · 문화적 · 경제적 · 정치적 기초가 역사적으로 변화함에 따라 그 내용도 변화하는 역사성을 가지고 있다. 그것은 사회복지법제도 하나의 규범으로서 다른 규범과 마찬가지로 어느 시대의 사상이 그 안에 침전되며 여건에 의한 피(被)규제성을 가지고 있기 때문이다. 이와 같은 유동성이 다른 어떤 법분야보다 강한 것은 우리 사회가 아직도 발전도상에 있기 때문이다.

   사회복지법제를 볼 때 사회복지를 광의로 파악하느냐 협의로 파악하느냐에 따라 그의 개념과 범위도 달라지며 비록 협의의 사회복지로 파악한다 하더라도 그 내용은 역시 제한된 범위 안에서 변동한다. 왜냐하면 오늘날 우리는 사회복지가 점차 더욱 확산되어 가는 사회에서 살고 있기 때문이다(Dolgoff & Feldstein, 1980: 93). 그것은 사회복지법제의 목적이 되는 '사회적 욕구나 요보호상태라든가 요보호대상자의 범위, 보호수준' 등이 사회변동에 따라 변하기 때문이다.

2) **사회복지 기능상의 역동성(力動性):** 사회복지법제는 기능상의 역동성을 갖는다. 사회복지법제의 궁극적인 목적인 '인간다운 생활의 보장'은 '건강하고 문화적인 최저생활의 보장'을 의미한다. 이 보장은 언제나 사회적 · 경제적 조건과의 관계 속에서 고려된다. 이들 보장의 구체적 내용은 그 기초가 되는 사회적 · 경제적 조건의 변동에 따라 함께 변동한다. 사회복지법제가 가지고 있는 이와 같은 기능의 역동성은 사회복지법제를 부단히 움직이게 하여 다른 어떤 법분야에서도 볼 수 없는 빈번한 법개정을 초래한다.[3)]

3) **서비스 수준과 방법의 합목적성(타당성):** 사회복지법제도 합목적성이 있어야 한다. 즉, 사회복지법제는 그 내용과 방법이 여러 가지 조건에 따라 변한다. 따라서 사회복지법제는 여러 가지 조건에 따라 타당성이 있어야 한다. 급여의 방법과 수준이 시대적 상황과 일반적 국민의 생활수준에 비례해서 향상되어야 한다. 또한 사회복지서비스 실천기술의 이론과 방법은 빠르게 변하는데 법제도가 이를 따라가지 못한다면 사회복지법은 타당성을 잃게 될 것이다.

3. 생활권에 대한 헌법규정의 법적 성격

헌법에 기초를 둔 생존권, 쾌적한 생활을 할 권리의 보장, 평등권 보장 등에 의해서 국민은 어떠한 이유든 불문하고 (건강하고 문화적인 최저한도의) 인간다운 생활을 위협받는 경우에는 헌법 제34조 제1항에 정한 바에 따라 여러 가지 시책에 의한 생존권 내지는 생활권을 보장받을 수가 있느냐 하는 문제에 대해서 우리나라에서는 학설이 갈린다. 일본의 경우 당연히 국민의 권리로 인정하고 있다(佐藤 進 · 右田紀久惠, 1982: 12).

1) **프로그램적 권리설:** 우리나라에서는 이 경우 '국민의 인간다운 생활을 할 권리'나 국가

---

3) 오스트리아 사회법을 예로 들면 1959년 발효 이후 1987년까지 44회의 법개정이 있었으며, 독일 · 영국 · 미국의 사회법도 이 점에 있어서는 예외가 아니다(이상광, 앞의 책, p. 30 각주 참조). 이것은 우리나라도 예외가 아니다. 사회복지사업법만 해도 1970년 1월 1일 제정 이래 지금(2019.01.15)까지 44차의 개정을 하였다. 또 사회복지사업법에서 사회복지사업으로 규정한 법이 최초에는 6개에 불과했으나 지금(2019)은 31개의 법으로 확대되었다.

의 '사회보장 · 사회복지의 증진에 노력할 의무'란 어디까지나 정치적 · 도덕적 의미의 규정이다. 즉, 국가가 국민에 대해서 개괄적으로 책무를 진다는 것이지, 이 헌법규정에 의해 개개 국민이 직접 국가에 대해서 구체적이고 현실적인 청구권을 갖는다는 것은 아니라는 학설이 있다. 다시 말해서 생존권, 즉 '인간다운 생활을 할 권리'란 구체적 · 현실적 권리이기는 하나 입법에 의하여 그 내용이 확정되는 불완전한 권리로, 하나의 프로그램적 기본권이라 하겠다. 따라서 이 헌법규정에 따라 직접 행정권과 사법권을 구속하지 아니하며, 입법의 방향만을 제시하고, 입법에 의하여 비로소 공권(公權)이 발생하는 규정이라는 주장이다.[4)]

2) **법적 권리설:** 이에 비해 헌법의 생존권을 법적 권리로 보는 학설이 있다. 즉, 국민의 생존권은 헌법상의 권리이며 국가의 입장에서는 의무이기 때문에 국민은 국가에 대하여 적극적으로 요구할 수 있고, 국가는 이에 대해 적극적으로 응할 의무가 있다는 것이다. 다만, 생존권이 헌법상 국민의 권리이긴 하지만, 그에 대한 입법은 강제할 수 없다는 것이다. 왜냐하면 생존권은 그 성질상 국가의 경제능력에 의존하지 않을 수 없기 때문이다. 그러나 생존권이 권리인 이상 만약 개개의 국민에 대한 국가의 구체적 행위가 국민의 건강하고 문화적인 최저한도의 생활을 침해하는 경우, 개개의 국민이 이 생존권을 근거로 법원에 그 행위의 배제를 주장할 수 있는 것은 당연하다. 이런 의미에서 생존권은 단순한 추상적 권리에 불과한 것이 아니라 구체적 권리로서의 측면도 가지고 있다고 보는 것이다(金哲洙, 1989: 461-462).

4) 헌법재판소의 판례도 이와 같은 입장을 취하고 있다. 즉, 헌법 제34조 제5항의 '신체장애자'에 대한 국가보호의무의 헌법적 의미에 관한 판결을 하면서 다음과 같은 취지를 밝혔다. ① 행정권력의 불행사에 대한 헌법소원은 공권력의 주체에게 헌법에서 유래하는 작위의무가 특별히 구체적으로 규정되어 있어 이에 따라 기본권의 주체가 행정행위를 청구할 수 있음에도 공권력의 주체가 그 의무를 해태(懈怠)하는 경우에 비로소 허용된다. ② 헌법은 제34조 제1항에서 모든 국민의 '인간다운 생활을 할 권리'를 사회적 기본권으로 규정하면서, 제2항 내지 제6항에서 특정한 사회적 약자와 관련하여 '인간다운 생활을 할 권리'의 내용을 다양한 국가의 의무를 통하여 구체화하고 있다. 「헌법」이 제34조에서 여자(제3항), 노인 · 청소년(제4항), 신체장애자(제5항) 등 특정 사회적 약자의 보호를 명시적으로 규정한 것은, '장애인과 같은 사회적 약자의 경우에는 개인 스스로가 자유행사의 실질적 조건을 갖추는 데 어려움이 많으므로 국가가 특히 이들에 대하여 자유를 실질적으로 행사할 수 있는 조건을 형성하고 유지해야 한다.'는 점을 강조하고자 하는 것이다. ③ 장애인의 복지를 향상해야 할 국가의 의무가 다른 다양한 국가과제에 대하여 최우선적인 배려를 요청할 수 없을 뿐 아니라 나아가 헌법의 규범으로부터는 '장애인을 위한 저상버스의 도입'과 같은 구체적인 국가의 행위의무를 도출할 수 없는 것이다. 국가에게 헌법 제34조에 의하여 장애인의 복지를 위하여 노력을 해야 할 의무가 있다는 것은, 장애인도 인간다운 생활을 누릴 수 있는 정의로운 사회질서를 형성해야 할 국가의 일반적인 의무를 뜻하는 것이지, 장애인을 위하여 저상버스를 도입해야 한다는 구체적 내용의 의무가 헌법으로부터 나오는 것은 아니다(헌법재판소 2002.12.18. 2002헌마52 전원재판부)(金哲洙, 1989: 461-462 참조).

제 3 절 사회복지법제의 법원(法源)

Ⅰ. 법원의 의의

법원(source of law)이라 함은 ① 법의 근원 또는 모법(母法)을 말할 때도 있고, ② 법의 인식근거 내지 존재형식을 뜻하기도 한다. 일반적으로 법의 인식근거 내지 존재형식으로서의 법원은 보통 법관이 재판의 근거로 삼기 위한 재판규범으로서 성문법과 불문법으로 구분한다. 성문법으로는 헌법 · 법률 · 조약(條約) · 명령 · 조례(條例) · 규칙이 있고, 불문법으로는 관습법 · 판례법 · 조리(條理) 등이 있다.

Ⅱ. 사회복지 관련법의 법원

사회복지 관련법의 법원이라 함은 사회복지사업의 급여내용과 방법 또는 급여를 제공하는 사회복지사업의 조직, 관리, 감독 등에 관한 내용이 법률에 의해서 어떠한 형식으로 나타나느냐 하는 것을 말한다. 사회복지사업에 관한 법은 모든 서비스가 포괄적으로 또 하나의 법에 정해져 있는 것이 아니다(佐藤 進 · 兒島美都子, 1979: 8). 이것은 헌법을 기초로 해서 사회복지사업법을 비롯한 각종 사회복지서비스의 분야별 법률 및 사회보험에 관한 법률 등 사회복지라는 용어가 사용되지 않았다 해도 그 내용상 사회복지에 관계되는 법률도 있다. 또 다른 명칭을 가진 법률의 일부 조항이 사회복지사업과 관계가 있는 법들도 있다.

1. 성문법(成文法)

1) **헌법(憲法):** 헌법(constitutional law)은 국가와 국민 간의 권리 · 의무에 관한 기본법이다. 오늘날 사회복지급여가 복지국가행정, 사회국가행정을 표방하고 있고 국가나 지방자치단체의 국민에 대한 의무로서, 특히 행정에 의해서 서비스가 행해지는 시대에, 그러한 의무를 규정해 놓은 헌법 관계조항의 전체 의미는 지극히 광범위하다(佐藤 進 · 兒島美都子, 1979: 9).

헌법 제34조(인간다운 생활을 할 권리)를 중심으로 한 헌법 제10조(행복추구권), 제11조(법률 앞에 평등권), 제31조(교육권), 제32조(노동권), 제33조(단결권 · 단체교섭권 · 단체행동권), 제35조(환경권), 제36조(혼인과 가정생활, 보건 등) 등은 현대사회를 살아가고 있는 인간의 권리로서의 생활보장에 대한 국가의 행정이라든가 재판을 위한 규범으로써 중요한 역할을 하고 있다.

이와 같이 오늘날 사회복지를 국민의 권리라는 입장에서 볼 때 헌법이 매우 중요한 위치를 갖게 된다(林迪廣 · 久塚純一, 1982: 9). 헌법은 그 자체로서 국가의 복지이념을 선언할 뿐 아니라 사회복지관계 법규들의 존립근거로서의 의미를 가지고 있다.

2) **법률(法律):** 법률(law)은 국회에서 제정된다. 사회복지에 관한 법률은 사회복지사업법을 비롯해서 사회복지사업법 제2조 제1항에 규정된 법률이 일차적으로 대상이 된다. 사회복지사가 사회복지법제를 공부하는 목적은 일차적으로 법규정을 통해 클라이언트를 돕기 위한 것이다. 따라서 사회복지법을 공부하려 한다면 이러한 모든 법의 영역을 대상으로 해야겠지만 사회복지사가 실천현장에서 클라이언트를 돕기 위해서는 일차적으로 사회복지사업법에서 규정한 법의 영역을 살펴보아야 할 것이다.

3) **명령(命令):** 명령(ordinance)이란 행정부에서 정하는 법을 말한다. 명령은 헌법에 근거를 가진 것으로 긴급명령, 긴급재정 · 경제명령, 대통령령(헌법 제75조), 총리령과 부령(헌법 제95조), 기타 등이 있다. 사회복지사업과 관련된 명령으로는 주로 대통령령과 부령이 해당된다. 대통령령은 일반적으로 시행령(施行令; enforcement ordinance)이라 하고, 부령은 시행규칙(施行規則; enforcement regulations)이라 한다. 사회복지사업법 시행령 또는 사회복지사업법 시행규칙과 같은 것이다.

시행령은 법률에 의해서 위임된 내용을 규정하고, 시행규칙은 법률 또는 시행령이 위임한 내용을 규정한다. 따라서 하위법(下位法)은 상위법과 상충되는 내용을 규정할 수 없다.

4) **자치법규:** 자치법규란 지방자치단체의 기관이 지방자치에 관하여 정하는 법규를 말한다. 자치법규에는 지방의회가 정하는 조례와 지방자치단체의 장(집행기관)이 정하는 규칙이 있다.

5) **국제법규와 조약:** 헌법 제6조 제1항에 "헌법에 의하여 체결 · 공포된 조약과 일반적으로 승인된 국제법규는 국내법과 동일한 효력을 갖는다."라고 규정하고 있다. 따라서 국제법규 중 사회복지에 관련된 규정이 있으면 그것은 사회복지사업의 법원이 된다. 우리나라가 UN 회원국이 됨으로써 지켜야 할 국제법규와 조약 중 사회복지와 관련된 것으로는 사회보장에 관한 국제협약[5], 사회복지에 관한 국제협약[6], 그밖에 외국과 맺은 사회

5) ① UN세계인권선언 ② 사회보장헌장 ③ 국제 사회복지조약 등

6) ① 아동의 권리에 관한 제네바 선언 ② 노인권리선언(The Declaration of Old Age Rights) ③ 아동의 권리선언 ④ 장애인 권리선언 및 지적장애인 권리선언 ⑤ 아동의 권리에 관한 국제협약(United Nations Convention on the Rights of the Child, UNCRC; UN아동권리협약) ⑥ 고령화 관련 국제행동계획과 노인을 위한 UN원칙(International Plan of Action on Ageing and United Nations Principles for Older Persons) 등.

보장협정[7] 등이 있다.

2. 불문법(不文法)[8]

1) **관습법:** 관습이란 관행에 의하여 발생하는 사회생활의 규범을 말한다. 관습법(customary law)이란 관습이 재판에 의하여 채택될 때 비로소 관습법이 된다. 재판의 근거로 채택되기 전에는 단순히 관습으로만 남게 된다. 사회복지에 관해서는 우리나라의 경우 그 역사가 매우 짧아서 재판의 근거가 될 만한 관습이 아직은 없다고 보아야 할 것이다.

2) **판례법:** 판례법(judge-made law)이란 판례의 형태로 존재하는 법을 말한다. 형사재판에서는 죄형법정주의에 의해서 법에 없으면 무죄이지만 민사재판 등 다른 재판에서 성문법도 없고 관습법 또는 관습도 없을 경우에는 선판례 또는 상급심의 판례를 살피게 된다. 이럴 경우에 재판의 근거로 채택되는 판례는 판례법이 된다. 재판의 근거로 채택되기 전까지는 단순히 판례로만 남게 된다.

3) **조리:** 조리(條理)는 건전한 이성과 양심을 말한다. 조리가 법원(法源)이 되는 것은 성문법규도 없고 관습 또는 판례도 없을 경우에 법관은 자신의 양심과 이성에 따라 재판을 해야 한다. 이럴 경우에 조리가 법원이 될 수 있다. 예컨대, 솔로몬의 명판결[9]과 같은 경우이다.

---

7) 사회보장협정은 국제화·세계화 시대에 인적교류가 활발해짐에 따라 근로자들의 사회보험료 이중부담을 덜어 주기 위해 국가 간에 체결하는 조약이다. 내용은 주로 해외에 단기간 파견된 근로자들의 사회보험료 이중부담을 해소하고, 두 나라에서 연금에 가입한 기간을 합산함으로써 양국의 국민들에게 급여수급권의 혜택을 주고자 하는 것이다. 이중부담 면제와 가입기간 합산을 모두 협약하는 경우도 있고 두 가지 중에서 어느 하나만 협약하는 경우도 있다. 2014년 현재 우리나라와 협정을 맺은 국가는 33개국(가서명 3개국 포함)에 이른다.

8) 성문법에 상대되는 개념으로, 판례법, 관습법, 조리 등과 같이 일정한 절차에 따라 제정된 법 이외의 법을 말한다. 일반적으로 문서의 형식을 갖추지 않고 있어 불문법이라 한다.

9) 아이 하나를 두고 두 여인이 서로 자기 아이라고 주장한다. 이때 솔로몬 왕은 톱을 가져와 아이를 둘로 나누어 각각 반씩 나누어 여인에게 주라고 명한다. 이때 한 여인은 찬성하고 다른 여인은 울면서 그 아이를 산채로 저 여인에게 주라고 한다. 이 광경을 보고 솔로몬 왕은 아이를 포기한 여인이 진짜 아이의 어머니라고 판정한다(열왕기 상권 3/17-27).

제 4 절 사회복지법제의 범위

사회복지법제를 공부하기 위해서는 우선 사회복지법의 범위를 규명하는 일이 중요하다. 왜냐하면 이 세상에는 법이 너무 많아서 이것을 다 공부한다는 것은 불가능한 일일 뿐만 아니라 그럴 필요도 없기 때문이다. 그렇다면 법이란 무엇인가? 법이란 규범(規範)이다. 규범(norm)이란 어떤 일정한 가치와 목적에 도달하기 위하여 마땅히 따라야 할 규준(規準)을 말한다. 따라서 사회복지법이라 함은 사회복지의 가치와 이념을 달성하기 위한 규범이라 할 수 있다. 이렇게 볼 때 일차적으로 사회복지사업법이 사회복지사업으로 규정한 법들과 비록 사회복지사업법에서 사회복지사업으로 규정하지 않았다고 해도 그 법이 가지고 있는 내용으로 보아 사회복지사업으로 볼 수 있는 법들을 사회복지 관련법으로 보아야 할 것이다.

Ⅰ. 팽창해 가는 사회복지법제의 범위

오늘날 사회복지의 개념은 점차 광의의 사회복지 개념으로 이행 · 확산되어 가고 있으나 법제에서는 협의의 사회복지 개념을 채택하고 있다. 그러나 인간의 needs가 점차 다양해지고 광범위한 분야로 확산되어 감에 따라 국가의 사회복지정책 분야도 빠르게 확산되고 있다. 따라서 사회서비스 관계법도 더욱 다양해지고 있다. 이미 사회복지사업법이 규정하는 사회복지사업의 범위로 법이 제정(1970년)될 당시 5개의 법에서 현재(2019년) 31개의 법으로 확대된 것만 보아도 알 수 있다. 또 비록 사회복지사업법이 사회복지 관련법으로 규정하지 않았으나 법의 내용으로 보아 사회복지적인 성격을 가지고 있는 법들이 수없이 생겨나고 있다.

Ⅱ. 종류나열방식의 사회복지법제의 범위

우리나라 사회복지사업법은 종류를 나열하는 방식으로 사회복지사업의 종류와 범위를 규정하고 있다. 때로는 사회의 변화에 미처 법의 개정이 따라가지 못해서 국민들의 사회복지욕구를 적절히 충족시키지 못하는 면이 있다. 그래서 국민의 욕구가 있을 때마다 필요한 법을 제정할 것이 아니라 미리 life stage나 life cycle에 따라서 예상되는 총합적인 needs를 충족시킬 만한 보편적인 법을 제정하는 방법도 고려해 볼 수 있다(佐藤 進 · 右田紀久惠, 1982: 13-14). 그러나 법의 명확성이라는 측면에서는 나열방식이 유리하다. 현실적으로 수많은 법령 중에서 어떤 법을 사회서비스에 관련된 법이라 할 것인지는 관심의 목적에 따라 달라질 것이다. 이 책에서는 사회복지사들이 클라이언트들의 욕구와 문제를 정확히 파악하고 적절한 도움을 주기 위한 목적의 범위 안에서 살피려 하는 것이다. 따라서 전문적인 법이론이나 소송 등에 관련된 부분은 가급적 제외하였다.[10)]

10) 오늘날 복지국가에서는 국민의 복지가 많은 부분에서 국가수준에서 이루어질 뿐만 아니라 민간의 사회복지사업도 국가에 의해 지원도 받고 지도·감독도 받고 있다. 따라서 이러한 문제에 관련된 법 지식이 없으면 사회복지사업을 원활히 수행할 수 없다. 또한 클라이언트(clients)들이 안고 있는 법적 문제와 욕구를 정확히 파악하고 적절한 도움을 주기 위해서는 관련된 법 지식이 필수적이다. 사회복지사들이 법을 공부하는 목적은 이런 수준의 법 지식을 얻기 위한 것이지 법률가가 되기 위한 것이 아니다. 따라서 사회복지사가 되기 위해서 공부하는 법의 범위 또한 이 목적에 적합한 수준이면 충분할 것이다.

제1부

사회복지일반

제2장 사회보장관련법

- 사회보장기본법
- 사회보장급여의 이용 · 제공 및 수급권자 발굴에 관한 법률

제3장 사회복지서비스관련법

- 사회복지사업법
- 사회서비스 이용 및 이용권 관리에 관한 법률
- 사회복지법인 및 사회복지시설 재무 · 회계 규칙
- 사회복지공동모금회법
- 사회복지사 등의 처우 및 지위향상을 위한 법률

제2장

사회보장관련법

1963.11.05. 법률 제1437호 사회보장에 관한 법률 제정
1995.12.30. 법률 제5134호 '사회보장에 관한 법률' 폐지, '사회보장기본법' 제정
2012.01.26. 법률 제11238호 제5차 전부개정
2021.06.08. 법률 제18215호 제16차 일부개정, 2021.12.09. 시행(현행)

제1절 총 칙

1. 법의 목적	• 국민의 복지증진
2. 법의 목표 (법 제1조)	• 사회보장정책의 수립 · 추진 • 관련 제도에 관한 기본적인 사항을 규정
3. 기본이념 (법 제2조)	• 모든 국민이 다양한 사회적 위험으로부터 벗어나 • 행복하고 인간다운 생활을 향유할 수 있도록 자립을 지원하며, • 사회참여 · 자아실현에 필요한 제도와 여건을 조성하여 • 사회통합과 행복한 복지사회를 실현하는 것
4. 용어의 정의 (법 제3조)	① **사회보장:** 출산, 양육, 실업, 노령, 장애, 질병, 빈곤 및 사망 등의 사회적 위험으로부터 모든 국민을 보호하고 국민 삶의 질을 향상시키는 데 필요한 소득 · 서비스를 보장하는 사회보험, 공공부조, 사회서비스를 말한다(제1호). ② **사회보험:** 국민에게 발생하는 사회적 위험을 보험의 방식으로 대처함으로써 국민의 건강과 소득을 보장하는 제도를 말한다(제2호) ③ **공공부조(公共扶助):** 국가와 지방자치단체의 책임하에 생활유지능력이 없거나 생활이 어려운 국민의 최저생활을 보장하고 자립을 지원하는 제도를 말한다(제3호). ④ **'사회서비스'**[1]: 국가 · 지방자치단체 및 민간부문의 도움이 필요한 모든 국민에게 복지, 보건의료, 교육, 고용, 주거, 문화, 환경 등의 분야에서 인간다운 생활을 보장하고 상담, 재활, 돌봄, 정보의 제공, 관련 시설의 이용, 역량 개발, 사회참여 지원 등을 통하여 국민의 삶의 질이 향상되도록 지원하는 제도를 말한다(제4호). ⑤ **평생사회안전망:** 생애주기에 걸쳐 보편적으로 충족되어야 하는 기본욕구와 특정한 사회위험에 의하여 발생하는 특수욕구를 동시에 고려하여 소득 · 서비스를 보장하는 맞춤형 사회보장제도를 말한다(제5호). ⑥ **사회보장 행정데이터:** 국가, 지방자치단체, 공공기관 및 법인이 법령에 따라 생성 또는 취득하여 관리하고 있는 자료 또는 정보로서 사회보장 정책 수행에 필요한 자료 또는 정보를 말한다(제6호).

1) 구법에서 '사회복지서비스'라는 용어를 개정법은 '사회서비스'로 바꾸었다. 그러면서 서비스의 내용을 '상담 · 재활 · 직업소개 및 지도 · 사회복지시설이용 등'에서 '복지, 보건의료, 교육, 고용, 주거, 문화, 환경 등

5. 국가 · 지방 자치단체의 책임 (법 제5조)	① **인간다운 생활의 유지 · 증진 책임:** 국가와 지방자치단체는 모든 국민의 인간다운 생활을 유지 · 증진하는 책임을 가진다(제1항). ② **책임과 역할의 합리적 분담:** 국가와 지방자치단체는 사회보장에 관한 책임과 역할을 합리적으로 분담하여야 한다(제2항). ③ **국가 발전수준에 부응하는 제도 확립:** 국가와 지방자치단체는 국가 발전수준에 부응하고 사회환경의 변화에 선제적으로 대응하며 지속가능한 사회보장제도를 확립하고 매년 이에 필요한 재원을 조달하여야 한다(법 제5조 제3항). ④ **중장기 사회보장 재정추계:** 국가는 사회보장제도의 안정적인 운영을 위하여 중장기 사회보장 재정추계를 격년으로 실시하고 이를 공표하여야 한다(법 제5조 제4항). ⑤ **국민 등의 의견수렴:** 국가와 지방자치단체는 국민생활에 중대한 영향을 미치는 사회보장 계획 및 정책을 수립하려는 경우 공청회 및 정보통신망 등을 통하여 국민과 관계 전문가의 의견을 충분히 수렴하여야 한다(법 제40조).
6. 국가와 가정 · 지역과의 관계 (법 제6조)	① **건전한 가정 유지를 위한 노력:** 국가와 지방자치단체는 가정이 건전하게 유지되고 그 기능이 향상되도록 노력하여야 한다(제1항). ② **가정과 지역의 복지에 대한 국가의 보조성(補助性)**[2]: 국가와 지방자치단체는 사회보장제도를 시행할 때에 가정과 지역공동체의 자발적인 복지활동을 촉진하여야 한다(제2항).
7. 국민의 책임 (법 제7조)	① **자립 · 자활(自活)의 노력:** 모든 국민은 자신의 능력을 최대한 발휘하여 자립 · 자활(自活)할 수 있도록 노력하여야 한다(제1항). ② **이웃에 대한 관심:** 모든 국민은 경제적 · 사회적 · 문화적 · 정신적 · 신체적으로 보호가 필요하다고 인정되는 사람에게 지속적인 관심을 가지고 이들이 보다 나은 삶을 누릴 수 있는 사회환경 조성에 서로 협력하고 노력하여야 한다(제2항). ③ **국가 사회보장정책에 대한 협력:** 모든 국민은 관계 법령에서 정하는 바에 따라 사회보장급여에 필요한 비용의 부담, 정보의 제공 등 국가의 사회보장정책에 협력하여야 한다(제3항).
8. 외국인에 대한 상호주의 원칙 (법 제8조)	국내에 거주하는 외국인에게 사회보장제도를 적용할 때에는 상호주의의 원칙에 따르되, 관계 법령에서 정하는 바에 따른다.[3]

의 분야에서 인간다운 생활을 보장하고 상담, 재활, 돌봄, 정보의 제공, 관련 시설의 이용, 역량 개발, 사회참여 지원 등' 종래의 '관련 복지제도'의 내용까지 포함시켜 개념을 확대하였다. 따라서 사회서비스는 사회복지서비스보다 광의의 개념으로 사용한 것으로 볼 수 있다.

2) 베버리지는 유명한 그의 보고서(제1부 9항)에서 "사회보장은 반드시 국가와 개인의 협력으로 달성되어야 한다. 국가는 인센티브나 자립의 기회를 제공하는 것은 좋지만, 자립에 대한 책임감 등을 없애서는 안 된다. 국민최저선을 설정하는 데 있어 국가는 최소한의 것을 보장해 주고 그 이상의 것은 자발적으로 해결할 수 있도록 격려해야 한다."고 권고했다. 이것은 보조성의 원칙(principle of subsidiary)을 말하는 것이다. 이 원칙은 "개인의 창의와 노력으로 완수할 수 있는 것을 개인에게서 빼앗아 사회에 맡겨서는 안 된다."는 것이다. 즉, 모든 사회활동은 본질적으로 사회구성원을 돕는 것이므로 그 성원을 파괴하거나 흡수해서는 안 된다는 것이다(한국천주교중앙협의회, 2005: 155). 결국 개인의 인간다운 삶은 일차적으로 개인의 책임이라는 것이다. 이 '보조성의 원칙'이라는 용어는 비오 11세(1930.05.15.), 회칙 「사십주년」(Quadragesimo Anno) 35항에서 처음으로 사용하였다.

3) ILO(1962)는 다음과 같은 내용의 '사회보장에 있어서 내국인 및 비내국인의 균등처우에 관한 조약'을 체결

제 2 절 사회보장에 관한 국민의 권리

1. 사회보장수급권

모든 국민은 사회보장 관계 법령에서 정하는 바에 따라 사회보장급여를 받을 '사회보장수급권'을 가진다(법 제9조).

2. 사회보장급여의 수준

① **건강하고 문화적인 생활수준:** 국가와 지방자치단체는 모든 국민이 건강하고 문화적인 생활을 유지할 수 있도록 사회보장급여의 수준 향상을 위하여 노력하여야 한다(법 제10조 제1항).

② **최저생계비 및 최저임금의 공표:** 국가는 관계 법령에서 정하는 바에 따라 최저보장수준과 최저임금을 매년 공표하여야 한다(법 제10조 제2항).

③ **최저생계비와 최저임금을 고려한 급여수준:** 국가와 지방자치단체는 최저보장수준과 최저임금 등을 고려하여 사회보장급여의 수준을 결정하여야 한다(법 제10조 제3항).

하였다.

제2조 ① 각 가맹국은 다음에 드는 사회보장부문의 1 또는 2개 이상에 대해 본 조약의 의무를 수락할 수 있다. 다만, 해당 가맹국이 해당 부문에 대해 그 영역 내에서 자국민에게 실제 적용되는 법령을 가지고 있는 경우에 한한다. (a) 의료 (b) 질병급여 (c) 모성급여 (d) 폐질급여 (e) 노령급여 (f) 유족급여 (g) 업무상 상해급여 (h) 실업급여 (i) 가족급여

제3조 ① 가맹국은 영역 내에서 본 조약상 의무를 수락한 사회보장 부문에 관하여 다른 가맹국의 국민에게 균등한 처우를 하여야 한다.

제10조 ① 본 조약은 상호주의를 조건으로 하지 않으며 난민 및 무국적자에게 적용한다.

그러나 우리나라는 국민기초생활보장법을 외국인에게 적용하지 않는다. 다만, 이러한 조약에 따라 사회보험의 경우에 우리나라가 UN 및 OECD회원국이 되면서 호혜(상호)주의를 채택하여 상대방 국가에서 내·외국인 평등의 원칙을 적용하는 국민에게 대해서만 우리도 적용한다. 이러한 조처도 국제화·세계화 추세에 따라 국제적인 압력에 의해 소극적으로 취한 것이다. 즉, 예컨대 1995.5.1.~19.까지 제네바에서 열린 'UN 경제적·사회적·문화적 권리 위원회'는 한국이 외국인 노동자를 포함한 사회주변계층의 욕구를 충족할 만큼 복지제도를 신속하게 확대하도록 촉구했다.

아울러 극빈자, 무주택자, 정신적·육체적 질병의 희생자에 대해서도 특별한 관심이 필요하다고 권고를 했다. 위원회는 "한국은 급속한 경제 성장으로 경제·사회·문화권의 향유를 강화하기 위한 기초를 만들었고, 사회복지제도의 기본요소를 도입했다는 점은 인정하지만 사회적 권리에 대해서는 불충분한 조치만을 해 왔으며 따라서 사회주변계층에 대한 복지제도를 신속하게 확대해야 할 것"이라고 충고했다. 이 위원회의 권고는 법적 강제성은 없으나 매년 5월, 11월 총회에서 그 이행 여부를 검토한다.

3. 급여의 신청

① **신청급여의 원칙**[4]**:** 사회보장급여를 받으려는 사람은 관계 법령에서 정하는 바에 따라 국가나 지방자치단체에 신청하여야 한다. 다만, 관계 법령에서 따로 정하는 경우에는 국가나 지방자치단체가 신청을 대신할 수 있다(법 제11조 제1항).

② **신청기관의 상호연계:** 사회보장급여를 신청하는 사람이 다른 기관에 신청한 경우에는 그 기관은 지체 없이 이를 정당한 권한이 있는 기관에 이송하여야 한다. 이 경우 정당한 권한이 있는 기관에 이송된 날을 사회보장급여의 신청일로 본다(법 제11조 제2항).

4. 수급권의 보호

사회보장수급권은 관계 법령에서 정하는 바에 따라 다른 사람에게 양도하거나 담보로 제공할 수 없으며, 이를 압류할 수 없다(법 제12조).

5. 수급권의 제한

① **수급권의 제한 금지 원칙:** 사회보장수급권은 제한되거나 정지될 수 없다. 다만, 관계 법령에서 따로 정하고 있는 경우에는 그러하지 아니하다(법 제13조 제1항).

② **필요 최소한의 제한:** 사회보장수급권이 제한되거나 정지되는 경우에는 제한 또는 정지하는 목적에 필요한 최소한의 범위에 그쳐야 한다(법 제13조 제2항).

6. 사회보장수급권의 포기

① **서면에 의한 수급권 포기:** 사회보장수급권은 정당한 권한이 있는 기관에 서면으로 통지하여 포기할 수 있다(법 제14조 제1항).

② **수급권 포기의 취소:** 사회보장수급권의 포기는 취소할 수 있다(법 제14조 제2항).

---

4) 우리나라는 1991년부터 신청보호를 원칙으로 하고 직권보호를 예외로 하는 공공부조 대상자 선정방식을 바꾸었다. 신청보호를 정착시키기 위해서는 국민의 복지의식 수준 향상과 사회복지사의 확보가 선결과제이다. 물론 국민의 복지권이 인정되는 이상 국민 스스로 자기의 권리를 지켜야 하는 것이 원칙이다. 그러나 신청보호제도를 정착시키는 데는 제도에 대한 무지나 낙인에 대한 두려움으로 보호를 신청하지 않을 수 있다는 문제점이 있다. 그리고 신청자가 원칙적으로 자신의 곤궁에 대한 사실을 입증(立證)해야 할 책임을 져야 한다는 것이다. 만약 신청보호원칙을 강조하고 곤궁에 대한 입증책임을 신청자에게 요구한다면 신청자가 장애인 또는 무학력 등 입증능력이 없는 경우에는 해결책이 없게 된다. 따라서 우리나라는 직권보호방식을 병행하고 있다(국민기초생활보장법 제21조 제2항).

③ **수급권을 포기할 수 없는 경우:** 사회보장수급권을 포기하는 것이 다른 사람에게 피해를 주거나 사회보장에 관한 관계 법령에 위반되는 경우에는 사회보장수급권을 포기할 수 없다(법 제14조 제3항).

7. 불법행위에 대한 구상(求償)

제3자의 불법행위로 피해를 입은 국민이 그로 인하여 사회보장수급권을 가지게 된 경우 사회보장제도를 운영하는 자는 그 불법행위의 책임이 있는 자에 대하여 관계 법령에서 정하는 바에 따라 구상권(求償權)[5]을 행사할 수 있다(법 제15조).

8. 권리구제

위법 또는 부당한 처분을 받거나 필요한 처분을 받지 못함으로써 권리 또는 이익을 침해받은 국민은 행정심판을 청구하거나 행정소송을 제기하여 그 처분의 취소 또는 변경 등을 청구할 수 있다(법 제39조).

제 3 절 사회보장제도의 운영

1. 운영의 원칙

① **보편적용의 원칙:** 국가와 지방자치단체가 사회보장제도를 운영할 때에는 이 제도를 필요로 하는 모든 국민에게 적용하여야 한다(법 제25조 제1항).

② **급여수준과 비용 부담 형평성의 원칙:** 국가와 지방자치단체는 사회보장제도의 급여수준과 비용 부담 등에서 형평성을 유지하여야 한다(법 제25조 제2항).

③ **민주적 운영의 원칙:** 국가와 지방자치단체는 사회보장제도의 정책 결정 및 시행 과정에 공익의 대표자 및 이해관계인 등을 참여시켜 이를 민주적으로 결정하고 시행하여야 한다(법 제25조 제3항).

---

5) 구상권이란 타인에 갈음하여 채무를 변제한 사람이 그 타인에 대하여 가지는 상환청구권을 말한다. 여기서 제3자의 불법행위로 인해 사회보장수급권을 가지게 된 피해자는 동시에 가해자에 대한 손해배상청구권을 갖게 된다. 이때 피해자가 가해자에 대한 손해배상청구권을 행사하지 않고 국가에 대한 사회보장수급권을 행사하였다면 국가는 이 사람(피해자)이 가해자에 대해 갖게 되는 손해배상청구권을 대신 행사할 수 있다. 이것을 '구상권'이라 한다.

④ **연계성과 전문성의 원칙:** 국가와 지방자치단체가 사회보장제도를 운영할 때에는 국민의 다양한 복지 욕구를 효율적으로 충족시키기 위하여 연계성과 전문성을 높여야 한다(법 제25조 제4항).[6)]

⑤ **국가 · 지방자치단체 책임의 원칙:** 사회보험은 국가의 책임으로 시행하고, 공공부조와 사회서비스는 국가와 지방자치단체의 책임으로 시행하는 것을 원칙으로 한다. 다만, 국가와 지방자치단체의 재정 형편 등을 고려하여 이를 협의 · 조정할 수 있다(법 제25조 제5항).

2. 협의 및 조정

1) **사회보장제도 상호 간의 협의:** 국가와 지방자치단체는 사회보장제도를 신설하거나 변경할 경우 기존 제도와의 관계, 사회보장 전달체계와 재정 등에 미치는 영향 등을 사전에 충분히 검토하고 상호 협력하여 사회보장급여가 중복 또는 누락되지 아니하도록 하여야 한다(법 제26조 제1항).

2) **중앙과 지방 간의 협의:** 중앙행정기관의 장과 지방자치단체의 장은 사회보장제도를 신설하거나 변경할 경우 신설 또는 변경의 타당성, 기존 제도와의 관계, 사회보장 전달체계에 미치는 영향 및 운영방안 등에 대하여 대통령령으로 정하는 바에 따라 보건복지부장관과 협의하여야 한다(법 제26조 제2항).

3) **자료수집 · 조사 · 분석 등 업무의 위탁:** 중앙행정기관의 장과 지방자치단체의 장은 업무를 효율적으로 수행하기 위하여 필요하다고 인정하는 경우에는 관련 자료의 수집 · 조사 및 분석에 관한 업무를 ①정부출연연구기관, ②사회보장정보원, ③그 밖에 대통령령으로 정하는 전문기관 또는 단체에 위탁할 수 있다(법 제26조 제3항).

4) **중앙과 지방 간의 협의에 대한 위원회의 개입:** 협의가 이루어지지 아니할 경우 위원회가 이를 조정한다(법 제26조 제3항).

5) **사회보장 관련 공통 기준 마련:** 보건복지부장관은 사회보장급여 관련 업무에 공통적으로 적용되는 기준을 마련할 수 있다(법 제26조 제4항).

6) 사회보장기본법의 최초안(1995년 12월 보건복지위원장 제안)에는 제도 간 연계성이라고 했다. 그리고 "사회보장에 관련된 분야에는 전문인을 우선적으로 배치하여야 한다."고 하였다. 이것을 심의과정에서 하나의 문장으로 만들어 버렸다. 따라서 여기서 말하는 연계성은 '제도 간 연계성'으로, 전문성은 '전문인 배치'로 이해하여야 할 것이다.

3. 민간의 참여

1) **사회보장에 대한 민간참여의 유도:** 국가와 지방자치단체는 사회보장에 대한 민간부문의 참여를 유도할 수 있도록 정책을 개발 · 시행하고 그 여건을 조성하여야 한다(법 제27조 제1항).

2) **민간참여 유도 시책:** 국가와 지방자치단체는 사회보장에 대한 민간부문의 참여를 유도하기 위하여 다음의 사업이 포함된 시책을 수립 · 시행할 수 있다(법 제27조 제2항).
   ① 자원봉사, 기부 등 나눔의 활성화를 위한 각종 지원사업
   ② 사회보장정책의 시행에 있어 민간부문과의 상호 협력체계 구축을 위한 지원사업
   ③ 그 밖에 사회보장에 관련된 민간의 참여를 유도하는 데에 필요한 사업

3) **민간참여에 대한 비용지원:** 국가와 지방자치단체는 개인 · 법인 또는 단체가 사회보장에 참여하는 데에 드는 경비의 전부 또는 일부를 지원하거나 그 업무를 수행하기 위하여 필요한 지원을 할 수 있다(법 제27조 제3항).[7]

4. 비용의 부담

① **비용 부담의 조정:** 사회보장 비용의 부담은 각각의 사회보장제도의 목적에 따라 국가, 지방자치단체 및 민간부문 간에 합리적으로 조정되어야 한다(법 제28조 제1항).

② **사회보험비용의 부담:** 사회보험에 드는 비용은 사용자, 피용자(被傭者) 및 자영업자가 부담하는 것을 원칙으로 하되, 관계 법령에서 정하는 바에 따라 국가가 그 비용의 일부를 부담할 수 있다(법 제28조 제2항).

③ **공공부조 및 사회서비스에 대한 비용 부담:** 공공부조 및 관계 법령에서 정하는 일정 소득수준 이하의 국민에 대한 사회서비스에 드는 비용의 전부 또는 일부는 국가와 지방자치단체가 부담한다(법 제28조 제3항).

④ **사회서비스의 수익자 부담원칙:** 부담 능력이 있는 국민에 대한 사회서비스에 드는 비용은 그 수익자가 부담함을 원칙으로 하되, 관계 법령에서 정하는 바에 따라 국가와 지방자치단체가 그 비용의 일부를 부담할 수 있다(법 제28조 제4항).

---

7) 이 규정에 의하면 민간위탁은 예외로 할 수 있다는 뜻으로 이해된다. 그러나 현실은 민간위탁을 원칙으로 하고 대부분의 시설을 민간에 위탁 운영을 하고 있다. 물론 사회복지사업이 관료화되어서는 안 되지만 그렇다고 해서 어떤 경우에나 민간위탁이 최상은 아닐 수 있다. 민간위탁을 원칙으로 하기 때문에 생기는 부작용도 있다. 예컨대, 민간의 재정적 부담능력을 고려하지 않은 로비에 의한 민간위탁으로 인해 국민만 피해를 입는 경우가 있기 때문이다.

5. 사회보장 전달체계

① **지역적 · 기능적 균형:** 국가와 지방자치단체는 모든 국민이 쉽게 이용할 수 있고, 사회보장급여가 적시에 제공되도록 지역적 · 기능적으로 균형 잡힌 사회보장 전달체계를 구축하여야 한다(법 제29조 제1항).

② **운영에 필요한 조직, 예산 등 확보:** 국가와 지방자치단체는 사회보장 전달체계의 효율적 운영에 필요한 조직, 인력, 예산 등을 갖추어야 한다(법 제29조 제2항).

③ **공공부문과 민간부문의 연계:** 국가와 지방자치단체는 공공부문과 민간부문의 사회보장 전달체계가 효율적으로 연계되도록 노력하여야 한다(법 제29조 제3항).

6. 사회보장급여의 관리

1) **사회보장급여의 관리체계 구축:** 국가와 지방자치단체는 국민의 사회보장수급권의 보장 및 재정의 효율적 운용을 위하여 다음에 관한 사회보장급여의 관리체계를 구축 · 운영하여야 한다(법 제30조 제1항).

① 사회보장수급권자의 권리구제

② 사회보장급여의 사각지대 발굴

③ 사회보장급여의 부정 · 오류 관리

④ 사회보장급여의 과오지급액의 환수 등 관리

2) **사회서비스 품질관리 전담기구:** 보건복지부장관은 사회서비스의 품질기준 마련, 평가 및 개선 등의 업무를 수행하기 위하여 필요한 전담기구를 설치할 수 있다(법 제30조 제2항).

7. 전문인력의 양성

국가와 지방자치단체는 사회보장제도의 발전을 위하여 전문인력의 양성, 학술 조사 및 연구, 국제 교류의 증진 등에 노력하여야 한다(법 제31조).

8. 사회보장통계

① **사회보장통계의 작성 · 관리:** 국가와 지방자치단체는 효과적인 사회보장정책의 수립 · 시행을 위하여 사회보장에 관한 통계를 작성 · 관리하여야 한다(법 제32조 제1항).

② **관계기관장의 통계자료 제출:** 관계 중앙행정기관의 장과 지방자치단체의 장은 소관 사

회보장통계를 대통령령으로 정하는 바에 따라 보건복지부장관에게 제출하여야 한다(법 제32조 제2항).

③ **보건복지부장관의 종합:** 보건복지부장관은 제출된 사회보장통계를 종합하여 위원회에 제출하여야 한다(법 제32조 제3항).

9. 관계 행정기관 등의 협조

① **국가 등의 사회보장 관련 자료 요청:** 국가와 지방자치단체는 사회보장 관련 계획 및 정책의 수립 · 시행, 사회보장통계의 작성 등을 위하여 관련 공공기관, 법인, 단체 및 개인에게 자료 제출 등 필요한 협조를 요청할 수 있다(법 제41조 제1항).

② **행정기관장에 대한 협조요청:** 위원회는 사회보장에 관한 자료 제출 등 위원회 업무에 필요한 경우 관계 행정기관의 장에게 협조를 요청할 수 있다(법 제41조 제2항). 협조요청을 받은 자는 정당한 사유가 없으면 이에 따라야 한다(법 제41조 제3항).

10. 정보의 공개

국가와 지방자치단체는 사회보장제도에 관하여 국민이 필요한 정보를 관계 법령에서 정하는 바에 따라 공개하고, 이를 홍보하여야 한다(법 제33조).

11. 사회보장에 관한 설명

국가와 지방자치단체는 사회보장 관계 법령에서 규정한 권리나 의무를 해당 국민에게 설명하도록 노력하여야 한다(법 제34조).

12. 사회보장에 관한 상담

국가와 지방자치단체는 사회보장 관계 법령에서 정하는 바에 따라 사회보장에 관한 상담에 응하여야 한다(법 제35조).

13. 사회보장에 관한 통지

국가와 지방자치단체는 사회보장 관계 법령에서 정하는 바에 따라 사회보장에 관한 사항을 해당 국민에게 알려야 한다(법 제36조).

제4절 사회보장급여의 이용 · 제공 및 수급권자 발굴

2014.12.30. 법률 제12935호 사회보장급여의 이용 · 제공 및 수급권자 발굴에 관한 법률 제정
2024.07.24 법률 제20097호 제284차 일부개정, 2024.01.23. 시행(최신)

1. 총 칙

1) 사회보장의 기본원칙

① **신청급여의 원칙:** 사회보장급여가 필요한 사람은 누구든지 자신의 의사에 따라 사회보장급여를 신청할 수 있으며, 보장기관[8]은 이에 필요한 안내와 상담 등의 지원을 충분히 제공하여야 한다(법 제4조 제1항).

② **수급 누락자 해소 노력:** 보장기관은 지원이 필요한 국민이 급여대상에서 누락되지 아니하도록 지원대상자를 적극 발굴하여 이들이 필요로 하는 사회보장급여를 적절하게 제공받을 수 있도록 노력하여야 한다(법 제4조 제2항).

③ **생애주기별 적정급여:** 보장기관은 국민의 다양한 복지욕구를 충족시키고 생애주기별 필요에 맞는 사회보장급여가 공정 · 투명 · 적정하게 제공될 수 있도록 노력하여야 한다(법 제4조 제3항).

④ **민관서비스의 연계:** 보장기관은 사회보장급여와 사회복지법인, 사회복지시설 등 사회보장 관련 민간 법인 · 단체 · 시설이 제공하는 복지혜택 또는 서비스를 효과적으로 연계하여 제공할 수 있도록 노력하여야 한다(법 제4조 제4항).

⑤ **편리한 접근성:** 보장기관은 국민이 사회보장급여를 편리하게 이용할 수 있도록 사회보장 정책 및 관련 제도를 수립 · 시행하기 위하여 노력하여야 한다(법 제4조 제5항).

⑥ **사회보장 수준의 지역 간 균형:** 보장기관은 지역의 사회보장수준이 균등하게 실현될 수 있도록 노력하여야 한다(법 제4조 제6항).

2) 비밀유지의무: 다음의 업무에 종사하거나 종사하였던 사람은 직무상 알게 된 비밀을 다른 사람에게 누설하거나 직무상 목적 외의 용도로 이용하여서는 아니 된다(법 제49조).[9]

① 신청, 조사, 결정, 확인조사, 환수 등 급여의 제공 및 관리 등에 관한 업무

② 사회보장정보의 처리 등에 관한 업무

3) 사회보장급여의 압류 금지: 사회보장급여로 지급된 금품과 이를 받을 권리는 압류하

8) "보장기관"이란 사회보장급여를 제공하는 국가기관과 지방자치단체를 말한다(법 제2조 제5호).
9) 이 규정을 위반한 사람은 5년 이하의 징역 또는 5천만원 이하의 벌금에 처한다(법 제54조 제2항 제1호).

지 못한다(법 제50조).

2. 사회보장급여의 신청

1) **신청자:** 지원대상자와 그 친족, 후견인, 청소년상담사 · 청소년지도사, 지원대상자를 사실상 보호하고 있는 자(관련 기관 및 단체의 장 포함) 등 사회보장급여 신청권자는 지원대상자의 주소지 관할 보장기관에 사회보장급여[10]를 신청할 수 있다. 다만, 중앙행정기관의 장이 지원대상자의 이용 편의, 사회보장급여의 제공 유형 등을 고려하여 필요하다고 결정한 사회보장급여의 경우에는 지원대상자의 주소지 관할이 아닌 보장기관에도 신청할 수 있다(법 제5조 제1항).
2) **업무담당자의 직권신청:** 보장기관의 업무담당자는 지원대상자가 누락되지 아니하도록 하기 위하여 관할 지역에 거주하는 지원대상자에 대한 사회보장급여의 제공을 직권으로 신청할 수 있다. 이 경우 지원대상자의 동의를 받아야 하며, 동의를 받은 경우에는 지원대상자가 신청한 것으로 본다(법 제5조 제2항).
3) **심신미약자 등에 대한 특례:** 보장기관의 업무담당자는 지원대상자가 심신미약 또는 심신상실 등 대통령령으로 정하는 경우에 해당하면 지원대상자의 동의 없이 직권으로 사회보장급여의 제공을 신청할 수 있다. 이 경우 보장기관의 업무담당자는 직권 신청한 사실을 보장기관의 장에게 지체 없이 보고하여야 한다(법 제5조 제3항).
4) **시설 · 기관 등의 신청지원:** 보장기관의 장이 지정한 법인 · 단체 · 시설 · 기관 등은 사회보장급여 신청권자의 요청에 따라 신청을 지원할 수 있다(법 제5조 제4항).
5) **보장기관 업무 담당자의 고지사항:** 보장기관의 업무담당자는 신청 시 신청인 또는 지원대상자에 대하여 조사의 목적, 조사 정보의 범위 및 이용방법, 신고의무, 정보의 보유기간 및 파기 등의 사항을 고지하여야 한다(법 제5조 제5항).

3. 신청에 따른 조사

1) **사회보장 요구의 조사:** 보장기관의 장은 사회보장급여의 신청을 받으면 *지원대상자의 사회보장 요구와 관련된 사항, *지원대상자의 건강상태, 가구 구성 등 생활 실태에 관한 사항, *그 밖에 지원대상자에게 필요하다고 인정되는 사회보장급여에 관한 사항을 조사하여야 한다(법 제6조).

10) "사회보장급여"란 보장기관이 제공하는 현금, 현물, 서비스 및 그 이용권을 말한다(법 제2조 제1호).

2) 수급자격의 조사

(1) **당사자와 부양의무자에 대한 조사**: 보장기관의 장은 사회보장급여의 신청을 받으면 지원대상자와 그 부양의무자(배우자와 1촌의 직계혈족 및 그 배우자)에 대하여 사회보장급여의 수급자격 확인을 위하여 ①인적사항 및 가족관계 확인에 관한 사항, ②소득 · 재산 · 근로능력 및 취업상태에 관한 사항, ③사회보장급여 수급이력에 관한 사항, ④그 밖에 수급권자를 선정하기 위하여 보장기관의 장이 필요하다고 인정하는 사항에 해당하는 자료 또는 정보를 제공받아 조사하고 처리할 수 있다. 다만, 부양의무자에 대한 조사가 필요하지 아니하거나 그 밖에 대통령령으로 정하는 사유에 해당하는 경우는 제외한다(법 제7조 제1항).[11]

(2) **관련자에 대한 자료제출의 요구**: 보장기관의 장은 필요한 자료의 확보가 곤란한 경우 신청인 또는 지원대상자와 그 부양의무자에게 필요한 자료의 제출을 요구할 수 있다(법 제7조 제2항).

(3) **방문조사**: 보장기관의 업무담당자는 수급자격 사항을 확인하기 위하여 필요한 경우 그 권한을 표시하는 증표 및 조사기간, 조사범위, 조사담당자, 관계 법령 등 보건복지부령으로 정하는 사항이 기재된 서류를 제시하고 거주지 및 사실 확인에 필요한 관련 장소를 방문할 수 있다(법 제7조 제3항).

(4) **전산정보의 이용**: 보장기관의 장이 조사를 실시하기 위하여 주민등록전산정보 · 가족관계등록전산정보, 금융 · 국세 · 지방세, 토지 · 건물 · 건강보험 · 국민연금 · 고용보험 · 산업재해보상보험 · 출입국 · 병무 · 보훈급여 · 교정 등 대통령령으로 정하는 관련 전산망 또는 자료를 이용하고자 하는 경우에는 관계 중앙행정기관, 법원행정처, 지방자치단체, 관련 기관 및 단체, 법인 · 시설 등에 협조를 요청할 수 있다. 이 경우 자료의 제출을 요청받은 기관 및 단체, 법인 · 시설 등은 정당한 사유가 없으면 이에 따라야 한다(법 제7조 제4항). 〈개정 2020.12.29.〉

(5) **지원대상자에게 의견진술기회 제공**: 보장기관의 장은 조사 과정에서 지원대상자에게 의견을 진술할 기회를 제공하여야 한다(법 제7조 제5항).

(6) **조사방해자에 대한 제재**: 보장기관은 신청인 또는 지원대상자와 그 부양의무자가 조사를 방해 또는 기피하거나 자료 제출 요구를 두 번 이상 거부하는 경우에는 해당 사회보장급여의 신청을 각하할 수 있다(법 제7조 제6항).

11) 조사범위를 초과하여 개인정보를 수집한 자에게는 5천만원 이하의 과태료를 부과한다(법 제55조 제1항 제1호).

3) 금융정보등의 제공

(1) **금융정보 조사에 대한 동의:** 중앙행정기관의 장 또는 지방자치단체의 장은 지원대상자와 그 부양의무자에 대하여 금융정보 · 신용정보 · 보험정보 등에 대한 조사가 필요한 경우 자료 또는 정보의 제공에 대하여 동의한다는 서면을 받아야 한다(법 제8조 제1항). 보건복지부장관은 지원대상자와 그 부양의무자가 제출한 동의 서면을 전자적 형태로 바꾼 문서에 의하여 금융기관등의 장에게 "금융정보등"의 제공을 요청할 수 있다(법 제8조 제2항).

(2) **금융정보 제공 사실의 명의인 통보:** 금융정보등을 제공한 금융기관등의 장은 금융정보등의 제공 사실을 명의인에게 통보하여야 한다. 다만, 명의인이 동의한 경우에는 통보하지 아니할 수 있다(법 제8조 제5항).

4. 사회보장급여의 결정

1) **급여의 제공여부 및 급여 유형 결정:** 보장기관의 장이 조사를 실시한 경우에는 사회보장급여의 제공 여부 및 제공 유형을 결정하되, 제공하고자 하는 사회보장급여는 지원대상자가 현재 제공받고 있는 사회보장급여와 보장내용이 중복되도록 하여서는 아니 된다(법 제9조 제1항).

2) **주변인의 의견청취:** 보장기관의 장은 사회보장급여의 제공 결정에 필요한 경우 지원대상자와 그 친족, 그 밖에 관계인의 의견을 들을 수 있다(법 제9조 제2항).

3) **결정사항의 통보:** 보장기관의 장은 결정된 사회보장급여의 제공 여부와 그 유형 및 변경사항 신고의무 등을 서면(신청인의 동의에 의한 전자문서 포함)으로 신청인에게 통지하여야 하며, 필요한 경우 구두 등의 방법을 병행할 수 있다(법 제9조 제3항).

4) **기준이하 소득자에 대한 조사일부 생략:** 보장기관의 장이 사회보장급여의 제공 여부 및 제공 유형을 결정할 때 제공받은 자료 · 정보의 전부 또는 일부를 통해 평가한 지원대상자와 그 부양의무자의 소득 · 재산 수준이 보건복지부장관이 정하는 기준 이하인 경우에는 소득 · 재산 관련 조사의 일부를 생략하고 사회보장급여의 지급을 결정할 수 있다(법 제9조 제4항).

5. 지원대상자의 발굴

1) **위기가구의 발굴:** 보장기관의 장은 누락된 지원대상자가 적절한 사회보장급여를 제공받을 수 있도록 지원이 필요한 "위기가구"를 발굴하기 위하여 노력하여야 한다(제9조의2

제1항). 보장기관의 장은 발굴한 위기가구의 구성원이 필요로 하는 적절한 사회보장급여를 제공받을 수 있도록 지원하여야 한다(제9조의2 제2항).

2) **자료 또는 정보의 제공과 홍보:** 보장기관의 장은 지원대상자를 발굴하기 위하여 ①사회보장급여의 내용 및 제공 규모 ②수급자가 되기 위한 요건과 절차 ③그 밖에 사회보장급여 수급을 위하여 필요한 정보에 대한 자료 또는 정보의 제공과 홍보에 노력하여야 한다(법 제10조).

3) **정보공유 등의 협조 요청:** 보장기관의 장은 관할 지역에 거주하는 지원대상자를 발굴하기 위하여 다음에 해당하는 관계 기관 · 법인 · 단체 · 시설의 장에게 소관 업무의 수행과 관련하여 취득한 정보의 공유, 지원대상자의 거주지 등 현장조사 시 소속 직원의 동행 등 필요한 사항에 대한 협조를 요청할 수 있다. 이 경우 관계 기관 · 법인 · 단체 · 시설의 장은 정당한 사유가 없으면 이에 따라야 한다(법 제11조).

① 사회복지법인 및 사회복지시설
② 국민연금공단
③ 국민건강보험공단
④ 보건소
⑤ 각급 학교
⑥ 경찰서
⑦ 소방대
⑧ 공공주택사업자와 그 관리주체
⑨ 공동주택관리정보시스템을 위탁 받아 운영하는 자
⑩ 그 밖에 대통령령으로 정하는 기관 · 법인 · 단체 · 시설

4) **자료 또는 정보의 처리:** 보건복지부장관은 보장기관이 업무를 효율적으로 수행할 수 있도록 지원하기 위하여 "사회보장정보시스템"을 통하여 다음의 자료 또는 정보를 처리할 수 있다(법 제12조 제1항).

① 단전, 단수, 단가스 가구정보(가구정보는 주민등록전산정보 · 가족관계등록전산정보 포함) ② 초 · 중등학교 생활기록 정보 중 담당교원이 위기상황에 처하여 있다고 판단한 학생의 가구정보 ③ 국민건강보험료를 3개월 이상 체납한 사람의 가구정보 ④ 「국민기초생활보장법」 또는 「긴급복지지원법」에 따른 신청 또는 지원 중 탈락가구의 가구정보 ⑤ 사회복지시설의 장이 입소 탈락자나 퇴소자 중 위기상황에 처하여 있다고 판단한 사람의 가구정보 ⑥ 종합신용정보집중기관과 개별신용정보집중기관이 보유하고 있는 개인신용정보 중 보건복지부장관이 위기상황에 처하여 있다고 판단한 사람의 대통령령으로 정하는 기준에 해당하는 연체정보(대출금 · 신용카드대금 · 통신요금 등)로서 금융위원회 위원장과 협의하여 정하는 개인신용정보 ⑦ 공공주택사업자가 보유하고 있는 정보로서 임대료를 3개월 이상 체납한 임차인의 가구정보 ⑧ 공동주택 관리주체가 보유하고 있는 정보로서

관리비를 3개월 이상 체납한 입주자의 가구정보 ⑨ 그 밖에 지원대상자의 발굴을 위하여 필요한 정보로서 대통령령으로 정하는 정보

5) **발굴조사의 실시 및 실태점검:** 보장기관의 장은 지원대상자에 대한 발굴조사를 분기마다 정기적으로 실시하여야 한다. 다만, 「긴급복지지원법」에 따라 발굴조사를 실시한 경우에는 그러하지 아니하다(제12조의2 제1항). 보건복지부장관은 지원대상자 발굴체계의 운영 실태를 매년 정기적으로 점검하고 개선방안을 마련하여야 한다(제12조의2 제2항).

6) **지원대상자 신고의무:** 누구든지 출산, 양육, 실업, 노령, 장애, 질병, 빈곤 및 사망 등의 사회적 위험으로 인하여 사회보장급여를 필요로 하는 지원대상자를 발견하였을 때에는 보장기관에 알려야 한다(법 제13조 제1항).

7) **민관협력:** 보장기관과 관계 기관 · 법인 · 단체 · 시설은 지역사회 내 사회보장이 필요한 지원대상자를 발굴하고, 가정과 지역공동체의 자발적인 협조가 이루어질 수 있도록 노력하여야 한다(법 제14조 제1항).

6. 수급권자의 지원

1) 지원계획의 수립 및 시행

(1) 지원계획의 수립: 보장기관의 장은 사회보장급여의 제공을 결정한 때에는 필요한 경우 *사회보장급여의 유형 · 방법 · 수량 및 제공기간, *사회보장급여를 제공할 기관 및 단체, *동일한 수급권자에 대하여 사회보장급여를 제공할 보장기관 또는 관계 기관 · 법인 · 단체 · 시설이 둘 이상인 경우 상호 간 연계방법, *사회보장 관련 민간 법인 · 단체 · 시설이 제공하는 복지혜택과 연계가 필요한 경우 그 연계방법 등의 사항이 포함된 수급권자별 사회보장급여 "지원계획"을 수립하여야 한다. 이 경우 수급권자 또는 그 친족이나 그 밖의 관계인의 의견을 고려하여야 한다(법 제15조 제1항).

(2) 지원결과의 평가 및 반영: 보장기관의 장은 지원계획에 따라 사회보장급여가 제공될 수 있도록 노력하여야 하며, 필요한 경우 사회보장급여 제공결과를 정기적으로 평가하고 그 결과에 따라 지원계획을 변경할 수 있다(법 제15조 제2항).

(3) 정보시스템을 통한 수급자격 확인: 보장기관의 장은 수급권자의 지원계획 수립 · 변경 시 사회보장정보시스템을 통하여 수급자격을 확인할 수 있다(법 제15조 제3항).

(4) 정보의 공유: 보장기관의 장은 지원계획의 실행을 위하여 필요하다고 판단되는 최소한의 정보를 관계 보장기관과 공유할 수 있으며, 필요한 경우 수급권자의 동의를 받아 대

통령령으로 정하는 법인 · 단체 · 시설과 공유할 수 있다(법 제15조 제4항).

(5) **지원계획수립 교육, 컨설팅 등의 위탁**: 보장기관의 장은 지원계획 수립 · 이행 등의 전문성 향상을 지원하기 위하여 교육, 컨설팅 등 필요한 업무를 공공기관 등 관계 기관에 위탁할 수 있다(법 제15조 제5항).

2) 수급권자 등에 대한 상담 · 안내, 의뢰

(1) **수급권자 등에 대한 안내**: 보장기관의 업무담당자는 "수급권자 등"이 필요한 사회보장급여를 편리하게 이용할 수 있도록 사회보장급여의 명칭, 수급권자의 선정기준, 보장내용 및 신청방법 등에 관한 사항을 상담하고 안내하여야 하며, 이를 위하여 사회보장정보시스템에서 지원하는 정보를 최대한 활용하여야 한다(법 제16조 제1항).

(2) **적절한 서비스기관 중계(中繼)**: 보장기관의 업무담당자는 수급권자 등이 필요로 하는 사회보장급여의 이용이 다른 보장기관의 권한에 속한다고 판단되는 경우 신청인 또는 수급권자 등에게 관련 사항과 해당 보장기관을 안내하고, 필요한 경우 해당 보장기관 또는 관계 기관 · 법인 · 단체 · 시설에 사회보장급여 또는 복지혜택 · 서비스의 제공을 의뢰하여야 한다(법 제16조 제2항). 보건복지부장관은 상담 · 안내 · 의뢰가 사회보장정보시스템을 통하여 효율적으로 이루어질 수 있도록 하여야 한다(법 제16조 제3항).

(3) **전화상담센터의 설치 · 운영**: 보장기관의 장은 수급권자 등에게 사회보장급여의 이용 및 제공에 필요한 사항을 종합적으로 상담 · 안내 · 의뢰하는 등의 업무를 수행하기 위하여 전화상담센터 등을 설치 · 운영할 수 있다(법 제16조 제4항).

3) 이의신청

(1) **처분 결정기관에 대한 이의신청**: 처분에 이의가 있는 수급권자 등은 그 처분을 받은 날로부터 90일 이내에 처분을 결정한 보장기관의 장에게 이의신청을 할 수 있다. 다만, 정당한 사유로 인하여 그 기간 내에 이의신청을 할 수 없음을 증명한 때에는 그 사유가 소멸한 때부터 60일 이내에 이의신청을 할 수 있다(법 제17조 제1항).

(2) **이의신청 결과의 통지**: 보장기관의 장은 이의신청을 받은 날부터 10일 이내에 그 이의신청에 대하여 결정하고 그 결과를 신청인에게 지체 없이 통지하여야 한다. 다만, 부득이한 사유로 정하여진 기간 이내에 결정할 수 없을 때에는 그 기간의 만료일 다음 날부터 기산하여 10일 이내의 범위에서 연장할 수 있으며, 연장 사유를 신청인에게 통지하여야 한다(법 제17조 제2항).

4) 수급권자의 보호자에 대한 지원: 보장기관의 장은 급여 제공이 결정된 수급권자를 자신의 가정에서 돌보는 사람의 부담을 줄이기 위하여 상담을 실시하거나 금전적 지원 등을 할 수 있다(법 제18조).

7. 사회보장급여의 관리

1) 급여의 적정성 확인조사: 보장기관의 장은 수급자에 대한 사회보장급여의 적정성을 확인하기 위하여 수급자격에 해당하는 정보를 조사할 수 있다(법 제19조 제1항).

2) 수급자의 변동신고: 주기적으로 또는 기간을 정하여 사회보장급여를 제공받는 수급자는 거주지, 세대원, 소득 · 재산 상태, 근로능력, 다른 급여의 수급이력 등 수급자격에 관한 사항이 변동되었을 때에는 지체 없이 관할 보장기관의 장에게 신고하여야 한다(법 제20조).

3) 급여의 변경 · 중지

(1) 수급자격의 변동사항 신고: 보장기관의 장은 사회보장급여의 적정성 확인조사 및 수급자의 변동신고에 따라 수급자 및 그 부양의무자의 인적사항, 가족관계, 소득 · 재산 상태, 근로능력 등에 변동이 있는 경우에는 직권 또는 수급자나 그 친족, 그 밖의 관계인의 신청에 따라 수급자에 대한 사회보장급여의 종류 · 지급방법 등을 변경할 수 있다(법 제21조 제1항).

(2) 급여의 중지 또는 변경: 보장기관의 장은 변동으로 수급자에 대한 사회보장급여의 전부 또는 일부가 필요 없게 된 때에는 사회보장급여의 전부 또는 일부를 중지하거나 그 종류 · 지급방법 등을 변경하여야 한다. 다만, 변동이 소득 · 재산 상태 등의 변동수준, 수급기간 등을 고려하여 보건복지부장관이 정하는 기준에 해당하는 경우에는 그러하지 아니하다(법 제21조 제2항).

4) 급여의 환수

(1) 부정수급의 징수: 수급자가 신고를 고의로 회피하거나 속임수 등의 부정한 방법으로 사회보장급여를 받거나 타인으로 하여금 사회보장급여를 받게 한 경우에는 사회보장급여를 제공한 보장기관의 장은 그 비용의 전부 또는 일부를 그 "부정수급자"[12]로부터 환수할 수 있다(법 제22조 제1항).[13]

12) 사회보장급여를 받거나 받게 한 자를 말한다.

(2) **부정수급품의 반환명령:** 보장기관의 장은 수급권이 없는 자에게 사회보장급여를 제공하거나 그 변경 · 중지로 인하여 수급자에게 이미 제공한 사회보장급여 중 과잉지급분이 발생한 경우에는 즉시 이를 제공받은 사람에 대하여 그 전부 또는 일부의 반환을 명하여야 한다. 다만, 이를 이미 소비하였거나 그 밖에 수급자에게 부득이한 사유가 있는 때에는 그 반환을 면제할 수 있다(법 제22조 제2항).

8. 맞춤형 급여 안내

1) **맞춤형 급여의 안내신청:** 보건복지부장관과 보장기관의 장은 사회보장급여 신청권자의 신청을 받아 주기적으로 사회보장급여의 수급가능성을 확인하여 그 결과를 안내할 수 있다(법 제22조의2 제1항). 맞춤형 급여 안내를 받고자 하는 자는 보건복지부장관 또는 보장기관의 장에게 신청하여야 한다. 다만, 다음에 해당하는 자는 신청을 거부하지 아니하는 경우 맞춤형 급여 안내를 신청한 것으로 본다(법 제22조의2 제2항 단서).
2) **거부하지 않으면 신청자로 보는 경우:** 다음의 법률에 정하는 사업의 수급자
①국민기초생활 보장법, ②한부모가족지원법, ③기초연금법 ④장애인연금법, ⑤장애인복지법, ⑥그 밖에 대통령령으로 정하는 법률(법 제22조의2 제2항 단서)
3) **다음의 법률에서 정하는 사업의 수급희망 이력관리 신청자**
①장애인연금법, ②기초연금법 ③장애인복지법 ④그 밖에 대통령령으로 정하는 법률

9. 사회복지 전담공무원

1) **사회복지 전담공무원의 배치:** 사회복지사업에 관한 업무를 담당하게 하기 위하여 시 · 도, 시 · 군 · 구, 읍 · 면 · 동 또는 사회보장사무 전담기구에 사회복지 전담공무원을 둘 수 있다(법 제44조 제1항). 국가는 사회복지 전담공무원의 보수 등에 드는 비용의 전부 또는 일부를 보조할 수 있다(법 제43조 제4항).
2) **사회복지 전담공무원의 자격:** 사회복지 전담공무원은 사회복지사의 자격을 가진 사람으로 하며, 그 임용 등에 필요한 사항은 대통령령으로 정한다(법 제43조 제2항).
3) **사회복지 전담공무원의 업무:** 사회복지 전담공무원은 사회보장급여에 관한 업무 중 취약계층에 대한 상담과 지도, 생활실태의 조사 등 보건복지부령으로 정하는 사회복지

13) 이 규정을 위반한 부정수급자에 대하여는 1년 이하의 징역 또는 1천만원 이하의 벌금에 처한다(법 제54조 제3항).

에 관한 전문적 업무를 담당한다(법 제43조 제3항).

4) **사회복지 전담공무원의 교육훈련:** 시 · 도지사 및 시장 · 군수 · 구청장은 사회복지 전담공무원의 교육훈련에 필요한 시책을 수립 · 시행하여야 한다(법 제43조 제5항).

제 3 장

사회복지사업법

1970.01.01. 법률 제2191호 사회복지사업법 제정
1992.12.08. 법률 제4531호 전부개정
1997.08.22. 법률 제5358호 전부개정
2024.01.23. 법률 제20098호 제73차 일부개정, 2024.04.24. 시행(현행)

제1절 총 칙

Ⅰ. 사회복지사업법의 목적 및 성격

구분	내용
1. 법의 목적	• 사회복지의 증진
2. 법의 목표 (법 제1조)	• 사회복지사업에 관한 기본적 사항 규정 • 사회복지를 필요로 하는 사람의 존엄성과 인간다운 생활을 할 권리 보장 • 사회복지의 전문성 증진 • 사회복지사업의 공정 · 투명 · 적정을 도모 • 지역사회복지의 체계 구축
3. 기본이념 (법 제1조의2)	• 사회복지를 필요로 하는 사람은 누구든지 자신의 의사에 따라 서비스를 신청하고 제공받을 수 있다(제1항). • 사회복지법인 및 사회복지시설은 공공성을 가지며 사회복지사업을 시행하는 데 있어서 공공성을 확보하여야 한다(제2항). • 사회복지사업을 시행하는 데 있어서 사회복지를 제공하는 자는 사회복지를 필요로 하는 사람의 인권을 보장하여야 한다(제3항).
4. 법의 성격	• 사회복지사업법은 사회복지서비스에 관한 개별법의 총칙적인 법이다. • 이 법이 규정하는 기본적 사항은 개별 사회복지서비스법에 적용되는데 그것은 주로 법인의 조직 및 운영에 관한 것이다. • 사회복지사업법은 개별 서비스법에 대해서 일반법이다. • 개별 서비스법은 사회복지사업법에 대해서 특별법이 된다. • 따라서 사회복지사업법과 개별 서비스법의 내용이 상치되면 특별법 우선의 원칙에 따라 개별법의 내용이 적용된다.
5. 타법과의 관계 (법 제3조)	• 사회복지사업의 내용, 절차 등에 관하여 제2조 제1호 각 목의 법률에 특별한 규정이 있는 경우를 제외하고는 이 법이 정하는 바에 따른다(제1항). • 제2조 제1호 각 목의 법률을 개정하는 경우에 이 법에 부합하도록 하여야 한다(제2항).

Ⅱ. 사회복지사업의 정의 및 범위

사회복지사업법에서 사회복지사업이라 함은 다음의 사업을 말한다(법 제2조).[1]

1. 다음의 법률에 의한 보호 · 선도(善導) 또는 복지에 관한 사업[2]

① 국민기초생활보장법(1970.01.01. 제정부터, 최초에는 생활보호법)[3]

② 아동복지법(1970.01.01. 제정부터, 최초에는 아동복리법)

③ 노인복지법(1970.01.01. 제정부터)

④ 장애인복지법(1970.01.01. 제정부터, 최초에는 심신장애자복지법)

⑤ 한부모가족지원법(1992.12.08. 제2차 개정부터, 최초에는 모자복지법)

⑥ 영유아보육법(1992.12.08. 제2차 개정부터)

⑦ 성매매방지 및 피해자보호 등에 관한 법률(1970.01.01. 제정부터, 최초에는 윤락행위등방지법)

⑧ 정신건강증진 및 정신질환자복지서비스 지원에 관한 법률[4](1997.08.22. 제4차 개정부터, 최초에는 정신보건법)

⑨ 성폭력방지 및 피해자보호 등에 관한 법률(1997.08.22. 제4차 개정부터)

⑩ 국내입양에 관한 특별법(2025.07.19. 시행) 및 국제입양에 관한 법률(2023.07.18. 제정부터)

⑪ 일제하 일본군위안부 피해자에 대한 생활안정지원 및 기념사업 등에 관한 법률(1997.08.22. 제4차 개정부터, 최초에는 일제하 일본군위안부 피해자에 대한 생활안정지원법)

⑫ 사회복지공동모금회법(1997.08.22. 제4차 개정부터)

⑬ 장애인 · 노인 · 임산부 등의 편의증진 보장에 관한 법률(1997.08.22. 제4차 개정부터)

---

1) 사회복지사업법은 사회복지사업을 정의함에 있어서 개념을 명확히 하는 방식을 택하지 않고 종류를 나열하는 방식을 택하고 있다. 즉, 사회복지사업법에서 사회복지사업이란 구체적으로 어떤 법에 의한 어떤 사업 등 한정적 열거주의를 채택하고 있어 여기에 열거되어 있지 않은 사업은 비록 통념상 사회복지사업으로서의 요건을 갖추고 있는 사업이라 해도 법률상으로는 사회복지사업으로 인정하지 않고 있다(桑原洋子, 1982: 34-35). 따라서 사회복지사업법에서 규정한 사회복지사업에 대한 정의는 동시에 사회복지사업의 종류이며 그 적용범위가 된다. 이것은 법의 명확성을 위해 필요한 조처로 생각된다.

2) 법률명칭 다음 ( )의 '제정'은 사회복지사업법 제정 당시부터 사회복지사업으로 편입된 법률이라는 뜻이다. '제2차 개정'이란 사회복지사업법 제2차 개정부터 편입된 법이라는 뜻이다. 이하 같은 의미로 표시하였다. 사회복지사업의 범위가 어떻게 확대되어 왔는가를 알 수 있다.

3) 개별법의 ( ) 안에 적은 자료는 사회복지사업법에서 사회복지사업으로 규정하기 위하여 사회복지사업법을 개정한 연도와 개정 당시의 법률명을 적은 것이다. 예컨대, 제정은 사회복지사업법 제정 당시부터 사회복지사업으로 편입된 법, 4차 개정은 4차 개정: 1997.08.22.부터 편입된 법이라는 뜻이다.

4) 2016.05.29. 사회복지사업법 제38차 개정부터 법률 명칭 '정신보건법'에서 현재의 명칭으로 변경.

⑭ 가정폭력방지 및 피해자보호 등에 관한 법률(1999.04.30. 제5차 개정부터)
⑮ 농어촌주민의 보건복지증진을 위한 특별법(2004.01.29. 제10차 개정부터)
⑯ 식품기부 활성화에 관한 법률(2006.03.24. 제14차 개정부터)
⑰ 의료급여법(2007.12.14. 제16차 개정부터)
⑱ 기초연금법(2009.06.09. 제18차 개정부터, 최초에는 기초노령연금법)
⑲ 긴급복지지원법(2009.06.09. 제18차 개정부터)
⑳ 다문화가족지원법(2009.06.09. 제18차 개정부터)
㉑ 장애인연금법(2010.04.12. 제20차 개정부터)
㉒ 장애인활동지원에 관한 법률(2011.01.04. 제22차 개정부터)
㉓ 노숙인 등의 복지 및 자립지원에 관한 법률(2011.06.07. 제23차 개정부터)
㉔ 보호관찰 등에 관한 법률(2011.08.04. 제24차 개정부터)
㉕ 장애아동 복지지원법(2011.08.04. 제28차 개정부터)
㉖ 발달장애인 권리보장 및 지원에 관한 법률(2014.05.20. 제33차 개정부터)
㉗ 청소년복지 지원법(2016.02.03. 제36차 개정부터)
㉘ 그 밖에 대통령령으로 정하는 법률
　㉮ 건강가정기본법
　㉯ 북한이탈주민의 보호 및 정착지원에 관한 법률
　㉰ 자살예방 및 생명존중문화 조성을 위한 법률
　㉱ 장애인·노인 등을 위한 보조기기 지원 및 활용촉진에 관한 법률

2. 기타 각종 복지사업

사회복지상담·직업지원·무료숙박·지역사회복지·의료복지·재가복지(在家福祉)·사회복지관 운영·정신질환자 및 한센병력자의 사회복귀에 관한 사업 등 각종 복지사업

3. 시설운영 또는 지원 사업

이와 관련된 자원봉사활동 및 복지시설의 운영 또는 지원을 목적으로 하는 사업

Ⅲ. 사회복지 수행주체들의 책무

1. 국가와 지방자치단체의 책무

국가와 지방자치단체는 사회복지서비스를 증진하고, 서비스를 이용하는 사람에 대하여 인권침해를 예방하고 차별을 금지하며 인권을 옹호할 책임을 진다(법 제4조 제1항). 이 규정은 헌법 제34조 제2항의 사회복지에 대한 국가책임을 구체화한 것이다.

1) 사회복지서비스 증진

(1) 복지와 보건의 연계서비스: 국가와 지방자치단체는 사회복지서비스와 보건의료서비스를 함께 필요로 하는 사람에게 이들 서비스가 연계되어 제공되도록 노력하여야 한다(법 제4조 제2항).

(2) 사회복지전문서비스와 주민의 복지욕구조사: 국가 · 지방자치단체, 기타 사회복지사업을 행하는 자는 사회복지를 필요로 하는 사람에 대하여 그 사업과 관련한 상담 · 작업치료(作業治療) · 직업훈련 등을 실시하고 필요한 경우에는 주민의 복지욕구를 조사할 수 있다(법 제4조 제3항).

(3) 사회복지시설의 균형 설치: 국가 및 지방자치단체는 도움을 필요로 하는 국민이 본인의 선호와 필요에 따라 적절한 사회복지서비스를 제공받을 수 있도록 사회복지서비스 수요자 등을 고려하여 사회복지시설이 균형있게 설치되도록 노력하여야 한다(법 제4조 제4항).[5)]

(4) 민간부문의 사회복지증진: 국가 및 지방자치단체는 민간부문의 사회복지 증진활동이 활성화되고 국가 및 지방자치단체의 사회복지사업과 민간부문의 사회복지 증진활동이 원활하게 연계될 수 있도록 노력하여야 한다(법 제4조 제5항).[6)]

2) 서비스이용자의 인권보장

(1) 사회복지를 필요로 하는 사람의 인권존중[7)]: 국가와 지방자치단체는 사회복지를 필요로

---

5) 이 규정은 사회보장기본법의 전달체계에 관한 다음의 규정과 관련이 있다. "국가와 지방자치단체는 모든 국민이 쉽게 이용할 수 있고 사회보장급여가 적시에 제공되도록 지역적 · 기능적으로 균형 잡힌 사회보장 전달체계를 구축하여야 한다."(사회보장기본법 제29조 제1항). 국가와 지방자치단체는 공공부문과 민간부문의 사회보장 전달체계가 효율적으로 연계되도록 노력하여야 한다(사회보장기본법 제29조 제3항).

6) 사실 현실적으로 우리나라 사회복지의 최종 전달체계는 민간에 의해 운영되는 사회복지시설이다.

7) 사회복지사업을 시행하는 데 있어서 사회복지를 제공하는 자는 사회복지를 필요로 하는 사람의 인권을 보장하여야 한다(법 제1조의2 제3항).

하는 사람의 인권이 충분히 존중되는 방식으로 사회복지서비스를 제공하고 사회복지와 관련된 인권교육을 강화하여야 한다(법 제4조 제6항).

(2) **긴급한 인권침해 상황에 대한 대비**: 국가와 지방자치단체는 사회복지서비스를 이용하는 사람이 긴급한 인권침해 상황에 놓인 경우 신속히 대응할 체계를 갖추어야 한다(법 제4조 제7항).

(3) **지역사회보호체계에서의 서비스 제공**: 국가와 지방자치단체는 시설 거주자 또는 보호자의 희망을 반영하여 지역사회보호체계에서 서비스가 제공될 수 있도록 노력하여야 한다(법 제4조 제8항).

(4) **사회복지서비스 정보의 제공**: 국가와 지방자치단체는 사회복지서비스를 필요로 하는 사람들에게 사회복지서비스의 실시에 대한 정보를 제공하여야 한다(법 제4조 제9항).

(5) **부당한 처분에 대한 구제조치**: 국가와 지방자치단체는 사회복지서비스를 제공하는 자로부터 위법 또는 부당한 처분을 받아 권리나 이익을 침해당한 사람을 위하여 간이하고 신속한 구제조치를 마련하여야 한다(법 제4조 제10항).

3) 사회복지서비스 제공의 원칙

(1) **현물서비스의 원칙**: 사회복지서비스를 필요로 하는 사람, 즉 "보호대상자"에 대한 "서비스 제공"은 현물로 제공하는 것을 원칙으로 한다(법 제5조의2 제1항).

(2) **서비스 이용권의 지급**: 시장 · 군수 · 구청장은 국가 또는 지방자치단체 외의 자로 하여금 서비스 제공을 실시하게 하는 경우에는 보호대상자에게 사회복지서비스 "이용권"을 지급하여 국가 또는 지방자치단체 외의 자로부터 그 이용권으로 서비스 제공을 받게 할 수 있다(법 제5조의2 제2항).

(3) **서비스 품질향상을 위한 시책마련**: 국가와 지방자치단체는 사회복지서비스의 품질향상과 원활한 제공을 위하여 필요한 시책을 마련하여야 한다(법 제5조의2 제3항).

(4) **서비스 제공 인력의 전문성 평가**: 국가와 지방자치단체는 사회복지서비스의 품질을 관리하기 위하여 사회복지서비스를 제공하는 기관 · 법인 · 시설 · 단체의 서비스 환경, 서비스 제공 인력의 전문성 등을 평가할 수 있다(법 제5조의2 제4항).

4) 사회복지의 날: 국가는 국민의 사회복지에 대한 이해를 증진하고 사회복지사업 종사자의 활동을 장려하기 위하여 매년 9월 7일을 사회복지의 날로 하고, 사회복지의 날부터 1주간을 사회복지주간으로 한다(법 제15조의2 제1항). 국가와 지방자치단체는 사회복지의 날의 취지에 적합한 행사 등 사업을 하도록 노력하여야 한다(법 제15조의2 제2항).

2. 사회복지 종사자의 책무

1) **인권존중 및 최대봉사의 의무:** 사회복지업무 종사자들에게 그 업무를 수행할 때에 사회복지를 필요로 하는 사람을 위하여 인권을 존중하고 차별 없이 최대로 봉사할 것을 규정하였다(법 제5조).

2) **비밀누설 금지의 의무:** 사회복지사업 또는 사회복지업무에 종사하였거나 종사하고 있는 사람은 그 업무수행의 과정에서 알게 된 다른 사람의 비밀을 누설해서는 아니 된다(법 제47조). 이 규정은 사회복지행정의 업무를 맡아 보는 공무원에게도 해당된다.

   이 규정에 위반한 자는 1년 이하의 징역 또는 1,000만원 이하의 벌금에 처한다(법 제54조 제6호). 양벌규정(법 제56조).[8)]

3. 지역주민의 책무: 시설 설치의 방해 금지

누구든지 정당한 이유 없이 사회복지시설의 설치를 방해하여서는 아니 된다(법 제6조 제1항). 이것은 주민들이 사회복지시설을 혐오시설로 보고 설치를 반대했던 지역이기주의적 행위를 막기 위한 조치로, 만약 이 규정을 위반하게 되면 1년 이하의 징역 또는 1,000만원 이하의 벌금(법 제54조 제1호)에 처하도록 강제규정으로 하였다.[9)] 양벌규정(법 제56조).

또한 시장 · 군수 · 구청장은 정당한 이유 없이 사회복지시설의 설치를 지연시키거나 제한하는 조치를 하여서는 아니 된다(법 제6조 제2항).

---

8) "법인의 대표자나 법인 또는 개인의 대리인 · 사용인, 그 밖의 종업원이 그 법인 또는 개인의 업무에 관하여 제53조, 제53조의2, 제53조의3, 제54조 및 제55조의 위반행위를 하면 그 행위자를 벌하는 외에 그 법인 또는 개인에게도 해당 조문의 벌금형을 과(科)한다. 다만, 법인 또는 개인이 그 위반행위를 방지하기 위하여 해당 업무에 관하여 상당한 주의와 감독을 게을리하지 아니한 경우에는 그러하지 아니하다(법 제56조)." 이것이 양벌규정이다. 다른 사람이나 단체(법인)의 일을 하는 사람이 업무와 관련해 법을 어겼을 경우 그 당사자뿐만 아니라 그 사람을 고용한 사람이나 단체에까지 벌을 주는 것을 양벌규정(또는 쌍벌규정)이라고 한다. 행위자와 함께 그 감독자를 처벌하는 양벌규정은 법규를 어겼을 경우 단속에 대한 효과를 높이기 위한 것이다. 사회복지 관련법은 최초에는 모든 경우에 무조건 양벌규정을 두었으나 2011.08.04. 법률 제10997호로 제24차 개정 때부터 "법인 또는 개인이 그 위반행위를 방지하기 위하여 해당 업무에 관하여 상당한 주의와 감독을 게을리하지 아니한 경우에는 그러하지 아니하다."라는 단서조항을 첨부하였다. 헌법재판소는 개인인 영업주에 대한 면책 가능성에 관한 규정을 두지 않은 양벌규정은 책임주의 위반이라는 이유로 위헌결정(2007.11.29. 선고 2005헌가10 결정)을 하였다. 이때부터 양벌규정 단서에서 면책 규정을 두는 것을 원칙적 규정 방식으로 하고 있다.

9) 1998년 12월 16일 서울지법은 서울시가 장애인학교 설립허가를 내 줘 교육환경이 훼손되고 부동산 값도 하락해 손해를 보았다는 서울 강남구 일원동 일대 주민 8백여 명이 낸 소송에서 '이유 없다'며 원고 패소 판결을 내린 적이 있다(조선일보, 1998.12.17.자 26면 참조).

4. 사회복지시설업무의 전자화

1) **사회복지업무의 전자화시책 수립:** 건복지부장관은 사회복지법인 및 사회복지시설의 종사자, 거주자 및 이용자에 관한 자료 등 운영에 필요한 정보의 효율적 처리와 기록 · 관리 업무의 전자화를 위하여 정보시스템을 구축 · 운영할 수 있다(법 제6조의2 제1항).
2) **정보시스템을 위한 자료수집:** 보건복지부장관은 정보시스템을 구축 · 운영하는 데 필요한 자료를 수집 · 관리 · 보유할 수 있으며 관련 기관 및 단체에 필요한 자료의 제공을 요청할 수 있다. 이 경우 요청을 받은 기관 및 단체는 정당한 사유가 없으면 그 요청에 따라야 한다(법 제6조의2 제2항).
3) **복지행정시스템과 정보시스템의 연계:** 지방자치단체의 장은 사회복지사업을 수행할 때 관할 복지행정시스템과 정보시스템을 전자적으로 연계하여 활용하여야 한다(법 제6조의2 제3항).
4) **법인과 시설의 전자화 시책 협력의무:** 사회복지법인의 대표이사와 사회복지시설의 장은 국가와 지방자치단체가 실시하는 사회복지업무의 전자화 시책에 협력하여야 한다(법 제6조의2 제4항).
5) **전담기구에 운영위탁:** 보건복지부장관은 정보시스템을 효율적으로 운영하기 위하여 전담기구에 그 운영에 관한 업무를 위탁할 수 있다(법 제6조의2 제5항).

Ⅳ. 국유 · 공유재산의 우선매각

국가나 지방자치단체는 사회복지사업과 관련한 시설을 설치하거나 사업을 육성하기 위하여 필요하다고 인정하면 사회복지법인 또는 사회복지시설에 국유 · 공유 재산을 우선매각하거나 임대할 수 있다(법 제42조의2).

Ⅴ. 지방자치단체에 대한 지원금

보건복지부장관은 시 · 도지사 및 시장 · 군수 · 구청장에게 사회복지사업의 수행에 필요한 비용을 지원할 수 있다(법 제42조의3 제1항). 이때 평가결과를 반영하여 지원을 할 수 있다(법 제42조의3 제2항).[10] 지원금의 지급기준은 ①지방자치단체에서 수행하는 복지사업의 평가결과 평가

10) 이것은 성과급제도(Incentive System)를 도입한 것이다. 구체적인 내용은 사회보장급여의 이용 · 제공 및

점수가 높거나 현저히 향상된 경우, ②지방자치단체가 실시한 사회복지사업이 복지행정 발전 및 주민의 복지증진에 기여한 경우, ③그 밖에 보건복지부장관이 정하는 기준에 해당하는 경우에 해당하는지 여부로 한다(법 제42조의3 제3항; 규칙 제26조의3 제1항).

제 2 절 사회서비스

2011.08.04. 법률 제10998호 사회서비스 이용 및 이용권 관리에 관한 법률 제정
2021.06.08. 법률 제18216호 제15차 일부개정, 2022.01.01. 시행(최신)

1. 사회서비스 총칙

1) **사회서비스의 정의 및 관장 법률:** '사회서비스'란 사회복지서비스, 보건의료서비스, 그 밖에 이에 준하는 서비스로서 대통령령으로 정하는 서비스를 말한다(법 제2조 제1호). 사회서비스를 관장하기 위해 2011.08.04. 법률 제10998호로 '사회서비스 이용 및 이용권 관리에 관한 법률'을 제정하였다.

(1) 법의 목적: 이 법은 사회서비스 이용 및 이용권(利用卷) 관리에 필요한 사항을 정함으로써 사회서비스의 이용을 활성화하고 이용자의 선택권을 보장하도록 하여 국민의 복지증진에 이바지하는 것을 목적으로 한다(법 제1조).

(2) 적용범위: 사회서비스 이용권을 통하여 사회서비스를 제공하는 경우에 다른 법률에 특별한 규정이 있는 경우를 제외하고는 이 법에서 정하는 바에 따른다(법 제3조).

2) **사회서비스에 관한 국가 등의 책무**

(1) 사회서비스 이용의 활성화: 국가와 지방자치단체는 사회서비스의 이용을 활성화하고 이용자의 선택권을 보장하기 위하여 사회서비스 이용권 사용이 장려되는 여건을 조성하고 그에 필요한 재원(財源)을 마련하여야 한다(법 제4조 제1항).

(2) 지역 여건에 맞는 사회서비스 개발: 지방자치단체는 지역 여건에 맞는 사회서비스를 개발하여 시행하여야 하고, 국가는 그에 필요한 사항을 지원하여야 한다(법 제4조 제2항).

(3) 원활한 서비스 이용을 위한 노력: 제공자는 이용자의 원활한 사회서비스 이용 및 관련 종사자의 보호를 위하여 노력하여야 한다(법 제4조 제3항).

수급권자 발굴에 관한 법률 제39조에 따른 지역사회보장계획의 시행결과를 말한다.

3) 사회서비스 비용의 부담

(1) 이용자의 비용 부담: 국가와 지방자치단체는 사회서비스 제공계획에서 정한 이용자의 비용 부담기준에 따라 이용자에게 사회서비스 제공 비용을 부담하게 할 수 있다(법 제6조 제1항).

(2) 비용 부담의 감면: 다음에 해당하는 사람에 대하여는 부담 비용을 감면할 수 있다(법 제6조 제2항).

① 이용자와 그 부양의무자의 소득 및 재산이 보건복지부령으로 정하는 금액 이하인 사람

② 천재지변 등 보건복지부령으로 정하는 사유로 생계가 곤란한 사람

4) 사회서비스의 차등 지원: 국가나 지방자치단체는 이용자 본인의 욕구 및 상태 등을 고려하여 선택한 사회서비스의 종류에 따라 이용자에 대한 지원 수준을 달리할 수 있다(법 제7조).

5) 이용자의 권익 보호: 국가 및 지방자치단체는 이용자의 권익 보호를 위하여 다음의 시책을 강구하여야 한다(법 제8조).

① 이용자의 권익 보호를 위한 정보관리 · 홍보 · 교육 및 연구

② 이용자의 생명 · 신체 및 재산상의 위해(危害) 방지

③ 이용자의 불만 및 피해에 관한 신속 · 공정한 구제 조치

④ 그 밖에 이용자 보호와 관련된 사항

2. 사회서비스 이용권

1) 사회서비스 이용권의 정의: '사회서비스 이용권'이란 그 명칭 또는 형태와 상관없이 사회서비스 이용자가 사회서비스 제공자에게 제시하여 일정한 사회서비스를 제공받을 수 있도록 그 사회서비스의 수량 또는 그에 상응하는 금액이 기재(전자적 또는 자기적 방법에 의한 기록 포함)된 증표를 말한다(법 제2조 제2호).

2) 사회서비스 이용자: '사회서비스 이용자'란 사회서비스 이용권을 사용하여 제공자로부터 사회서비스를 제공받는 자를 말한다(법 제2조 제3호). 이용자는 제공자에게 사회서비스 이용권을 제시하고, 사회서비스를 제공받을 수 있다(법 제14조 제1항).

3) 사회서비스 이용권의 발급 신청:

(1) 신청발급의 원칙: ①발급대상자, ②발급대상자의 친족, ③발급대상자의 법정대리인은 사회서비스 제공계획에 따른 사회서비스 이용권을 발급하여 줄 것을 시장 · 군수 · 구청장에게 신청할 수 있다(법 제9조 제1항).

(2) 직권신청과 발급대상자의 동의: 사회서비스이용권 발급 담당 공무원은 이 법에 따른 사회서비스 이용을 필요로 하는 사람이 누락되지 아니하도록 하기 위하여 관할 지역에 거주하는 발급대상자에 대한 사회서비스이용권의 발급을 직권으로 신청할 수 있다. 이 경우 발급대상자의 동의를 받아야 하며, 동의를 받은 경우에는 발급대상자가 신청한 것으로 본다(법 제9조 제2항).

(3) 발급대상자 동의 생략의 경우: 발급대상자가 심신미약 또는 심신상실 등 대통령령으로 정하는 경우에 해당하면 발급대상자의 동의를 생략할 수 있다. 이 경우 사회서비스이용권 발급 담당 공무원은 직권 신청한 사실을 시장 · 군수 · 구청장에게 지체 없이 보고하여야 한다(법 제9조 제3항).

(4) 시설 · 기관 등의 발급신청 지원: 시장 · 군수 · 구청장이 지정한 법인 · 단체 · 시설 · 기관 등은 발급대상자의 요청에 따라 사회서비스이용권 발급 신청을 지원할 수 있다(법 제9조 제4항).

4) 신청에 따른 발급기준 적합성 조사

(1) 신청조사에 필요한 자료 요청: 시장 · 군수 · 구청장은 발급 신청을 받으면 소속 공무원으로 하여금 사회서비스 제공계획에서 정한 발급기준에 부합하는지를 조사하게 하거나, 신청인에게 그 조사에 필요한 자료를 제출하게 할 수 있다(법 제10조 제1항). 조사하는 공무원은 그 권한을 표시하는 증표 및 조사기간, 조사범위, 조사담당자, 관계법령 등 사항이 기재된 서류를 지니고 이를 관계인에게 보여 주어야 한다(법 제10조 제3항).

(2) 관계 기관장에 대한 협조 요청: 시장 · 군수 · 구청장은 조사를 위하여 국세 · 지방세 · 토지 · 건물 · 국민건강보험 · 국민연금 및 고용보험 등 관련 전산망 또는 자료를 이용하려는 경우에는 관계기관의 장에게 협조를 요청할 수 있다. 이 경우 관계기관의 장은 정당한 사유가 없으면 요청에 따라야 한다(법 제10조 제2항).

(3) 제공받은 자료의 관리

① **발급대상자에 대한 고지:** 시장 · 군수 · 구청장은 조사하거나 제공받은 자료 또는 정보에 관하여 발급대상자에게 다음의 사항을 고지하여야 한다(법 제10조 제4항).

• 법적 근거, 이용 목적 및 범위/ • 이용방법/ • 보유기간 및 파기방법

② **정보의 보유기간:** 시장 · 군수 · 구청장은 조사하거나 제공받은 정보 중 발급대상자가 아닌 사람의 정보는 5년을 초과하여 보유할 수 없다. 이 경우 정보의 보유기한이 경과되면 지체 없이 이를 파기하여야 한다(법 제10조 제5항).

③ **자료의 목적 외 사용 금지:** 시장 · 군수 · 구청장의 소속 공무원 또는 공무원이었던 사람은 얻은 정보와 자료를 이 법에서 정한 목적 외의 다른 용도로 사용하거나 다른 사람 또는 기관에 제공하여서는 아니 된다(법 제10조 제6항). 이 규정을 위반하여 정보 또는 자료를 사용하거나 제공한 자는 3년 이하의 징역 또는 3천만원 이하의 벌금에 처한다(법 제36조 제1호). 양벌규정(법 제39조).

5) 사회서비스 이용권의 발급

(1) 발급 여부의 서면 통보: 시장 · 군수 · 구청장은 조사를 마치면 사회서비스 이용권을 발급대상자에게 발급할 것인지 여부를 결정하여 서면 또는 전자문서로 그 내용을 신청인에게 알려야 한다(법 제11조 제1항).

(2) 이용권의 발급: 시장 · 군수 · 구청장은 발급 통보를 하는 경우에는 해당 발급대상자에게 지체 없이 사회서비스 이용권을 발급하여야 한다. 다만, 해당 발급대상자가 전자적 또는 자기적 방법으로 기재된 '사회서비스 전자이용권'을 이미 발급받은 경우에는 그 사회서비스 전자이용권에 기재사항을 다시 기재하여 사용할 수 있다(법 제11조 제2항).

6) 이의신청

(1) 시장 · 군수 · 구청장에 대한 이의 제기: 결정에 대하여 이의가 있는 자는 그 결정결과를 통지받은 날부터 60일 이내에 시장 · 군수 · 구청장에게 이의를 제기할 수 있다. 다만, 정당한 사유에 따라 그 기간 내에 이의신청을 할 수 없었음을 소명한 때에는 그러하지 아니하다(법 제12조 제1항).

(2) 시장 · 군수 · 구청장의 조치: 시장 · 군수 · 구청장은 이의신청을 받은 날부터 15일 이내에 이를 검토하고 처분이 위법 · 부당하다고 인정되는 때에는 시정, 그 밖에 필요한 조치를 하여야 한다(법 제12조 제3항).

7) 서비스 이용자의 준수사항

(1) 이용권의 양도금지: 누구든지 사회서비스 이용권을 정당한 권한이 없는 자에게 판매 · 대여하거나 그 권리를 이전하여서는 아니 된다(법 제15조 제1항). 이를 위반하여 정당한

권한이 없는 자에게 사회서비스 이용권을 판매 · 대여하거나 그 권리를 이전한 자는 1년 이하의 징역 또는 1천만원 이하의 벌금에 처한다(법 제38조 제2호). 양벌규정(법 제39조).

(2) **서비스를 대신한 금품 수수(收受) 금지**: 이용자는 사회서비스 이용권을 사용할 때에 사회서비스 이용권에 기재된 사회서비스를 대신하여 대가성이 있는 금전 등 어떠한 금품도 제공자로부터 받아서는 아니 된다(법 제15조 제2항). 이를 위반하여 사회서비스 이용권에 기재된 사회서비스를 대신하여 대가성이 있는 금전 등 금품을 받은 자는 1년 이하의 징역 또는 1천만원 이하의 벌금에 처한다(법 제38조 제3호). 양벌규정(법 제39조).

8) 부정행위자에 대한 처벌

(1) **부정하게 발급받은 자에 대한 처벌**: 거짓 또는 그 밖의 부정한 방법으로 사회서비스 이용권을 발급받거나 다른 사람으로 하여금 사회서비스 이용권을 발급받게 한 자는 1년 이하의 징역 또는 1천만원 이하의 벌금에 처한다(법 제38조 제1호). 양벌규정(법 제39조).

(2) **부정한 방법으로 수집된 정보의 보유 · 사용의 금지**: 거짓 또는 그 밖의 부정한 방법으로 알아낸 사회서비스 이용권 정보를 보유하거나 이를 사용하여 사회서비스 이용권을 사용한 자는 5년 이하의 징역 또는 5천만원 이하의 벌금에 처한다(법 제35조 제1항). 양벌규정(법 제39조).

3. 사회서비스 제공자

1) 사회서비스 제공자의 정의: '사회서비스 제공자'란 등록을 하고 이용자가 제시하는 이용권에 따라 사회서비스를 제공하는 자 또는 기관을 말한다(법 제2조 제4호).

2) 사회서비스 제공자의 등록

(1) **시장 · 군수 · 구청장에게 등록**: 사회서비스 이용권을 통하여 사회서비스를 제공하려는 자는 제공하려는 사회서비스별로 시장 · 군수 · 구청장에게 등록하여야 한다. 등록사항을 변경하는 경우에도 또한 같다(법 제16조 제1항). 제공자 등록을 하지 아니한 자는 3년 이하의 징역 또는 3천만원 이하의 벌금에 처한다(법 제36조 제2호). 양벌규정(법 제39조).

(2) **인력 · 시설 · 장비의 구비(具備)**: 등록을 하려는 자는 보건복지부령으로 정하는 기준에 따른 인력 · 시설 또는 장비를 갖추어야 한다(법 제16조 제2항).

(3) **지역적 분포 등 고려**: 시장 · 군수 · 구청장은 등록기준을 적용할 때 제공기관의 지역적 분포 및 적정공급 규모를 고려할 필요가 있다고 인정할 때에는 등록을 제한하거나 조건

을 붙일 수 있다(법 제16조 제3항).

(4) **등록내용의 홍보**: 시장 · 군수 · 구청장은 등록한 경우에는 해당 제공자에게 등록증을 발급하여야 하고, 그 내용을 이용자가 확인할 수 있도록 이용자에게 알려야 한다(법 제16조 제4항).

(5) **사업자 등록과 연계**: 시장 · 군수 · 구청장은 관할 세무서장에게 폐업신고를 하거나 관할 세무서장이 사업자 등록을 말소한 경우에는 제공자의 등록사항을 직권으로 말소할 수 있다(법 제16조 제5항).

(6) **세무서장에 대한 정보제공 요청**: 시장 · 군수 · 구청장은 직권말소를 위하여 필요한 경우 관할 세무서장에게 제공자의 폐업여부에 대한 정보 제공을 요청할 수 있다. 이 경우 요청을 받은 관할 세무서장은 제공자의 폐업여부에 대한 정보를 제공하여야 한다(법 제16조 제6항).

(7) **등록증의 재발급**: 제공자는 발급한 등록증을 잃어버렸거나 손상되어 못쓰게 된 경우에는 시장 · 군수 · 구청장에게 재발급을 신청할 수 있다(법 제16조 제7항).

3) **사회서비스 제공자의 결격사유**: 다음에 해당하는 사람은 제공자가 될 수 없다. 법인의 경우로서 그 임원 중 다음에 해당하는 사람이 있는 경우에도 또한 같다(법 제17조).

① 피성년후견인 또는 피한정후견인
② 파산선고를 받고 복권되지 아니한 사람
③ 금고 이상의 실형을 선고받고 그 집행이 끝나거나 집행이 면제된 날부터 2년이 지나지 아니한 사람
④ 금고 이상의 형의 집행유예를 선고받고 그 유예기간 중에 있는 사람
⑤ 금고 이상의 형의 선고유예를 받고 그 유예기간 중에 있는 사람
⑥ 이 법을 위반하여 벌금형을 선고받고 1년이 지나지 아니한 사람
⑦ 이 법에 따라 제공자 등록이 취소된 후 2년이 지나지 아니한 사람

4) **휴업 및 폐업의 신고**: 제공자는 그 영업의 전부 또는 일부를 휴업하거나 폐업하려는 경우에는 등록한 시장 · 군수 · 구청장에게 신고하여야 한다(법 제18조). 이를 위반하여 휴업 · 폐업 신고를 하지 아니한 자에게는 500만원 이하의 과태료를 부과한다(법 제40조 제1항 제1호).

5) 사회서비스 제공자의 준수사항

(1) **인력 · 시설 · 장비 등 공개**: 제공자는 제공하는 사회서비스, 인력 · 시설 및 장비에 관한 사항, 그 밖에 보건복지부령으로 정하는 사항에 대하여 이용자에게 공개하여야 한다. 공개한 내용이 변경되거나 사실과 다른 경우에는 지체 없이 수정하고 이를 공개하여야 한다(법 제19조 제1항).

(2) **정당한 사유 없는 서비스거부 금지**: 제공자는 이용자에게 제공하기로 한 사회서비스를 정당한 사유 없이 거부할 수 없다(법 제19조 제2항).

(3) **서비스 이용자의 자격 확인**: 제공자는 사회서비스 이용권이 이용자 본인에 의하여 정당하게 사용되고 있는지 여부를 확인하여야 한다. 이 경우 제공자는 이용자로 하여금 신분증명서 또는 서류를 제시하여 줄 것을 요청할 수 있다(법 제19조 제3항). 제공자는 이용자가 신분증명서 또는 서류의 제시를 거부하거나 기피하는 경우에는 해당 사회서비스를 이용자에게 제공하여서는 아니 된다(법 제19조 제4항).

(4) **이용자에 대한 전자이용권 수수료 전가(轉嫁)금지**: 제공자는 사회서비스 전자이용권으로 결제하여 사회서비스 제공 비용을 청구할 때에 제공자에게 부과되는 비용을 이용자에게 부담하게 하여서는 아니 된다(법 제19조 제5항).

(5) **서비스 제공자의 서비스 제공 불가 사유**: 제공자는 다음에 해당하면 이용자에게 사회서비스를 제공하여서는 아니 된다(법 제19조 제6항). 이를 위반하여 사회서비스를 제공한 자는 3년 이하의 징역 또는 3천만원 이하의 벌금에 처한다(법 제36조 제2호). 양벌규정(법 제39조).

① 관할 세무서장에게 폐업신고를 하거나 제공자 등록이 말소되거나 등록사항이 직권 말소된 경우

② 휴업 또는 폐업을 한 경우

③ 등록이 취소되거나 영업이 정지된 경우

(6) **서비스 제공자의 금지행위**: 제공자는 다음에 해당하는 행위를 하여서는 아니 된다(법 제19조 제7항). 제1호 · 제2호에 따른 행위를 하거나 이를 중개 · 알선한 자는 3년 이하의 징역 또는 3천만원 이하의 벌금에 처한다(법 제36조 제3호). 양벌규정(법 제39조).

① 사회서비스를 제공하지 아니하고 사회서비스 제공 비용을 청구하는 행위

② 거짓 등 부정한 방법이나 고의로 실제 제공한 사회서비스의 대가 이상으로 사회서비스 제공 비용을 청구하는 행위

③ 그 밖에 사회서비스 이용권의 건전한 유통질서를 해하는 행위로서 보건복지부령으로 정하는 부정한 행위

6) 부당이득의 징수

(1) **부당한 방법으로 지급된 비용의 환수(還收)**: 시장 · 군수 · 구청장은 거짓이나 그 밖의 부당한 방법으로 사회서비스 제공 비용을 지급받은 제공자에 대하여 그 비용에 상당하는 금액의 전부 또는 일부를 징수한다(법 제21조 제1항).

(2) **이용자와 제공자의 연대책임**: 이용자가 거짓 보고 또는 증명 등을 한 경우에는 시장 · 군수 · 구청장은 이용자에게 제공자와 연대하여 징수금을 납부하게 할 수 있다(법 제21조 제2항).

제 3 절 사회복지법인

'사회복지법인'이란 사회복지사업을 할 목적으로 설립된 법인을 말한다(법 제2조 제3호). 사회복지사업법은 법인에 관하여 사회복지사업법에 따로 규정한 것을 제외하고는 민법과 공익법인의 설립 · 운영에 관한 법률을 준용(법 제32조)한다. 따라서 사회복지법인을 올바로 이해하기 위해서는 민법 중 법인에 관한 일반규정을 살펴볼 필요가 있다.

1. 법인의 의의 및 종류

법인은 자연인 외에 법적으로 인격이 부여된 무형의 사람이다. 이 법인의 성립은 일정한 목적을 가진 조직하에 결합된 사람의 집단인 사단법인과 일정한 목적을 위해서 출연된 재산에 의한 집단인 재단법인이 있다. 법인의 종류를 그림으로 나타내면 나음 [그림 3-1]과 길다.

- 법인
  - 공법인
  - 사법인
    - 영리법인
    - 비영리법인
      - 사단법인
      - 재단법인
        - 공익법인
        - 비공익법인

[그림 3-1] **법인의 종류**

비영리법인이라 함은 학술 · 종교 · 자선 · 기예 · 사교 · 기타 영리가 아닌 사업을 목적으로 하는 사단 또는 재단법인을 말한다. 사단법인은 일정한 목적을 위하여 결합한 사람의 단체를 말한다. 따라서 사단법인은 단체의사에 따라 자율적으로 활동한다. 이에 비해 재단법인은 일정한 목적에 바쳐진 재산이 중심이다. 따라서 재단법인은 설립자의 의사에 의하여 타율적으로 활동한다. 즉, 설립자의 의사에 구속받는다.

사회복지법인이라 함은 사회복지사업법에 규정한 사회복지사업을 수행할 것을 목적으로 설립된 법인을 말한다(법 제2조 제2항). 이러한 법인은 민법에 의한 사단법인이나 재단법인에 대해서 보다 공익성이 강조되는 법인이라고 할 수 있다.

2. 통칙(通則)

사회복지법인 전반에 적용되는 통칙으로 다음과 같은 것이 있다.

1) **사회복지법인의 주소:** 사회복지법인의 주소는 주된 사무소가 있는 곳으로 한다(민법 제36조).

2) **사회복지법인의 권리능력 · 행위능력 · 불법행위능력[11]:** 법인은 법률의 규정에 좇아 정관으로 정한 목적의 범위 내에서 권리와 의무의 주체가 된다(민법 제34조). 법인은 이사, 기타 대표자가 그 직무에 관하여 타인에게 가한 손해를 배상할 책임이 있다(민법 제35조 1항). 법인의 목적범위 외의 행위로 인하여 타인에게 손해를 가한 때에는 그 사항의 의결에 찬성하거나 그 의결을 집행한 사원, 이사 및 기타 대표자가 연대하여 배상하여야 한다(민법 제35조 제2항).

3) **사회복지법인 용어 사용금지:** 이 법에 따른 사회복지법인이 아닌 자는 사회복지법인이라는 명칭을 사용하지 못한다(법 제31조). 이것은 사회복지법인의 권위를 손상시키고 일반의 신뢰를 저하시킬 우려를 막기 위해서이다. 이 규정에 위반한 자는 300만원 이하의 과태료를 부과한다(법 제58조 제1항).

4) **다른 법률의 준용:** 법인에 관하여 사회복지사업법에 규정한 사항을 제외하고는 민법과 공익법인의 설립 · 운영에 관한 법률을 준용한다(법 제32조).

---

11) ※ 법인의 권리능력: 법인이 그 구성원으로부터 독립하여 자기의 명의로 권리·의무를 향유할 수 있는 능력이다.
※ 법인의 행위능력: 법인이 자기의 이름으로 타인과 법률행위를 할 수 있는 법적 자격. 법인은 대표기관의 대표행위를 통하여 타인과 법률행위를 한다(민법 제59조).
※ 법인의 불법행위능력: 자연인의 경우 법률상 책임을 인식하기에 충분한 정신능력을 말한다. 법인의 경우에는 이사, 기타 대표자가 그 직무에 관하여 타인에게 가한 손해를 배상할 책임이 있다. 이사, 기타 대표자는 이로 인하여 자기의 손해배상책임을 면하지 못한다(민법 제35조 제1항). 이것을 법인의 불법행위능력이라 한다. 법인의 목적범위 외의 행위로 인하여 타인에게 손해를 끼친 때에는 그 사항의 의결에 찬성하거나 그 의결을 집행한 사원, 이사 및 기타 대표자가 연대하여 배상하여야 한다(민법 제35조 제2항).

3. 사회복지법인의 설립

사회복지법인을 설립하기 위해서는 정관의 작성, 보건복지부장관의 설립허가, 설립의 등기 등 세 가지의 수속이 필요하다.

1) **정관의 작성:** 사회복지법인을 설립하는 데 있어서 가장 중요한 것은 설립자가 재산을 출연하고 법인의 근본규정이 되는 정관을 작성하는 것이다. 정관의 필요적 기재사항은 ① 목적, ② 명칭, ③ 주된 사무소의 소재지, ④ 사업의 종류, ⑤ 자산 및 회계에 관한 사항, ⑥ 임원의 임면(任免)에 관한 사항, ⑦ 회의에 관한 사항, ⑧ 수익(收益)을 목적으로 하는 사업이 있는 경우 그에 관한 사항, ⑨ 정관의 변경에 관한 사항, ⑩ 존립시기와 해산사유를 정한 경우에는 그 시기와 사유 및 남은 재산의 처리방법, ⑪ 공고 및 공고방법에 관한 사항 등이다(법 제17조 제1항).

2) **법인설립의 허가:** 사회복지법인을 설립하려는 사람은 시 · 도지사의 허가를 받아야 한다(법 제16조 제1항).[12] 따라서 허가권자의 허가는 전적으로 시 · 도지사의 자유재량에 속하는 것이다.[13]

3) **법인설립의 등기:** 허가를 받은 자는 법인은 주된 사무소의 소재지에서 설립등기를 하여야 한다(법 제16조 제2항).[14]

4) **정관의 변경:** 사회복지법인은 시 · 도지사의 인가를 받아 정관을 변경할 수 있다(법 제17

12) 법인설립에는 허가주의와 인가주의가 있다. 허가주의는 법인설립에 관하여 행정관청의 자유재량에 의한 허가를 필요로 하는 주의로 사립학교법인이나 사회복지법인이 이에 속한다. 따라서 허가권자의 허가는 전적으로 자유재량에 속하는 것이다. 인가주의는 법률이 정하는 요건을 갖추고 주무부장관의 인가를 얻음으로써 법인으로서 성립할 수 있게 하는 주의를 말한다. 종전까지는 사회복지법인을 인가사항으로 했었다. 인가주의는 허가주의와 달라서 법률이 정하는 요건을 갖추고 있으면 인가권자는 반드시 인가해 주어야 한다. 따라서 구법에서는 사회복지법인이 요건을 갖추어 인가신청을 하면 주무장관은 반드시 인가를 해 주어야 했다.

※ 인가: 제3자의 행위를 보충하고 그 법률상의 효력을 완성시키는 것. 즉, 행정관청의 인가를 받음으로써 법률행위가 완성된다.

※ 허가: 법령에 의한 어떤 행위의 일반적 제한이나 금지를 특정한 경우에 해제하고 적법하게 이를 할 수 있도록 하는 것이다.

13) 허가주의를 채택하고 있는 제도 아래에서는 법인의 설립에 관한 주무관청의 허가는 그 본질상 주무관청의 자유재량에 속하는 행위이다. 따라서 그 허가의 여부에 대하여 다툴 수 없다. 즉, 법인설립 불허가처분이 행정소송의 대상이 되지 않는다(대법원 판례 1996.5.16. 95누4810).

14) 법인으로 하여금 이러한 등기를 하게 하는 의의는 거래 상대방으로 하여금 법인의 조직을 알도록 하여 불의의 손해를 입지 않게 하기 위해서 등기하여 널리 알리게 하는 데 있다. 따라서 법인의 등기는 대항요건으로서 등기 후가 아니면 제3자에게 대항하지 못한다. 그러나 사회복지법인의 등기는 단지 대항요건일 뿐, 그 설립은 주무관청의 설립허가를 받음으로써 성립한다. 등기가 법인의 성립요건이 아닌 대항요건이기 때문에 사회복지법인의 법인격 취득시기는 시 · 도지사의 설립허가를 받은 시기가 된다. 즉, 허가를 받은 때부터 사회복지법인은 권리능력과 불법행위능력이 생긴다. 다만, 선의의 제3자에 대한 대항능력은 등기한 때부터 생긴다.

조 제2항). 다만, 보건복지부령으로 정하는 경미한 사항의 경우에는 인가 없이 변경할 수 있다(법 제17조 제2항 단서). 예컨대, 공고 및 그 방법에 관한 사항 등 경미한 사항의 경우에는 인가를 요하지 아니한다(규칙 제9조).

4. 사회복지법인의 임원

사회복지법인이 법인으로서의 구체적인 활동을 하는 것은 실제로 자연인인 임원들이다. 사회복지법인은 고도의 공익성이 요청되므로 임원에 대해서는 구체적인 규정을 하고 있다.

1) 임원의 수 및 임기

(1) 임원의 수: 사회복지법인은 대표이사를 포함한 이사 7명 이상과 감사 2명 이상을 두어야 한다(법 제18조 제1항).[15]

(2) 임원의 임기: 사회복지법인의 임원의 임기는 이사 3년, 감사 2년으로 하며, 각각 연임할 수 있다(법 제18조 제4항). 결원으로 인해 새로 선임되는 임원은 신임임원으로 하여 법정임기를 새로 시작하는 것으로 하였다(1999.04.30. 법률 제5979호 부칙 제3조).[16]

(3) 임원의 보충: 이사 또는 감사 중에 결원이 생겼을 때에는 2개월 이내에 보충하여야 한다(법 제20조).

2) 사외(社外)이사

(1) 사외(社外)이사의 선임: 법인은 이사 정수의 3분의 1(소수점 이하 버림) 이상을 시·도사회보장위원회 또는 지역사회보장협의체가 3배수로 추천한 사람 중에서 선임하여야 한다(법 제18조 제2항).[17]

(2) 사외이사 후보군의 공고: 사외이사 추천기관은 이사를 추천하기 위하여 매년 다음에 해당하는 사람으로 이사 후보군을 구성하여 공고하여야 한다. 다만, 사회복지법인의 대

---

15) 이사의 수는 가부동수의 경우를 되도록이면 피하기 위해 홀수로 하는 것이 보통이다. 법에서 정한 이사의 수는 최소인원으로 상한선은 정하지 않았다. 그러나 이사나 감사가 너무 많으면 회의 정족수를 채우기도 힘들 뿐 아니라 업무의 효율성을 위해서도 방해가 된다.

16) 1997.08.22. 법률 제5358호 사회복지사업법 제18조 제3항 단서 조항에 "보궐임원의 임기는 전임자의 잔임기간으로 한다."는 규정이 있었다. 이것이 1999.04.30. 법률 제5979호 제5차 일부개정에서 단서 조항을 삭제하고, 부칙 제3조에 "이 법 시행 당시 종전의 규정에 의하여 취임한 보궐임원의 임기는 제18조 제3항 단서의 개정 규정(삭제를 말함)에도 불구하고 종전의 규정에 의한 보궐임원의 임기만료일까지로 한다."라고 규정하였다.

17) 이것은 영화 도가니로 사회문제가 된 소위 도가니법의 일환으로 도입된 것으로 사회복지법인의 운영을 투명하게 하기 위해 소위 사외 이사제를 규정한 것이다.

표자, 사회복지사업을 하는 비영리법인 또는 단체의 대표자, 지역사회보장협의체의 대표자는 제외한다(법 제18조 제8항).

① 사회복지 또는 보건의료에 관한 학식과 경험이 풍부한 사람

② 사회복지를 필요로 하는 사람의 이익 등을 대표하는 사람

③ 비영리민간단체에서 추천한 사람

④ 사회복지공동모금지회에서 추천한 사람

(3) **임원의 임면 보고**: 사회복지법인은 그 임원을 임면하는 경우에는 지체 없이 이를 시 · 도지사에게 보고하여야 한다(제18조 제5항). 이 규정에 위반한 자는 300만원 이하의 과태료에 처한다(법 제58조 제1항).

(4) **임원선임 관련 금품 등 수수 금지**: 누구든지 임원의 선임과 관련하여 금품, 향응 또는 그 밖의 재산상 이익을 주고받거나 주고받을 것을 약속하여서는 아니 된다(법 제18조의2).

3) 임시이사

(1) **임시이사의 선임**: 법인이 다음에 해당하여 법인의 정상적인 운영이 어렵다고 판단되는 경우 시 · 도지사는 지체 없이 이해관계인의 청구 또는 직권으로 임시이사를 선임하여야 한다(법 제22조의3 제1항).

① 법이 정한 임원의 보충기간인 2개월 내에 결원된 이사를 보충하지 아니하거나 보충할 수 없는 것이 명백한 경우

② 해임명령을 받은 법인은 2개월 이내에 임원의 해임에 관한 사항을 의결하기 위한 이사회를 소집하여야 함에도 불구하고 기간 내에 임원의 해임에 관한 사항을 의결하기 위한 이사회를 소집하지 아니하거나 소집할 수 없는 것이 명백한 경우

(2) **임시이사의 재임기간**: 임시이사는 사유가 해소될 때까지 재임한다(법 제22조의3 제2항).

(3) **시 · 도지사의 이사회 소집 권고**: 시 · 도지사는 임시이사가 선임되었음에도 불구하고 해당 법인이 정당한 사유 없이 이사회 소집을 기피할 경우 이사회 소집을 권고할 수 있다(법 제22조의3 제3항).

(4) **직무집행이 정지된 이사의 배제**: 임시이사를 선임하는 경우 직무집행이 정지된 이사는 자신의 해임명령 이행을 위한 이사회와 관련해서는 이사로 보지 않으며, 이 경우 해당 임시이사가 직무집행이 정지된 이사의 지위를 대신한다(법 제22조의3 제5항).

(5) **임시이사의 해임**: 시 · 도지사는 다음에 해당하는 경우 이해관계인의 청구 또는 직권으로 임시이사를 해임할 수 있다. 이 경우 제2호부터 제4호까지의 규정에 따라 임시이사를

해임하는 때에는 지체 없이 그 후임자를 선임하여야 한다(법 제22조의4 제1항). 법인은 해임된 임시이사를 이사로 선임할 수 없다(법 제22조의4 제2항).

① 임시이사 선임사유가 해소된 경우
② 임시이사가 임원의 결격사유 중 제19조제1항제1호 및 제1호의2부터 제1호의8까지의 어느 하나에 해당하는 경우
③ 임시이사가 직무를 태만히 하여 법인의 정상화가 어려운 경우
④ 임시이사가 임원의 해임사유(제22조제1항) 중 어느 하나에 해당하는 경우

4) **임원 선임의 제한규정:** 사회복지사업법은 법인운영에 있어서 설립자 또는 소수 이사의 전횡을 막기 위해 매우 엄격한 제한규정을 두고 있다. 즉, 이사회의 구성에 있어서 특별한 관계에 있는 사람이 현원의 5분의 1을 초과할 수 없다(법 제18조 제3항).

(1) 특별한 관계에 의한 제한(령 제9조)

① 출연자
② 출연자 또는 이사와 다음의 관계에 있는 자
㉮ 6촌 이내의 혈족
㉯ 4촌 이내의 인척
㉰ 배우자(사실혼 포함)
㉱ 친생자(親生子)로 다른 사람에게 친양자(親養子)로 입양된 사람 및 그 배우자와 직계비속
③ 출연자 또는 이사의 사용인, 기타 고용관계에 있는 자(출연자 또는 이사가 출자에 의하여 사실상 지배하고 있는 법인의 사용인, 그 밖에 고용관계에 있는 자 포함)
④ 출연자 또는 이사의 금전, 그 밖의 재산에 의하여 생계를 유지하는 자 및 그와 생계를 함께 하는 자
⑤ 출연자 또는 이사가 재산을 출연한 다른 법인의 이사

(2) 외국인에 대한 제한: 외국인인 이사는 이사 현원의 2분의 1 미만이어야 한다(법 제18조 제5항).

(3) 임원으로서의 결격사유: 다음에 해당하는 사람은 사회복지법인의 임원이 될 수 없다(법 제19조 제1항). 또 임원이 다음에 해당하게 되었을 때에는 그 자격을 상실한다(법 제19조 제2항).

① 미성년자

② 피성년후견인 또는 피한정후견인
③ 파산선고를 받고 복권되지 아니한 사람
④ 법원의 판결에 따라 자격이 상실되거나 정지된 사람
⑤ 금고 이상의 실형을 선고받고 그 집행이 끝나거나(집행이 끝난 것으로 보는 경우 포함) 집행이 면제된 날부터 3년이 지나지 아니한 사람
⑥ 금고 이상의 형의 집행유예를 선고받고 그 유예기간 중에 있는 사람
⑦ 제1호의5 및 제1호의6에도 불구하고 사회복지사업 또는 그 직무와 관련하여 「아동복지법」 제71조, 「보조금 관리에 관한 법률」 제40조부터 제42조까지 또는 「형법」 제28장 · 제40장(제360조는 제외)의 죄를 범하거나 이 법을 위반하여 다음에 해당하는 사람
㉮ 100만원 이상의 벌금형을 선고받고 그 형이 확정된 후 5년이 지나지 아니한 사람
㉯ 형의 집행유예를 선고받고 그 형이 확정된 후 7년이 지나지 아니한 사람
㉰ 징역형을 선고받고 그 집행이 끝나거나(집행이 끝난 것으로 보는 경우 포함) 집행이 면제된 날부터 7년이 지나지 아니한 사람
⑧ 성폭력범죄(「성폭력범죄의 처벌 등에 관한 특례법」 제2조제1항제1호 제외) 또는 아동 · 청소년대상 성범죄를 저지른 사람으로서 형 또는 치료감호를 선고받고 확정된 후 그 형 또는 치료감호의 전부 또는 일부의 집행이 끝나거나(집행이 끝난 것으로 보는 경우 포함) 집행이 유예 · 면제된 날부터 10년이 지나지 아니한 사람
⑨ 아동학대 관련 범죄를 저지른 사람으로서 다음에 해당하는 사람
㉮ 금고 이상의 실형을 선고받고 그 집행이 끝나거나(집행이 끝난 것으로 보는 경우 포함) 집행이 면제된 날부터 10년이 지나지 아니한 사람
㉯ 금고 이상의 형의 집행유예를 선고받고 그 집행유예가 확정된 날부터 10년이 지나지 아니한 사람
㉰ 벌금형을 선고받고 그 형이 확정된 날부터 5년이 지나지 아니한 사람
⑩ 해임명령에 따라 해임된 날부터 5년이 지나지 아니한 사람
⑪ 설립허가가 취소된 사회복지법인의 임원이었던 사람(그 허가의 취소사유 발생에 관하여 직접적인 또는 이에 상응하는 책임이 있는 자로서 대통령령으로 정하는 사람으로 한정)으로서 그 설립허가가 취소된 날부터 5년이 지나지 아니한 사람
⑫ 시설의 장에서 해임된 사람으로서 해임된 날부터 5년이 지나지 아니한 사람
⑬ 폐쇄명령을 받고 3년이 지나지 아니한 사람

⑭ 사회복지분야의 6급 이상 공무원으로 재직하다 퇴직한 지 3년이 경과하지 아니한 사람 중에서 퇴직 전 5년 동안 소속하였던 기초자치단체가 관할하는 법인의 임원이 되고자 하는 사람

5) 임원의 겸직금지: 이사는 법인이 설치한 사회복지시설의 장을 제외한 그 시설의 직원을 겸할 수 없다(법 제21조 제1항). 감사는 법인의 이사, 법인이 설치한 사회복지시설의 장 또는 그 직원을 겸할 수 없다(법 제21조 제2장).

6) 임원의 해임명령

(1) 임원의 해임사유: 시 · 도지사는 임원이 다음에 해당할 때에는 법인에 그 임원의 해임을 명할 수 있다(법 제22조 제1항).

① 시 · 도지사의 명령을 정당한 이유 없이 이행하지 아니하였을 때
② 회계부정이나 인권침해 등 현저한 불법행위 또는 그 밖의 부당행위 등이 발견되었을 때
③ 법인의 업무에 관하여 시 · 도지사에게 보고할 사항에 대하여 고의로 보고를 지연하거나 거짓으로 보고를 하였을 때
④ 임원선임 조건(법 제18조 제2항 · 제3항 또는 제7항)을 위반하여 선임된 사람
⑤ 임원의 겸직금지규정(법 제21조)을 위반한 사람
⑥ 임원의 직무집행정지 규정(법 제22조의2)에 따른 직무집행 정지명령을 이행하지 아니한 사람
⑦ 그 밖에 이 법 또는 이 법에 의한 명령을 위반하였을 때

(2) 시정요구의 선행(先行): 해임명령은 시 · 도지사가 해당 법인에게 그 사유를 들어 시정을 요구한 날부터 15일이 경과하여도 이에 응하지 아니한 경우에 한한다. 다만, 시정을 요구하여도 시정할 수 없는 것이 명백하거나 회계부정, 횡령, 뇌물수수 등 비리의 정도가 중대한 경우에는 시정요구 없이 임원의 해임을 명할 수 있으며, 그 세부적 기준은 대통령령으로 정한다(법 제22조 제2항).

(3) 이사 해임의결을 위한 이사회 소집: 해임명령을 받은 법인은 2개월 이내에 임원의 해임에 관한 사항을 의결하기 위한 이사회를 소집하여야 한다(법 제22조 제3항).

7) 임원의 직무집행 정지와 해지

(1) 임원의 직무집행 정지: 시 · 도지사는 해임명령을 하기 위하여 해임명령 사유에 해당하

는 사실 여부에 대한 조사나 감사가 진행 중인 경우 및 해임명령 기간 중인 경우에는 해당 임원의 직무집행을 정지시킬 수 있다. 다만, 임원선임 조건을 위반하여 선임된 경우에 해당하여 해임명령을 받은 경우에는 해당임원의 직무집행을 정지시켜야 한다.(법 제22조의2 제1항).

(2) 직무집행 정지명령의 해제: 시 · 도지사는 임원의 직무집행 정지사유가 소멸되면 즉시 직무집행 정지명령을 해제하여야 한다(법 제22조의2 제2항).

5. 법인의 이사회

1) **이사와 이사회:** 법인의 행위는 법률과 정관에 정한 것 외에는 이사회의 의결로 이루어진다. 따라서 법인은 이사를 두어야 하고(민법 제57조; 사회복지사업법 제18조 제1항) 사회복지법인의 이사는 법인의 사무를 집행한다(민법 제58조 제1항). 이사회는 법인의 의결기구이고 이사는 이사회가 의결한 사항을 집행한다. 이때 정관에 다른 규정이 없으면, 법인의 사무집행은 이사의 과반수로서 결정한다(민법 제58조 2항). 특정의 이사가 관계되는 사항에 대해서는 그 이사는 의결권이 없다.

2) **이사회의 구성:** 법인의 이사회는 법인의 이사로 구성한다. 사회복지법인은 대표이사를 포함한 7명 이상의 이사를 두어야 한다(법 제18조 제1항). 이사회의 구성에 있어서 대통령령으로 정하는 특별한 관계에 있는 사람이 이사 현원(現員)의 5분의 1을 초과할 수 없다(법 제18조 제3항).

3) **이사회의 소집:** 사회복지법인이 이사회를 소집하고자 하는 때에는 대표이사가 회의의 목적을 명시하여 회의 개최 7일 전까지 각 이사에게 통지하여야 한다. 사회복지법인의 이사회가 특정 이사에게 적법한 통지를 하지 아니하여 그 이사가 출석하지 아니한 채 개최되었다면 그 이사회의 결의는 무효이다.[18]

4) 이사회의 회의록

(1) 회의조서를 바탕으로 회의록 작성: 이사회는 다음의 사항을 기재한 회의록을 작성하여야 한다. 다만, 이사회 개최 당일에 회의록 작성이 어려운 사정이 있는 경우에는 안건별로 심의 · 의결 결과를 기록한 회의조서를 작성한 후 회의록을 작성할 수 있다(법 제25조 제1항). 회의조서를 작성한 경우에는 조속한 시일 내에 회의록을 작성하여야 한다(법 제25조 제3항).

18) 대법원 판례 1994.9.23. 제3부 판결 94다35084

① 개의, 회의 중지 및 산회 일시 ② 안건 ③ 의사(議事)
④ 출석한 임원의 성명 ⑤ 표결수
⑥ 그 밖에 대표이사가 작성할 필요가 있다고 인정하는 사항

(2) 출석임원 전원의 날인: 회의록 및 회의조서에는 출석임원 전원이 날인하되 그 회의록 또는 회의조서가 2매 이상인 경우에는 간인(간인)하여야 한다(법 제25조 제2항).

(3) 회의록의 공개: 법인은 회의록을 공개하여야 한다. 다만, 대통령령으로 정하는 사항에 대하여는 이사회의 의결로 공개하지 아니할 수 있다(법 제25조 제4항).

6. 법인의 감사(監事)

1) **감사의 선임:** 감사는 이사와 특별한 관계에 있는 사람이 아니어야 한다. 감사 중 1명은 법률과 회계에 관한 지식이 있는 사람 중에서 선임하여야 한다. 다만, 일정 규모 이상의 법인은 시 · 도지사의 추천을 받아 감사인(주식회사의 외부감사에 관한 법률 제3조)에 속한 사람을 감사로 선임하여야 한다(법 제18조 제7항).

2) **감사인(監査人)[19] 선임 대상 사회복지법인의 규모:** '대통령령으로 정하는 일정 규모 이상의 법인'이란 감사 선임 당시 법인(법인이 설치 · 운영하는 사회복지시설 포함)의 직전 3회계연도의 세입결산서에 따른 세입의 평균이 30억원 이상인 사회복지법인을 말한다(령 제10조).

3) **감사의 직무:** 사회복지법인의 감사는 ① 법인의 재산 상황을 감사하는 일, ② 이사의 업무집행 상황을 감사하는 일, ③ 이상의 부정 · 불비한 것이 있을 때 주무관청에 보고하는 일과 같은 직무를 행한다(민법 제67조).

4) **연(年) 1회 이상 감사 실시:** 법인의 감사는 당해법인과 시설에 대하여 매년 1회 이상 감사를 실시하여야 한다(재무 · 회계 규칙 제42조 제1항).

5) **회계 관련자 교체 시의 감사:** 법인의 대표이사는 시설의 장과 수입원 및 지출원이 사망하거나 경질된 때에는 그 관장에 속하는 수입, 지출, 재산, 물품 및 현금 등의 관리 상황을 감사로 하여금 감사하게 하여야 한다(재무 · 회계 규칙 제42조 제2항).

감사를 함에 있어서는 전임자가 입회하여야 하며, 전임자가 입회할 수 없는 경우에는

19) 감사인(監査人)은 법인으로부터 독립하여 외부에서 그 법인에 대한 회계의 감사를 하는 공인회계사 또는 회계법인을 말한다. 보통 사회복지법인의 경우 감사선임에서 특별한 자격규정을 두지 않는다. 그러나 법인의 규모가 커서 일정한 수준의 전문지식이 없으면 적절한 감사를 할 수 없겠다고 인정하여 특별한 자격을 갖춘 사람을 감사로 선임하도록 규정하였다. 이때 감사로 선임될 수 있는 자격을 갖춘 자를 감사인이라 한다.

그 전임자가 지정하거나 법인의 대표이사가 관계직원 중에서 지정한 입회인을 입회하게 하여야 한다(재무 · 회계 규칙 제42조 제3항).

6) **감사결과의 보고:** 감사는 감사를 한 때는 감사보고서를 작성하여 당해법인의 이사회에 보고하여야 하며, 재산 상황 또는 업무집행에 관하여 부정 또는 불비한 점이 발견된 때에는 시장 · 군수 · 구청장에게 보고하여야 한다(재무 · 회계 규칙 제42조 제4항).

7. 사회복지법인의 소멸

1) **법인설립허가의 취소:** 사회복지법인은 그 설립허가를 취소당하게 되면 소멸된다(법 제26조). 법인이 설립허가를 취소당하여 소멸하게 되면 해산 때와 마찬가지로 청산절차를 밟아야 한다. 시 · 도지사는 사회복지법인이 다음에 해당할 때에는 기간을 정하여 시정명령을 하거나 법인설립허가를 취소할 수 있다. 다만, 다음의 1~7호에 해당할 때에는 설립허가를 취소하여야 한다(법 제26조 제1항). 법인이 설립허가를 취소하는 경우는 다른 방법으로 감독 목적을 달성할 수 없거나 시정을 명한 후 6개월 이내에 법인이 이를 이행하지 아니한 경우로 한정한다(법 제26조 제2항). 법인설립허가의 취소하고자 할 때에는 청문을 하여야 한다(법 제49조).

① 거짓이나 그 밖의 부정한 방법으로 설립허가를 받았을 때
② 설립허가 조건을 위반하였을 때
③ 목적 달성이 불가능하게 되었을 때
④ 목적사업 외의 사업을 하였을 때
⑤ 정당한 사유 없이 설립허가를 받은 날부터 6개월 이내에 목적사업을 시작하지 아니하거나 1년 이상 사업실적이 없을 때
⑥ 법인이 운영하는 시설에서 반복적 또는 집단적 성폭력범죄 및 학대관련범죄가 발생한 때
⑦ 법인이 운영하는 시설에서 중대하고 반복적인 회계부정이나 불법행위가 발생한 때
⑧ 법인 설립 후 기본재산을 출연하지 아니한 때
⑨ 임원정수(법 제18조 제1항)를 위반한 때
⑩ 임원선임조건(법 제18조 제2항)을 위반하여 이사를 선임한 때
⑪ 임원의 해임명령을 이행하지 아니한 때
⑫ 그 밖에 이 법 또는 이 법에 따른 명령이나 정관에 위반하였을 때

2) **법인의 합병:** 사회복지법인은 다른 사회복지법인과 합병할 수 있다. 사회복지법인의 합병은 시 · 도지사의 허가를 받아야 한다. 다만, 주된 사무소가 서로 다른 시 · 도에 소재한 법인 간의 합병의 경우에는 보건복지부장관의 허가를 받아야 한다(법 제30조 제1항). 법인이 합병하는 경우 합병 후 존속하는 법인이나 합병으로 설립된 법인은 합병에 의하여 소멸된 법인의 지위를 승계한다(법 제30조 제2항).[20]

8. 지도 · 감독

1) **사회복지사업 운영자에 대한 지도 · 감독:** 보건복지부장관, 시 · 도지사 또는 시장 · 군수 · 구청장은 사회복지사업을 운영하는 자의 소관업무에 관하여 지도 · 감독을 하며,[21] 필요한 경우 그 업무에 관하여 보고 또는 관계서류의 제출을 명하거나, 소속공무원으로 하여금 사회복지법인의 사무소 또는 시설에 출입하여 검사 또는 질문하게 할 수 있다(법 제51조 제1항).

   정당한 이유 없이 보고를 하지 아니하거나 거짓으로 보고한 자, 자료를 제출하지 아니하거나 거짓 자료를 제출한 자, 검사 · 질문을 거부 · 방해 또는 기피한 자는 1년 이하의 징역 또는 1천만원 이하의 벌금에 처한다(법 제54조 제7호). 양벌규정(법 제56조).

2) **지도 · 감독의 관할:** 사회복지법인의 주된 사무소의 소재지와 시설의 소재지가 같은 시 · 도 또는 시 · 군 · 구에 있지 아니한 경우 그 시설의 업무에 관하여는 시설 소재지의 시 · 도지사 또는 시장 · 군수 · 구청장이 지도 · 감독 등을 한다. 이 경우 지도 · 감독 등을 위하여 필요할 때에는 법인의 업무에 대하여 법인의 주된 사무소 소재지의 시 · 도지사 또는 시장 · 군수 · 구청장에게 협조를 요청할 수 있다(법 제51조 제2항).

3) **관할권에 관한 지방자치단체 간의 협약:** 지도 · 감독 등에 관하여 따로 지방자치단체 간에 협약을 체결한 경우에는 협약에서 정한 시 · 도지사 또는 시장 · 군수 · 구청장이 지도 · 감독 등의 업무를 수행한다(법 제51조 제3항).

4) **관계공무원의 증표:** 검사 또는 질문을 하는 관계공무원은 그 권한을 표시하는 증표를 지니고 이를 관계인에게 내보여야 한다(법 제51조 제4항).[22]

---

20) 법인의 합병에는 두 가지 경우가 있다. 두 개의 법인이 합병하여 새로운 법인을 탄생시키는 경우의 신설합병과 하나의 법인이 다른 법인을 흡수하는 흡수합병이다.

21) 그러나 이 규정은 민간사회복지법인의 자율성을 침해하지 않는 범위에서 신중을 기해 지도 · 감독권을 행사해야 할 것이다.

22) 이 규정은 이하 모든 사회복지서비스 관련법에 다 해당된다.

9. 사회복지협의회

1) 사회복지협의회의 목적 및 성격

(1) 각급 협의회의 설립: 사회복지에 관한 다음의 업무를 수행하기 위하여 전국 단위의 한국사회복지협의회와 시·도 사회복지협의회를 둔다. 필요한 경우에는 시[23]·군·구 단위의 시·군·구 사회복지협의회를 둔다(법 제33조 제1항).

① 사회복지에 관한 조사연구 및 정책건의

② 사회복지 관련 기관·단체 간의 연계·협력·조정

③ 사회복지 소외계층 발굴 및 민간사회복지자원과의 연계·협력

④ 대통령령으로 정하는 사회복지사업의 조성

(2) 협의회의 법인격: 중앙협의회와 시·도 협의회는 사회복지법인으로 한다. 따라서 사회복지법인의 일반 규정에 따라 설립허가를 받아야 한다. 다만, 재산에 관한 규정은 이를 적용하지 아니한다(법 제33조 제2항).

2) 한국사회복지협의회의 업무(령 제12조)

① 사회복지에 관한 교육훈련

② 사회복지에 관한 자료수집 및 간행물 발간

③ 사회복지에 관한 계몽 및 홍보

④ 자원봉사활동의 진흥

⑤ 사회복지사업에 관한 기부문화의 조성

⑥ 사회복지사업에 종사하는 자의 교육훈련과 복지증진

⑦ 사회복지에 관한 학술 도입과 국제사회복지단체와의 교류

⑧ 보건복지부장관이 위탁하는 사회복지에 관한 업무

⑨ 시·도지사 및 중앙협의회가 위탁하는 사회복지에 관한 업무

⑩ 시·도지사, 시장·군수·구청장, 중앙협의회 및 시·도 협의회가 위탁하는 사회복지에 관한 업무

⑪ 정관이 정하는 업무

23) 제주특별자치도 및 국제자유도시 포함.

3) 사회복지협의회의 회원

(1) 중앙협의회의 회원(령 제13조 제1항)

① 시 · 도 협의회의 장

② 사회복지법인 및 사회복지사업과 관련 있는 비영리법인의 대표자

③ 경제계 · 언론계 · 종교계 · 법조계 · 문화계 및 보건의료계 등을 대표하는 자

④ 기타 사회복지사업 수행에 필요하다고 인정되어 중앙협의회의 장이 추천하는 자

(2) 시 · 도 협의회의 회원(령 제13조 제2항)

① 시 · 군 · 구 협의회의 장

② 당해 지역에 주된 사무소가 있는 사회복지법인 및 사회복지사업과 관련 있는 비영리법인의 임직원

③ 당해 지역에 주된 사무소가 있는 사회복지시설의 종사자

④ 당해 지역의 경제계 · 언론계 · 종교계 · 법조계 · 문화계 · 교육계 및 보건의료계 등에 종사하는 자

⑤ 그 밖에 지역사회의 복지발전을 위하여 시 · 군 · 구 협의회의 장이 추천하는 자

(3) 시 · 군 · 구협의회 회원

다음에 해당하는 자는 시 · 군 · 구협의회의 회원이 될 수 있다(령 제13조 제3항).

① 당해 지역에 주된 사무소가 있는 사회복지법인 및 사회복지사업과 관련 있는 비영리법인의 임직원

② 당해 지역에 주된 사무소가 있는 사회복지시설의 종사자

③ 당해 지역의 경제계 · 언론계 · 종교계 · 법조계 · 문화계 · 교육계 및 보건의료계 등에 종사하는 자

④ 그 밖에 지역사회의 복지발전을 위하여 시 · 군 · 구협의회의 장이 추천하는 자

제 4 절 사회복지시설 및 재가복지

Ⅰ. 사회복지시설

1. 사회복지시설의 의의

사회복지시설이라 함은 사회복지사업을 행할 목적으로 설치된 시설을 말한다(법 제2조 제4항). 다시 말하면, '아동, 노인, 장애인 등 스스로 정상적인 사회생활을 하기 어려운 사람들에 대해 서비스의 제공 · 치료 · 자립지원 등의 서비스를 제공할 것을 목적으로, 이들에게 통원 · 수용 · 기타의 방법으로 편의를 제공하기 위해 마련된 장소, 설비, 건조물 등'을 사회복지시설이라 한다.

2. 사회복지시설의 종류

우리나라의 사회복지서비스 관련법이 규정하는 사회복지시설의 종류를 각 법률별로 구분해서 살펴보면 다음과 같다.

<table>
<tr><th rowspan="2">관련법</th><th rowspan="2">시설종류</th><th colspan="2">세부종류</th><th rowspan="2">소관
부서</th></tr>
<tr><th>생활시설</th><th>이용시설</th></tr>
<tr><td>사회복지사업법</td><td>사회복지관
결핵 · 한센시설</td><td>• 결핵 · 한센시설</td><td>• 사회복지관
• 상담보호센터</td><td rowspan="5">보건
복지부</td></tr>
<tr><td>노숙인 등의 복지 및 자립지원에 관한 법률</td><td>노숙인시설[24]</td><td>• 노숙인자활시설
• 노숙인재활시설
• 노숙인요양시설</td><td>• 노숙인종합지원센터
• 노숙인일시보호시설
• 노숙인급식시설
• 노숙인진료시설
• 쪽방상담소</td></tr>
<tr><td>국민기초생활보장법</td><td>지역자활센터</td><td></td><td>• 지역자활센터</td></tr>
<tr><td>노인복지법</td><td>노인복지시설</td><td>• 노인주거복지시설
• 노인의료복지시설</td><td>• 노인여가복지시설
• 재가노인복지시설
• 노인보호전문기관
• 노인일자리지원기관</td></tr>
<tr><td>아동복지법</td><td>아동복지시설</td><td>• 아동양육시설
• 아동일시보호시설
• 아동보호치료시설
• 자립지원시설
• 공동생활가정</td><td>• 아동상담소
• 아동전용시설
• 지역아동센터</td></tr>
</table>

관련법	시설종류	세부종류		소관부서
		생활시설	이용시설	
장애인복지법	장애인복지시설	• 장애유형별 거주시설 • 중증장애인거주시설 • 장애영유아거주시설 • 장애인단기거주시설 • 장애인공동생활가정	• 장애인지역사회재활시설 • 장애인직업재활시설 • 장애인의료재활시설 • 장애인생산품판매시설	
정신건강증진 및 정신질환자 복지서비스법	정신보건시설	• 정신요양시설 • 사회복귀시설 중 생활(주거) 시설	• 사회복귀시설 중 이용시설	
농어촌주민의 보건복지 증진을 위한 특별법	복합노인복지시설	• 농어촌지역에 한해 노인복지시설 중 **'노인보호전문기관'을 제외한 2종류 이상의 노인복지시설**을 동일 또는 인접 건물에 설치가능		
영유아보육법	어린이집	• 국·공립어린이집 • 사회복지법인 어린이집 • 법인·단체 등 어린이집 • 직장어린이집 • 가정어린이집 • 부모협동어린이집 • 민간어린이집		
한부모가족지원법	한부모가족복지시설	• 모자가족복지시설 • 부자가족복지시설 • 미혼모자가족복지시설 • 일시지원복지시설	• 한부모가족복지상담소	
성매매방지 및 피해자 보호 등에 관한 법률	성매매피해지원시설	• 일반지원시설 • 청소년지원시설 • 외국인여성지원시설	• 자활지원센터	
성폭력방지 및 피해자보호 등에 관한 법률	성폭력피해보호시설	• 성폭력피해자보호시설	• 성폭력피해상담소	여성가족부
가정폭력방지 및 피해자 보호 등에 관한 법률	가정폭력피해자보호시설	• 가정폭력피해자보호시설	• 가정폭력상담소	
다문화가족지원법	다문화가족지원센터		• 다문화가족지원센터	
청소년복지지원법	청소년복지시설	• 청소년자립지원관	• 청소년 쉼터 • 청소년치료재활센터 • 청소년회복지원센터	
보호관찰 등에 관한 법률	갱생보호시설		• 갱생보호시설	법무부

3. 시설의 설치 · 운영

1) **국가 · 지방자치단체의 설치 · 운영:** 국가나 지방자치단체는 사회복지시설을 설치 · 운영할 수 있다(법 제34조 제1항).

2) **시설의 설치 · 운영을 금지당한 자:** 국가 또는 지방자치단체 외의 자가 시설을 설치 · 운영하려는 경우에는 시장 · 군수 · 구청장에게 신고하여야 한다. 다만, 다음에 해당하는 자는 시설의 설치 · 운영 신고를 할 수 없다(법 제34조 제2항). 이를 위반하여 신고를 하지 아니하고 시설을 설치 · 운영한 자는 1년 이하의 징역 또는 1천만원 이하의 벌금에 처한다(법 제54조 제3호). 양벌규정(법 제56조).

   ① 폐쇄명령을 받고 3년이 지나지 아니한 자

   ② 미성년자(제19조제1항제1호) 및 임원으로서의 결격사유(제1호의2부터 제1호의8)[25]의 어느 하나에 해당하는 개인 또는 그 개인이 임원인 법인

3) **적합한 신고의 수리:** 시장 · 군수 · 구청장은 신고를 받은 경우 그 내용을 검토하여 이 법에 적합하면 신고를 수리하여야 한다(법 제34조 제3항).

4) **시설 재무 · 회계의 투명운영:** 시설을 설치 · 운영하는 자는 보건복지부령으로 정하는 재무 · 회계에 관한 기준에 따라 시설을 투명하게 운영하여야 한다(법 제34조 제4항).

5) **국 · 공립 시설의 위탁운영:** 국가나 지방자치단체가 설치한 시설은 필요한 경우 사회

24) 노숙인 등의 복지 및 자립지원에 관한 법률(2011.06.07. 제정, 2012.06.08. 시행)에 의해 부랑인시설에서 노숙인시설로 명칭이 바뀜.

25) 1의2. 피성년후견인 또는 피한정후견인
1의3. 파산선고를 받고 복권되지 아니한 사람
1의4. 법원의 판결에 따라 자격이 상실되거나 정지된 사람
1의5. 금고 이상의 실형을 선고받고 그 집행이 끝나거나(집행이 끝난 것으로 보는 경우를 포함한다) 집행이 면제된 날부터 3년이 지나지 아니한 사람
1의6. 금고 이상의 형의 집행유예를 선고받고 그 유예기간 중에 있는 사람
1의7. 제1호의5 및 제1호의6에도 불구하고 사회복지사업 또는 그 직무와 관련하여 「아동복지법」 제71조, 「보조금 관리에 관한 법률」 제40조부터 제42조까지 또는 「형법」 제28장 · 제40장(제360조는 제외한다)의 죄를 범하거나 이 법을 위반하여 다음 각 목의 어느 하나에 해당하는 사람
가. 100만원 이상의 벌금형을 선고받고 그 형이 확정된 후 5년이 지나지 아니한 사람
나. 형의 집행유예를 선고받고 그 형이 확정된 후 7년이 지나지 아니한 사람
다. 징역형을 선고받고 그 집행이 끝나거나(집행이 끝난 것으로 보는 경우를 포함한다) 집행이 면제된 날부터 7년이 지나지 아니한 사람
1의8. 제1호의5부터 제1호의7까지의 규정에도 불구하고 「성폭력범죄의 처벌 등에 관한 특례법」 제2조의 성폭력범죄 또는 「아동 · 청소년의 성보호에 관한 법률」 제2조제2호의 아동 · 청소년대상 성범죄를 저지른 사람으로서 형 또는 치료감호를 선고받고 확정된 후 그 형 또는 치료감호의 전부 또는 일부의 집행이 끝나거나(집행이 끝난 것으로 보는 경우를 포함한다) 집행이 유예 · 면제된 날부터 10년이 지나지 아니한 사람

복지법인이나 비영리법인에 위탁하여 운영하게 할 수 있다(법 제34조 제5항).

6) **시설의 통합 설치 · 운영 등에 관한 특례:** 시설을 설치 · 운영하려는 경우에는 지역특성과 시설분포의 실태를 고려하여 다양한 종류의 사회복지시설을 통합하여 하나의 시설로 설치 · 운영하거나 하나의 시설에서 둘 이상의 사회복지사업을 통합하여 수행할 수 있다. 이 경우 국가 또는 지방자치단체 외의 자는 통합하여 설치 · 운영하려는 각각의 시설이나 사회복지사업에 관하여 해당 관계 법령에 따라 신고하거나 허가 등을 받아야 한다(법 제34조의2 제1항).

7) 사회복지관

(1) 사회복지관의 정의: '사회복지관'이란 지역사회를 기반으로 일정한 시설과 전문인력을 갖추고 지역주민의 참여와 협력을 통하여 지역사회복지문제를 예방하고 해결하기 위하여 종합적인 복지서비스를 제공하는 시설을 말한다(법 제2조 제5호).

(2) 사회복지관의 설치: 사회복지관은 지역복지증진을 위하여 다음의 사업을 실시할 수 있다(법 제34조의5 제1항).

① 지역사회의 특성과 지역주민의 복지욕구를 고려한 서비스 제공 사업
② 국가 · 지방자치단체 및 민간 부문의 사회복지서비스를 연계 · 제공하는 사례관리 사업
③ 지역사회 복지공동체 활성화를 위한 복지자원 관리, 주민교육 및 조직화 사업
④ 그 밖에 복지증진을 위한 사업으로서 지역사회에서 요청하는 사업

(3) 서비스의 우선제공 대상자: 사회복지관은 모든 지역주민을 대상으로 사회복지서비스를 실시하되, 다음의 지역주민에게 우선 제공하여야 한다(법 제34조의5 제2항).

① 국민기초생활 수급자 및 차상위계층
② 장애인, 노인, 한부모가족 및 다문화가족
③ 직업 및 취업 알선이 필요한 사람
④ 보호와 교육이 필요한 유아 · 아동 및 청소년
⑤ 그 밖에 사회복지관의 사회복지서비스를 우선 제공할 필요가 있다고 인정되는 사람

4. 시설의 안전점검과 피해자보상

1) **시설의 안전점검:** 시설의 장은 시설에 대하여 정기 및 수시 안전점검을 실시하여야 한다(법 제34조의4 제1항). 시설의 장은 정기 또는 수시 안전점검을 한 후 그 결과를 시장 · 군

수 · 구청장에게 제출하여야 한다(법 제34조의4 제2항). 결과를 받은 후 시장 · 군수 · 구청장은 필요한 경우 시설 운영자에게 시설의 보완 또는 개 · 보수를 요구할 수 있다. 이 경우 시설의 운영자는 요구에 따라야 한다(법 제34조의4 제3항). 국가나 지방자치단체는 예산의 범위에서 안전점검, 시설의 보완 및 개수 · 보수에 드는 비용의 전부 또는 일부를 보조할 수 있다(법 제34조의4 제4항). 이 규정에 위반한 자는 300만원 이하의 과태료를 부과한다(법 제58조 제1항).

2) **시설운영자의 보험가입:** 시설운영자는 다음의 손해배상책임을 이행하기 위하여 손해보험회사의 책임보험에 가입하거나 한국사회복지공제회의 책임공제에 가입하여야 한다(제34조의3 제1항). 이 규정을 위반한 자는 300만원 이하의 과태료를 부과한다(법 제58조 제1항). 국가 또는 지방자치단체는 예산의 범위 안에서 책임보험 또는 책임공제의 가입에 소요되는 비용의 전부 또는 일부를 보조할 수 있다(제34조의3 제2항).
   ① 화재로 인한 손해배상책임
   ② 화재 외의 안전사고로 인하여 생명 · 신체에 피해를 입은 보호대상자에 대한 손해배상책임

3) **안전점검과 보험가입의무 시설의 범위:** 보험가입 의무 및 안전점검을 받아야 할 사회복지시설의 범위는 사회복지사업법(제2조 제1호)에 따른 사회복지설 및 사회복지관과 결핵 및 한센병요양시설 등이다(령 제18조의3 및 제18조의4).

5. 시설의 운영

1) **신고즉시 시설의 운영 개시:** 사회복지시설의 설치를 신고한 자는 지체 없이 시설의 운영을 시작하여야 한다(법 제38조 제1항). 이 규정에 위반한 자는 300만원 이하의 과태료를 부과한다(법 제58조 제1항).

2) **시설 운영의 휴지 · 재개 · 폐지신고:** 시설의 운영자는 그 운영을 일정 기간 중단하거나 다시 시작하거나 시설을 폐지하려는 경우에는 시장 · 군수 · 구청장에게 신고하여야 한다(법 제38조 제2항). 이 규정에 위반한 자는 300만원 이하의 과태료를 부과한다(법 제58조 제1항).

3) 시설 운영의 기본원칙

(1) 시설의 투명운영 원칙: 시설을 설치 · 운영하는 자는 보건복지부령이 정하는 재무 · 회계에 관한 기준에 따라 시설을 투명하게 운영하여야 한다(법 제34조 제3항).

(2) 시설 거주자의 권익보호: 시장 · 군수 · 구청장은 시설 운영이 중단되거나 시설이 폐지되는 경우에는 시설 거주자의 권익을 보호하기 위하여 다음의 조치를 하고 신고를 수리하여야 한다(법 제38조 제3항). 정당한 이유 없이 이 규정에 의한 시설 거주자의 권익 보호조치를 기피 또는 거부한 자는 1년 이하의 징역 또는 1천만원 이하의 벌금에 처한다(법 제54조 제4호). 양벌규정(법 제56조).

① 시설 거주자가 자립을 원하는 경우 자립을 할 수 있도록 지원하고 그 이행을 확인하는 조치

② 시설 거주자가 다른 시설을 선택할 수 있도록 하고 그 이행을 확인하는 조치

③ 시설 거주자가 이용료 · 사용료 등의 비용을 부담하는 경우 납부한 비용 중 사용하지 아니한 금액을 반환하게 하고 그 이행을 확인하는 조치

④ 보조금 · 후원금 등의 사용 실태 확인과 이를 재원으로 조성한 재산 중 남은 재산의 회수조치

⑤ 그 밖에 시설 거주자의 권익 보호를 위하여 필요하다고 인정되는 조치

(3) 시설서비스의 최저기준: 보건복지부장관은 시설에서 제공하는 서비스의 최저기준을 마련하여야 한다(법 제43조 제1항). 시설운영자는 서비스 최저기준 이상으로 서비스 수준을 유지하여야 한다(법 제43조 제2항).

4) 시설 운영 재개를 위한 조치: 시설운영자가 시설 운영을 재개하려고 할 때에는 시설 거주자의 권익을 보호하기 위하여 다음의 조치를 하여야 한다(법 제38조 제4항).

① 운영 중단 사유의 해소

② 향후 안정적 운영계획의 수립

③ 그 밖에 시설 거주자의 권익 보호를 위하여 보건복지부장관이 필요하다고 인정하는 조치

5) 시설 수용인원의 제한: 각 시설의 수용인원은 300명을 초과할 수 없다. 다만, 대통령령이 정하는 경우에는 그러하지 아니하다(법 제41조). 즉, 대통령령에서 정하는 다음에 해당하는 사회복지시설은 수용인원 300인을 초과할 수 있다(령 제19조).[26]

① 노인주거복지시설 중 양로시설과 노인복지주택

② 노인의료복지시설 중 노인요양시설

26) 이것은 규모의 경제를 위해서 필요한 결정이다. 그러나 대규모 시설을 지양하는 오늘날의 추세에 비추어 볼 때 300명은 지나치게 큰 대형시설이다.

③ 보건복지부장관이 사회복지시설의 종류, 지역별 사회복지시설의 수, 지역별 · 종류별 사회복지서비스 수요 및 사회복지사업 관련 종사자의 수 등을 고려하여 정하여 고시하는 기준에 적합하다고 시장 · 군수 · 구청장이 인정하는 사회복지시설

6) **시설의 비치서류:** 시설의 장은 후원금품대장 등 보건복지부령이 정하는 서류 즉, ①법인의 정관(법인의 경우), ②법인설립허가증사본(법인의 경우), ③사회복지시설신고증, ④시설거주자 및 퇴소자의 명부, ⑤시설거주자 및 퇴소자의 상담기록부, ⑥시설의 운영계획서 및 예산 · 결산서, ⑦후원금품대장, ⑧시설의 건축물관리대장, ⑨시설의 장과 종사자의 명부 등의 서류를 시설에 갖추어 두어야 한다(법 제37조).[27] 이 규정에 위반한 자는 300만원 이하의 과태료를 부과한다(법 제58조 제1항 제6호).

6. 시설의 장 및 종사자

1) 시설의 장

(1) 시설장의 상근(常勤) 원칙: 사회복지시설의 장은 상근하여야 한다(법 제35조 제1항). 이것은 흔히 시설장의 명의만 가지고 이중의 직업을 가지고 있는 경우의 폐단을 막기 위한 규정이다.

(2) 시설장으로서의 결격사유: 다음에 해당하는 사람은 시설의 장이 될 수 없다(법 제35조 제2항).

① 사회복지법인의 임원으로서의 결격사유(법 제19조)에 해당하는 사람

② 해임명령(법 제22조)에 따라 해임된 날부터 3년이 지나지 아니한 사람

③ 사회복지분야의 6급 이상 공무원으로 재직하다 퇴직한 지 2년이 경과하지 아니한 사람 중에서 퇴직 전 3년 동안 소속하였던 기초자치단체가 관할하는 시설의 장이 되고자 하는 사람

(3) 시설장의 자격상실: 시설의 장이 제2항 각호의 어느 하나에 해당하게 되었을 때에는 그 자격을 상실한다(법 제35조 제3항).

2) 종사자

(1) 시설 종사자의 채용과 결격사유: 사회복지법인과 사회복지시설을 설치 · 운영하는 자는 시설에 근무할 종사자를 채용할 수 있다(법 제35조의2 제1항). 다음에 해당하는 사람은 사회

27) 이것은 사회복지시설의 투명성을 확보함으로써 신뢰받는 시설이 되고 이로 인해 주민들의 적극적인 협조를 유도하고자 함이다.

복지법인 또는 사회복지시설의 종사자가 될 수 없다(법 제35조의2 제2항).

① 사회복지사업 또는 그 직무와 관련한 죄(법 제19조 13항 1호의 ⑦또는 ⑧)[28] 또는 성범죄(법 제7조 제3항 제8호)에 해당하는 사람

② 종사자로 재직하는 동안 시설이용자를 대상으로 성폭력범죄 및 아동 · 청소년대상 성범죄를 저질러 금고 이상의 형 또는 치료감호를 선고받고 그 형이 확정된 사람

(2) 시설장의 자격상실: 종사자가 위의 제2항 중 어느 하나에 해당하게 되었을 때에는 그 자격을 상실한다(법 제35조의2 제3항).

7. 시설운영위원회

1) 운영위원회의 심의사항(법 제36조 제1항)

① 시설운영계획의 수립 · 평가에 관한 사항

② 사회복지 프로그램의 개발 · 평가에 관한 사항

③ 시설 종사자의 근무환경 개선에 관한 사항

④ 시설 거주자의 생활환경 개선 및 고충처리 등에 관한 사항

⑤ 시설 종사자와 거주자의 인권보호 및 권익증진에 관한 사항

⑥ 시설과 지역사회의 협력에 관한 사항

⑦ 그 밖에 시설의 장이 운영위원회에 부치는 사항

2) 운영위원회의 구성: 위원은 다음에 해당하는 사람 중에서 관할 시장 · 군수 · 구청장이 임명하거나 위촉한다(법 제36조 제2항).

① 시설의 장

② 시설 거주자 대표

③ 시설 거주자의 보호자 대표

④ 시설 종사자의 대표

---

28) ⑦ 사회복지사업 또는 그 직무와 관련하여 「아동복지법」, 「보조금 관리에 관한 법률」 또는 「형법」 제28장(유기와 학대의 죄) · 제40장(횡령과 배임의 죄)의 법을 위반하여 다음에 해당하는 사람
㉮ 100만원 이상의 벌금형을 선고받고 그 형이 확정된 후 5년이 지나지 아니한 사람
㉯ 형의 집행유예를 선고받고 그 형이 확정된 후 7년이 지나지 아니한 사람
㉰ 징역형을 선고받고 그 집행이 끝나거나(집행이 끝난 것으로 보는 경우 포함) 집행이 면제된 날부터 7년이 지나지 아니한 사람
⑧ 성폭력범죄 또는 아동 · 청소년대상 성범죄를 저지른 사람으로서 형 또는 치료감호를 선고받고 확정된 후 그 형 또는 치료감호의 전부 또는 일부의 집행이 끝나거나(집행이 끝난 것으로 보는 경우 포함) 집행이 유예 · 면제된 날부터 10년이 지나지 아니한 사람

⑤ 해당 시 · 군 · 구 소속의 사회복지업무를 담당하는 공무원
⑥ 후원자 대표 또는 지역주민
⑦ 공익단체에서 추천한 사람
⑧ 그 밖에 시설의 운영 또는 사회복지에 관하여 전문적인 지식과 경험이 풍부한 사람

3) 운영위원회에 보고할 사항(법 제36조 제3항)

① 시설의 회계 및 예산 · 결산에 관한 사항
② 후원금 조성 및 집행에 관한 사항
③ 그 밖에 시설 운영과 관련된 사건 · 사고에 관한 사항

8. 시설의 평가

보건복지부장관과 시 · 도지사는 시설을 정기적으로 평가하고, 그 결과를 공표하거나 시설의 감독 · 지원 등에 반영할 수 있으며 시설 거주자를 다른 시설로 보내는 등의 조치를 할 수 있다(법 제43조의2 제1항).[29] 보건복지부장관이나 시 · 도지사는 평가 결과에 따라 시설 거주자를 다른 시설로 보내는 경우에는 시설 거주자의 권익을 보호하기 위한 조치(법 제38조 제3항)를 하여야 한다(법 제43조의2 제2항).

9. 시설개선명령 · 사업의 정지 · 시설의 폐쇄

보건복지부장관, 시 · 도지사 또는 시장 · 군수 · 구청장은 시설이 다음에 해당할 때에는 시설의 개선, 사업의 정지, 시설의 장의 교체를 명하거나 시설의 폐쇄를 명할 수 있다(법 제40조). 정당한 이유 없이 이 규정을 위반하여 명령에 따르지 아니한 자는 1년 이하의 징역 또는 1,000만원 이하의 벌금에 처한다(법 제54조 제4호). 양벌규정(법 제56조). 시설의 폐쇄를 하고자 할 때에는 청문을 하여야 한다(법 제49조)

① 시설이 설치기준에 미달하게 되었을 때
② 사회복지법인 또는 비영리법인이 설치 · 운영하는 시설의 경우 그 사회복지법인 또는 비영리법인의 설립허가가 취소되었을 때
③ 설치목적이 달성되었거나 그 밖의 사유로 계속하여 운영될 필요가 없다고 인정할 때
④ 회계부정이나 불법행위, 기타 부당행위 등이 발견되었을 때

29) 사회복지시설에 대한 평가제도를 도입하고 그 결과를 시설의 감독 또는 지원에 반영할 수 있도록 함으로써 사회복지시설 상호 간의 경쟁을 통해 능동적이고 적극적인 발전을 촉진시키고자 했다.

⑤ 신고를 하지 아니하고 시설을 설치 · 운영하였을 때
⑥ 운영위원회를 설치하지 아니하거나 운영하지 아니하였을 때
⑦ 정당한 이유 없이 보고 또는 자료 제출을 하지 아니하거나 거짓으로 하였을 때(법 제51조 제1항 관련)
⑧ 정당한 이유 없이 검사 · 질문을 거부 · 방해하거나 기피하였을 때(법 제51조 제1항 후단 관련)
⑨ 시설에서 ㉮성폭력범죄, ㉯아동 · 청소년대상 성폭력범죄, ㉰아동학대 관련 범죄, ㉱노인학대관련범죄, ㉲장애인학대 관련 범죄 ㉳그 밖에 대통령령으로 정하는 성폭력범죄 또는 학대관련범죄 등의 성폭력범죄 또는 학대관련범죄가 발생한 때
⑩ 1년 이상 시설이 휴지상태에 있어 시장 · 군수 · 구청장이 재개를 권고하였음에도 불구하고 재개하지 아니한 때

Ⅱ. 재가복지

1. 재가복지서비스

국가나 지방자치단체는 보호대상자가 다음에 해당하는 재가복지서비스를 제공받도록 할 수 있다(법 제41조의2 제1항). 시장 · 군수 · 구청장은 보호대상자별 서비스의 제공계획에 따라 보호대상자에게 사회복지서비스를 제공하는 경우 시설에의 입소에 우선하여 다음의 재가복지서비스를 제공하도록 하여야 한다(법 제41조의2 제2항).

① **가정봉사서비스:** 가사 및 개인활동을 지원하거나 정서활동을 지원하는 서비스
② **주간 · 단기서비스의 제공서비스:** 주간 · 단기서비스의 제공시설에서 급식 및 치료 등 일상생활의 편의를 낮 동안 또는 단기간 동안 제공하거나 가족에 대한 교육 및 상담을 지원하는 서비스

2. 가정봉사원의 양성

국가나 지방자치단체는 재가복지서비스를 필요로 하는 가정 또는 시설에서 보호대상자가 일상생활을 하기 위하여 필요한 각종 편의를 제공하는 가정봉사원을 양성하도록 노력하여야 한다(법 제41조의4).

제 5 절 사회복지사업의 재정(財政)

1988.02.08. 보건사회부령 제813호 사회복지법인재무 · 회계규칙 제정
2012.08.07. 보건복지부령 제152호 사회복지법인 및 사회복지시설 재무 · 회계규칙 제8차 일부개정
2022.12.28. 보건복지부령 제928호 제21차 일부개정, 2023.01.01. 시행(최신)

Ⅰ. 법인의 재산

사회복지법인은 사회복지사업을 수행할 것을 목적으로 설립된 법인이므로 그 목적사업을 수행하기 위해서 필요한 일정액 이상의 기본재산을 요구한다. 즉, 법인은 사회복지사업의 운영에 필요한 재산을 소유하여야 한다(법 제23조 제1항). 여기서 필요한 재산이라 함은 시설의 설치 · 운영을 목적으로 하는 법인은 시설종류별 규모 이상의 시설을 설치할 수 있는 목적사업용 기본재산을 갖추어야 한다(규칙 제12조 제1항). 만약 시설사업이 아니고 사회복지사업을 지원하는 것을 목적으로 하는 법인은 그 운영경비의 전액을 충당할 수 있는 재산을 갖추어야 한다.

1. 자산의 구분

법인의 재산은 보건복지부령으로 정하는 바에 따라[30] 기본재산과 보통재산으로 구분하며, 기본재산은 그 목록과 가액(價額)을 정관에 적어야 한다(법 제23조 제2항). 사회복지법인이 사회복지시설 운영을 목적으로 하지 아니하고, 사회복지사업을 지원하는 것을 목적으로 하는 '지원사업'은 법인의 운영경비의 전액을 충당할 수 있는 기본재산을 갖추어야 한다(규칙 제13조 제2항). 사회복지법인의 자산구성을 그림으로 나타내면 다음 [그림 3-2]와 같다. 여기서 말하는 각 재산의 성격은 다음과 같다.

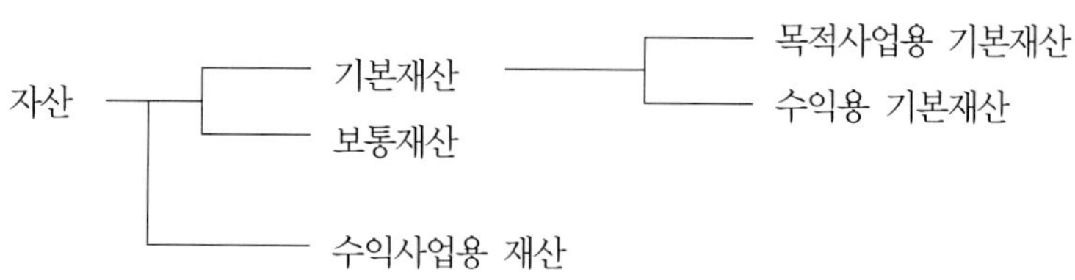

[그림 3-2] 법인의 자산구분

30) 사회복지법인의 재산을 보건복지부령에 위임하고 있는 이 규정이 죄형법정주의의 명확성의 원칙에 위배되거나 처벌법규의 위임의 한계를 일탈하였는지 여부에 대해서 "법 제23조 제2항은 죄형법정주의에서 파생되는 명확성의 원칙에 위배되지 아니하고 처벌법규의 위임의 한계를 일탈하지 아니하여 포괄위임금지의 원칙에도 위배되지 아니한다."는 헌법재판소 판례가 있다(2005헌바66; 헌법재판소공보 제118호, 2006년 8월 20일, p. 1129).

1) **기본재산:** 사회복지법인이 정관에 정한 목적사업을 수행하는 데 꼭 필요한 재산으로 관계 법령이 정한 규모 이상의 재산을 갖추어야 한다. 즉, ① 부동산, ② 정관에서 기본재산으로 정한 재산, ③ 이사회의 결의에 의하여 기본재산으로 편입된 재산 등이다(규칙 제12조 제1항). 기본재산은 목적사업용 기본재산과 수익용 기본재산으로 구분한다. 다만, 지원법인에 있어서는 이를 구분하지 아니할 수 있다(규칙 제12조 제2항).

(1) 목적사업용 기본재산: 법인이 사회복지시설 등을 설치하는 데 직접 사용되는 재산(건물, 운동장 등)을 말한다.

(2) 수익용 기본재산: 법인이 구 수익으로 목적사업의 수행에 필요한 경비를 충당하기 위한 기본재산(예컨대, 임대수입이 있는 건물, 주식 등)을 말한다. 그러나 수익용 기본재산을 갖출 것을 의무화하지는 않았다.

2) **보통재산:** 기본재산 이외의 재산으로서 법인의 운영에 소요되는 재산(집기, 비품, 현금 등)이다.

3) **수익사업용 재산:** 법인의 기본재산과는 별도회계에 속하는 재산으로 그 수입금으로 법인의 목적사업을 지원하기 위해 별도로 출연된 재산을 말한다. 이 재산은 반드시 갖추어야 할 조건은 아니다.

2. 재산의 규모: 목적사업용 기본재산

법인의 자산규모는 시설을 직접 설치 · 운영하는 것을 목적으로 하는 법인과 다른 시설을 재정적으로 원조하는 것을 목적으로 하는 지원법인으로 구분하여 규정하였는데, 시설의 설치 · 운영을 목적으로 하는 법인이 갖추어야 할 기본재산은 다음과 같다.

법인이 시설 등을 설치하는 데 직접 사용되는 재산으로 시행규칙이 정하고 있는 시설 종류별 규모[31] 이상의 시설(건물)과 부지를 갖출 수 있는 재산을 확보하여야 한다. 그 재산의 규모는 다음 [그림 3-3]과 같다.

---

31) 예컨대 2022년기준 노인복지시설의 종류별 규모를 보면 다음과 같다.
- 양로시설: 12.89m²×입소정원(10명 이상)
- 노인요양시설: 15.53m²×입소정원
- 노인전문요양시설: 20.955m²×입소정원
- 실비양로시설: 15.89m²×입소정원
- 실비노인요양시설: 18.53m²×입소정원

시설(건물)비: 총소요면적×정부건축공사비 기준단가
부지매입비: 총소요면적×시가(매매적정가)

[그림 3-3] **목적사업용 기본재산의 규모**

1) **시설법인 기본재산의 기준:** 시설의 설치 · 운영을 목적으로 하는 법인은 다음의 구분에 따라 기본재산을 갖추어야 한다(규칙 제13조 제1항).
   ① **생활시설:** 시설 거주자를 보호하고 의식주를 제공하는 시설이다. 상시 10명 이상의 시설 거주자를 보호할 수 있는 목적사업용 기본재산을 갖추어야 한다. 다만, 10명 미만의 소규모시설을 따로 정하고 있는 경우에는 당해 법령에 의한 시설의 설치기준에 해당하는 목적사업용 기본재산을 갖추어야 한다(규칙 제13조 제1항 제1호).
   ② **이용시설:** 시설이 제공하는 프로그램 이용을 목적으로 하는 시설이다. 당해 법인이 설치 · 운영하고자 하는 시설을 갖출 수 있는 목적사업용 기본재산이다.
   ③ **시설(건물)비:** 목적사업을 수행할 수 있는 정도의 시설규모를 설치할 수 있는 시설(건축)비를 당해연도의 정부예산 편성기준 등 당해 시설의 건축공사비 기준단가에 의거 산정한 가액으로 한다.[32]
   ④ **부지매입비:** 시설소재지(예정지)의 토지의 시가 등 매매적정 가액을 기준으로 하여 산정한다(이미 부지가 확보되어 있는 경우에는 시설비만 확보하면 된다).
2) **지원법인 기본재산의 기준:** 사회복지시설의 설치 · 운영을 목적으로 하지 아니하고 사회복지사업을 지원하는 것을 목적으로 하는 법인은 법인의 운영경비 전액을 충당할 수 있는 기본재산을 갖추어야 한다(규칙 제13조 제2항).

3. 재산취득보고

법인이 매수 · 기부채납(寄附採納) · 후원 등의 방법으로 재산을 취득한 때에는 지체 없이 이를 법인의 재산으로 편입조치하여야 한다. 이 경우 법인은 그 취득사유, 취득재산의 종류 · 수량 및 가액을 매년 시 · 도지사에게 보고하여야 한다(법 제24조). 이 규정에 위반한 자는 300만원 이하의 과태료를 부과한다(법 제58조 제1항).

---

32) 2017년 복지시설의 정부건축공사비 기준단가는 단위면적(㎡)당 2,273,000원/2,460,000원이다(조달청 보도자료(2018.07.16.), 「조달청 '2017년도 공공건축물 유형별공사비 분석' 발표」.

4. 기본재산 처분의 허가

법인은 기본재산에 관하여 기본재산에 관한 임대계약을 갱신하는 경우(규칙 제14조 제2항)를 제외한 다음에 해당하는 경우에는 시 · 도지사의 허가를 받아야 한다(법 제23조 제3항). 이 규정에 위반한 자는 5년 이하의 징역 또는 5천만원 이하의 벌금에 처해진다(법 제53조 제1호).[33] 양벌규정(법 제56조).

① 매도 · 증여 · 교환 · 임대 · 담보제공 또는 용도변경[34]을 하려는 경우

② 보건복지부령(제15조 제1항)이 정하는 금액 이상을 1년 이상 장기차입(長期借入)하려는 경우

Ⅱ. 수익사업

1. 수익사업의 승인

사회복지법인은 그 기본재산만으로 소기의 목적을 달성하기가 어려울 때 그 사업을 재정적으로 돕기 위해 본래의 목적인 사회복지사업 이외에 수익을 목적으로 하는 사업을 할 수 있다. 즉, 법인은 목적사업의 경비에 충당하기 위하여 필요할 때에는 법인의 설립목적 수행에 지장이 없는 범위에서 수익사업을 할 수 있다(법 제28조 제1항).

2. 수익사업의 조건

법인은 수익사업에서 생긴 수익을 법인 또는 법인이 설치한 사회복지시설의 운영 외의 목적에 사용할 수 없다(법 제28조 제2항). 이 규정을 위반하면 1년 이하의 징역 또는 1천만원 이하의

33) 법 제53조 제1호의 법정형의 과잉 내지 형벌체계상의 균형성 상실 여부에 대해서 헌법재판소는 "법 제53조 제1호 조항에서는 법정형의 종류를 징역형과 벌금형으로 규정하여 죄질에 따라 벌금형을 선택할 수 있도록 하고 있을 뿐만 아니라 징역형의 상한도 5년 이하로 그리 높지 않다. 또한 이 사건 법률과 입법목적과 보호법익이 유사한 사립학교법이나 공익법인의 설립 · 운영에 관한 법률에서 정한 법정형과 비교하더라도 징역형의 상한이 다소 높기는 하지만 벌금형은 중하지 않다. 따라서 위 법률조항의 법정형이 형벌체계상의 균형을 잃은 것이라거나 책임과 형벌 간의 비례원칙에 반하는 과잉입법이라고는 할 수 없다."고 판단하였다(2005헌바66; 헌법재판소공보 제118호, 2006년 8월 20일, p. 1129).

34) 법 제23조 제3항 제1호의 '용도변경' 부분이 죄형법정주의의 명확성의 원칙에 위배되는지 여부에 대해서 "처분의 제한 대상으로서 '용도변경'은 '매도 · 증여 · 교환 · 임대 · 담보제공이 아닌 방법으로 사회복지법인의 기본재산을 처분하는 행위, 즉 기본재산의 현상에 변동을 일으키는 행위 중 위와 같은 입법목적을 침해할 우려가 있는 행위'라고 충분히 해석이 가능하다고 할 것이므로, 법 제23조 제3항 제1호 중 '용도변경' 부분은 죄형법정주의에서 파생된 명확성의 원칙에 위배되지 않는다."고 판단하였다(2005헌바66; 헌법재판소공보 제118호, 2006년 8월 20일, p. 1129).

벌금에 처해진다(법 제54조 제2호). 양벌규정(법 제56조).

3. 분리회계의 원칙

수익사업에 관한 회계는 법인의 다른 회계와 분리하여 회계처리하여야 한다(법 제28조 제3항).

Ⅲ. 보조금

1. 보조금의 지급

국가나 지방자치단체는 사회복지사업을 하는 자 중 대통령령으로 정하는 자에게 운영비 등 필요한 비용의 전부 또는 일부를 보조할 수 있다(법 제42조 제1항). 여기서 '대통령령이 정하는 자'라 함은 ① 사회복지법인, ② 사회복지사업을 수행하는 비영리법인, ③ 사회복지시설 서비스의 제공 대상자를 수용하거나 보육·상담 및 자립지원을 하기 위하여 사회복지시설을 설치·운영하는 개인을 말한다(령 제20조).

2. 보조금의 목적 외 사용금지 원칙

이 보조금을 그 목적 외의 용도에 사용할 수 없다(법 제42조 제2항). 이 규정을 위반한 자는 5년 이하의 징역 또는 5천만원 이하의 벌금을 부과한다(법 제53조). 양벌규정(법 제56조).

3. 예산전용과 예산의 이월

1) **예산전용의 허용:** 법인회계 및 시설회계의 예산은 세출예산이 정한 목적 외에 이를 사용하지 못하는 것이 원칙이다(재무·회계 규칙 제15조). 그러나 예산집행에 탄력성을 부여함으로써 사업계획이나 여건변동에 따른 집행의 효율화를 기하기 위하여 예산의 관·항·목[35] 간 전용과 세출예산의 이월이라는 제도를 인정하고 있다.

   법인의 대표이사 및 시설의 장은 관·항·목 간의 예산을 전용할 수 있다. 다만, 법인 및 시설(소규모 시설 제외)의 관 간 전용 또는 동일 관 내의 항 간 전용을 하려면 이사회의 의결 또는 시설운영위원회에의 보고를 거쳐야 하되, 법인이 설치·운영하는 시설인 경우에는 시설운영위원회에 보고한 후 법인이사회의 의결을 거쳐야 한다(재무·회계 규칙 제

35) 예산서와 결산서의 내용을 관(款)과 항(項)과 목(目)의 순서로 단위를 구분한다.

16조 제1항).[36)]

예산총칙에서 전용을 제한하고 있거나 이사회 및 시설 예산심의과정에서 삭감한 관·항·목으로는 전용하여서는 아니 되며, 노인장기요양기관의 장은 예산을 전용하는 때에는 장기요양급여비용 중 그 일부를 보건복지부장관이 정하여 고시하는 비율에 따라 인건비로 편성하여야 한다(재무·회계 규칙 제16조 제2항).

법인의 대표이사 및 시설의 장은 관·항 간 예산을 전용한 경우에는 관할 시장·군수·구청장에게 결산보고서를 제출할 때에 과목 전용조서를 첨부하여야 한다(재무·회계 규칙 제16조 제3항).

2) **세출예산의 이월:** 법인의 대표이사 및 시설의 장은 법인회계와 시설회계의 세출예산 중 경비의 성질상 당해회계연도 안에 지출을 마치지 못할 것으로 예측되는 경비와 연도 내에 지출원인행위를 하고 불가피한 사유로 인하여 연도 내에 지출하지 못한 경비를 각각 이사회의 의결 및 시설운영위원회에의 보고를 거쳐 다음 연도에 이월하여 사용할 수 있다. 다만, 법인이 설치·운영하는 시설인 경우에는 시설운영위원회에 사전 보고한 후 법인이사회의 의결을 거쳐야 한다(재무·회계 규칙 제17조).

3) **특정목적사업예산의 적립:** 법인의 대표이사 및 시설의 장은 완성에 수년을 요하는 공사나 제조 그밖의 특수한 사업을 위하여 2회계연도 이상에 걸쳐서 그 재원을 적립할 필요가 있는 때에는 회계연도마다 일정액을 예산에 계상하여 특정목적사업을 위한 적립금으로 적립할 수 있다(재무·회계 규칙 제18조 제1항).

적립금의 적립 및 사용 계획(변경된 계획 포함)은 시장·군수·구청장에게 사전에 보고하여야 한다(재무·회계 규칙 제18조 제2항). 적립금은 그 적립목적에만 사용하여야 한다(재무·회계 규칙 제18조 제3항).

36) 시설회계 세출예산과목을 예로 들어보면, (관) 사무비에 (항) 인건비, 판공비, 여비… 등이 있고, (항) 인건비에 (목) 급여, 상여금, 일용잡급, 제 수당, … 기타 등이 있다. 그리고 (관) 사업비에 (항) 운영비, 교육비가 있고, (항) 운영비에 (목) 생계비, 수용기관경비, 피복비, 의료비, … 등이 있다. 이때 관·항·목 간의 예산을 전용할 수 있다면 직원 인건비를 아껴 남은 비용으로 수용보호자들의 생계비에 보태 쓸 수 있다는 뜻이다. 물론, 그 반대도 가능하다. 그러나 이럴 경우에는 관 간의 전용이므로 이사회의 의결을 거쳐 관할시장·군수·구청장의 허가를 받아야 한다. 또 판공비를 절약하여 인건비를 늘린다면, 이는 동일 관 내의 항간 전용이므로 이사회의 의결을 거치면 가능하다. 생계비에서 남는 비용이 있어 이를 피복비에 보태서 지출하는 문제는 목 간의 전용이므로 법인대표이사의 자유재량에 속한다.

4. 보조금의 환수

국가나 지방자치단체는 보조금을 받은 자가 다음에 해당할 때에는 이미 지급한 보조금의 전부 또는 일부의 반환을 명할 수 있다. 다만, ①②호의 경우에는 반드시 반환을 명하여야 한다(법 제42조 제3항). 즉, ① 거짓이나 그 밖의 부정한 방법으로 보조금을 받았을 때, ② 사업목적 이외의 용도에 보조금을 사용하였을 때, ③ 이 법(사회복지사업법) 또는 이 법에 의한 명령을 위반하였을 때 등이다.

Ⅳ. 비용의 징수

1. 비용징수의 의의

복지조치에 필요한 비용을 부담한 지방자치단체의 장이나 그 밖에 시설을 운영하는 자는 그 혜택을 받은 본인 또는 그 부양의무자로부터 그가 부담한 비용의 전부 또는 일부를 징수할 수 있다(법 제44조).

비용의 징수규정은 사회복지의 일차적인 책임이 어디까지나 개인에게 있음을 나타내는 규정이라 할 수 있다. 즉, 자본주의 원칙 중의 하나인 자기생활 책임 원칙의 한 표현인 것이다. 사회복지서비스에 대한 비용징수는 자유주의 복지이념을 채택하고 있는 국가의 일반적 유형 중의 하나이다(金根祚, 1994: 137).

2. 비용징수의 절차 및 대상

비용을 징수하고자 하는 때에는 그 산출근거를 명시하여 서면으로 통지하여야 한다. 다만, 그 혜택을 받은 본인이 국민기초생활보장법에 의한 수급자인 경우에는 그 비용을 징수하지 아니한다(령 제21조 제1항).

Ⅴ. 후원금

1. 후원금 관리의 투명성 확보

사회복지법인의 대표이사와 시설의 장은 아무런 대가 없이 무상으로 받은 금품이나 그 밖의 자산(후원금)의 수입 · 지출내용을 공개하여야 하며, 그 관리에 명확성이 확보되도록 하여야 한다(법 제45조 제1항). 법인의 대표이사와 시설의 장은 후원금의 수입 · 지출 내용과 관리에 명확성이 확보되도록 하여야 한다(재무 · 회계 규칙 제41조의2 제1항). 이 규정에 위반한 자는 300만원 이하의 과태료를 부과한다(법 제58조 제1항).

2. 개인결연후원금의 별도관리

시설 거주자가 받은 개인결연후원금을 당해인이 정신질환, 기타 이에 준하는 사유로 관리능력이 없어 시설의 장이 이를 관리하게 되는 경우에도 또한 같다(재무 · 회계 규칙 제41조의2 제1항).

3. 후원금품대장의 비치

시설의 장은 후원금품대장 등 보건복지부령이 정하는 서류를 시설 내에 비치하여야 한다(법 제37조). 이 규정에 위반한 자는 300만원 이하의 과태료를 부과한다(법 제58조 제1항).

4. 후원금의 영수증 발급

1) **영수증 발급대장 작성 · 비치:** 후원금을 받은 때에는 후원금 영수증을 발급하여야 하며, 영수증 발급목록을 별도의 장부로 작성 · 비치하여야 한다(재무 · 회계 규칙 제41조의4 제1항).
2) **후원금전용계좌 사용:** 금융기관 또는 체신관서의 계좌입금을 통하여 후원금을 받은 때에는 법인명의의 후원금전용계좌나 시설의 명칭이 부기된 시설장 명의의 '후원금전용계좌 등'을 사용하여야 한다. 이 경우 후원자가 영수증 발급을 원하는 경우를 제외하고는 영수증의 발급을 생략할 수 있다(재무 · 회계 규칙 제41조의4 제2항).

5. 후원금의 수입 및 사용내용통보

법인의 대표이사와 시설의 장은 연 1회 이상 해당 후원금의 수입 및 사용내용을 후원금을 낸 법인 · 단체 또는 개인에게 통보하여야 한다. 이 경우 법인이 발행하는 정기간행물 또는 홍보지 등을 이용하여 일괄 통보할 수 있다(재무 · 회계 규칙 제41조의5).

6. 후원금의 수입 · 사용결과에 대한 조치

1) **후원금의 수입 · 사용결과 보고:** 법인의 대표이사와 시설의 장은 결산보고서를 제출할

때에 후원금수입 및 사용결과보고서(전산파일 포함)를 관할 시장 · 군수 · 구청장에게 제출하여야 한다(재무 · 회계 규칙 제41조의6 제1항).

2) **후원금의 수입 · 사용결과 공개:** 시장 · 군수 · 구청장은 제출받은 후원금수입 및 사용결과보고서를 제출받은 날부터 20일 이내에 인터넷 등을 통하여 3개월 동안 공개하여야 하며, 법인의 대표이사 및 시설의 장은 해당 법인 및 시설의 게시판과 인터넷 홈페이지에 같은 기간 동안 공개하여야 한다. 다만, 후원자의 성명(법인 등의 경우는 그 명칭)은 공개하지 아니한다(재무 · 회계 규칙 제41조의6 제2항).

7. 후원금의 용도 외 사용금지

법인의 대표이사와 시설의 장은 후원금을 후원자가 지정한 사용용도 외의 용도로 사용하지 못한다(재무 · 회계 규칙 제41조의7 제1항). 보건복지부장관은 후원자가 사용용도를 지정하지 아니한 후원금에 대하여 그 사용기준을 정할 수 있다(재무 · 회계 규칙 제41조의7 제2항).

후원금의 수입 및 지출은 예산의 편성 및 확정절차에 따라 세입 · 세출예산에 편성하여 사용하여야 한다(재무 · 회계 규칙 제41조의7 제3항).[37]

Ⅵ. 세제상의 지원

1. 상속세 · 증여세

사회복지사업법에 의해 설립된 사회복지법인이 운영하는 사업(상속세 및 증여세법 제16조 제1항; 동 시행령 제12조 제3호)과 공익법인[38]이 운영하는 사업(상속세 및 증여세법 제16조 제1항; 동 시행령 제12조 제5호)에 출연한 재산은 상속세와 증여세가 면제된다.[39]

37) 여기서 사용용도라 함은 프로그램 수행에 직접 필요한 운영비와 이에 수반되는 인건비는 포함된다. 그러나 판공비 · 정보비 등은 사용용도 외의 용도라고 본다.

38) 재단법인이나 사단법인으로서 사회 일반의 이익에 이바지하기 위하여 학자금 · 장학금 또는 연구비의 보조나 지급, 학술, 자선(慈善)에 관한 사업을 목적으로 하는 법인을 '공익법인'이라 한다(공익법인의 설립 · 운영에 관한 법률 제2조).

39) 이것은 사회복지법인의 재정적 지원과 기업 또는 개인재산의 사회 환원을 목적으로 상속재산을 공익사업에 기부하도록 유도하기 위한 세제상의 특혜조처인 것이다.

2. 법인세

법인세법은 사회복지법인을 비영리법인으로 보아 법인세를 부과하지 아니한다. 다만, 법인이 별도의 수익사업을 벌일 때는 그 부분에 대해서만 법인세가 부과된다(법인세법 제1조 제2호 나). 그뿐 아니라 사회복지사업에 직접 관계되는 시설의 건물과 토지에 대해서는 조세 및 공과금이 면제된다.

3. 기부금

1) **법인의 기부금:** 내국법인이 각 사업연도에 지출한 기부금 중 사회복지 · 문화 · 예술 · 교육 · 종교 · 자선 · 학술 등 공익성을 고려하여 '지정기부금' 중 '손금산입한도액'(10%)을 뺀 금액에 10%를 곱하여 산출한 금액, 즉 손금산입한도액을 손금에 산입한다. 다만, 손금한도액을 초과하는 금액과 지정기부금 외의 기부금은 해당 사업연도의 소득금액을 계산할 때 손금(損金)에 산입하지 아니한다(법인세법 제24조; 동 시행령 제36조 제1항 제1호 가목).
2) **개인의 기부금:** 국가는 사회복지법인에 대해서 직접적으로 각종 세금의 부담의무를 면제해 줌으로써 혜택을 줄 뿐만 아니라 기업이나 개인이 사회복지법인에 기부할 경우 기부금액에 상당하는 만큼의 세제상 혜택을 줌으로써 간접적으로 사회복지법인에 기부를 권장하고 있다. 사회복지사업 등 공익성을 감안하여 대통령령(소득세법 시행령 제80조 제1항 제1호)이 정하는 '지정기부금'은 30% 한도 내에서 필요경비로 인정한다(소득세법 제34조 제1항 제2호).

Ⅶ. 압류의 금지

사회복지 관련 법률에 의하여 지급된 금품과 이를 받을 권리는 압류하지 못한다(법 제48조).

Ⅷ. 해산법인의 남은 재산 처리

1. 국가 · 지방자치단체에 귀속

사회복지법인이 해산하게 되면 남은 재산은 정관으로 정하는 바에 따라 국가 또는 지방자치단체에 귀속된다(법 제27조 제1항).

2. 귀속된 재산의 사용방법

국가 또는 지방자치단체에 귀속된 재산은 사회복지사업에 사용하거나 유사한 목적을 가진 법인에 무상으로 대여하거나 무상으로 사용 · 수익하게 할 수 있다(법 제27조 제2항). 다만, 해산한 법인의 이사 본인 및 그와 특별한 관계에 있는 사람이 이사로 있는 법인에 대하여는 그러하지 아니하다(법 제27조 제2항 단서). 여기서 말하는 대통령령이 정하는 '특별한 관계에 있는 사람'이라 함은 법인이사로 될 수 없는 특별한 친인척관계 내지는 긴밀한 관계에 있는 사람(법 제9조 제1항 제2호 내지 제5호)을 말한다(령 제10조의5).[40]

Ⅸ. 공동모금: 사회복지공동모금회법

1969.12.23. 사회복지사업법 제정, 공동모금회 규정 둠
1980.12.31. 사회복지사업기금법 제정
1983.04.30. 사회복지사업법 개정, 공동모금회 규정 삭제
1997.03.27. 법률 제5317호 '사회복지사업기금법' 폐지, '사회복지공동모금회법' 제정,
1999.03.31. 법률 제5960호 제1차 전부개정
2019.01.15. 법률 제16246호 제15차 일부개정 2019.01.15. 시행(최신)

사회복지공동모금운동은 자원봉사활동과 함께 민간의 자율적이고 능동적인 사회복지사업 참여운동이다. 사회복지공동모금은 종래의 관주도로 이루어지던 각종 이웃돕기 성금모금을 지양하고 민간이 직접 모금 · 배분 · 관리를 관장하도록 하려는 것이다. 이렇게 함으로써 이웃돕기운동의 자율성을 확립하고 민간의 적극적인 참여를 조장하는 데 목적이 있다.

40) 이 조항이 사회복지사업법에 규정됨으로써 사회복지사업법인이 소멸되어 청산절차를 거치게 되면 이 법의 규정에 따라 잔여재산이 처리된다. 최초의 사회복지사업법에서는 아무런 규정을 두지 않아 민법의 규정을 준용하였다. 즉, 법인이 소멸되면 그 잔여재산은 청산의 범위 내에서 정리를 하고, 남는 재산이 있을 때에는 ① 정관으로 지정한 자에게 귀속하거나, ② 정관에 별도의 규정이 없다면 이사회의 결의로 시 · 도지사의 허가를 얻어 그 법인의 목적과 유사한 목적을 위해 쓸 수 있었다. ③ 이렇게 해도 처분되지 않는 재산이 있다면 그것은 국고에 귀속되었다(민법 제80조). 이와 같이 종전의 민법규정을 준용할 때는 잔여재산의 귀속자를 정관에서 광범위하게 정할 수 있었으나 그 후 개정법에서는 잔여재산의 귀속자를 국가 · 지방자치단체 또는 본래의 법인과 유사한 목적을 가진 법인으로 제한했다. 만일, 정관에 잔여재산의 처리에 관한 규정을 두지 않았으면 그 재산은 국고에 귀속되었다. 그러나 최근 개정법은 잔여재산처리에 관한 분명한 규정을 두어 국가 · 지방자치단체에 귀속된다(법 제27조 제1항)고 못박았다. 따라서 정관으로 다른 누구에게도 줄 수 없게 되었다. 동시에 국가 또는 지방자치단체에 귀속된 재산은 사회복지사업에 사용하거나 유사한 목적을 가진 법인에게 무상으로 대부하거나 무상으로 사용 · 수익하게 할 수 있도록 했다(법 제27조 제2항). 다만, 해산한 법인의 이사 본인 및 그와 특별한 관계에 있는 자가 이사로 있는 법인에 대하여는 그러하지 아니하다(법 제27조 제2항 단서). 결국 한 번 사회복지사업에 쓰기로 결정된 재산은 어떤 경우에라도 반드시 사회복지사업에만 쓰여지도록 한 것이다.

'사회복지공동모금'이란 사회복지사업이나 그 밖의 사회복지활동 지원에 필요한 재원을 조성하기 위하여 '사회복지공동모금회법'에 따라 기부금품을 모집하는 것을 말한다(모금회법 제2조 제2호). 오늘날 공동모금의 재원(財源)은 사회복지사업과 사회복지활동에 중요한 역할을 담당하고 있다.

1. 사회복지공동모금회법의 목적

사회복지공동모금회법은 '사회복지공동모금회의 공동모금을 통하여 국민이 사회복지를 이해하고 참여하도록 함과 아울러 국민의 자발적인 성금으로 조성된 재원(財源)을 효율적이고 공정하게 관리 · 운용함으로써 사회복지증진에 이바지함'을 목적으로 한다(모금회법 제1조).

2. 사회복지공동모금회 운영의 기본원칙

1) **강제모금금지의 원칙:** 기부하는 자의 의사에 반하여 기부금품을 모집하여서는 아니된다(모금회법 제3조 제1항). 이 규정을 위반하여 강제모금한 자는 3년 이하의 징역 또는 3천만원 이하의 벌금에 처한다(모금회법 제35조 제1항 제1호). 양벌규정(모금회법 제36조).
2) **공정배분의 원칙:** 조성된 '공동모금재원'은 지역 · 단체 · 대상자 및 사업별로 복지수요가 공정하게 충족되도록 배분하여야 하고, 모금회법의 목적 및 용도에 맞도록 공정하게 관리 · 운용하여야 한다(모금회법 제3조 제2항).
3) **배분결과 공개의 원칙:** 공동모금재원의 배분은 객관적인 기준에 따라 효율적으로 이루어지도록 하고, 그 결과를 공개하여야 한다(모금회법 제3조 제3항). 배분결과를 공개하지 아니하거나 거짓으로 공개한 자는 1년 이하의 징역 또는 1천만원 이하의 벌금에 처한다(모금회법 제35조 제3항). 양벌규정(모금회법 제36조).
4) **지역모금의 지역배분 원칙:** 지회에서 조성한 공동모금재원은 당해 시 · 도의 배분 대상자에게 배분하는 것을 원칙으로 한다(모금회법 제15조 제3항).

3. 공동모금회의 재원

1) **재원의 조성:** 모금회의 사업에 필요한 경비는 다음의 재원으로 조성한다(모금회법 제17조).
   ① 사회복지공동모금에 의한 기부금품
   ② 법인이나 단체가 출연하는 현금 · 물품 또는 그 밖의 재산
   ③ 복권 및 복권기금법에 따라 배분받은 복권수익금

④ 그 밖의 수입금

2) 기부금품의 모집

(1) **연중모금**: 모금회는 사회복지사업이나 그 밖의 사회복지활동의 지원을 위하여 연중 기부금품을 모집 · 접수할 수 있다(모금회법 제18조 제1항).

(2) **집중모금**: 모금회는 효율적인 모금을 위하여 기간을 정하여 집중모금을 실시할 수 있다(모금회법 제18조 제4항). 모금회는 집중모금을 하려면 그 모집일부터 15일 전에 그 내용을 보건복지부장관에게 보고하여야 하며, 그 모집을 종료하였을 때에는 모집종료일부터 1개월 이내에 그 결과를 보건복지부장관에게 보고하여야 한다(모금회법 제18조 제3항).

(3) **복권의 발행**: 모금회는 사회복지사업이나 그 밖의 사회복지활동 등을 지원하기 위한 재원을 조성하기 위하여 복권을 발행할 수 있다(모금회법 제18조의2 제1항).[41]

4. 모금액의 사용

1) 재원의 사용

(1) **사회복지에 한정사용**: 공동모금재원은 사회복지사업이나 그 밖의 사회복지활동에 사용한다(모금회법 제25조 제1항).[42]

(2) **회계연도 내 지출의 원칙**: 매 회계연도에 조성된 공동모금재원은 해당 회계연도에 지출하는 것을 원칙으로 한다. 다만, 재난구호 및 긴급구호 등 긴급히 지원할 필요가 있을 때를 대비하여 매 회계연도의 공동모금재원 일부를 적립하는 경우에는 그러하지 아니하다(모금회법 제25조 제2항).

(3) **회계연도 이월을 허용하는 경우**: 다음에 해당하는 경우에는 매 회계연도에 조성된 공동

41) 복권의 발행에 관하여는 사행행위 등 규제 및 처벌 특례법을 적용하지 아니한다(모금회법 제18조의2 제4항).

42) 국가는 사회복지와 사회보장의 증진에 노력할 의무가 있다(헌법 제34조 제2항). 따라서 개인이 감당할 수 없는 사회복지의 문제는 일차적으로 국가에 그 책임이 있다. 그럼에도 불구하고 공동모금의 재원을 사회복지사업에만 한정하여 사용하도록 한 것은 사회복지의 발전을 가로막는 처사가 될 수 있다. 역사적으로 볼 때 사회복지사업은 민간에 의해서 수행되어 오던 것을 국가의 책임으로 떠맡은 것이다. 우리나라 사회복지사업법이 사회복지의 범위를 점차적으로 확대시켜 왔을 뿐 아니라 장애인복지법이 장애인의 범위를 점차적으로 확대시켜 왔음을 우리는 잘 알고 있다. 예컨대, 다문화가족지원법이 생기기 전에는 다문화가족을 지원하는 사업을 사회복지사업으로 보지 않았다. 자폐아를 장애인으로 보기 전에는 자폐아를 위한 복지사업을 해도 그것은 사회복지사업이 아니었다. 현재 AIDS환자를 돕는 사업을 해도 그것은 현행법상으로는 아직 사회복지사업이 아니다. 이럴 때 국가는 아무런 책임도 지지 않을 뿐 아니라 지원도 잘 하지 않는다. 이런 경우에 공동모금회는 적극적으로 지원을 해야 할 터임에도 불구하고 사회복지사업법에서 말하는 사회복지사업이 아니므로 지원을 하지 못하게 되는 것이다. 따라서 그 밖의 사회복지활동을 폭넓게 적용해야 할 것이다.

모금재원의 일부를 이사회 의결을 거쳐 다음 회계연도에 이월(移越)하여 지출할 수 있다(모금회법 제25조 제3항).

① 사용 용도 등이 지정되어 기부된 공동모금재원으로서 모금목적사업의 특성상 해당 회계연도에 지출을 완료하기 어려운 경우

② 공동모금재원의 배분에 대한 계획이 2 회계연도 이상에 걸쳐 있는 경우로서 사업의 성격상 다음 회계연도에 이월하여 지출하는 것이 필요하다고 인정되는 경우

③ 해당 회계연도 말에 집중 조성된 공동모금재원으로서 부득이한 사유로 그 회계연도에 지출하기 어려운 경우

(4) **관리 · 운영비의 사용한도:** 기부금품 모집과 모금회의 관리 · 운영에 필요한 비용은 바로 앞 회계연도 모금총액의 10%의 범위에서 이사회의 의결을 거쳐 사용할 수 있다(모금회법 제25조 제4항).[43)]

이사회가 의결한 비율을 초과하여 기부금품 모집과 모금회의 관리 · 운영에 필요한 비용을 사용한 자는 3년 이하의 징역 또는 3천만원 이하의 벌금에 처한다(모금회법 제35조 제2항 제4호). 양벌규정(모금회법 제36조).

(5) **국제보건의료지원사업에 대한 배분:** 모금회는 제27조제1항에 따라 지정되지 아니한 기부금품의 100분의 10의 범위에서 이사회 의결로 정하는 비율에 따라 다음 각 호의 사업에 배분할 수 있다(모금회법 제20조의2).

① 개발도상국가를 비롯한 외국 및 군사분계선 이북지역의 보건의료수준의 향상을 위한 사업

② 주요 감염병 퇴치 등에 대한 사업

2) **사업계획의 제출:** 모금회는 매 회계연도의 사업계획 및 예산안을 회계연도가 시작되기 1개월 전에 보건복지부장관에게 제출하여야 한다(모금회법 제26조 제1항). 사업계획이나 예

43) 모금회법은 1997년 제정 당시 관리 · 운영비 한도를 모금액의 2%로 정했다. 그러나 당시 이웃돕기성금 모금실적에 의하면 1995년도에 165억원을 모금하여 그 2%라면 3억원 남짓밖에 안 된다. 이것으로는 운영비에 충당할 수 없다고 보아 1999.03.31. 제1차 개정에서 관리 · 운영비 한도를 10%로 상향조정하였다. 모금회법은 1998년 7월에 발효하여 그해 11월에 모금회를 설립하였고, 연말부터 최초로 모금운동을 실시하였다. 그 결과 1999년에 320억 원, 2000년에 411억원의 모금 실적을 올렸다. 따라서 운영비도 30~40억원 정도로 증가하였다. 그러나 해가 갈수록 모금실적이 향상되어 2010년에는 모금회 발족 당시에 비해 무려 10배가량 증가한 3,150억원(2010)의 모금실적을 올려 그 운영비도 무려 300억원이 넘게 되었다. 이렇게 되자 정부로부터 독립된, 민간의 자율로 운영되는 모금회의 특성상 적절한 감시 기능이 소홀한 틈을 타 2010년 11월에 모금회 직원들의 성금 일부를 유흥비로 탕진한 사실이 드러나는 전대미문의 소동을 빚은 바 있다.

산안을 제출하지 아니한 자는 3년 이하의 징역 또는 3천만원 이하의 벌금에 처한다(모금회법 제35조 제2항 제2호).

모금회가 예산안을 작성할 때에는 배분계획과 모금경비 및 모금회의 운영비 등을 포함하여야 한다(모금회법 제26조 제2항). 모금회는 매 회계연도 종료 후 3개월 이내에 세입·세출 결산서를 작성하여 보건복지부장관에게 제출하여야 한다. 이 경우 회계법인의 감사보고서를 붙여야 한다(모금회법 제26조 제3항).

3) **사용용도 지정 기부:** 기부금품의 기부자는 배분지역·배분대상자 또는 사용 용도를 지정할 수 있다(모금회법 제27조 제1항). 모금회는 지정 취지가 이 법의 목적·취지나 공직선거법을 위반하는 경우 그 사실을 기부자에게 설명하고 이 법의 목적·취지와 공직선거법을 위반하지 아니하도록 지정할 것을 요구하거나 그 지정을 철회할 것을 요구하여야 한다. 기부자가 이에 따르지 아니하는 경우에는 기부금품을 접수하지 아니하여야 한다(모금회법 제27조 제2항). 모금회는 지정이 있는 경우 그 지정 취지에 따라 기부금품을 사용하여야 한다(모금회법 제27조 제3항).

제6절 사회복지사(Social Worker)

1. 사회복지사의 자격

1) **사회복지사 자격증의 발급:** 보건복지부장관은 사회복지에 관한 전문지식과 기술을 가진 사람에게 사회복지사 자격증을 발급할 수 있다(법 제11조 제1항).

2) **사회복지사 자격증의 대차(貸借) 및 알선(斡旋) 금지:** 사회복지사 자격증을 발급받은 사람은 다른 사람에게 그 자격증을 빌려주어서는 아니 되고, 누구든지 그 자격증을 빌려서는 아니 된다(법 제11조 제6항). 또한 누구든지 금지된 행위를 알선하여서는 아니 된다(법 제11조 제7항).

이를 위반하여 사회복지사 자격증을 다른 사람에게 빌려주거나 빌린 사람 및 사회복지사 자격증을 빌려주거나 빌리는 것을 알선한 사람은 1년 이하의 징역 또는 1천만원 이하의 벌금에 처한다(법 제54조 1의2호 및 1의3호).

3) **사회복지사의 등급:** 사회복지사의 등급은 1급·2급으로 하되, 정신건강·의료·학교 영역에 대해서는 영역별로 정신건강사회복지사·의료사회복지사·학교사회복지사의 자

격을 부여할 수 있다(법 제11조 제2항).

4) **정신건강 · 의료 · 학교사회복지사의 자격:** 사회복지사 1급 자격은 국가시험에 합격한 사람에게 부여하고, 정신건강사회복지사 · 의료사회복지사 · 학교사회복지사의 자격은 1급 사회복지사의 자격이 있는 사람 중에서 보건복지부령으로 정하는 수련기관에서 수련을 받은 사람에게 부여한다(법 제11조 제3항).

5) **사회복지사의 결격사유:** 다음에 해당하는 사람은 사회복지사가 될 수 없다(법 제11조의 2).[44)]

① 피성년후견인
② 금고 이상의 형을 선고받고 그 집행이 끝나지 아니하였거나 그 집행을 받지 아니하기로 확정되지 아니한 사람
③ 법원의 판결에 따라 자격이 상실되거나 정지된 사람
④ 마약 · 대마 또는 향정신성의약품의 중독자
⑤ 정신질환자 다만, 전문의가 사회복지사로서 적합하다고 인정하는 사람은 제외.

6) **사회복지사의 자격취소:** 보건복지부장관은 사회복지사가 다음에 해당하는 경우 그 자격을 취소하거나 1년의 범위에서 정지시킬 수 있다. 다만, 제1호부터 제4호까지에 해당하면 그 자격을 취소하여야 한다(법 제11조의3 제1항).

보건복지부장관은 사회복지사의 업무수행 중 그 자격과 관련하여 고의나 중대한 과실로 다른 사람에게 손해를 입힌 경우(법 제11조 제1항 제4호)에 해당하여 사회복지사의 자격을 취소하거나 정지시키려는 경우에는 한국사회복지사협회의 장 등 관계 전문가의 의견을 들을 수 있다(법 제11조의3 제2항).

자격이 취소된 사람은 취소된 날부터 15일 내에 자격증을 보건복지부장관에게 반납하여야 한다(법 제11조의3 제3항). 보건복지부장관은 자격이 취소된 사람에게는 그 취소된 날부터 2년 이내에 자격증을 재교부하지 못한다(법 제11조의3 제4항).

① 거짓이나 그 밖의 부정한 방법으로 자격을 취득한 경우
② 사회복지사의 결격사유(법 제11조의2) 중 어느 하나에 해당하게 된 경우
③ 자격증을 대여 · 양도 또는 위조 · 변조한 경우
④ 사회복지사의 업무수행 중 그 자격과 관련하여 고의나 중대한 과실로 다른 사람에게 손해를 입힌 경우

44) 이 규정은 종전에 시행령으로 규정했던 내용을 법률로 바꾼 것이다. 그것은 헌법에 보장된 직업선택의 자유를 법률이 아닌 시행령으로 규정한다는 것은 잘못이라는 지적에 따른 것이다.

⑤ 자격정지 처분을 3회 이상 받았거나, 정지 기간 종료 후 3년 이내에 다시 자격정지 처분에 해당하는 행위를 한 경우

⑥ 자격정지 처분 기간에 자격증을 사용하여 자격 관련 업무를 수행한 경우

7) **등급별 자격기준:** 사회복지사의 등급별 자격기준은 다음 〈표 3-3〉과 같다(령 제2조 제1항). 정부는 원격대학 · 학점은행제 등 평생학습과정의 이수자에게도 사회복지사 자격을 부여할 수 있도록 하였다.

〈표 3-3〉 **사회복지사의 등급별 자격기준**

등 급	자격 기준
사회복지사 1급	국가시험에 합격한 자
사회복지사 2급	㉮ 대학원에서 사회복지학 또는 사회사업학을 전공하고 석사학위 또는 박사학위를 취득한 자. 다만, 대학에서 사회복지학 또는 사회사업학을 전공하지 아니하고 동 석사학위를 취득한 자는 보건복지부령이 정하는 사회복지학 전공교과목과 사회복지 관련 교과목 중 사회복지현장실습을 포함한 필수과목 6과목 이상(대학에서 이수한 교과목을 포함하되, 대학원에서 4과목 이상을 이수), 선택과목 2과목 이상을 각각 이수한 경우에 한하여 사회복지사 자격을 인정한다. ㉯ 대학에서 사회복지학 전공교과목과 사회복지 관련 교과목을 이수하고 학사학위를 취득한 자 ㉰ 대학을 졸업한 자와 동등 이상의 학력이 있다고 인정하는 자로서 사회복지학 전공과목과 사회복지 관련 교과목을 이수한 자 ㉱ 전문대학에서 사회복지학 전공교과목과 사회복지 관련 교과목을 이수하고 졸업한 자 ㉲ 전문대학을 졸업한 자와 동등 이상의 학력이 있다고 인정하는 자로서 사회복지학 전공교과목과 사회복지 관련 교과목을 이수한 자 ㉳ 대학을 졸업하거나 이와 동등 이상의 학력이 있는 자로서 교육훈련기관[45]에서 12주 이상 사회복지사업에 관한 교육훈련을 이수한 자 ㉴ 종전의 사회복지사업법에 따라 사회복지사 3급 자격증을 취득한 후 3년 이상 사회복지사업의 실무경험이 있는 자

※ 비고: 외국의 대학 또는 대학원에서 사회복지학 또는 사회사업학을 전공하고 학사학위 이상의 학위를 취득한 자로서 등급별 자격기준과 동등한 학력이 있다고 보건복지부장관이 인정하는 경우에는 당해 등급의 사회복지사 자격증을 교부할 수 있다.

8) **유사명칭의 사용금지:** 이 법에 따른 사회복지사가 아니면 사회복지사 또는 이와 유사한 명칭을 사용하지 못한다(법제11조의4). 이를 위반한 자에게는 3백만원 이하의 벌금을 부과한다(법 제58조 제1항).

45) 보건복지부는 2008.3.7.자로 사회복지사 양성 공무원 6주과정, 종사자 12주과정, 24주과정 교육훈련기관으로 명지대학교와 경남정보대학을 지정하였다(보건복지부 고시 제2008-02호).

2. 국가시험

1) **국가시험의 시행:** 보건복지부장관은 사회복지사 1급의 국가시험을 매년 1회 이상 실시하여야 한다(령 제3조 제1항).

2) **국가시험의 30일 전 공고:** 보건복지부장관은 시험을 시행하고자 하는 때에는 시험일시 · 시험장소 · 시험과목 · 응시원서의 제출기간, 기타 필요한 사항을 시험일 30일 전까지 공고하여야 한다(령 제3조 제2항).

3) **시험관리 업무의 위탁:** 국가시험은 보건복지부장관이 시행하되, 시험의 관리는 시험관리능력이 있다고 인정되는 관계전문기관에 위탁할 수 있다(법 제12조 제1항). 보건복지부장관은 다음에 해당하는 관계전문기관을 시험관리기관으로 지정하여 시험관리업무를 위탁한다(령 제3조 제2항). 보건복지부장관은 국가시험의 관리를 위탁하였을 때에는 그에 드는 비용을 예산의 범위 안에서 보조할 수 있다(법 제12조 제2항).

   ① 시험에 관한 조사 · 연구 등을 통하여 시험에 관한 전문적인 능력을 갖춘 비영리법인
   ② 사회복지에 관한 전문지식과 기술을 갖춘 비영리법인
   ③ 한국산업인력공단법에 따른 한국산업인력공단

4) **공무원 의제(擬制)46):** 이때 위탁받은 업무를 수행하는 사회복지기관 · 단체의 임직원은 형법의 뇌물에 관련된 죄(형법 제129조~132조)의 적용에 있어서는 이를 공무원으로 본다(법 제57조).

5) **합격기준:** 시험의 합격결정에 있어서는 매 과목 4할 이상, 전과목 총점의 6할 이상을 득점한 자를 합격자로 한다(령 제3조 제5항).

6) **응시수수료:** 시험의 관리를 위탁받은 기관은 보건복지부장관의 승인을 받아 정한 금액을 응시수수료로 받을 수 있다(법 제12조 제3항).

3. 응시과목(령 제3조 제3항 관련 별표 2)

① 사회복지기초(인간행동과 사회환경 및 사회복지조사론)
② 사회복지실천(사회복지실천론, 사회복지실천기술론 및 지역사회복지론)
③ 사회복지정책과 제도(사회복지정책론, 사회복지행정론 및 사회복지법제와 실천)

---

46) 의제(擬制)란 법률용어로 본질은 같지 않지만 법률에서 다룰 때는 동일한 것으로 처리하여 동일한 효과를 인정하는 경우를 말한다. 여기서 사회복지사 1급 시험관리 업무를 담당하는 자들은 공무원이 아니지만 뇌물 등을 받고 시험에 부정을 저지른다면 형법 제7장 '공무원의 직무에 관한 죄' 중 공무원이 뇌물을 받은 것으로 보아 처벌한다는 뜻이다.

4. 응시자격(령 제4조 관련 별표 3)

① 사회복지(사업)학을 전공하고 석사 또는 박사학위를 취득한 자. 다만, 대학에서 사회복지학 또는 사회사업학을 전공하지 아니하고 석사학위를 취득한 자는 사회복지학 전공교과목과 사회복지 관련 교과목 중 필수과목 6과목 이상(대학원에서 4과목 이상을 이수), 선택과목 2과목 이상을 각각 이수하여야 한다.
② 사회복지학 전공교과목과 사회복지 관련 교과목을 이수하고 학사학위를 취득한 자
③ 대학과 동등 이상의 학력이 있다고 인정하는 자로서 사회복지학 전공과목과 사회복지 관련 교과목을 이수한 자
④ 외국의 대학 또는 대학원에서 사회복지학 또는 사회사업학을 전공하고 학사학위 이상을 취득한 자로서 제1호 및 제2호의 자격과 동등하다고 보건복지부장관이 인정하는 자
⑤ 사회복지사 등급별 자격기준의 사회복지사 2급 자격기준란의 ㉣목 내지 ㉦목에 해당하는 자로서 시험일 현재 1년 이상 사회복지사업의 실무경험이 있는 자

5. 시험위원

보건복지부장관은 시험을 시행하고자 하는 때에는 시험과목별로 전문지식을 갖춘 자 중에서 시험위원을 임명 또는 위촉한다(령 제5조 제1항). 시험위원에게는 예산의 범위 안에서 수당과 여비를 지급할 수 있다(령 제5조 제2항).

6. 사회복지학 전공교과목과 사회복지 관련 교과목

보건복지부령이 정하는 사회복지학 전공교과목과 사회복지 관련 교과목이라 함은 다음 〈표 3-4〉의 내용과 같다(규칙 제3조; 별표 1).

여기서 특기할 사항은 종전에 교과목 명칭만 규정했던 것을 교과목 명칭과 함께 이수학점수를 규정한 것이다. 일반적으로 4년제 대학은 과목당 3학점이지만 전문대학의 경우 과목에 따라 1~2학점 등 다양한 학점으로 편성해 왔기 때문에 혼란이 있을 수 있다. 그리고 실습과목도 현장실습 160시간 이상으로 규정했다.

1) 사회복지학 전공교과목과 사회복지 관련 교과목 및 학점

〈표 3-4〉 사회복지 관련 교과목 및 학점

구 분	교과목	대학원	대학·전문대학
필수과목	사회복지학개론 / 인간행동과 사회환경 / 사회복지정책론 / 사회복지법제와 실천/ 사회복지실천론 / 사회복지실천기술론 / 사회복지조사론 / 사회복지행정론 / 지역사회복지론 / 사회복지현장실습	6과목 18학점 (과목당 3학점) 이상	10과목 30학점 (과목당 3학점) 이상
선택과목	아동복지론 / 청소년복지론 / 노인복지론 / 장애인복지론 / 여성복지론 / 가족복지론 / 산업복지론 / 의료사회사업론 / 학교사회사업론 / 정신건강론 / 교정복지론 / 사회보장론 / 사회문제론 / 자원봉사론 / 정신보건사회복지론 / 사회복지지도감독론 / 사회복지자료분석론 / 프로그램 개발과 평가 / 사회복지역사 / 사회복지윤리와 철학	2과목 6학점 (과목당 3학점) 이상	7과목 21학점 (과목당 3학점) 이상

※ 비고: 교과목의 명칭이 동일하지 아니하더라도 교과의 내용이 동일하다고 보건복지부장관이 인정하는 경우에는 동일 교과목으로 본다.

2) 필수과목 중 사회복지현장실습에 관한 기준

(1) 기관실습

① **실습시간:** 현장실습시간은 160시간 이상으로 할 것

② **실습기관의 요건:** 기관실습 실시기관은 다음의 요건을 모두 갖추었을 것

㉮ 사회복지사업을 수행하는 기관, 법인, 시설 또는 단체일 것

㉯ 보건복지부장관으로부터 선정되었을 것

㉰ 다음의 요건을 모두 갖춘 기관실습 지도자가 2명 이상 상근할 것

* 1급 사회복지사 자격증을 취득한 이후 3년 이상의 사회복지사업 실무경험이 있거나 2급 사회복지사 자격증을 취득한 이후 5년 이상의 사회복지사업 실무경험이 있을 것
* 기관실습이 실시되는 연도의 전년도에 8시간 이상의 보수교육을 받았을 것

③ **실습지도자:** 기관실습 지도자 1명이 동시에 지도할 수 있는 학생 수는 5명 이내일 것

(2) 실습세미나

① 1회당 2시간 이상의 실습세미나를 총 15회 이상 실시할 것. 이 경우 정보통신망을 이용한 온라인 교육을 실시하는 교육기관의 실습세미나에는 대면 방식의 세미나가 총 3회 이상 포함되어야 한다.

② 학사, 석사 또는 박사 학위 중 2개 이상의 학위를 사회복지학 전공으로 취득한 사람

으로서 3년 이상의 사회복지학 교육경험 또는 3년 이상의 사회복지사업 실무경험이 있는 교수가 지도할 것

③ 한 세미나에 참여하는 학생 수는 30명 이내일 것

7. 사회복지사의 채용

1) **채용 의무자:** 사회복지사업법은 사회복지사업의 전문성을 인정하여 사회복지사 제도를 채택하고 사회복지법인 및 사회복지시설을 설치 · 운영하는 자로 하여금 사회복지사 채용을 의무화했다. 즉, 사회복지법인 및 사회복지시설을 설치 · 운영하는 자는 사회복지사를 그 종사자로 채용하고, 보고방법 · 보고주기 등 "시 · 도지사" 또는 시장 · 군수 · 구청장에게 사회복지사의 임면에 관한 사항을 보고하여야 한다. 다만, 대통령령으로 정하는 사회복지시설은 그러하지 아니하다(법 제13조 제1항). 이 규정을 위반한 자는 300만원 이하의 벌금에 처한다(법 제55조). 양벌규정(법 제56조).

2) **종사자 채용 시 준수사항**

(1) **채용광고내용을 불리하게 변경 금지:** 사회복지법인과 사회복지시설을 설치 · 운영하는 자는 해당 법인 또는 시설의 종사자를 채용할 때 정당한 사유 없이 채용광고의 내용을 종사자가 되려는 사람에게 불리하게 변경하여 채용하여서는 아니 된다(법 제35조의3 제1항). 이를 위반하여 채용한 자는 500만원 이하의 과태료를 부과한다(법 제58조 제1항 제1호).

(2) **채용 후의 불리한 근로조건 변경 금지:** 사회복지법인과 사회복지시설을 설치 · 운영하는 자는 종사자를 채용한 후에 정당한 사유 없이 채용광고에서 제시한 근로조건을 종사자에게 불리하게 변경하여 적용하여서는 아니 된다(법 제35조의3 제2항). 이를 위반한 자에게는 500만원 이하의 과태료를 부과한다(법 제58조 제1항 제2호).

3) **사회복지사로 채용해야 할 업무(령 제6조 제1항)**

① 사회복지 프로그램의 개발 및 운영업무

② 시설 거주자의 생활지도업무

③ 사회복지를 필요로 하는 사람에 대한 상담업무

4) **채용의무 제외 시설(법 제13조 제1항; 령 제6조 제2항)**

① 노인여가복지시설(노인복지관은 제외. 즉, 노인복지관은 채용의무가 있음)

② 수화통역센터, 점자도서관, 점자도서 및 녹음서 출판시설

③ 어린이집

④ 성매매피해자 등을 위한 지원시설 및 성매매피해상담소
⑤ 정신요양시설 및 정신재활시설
⑥ 성폭력피해상담소

8. 사회복지사의 교육[47)]

1) 사회복지사의 보수교육

(1) **보수교육의 의무화**: 보건복지부장관은 사회복지사의 자질 향상을 위하여 필요하다고 인정하면 사회복지사에게 교육을 받도록 명할 수 있다. 다만, 사회복지법인 또는 사회복지시설에 종사하는 사회복지사는 정기적으로 연간 8시간 이상 인권에 관한 내용이 포함된 보수교육(補修敎育)을 받아야 한다(법 제13조 제2항; 시행규칙 제5조 제2항). 이 규정에 위반한 자는 300만원 이하의 과태료를 부과한다(법 제58조 제1항).

(2) **보수교육의 내용**: 보수교육에는 사회복지윤리 및 인권보호, 사회복지정책 및 사회복지 실천기술 등이 포함되어야 한다(규칙 제5조 제5항).

(3) **보수교육의 위탁**: 보건복지부장관은 보수교육을 보건복지부령으로 정하는 기관 또는 단체에 위탁할 수 있다(법 제13조 제4항). 이 규정에 따라 보건복지부장관은 보수교육을 협회, 기관 또는 단체에 위탁할 수 있다(시행규칙 제5조 제6항).

2) 교육을 이유로 불이익처분 금지: 사회복지법인 또는 사회복지시설을 운영하는 자는 그 법인 또는 시설에 종사하는 사회복지사에 대하여 보수교육을 이유로 불리한 처분을 하여서는 아니 된다(법 제13조 제3항). 이 규정에 위반한 자는 300만원 이하의 과태료를 부과한다(법 제58조 제1항).

9. 사회복지사의 최대봉사의 의무

사회복지업무에 종사하는 사람은 그 업무를 행함에 있어서 사회복지를 필요로 하는 사람을 위하여 인권을 존중하고 차별 없이 최대로 봉사하여야 한다(법 제5조).[48)] 한국사회복지사협회는

47) 법 제10조에 의한 지도·훈련은 주로 사회복지분야에 종사하는 공무원에 대한 규정이었다. 그러나 지금까지 민간 사회복지사업분야에 종사하는 사회복지사들에 대한 보수교육은 지역사회복지협의회와 사회복지사협회에서 주관하는 행사위주의 비체계적이고 단편적인 교육에 한정되어 있었다. 이제 이 규정의 신설로 사회복지사에 대한 보다 전문적이고 체계적인 교육을 기대할 수 있게 되었다.

48) 물론 이 규정은 원칙적이고 선언적인 규정이겠으나 사회복지의 이념에 비추어 볼 때 당연한 규정이라 하겠다. 결국 사회복지사가 가져야 할 자세는 인간존중사상과 공동선, 사회복지에 대한 국가의무의 수행자라는 자세로 임해야 하고, 항상 공정하고 사사로운 일에 치우침이 없어야 할 뿐만 아니라 나아가서는 국가복지사업의 발전

2001년 12월 15일 전국사회복지사대회에서 선서문을 낭독하고 새로운 윤리강령을 채택하였다.

10. 사회복지사의 처우

2011.03.30. 법률 제10511호 '사회복지사 등의 처우 및 지위향상을 위한 법률' 제정
2024.01.02. 법률 제19892 제6차 일부개정, 2024.07.03. 시행(최신)

1) **법의 제정배경과 및 법의 목적:** 사회복지사들의 지위향상을 위한 사회복지사 등의 처우 및 지위향상을 위한 법률이 2011년 3월 30일 법률 제10511호로 제정되었다. 이 법률은 2012년 1월 1일부터 시행되었다. 이 법은 사회복지사 등에 대한 처우를 개선하고 신분보장을 강화하여 사회복지사 등의 지위를 향상하도록 함으로써 사회복지 증진에 이바지하는 것을 목적으로 한다(법 제1조).

2) **사회복지사 등의 정의:** '사회복지사 등'이란 다음에 해당하는 '사회복지법인 등'에서 사회복지사업에 종사하는 자를 말한다(법 제2조).

① 사회복지사업을 행할 목적으로 설립된 사회복지법인
② 사회복지사업을 행할 목적으로 설치된 사회복지시설
③ 그 밖에 대통령령으로 정하는 다음의 사회복지 관련 단체 또는 기관
㉮ 사회복지공제회
㉯ 사회복지사업을 할 목적으로 설립된 법인
㉰ 한국사회복지사협회
㉱ 그 밖에 보건복지부장관이 사회복지 관련 단체 또는 기관으로 인정하는 단체 또는 기관

3) **사회복지사 등의 처우개선과 신분보장**

(1) 국가 · 지방자치단체의 처우개선 노력: 국가와 지방자치단체는 사회복지사 등의 처우를 개선하고 인권 및 복지를 증진함과 아울러 그 지위를 향상시키고 사회복지사 등을 폭력

에 보탬이 될 수 있도록 연구하고 노력해야 할 것이다. 이러한 사회복지윤리는 사회사업 전문직의 가치이며 윤리적 문제 및 법적 문제와 연관되어 있다. 왜냐하면 신뢰받을 수 있게 행동해야 한다는 일반적인 의무감은 공식적으로 성문화되어 있건 아니건 간에 모든 전문직의 속성이다(문인숙 외, 임상사회복지학, 서울: 집문당, 1985, p. 117). 만약 사회사업가가 고의든 과실이든 간에 클라이언트에게 직접적 또는 간접적 손상을 입혔다면 어떤 형태로든 이를 보상해 주어야 한다는 게 비록 현행법상의 의무는 아니라 하더라도 사회복지사의 성실의무에 비추어 적어도 도덕적 책임은 느껴야 할 것이다.

으로부터 보호하기 위하여 적극적으로 노력하여야 한다(법 제3조 제1항).

(2) **보수수준의 향상노력**: 국가와 지방자치단체는 사회복지사 등의 보수가 사회복지 전담공무원의 보수수준에 도달하도록 노력하여야 한다(법 제3조 제2항).

(3) **적정 인건비 기준 마련**: 국가는 사회복지사 등의 적정 인건비에 관한 기준을 마련하여야 하며, 지방자치단체는 해당 기준을 준수하기 위하여 노력하여야 한다(법 제3조 제3항).

(4) **3년마다 보수수준 조사 · 공표**: 보건복지부장관과 지방자치단체의 장은 사회복지사 등의 보수 수준 및 지급실태, 기준의 지방자치단체별 준수율 등에 관하여 3년마다 조사 · 공표하여야 한다(법 제3조 제4항).

(5) **자체 고발자에 대한 신분보장**: 사회복지사 등은 사회복지법인 등의 운영과 관련된 위법 · 부당 행위 및 그 밖의 비리 사실 등을 관계 행정기관과 수사기관에 신고하는 행위로 인하여 징계 조치 등 신분상 불이익이나 근무조건상 차별을 받지 아니한다(법 제3조 제5항).

4) 한국사회복지공제회

(1) **사회복지공제회의 설립**: 사회복지사 등은 생활안정과 복지증진을 도모하기 위하여 보건복지부장관의 인가를 받아 한국사회복지공제회를 설립할 수 있다(법 제4조 제1항).

(2) **공제회의 성격과 주소**: 공제회는 법인으로 하고, 주된 사무소는 서울특별시에 둔다(법 제4조 제2항).

(3) **공제회의 인가**: 공제회의 정관 기재사항은 대통령령으로 정하고, 정관의 변경은 대의원회의 의결을 거쳐 보건복지부장관의 인가를 받아야 한다(법 제4조 제3항).

(4) **유사명칭의 사용 금지**: 이 법에 따른 공제회가 아니면 한국사회복지공제회 또는 이와 유사한 명칭을 사용하지 못한다(법 제4조의2). 이를 위반한 자에게는 300만원 이하의 과태료를 부과한다(법 제4조의2 제1항). 과태료는 대통령령으로 정하는 바에 따라 보건복지부장관이 부과 · 징수한다(법 제4조의2 제2항).

(5) 공제회의 회원

① **회원의 자격**: 공제회의 회원은 사회복지사업에 종사하는 자 중 다음에 해당하는 사람으로 한다(법 제4조의3 제1항).

- 사회복지사업법(제11조)에 따른 사회복지사
- 법인 및 시설(법 제2조에 따른) 등에 종사하는 사람
- 민법 또는 다른 법률에 따라 설립된 법인 등에서 사회복지 관련 업무에 종사하는

자 중 대통령령으로 정하는 사람

• 그 밖에 공제회 정관으로 정하는 사람

② **회원의 권리와 의무:** 회원이 되려는 사람은 가입신청서를 제출하고 최초의 부담금을 납입한 날에 공제회의 회원이 된다(법 제4조의3 제2항). 공제회의 회원은 정관에서 정하는 바에 따라 공제급여 등을 제공받을 수 있다(령 제7조 제1항). 공제회의 회원은 정관에서 정하는 바에 따라 공제료를 내고, 공제회의 운영에 협조할 의무를 진다(령 제7조 제2항). 공제회의 회원이 그 자격을 상실하거나 신청에 따라 공제회를 탈퇴한 경우에는 정관에서 정하는 바에 따라 본인이 낸 공제료 등의 반환을 청구할 수 있다(령 제7조 제3항).

③ **대의원:** 대의원은 회원 중에서 정관에서 정하는 바에 따라 선출(選出)한다(령 제8조 제1항). 대의원의 정수(定數)와 임기는 정관으로 정한다(령 제8조 제2항).

11. 한국사회복지사협회

1) **사회복지사협회의 설립:** 사회복지사는 사회복지에 관한 전문지식과 기술을 개발 · 보급하고, 사회복지사의 자질 향상을 위한 교육 훈련을 실시하며, 사회복지사의 복지증진을 도모하기 위하여 한국사회복지사협회를 설립한다(법 제46조 제1항).

2) **사회복지사협회의 업무:** 협회는 다음의 업무를 행한다(령 제22조).

① 사회복지사에 대한 전문지식 및 기술의 개발 · 보급

② 사회복지사의 전문성 향상을 위한 교육훈련

③ 사회복지사제도에 대한 조사연구 · 학술대회 개최 및 홍보 · 출판사업

④ 국제사회복지사 단체와의 교류 · 협력

⑤ 보건복지부장관이 위탁하는 사회복지사업에 관한 업무

⑥ 기타 협회의 목적달성에 필요한 사항

3) **협회의 회원 및 임원:** 협회의 회원은 사회복지사 자격증을 발급받은 사람으로 한다(령 제23조). '각 협의회'는 임원으로 대표이사 1인을 포함한 15인 이상 30인 이하(시 · 군 · 구 협의회의 경우에는 10인 이상 30인 이하)의 이사와 감사 2인을 둔다. 이사와 감사의 임기는 3년으로 하되, 각각 연임할 수 있다. 임원의 선출방법과 그 자격요건에 관하여 필요한 사항은 정관으로 정한다(령 제14조; 령 제224조).

4) **협회의 이사회:** 각 협의회에 이사로 구성되는 이사회를 둔다. 이사회는 정관이 정하는

바에 따라 각 협의회의 업무에 관한 중요사항을 심의 · 의결한다. 대표이사는 이사회를 소집하고, 그 의장이 된다. 감사는 이사회에 출석하여 의견을 진술할 수 있다. 이사회의 운영에 관하여 필요한 사항은 정관으로 정한다(령 제15조; 령 제224조).

제 2 부

공공부조

제4장 국민기초생활관련법

- 국민기초생활보장법
- 주거급여법
- 의료급여법
- 긴급복지지원법
- 노숙인 등의 복지 및 자립지원에 관한 법률
- 농어촌주민의 보건복지 증진을 위한 특별법
- 북한이탈주민의 보호 및 정착지원에 관한 법률

제4장

국민기초생활보장법

1961.12.31. 법률 제913호 생활보호법 제정
1999.09.07. 법률 제6024호 생활보호법 폐지, 국민기초생활보장법 제정
2023.08.16. 법률 제19646호 제34차 일부개정, 2023.11.17. 시행(최신)

제1절 총 칙

1. 법의 목적

이 법은 생활이 어려운 사람에게 필요한 급여를 실시하여 이들의 최저생활을 보장하고 자활을 돕는 것을 목적으로 한다(법 제1조).

2. 급여의 기본원칙

1) **최저생활보장의 원칙:** 이 법에 따른 급여는 수급자[1]가 자신의 생활의 유지·향상을 위하여 그의 소득, 재산, 근로능력 등을 활용하여 최대한 노력하는 것을 전제로 이를 보충·발전시키는 것을 기본원칙으로 한다(법 제3조 제1항).
2) **타법우선의 원칙:** 부양의무자[2]의 부양과 다른 법령에 따른 보호는 이 법에 따른 급여에 우선하여 행하여지는 것으로 한다. 다만, 다른 법령에 따른 보호의 수준이 이 법에서 정하는 수준에 이르지 아니하는 경우에는 나머지 부분에 관하여 이 법에 따른 급여를 받을 권리를 잃지 아니한다(법 제3조 제2항).

3. 급여의 기준

1) **건강하고 문화적인 최저생활의 유지:** 이 법에 따른 급여는 건강하고 문화적인 최저생활을 유지할 수 있는 것이어야 한다(법 제4조 제1항).

---

1) "수급자"란 이 법에 따른 급여를 받는 사람을 말한다(법 제2조 제2호).
2) "부양의무자"란 수급권자를 부양할 책임이 있는 사람으로서 수급권자의 1촌의 직계혈족 및 그 배우자를 말한다. 다만, 사망한 1촌의 직계혈족의 배우자는 제외한다(법 제2조 제5호).

2) **생활여건에 따른 개별성 · 구체성의 원칙:** 이 법에 따른 급여의 기준은 수급자의 연령, 가구 규모, 거주지역, 그 밖의 생활여건 등을 고려하여 급여의 종류별로 보건복지부장관이 정하거나 "소관 중앙행정기관의 장"이 보건복지부장관과 협의하여 정한다(법 제4조 제2항).

3) **개별가구단위의 원칙:** 보장기관은 이 법에 따른 급여를 개별가구 단위로 실시하되, 특히 필요하다고 인정하는 경우에는 개인 단위로 실시할 수 있다(법 제4조 제3항).

4) **추가조례와 초과조례의 허용:** 지방자치단체인 보장기관은 해당 지방자치단체의 조례로 정하는 바에 따라 이 법에 따른 급여의 범위 및 수준을 초과하여 급여를 실시할 수 있다. 이 경우 해당 보장기관은 보건복지부장관 및 소관 중앙행정기관의 장에게 알려야 한다(법 제4조 제4항).

4. 다른 법률과의 관계

주거급여(법 제11조) 및 의료급여(법 제12조의3)에 따른 급여와 관련하여 다른 법률에 특별한 규정이 있는 경우를 제외하고는 이 법이 정하는 바에 따른다(법 제4조의2).

5. 외국인에 대한 특례

1) **수급권자가 될 수 있는 외국인:** 국내에 체류하고 있는 외국인 중 대한민국 국민과 혼인하여 본인 또는 배우자가 임신 중이거나 대한민국 국적의 미성년 자녀를 양육하고 있거나 배우자의 대한민국 국적인 직계존속과 생계나 주거를 같이하고 있는 사람으로서 대통령령으로 정하는 사람이 이 법에 따른 급여를 받을 수 있는 자격을 가진 경우에는 수급권자[3]가 된다(법 제5조의2).

2) **수급권자에 해당하는 외국인의 범위:** 수급권자가 될 수 있는 외국인은 외국인 등록을 한 사람으로서 다음에 해당하는 사람으로 한다(령 제4조).

① 대한민국 국민과 혼인 중인 사람으로서 다음에 해당하는 사람

㉮ 본인 또는 대한민국 국적의 배우자가 임신 중인 사람

㉯ 대한민국 국적의 미성년 자녀(계부자 · 계모자 관계와 양친자관계 포함)를 양육하고 있는 사람

㉰ 배우자의 대한민국 국적인 직계존속과 생계나 주거를 같이 하는 사람

3) "수급권자"란 이 법에 따른 급여를 받을 수 있는 자격을 가진 사람을 말한다(법 제2조 제1호).

② 대한민국 국민인 배우자와 이혼하거나 그 배우자가 사망한 사람으로서 대한민국 국적의 미성년 자녀를 양육하고 있는 사람 또는 사망한 배우자의 태아를 임신하고 있는 사람

6. 최저보장수준의 결정

보건복지부장관 또는 소관 중앙행정기관의 장은 급여의 종류별 수급자 선정기준 및 최저보장수준[4]을 결정하여야 한다(법 제6조 제1항). 보건복지부장관 또는 소관 중앙행정기관의 장은 매년 8월 1일까지 중앙생활보장위원회의 심의 · 의결을 거쳐 다음 연도의 급여의 종류별 수급자 선정기준 및 최저보장수준을 공표하여야 한다(법 제6조 제2항).

7. 기준 중위소득의 산정

기준 중위소득[5]은 통계청이 공표하는 통계자료의 가구 경상소득(근로소득, 사업소득, 재산소득, 이전소득을 합산한 소득)의 중간값에 최근 가구소득 평균 증가율, 가구규모에 따른 소득수준의 차이 등을 반영하여 가구규모별로 산정한다(법 제6조의2 제1항). 그 밖에 가구규모별 소득수준 반영 방법 등 기준 중위소득의 산정에 필요한 사항은 중앙생활보장위원회에서 정한다(법 제6조의2 제2항).

8. 소득인정액의 산정[6]

개별가구[7]의 소득평가액은 개별가구의 실제소득에도 불구하고 보장기관[8]이 급여의 결정 및 실시 등에 사용하기 위하여 산출한 금액으로 ①근로소득 ②사업소득 ③재산소득 ④이전소득(移轉所得)[9]을 합한 개별가구의 실제소득에서 장애 · 질병 · 양육 등 가구 특성에 따른 지출요

4) "최저보장수준"이란 국민의 소득 · 지출 수준과 수급권자의 가구 유형 등 생활실태, 물가상승률 등을 고려하여 급여의 종류별로 공표하는 금액이나 보장수준을 말한다(법 제2조 제6호).
5) "기준 중위소득"이란 보건복지부장관이 급여의 기준 등에 활용하기 위하여 중앙생활보장위원회의 심의 · 의결을 거쳐 고시하는 국민 가구소득의 중위값을 말한다(법 제2조 제11호).
6) "소득인정액"이란 보장기관이 급여의 결정 및 실시 등에 사용하기 위하여 산출한 개별가구의 소득평가액과 재산의 소득환산액을 합산한 금액을 말한다(법 제2조 제9호).
7) "개별가구"란 이 법에 따른 급여를 받거나 이 법에 따른 자격요건에 부합하는지에 관한 조사를 받는 기본단위로서 수급자 또는 수급권자로 구성된 가구를 말한다. 이 경우 개별가구의 범위 등 구체적인 사항은 대통령령으로 정한다(법 제2조 제8호).
8) "보장기관"이란 이 법에 따른 급여를 실시하는 국가 또는 지방자치단체를 말한다(법 제2조 제4호).
9) 생산에 직접 기여하지 않고 개인이 정부나 기업으로부터 받는 수입. 보조금, 보험금, 연금 등을 말한다.

인, 근로를 유인하기 위한 요인, 그 밖에 추가적인 지출요인에 해당하는 금액을 감하여 산정한다(법 제6조의3 제1항).

9. 소득환산액

재산의 소득환산액은 개별가구의 재산가액에서 기본재산액(기초생활의 유지에 필요하다고 보건복지부장관이 정하여 고시하는 재산액) 및 부채를 공제한 금액에 소득환산율을 곱하여 산정한다. 이 경우 소득으로 환산하는 재산의 범위는 ①일반재산(금융재산 및 자동차를 제외한 재산) ②금융재산 ③자동차 등이다(법 제6조의3 제2항). 실제소득, 소득평가액 및 재산의 소득환산액의 산정을 위한 구체적인 범위 · 기준 등은 대통령령으로 정한다(법 제6조의3 제3항).

제 2 절 급여의 종류와 방법

Ⅰ. 급여의 종류 및 차상위자

1) **급여의 종류:** 이 법에 따른 급여의 종류는 ①생계급여 ②주거급여 ③의료급여 ④교육급여 ⑤해산급여(解産給與) ⑥장제급여(葬祭給與) ⑦자활급여 등이다(법 제7조 제1항). 수급권자에 대한 급여는 수급자의 필요에 따라 급여의 전부 또는 일부를 실시하는 것으로 한다(법 제7조 제2항).
2) **차상위자:** 차상위계층[10]에 속하는 사람에 대한 급여는 보장기관이 차상위자의 가구별 생활여건을 고려하여 예산의 범위에서 급여의 전부 또는 일부를 실시할 수 있다. 이 경우 차상위자에 대한 급여의 기준 및 절차 등에 관하여 필요한 사항은 대통령령으로 정한다(법 제7조 제3항).

Ⅱ. 생계급여

1) **생계급여의 내용:** 생계급여는 수급자에게 의복, 음식물 및 연료비와 그 밖에 일상생활에 기본적으로 필요한 금품을 지급하여 그 생계를 유지하게 하는 것으로 한다(법 제8조 제1항).

10) "차상위계층"이란 수급권자(제14조의2에 따라 수급권자로 보는 사람은 제외)에 해당하지 아니하는 계층으로서 소득인정액이 대통령령으로 정하는 기준 이하인 계층을 말한다(법 제2조 제10호).

2) **생계급여 선정기준:** 생계급여 수급권자는 ①부양의무자가 없거나, ②부양의무자가 있어도 부양능력이 없거나 ③부양을 받을 수 없는 사람으로서 그 소득인정액이 "생계급여 선정기준[11)]" 이하인 사람으로 한다. 이 경우 생계급여 선정기준은 기준 중위소득의 100분의 30 이상으로 한다(법 제8조 제2항).

3) **생계급여의 수준:** 생계급여 최저보장수준은 생계급여와 소득인정액을 포함하여 생계급여 선정기준 이상이 되도록 하여야 한다(법 제8조 제3항).

4) **보장시설 등 위탁보호의 경우 선정기준:** 수급자가 주거가 없거나 주거가 있어도 그곳에서는 급여의 목적을 달성할 수 없는 경우 또는 수급자가 희망하는 경우에는 수급자를 보장시설이나 타인의 가정에 위탁하여 급여를 실시할 수 있다(법 제10조 제1항 단서). 이 규정에 따라 보장시설에 위탁하여 생계급여를 실시하는 경우에는 보건복지부장관이 정하는 고시에 따라 그 선정기준 등을 달리 정할 수 있다(법 제8조 제4항).

5) **부양의무자:**

(1) 부양능력이 없다고 보는 경우(법 제8조의2 제1항)

① 기준 중위소득 수준을 고려하여 대통령령으로 정하는 소득 · 재산 기준 미만인 경우

② 직계존속 또는 중증장애인인 직계비속을 자신의 주거에서 부양하는 경우로서 보건복지부장관이 정하여 고시하는 경우

③ 그 밖에 질병, 교육, 가구 특성 등으로 부양능력이 없다고 보건복지부장관이 정하는 경우

(2) 부양받을 수 없다고 보는 경우(법 제8조의2 제2항)

① 부양의무자가 징집되거나 소집된 경우

② 부양의무자가 해외이주사에 해당하는 경우

③ 부양의무자가 교도소, 구치소, 치료감호시설 등에 수용 중인 경우

④ 부양의무자에 대하여 실종선고 절차가 진행 중인 경우

⑤ 부양의무자가 보장시설에서 급여를 받고 있는 경우

⑥ 부양의무자의 가출 또는 행방불명으로 경찰서 등 행정관청에 신고된 후 1개월이 지났거나 가출 또는 행방불명 사실을 "시장 · 군수 · 구청장"이 확인한 경우

⑦ 부양의무자가 부양을 기피하거나 거부하는 경우

⑧ 그 밖에 부양을 받을 수 없는 것으로 보건복지부장관이 정하는 경우

11) 이 금액은 중앙생활보장위원회의 심의 · 의결을 거쳐 결정한다.

(3) 부양 대상 아동이 보호조치된 경우: 부양 대상 아동이 보호조치된 경우에는 부양을 받을 수 없는 것으로 본다(법 제8조의2 제3항).

6) 생계급여의 방법

(1) 현금급여의 원칙: 생계급여는 금전을 지급하는 것으로 한다. 다만, 금전으로 지급할 수 없거나 금전으로 지급하는 것이 적당하지 아니하다고 인정하는 경우에는 물품을 지급할 수 있다(법 제9조 제1항).

(2) 월정급여의 원칙: 수급품[12)]은 매월 정기적으로 지급하여야 한다. 다만, 특별한 사정이 있는 경우에는 그 지급방법을 다르게 정하여 지급할 수 있다(법 제9조 제2항).

(3) 직접급여의 원칙: 수급품은 수급자에게 직접 지급한다. 다만, 보장시설이나 타인의 가정에 위탁하여 생계급여를 실시하는 경우에는 그 위탁받은 사람에게 이를 지급할 수 있다. 이 경우 보장기관은 정기적으로 수급자의 수급 여부를 확인하여야 한다(법 제9조 제3항).

(4) 소득인정액에 따른 차등급여: 생계급여는 보건복지부장관이 정하는 바에 따라 수급자의 소득인정액 등을 고려하여 차등지급할 수 있다(법 제9조 제4항).

(5) 자활조건부 급여: 보장기관은 근로능력이 있는 수급자에게 자활에 필요한 사업에 참가할 것을 조건으로 하여 생계급여를 실시할 수 있다. 이 경우 보장기관은 자활지원계획을 고려하여 조건을 제시하여야 한다(법 제9조 제5항).

(6) 재택급여의 원칙: 생계급여는 수급자의 주거에서 실시한다. 다만, 수급자가 주거가 없거나 주거가 있어도 그곳에서는 급여의 목적을 달성할 수 없는 경우 또는 수급자가 희망하는 경우에는 수급자를 보장시설이나 타인의 가정에 위탁하여 급여를 실시할 수 있다(법 제10조 제1항).

Ⅲ. 주거급여

주거급여는 수급자에게 주거 안정에 필요한 임차료, 수선유지비, 그 밖의 수급품을 지급하는 것으로 한다(법 제11조 제1항). 주거급여에 관하여 필요한 사항은 따로 법률에서 정한다(법 제11조 제2항). 따라서 국민기초생활보장법상 주거급여는 주거급여법에 의한다.

2014.01.24. 법률 제12333호 주거급여법 제정

2023.04.18. 법률 제19390호 제10차 일부개정, 2023.10.09. 시행(최신)

12) "수급품"이란 이 법에 따라 수급자에게 지급하거나 대여하는 금전 또는 물품을 말한다(법 제2조 제3호).

1) 주거급여 수급자

(1) 수급권자와 수급자: "수급권자"란 주거급여를 받을 수 있는 자격을 가진 사람을 말하고(법 제2조 제2호), "수급자"란 주거급여를 받는 사람을 말한다(법 제2조 제3호).

(2) 수급권자의 범위: 수급권자는 소득인정액이 중앙생활보장위원회의 심의 · 의결을 거쳐 결정하는 금액, 즉 "주거급여 선정기준" 이하인 사람으로 한다. 이 경우 주거급여 선정기준은 기준 중위소득의 100분의 43 이상으로 한다(법 제5조 제1항).

(3) 부정 수급자에 대한 처벌: 속임수나 그 밖의 부정한 방법으로 주거급여를 받거나 타인으로 하여금 주거급여를 받게 한 사람은 1년 이하의 징역 또는 1천만원 이하의 벌금에 처한다(법 제24조). 양벌규정(법 제25조).

2) 주거급여의 내용

"주거급여"란 국민기초생활 보장법(제7조제1항제2호)의 주거급여로서 주거안정에 필요한 임차료, 수선유지비, 그 밖의 수급품을 지급하는 것을 말한다(법 제2조 제1호).

(1) 임차료

① **임차료의 지급:** "임차료"는 타인의 주택 등에 거주하는 사람으로서 국토교통부장관이 정하는 사람에게 지급한다(법 제7조 제1항).

② **임차료의 지급기준:** 임차료의 지급기준은 국토교통부장관이 수급자의 가구규모, 소득인정액, 거주형태, 임차료 부담수준 및 지역별 기준임대료 등을 고려하여 정한다(법 제7조 제2항).

③ **기준임대료를 정함에 고려될 사항:** 국토교통부장관은 임차료의 지급수준을 정하기 위하여 가구규모, 주거기본법(제17조)의 최저주거기준 등을 고려하여 지역별 기준임대료를 정할 수 있다(법 제7조 제3항).

④ **임차료는 수급자 명의의 계좌입금:** 임차료는 수급자 명의의 지정된 계좌로 지급하여야 한다. 다만, 수급자가 국가, 지방자치단체, 한국토지주택공사 또는 지방공기업이 임대하는 주택 등을 임차한 경우에는 해당 수급자와 임대차계약을 체결한 임대인 명의의 지정된 계좌로 지급할 수 있으며, 국토교통부령으로 정하는 불가피한 사유가 있는 경우에는 그 지급방법을 달리할 수 있다(법 제7조 제4항).

⑤ **임차료를 지급하는 시범사업:** 국토교통부장관은 임차료를 지급하는 시범사업을 실시할 수 있다. 이 경우 시범사업에 따라 임차료를 지급한 경우에는 주거급여를 실시한 것으로

본다(법 제16조 제1항).

3) 주거급여의 분리 지급

수급자의 미혼자녀 중 "청년가구원[13]"이 수급자와 거주지를 달리하는 경우에는 수급자와 분리하여 별도의 임차료를 지급할 수 있다(법 제7조의2 제1항). 청년가구원의 범위 및 임차료의 분리 지급 기준·방법 등에 관하여 필요한 사항은 국토교통부장관이 정한다(법 제7조의2 제2항).

4) 수선유지비

① **수선유지비의 지급:** "수선유지비"는 주택등을 소유하고 그 주택 등에 거주하는 사람에게 지급한다(법 제8조 제1항).

② **수선유지비의 지급기준:** 수선유지비의 지급기준은 국토교통부장관이 수급자의 가구규모, 소득인정액, 수선유지비 소요액, 주택의 노후도 등을 고려하여 정한다(법 제8조 제2항).

③ **수선유지비의 지급방법:** 수선유지비를 현금으로 지급하는 경우에는 수급자 명의의 지정된 계좌로 지급하여야 한다. 다만, 국토교통부령으로 정하는 불가피한 사유가 있는 경우에는 국토교통부령으로 정하는 바에 따라 그 지급방법을 달리할 수 있다(법 제8조 제3항).

5) 주거급여의 실시

주거급여의 신청, 결정, 변경 등 주거급여의 실시 등에 관한 사항은 신청조사나 확인조사 등의 규정(제10조부터 제14조까지에서 정한 것)을 제외하고는 국민기초생활 보장법을 준용한다(법 제9조).

6) 비용의 징수 및 반환명령

(1) 부정 수급자에 대한 비용징수: 보장기관은 속임수나 그 밖의 부정한 방법으로 주거급여를 받거나 타인으로 하여금 주거급여를 받게 한 경우에는 비용을 징수할 수 있다(법 제20조 제1항).

(2) 과잉 또는 부당지급에 대한 반환명령: 보장기관은 수급자에게 이미 지급한 수급품 중 과잉지급분이 발생한 경우, 긴급급여를 실시하였으나 조사 결과에 따라 주거급여를 실시하지 아니하기로 결정한 경우에는 반환을 명할 수 있다(법 제20조 제2항).

13) 19세 이상 30세 미만인 자를 말함.

Ⅳ. 의료급여

1977.12.31. 법률 제3076호로 의료보호법 제정
1991.03.08. 법률 제4353호 제3차 전부개정
2001.05.24. 법률 제6474호 제7차 전부개정. '의료급여법'으로 명칭 개정
2024.02.13. 법률 제20309호 제54차 타법개정, 2024.05.17. 시행(최신)

1. 의료급여 내용

의료급여는 수급자에게 건강한 생활을 유지하는 데 필요한 각종 검사 및 치료 등을 지급하는 것으로 한다(법 제12조의3 제1항).

2. 의료급여의 선정기준

의료급여 수급권자는 부양의무자가 없거나, 부양의무자가 있어도 부양능력이 없거나 부양을 받을 수 없는 사람으로서 그 소득인정액이 중앙생활보장위원회의 심의 · 의결을 거쳐 결정하는 "의료급여 선정기준" 이하인 사람으로 한다. 이 경우 의료급여 선정기준은 기준 중위소득의 100분의 40 이상으로 한다(법 제12조의3 제2항). 의료급여에 필요한 사항은 따로 법률에서 정한다(법 제12조의3 제3항).[14)]

3. 의료급여의 수급권

1) 수급권자

(1) 법이 정하는 수급권자의 범위(의료급여법 제3조 제1항)

① 의료급여 수급자
② 재해이재민으로서 보건복지부장관이 의료급여가 필요하다고 인정한 사람
③ 의 · 사상자 예우법에 따른 의료급여를 받는 사람
④ 국내에 입양된 18세 미만의 아동
⑤ 독립유공자, 국가유공자 및 보훈대상자와 그 가족으로서 보훈부장관이 의료급여가 필요하다고 추천한 사람 중에서 보건복지부장관이 의료급여가 필요하다고 인정한 사람

14) 이 규정에 따라 1977.12.31. 법률 제3076호로 의료보호법이 제정되었다.

⑥ 국가무형유산의 보유자(명예보유자 포함) 및 그 가족으로서 문화재청장이 의료급여가 필요하다고 추천한 사람 중에서 보건복지부장관이 인정한 사람

⑦ 북한이탈주민과 그 가족으로서 보건복지부장관이 의료급여가 필요하다고 인정한 사람

⑧ 5 · 18민주화운동 관련자로 보상금 등을 받은 사람과 그 가족으로서 보건복지부장관이 의료급여가 필요하다고 인정하는 사람

⑨ 노숙인 등으로서 보건복지부장관이 의료급여가 필요하다고 인정한 사람

⑩ 그 밖에 생활유지의 능력이 없거나 생활이 어려운 사람으로서 대통령령으로 정하는 사람

(2) **대통령령이 정하는 수급권자의 범위**(의료급여법 제3조 제2항; 의료급여법 시행령 제2조)

① 일정한 거소가 없는 사람으로서 경찰관서에서 무연고자로 확인된 사람

② 그 밖에 보건복지부령이 정하는 사람

(3) **난민에 대한 특례**: 난민의 지위를 인정받은 사람으로서 의료급여 수급권자의 범위에 해당하는 사람은 수급권자로 본다(의료급여법 제3조의2).

(4) **적용배제**: 수급권자가 업무 또는 공무로 생긴 질병 · 부상 · 재해로 다른 법령에 따른 급여나 보상을 받았거나 받게 되는 경우에는 이 법에 따른 의료급여를 하지 아니한다(의료급여법 제4조 제1항). 수급권자가 다른 법령에 따라 국가나 지방자치단체로부터 의료급여에 상당하는 급여 또는 비용을 받게 되는 경우에는 그 한도에서 이 법에 따른 급여를 하지 아니한다(의료급여법 제4조 제2항).

2) 수급권자의 구분(의료급여법 시행령 제3조 제1항)

(1) 1종 수급권자(령 제3조 제2항)

① 국민기초생활수급자 중 다음에 해당하는 자이다.

㉮ 다음의 어느 하나에 해당하는 자 또는 근로능력이 없거나 근로가 곤란하다고 인정하여 보건복지부장관이 정하는 자만으로 구성된 세대의 구성원

- 18세 미만인 자
- 65세 이상인 자
- 중증장애인(장애인고용촉진 및 직업재활법 제2조 제2호에 해당하는 자)
- 질병, 부상 또는 그 후유증으로 치료나 요양이 필요한 사람 중에서 근로능력평가를 통하여 특별자치도지사 · 시장 · 군수 · 구청장이 근로능력이 없다고 판정

한 자
• 임신 중이거나 분만 후 6개월 미만의 여자
• 병역법에 의한 병역의무를 이행 중인 자

㉯ 보장시설에서 급여를 받고 있는 자

㉰ 생활이 어려운 자(국민기초생활보장법 제5조 제2항)[15]에 해당하는 자로서 보건복지부장관이 인정하는 자

㉱ 보건복지부장관이 정하여 고시하는 희귀난치성질환 또는 중증질환을 가진 사람

② 의료급여법에 따른 수급권자 중 다음에 해당하는 자이다.

㉮ 재해이재민

㉯ 의상자 및 의사자유족

㉰ 국내에 입양된 18세 미만의 아동

㉱ 독립유공자 및 국가유공자와 그 가족으로서 국가보훈처장이 의료급여가 필요하다고 요청한 자 중 보건복지부장관이 의료급여가 필요하다고 인정한 자

㉲ 중요무형문화재의 보유자(명예보유자 포함) 및 그 가족으로서 문화재청장이 의료급여가 필요하다고 요청한 자 중 보건복지부장관이 의료급여가 필요하다고 인정한 자

㉳ 북한이탈주민과 그 가족으로서 보건복지부장관이 의료급여가 필요하다고 인정한 자

㉴ 5 · 18민주화운동 관련자로 보상금 등을 받은 자와 그 가족으로서 보건복지부장관이 의료급여가 필요하다고 인정하는 자

㉵ 노숙인 등으로서 보건복지부장관이 의료급여가 필요하다고 인정한 자

③ 일정한 거소가 없는 사람으로서 경찰관서에서 무연고자로 확인된 자

④ 그 밖에 보건복지부장관이 1종 의료급여가 필요하다고 인정한 자

(2) 2종 수급권자(의료급여법 시행령 제3조 제3항)

① 국민기초생활수급자(의료급여법 제3조 제1항 제1호) 중 1종 수급자(령 제2항 제1호) 외의 자

② 보건복지부장관이 2종 의료급여가 필요하다고 인정하는 자

15) 수급권자에 해당하지 아니하지만 생활이 어려운 자로서 보건복지부장관이 급여의 전부 또는 일부가 필요하다고 인정하는 수급권자를 말한다(법 제5조 제2항).

4. 의료급여의 내용 및 방법

1) 의료급여의 내용(의료급여법 제7조 제3항)

① 진찰 · 검사
② 약제 · 치료재료의 지급
③ 처치 · 수술과 그 밖의 치료
④ 예방 · 재활
⑤ 입원
⑥ 간호
⑦ 이송과 그 밖의 의료목적 달성을 위한 조치

2) 건강검진: 시장 · 군수 · 구청장은 이 법에 의한 수급권자에 대하여 질병의 조기발견과 그에 따른 의료급여를 하기 위하여 건강검진을 할 수 있다(의료급여법 제14조 제1항).

3) 의료급여증

(1) 의료급여증의 발급: 시장 · 군수 · 구청장은 수급권자가 신청하는 경우 수급권자에게 의료급여증을 발급하여야 한다(의료급여법 제8조 제1항).

(2) 의료급여증의 제시: 수급권자가 의료급여를 받을 때에는 의료급여증 또는 의료급여증명서를 "의료급여기관"에 제출하여야 한다. 다만, 천재지변이나 그 밖의 부득이한 사유가 있으면 그러하지 아니하다(의료급여법 제8조 제2항).

(3) 다른 신분증의 대체: 수급권자는 주민등록증, 운전면허증, 여권, 그 밖에 본인 여부를 확인할 수 있는 "신분증명서"로 의료급여기관이 그 자격을 확인할 수 있으면 의료급여증 또는 의료급여증명서를 제출하지 아니할 수 있다(의료급여법 제8조 제3항).

(4) 의료급여증의 부정사용 금지: 누구든지 의료급여증, 의료급여증명서 또는 신분증명서를 다른 사람에게 양도하거나 대여하여 의료급여를 받게 하여서는 아니 된다(의료급여법 제8조 제4항). 누구든지 의료급여증, 의료급여증명서 또는 신분증명서를 양도 또는 대여받거나 그 밖에 이를 부정하게 사용하여 의료급여를 받아서는 아니 된다(의료급여법 제8조 제5항).

4) 의료급여기관

(1) 의료급여실시기관(의료급여법 제9조 제1항)

① 의료법에 따라 개설된 의료기관
② 지역보건법에 따라 설치된 보건소 · 보건의료원 및 보건지소
③ 농어촌 등 보건의료를 위한 특별조치법에 따라 설치된 보건진료소
④ 약사법에 따라 등록된 약국 및 한국희귀 · 필수의약품센터

(2) 의료기관의 구분(의료급여법 제9조 제2항)

구분	내용
제1차 의료급여기관	• 개설 신고를 한 의료기관 • 개설되거나 설치된 의료급여기관
제2차 의료급여기관	• 개설 허가를 받은 의료기관
제3차 의료급여기관	• 제2차 의료급여기관 중에서 보건복지부장관이 지정하는 의료기관

(3) 의료급여거부 금지: 의료급여기관은 정당한 이유 없이 의료급여를 거부하지 못한다(의료급여법 제9조 제3항). 정당한 이유 없이 의료급여를 거부한 자는 1년 이하의 징역 또는 1천만원 이하의 벌금에 처한다(의료급여법 제35조 제1항 제1호). 양벌규정(의료급여법 제36조).

5) 의료급여의 비용

(1) 급여비용의 부담: 급여비용은 그 전부 또는 일부를 의료급여기금에서 부담하되, 의료급여기금에서 일부를 부담하는 경우 그 나머지 비용은 본인이 부담한다(의료급여법 제10조).

(2) 요양비: 시장 · 군수 · 구청장은 수급권자가 긴급하거나 그 밖의 부득이한 사유로 인하여 의료급여기관과 같은 기능을 수행하는 기관으로서 보건복지부령이 정하는 기관(업무정지 처분기간 중인 의료급여기관을 포함)에서 질병 · 부상 · 출산 등에 대하여 의료급여를 받거나 의료급여기관이 아닌 장소에서 출산을 한 때에는 그 의료급여에 상당하는 금액을 수급권자에게 요양비로 지급한다(의료급여법 제12조 제1항).

(3) 요양비등수급계좌 입금: "요양비등"을 받는 수급권자의 신청이 있는 경우에는 요양비등을 수급권자 명의의 "요양비등수급계좌"로 입금하여야 한다(법 제12조의2 제1항).

(4) 장애인 및 임산부에 대한 특례: 시장 · 군수 · 구청장은 수급권자가 등록한 장애인인 수급자에게 보조기기에 대하여 급여를 실시할 수 있다(의료급여법 제13조 제1항). 또 임신한 수급권자가 임신기간 중 의료급여기관에서 받는 진료에 드는 비용(출산비용 포함)에 대하여 추가급여를 실시할 수 있다(의료급여법 제13조 제2항).

5. 의료급여의 제한 및 중지

1) 의료급여의 제한: 시장 · 군수 · 구청장은 수급권자가 다음에 해당하면 의료급여를 하지 아니한다. 다만, 보건복지부장관이 의료급여를 할 필요가 있다고 인정하는 경우에는 그러하지 아니하다(의료급여법 제15조 제1항). 이때 의료급여기관은 수급권자의 거주지를 관할하는 시장 · 군수 · 구청장에게 알려야 한다(의료급여법 제15조 제2항).

① 수급권자가 자신의 고의 또는 중대한 과실로 인한 범죄행위에 그 원인이 있거나 고의로 사고를 일으켜 의료급여가 필요하게 된 경우
② 수급권자가 정당한 이유 없이 이 법의 규정이나 의료급여기관의 진료에 관한 지시에 따르지 아니한 경우

2) **의료급여의 변경:** 시장 · 군수 · 구청장은 수급권자의 소득, 재산상황, 근로능력 등이 변동되었을 때에는 직권으로 또는 수급권자나 그 친족, 그 밖의 관계인의 신청을 받아 의료급여의 내용 등을 변경할 수 있다(의료급여법 제16조 제1항). 의료급여의 내용 등을 변경하였을 때에는 서면으로 그 이유를 밝혀 수급권자에게 알려야 한다(의료급여법 제16조 제2항).

3) **의료급여의 중지:** 시장 · 군수 · 구청장은 수급권자가 다음에 해당하면 의료급여를 중지하여야 한다(의료급여법 제17조 제1항). 수급권자가 의료급여를 거부한 경우에는 수급권자가 속한 가구원 전부에 대하여 의료급여를 중지하여야 한다(의료급여법 제17조 제2항). 이때 시장 · 군수 · 구청장은 서면으로 그 이유를 밝혀 수급권자에게 알려야 한다(의료급여법 제17조 제3항).
① 수급권자에 대한 의료급여가 필요 없게 된 경우
② 수급권자가 의료급여를 거부한 경우

6. 수급권의 보호

의료급여를 받을 권리는 양도하거나 압류할 수 없다(법 제18조 제1항). 요양비등수급계좌에 입금된 요양비등은 압류할 수 없다(법 제18조 제2항).

Ⅴ. 교육급여

1) **교육급여의 내용과 관장(管掌):** 교육급여는 수급자에게 입학금, 수업료, 학용품비, 그 밖의 수급품을 지급하는 것으로 하되, 학교의 종류 · 범위 등에 관하여 필요한 사항은 대통령령으로 정한다(법 제12조 제1항). 교육급여는 교육부장관의 소관으로 한다(법 제12조 제2항).

2) **교육급여 선정기준:** 교육급여 수급권자는 부양의무자가 없거나, 부양의무자가 있어도 부양능력이 없거나 부양을 받을 수 없는 사람으로서 그 소득인정액이 제20조제2항에 따른 중앙생활보장위원회의 심의 · 의결을 거쳐 결정하는 금액(이하 "교육급여 선정기준"이라 한

다) 이하인 사람으로 한다. 이 경우 교육급여 선정기준은 기준 중위소득의 100분의 50 이상으로 한다(법 제12조 제3항).

3) **교육급여의 적용특례:** 교육급여 수급권자를 선정하는 경우에는 교육급여와 교육비 지원과의 연계 · 통합을 위하여 소득인정액이 교육급여 선정기준 이하인 사람을 수급권자로 본다(법 제12조의2).

Ⅵ. 해산급여

1) **해산급여의 내용:** 해산급여는 생계급여, 주거급여, 의료급여 중 하나 이상의 급여를 받는 수급자에게 ①조산(助産) ②분만 전과 분만 후에 필요한 조치와 보호를 실시하는 것으로 한다(법 제13조 제1항).
2) **해산급여의 의료기관 위탁실시:** 해산급여는 보건복지부령으로 정하는 바에 따라 보장기관이 지정하는 의료기관에 위탁하여 실시할 수 있다(법 제13조 제2항).
3) **해산급여 수급품의 지급:** 해산급여에 필요한 수급품은 수급자나 그 세대주 또는 세대주에 준하는 사람에게 지급한다. 다만, 그 급여를 의료기관에 위탁하는 경우에는 수급품을 그 의료기관에 지급할 수 있다(법 제13조 제3항).

Ⅶ. 장제급여(葬祭給與)

1) **장제급여의 내용:** 장제급여는 생계급여, 주거급여, 의료급여 중 하나 이상의 급여를 받는 수급자가 사망한 경우 사체의 검안(檢案) · 운반 · 화장 또는 매장, 그 밖의 장제조치를 하는 것으로 한다(법 제14조 제1항).
2) **장제급여의 지급:** 장제급여는 실제로 장제를 실시하는 사람에게 장제에 필요한 비용을 지급하는 것으로 한다. 다만, 그 비용을 지급할 수 없거나 비용을 지급하는 것이 적당하지 아니하다고 인정하는 경우에는 물품을 지급할 수 있다(법 제14조 제2항).

Ⅷ. 자활급여

국민기초생활보장법은 생활이 어려운 사람에게 필요한 급여를 실시하여 이들의 최저생활을 보장하고 자활을 돕는 것을 목적으로 한다(법 제1조).

1) 자활지원계획의 수립

(1) **자활지원계획에 따른 급여 실시:** 시장 · 군수 · 구청장은 수급자의 자활을 체계적으로 지원하기 위하여 조사 결과를 고려하여 수급자 가구별로 자활지원계획을 수립하고 그에 따라 급여를 실시하여야 한다(법 제28조 제1항).

(2) **급여와 민간후원의 연계:** 보장기관은 수급자의 자활을 위하여 필요한 경우에는 보장기관이 제공할 수 있는 급여가 있거나 민간기관 등이 후원을 제공하는 경우 자활지원계획에 따라 급여를 지급하거나 후원을 연계할 수 있다(법 제28조 제2항).

(3) **급여실시 결과의 평가:** 시장 · 군수 · 구청장은 수급자의 자활여건 변화와 급여실시 결과를 정기적으로 평가하고 필요한 경우 자활지원계획을 변경할 수 있다(법 제28조 제3항).

2) 자활급여의 내용

자활급여는 수급자의 자활을 돕기 위하여 다음의 급여를 실시하는 것으로 한다(법 제15조 제1항). 자활급여는 관련 공공기관 · 비영리법인 · 시설과 그 밖에 대통령령으로 정하는 기관에 위탁하여 실시할 수 있다. 이 경우 그에 드는 비용은 보장기관이 부담한다(법 제15조 제2항).

① 자활에 필요한 금품의 지급 또는 대여
② 자활에 필요한 근로능력의 향상 및 기능습득의 지원
③ 취업알선 등 정보의 제공
④ 자활을 위한 근로기회의 제공
⑤ 자활에 필요한 시설 및 장비의 대여
⑥ 창업교육, 기능훈련 및 기술 · 경영 지도 등 창업지원
⑦ 자활에 필요한 자산형성 지원
⑧ 그 밖에 대통령령으로 정하는 자활을 위한 각종 지원

Ⅸ. 급여의 특례

수급권자에 해당하지 아니하여도 생활이 어려운 사람으로서 일정 기간 동안 이 법에서 정하는 급여의 전부 또는 일부가 필요하다고 보건복지부장관 또는 소관 중앙행정기관의 장이 정하는 사람은 수급권자로 본다(법 제14조의2).

제 3 절 보장기관

1. 사회보장 실시기관

1) 수급자의 거주지를 관할하는 지방자치단체장

사회보장급여는 수급권자 또는 수급자의 거주지를 관할하는 시ㆍ도지사와 시장ㆍ군수ㆍ구청장, 교육급여인 경우에는 "시ㆍ도교육감"이 실시한다. 다만, 주거가 일정하지 아니한 경우에는 수급권자 또는 수급자가 실제 거주하는 지역을 관할하는 시장ㆍ군수ㆍ구청장이 실시한다(법 제19조 제1항).

2) 급여의 실시방법

보건복지부장관, 소관 중앙행정기관의 장과 시ㆍ도지사는 수급자를 각각 국가나 해당 지방자치단체가 경영하는 보장시설에 입소하게 하거나 다른 보장시설에 위탁하여 급여를 실시할 수 있다(법 제19조 제2항).

2. 생활보장위원회

1) 생활보장위원회의 설치

생활보장사업의 기획ㆍ조사ㆍ실시 등에 관한 사항을 심의ㆍ의결하기 위하여 보건복지부와 시ㆍ도 및 시ㆍ군ㆍ구에 각각 생활보장위원회를 둔다. 다만, 시ㆍ도 및 시ㆍ군ㆍ구에 두는 생활보장위원회는 그 기능을 담당하기에 적합한 다른 위원회가 있고 그 위원회의 위원이 제4항에 규정된 자격을 갖춘 경우에는 시ㆍ도 또는 시ㆍ군ㆍ구의 조례로 정하는 바에 따라 그 위원회가 생활보장위원회의 기능을 대신할 수 있다(법 제20조 제1항).

2) 중앙생활보장위원회의 기능

보건복지부에 두는 "중앙생활보장위원회"는 다음의 사항을 심의ㆍ의결한다(법 제20조 제2항).

① 기초생활보장 종합계획의 수립

② 소득인정액 산정방식과 기준 중위소득의 결정

③ 급여의 종류별 수급자 선정기준과 최저보장수준의 결정

④ 급여기준의 적정성 등 평가 및 실태조사에 관한 사항

⑤ 급여의 종류별 누락ㆍ중복, 차상위계층의 지원사업 등에 대한 조정

⑥ 자활기금의 적립ㆍ관리 및 사용에 관한 지침의 수립

⑦ 그 밖에 위원장이 회의에 부치는 사항

3) **중앙생활보장위원회의 구성 및 위원의 자격:** 중앙생활보장위원회는 위원장을 포함하여 16명 이내의 위원으로 구성하고 위원은 보건복지부장관이 다음에 해당하는 사람 중에서 위촉 · 지명하며 위원장은 보건복지부장관으로 한다(법 제20조 제3항).

① 공공부조 또는 사회복지와 관련된 학문을 전공한 전문가로서 대학의 조교수 이상인 사람 또는 연구기관의 연구원으로 재직 중인 사람 5명 이내

② 공익을 대표하는 사람 5명 이내

③ 관계 행정기관 소속 3급 이상 공무원 또는 고위공무원단에 속하는 일반직공무원 5명 이내

4) **기초생활보장위원회 위원의 자격:** 시 · 도 및 시 · 군 · 구 생활보장위원회의 위원은 시 · 도지사 또는 시장 · 군수 · 구청장이 다음에 해당하는 사람 중에서 위촉 · 지명하며 위원장은 해당 시 · 도지사 또는 시장 · 군수 · 구청장으로 한다. 다만, 다른 위원회가 생활보장위원회의 기능을 대신하는 경우 위원장은 조례로 정한다(법 제20조 제4항).

① 사회보장에 관한 학식과 경험이 있는 사람

② 공익을 대표하는 사람

③ 관계 행정기관 소속 공무원

5) 기초생활보장 기본계획

(1) 기초생활보장 계획의 수립 및 평가: 소관 중앙행정기관의 장은 수급자의 최저생활을 보장하기 위하여 3년마다 소관별로 기초생활보장 기본계획을 수립하여 보건복지부장관에게 제출하여야 한다(법 제20조의2 제1항).

(2) 조사 · 연구 등의 위탁: 보건복지부장관 및 소관 중앙행정기관의 장은 실태조사 결과를 고려하여 급여기준의 적정성 등에 대한 평가를 실시할 수 있으며, 이와 관련하여 전문적인 조사 · 연구 등을 공공기관 또는 민간 법인 · 단체 등에 위탁할 수 있다(법 제20조의2 제2항). 보건복지부장관은 수급권자, 수급자 및 차상위계층 등의 규모 · 생활실태 파악, 최저생계비 계측 등을 위하여 3년마다 실태조사를 실시 · 공표하여야 한다(법 제20조의2 제4항).

제 4 절 사회보장급여의 실시

Ⅰ. 급여의 신청

1) **신청급여의 원칙:** 수급권자와 그 친족, 그 밖의 관계인은 관할 시장 · 군수 · 구청장에게 수급권자에 대한 급여를 신청할 수 있다. 차상위자가 급여를 신청하려는 경우에도 같으며, 이 경우 신청방법과 절차 및 조사 등에 관하여는 수급권 신청규정을 준용한다(법 제21조 제1항).

2) **직권신청의 보완:** 사회복지 전담공무원은 급여를 필요로 하는 사람이 누락되지 아니하도록 하기 위하여 관할지역에 거주하는 수급권자에 대한 급여를 직권으로 신청할 수 있다. 이 경우 수급권자의 동의를 구하여야 하며 수급권자의 동의는 수급권자의 신청으로 볼 수 있다(법 제21조 제2항).

3) **자료제공 동의서 제출:** 급여신청을 할 때나 사회복지 전담공무원이 급여신청을 하는 것에 수급권자가 동의하였을 때에는 수급권자와 부양의무자는 ① 금융정보[16] ② 신용정보[17] ③ 보험정보[18] 등의 자료 또는 정보의 제공에 대하여 동의한다는 서면을 제출하여야 한다(법 제21조 제3항).

4) **부정행위자에 대한 처벌:** 속임수나 그 밖의 부정한 방법으로 급여를 받거나 타인으로 하여금 급여를 받게 한 자는 1년 이하의 징역, 1천만원 이하의 벌금, 구류 또는 과태료에 처한다(법 제49조). 양벌규정(법 제51조).

Ⅱ. 급여 관련 조사

1) 신청에 대한 조사

(1) 조사의 내용: 시장 · 군수 · 구청장은 급여신청이 있는 경우에는 사회복지 전담공무원으로 하여금 급여의 결정 및 실시 등에 필요한 다음 각 호의 사항을 조사하게 하거나 수급권자에게 보장기관이 지정하는 의료기관에서 검진을 받게 할 수 있다(법 제22조 제1항).

① 부양의무자의 유무 및 부양능력 등 부양의무자와 관련된 사항

16) 금융자산 및 금융거래의 내용에 대한 자료 또는 정보 중 예금의 평균잔액과 그 밖에 대통령령으로 정하는 자료 또는 정보.
17) 신용정보 중 채무액과 그 밖에 대통령령으로 정하는 자료 또는 정보.
18) 보험에 가입하여 낸 보험료와 그 밖에 대통령령으로 정하는 자료 또는 정보.

② 수급권자 및 부양의무자의 소득 · 재산에 관한 사항

③ 수급권자의 근로능력, 취업상태, 자활욕구 등 자활지원계획 수립에 필요한 사항

④ 그 밖에 수급권자의 건강상태, 가구 특성 등 생활실태에 관한 사항

(2) **필요한 자료의 제출요구**: 시장 · 군수 · 구청장은 신청한 수급권자 또는 그 부양의무자의 소득, 재산 및 건강상태 등을 확인하기 위하여 필요한 자료를 확보하기 곤란한 경우 보건복지부령으로 정하는 바에 따라 수급권자 또는 부양의무자에게 필요한 자료의 제출을 요구할 수 있다(법 제22조 제2항).

(3) **조사의 위촉**: 시장 · 군수 · 구청장은 급여의 결정 또는 실시 등을 위하여 필요한 경우에는 조사를 관계 기관에 위촉하거나 수급권자 또는 그 부양의무자의 고용주, 그 밖의 관계인에게 이에 관한 자료의 제출을 요청할 수 있다(법 제22조 제3항).

(4) **전산자료 이용을 위한 협조요청**: 보장기관이 조사를 하기 위하여 금융 · 국세 · 지방세 · 토지 · 건물 · 자동차 · 건강보험 · 국민연금 · 고용보험 · 출입국 · 병무 · 교정 등 관련 전산망 또는 자료를 이용하려는 경우에는 관계 기관의 장에게 협조를 요청할 수 있다. 이 경우 관계 기관의 장은 정당한 사유가 없으면 협조하여야 한다(법 제22조 제4항).

(5) **조사자의 증표 제시**: 조사를 하는 사회복지 전담공무원은 그 권한을 표시하는 증표 및 조사기간, 조사범위, 조사담당자, 관계 법령 등 보건복지부령으로 정하는 사항이 기재된 서류를 지니고 이를 관계인에게 보여 주어야 한다(법 제22조 제5항).

(6) **자료의 목적 외 사용 금지**: 보장기관의 공무원 또는 공무원이었던 사람은 1)~4)까지의 규정에 따라 얻은 정보와 자료를 이 법에서 정한 보장목적 외에 다른 용도로 사용하거나 다른 사람 또는 기관에 제공하여서는 아니 된다(법 제22조 제6항). 이 규정에 위반하여 정보 또는 자료를 목적 외 다른 용도로 사용하거나 제공한 사람에게는 3년 이하의 징역 또는 3천만원 이하의 벌금에 처한다(법 제48조 제2항 제1호). 양벌규정(법 제51조).

(7) **급여신청의 각하**: 보장기관은 수급권자 또는 부양의무자가 제1항 및 제2항에 따른 조사 또는 자료제출 요구를 2회 이상 거부 · 방해 또는 기피하거나 검진 지시에 따르지 아니하면 급여신청을 각하(却下)할 수 있다(법 제22조 제8항).

2) 확인조사

(1) **매년 1회 이상 정기조사**: 시장 · 군수 · 구청장은 수급자 및 수급자에 대한 급여의 적정성을 확인하기 위하여 매년 연간조사계획을 수립하고 관할구역의 수급자를 대상으로 매년 1회 이상 정기적으로 조사하여야 하며, 특히 필요하다고 인정하는 경우에는 보장

기관이 지정하는 의료기관에서 검진을 받게 할 수 있다. 다만, 보건복지부장관이 정하는 사항은 분기마다 조사하여야 한다(법 제23조 제1항).

(2) **조사 거부자에 대한 급여중지**: 보장기관은 수급자 또는 부양의무자가 조사나 자료제출 요구를 2회 이상 거부·방해 또는 기피하거나 검진 지시에 따르지 아니하면 수급자에 대한 급여 결정을 취소하거나 급여를 정지 또는 중지할 수 있다(법 제23조 제3항).

3) 금융정보 등의 제공

(1) **금융정보 등의 제공 요청**: 보건복지부장관은 수급권자와 그 부양의무자가 제출한 동의 서면을 전자적 형태로 바꾼 문서에 의하여 금융기관 등의 장에게 '금융정보 등'의 제공을 요청할 수 있다(법 제23조의2 제1항).

(2) **정보통신망의 활용**: 확인조사를 위하여 필요하다고 인정하는 경우 인적사항을 적은 문서 또는 정보통신망으로 금융기관 등의 장에게 수급자와 부양의무자의 금융정보 등을 제공하도록 요청할 수 있다(법 제23조의2 제2항).

(3) **금융기관 등의 장의 정보제공 의무**: 금융정보 등의 제공을 요청받은 금융기관 등의 장은 명의인의 금융정보 등을 제공하여야 한다(법 제23조의2 제3항).

(4) **명의인에게 정보제공 사실의 통보**: 금융정보 등을 제공한 금융기관 등의 장은 금융정보 등의 제공 사실을 명의인에게 통보하여야 한다. 다만, 명의인이 동의한 경우에는 통보하지 아니할 수 있다(법 제23조의2 제4항).

(5) **금융정보 등의 정보통신망 이용**: 금융정보 등의 제공요청 및 제공은 정보통신망을 이용하여야 한다. 다만, 정보통신망의 손상 등 불가피한 사유가 있는 경우에는 그러하지 아니하다(법 제23조의2 제5항).

(6) **금융정보 등의 타 용도 사용 금지**: 금융거래에 관한 업무에 종사하고 있거나 종사하였던 사람은 업무를 수행하면서 취득한 금융정보 등을 이 법에서 정한 목적 외의 다른 용도로 사용하거나 다른 사람 또는 기관에 제공하거나 누설하여서는 아니 된다(법 제23조의2 제6항). 이 규정을 위반하여 금융정보를 사용·제공 또는 누설한 자는 5년 이하의 징역 또는 5천만원 이하의 벌금에 처한다(법 제48조 제1항). 신용정보 또는 보험정보를 사용·제공 또는 누설한 자는 3년 이하의 징역 또는 3천만원 이하의 벌금에 처한다(법 제48조 제2항 제2호). 양벌규정(법 제51조).

4) 차상위계층에 대한 조사

(1) 지방자치단체장의 예측조사: 시장 · 군수 · 구청장은 급여의 종류별 수급자 선정기준의 변경 등에 의하여 수급권자의 범위가 변동함에 따라 다음 연도에 이 법에 따른 급여가 필요할 것으로 예측되는 수급권자의 규모를 조사하기 위하여 차상위계층에 대하여 조사할 수 있다(법 제24조 제1항).

(2) 조사대상자의 동의: 시장 · 군수 · 구청장은 조사를 하려는 경우 조사대상자의 동의를 받아야 한다. 이 경우 조사대상자의 동의는 다음 연도의 급여신청으로 본다(법 제24조 제2항).

(3) 조사 결과의 보고: 시장 · 군수 · 구청장이 수급권자, 수급자, 부양의무자 및 차상위계층을 조사하였을 때에는 관할 시 · 도지사에게 보고하여야 하며, 보고를 받은 시 · 도지사는 이를 보건복지부장관에게 보고하여야 한다. 시 · 도지사가 조사하였을 때에도 또한 같다(법 제25조).

Ⅲ. 급여의 결정

1) **지체 없이 결정할 것:** 시장 · 군수 · 구청장은 조사를 하였을 때에는 지체 없이 급여 실시 여부와 급여의 내용을 결정하여야 한다(법 제26조 제1항).

2) **급여개시일이 속한 달에 결정할 것:** 차상위계층을 조사한 시장 · 군수 · 구청장은 급여개시일이 속하는 달에 급여 실시 여부와 급여의 내용을 결정하여야 한다(법 제26조 제2항).

3) **결정내용의 서면통지:** 시장 · 군수 · 구청장은 급여 실시 여부와 급여 내용을 결정하였을 때에는 그 결정의 요지, 급여의 종류 · 방법 및 급여의 개시 시기 등을 서면으로 수급권자 또는 신청인에게 통지하여야 한다(법 제26조 제3항).

4) **급여신청 후 30일 이내에 통지할 것:** 신청인에 대한 통지는 급여의 신청일부터 30일 이내에 하여야 한다. 다만, 다음에 해당하는 경우에는 신청일부터 60일 이내에 통지할 수 있다. 이 경우 통지서에 그 사유를 구체적으로 밝혀야 한다(법 제26조 제4항).

① 부양의무자의 소득 · 재산 등의 조사에 시일이 걸리는 특별한 사유가 있는 경우

② 수급권자 또는 부양의무자가 조사나 자료제출 요구를 거부 · 방해 또는 기피하는 경우

Ⅳ. 급여의 실시

1) 급여의 개시

급여 실시 및 급여 내용이 결정된 수급자에 대한 급여는 급여의 신청일부터 시작한다. 다만, 보건복지부장관 또는 소관중앙행정기관의 장이 매년 결정·공표하는 급여의 종류별 수급자 선정기준의 변경으로 인하여 매년 1월에 새로 수급자로 결정되는 사람에 대한 급여는 해당 연도의 1월 1일을 그 급여개시일로 한다(법 제27조 제1항).

2) 긴급급여

시장·군수·구청장은 급여 실시 여부의 결정을 하기 전이라도 수급권자에게 급여를 실시하여야 할 긴급한 필요가 있다고 인정할 때에는 급여의 일부를 실시할 수 있다(법 제27조 제2항).

3) 급여의 지급방법

보장기관이 급여를 금전으로 지급할 때에는 수급자의 신청에 따라 수급자 명의의 지정된 '급여수급계좌'로 입금하여야 한다. 다만, 정보통신장애나 그 밖에 대통령령으로 정하는 불가피한 사유로 급여수급계좌로 이체할 수 없을 때에는 대통령령으로 정하는 바에 따라 급여를 지급할 수 있다(법 제27조의2 제1항). 급여수급계좌의 해당 금융기관은 이 법에 따른 급여와 지방자치단체가 실시하는 급여만이 급여수급계좌에 입금되도록 관리하여야 한다(법 제27조의2 제2항).

4) 급여의 대리수령

보장기관은 수급자가 다음에 해당하는 경우에는 수급자 또는 후견인의 동의를 받아 급여를 수급자의 배우자, 직계혈족 또는 3촌 이내의 방계혈족 명의의 계좌에 입금할 수 있다(법 제27조의3 제1항). 배우자 등 명의의 계좌로 급여를 지급하려는 보장기관은 미리 그 사유, 입금할 급여의 사용 목적 및 다른 용도 사용금지 등에 관한 사항을 배우자 등에게 안내하여야 한다(법 제27조의3 제2항). 급여를 지급받은 배우자 등은 해당 급여를 목적 외의 용도로 사용하여서는 아니 된다(법 제27조의3 제3항). 이를 위반하여 지급받은 급여를 목적 외의 용도로 사용한 자는 1년 이하의 징역, 1천만원 이하의 벌금, 구류 또는 과료에 처한다(법 제49조 제2호).

① 피성년후견인인 경우

② 채무불이행으로 금전채권이 압류된 경우

③ 그 밖에 대통령령으로 정하는 사유로 본인 명의의 계좌를 개설하기 어려운 경우

5) 자활지원계획의 수립

(1) 자활지원계획에 따른 급여 시시: 시장군수구청장은 수급자의 자활을 체계적으로 지원하기 위하여 조사 결과를 고려하여 수급자 가구별로 자활지원계획을 수립하고 그에 따라 급여를 실시하여야 한다(법 제28조 제1항).

(2) 급여와 민간후원의 연계: 보장기관은 수급자의 자활을 위하여 필요한 경우에는 보장기관이 제공할 수 있는 급여가 있거나 민간기관 등이 후원을 제공하는 경우 자활지원계획에 따라 급여를 지급하거나 후원을 연계할 수 있다(법 제28조 제2항).

(3) 급여실시 결과의 평가: 시장군수구청장은 수급자의 자활여건 변화와 급여실시 결과를 정기적으로 평가하고 필요한 경우 자활지원계획을 변경할 수 있다(법 제28조 제3항).

Ⅴ. 급여의 변경

1) **급여의 종류 · 방법 등의 변경:** 보장기관은 수급자의 소득 · 재산 · 근로능력 등이 변동된 경우에는 직권으로 또는 수급자나 그 친족, 그 밖의 관계인의 신청에 의하여 그에 대한 급여의 종류 · 방법 등을 변경할 수 있다(법 제29조 제1항).

2) **변경사유의 서면 통지:** 급여의 변경은 산출근거 등 이유를 밝혀 서면으로 수급자에게 통지하여야 한다(법 제29조 제2항).

Ⅵ. 급여의 중지

1) **급여중지의 사유:** 보장기관은 수급자가 다음에 해당하는 경우에는 급여의 전부 또는 일부를 중지하여야 한다(법 제30조 제1항).
   ① 수급자에 대한 급여의 전부 또는 일부가 필요 없게 된 경우
   ② 수급자가 급여의 전부 또는 일부를 거부한 경우

2) **재활참가 불이행에 따른 제재:** 근로능력이 있는 수급자가 재활 참가(법 제9조 제5항)의 조건을 이행하지 아니하는 경우 조건을 이행할 때까지 근로능력이 있는 수급자 본인의 생계급여의 전부 또는 일부를 지급하지 아니할 수 있다(법 제30조 제2항).

제 5 절 보장시설

Ⅰ. 보장시설의 정의 및 종류

이 법에서 "보장시설"이란 사회보장급여를 실시하는 사회복지시설로서 다음의 시설 중 보건복지부령으로 정하는 시설을 말한다(법 제32조).

① 장애인 거주시설
② 노인주거복지시설 및 노인의료복지시설
③ 아동복지시설 및 통합 시설
④ 정신요양시설 및 정신재활시설
⑤ 노숙인재활시설 및 노숙인요양시설
⑥ 가정폭력피해자 보호시설
⑦ 성매매피해자 등을 위한 지원시설
⑧ 성폭력피해자보호시설
⑨ 한부모가족복지시설
⑩ 결핵 및 한센병요양시설
⑪ 그 밖에 보건복지부령으로 정하는 시설

Ⅱ. 보장시설의 장의 의무

① 수탁거부금지 (법 제33조 제1항)	보장시설의 장은 보장기관으로부터 수급자에 대한 급여를 위탁받은 경우에는 정당한 사유 없이 이를 거부하여서는 아니 된다.
② 최저기준 이상의 급여 제공(법 제33조 제2항)	보장시설의 장은 위탁받은 수급자에게 보건복지부장관 및 소관 중앙행정기관의 장이 정하는 최저기준 이상의 급여를 실시하여야 한다.
③ 차별대우의 금지 (법 제33조 제3항)	보장시설의 장은 위탁받은 수급자에게 급여를 실시할 때 성별·신앙 또는 사회적 신분 등을 이유로 차별대우를 하여서는 아니 된다.
④ 자유로운 생활의 보장 (법 제3조 제4항)	보장시설의 장은 위탁받은 수급자에게 급여를 실시할 때 수급자의 자유로운 생활을 보장하여야 한다.
⑤ 종교행위의 강제금지 (법 제3조 제5항)	보장시설의 장은 위탁받은 수급자에게 종교상의 행위를 강제하여서는 아니 된다.

제6절 수급자의 권리 · 의무와 이의신청

1. 급여 변경의 금지

수급자에 대한 급여는 정당한 사유 없이 수급자에게 불리하게 변경할 수 없다(법 제34조).

2. 압류금지

수급자에게 지급된 수급품(지방자치단체가 실시하는 급여 포함)과 이를 받을 권리는 압류할 수 없다(법 제35조 제1항). 지정된 급여수급계좌의 예금에 관한 채권은 압류할 수 없다(법 제35조 제2항).

3. 양도금지

수급자는 급여를 받을 권리를 타인에게 양도할 수 없다(법 제36조).

4. 신고의 의무

수급자는 거주지역, 세대의 구성 또는 임대차 계약내용이 변동되거나 급여신청사항(법 제22조 제1항)이 현저하게 변동되었을 때에는 지체 없이 관할 보장기관에 신고하여야 한다(법 제37조).

5. 이의신청

1) 시 · 도지사에 대한 이의신청

(1) 90일 이내 시장 · 군수 · 구청장을 거쳐 이의신청: 수급자나 급여 또는 급여 변경을 신청한 사람은 시장 · 군수 · 구청장(교육급여인 경우에는 시 · 도교육감)의 처분에 대하여 이의가 있는 경우에는 그 결정의 통지를 받은 날부터 90일 이내에 해당 보장기관을 거쳐 시 · 도지사(특별자치시장 · 특별자치도지사 및 시 · 도교육감의 처분에 이의가 있는 경우에는 해당 특별자치시장 · 특별자치도지사 및 시 · 도교육감)에게 서면 또는 구두로 이의를 신청할 수 있다. 이 경우 구두로 이의신청을 접수한 보장기관의 공무원은 이의신청서를 작성할 수 있도록 협조하여야 한다(법 제38조 제2항).

(2) 10일 이내 시장 · 군수 · 구청장의 조처: 이의신청을 받은 시장 · 군수 · 구청장은 10일 이내에 의견서와 관계 서류를 첨부하여 시 · 도지사에게 보내야 한다.

2) 시 · 도지사의 처분

시 · 도지사가 시장 · 군수 · 구청장으로부터 이의신청서를 받았을 때(특별자치시장 · 특별자치도지사 및 시 · 도교육감의 경우에는 직접 이의신청을 받았을 때를 말함)에는 30일 이내에 필요한 심사를 하고 이의신청을 각하 또는 기각하거나 해당 처분을 변경 또는 취소하거나 그 밖에 필요한 급여를 명하여야 한다(법 제39조 제1항). 시 · 도지사는 처분 등을 하였을 때에는 지체 없이 신청인과 해당 시장 · 군수 · 구청장에게 각각 서면으로 통지하여야 한다(법 제39조 제2항).

3) 보건복지부장관에 대한 이의신청

(1) 60일 이내 시 · 도지사의 처분에 대한 이의신청: 시 · 도지사의 처분 등에 대하여 이의가 있는 사람은 그 처분 등의 통지를 받은 날부터 60일 이내에 시 · 도지사를 거쳐 보건복지부장관(주거급여 또는 교육급여인 경우에는 소관 중앙행정기관의 장을 말하며, 보건복지부장관에게 한 이의신청은 소관 중앙행정기관의 장에게 한 것으로 본다)에게 서면 또는 구두로 이의를 신청할 수 있다. 이 경우 구두로 이의신청을 접수한 보장기관의 공무원은 이의신청서를 작성할 수 있도록 협조하여야 한다(법 제40조 제1항).

(2) 10일 이내 시 · 도지사는 장관에게 송부: 시 · 도지사는 이의신청을 받으면 10일 이내에 의견서와 관계 서류를 첨부하여 보건복지부장관 또는 소관 중앙행정기관의 장(주거급여 또는 교육급여인 경우에 한정)에게 보내야 한다(법 제40조 제2항).

4) 보건복지부장관의 재결

(1) 30일 이내 장관의 결정: 보건복지부장관 또는 소관 중앙행정기관의 장은 이의신청서를 받았을 때에는 30일 이내에 필요한 심사를 하고 이의신청을 각하 또는 기각하거나 해당 처분의 변경 또는 취소의 결정을 하여야 한다(법 제41조 제1항).

(2) 지체 없이 당사자에게 결정 통지: 보건복지부장관 또는 소관 중앙행정기관의 장은 결정을 하였을 때에는 지체 없이 시 · 도지사 및 신청인에게 각각 서면으로 결정 내용을 통지하여야 한다. 이 경우 소관 중앙행정기관의 장이 결정 내용을 통지하는 때에는 그 사실을 보건복지부장관에게 알려야 한다(법 제41조 제2항).

제7절 보장비용

1. 보장비용의 내용

이 법에서 '보장비용'이란 다음의 비용을 말한다(법 제42조).

① 이 법에 따른 보장업무에 드는 인건비와 사무비

② 생활보장위원회의 운영에 드는 비용

③ 생계급여, 주거급여, 교육급여, 의료급여, 해산급여, 장제급여, 자활급여, 중앙 자활센터, 광역 자활센터, 지역 자활센터, 자활기관협의체, 자활기업에 따른 급여 실시 비용

④ 그 밖에 이 법에 따른 보장업무에 드는 비용

2. 보장비용의 부담 구분

1) 국가와 자치단체의 부담 구분

보장비용의 부담은 다음의 구분에 따른다(법 제43조 제1항).

① 국가 또는 시 · 도가 직접 수행하는 보장업무에 드는 비용은 국가 또는 해당 시 · 도가 부담한다.

② 급여의 실시 비용은 국가 또는 해당 시 · 도가 부담한다.

③ 시 · 군 · 구가 수행하는 보장업무에 드는 비용 중 인건비, 사무지, 생활보장위원회 운영비는 해당 시 · 군 · 구가 부담한다.

④ 시 · 군 · 구가 수행하는 보장업무에 드는 비용 중 '시 · 군 · 구 보장비용'은 시 · 군 · 구의 재정여건, 사회보장비 지출 등을 고려하여 국가, 시 · 도 및 시 · 군 · 구가 다음에 따라 차등하여 분담한다.

㉮ 국가는 시 · 군 · 구 보장비용의 총액 중 40% 이상 90% 이하를 부담한다.

㉯ 시 · 도는 시 · 군 · 구 보장비용의 총액에서 국가부담분을 뺀 금액 중 30% 이상 70% 이하를 부담하고, 시 · 군 · 구는 시 · 군 · 구 보장비용의 총액 중에서 국가와 시 · 도가 부담하는 금액을 뺀 금액을 부담한다. 다만, 특별자치시 · 특별자치도는 시 · 군 · 구 보장비용의 총액 중에서 국가가 부담하는 금액을 뺀 금액을 부담한다.

2) 조례에 따른 초과부담분의 부담

지방자치단체의 조례에 따라 이 법에 따른 급여 범위 및 수준을 초과하여 급여를 실시하는

경우 그 초과 보장비용은 해당 지방자치단체가 부담한다(법 제43조 제5항).

3) 교육급여 보장비용 부담의 특례

시 · 도교육감이 수행하는 보장업무에 드는 비용은 다음에 따라 차등하여 분담한다(법 제43조의2).

① 소득인정액이 기준 중위소득의 100분의 40 이상인 수급자에 대한 입학금 및 수업료의 지원은 초 · 중등교육법(제60조의4)[19]의 교육비 지원 규정에 따른다.

② 소득인정액이 기준 중위소득의 100분의 40 이상인 수급자에 대한 학용품비와 그 밖의 수급품은 국가, 시 · 도, 시 · 군 · 구가 부담하며, 구체적인 부담비율에 관한 사항은 제43조 제1항 제4호 각 목에 따른다.

③ 소득인정액이 기준 중위소득의 100분의 40 미만인 수급자에 대한 보장비용은 국가, 시 · 도, 시 · 군 · 구가 보장비용의 부담 구분(법 제43조 제1항 제4호 각 목)에 따라 부담하되, 교육급여(법 제12조의2)에 따라 추가적으로 적용되는 기준에 따른 수급자에 대한 입학금 및 수업료의 지원은 초 · 중등교육법(제60조의4)의 교육비 지원규정에 따른다.

3. 비용의 징수

1) **부양능력자에 대한 비용 징수:** 수급자에게 부양능력을 가진 부양의무자가 있음이 확인된 경우에는 보장비용을 지급한 보장기관은 생활보장위원회의 심의 · 의결을 거쳐 그 비용의 전부 또는 일부를 그 부양의무자로부터 부양의무의 범위에서 징수할 수 있다(법 제46조 제1항)

2) **부정수급자에 대한 환급:** 속임수나 그 밖의 부정한 방법으로 급여를 받거나 타인으로 하여금 급여를 받게 한 경우에는 보장비용을 지급한 보장기관은 그 비용의 전부 또는 일부를 그 급여를 받은 사람 또는 급여를 받게 한 '부정수급자'로부터 징수할 수 있다(법 제46조 제2항).

3) **유류금품의 처분:** 장제급여를 실시하는 경우에 사망자에게 부양의무자가 없을 때에는 시장 · 군수 · 구청장은 사망자가 유류(遺留)한 금전 또는 유가증권으로 그 비용에 충당하고, 그 부족액은 유류물품의 매각대금으로 충당할 수 있다(법 제45조).

19) 제60조의4(교육비 지원) ① 국가 및 지방자치단체는 다음 각 호의 어느 하나에 해당하는 학생에게 입학금, 수업료, 급식비 등 대통령령으로 정하는 비용(이하 "교육비"라 한다)의 전부 또는 일부를 예산의 범위에서 지원할 수 있다. 〈개정 2014.12.30.〉

4. 반환명령

1) 급여의 정지 또는 중지자에 대한 기지급금에 대한 반환명령

보장기관은 급여의 변경 또는 급여의 정지·중지에 따라 수급자에게 이미 지급한 수급품 중 과잉지급분이 발생한 경우에는 즉시 수급자에 대하여 그 전부 또는 일부의 반환을 명하여야 한다. 다만, 이미 이를 소비하였거나 그 밖에 수급자에게 부득이한 사유가 있을 때에는 그 반환을 면제할 수 있다(법 제47조 제1항).

2) 긴급급여 사유소멸로 인한 반환명령

시장·군수·구청장이 긴급급여를 실시하였으나 조사 결과에 따라 급여를 실시하지 아니하기로 결정한 경우 급여비용의 반환을 명할 수 있다(법 제47조 제2항).

제 8 절 긴급복지지원

2005.12.23. 법률 제7739호 긴급복지지원법 제정
2023.06.13. 법률 제19448호 제15차 일부개정, 2023.12.14. 시행(최신)

1. 총칙

1) **'위기상황'의 정의:** 이 법에서 말하는 '위기상황'이란 본인 또는 본인과 생계 및 주거를 같이하고 있는 가구구성원이 다음에 해당하는 사유로 인하여 생계유지 등이 어렵게 된 것을 말한다(긴급복지지원법 제2조).

① 주소득자(主所得者)가 사망, 가출, 행방불명, 구금시설에 수용되는 등의 사유로 소득을 상실한 경우

② 중한 질병 또는 부상을 당한 경우

③ 가구구성원으로부터 방임(放任) 또는 유기(遺棄)되거나 학대 등을 당한 경우

④ 가정폭력을 당하여 가구구성원과 함께 원만한 가정생활을 하기 곤란하거나 가구구성원으로부터 성폭력을 당한 경우

⑤ 화재 또는 자연재해 등으로 인하여 거주하는 주택 또는 건물에서 생활하기 곤란하게 된 경우

⑥ 주소득자 또는 부소득자의 휴업, 폐업 또는 사업장의 화재 등으로 인하여 실질적인 영업이 곤란하게 된 경우
⑦ 주소득자 또는 부소득자의 실직으로 소득을 상실한 경우
⑧ 지방자치단체의 조례로 정한 사유가 발생한 경우
⑨ 그 밖에 보건복지부장관이 정하여 고시하는 사유가 발생한 경우

2) 긴급지원의 기본원칙

(1) **신속지원의 원칙**: 이 법에 따른 지원은 위기상황에 처한 사람에게 일시적으로 신속하게 지원하는 것을 기본원칙으로 한다(긴급복지지원법 제3조 제1항).

(2) **중복지원 배제의 원칙**: 다른 법률[20]에 따라 이 법에 따른 지원 내용과 동일한 내용의 구호 · 보호 또는 지원을 받고 있는 경우에는 이 법에 따른 지원을 하지 아니한다(긴급복지지원법 제3조 제2항).

2. 긴급지원의 대상자

1) **지원대상자**: 이 법에 의한 지원대상자는 위기상황에 처한 사람으로서 이 법에 따른 지원이 긴급하게 필요한 자, 즉 '긴급지원대상자'로 한다(긴급복지지원법 제5조).

2) **외국인에 대한 특례**: 국내에 체류하고 있는 외국인 중 대통령령으로 정하는 사람이 긴급지원이 필요한 상황에 해당하는 경우에는 긴급지원대상자가 된다(긴급복지지원법 제5조의 '긴급지원대상자'가 될 수 있는 외국인은 다음에 해당하는 사람으로 한다(긴급복지지원법 시행령 제1조의2)).

① 대한민국 국민과 혼인 중인 사람
② 대한민국 국민인 배우자와 이혼하거나 그 배우자가 사망한 사람으로서 대한민국 국적을 가진 직계존비속(直系尊卑屬)을 돌보고 있는 사람
③ 난민(難民)으로 인정(난민법 제2조 제2호)된 사람
④ 본인의 귀책사유 없이 화재, 범죄, 천재지변으로 피해를 입은 사람
⑤ 그 밖에 보건복지부장관이 긴급한 지원이 필요하다고 인정하는 사람

20) 다른 법률이라 함은 재해구호법, 국민기초생활보장법, 의료급여법, 사회복지사업법, 가정폭력방지 및 피해자보호 등에 관한 법률, 성폭력방지 및 피해자보호 등에 관한 법률 등이다.

3. 긴급지원의 절차

1) 긴급지원요청 및 신고

(1) **구술 또는 서면요청**: 긴급지원대상자와 친족, 그 밖의 관계인은 구술 또는 서면 등으로 관할 시장 · 군수 · 구청장에게 긴급지원을 요청할 수 있다(긴급복지지원법 제7조 제1항). 시장 · 군수 · 구청장이 지정한 법인 · 단체 · 시설 · 기관 등은 긴급지원대상자의 요청에 따라 지원요청을 지원할 수 있다(긴급복지지원법 제7조 제4항).

(2) **신고의무자**: 누구든지 긴급지원대상자를 발견한 경우에는 관할 시장 · 군수 · 구청장에게 이 사실을 신고하여야 한다(긴급복지지원법 제7조 제2항). 특히 다음에 해당하는 자는 진료 · 상담 등 직무수행 과정에서 긴급지원대상자가 있음을 알게 된 경우에는 관할 시장 · 군수 · 구청장에게 이를 신고하고, 긴급지원대상자가 신속하게 지원을 받을 수 있도록 노력하여야 한다(긴급복지지원법 제7조 제3항).

① 의료기관의 종사자
② 각급 교육기관의 교원, 직원, 산학겸임교사, 강사
③ 사회복지시설의 종사자
④ 공무원
⑤ 장애인활동 지원기관의 장 및 그 종사자와 장애인 활동지원인력
⑥ 학원의 운영자 · 강사 · 직원 및 교습소의 교습자 · 직원
⑦ 건강가정지원센터의 장과 그 종사자
⑧ 청소년시설 및 같은 조 제8호에 따른 청소년단체의 장과 그 종사자
⑨ 청소년 보호 · 재활센터의 장과 그 종사자
⑩ 평생교육기관의 장과 그 종사자
⑪ 그 밖에 긴급지원대상자를 발견할 수 있는 자로서 보건복지부령으로 정하는 자

(3) **신고의무자 교육**: 관계 중앙행정기관의 장은 신고의무자에 해당하는 사람의 자격취득 또는 보수교육 과정에 긴급지원사업의 신고와 관련된 교육 내용을 포함하도록 하여야 하며, 긴급복지 신고의무자가 소속된 기관 · 시설 등의 장은 소속 긴급복지 신고의무자에게 신고의무 교육을 실시하고, 그 결과를 관계 중앙행정기관의 장에게 제출하여야 한다(긴급복지지원법 제7조 제5항).

2) 위기상황의 발굴: 국가 및 지방자치단체는 위기상황에 처한 사람에 대한 발굴조사를 연 1회 이상 정기적으로 실시하여야 한다(법 제7조의2 제1항). 국가 및 지방자치단체는 정기

발굴조사 또는 수시 발굴조사를 위하여 필요한 경우 관계 기관 · 법인 · 단체 등의 장에게 자료의 제출, 위기상황에 처한 사람의 거주지 등 현장조사 시 소속 직원의 동행 등 협조를 요청할 수 있다. 이 경우 관계 기관 · 법인 · 단체 등의 장은 정당한 사유가 없으면 이에 따라야 한다(법 제7조의2 제2항).

3) **위기상황 확인:** 시장 · 군수 · 구청장은 지원요청 또는 신고를 받거나 위기상황에 처한 사람을 찾아낸 경우에는 지체 없이 긴급지원담당공무원으로 하여금 긴급지원대상자의 거주지 등을 방문하여 위기상황을 확인하여야 한다(긴급복지지원법 제8조 제1항). 현장을 확인하는 긴급지원담당공무원은 권한을 표시하는 증표를 지니고 이를 관계인에게 내보여야 한다(긴급복지지원법 제8조 제4항).

4) **지원의 종류 및 내용 결정:** 시장 · 군수 · 구청장은 현장 확인 결과 위기상황의 발생이 확인된 사람에 대하여는 지체 없이 지원의 종류 및 내용을 결정하여 지원을 하여야 한다(긴급복지지원법 제8조 제3항). 이 법에 의한 지원의 종류 및 내용은 다음과 같다(긴급복지지원법 제9조 제1항).

(1) 직접지원

① **생계지원:** 식료품비 · 의복비 등 생계유지에 필요한 비용 또는 현물 지원. 이 경우 국민기초생활보장법(제6조)에 따라 해마다 공표되는 최저생계비를 한도로 한다(긴급복지지원법 제9조 제2항).

② **의료지원:** 각종 검사 및 치료 등 의료서비스 지원

③ **주거지원:** 임시거소(臨時居所) 제공 또는 이에 해당하는 비용 지원

④ **사회복지시설 이용 지원:** 사회복지시설 입소(入所) 또는 이용 서비스 제공이나 이에 필요한 비용 지원. 시장 · 군수 · 구청장은 사회복지시설 이용 지원을 하는 경우 관할 사회복지시설의 장에게 지원을 요청할 수 있다. 이 경우 지원요청을 받은 사회복지시설의 장은 정당한 사유가 없으면 해당 시설의 입소기준에도 불구하고 긴급지원대상자가 긴급지원기간 동안에 그 시설을 이용할 수 있도록 조치하여야 한다(긴급복지지원법 제9조 제3항).

⑤ **교육지원:** 초 · 중 · 고등학생의 수업료, 입학금, 학교운영지원비 · 학용품비 등 필요한 비용 지원

⑥ **그 밖의 지원:** 연료비나 그 밖에 위기상황의 극복에 필요한 비용 또는 현물 지원

(2) 민간기관 · 단체와의 연계 지원

① 대한적십자사, 사회복지공동모금회 등의 사회복지기관 · 단체와의 연계 지원

② 상담 · 정보제공, 그 밖의 지원

(3) **긴급지원의 기준:** 구체적인 지원기준 · 방법 및 절차 등에 관하여 필요한 사항은 대통령령으로 정한다. 이 경우 생계지원 · 주거지원은 기준 중위소득의 100분의 40을 각각 한도로 한다(긴급복지지원법 제9조 제2항).

(4) **사회복지시설 이용 지원:** 장 · 군수 · 구청장은 사회복지시설 이용 지원을 하는 경우 관할 사회복지시설의 장에게 지원을 요청할 수 있다. 이 경우 지원요청을 받은 사회복지시설의 장은 정당한 사유가 없으면 해당 시설의 입소기준에도 불구하고 긴급지원대상자가 긴급지원 기간에 그 시설을 이용할 수 있도록 조치하여야 한다(긴급복지지원법 제9조 제3항).

5) 긴급지원의 기간

(1) **생계지원의 기간:** 긴급지원은 1개월간의 생계유지 등에 필요한 지원으로 한다. 다만, 시장 · 군수 · 구청장이 긴급지원대상자의 위기상황이 계속된다고 판단하는 경우에는 1개월씩 두 번의 범위에서 기간을 연장할 수 있다(긴급복지지원법 제10조 제1항).

(2) **1회 지원의 원칙:** 지원은 위기상황의 원인이 되는 질병 또는 부상을 검사 · 치료하기 위한 범위에서 한 번 실시하며, 교육지원도 한 번 실시한다(긴급복지지원법 제10조 제2항).

(3) **위기상황이 계속되는 경우의 연장:** 시장 · 군수 · 구청장은 지원에도 불구하고 위기상황이 계속되는 경우에는 긴급지원심의위원회의 심의를 거쳐 지원을 연장할 수 있다. 이 경우 생계지원, 주거지원, 사회복지시설 이용 지원, 연료비 등 그 밖의 위기상황 극복에 필요한 지원은 지원기간을 합하여 총 6개월을 초과하여서는 아니 된다. 주거지원은 12개월을 초과해서는 아니 된다. 의료지원 및 교육지원은 지원횟수를 합하여 총 두 번을 초과하여서는 아니 된다(긴급복지지원법 제10조 제3항).

제 9 절 노숙인 등의 복지 및 자립지원

2011.06.07. 법률 제10784호 노숙인 등의 복지 및 자립지원에 관한 법률 제정
2020.12.29. 법률 제17775호 제8차 일부개정, 2021.06.30. 시행(최신)

1. 총 론

1) **노숙인의 정의:** "노숙인 등"이란 다음에 해당하는 사람 중 18세 아상인 사람을 말한다

(노숙인법 제2조; 규칙 제2조).

① 상당한 기간 동안 일정한 주거 없이 생활하는 사람

② 노숙인시설을 이용하거나 상당한 기간 동안 노숙인시설에서 생활하는 사람

③ 상당한 기간 동안 주거로서의 적절성이 현저히 낮은 곳에서 생활하는 사람

2) **노숙인 등의 권리와 책임:** 노숙인 등은 국가와 지방자치단체로부터 적절한 주거와 보호 등을 제공받을 수 있으며, 스스로 생활수준을 향상시키기 위하여 성실히 노력하여야 한다(노숙인법 제4조 제1항). 노숙인 등은 응급상황 발생 시 경찰공무원, 소방공무원 또는 노숙인 등 관련 업무 종사자의 응급조치에 응하여야 한다(노숙인법 제4조 제2항).

2. 노숙인에 대한 복지서비스

1) **주거지원:** 국가와 지방자치단체는 노숙인 등의 적절한 주거생활을 위하여 다음에 해당하는 주거지원을 할 수 있다(노숙인법 제10조 제1항).

① 노숙인복지시설에 의한 보호

② 사회복지시설 및 다른 법률에 따른 보호시설에 의한 보호

③ 임대주택의 공급

④ 임시주거비 지원

⑤ 그 밖에 대통령령으로 정하는 주거지원

2) 급식지원

(1) 공립 노숙인급식시설의 설치 · 운영: 국가와 지방자치단체는 노숙인 등에게 필요한 급식서비스를 제공하기 위하여 노숙인급식시설을 설치 · 운영할 수 있다(노숙인법 제11조 제1항).

(2) 민간 노숙인급식시설의 신고: 국가와 지방자치단체 외의 자가 노숙인급식시설을 설치 · 운영하려면 보건복지부령으로 정하는 바에 따라 시장 · 군수 · 구청장에게 신고하여야 한다(노숙인법 제11조 제2항). 신고를 받은 경우 그 내용을 검토하여 이 법에 적합하면 신고를 수리하여야 한다(노숙인법 제11조 제3항). 신고의무를 위반한 자에 대해서는 500만원 이하의 과태료를 부과한다(노숙인법 제28조 제1항).

3) 의료지원

(1) 노숙인진료시설의 설치 · 운영: 국가와 지방자치단체는 노숙인 등에게 필요한 의료서비스를 제공하기 위하여 노숙인진료시설을 설치 · 운영할 수 있다(노숙인법 제12조 제1항).

(2) 노숙인진료시설의 지정: 국가와 지방자치단체는 국공립병원, 보건소 또는 민간의료기관을 노숙인진료시설로 지정할 수 있다(노숙인법 제12조 제2항).

(3) 노숙인 등에 대한 전문 의료서비스의 의뢰: 국가와 지방자치단체는 전문적인 처치와 수술 등을 필요로 하는 노숙인 등에 대한 전문 의료서비스의 제공을 국공립병원, 보건소 또는 민간의료기관에 의뢰하거나 위탁할 수 있다(노숙인법 제12조 제3항).

(4) 민간 노숙인진료시설의 설치 · 운영: 국가와 지방자치단체 외의 자는 보건복지부령으로 정하는 바에 따라 노숙인진료시설을 설치 · 운영할 수 있다(노숙인법 제12조 제4항).

(5) 여성노숙인 등에 대한 보건위생물품 지원: 국가와 지방자치단체는 여성노숙인 등의 건강과 복지를 위하여 여성노숙인 등에게 보건위생에 필수적인 물품을 지원할 수 있다(노숙인법 제12조의2 제1항).

4) 고용지원

(1) 고용지원사업: 국가와 지방자치단체는 노숙인 등의 고용을 지원하고 촉진하기 위하여 고용정보의 제공, 직업지원, 취업알선, 직업능력개발 등 필요한 조치를 할 수 있다(노숙인법 제13조 제1항).

(2) 자활지원사업: 국가와 지방자치단체는 노숙인 등의 고용을 촉진하기 위하여 공공일자리 제공 등 자활지원사업을 실시할 수 있다(노숙인법 제13조 제2항).

(3) 고용지원사업의 종류(노숙인법 시행령 제5조 제1항)

① **직업지도사업:** 노숙인 등이 능력 및 적성에 맞는 직업을 가질 수 있도록 직업상담, 직업적성검사 및 직업지도를 하는 사업

② **고용촉진사업:** 노숙인 등의 취업의욕 및 직업능력을 높이고 집중적인 취업알선을 하는 사업

③ **공공일자리사업:** 노숙인 등을 직접 고용하여 거리청소, 급식보조 및 상담보조 등의 공공근로를 수행하는 사업

④ 그 밖에 고용정보의 제공, 직업지원, 취업알선, 직업능력개발 등 노숙인 등의 고용을 촉진하기 위한 사업 및 조치

(4) 민간의 자활지원사업 신고: 국가와 지방자치단체 외의 자가 자활지원사업을 실시하려면 보건복지부령으로 정하는 바에 따라 시장 · 군수 · 구청장에게 신고하여야 한다(노숙인법 제13조 제3항). 신고의무를 위반한 자에 대해서는 500만원 이하의 과태료를 부과한다(노숙인법 제28조 제1항).

5) 응급조치

(1) **응급조치의 의무:** 경찰공무원, 소방공무원 또는 노숙인 등 관련 업무 종사자는 중대한 질병, 동사(凍死) 등 노숙인 등에 관한 응급상황을 신고 받거나 발견한 때에는 지체 없이 필요한 조치를 하여야 한다(노숙인법 제14조 제1항).

응급상황, 필요한 조치의 내용 및 노숙인 등 관련 업무 종사자의 범위 등에 필요한 사항은 대통령령으로 정한다(노숙인법 제14조 제2항).

(2) **응급상황**(노숙인법 시행령 제6조 제1항)

① 결핵, 제1군감염병 · 제3군감염병 및 정신병(기질적 정신병 포함), 인격장애, 알코올 및 약물중독, 그 밖의 비정신병적 정신장애 등 중대한 질병에 걸린 경우로서 응급조치를 하지 아니하면 죽거나 다른 사람에게 감염시키거나 위해(危害)를 끼칠 우려가 현저히 높은 경우

② 거리, 공원 또는 역사(驛舍) 주변 등에 방치되어 추위로 사망할 우려가 있는 경우

③ 폭염(暴炎)으로 인한 탈수 또는 열사병 등으로 사망할 우려가 있는 경우

④ 그 밖에 부상 등 위급한 상태로서 즉시 필요한 응급조치를 받지 아니하면 생명을 보존할 수 없거나 심신에 중대한 장해가 발생할 가능성이 있는 경우

(3) **노숙인 등 관련업무 종사자의 범위:** 노숙인 등 관련업무 종사자의 범위는 노숙인시설 종사자와 지방자치단체의 노숙인 담당 공무원으로 한다(노숙인법 시행령 제6조 제2항).

(4) **응급상황 시 노숙인 관련 업무종사자의 조치**(노숙인법 시행령 제6조 제3항)

① **경찰:** 보호조치 등

② **노숙인 등 관련업무 종사자:** 응급상황이 발생한 현장에서의 응급처치/ 병원 응급실 이송 및 입원 의뢰/ 노숙인복지시설의 장에게 보호 의뢰/ 그 밖에 응급상황에서 노숙인 등 보호에 필요한 조치

3. 노숙인시설

1) 노숙인시설의 설치 · 운영

(1) **공공의 시설설치 · 운영:** '노숙인시설'이란 이 법에 따른 노숙인 등을 위한 노숙인복지시설, 노숙인종합지원센터를 말한다(법 제2조 제2호).

국가와 지방자치단체는 노숙인 등의 자립과 사회복귀 등을 지원하기 위하여 노숙인시설을 설치 · 운영하거나 사회복지법인 또는 비영리법인에 위탁 · 운영할 수 있다(노숙인법

제15조 제1항).

(2) **민간의 설치신고**: 국가와 지방자치단체 외의 자가 노숙인복지시설을 설치 · 운영하고자 하는 때에는 보건복지부령으로 정하는 바에 따라 시장 · 군수 · 구청장에게 신고하여야 한다(노숙인법 제15조 제2항). 이 규정을 위반하여 신고하지 아니하고 노숙인복지시설(노숙인급식시설 제외)을 설치 · 운영한 자는 1년 이하의 징역 또는 1천만원 이하의 벌금에 처한다(노숙인법 제26조 제3항). 양벌규정(노숙인법 제27조).

2) 노숙인복지시설의 종류(노숙인법 제16조 제1항)

① **노숙인일시보호시설**: 노숙인 등에게 일시보호 및 복지서비스 연계 등을 제공하는 시설

② **노숙인자활시설**: 노숙인 등의 자립을 지원하기 위하여 전문적인 직업상담 · 훈련 등의 복지서비스를 제공하는 시설

③ **노숙인재활시설**: 신체 및 정신장애 등으로 자립이 어려운 노숙인 등에게 치료 및 재활서비스를 제공하는 시설

④ **노숙인요양시설**: 건강상의 문제 등으로 단기간 내 가정 및 사회복귀가 어려운 노숙인 등에게 요양서비스를 제공하는 시설

⑤ **노숙인급식시설**

⑥ **노숙인진료시설**

⑦ 그 밖에 보건복지부령으로 정하는 시설

3) 노숙인복지시설의 입 · 퇴소

(1) **노숙인의 입 · 퇴소요청**: 노숙인복지시설에 입소 또는 퇴소하려는 노숙인 등은 노숙인복지시설의 장에게 입소를 신청하거나 퇴소를 요청할 수 있다(노숙인법 제17조 제1항).

(2) **시장 · 군수 · 구청장, 경찰관서 장의 입소의뢰**: 시장 · 군수 · 구청장, 경찰관서의 장(지구대 · 파출소 및 출장소 포함)은 보건복지부령으로 정하는 바에 따라 노숙인 등의 입소를 의뢰할 수 있다(노숙인법 제17조 제2항).

(3) **입 · 퇴소심사위원회**: 시장 · 군수 · 구청장은 노숙인 등의 입소 · 퇴소 결정 및 다른 사회복지시설로의 전원(轉院) 등 필요한 조치를 위하여 입소 · 퇴소심사위원회를 둘 수 있다(노숙인법 제17조 제3항).

4) 노숙인의 사망에 따른 조치

(1) 장례 및 유류금품의 처리: 보건복지부장관, 시 · 도지사 또는 시장 · 군수 · 구청장은 입소조치 된 자가 사망한 경우 그 자에 대한 장례를 행할 자가 없을 때에는 그 장례를 행하거나 해당 시설의 장으로 하여금 그 장례를 행하게 할 수 있다. 이 경우 보건복지부장관, 시 · 도지사, 시장 · 군수 · 구청장 또는 노숙인복지시설의 장은 사망자가 유류한 금전 또는 유가증권을 그 장례에 필요한 비용에 충당할 수 있으며, 부족이 있을 때에는 유류물품을 처분하여 그 대금을 이에 충당할 수 있다(노숙인법 제17조 제4항).

(2) 상속인 없는 재산의 처리: 노숙인복지시설을 설치 · 운영하는 자는 그 시설에 입소 중인 사람이 사망하고 그 상속인의 존부가 분명하지 아니한 때에는 민법(제1053조~제1059조)의 규정에 따라 사망한 사람의 재산을 처리한다. 다만, 사망한 사람의 잔여재산이 사회복지사업법(제45조의2제1항 단서)에 따른 금액 이하인 경우에는 관할 시장 · 군수 · 구청장에게 잔여재산 목록을 작성하여 보고하는 것으로 그 재산의 처리를 갈음할 수 있다(법 제17조의 2 제1항).

(3) 상속자의 권리주장을 위한 공고: 보고를 받은 시장 · 군수 · 구청장은 상속인, 일반상속 채권자, 유증받은 자, 기타 상속재산에 대하여 권리를 주장하려는 자가 있으면 6개월 내에 그 권리를 주장할 것을 3개월 이상 공고하여야 한다(법 제17조의2 제2항).

5) 노숙인복지시설의 서비스: 노숙인복지시설의 장은 입소자에게 자활 및 재활에 필요한 프로그램을 제공하고 입소자의 건강관리 등을 위하여 필요한 조치를 취하여야 한다(노숙인법 제18조 제1항).

6) 노숙인종합지원센터: 노숙인종합시원센터는 다음의 업무를 수행한다(노숙인법 제19조).

① 주거 · 의료 · 고용 지원을 위한 상담 및 복지서비스 연계
② 응급조치(노숙인법 제14조)
③ 복지서비스 이력 관리
④ 심리상담
⑤ 그 밖에 보건복지부령으로 정하는 사항

7) 노숙인시설에서의 인권보장

(1) 종사자에 대한 인권교육: 노숙인시설의 종사자는 노숙인 등에 대한 인권침해를 예방하기 위한 교육을 받아야 한다(노숙인법 제20조 제1항).

(2) 금지행위: 노숙인시설의 종사자[21]는 다음의 행위를 하여서는 아니 된다(노숙인법 제21조). 양벌규정(노숙인법 제27조).

① 노숙인 등을 유기하거나 의식주를 포함한 기본적 보호 및 치료를 소홀히 하는 방임행위. 위반하여 금지행위를 한 사람은 5년 이하의 징역 또는 5천만원 이하의 벌금에 처한다(노숙인법 제26조 제2항). 양벌규정(노숙인법 제27조).

② 노숙인 등에게 구걸을 하게 하거나 영리를 목적으로 노숙인 등 또는 노숙인시설을 이용하여 부당이익을 취하는 행위. 위반하여 금지행위를 한 사람은 5년 이하의 징역 또는 5천만원 이하의 벌금에 처한다(노숙인법 제26조 제2항). 양벌규정(노숙인법 제27조).

③ 노숙인 등을 위하여 증여 또는 급여로 지급받은 금품을 그 목적 외의 용도에 사용하는 행위. 위반하여 금지행위를 한 사람은 3년 이하의 징역 또는 3천만원 이하의 벌금에 처한다(노숙인법 제26조 제3항). 양벌규정(노숙인법 제27조).

④ 정당한 사유 없이 노숙인 등의 입소·퇴소 및 전원조치를 지연하거나 노숙인 등을 강압적으로 시설에 입소·퇴소시키는 행위. 위반하여 금지행위를 한 사람은 3년 이하의 징역 또는 3천만원 이하의 벌금에 처한다(노숙인법 제26조 제3항). 양벌규정(노숙인법 제27조).

⑤ 노숙인 등을 체포 또는 감금하는 행위. 위반하여 금지행위를 한 사람은 5년 이하의 징역 또는 5천만원 이하의 벌금에 처한다(노숙인법 제26조 제2항). 양벌규정(노숙인법 제27조).

⑥ 노숙인 등을 폭행·협박 또는 감금하거나 그 밖에 정신상 또는 신체상의 자유를 부당하게 구속하여 그들의 자유의사에 반하여 노동을 강요하는 행위. 이를 위반하여 금지행위를 한 사람은 7년 이하의 징역 또는 7천만원 이하의 벌금에 처한다(노숙인법 제26조 제1항). 양벌규정(노숙인법 제27조).

(3) 인권지킴이단: 노숙인재활시설과 노숙인요양시설을 운영하는 자는 시설에서 생활하는 노숙인 등의 인권을 보호하기 위하여 해당 시설에 인권지킴이단을 두어야 한다(노숙인법 제21조의3 제1항).

21) '노숙인시설 종사자'란 노숙인시설에서 노숙인 등의 보호, 상담, 복지서비스 연계 및 노숙인 등의 복지에 관한 업무를 담당하는 사람으로서 노숙인시설의 장 및 그 종사자를 말한다(법 제2조 제3호).

제 10 절 농어촌주민의 보건복지 증진

2004.01.29. 법률 제7151호 농어촌주민의 보건복지 증진을 위한 특별법 제정
2018.12.11. 법률 제15882호 제25차 일부개정, 2019.03.12. 시행(최신)

1. 기초생활 수급자에 대한 지원

1) **국민기초생활 수급권자 선정기준의 특례:** 국가는 국민기초생활 보장법의 "수급권자"를 선정하기 위하여 농어업인 가구의 소득평가액을 산정하는 경우 농어업인 가구의 특성을 반영한 지출 요인을 추가하여 인정할 수 있다(농어촌복지법 제19조 제1항).

2) **농어업과 직접 관련된 재산에 대한 소득환산기준 완화:** 국가는 농어업인 가구의 재산의 소득환산액을 산정하는 경우 경작농지 등 농어업과 직접 관련되는 재산에 대하여 소득환산기준의 일부를 완화하여 적용할 수 있다(농어촌복지법 제19조 제2항).

3) **자활지원시책의 시행:** 국가와 지방자치단체는 수급권자 및 그와 생활수준이 비슷한 농어촌주민의 자활을 지원하고 삶의 질을 향상시키기 위한 시책을 마련하여야 한다(농어촌복지법 제20조).

2. 사회복지시설의 우선 지원

국가와 지방자치단체는 사회복지시설의 개선사업을 할 때 농어촌의 사회복지시설에 우선적으로 재정지원을 할 수 있다(농어촌복지법 제21조).

3. 영유아의 보육지원

국가와 지방자치단체는 농어촌의 보육 여건 개선을 위하여 국공립 어린이집을 우선 설치하거나 그 밖에 어린이집이 설치될 수 있도록 필요한 조치를 하여야 한다(농어촌복지법 제22조 제1항). 국가와 지방자치단체는 어린이집의 설치 · 운영 및 영유아의 보육에서 농어촌의 특성으로 인하여 추가로 드는 비용을 지원할 수 있다(농어촌복지법 제22조 제2항).

4. 아동가정 보호사업의 지원 확대

국가와 지방자치단체는 보호가 필요한 농어촌 아동의 보호를 활성화하기 위하여 다음의 가정에 대한 지원시책을 우선적으로 마련하여야 한다(농어촌복지법 제23조 제1항).

① 소년소녀가 가장인 가정
② 아동의 보호를 위탁받은 가정
③ 요보호아동을 입양한 가정

5. 노인복지에 대한 지원

1) **복합노인복지시설의 설치 · 운영:** 국가와 지방자치단체는 농어촌에 거주하는 노인에 대하여 주거 · 건강증진 · 여가 · 문화 등 다양한 복지서비스를 무료 또는 실비로 지원하기 위하여 노인복지시설을 종합적으로 배치한 복합노인복지시설을 설치 · 운영할 수 있다(농어촌복지법 제24조 제1항).
2) **저소득층 노인의 요양 지원:** 국가와 지방자치단체는 대통령령으로 정하는 농어촌의 저소득층 노인에게 간병 · 수발, 일상생활 지원, 재활 등의 필요한 서비스를 제공하여야 한다(농어촌복지법 제25조 제1항).

6. 국민건강보험법에 따른 지원

1) **보험료 지원:** 국가는 농어업인이 국민건강보험료를 보험료부과점수에 따라 예산의 범위에서 차등하여 지원할 수 있다. 이 경우 그 지원금액과 경감되는 금액을 합친 금액은 부담하여야 하는 보험료의 100분의 50 이내여야 한다(농어촌복지법 제27조 제1항).
2) **보험료 등 납부기한의 연기:** 공단은 농어업인이 재산에 심한 손실을 받은 경우 등 보건복지부령으로 정하는 부득이한 사유가 있는 경우에는 보험료의 납부기한을 연기할 수 있다(농어촌복지법 제30조 제1항).

   공단은 연기한 보험료 납부기한이 지났으나 보험료를 내기 어려운 사유가 있다고 인정되는 경우에는 보건복지부령으로 정하는 바에 따라 분할하여 내게 할 수 있다(농어촌복지법 제30조 제4항).

7. 국민연금보험료의 지원

국가는 농어업인이 부담하여야 하는 국민연금보험료 중 100분의 50 이내의 금액을 같은 법에서 정하는 바에 따라 예산의 범위에서 지원할 수 있다(농어촌복지법 제31조).

8. 준농어촌에 대한 특례

농어촌 외의 지역으로서 다음에 해당하는 지역은 농어촌으로 보아 그 지역에 거주하는 주민에게는 대통령령으로 정하는 바에 따라 필요한 지원을 할 수 있다(농어촌복지법 제33조).

① 지정된 농업진흥지역

② 지정된 개발제한구역

③ 개발제한구역에서 해제된 지역으로서 대통령령으로 정하는 지역. 다만, 그 지역 주변에 있는 농경지가 개발제한구역으로 남아 있는 지역만 해당한다.

제 11 절 북한이탈주민의 보호 및 정착지원

1997.01.13. 법률 제5259호 '북한이탈주민의 보호 및 정착지원에 관한 법률' 제정
2024.02.06. 법률 제20185호, 제31차 일부개정, 2024.08.07. 시행(최신)

1. 총칙

1) 북한이탈주민을 돕는 기본원칙

① **인도주의적 원칙:** 대한민국은 보호대상자를 인도주의에 입각하여 특별히 보호한다(법 제4조 제1항).

② **외국 체류자를 위한 외교적 노력:** 대한민국은 외국에 체류하고 있는 북한이탈주민[22]의 보호 및 지원 등을 위하여 외교적 노력을 다하여야 한다(법 제4조 제2항).

③ **건강하고 문화적인 생활 지향:** 보호대상자는 대한민국의 자유민주적 법질서에 적응하여 건강하고 문화적인 생활을 할 수 있도록 노력하여야 한다(법 제4조 제3항).

④ **실태파악과 정책반영:** 통일부장관은 북한이탈주민에 대한 보호 및 지원 등을 위하여 북한이탈주민의 실태를 파악하고, 그 결과를 정책에 반영하여야 한다(법 제4조 제4항).

2) 북한이탈주민에 대한 국가의 책무

(1) 성공적인 정착을 위한 노력: 국가는 보호대상자의 성공적인 정착을 위하여 보호대상자의 보호 · 교육 · 취업 · 주거 · 의료 및 생활보호 등의 지원을 지속적으로 추진하고

22) "북한이탈주민"이란 군사분계선 이북지역("북한")에 주소, 직계가족, 배우자, 직장 등을 두고 있는 사람으로서 북한을 벗어난 후 외국 국적을 취득하지 아니한 사람을 말한다(법 제2조 제1호).

이에 필요한 재원을 안정적으로 확보하기 위하여 노력하여야 한다(법 제4조의2 제1항).

(2) **사회적 약자에 대한 배려**: 국가는 보호대상자에 대한 지원시책을 마련하는 경우 아동·청소년·여성·노인·장애인 등에 대하여 특별히 배려·지원하도록 노력하여야 한다(법 제4조의2 제2항).

2. 북한이탈주민 보호

1) 보호의 원칙

① **사례관리의 원칙**: 보호대상자에 대한 보호 및 지원 기준은 나이, 성별, 세대 구성, 학력, 경력, 자활 능력, 건강 상태 및 재산 등을 고려하여 합리적으로 정하여야 한다(법 제5조 제1항).

② **개인단위지원의 원칙**: 보호 및 정착지원은 원칙적으로 개인을 단위로 하되, 필요하다고 인정하는 경우에는 세대를 단위로 할 수 있다(법 제5조 제2항).

③ **자립지원의 원칙**: 보호대상자를 정착지원시설에서 보호하는 기간은 1년 이내로 하고, 거주지에서 보호하는 기간은 5년으로 한다. 다만, 특별한 사유가 있는 경우에는 북한이탈주민 대책협의회의 심의를 거쳐 그 기간을 단축하거나 연장할 수 있다(법 제5조 제3항).

④ 보호대상자는 특별한 사유가 있는 경우에는 보호 기간의 단축 또는 연장을 통일부장관에게 요청할 수 있다(법 제5조 제4항).

⑤ 통일부장관은 보호 기간의 연장과 관련하여 보호 기간의 종료 시점, 보호 기간의 연장 요청 절차 등 대통령령으로 정하는 사항을 보호 기간 종료 전에 보호대상자에게 알려야 한다(법 제5조 제5항).

2) 보호신청

(1) **신청보호의 원칙**: 북한이탈주민으로서 이 법에 따른 보호를 받으려는 사람은 재외공관이나 그 밖의 행정기관의 장(각급 군부대의 장 포함)에게 보호를 직접 신청하여야 한다.[23] 다만, 보호를 직접 신청하지 아니할 수 있는 대통령령으로 정하는 사유가 있는 경우에는 그러하지 아니하다(법 제7조 제1항).

(2) **국정원의 임시보호시설**: 국가정보원장은 조사 및 임시보호조치를 하기 위한 "임시보호

23) 이 법은 대한민국의 보호를 받으려는 의사를 표시한 북한이탈주민에 대하여 적용(법 제3조)하기 때문이다.

시설"을 설치 · 운영하여야 한다(법 제7조 제4항).

3) 보호 결정

(1) **통일부장관의 보호여부 결정**: 통일부장관은 통보를 받으면 협의회의 심의를 거쳐 보호 여부를 결정한다. 다만, 국가안전보장에 현저한 영향을 줄 우려가 있는 사람에 대하여는 국가정보원장이 그 보호 여부를 결정하고, 그 결과를 지체 없이 통일부장관과 보호신청자에게 통보하거나 알려야 한다(법 제8조 제1항).

(2) **보호여부 결정사항의 통보**: 보호 여부를 결정한 통일부장관은 그 결과를 지체 없이 관련 중앙행정기관의 장을 거쳐 재외공관장등에게 통보하여야 하고, 통보를 받은 재외공관장등은 이를 보호신청자에게 즉시 알려야 한다(법 제8조 제2항).

4) 보호 결정의 기준

(1) **보호대상자로서의 결격사유**: 보호 여부를 결정할 때 다음에 해당하는 사람은 보호대상자로 결정하지 아니할 수 있다(법 제9조 제1항). 제1항 제5호의 경우 북한이탈주민에게 대통령령으로 정하는 부득이한 사정이 있는 경우에는 그러하지 아니하다(법 제9조 제2항).

① 항공기 납치, 마약거래, 테러, 집단살해 등 국제형사범죄자

② 살인 등 중대한 비정치적 범죄자

③ 위장탈출 혐의자

④ 국내 입국 후 3년이 지나서 보호신청한 사람

⑤ 그 밖에 보호대상자로 정하는 것이 부적당하다고 대통령령으로 정하는 사람

(2) **보호결격자에 대한 보호조치**: 통일부장관은 북한이탈주민으로서 보호대상자로 결정되지 아니한 사람에게는 필요한 경우 다음에 해당하는 보호 및 지원을 할 수 있다(법 제9조 제3항).

① 정착지원시설에서의 보호(제11조), 학력 인정(제13조), 자격 인증(제14조), 직업훈련(제16조), 영농정착 지원(제17조의3), 가족관계등록 창성의 특례(제19조), 이혼의 특례(제19조의2), 주거지원(제20조), 거주지 보호(제22조), 국민연금에 대한 특례(제26조의2) 등의 보호 및 특례

② 그 밖에 사회정착에 필요하다고 대통령령으로 정하는 보호 및 지원

5) 보호의 변경: 통일부장관은 보호대상자가 다음에 해당하는 경우에는 협의회의 심의를 거쳐 보호 및 정착지원을 중지하거나 종료할 수 있다(법 제27조 제1항).

① 1년 이상의 징역 또는 금고의 형을 선고받고 그 형이 확정된 경우
② 고의로 국가이익에 반하는 거짓 정보를 제공한 경우
③ 사망선고나 실종선고를 받은 경우
④ 북한으로 되돌아가려고 기도(企圖)한 경우
⑤ 이 법 또는 이 법에 따른 명령을 위반한 경우
⑥ 그 밖에 대통령령으로 정하는 사유에 해당한 경우

6) **비용 부담:** 이 법에 따른 보호 및 정착지원에 드는 비용은 국가가 부담한다(법 제29조 제1항). 국가는 보호 업무의 비용을 매년 해당 지방자치단체에 지급하며, 그 부족액을 추가로 지급하거나 초과액을 환수하여야 한다(법 제29조 제2항).

3. 북한이탈주민에 대한 정착지원

1) **정착지원시설의 설치:** 통일부장관은 보호대상자에 대한 보호 및 정착지원을 위하여 정착지원시설을 설치·운영한다. 다만, 국가정보원장이 보호하기로 결정한 사람을 위하여는 국가정보원장이 별도의 정착지원시설을 설치·운영할 수 있다(법 제10조 제1항). 정착지원시설을 설치하는 경우 보호대상자의 건강하고 쾌적한 생활과 적응활동이 이루어질 수 있도록 숙박시설과 그 밖의 필요한 시설을 갖추어야 한다(법 제10조 제2항).
2) **보호금품 지원:** 정착지원시설을 설치·운영하는 기관의 장은 보호대상자가 거주지로 전출할 때까지 정착지원시설에서 보호하여야 한다(법 제11조 제1항). 기관의 장은 정착지원시설에서 보호받는 보호대상자에게 보호금품을 지급할 수 있다(법 제11조 제2항).
3) **정착지원시설에서의 보호내용:** 기관의 장은 보호대상자가 정착지원시설에서 보호받고 있는 동안 신원 및 북한이탈 동기의 확인, 건강진단, 그 밖에 정착지원에 필요한 조치를 할 수 있다(법 제11조 제3항).
4) **학력의 인정:** 보호대상자는 북한이나 외국에서 이수한 학교 교육의 과정에 상응하는 학력을 인정받을 수 있다(법 제13조).
5) **자격의 인정:** 보호대상자는 관계 법령에서 정하는 바에 따라 북한이나 외국에서 취득한 자격에 상응하는 자격 또는 그 자격의 일부를 인정받을 수 있다(법 제14조 제1항). 통일부장관은 자격 인정 신청자에게 자격 인정을 위하여 필요한 보수교육 또는 재교육을 실시할 수 있다(법 제14조 제2항).

4. 사회적응을 위한 지원

1) **사회적응교육:** 통일부장관은 보호대상자가 대한민국에 정착하는 데 필요한 기본교육을 실시하여야 한다(법 제15조 제1항). 기본교육 외에 보호대상자에게 거주지에서 별도의 적응교육을 추가로 실시할 수 있다(법 제15조 제2항).

2) **지역적응센터의 지정:** 통일부장관은 거주지 적응교육과 북한이탈주민의 특성을 고려한 심리 및 진로상담 · 생활정보제공 · 취업서비스 안내 및 사회서비스 안내 등을 종합적으로 실시하도록 전문성 있는 기관 · 단체 · 시설을 보호대상자의 거주지를 관할하는 "지방자치단체장"과 협의하여 지역적응센터로 지정 · 운영할 수 있다(법 제15조의2 제1항).

5. 자립 · 자활을 위한 지원

1) **직업훈련:** 통일부장관은 직업훈련을 희망하는 보호대상자 또는 보호대상자이었던 사람에 대하여 직업훈련을 실시할 수 있다(법 제16조 제1항). 직업훈련의 실시기간은 대상자의 직무능력 등을 고려하여 3개월 이상이 되도록 노력하여야 한다(법 제16조 제2항).

2) **취업보호**

(1) 취업보호의 기간: 통일부장관은 보호대상자가 정착지원시설로부터 그의 거주지로 전입한 후 최초로 취업한 날부터 3년간 취업보호를 실시한다. 다만, 사회적 취약계층, 장기근속자 등 취업보호 기간을 연장할 필요가 있는 경우로서 대통령령으로 정하는 사유에 해당하는 경우에는 1년의 범위에서 취업보호 기간을 연장할 수 있다(법 제17조 제1항). 취업보호 기간은 실제 취업일수를 기준으로 하여 정한다(법 제17조 제2항).

(2) 사업주에 대한 고용지원금 지급: 통일부장관은 "취업보호대상자"를 고용한 사업주에 대하여는 그 취업보호대상자 임금의 2분의 1의 범위에서 고용지원금을 지급할 수 있다(법 제17조 제3항).

(3) 종전 경력을 고려한 고용: 사업주가 취업보호대상자를 고용할 때에는 그 취업보호대상자가 북한을 벗어나기 전의 직위, 담당 직무 및 경력 등을 고려하여야 한다(법 제17조 제4항).

(4) 통일부장관의 취업알선: 통일부장관은 보호대상자의 취업을 알선할 수 있다(법 제17조 제6항).

(5) 취업보호의 제한: 통일부장관은 취업보호대상자가 다음에 해당하는 경우에는 일정 기

간 취업보호를 제한할 수 있다(법 제17조의2 제1항).

① 취업한 후 정당한 사유 없이 대통령령으로 정하는 기간 동안 근무하지 아니하고 자의로 퇴직한 경우

② 근무태만, 직무유기 또는 부정행위 등의 사유로 징계에 의하여 면직된 경우

(6) 고용지원금 부정행위 가담자에 대한 제재: 통일부장관은 취업보호대상자가 거짓이나 그 밖의 부정한 방법으로 사업주로 하여금 고용지원금을 받게 한 때에는 협의회의 심의를 거쳐 취업보호를 중지하거나 종료할 수 있다(법 제17조의2 제2항).

(7) 제재사유의 통보: 통일부장관은 취업보호를 중지하거나 종료한 때에는 그 사유를 구체적으로 밝혀 해당 취업보호대상자에게 알려야 한다(법 제17조의2 제3항).

(8) 지급 받은 고용지원금에 대한 반환명령: 통일부장관은 사업주가 거짓이나 그 밖의 부정한 방법으로 고용지원금을 받은 경우 그 지급을 제한하거나, 이미 지급받은 금액을 반환하도록 명할 수 있다(법 제17조의2 제4항).

3) 영농 정착지원: 통일부장관은 영농(營農)을 희망하는 북한이탈주민에 대하여 영농 정착을 위한 다음의 행정적 · 재정적 지원을 할 수 있다(법 제17조의3 제1항).

①영농교육 · 훈련 ②농업 현장실습 ③영농자금 지원 ④그 밖에 대통령령으로 정하는 사항

4) 우선 구매 등: 통일부장관은 북한이탈주민의 고용과 관련하여 다음의 요건을 모두 충족하는 모범이 되는 사업주에 대해서는 생산품 우선 구매 등의 지원을 할 수 있다(법 제17조의5 제1항).

① 연간 평균 3명 이상의 북한이탈주민을 고용할 것

② 대통령령으로 정하는 비율(5%)[24] 이상의 월평균 근로자를 북한이탈주민으로 고용할 것

5) 특별임용

(1) 공무원으로 특별임용: 북한에서의 자격이나 경력이 있는 사람 등 북한이탈주민으로서 공무원으로 채용하는 것이 필요하다고 인정되는 사람에 대하여는 북한을 벗어나기 전의 자격 · 경력 등을 고려하여 국가공무원 또는 지방공무원으로 특별임용할 수 있다(법 제18조 제1항).

24) 여기서 말하는 "대통령령으로 정하는 비율"이란 연간 5퍼센트를 말한다(령 제35조의 5).

(2) **국군으로 특별임용**: 북한의 군인이었던 보호대상자가 국군에 편입되기를 희망하면 북한을 벗어나기 전의 계급, 직책 및 경력 등을 고려하여 국군으로 특별임용할 수 있다(법 제18조 제2항).

6) 공공기관 평가 반영:

6) 공공기관 평가 반영: 중앙행정기관 · 지방자치단체 및 공공기관은 북한이탈주민을 고용하기 위하여 노력하여야 한다(법 제18조의2 제1항). 중앙행정기관 · 지방자치단체 및 공공기관의 평가 시 북한이탈주민 고용률을 평가항목에 포함시킬 수 있다(법 제18조의2 제2항).

7) 그 밖의 지원

(1) **세제혜택**: 국가 및 지방자치단체는 북한이탈주민을 채용하는 기업에 대하여 예산의 범위에서 재정지원을 하거나 조세 관계 법률에서 정하는 바에 따라 세금을 감면할 수 있다(법 제17조의4).

(2) **우선 구매**: 통일부장관은 북한이탈주민의 고용과 관련하여 모범이 되는 사업주에 대해서는 생산품 우선 구매 등의 지원을 할 수 있다(법 제17조의5).

6. 생활안정을 위한 정착지원

1) 가족관계 등록 창설의 특례: 통일부장관은 보호대상자로서 군사분계선 이남지역, 즉 "남한"에 가족관계 등록이 되어 있지 아니한 사람에 대하여는 본인의 의사에 따라 등록기준지를 정하여 서울가정법원에 가족관계 등록 창설허가 신청서를 제출하여야 한다(법 제19조 제1항).

2) 이혼의 특례: 가족관계 등록을 창설한 사람 중 북한에 배우자를 둔 사람은 그 배우자가 남한에 거주하는지 불명확한 경우 이혼을 청구할 수 있다(법 제19조의2 제1항). 가족관계 등록을 창설한 사람의 가족관계등록부에 배우자로 기록된 사람은 재판상 이혼의 당사자가 될 수 있다(법 제19조의2 제2항).

3) 주민등록번호 정정의 특례: 북한이탈주민 중 정착지원시설의 소재지를 기준으로 하여 주민등록번호를 부여받은 사람은 거주지의 시장 · 군수 · 구청장 또는 특별자치도지사에게 자신의 주민등록번호 정정을 한 번만 신청할 수 있다(법 제19조의3 제1항). 신청을 받은 자치단체장은 특별한 사정이 없으면 현 거주지를 기준으로 하여 주민등록번호를 정정하여야 한다(법 제19조의3 제2항).

4) 주거지원: 통일부장관은 보호대상자에게 주거지원을 할 수 있다(법 제20조 제1항). 통일부

장관은 보호대상자에게 가정과 같은 주거 여건과 보호를 제공하는 공동생활시설을 이용하는 데 필요한 지원을 할 수 있다(법 제20조 제4항).

주거지원을 받는 보호대상자는 그 주민등록 전입신고를 한 날부터 2년간 통일부장관의 허가를 받지 아니하고는 임대차계약을 해지하거나 그 주거지원에 따라 취득하게 된 소유권, 전세권 또는 임차권을 양도하거나 저당권을 설정할 수 없다(법 제20조 제2항).

5) 정착금 등의 지급

(1) **정착금품의 지급**: 통일부장관은 보호대상자의 정착 여건 및 생계유지 능력 등을 고려하여 "정착금품"을 지급할 수 있다. 이 경우 정착금품의 2분의 1을 초과하지 아니하는 범위에서 감액할 수 있다(법 제21조 제1항).

(2) **보로금(報勞金)의 지급**: 통일부장관은 보호대상자가 제공한 정보나 가지고 온 장비(재화 포함)의 활용 가치에 따라 등급을 정하여 보로금을 지급할 수 있다(법 제21조 제2항).

(3) **담보 또는 압류의 금지**: 정착금은 양도하거나 담보로 제공할 수 없고, 압류할 수 없다(법 제21조 제4항). 이것은 보호대상자의 재산을 지켜 주기 위한 조처이다.

(4) **정착자산 형성 지원**: 통일부장관은 보호대상자에게 정착에 필요한 자산을 형성할 수 있도록 재정적 지원과 자산활용에 필요한 교육을 실시할 수 있다(법 제21조의2 제1항).

6) 거주지 보호

(1) **자립 · 정착에 필요한 보호**: 통일부장관은 보호대상자가 정착지원시설로부터 그의 거주지로 전입한 후 정착하여 스스로 생활하는 데 장애가 되는 사항을 해결하거나 그 밖에 자립 · 정착에 필요한 보호를 할 수 있다(법 제22조 제1항). 통일부장관은 보호 업무를 행정자치부장관과 협의하여 지방자치단체장에게 위임할 수 있다(법 제22조 제2항).

(2) **거주지에서의 신변보호**: 통일부장관은 보호대상자가 거주지로 전입한 후 그의 신변안전을 위하여 국방부장관이나 경찰청장에게 협조를 요청할 수 있다. 협조요청을 받은 국방부장관이나 경찰청장은 이에 협조한다(법 제22조의2 제1항). 신변보호기간은 5년으로 한다. 다만, 통일부장관은 보호대상자의 의사, 신변보호의 지속 필요성 등을 고려하여 협의회 심의를 거쳐 그 기간을 연장할 수 있다(법 제22조의2 제3항).

7) 전문상담사제도 운영:

통일부장관은 거주지에 전입한 북한이탈주민에 대한 정신건강 검사 등 전문적 상담서비스를 제공할 수 있는 북한이탈주민 전문상담사제도를 운영할 수 있다(법 제22조의3 제1항). 전문상담사의 자질 향상을 위한 보수교육을 실시할 수 있다(법

제22조의3 제2항).

8) **정착실태 보고:** 지방자치단체장은 대통령령으로 정하는 바에 따라 반기(半期)마다 보호대상자의 정착 실태 등을 파악하여 행정안전부장관을 거쳐 통일부장관에게 보고하여야 한다(법 제23조).

9) 교육지원

(1) 보호대상자에 대한 교육지원: 통일부장관은 보호대상자의 나이, 수학능력(修學能力), 그 밖의 교육 여건 등을 고려하여 보호대상자가 교육을 받을 수 있도록 필요한 지원을 할 수 있다(법 제24조 제1항). 통일부장관은 예산의 범위에서 북한이탈주민을 대상으로 초·중등교육을 실시하는 학교의 운영에 필요한 경비를 지원할 수 있다(법 제24조 제2항).

(2) 북한이탈주민 예비학교 설립: 통일부장관은 탈북 청소년(제3국에서 출생한 북한이탈주민의 자녀로서 부 또는 모와 함께 정착지원시설에 입소한 사람 포함)의 일반학교 진학을 지원하기 위하여 교육부장관과 협의하여 정착지원시설 내에 북한이탈주민 예비학교를 설립·운영할 수 있다(법 제24조의2 제1항).

7. 사회복지혜택의 지원

1) **의료급여:** 통일부장관은 보호대상자와 그 가족에게 의료급여를 실시할 수 있다(법 제25조 제1항). 통일부장관은 보호대상자의 경제적 능력 등을 고려하여 국민건강보험료의 일부를 지원할 수 있다(법 제25조 제2항).

2) **생활보호:** 보호가 종료된 사람 중 생활이 어려운 사람에게는 5년의 범위에서 다음의 보호를 할 수 있다(법 제26조).

①생계급여, ②주거급여, ③의료급여, ④교육급여, ⑤해산급여, ⑥장제급여, ⑦자활급여

3) 국민연금에 대한 특례

(1) 국민연금을 받을 수 있는 나이: 보호 결정 당시 50세 이상 60세 미만인 보호대상자는 다음에 따른 날부터 국민연금을 받을 수 있다(법 제26조의2 제1항).

① **60세가 되기 전에 가입기간이 5년 이상 10년 미만 되는 사람:** 60세가 되는 날

② **60세가 된 후에 가입기간이 5년 이상 되는 사람:** 가입자 자격을 상실한 날

(2) 국민연금의 수급액: 국민연금의 금액은 기본연금액의 1천분의 250에 해당하는 금액에

부양가족연금액을 더한 금액으로 한다. 다만, 5년을 초과하는 경우에는 그 초과하는 1년(1년 미만은 1개월을 12분의 1년으로 계산)마다 기본연금액의 1천분의 50에 해당하는 금액을 더한다(법 제26조의2 제2항).

4) **생업 지원:** 국가와 지방자치단체, 그 밖의 공공단체는 소관 공공시설에 편의사업 또는 편의시설의 설치를 허가하거나 위탁하는 경우 이 법에 따른 보호대상자의 신청이 있을 때에는 이를 우선적으로 고려하여야 한다(법 제26조의3).
5) **자금의 대여:** 보호대상자는 생활안정자금 지원 및 금품의 지급 또는 대여 시 대상자 선정 및 지원 상한액 등에 있어 특별한 지원을 받을 수 있다(법 제26조의4).

제 3 부

아동 · 청소년복지

- 아동복지법
- 보호시설에 있는 미성년자의 후견 직무에 관한 법률
- 아동학대범죄의 처벌 등에 관한 법률
- 입양특례법
- 장애아동복지지원법
- 청소년복지 지원법
- 영유아보육법

제5장

아동복지법

1961.12.30. 아동복리법 제정
1981.04.13. 법률 제3438호 제1차 전부개정(아동복지법)
2000.01.12. 법률 제6151호 제5차 전부개정
2011.08.04. 법률 제11002호 제21차 전부개정
2024.02.06. 법률 제20218호 제69차 일부개정, 2024.08.07. 시행(최신)

제1절 총 칙

1. 아동복지[1]의 기본 이념

① 차별을 받지 않을 것 (법 제2조 제1항)	아동은 자신 또는 부모의 성별, 연령, 종교, 사회적 신분, 재산, 장애유무, 출생지역, 인종 등에 따른 어떠한 종류의 차별도 받지 아니하고 자라나야 한다.
② 안정된 환경에서 자랄 것 (법 제2조 제2항)	아동은 완전하고 조화로운 인격발달을 위하여 안정된 가정환경에서 행복하게 자라나야 한다.
③ 아동의 이익이 최우선일 것 (법 제2조 제3항)	아동에 관한 모든 활동에 있어서 아동의 이익이 최우선적으로 고려되어야 한다.
④ 보호 · 지원을 받을 수 있을 것 (법 제2조 제4항)	아동은 아동의 권리보장과 복지증진을 위하여 보호와 지원을 받을 권리를 가진다.

2. 아동에 대한 책무

1) 국가 · 지방자치단체의 책무

(1) 지원정책의 수립 · 시행: 국가와 지방자치단체는 아동의 안전 · 건강 및 복지 증진을 위하여 아동과 그 보호자 및 가정을 지원하기 위한 정책을 수립 · 시행하여야 한다(법 제4조 제1항).

1) '아동복지'란 아동이 행복한 삶을 누릴 수 있는 기본적인 여건을 조성하고 조화롭게 성장 · 발달할 수 있도록 하기 위한 경제적 · 사회적 · 정서적 지원을 말한다(법 제3조 제2호).

(2) **권익증진정책의 수립 · 시행**: 국가와 지방자치단체는 보호대상아동 및 지원대상아동의 권익을 증진하기 위한 정책을 수립 · 시행하여야 한다(법 제4조 제2항).

(3) **아동이 태어난 가정에서 성장할 수 있도록 지원**: 국가와 지방자치단체는 아동이 태어난 가정에서 성장할 수 있도록 지원하고, 아동이 태어난 가정에서 성장할 수 없을 때에는 가정과 유사한 환경에서 성장할 수 있도록 조치하며, 아동을 가정에서 분리하여 보호할 경우에는 신속히 가정으로 복귀할 수 있도록 지원하여야 한다(법 제4조 제3항).

(4) **장애아동 권익보호를 위한 시책 강구**: 국가와 지방자치단체는 장애아동의 권익을 보호하기 위하여 필요한 시책을 강구하여야 한다(법 제4조 제4항).

(5) **차별 받지 않을 시책 강구**: 국가와 지방자치단체는 아동이 자신 또는 부모의 성별, 연령, 종교, 사회적 신분, 재산, 장애유무, 출생지역 또는 인종 등에 따른 어떠한 종류의 차별도 받지 아니하도록 필요한 시책을 강구하여야 한다(법 제4조 제5항).

(6) **아동의 권리 · 복지증진 시책 강구**: 국가와 지방자치단체는 '아동의 권리에 관한 협약'에서 규정한 아동의 권리 및 복지 증진 등을 위하여 필요한 시책을 수립 · 시행하고, 이에 필요한 교육과 홍보를 하여야 한다(법 제4조 제6항).

(7) **보호자에 대한 아동양육교육 지원**: 국가와 지방자치단체는 아동의 보호자가 아동을 행복하고 안전하게 양육하기 위하여 필요한 교육을 지원하여야 한다(법 제4조 제7항).

2) 보호자 등의 책무

아동의 보호자는 아동을 가정에서 그의 성장 시기에 맞추어 건강하고 안전하게 양육하여야 한다(법 제5조 제1항). 여기서 '보호자'란 친권자, 후견인, 아동을 보호 · 양육 · 교육하거나 그러한 의무가 있는 자 또는 업무 · 고용 등의 관계로 사실상 아동을 보호 · 감독하는 자를 말한다(법 제3조 제3호). 아동의 보호자는 아동에게 신체적 고통이나 폭언 등의 정신적 고통을 가하여서는 아니 된다(법 제5조 제2항).

3) 국민의 책무

모든 국민은 아동의 권익과 안전을 존중하여야 하며, 아동을 건강하게 양육하여야 한다[2](법 제5조 제3항).

2) "한 아이를 키우려면 온 마을이 필요하다."라는 서양의 속담이 있다.

3. 아동 관련 종사자의 비밀유지 의무

아동복지사업을 포함하여 아동복지업무에 종사하였거나 종사하는 자는 그 직무상 알게 된 비밀을 누설하거나 직무상 목적 외의 용도로 이용하여서는 아니된다(법 제65조). 이 규정을 위반하여 비밀을 누설한 자는 3년 이하의 징역 또는 3천만원 이하의 벌금에 처한다(법 제71조 제2항 제2호). 양벌규정(법 제74조).

4. 어린이날 · 어린이주간

어린이에 대한 사랑과 보호의 정신을 높임으로써 이들을 옳고 아름답고 슬기로우며 씩씩하게 자라나도록 하기 위하여 매년 5월 5일을 어린이날로 하며, 5월 1일부터 5월 7일까지를 어린이주간으로 한다(법 제6조).

제 2 절 아동에 대한 보호서비스

Ⅰ. 보호조치

1. **보호조치의 내용:** 자치단체장은 그 관할 구역에서 보호대상아동[3]을 발견하거나 보호자의 의뢰를 받은 때에는 아동의 최상의 이익을 위하여 다음에 해당하는 보호조치를 하여야 한다(법 제15조 제1항).
   ① 전담공무원, 민간전문인력 또는 아동위원에게 보호대상아농 또는 그 보호자에 대한 상담 · 지도를 수행하게 하는 것
   ② 친족에 해당하는 사람의 가정에서 보호 · 양육할 수 있도록 조치하는 것
   ③ 보호대상아동을 적합한 유형의 가정에 위탁하여 보호 · 양육할 수 있도록 조치하는 것
   ④ 보호대상아동을 그 보호조치에 적합한 아동복지시설에 입소시키는 것
   ⑤ 약물 및 알코올 중독, 정서 · 행동 · 발달 장애, 성폭력 · 아동학대 피해 등으로 특수한

3) '보호대상아동'이란 보호자가 없거나 보호자로부터 이탈된 아동 또는 보호자가 아동을 학대하는 경우 등 그 보호자가 아동을 양육하기에 적당하지 아니하거나 양육할 능력이 없는 경우의 아동을 말한다(법 제3조 제4호).

치료나 요양 등의 보호를 필요로 하는 아동을 전문치료기관 또는 요양소에 입원 또는 입소시키는 것

⑥ 입양과 관련하여 필요한 조치를 하는 것

2. **보호대상아동을 발견 시 자치단체장에게 보호의뢰:** 자치단체장 이외의 자가 보호대상아동을 발견하거나 보호자의 의뢰를 받은 때에는 자치단체장에게 보호조치를 의뢰하여야 한다(법 제15조 제2항).

3. **아동에 적합한 보호조치 시행:** 자치단체장은 제1항제1호 및 제2호의 보호조치가 적합하지 아니한 보호대상아동에 대하여 제1항제3호부터 제6호까지의 보호조치를 할 수 있다. 이 경우 제1항제3호부터 제6호까지의 보호조치를 하기 전에 보호대상아동에 대한 상담, 건강검진, 심리검사 및 가정환경에 대한 조사를 실시하고, 보호대상아동에게 보호조치 과정과 목적, 예상기간 등 보건복지부령으로 정하는 사항을 충분히 이해할 수 있도록 설명하여야 한다(법 제15조 제3항).

4. **개별 보호 · 관리 계획 수립:** 자치단체장은 보호조치를 하려는 경우 보호대상아동에 대하여 ①보호조치 계획, ②아동 및 보호자에 대한 지원 계획, ③그 밖에 보건복지부령으로 정하는 사항 등이 포함된 개별 보호 · 관리 계획을 세워 보호하여야 하며, 그 계획을 수립할 때 해당 보호대상아동의 보호자를 참여시킬 수 있다(법 제15조 제4항).

5. **아동과 보호자의 의사 존중:** 자치단체장은 제1항제③~⑥호까지의 보호조치 및 일시보호조치를 함에 있어서 해당 보호대상아동의 의사를 존중하여야 하며, 보호자가 있을 때에는 그 의견을 들어야 한다. 다만, 아동의 보호자가 "아동학대행위자"인 경우에는 그러하지 아니하다(법 제15조 제5항).

6. **일시보호조치가 필요한 경우:** 자치단체장은 다음에 해당하는 경우 제1항제③~⑥호까지의 보호조치를 할 때까지 필요하면 아동일시보호시설 또는 학대피해아동쉼터에 보호대상아동을 입소시켜 보호하거나, 적합한 위탁가정 또는 적당하다고 인정하는 자에게 "일시보호조치"하게 할 수 있다. 이 경우 보호대상아동에게 일시보호조치 과정과 목적, 예상기간 등 보건복지부령으로 정하는 사항을 충분히 이해할 수 있도록 설명하여야 하고, 보호기간 동안 보호대상아동에 대한 상담, 건강검진, 심리검사 및 가정환경에 대한 조사를 실시하고 그 결과를 보호조치 시에 고려하여야 한다(법 제15조 제6항).

① 1년 이내에 2회 이상 아동학대 신고가 접수된 아동에 대하여 현장조사 과정에서 학대피해가 강하게 의심되고 재학대가 발생할 우려가 있는 경우

② 보호조치 결정이 있을 때까지 아동에 대하여 응급조치 또는 긴급임시조치가 종료되

었으나 임시조치가 청구되지 아니한 경우

③ 현장조사 과정에서 아동의 보호자가 아동에게 답변을 거부 · 기피 또는 거짓 답변을 하게 하거나 그 답변을 방해한 경우

④ 그 밖에 제1항③~⑥호까지의 보호조치를 할 때까지 아동을 일시적으로 보호할 필요가 있다고 시 · 도지사 또는 시장 · 군수 · 구청장이 인정하는 경우

7. **특수치료를 요하는 아동에 대한 예방조치:** 자치단체장은 그 관할 구역에서 약물 및 알코올 중독, 정서 · 행동 · 발달 장애 등의 문제를 일으킬 가능성이 있는 아동의 가정에 대하여 예방차원의 적절한 조치를 강구하여야 한다(법 제15조 제7항).
8. **종사자에 대한 위협 금지:** 누구든지 보호조치 및 일시보호조치와 관련하여 그 대상이 되는 아동복지시설의 종사자를 신체적 · 정신적으로 위협하는 행위를 하여서는 아니 된다(법 제15조 제8항).
9. **가정위탁희망자에 대한 범죄경력 확인:** 시 · 도지사 또는 시장 · 군수 · 구청장은 아동의 가정위탁보호를 희망하는 사람에 대하여 범죄경력을 확인하여야 한다. 이 경우 본인의 동의를 받아 관계 기관의 장에게 범죄의 경력 조회를 요청하여야 한다(법 제15조 제9항).

Ⅱ. 아동통합정보시스템의 구축

1. 아동통합정보시스템의 구축 · 운영

보건복지부장관은 아동복지 관련 자료 또는 정보의 효율적 처리 및 통합관리를 위하여 사회보장정보시스템 및 사회서비스정보시스템을 연계 · 활용하여 "아동정보시스템"을 구축 · 운영하여야 한다(법 제15조의2 제1항).

2. 아동정보시스템 구축을 위한 정보수집

보건복지부장관은 아동정보시스템을 구축 · 운영하는 데 필요한 정보로서 다음에 해당하는 정보를 수집 · 관리 · 보유할 수 있으며 중앙행정기관의 장, 지방자치단체의 장, 관계 기관 및 단체의 장 등에게 필요한 정보의 제공을 요청할 수 있다. 이 경우 요청을 받은 기관의 장은 정당한 사유가 없으면 요청에 따라야 한다(법 제15조의2 제2항).

① 아동복지시설이 보유한 정보

② 보호대상아동의 보호조치, 퇴소조치 및 사후관리에 관한 정보

③ 아동학대 관련 정보
④ 취약계층 아동에 대한 통합서비스지원에 관한 정보
⑤ 자립지원에 관한 정보
⑥ 다함께돌봄센터가 보유한 정보
⑦ 아동보호전문기관이 보유한 정보
⑧ 가정위탁지원센터가 보유한 정보
⑨ 입양아동에 관한 정보
⑩ 사회보장급여 중 아동 관련 정보
⑪ 주민등록 자료 또는 정보
⑫ 가족관계등록 자료 또는 정보
⑬ 아동학대행위자의 형의 집행 및 수용자의 처우에 관한 법률, 치료감호 등에 관한 법률에 따른 시설 입소 및 퇴소에 관한 자료 또는 정보(아동학대 관련 범죄로 인한 시설 입소 및 퇴소에 관한 자료 또는 정보로 한정)
⑭ 그 밖에 대통령령으로 정하는 아동복지 관련 업무 수행에 필요한 정보

3. 개인정보 보호시책 마련

보건복지부장관은 아동정보시스템 구축 · 운영의 전 과정에서 개인정보 보호를 위하여 필요한 시책을 마련하여야 한다(법 제15조의2 제3항).

4. 민간단체와의 연계

보건복지부장관은 아동에 대한 효과적인 보호와 지원을 하기 위하여 수집한 정보를 처리하는 민간단체 및 기관과 필요한 정보연계를 위한 조치를 할 수 있다. 이 경우 정보연계 목적의 범위에서 해당 단체와 기관은 연계된 정보를 이용할 수 있다(법 제15조의2 제4항). 보건복지부장관은 아동정보시스템의 구축 · 운영에 관한 업무를 전문기관에 위탁할 수 있다(법 제15조의2 제5항).

5. 보호대상아동의 양육상황 점검

지방자치단체장은 보호조치 중인 보호대상아동의 양육상황을 매년 점검하여야 한다(법 제15

조의3 제1항). 지방자치단체장은 양육상황을 점검한 결과에 따라 보호대상아동의 복리를 보호할 필요가 있거나 해당 보호조치가 적절하지 아니하다고 판단되는 경우에는 지체 없이 보호조치를 변경하여야 한다(법 제15조의3 제2항).

Ⅲ. 아동보호 사각지대 발굴 및 실태조사

1. 사회보장정보시스템을 활용한 대상아동 선정

보건복지부장관은 보호가 필요한 아동을 발견하고 양육환경을 개선할 수 있도록 지원하기 위하여 "사회보장정보시스템"을 통하여 다음의 자료 또는 정보를 처리할 수 있으며, 해당 자료를 토대로 아동보호를 위한 실태조사 대상 아동을 선정할 수 있다(법 제15조의4 제1항).

① 요양급여 실시 기록
② 영유아건강검진 실시 기록 및 건강검진 실시 기록 중 6세 미만에 대한 기록
③ 학교생활기록 정보
④ 사회보장급여의 이용 · 제공 및 수급권자 발굴에 관한 법률(제12조제1항 각 호)에 따른 정보
⑤ 필수예방접종 실시 기록

2. 보건복지부장관의 지자체장에 대한 자료제공

보건복지부장관은 아동보호의 사각지대 해소를 위하여 자료 또는 정보 및 실태조사 대상 아동의 명단을 지방자치단체장에게 제공할 수 있다(법 제15조의4 제2항). 지방자치단체장은 보건복지부장관이 제공한 자료 또는 정보 및 실태조사 대상 아동의 명단을 토대로 아동의 주소지 등을 방문하여 양육환경 조사를 실시하여야 한다(법 제15조의4 제3항).

3. 면접교섭 지원

지방자치단체장은 보호조치 중인 아동과 가족 간의 면접교섭을 지원하여야 한다. 다만, 아동학대 등 아동의 안전과 복지를 해할 우려가 있는 경우에는 지원을 제한하거나 중단할 수 있다(법 제15조의5 제1항).

Ⅳ. 보호대상아동의 퇴소조치 등

1. 퇴소조치의 요건

보호조치 중인 보호대상아동의 연령이 18세에 달하였거나, 보호 목적이 달성되었다고 인정되면 해당 지방자치단체장은 그 보호 중인 아동의 보호조치를 종료하거나 해당 시설에서 퇴소시켜야 한다(법 제16조 제1항).

2. 친권자, 후견인 등의 가정복귀신청

보호조치 중인 보호대상아동의 친권자, 후견인 등 보건복지부령으로 정하는 자는 관할 자치단체장에게 해당 보호대상아동의 가정 복귀를 신청할 수 있다(법 제16조 제2항).

3. 상담 · 교육 등의 불참자에 대한 퇴소거부

지방자치단체장은 가정 복귀 신청을 받은 경우에는 보장원 또는 아동보호전문기관 등 아동복지시설의 장, 아동을 상담 · 치료한 의사의 의견을 들은 후 보호조치의 종료 또는 퇴소조치가 보호대상아동의 복리에 반하지 아니한다고 인정되면 해당 보호대상아동을 가정으로 복귀시킬 수 있다. 다만, 보호대상아동이 복귀하는 가정에 거주하는 아동학대행위자가 대통령령으로 정하는 상담 · 교육 · 심리적 치료 등에 참여하지 아니한 경우에는 그러하지 아니한다(법 제16조 제3항).

4. 재발위험에 따른 복귀결정의 취소

자치단체장은 확인 결과 아동학대의 재발이 의심되는 경우에는 사례결정위원회의 심의를 거쳐 보호대상아동의 가정 복귀 결정을 취소할 수 있다. 다만, 아동학대 재발의 위험이 현저하여 긴급히 취소하여야 하는 경우에는 사례결정위원회의 심의를 거치지 아니하고 취소하고 사후에 보고할 수 있다(법 제16조 제5항).

Ⅴ. 보호대상아동의 사후관리

자치단체장은 전담공무원 등 관계 공무원 및 민간전문인력으로 하여금 보호조치의 종료로 가정으로 복귀한 보호대상아동의 가정을 방문하여 해당 아동의 복지 증진을 위하여 필요한 지도·관리를 제공하게 하여야 한다(법 제16조의2).

Ⅵ. 보호기간의 연장

1. 보호대상 아동의 의사에 따른 보호조치의 연장 또는 종료

자치단체장은 연령이 18세에 달한 보호대상아동이 보호조치를 연장할 의사가 있는 경우에는 그 보호기간을 해당 아동이 25세에 달할 때까지로 연장하여야 한다(법 제16조의3 제1항). 자치단체장은 보호기간이 연장된 사람이 보호조치의 종료를 요청하는 경우 그 보호조치를 종료하여야 한다. 다만, 자립 능력이 부족하여 보호기간의 연장이 필요한 경우로서 대통령령으로 정하는 경우에는 심의위원회의 심의를 거쳐 종료하지 아니할 수 있다(법 제16조의3 제2항).

2. 보호조치의 추가연장

보호기간이 연장된 사람이 다음에 해당하면 자치단체장은 그 보호기간을 추가로 연장할 수 있다(법 제16조의3 제3항).

① 대학 이하의 학교(대학원 제외)에 재학 중인 경우
② 아동양육시설 또는 직업능력개발훈련시설에서 직업 관련 교육·훈련을 받고 있는 경우
③ 그 밖에 위탁가정 및 각종 아동복지시설에서 그 사람을 계속하여 보호·양육할 필요가 있다고 대통령령으로 정하는 경우

3. 재보호조치

1) 재보호조치의 요건

자치단체장은 보호조치가 종료되거나 해당 시설에서 퇴소한 사람이 25세에 달하기 전에 보호조치를 희망하는 경우 다음에 해당하면 제15조제1항제3호부터 제5호까지의 보호조치를 다시 하여야 한다(법 제16조의4 제1항).

① 대학 이하의 학교(대학원 제외)에 재학 중이거나 진학을 준비 중인 경우
② 직업능력개발훈련시설에서 직업 관련 교육·훈련을 받고 있는 경우
③ 그 밖에 위탁가정 및 각종 아동복지시설에서 다시 보호·양육할 필요가 있다고 대통령령으로 정하는 경우

2) 아동의 요청에 따른 보호조치의 종료

자치단체장은 다시 보호조치를 받는 사람이 보호조치의 종료를 요청하는 경우 그 보호조치를 종료하여야 한다. 다만, 자립 능력이 부족하여 보호조치가 필요한 경우로서 대통령령으로 정하는 경우에는 심의위원회의 심의를 거쳐 종료하지 아니할 수 있다(법 제16조의4 제2항).

Ⅶ. 친권상실선고

1. **친권상실선고의 청구:** 지방자치단체장 또는 검사는 아동의 친권자가 그 친권을 남용하거나 현저한 비행이나 아동학대, 그 밖에 친권을 행사할 수 없는 중대한 사유가 있는 것을 발견한 경우 아동의 복지를 위하여 필요하다고 인정할 때에는 법원에 친권행사의 제한 또는 친권상실의 선고를 청구하여야 한다(법 제18조 제1항).
2. **친권상실선고 청구의 요청:** 아동복지시설의 장 및 초 · 중등 학교의 장은 제1항의 요건에 해당하는 경우 지방자치단체장 또는 검사에게 법원에 친권행사의 제한 또는 친권상실의 선고를 청구하도록 요청할 수 있다(법 제18조 제2항).
3. **아동의 의견 존중:** 자치단체장 또는 검사는 친권행사의 제한 또는 친권상실의 선고 청구를 할 경우 보장원 또는 아동보호전문기관 등 아동복지시설의 장, 아동을 상담 · 치료한 의사 및 해당 아동의 의견을 존중하여야 한다(법 제18조 제3항).
4. **요청기관에 대한 결과의 통보:** 자치단체장 또는 검사는 친권행사의 제한 또는 친권상실의 선고 청구를 요청받은 경우에는 요청받은 날부터 30일 내에 청구 여부를 결정한 후 해당 요청기관에 청구 또는 미청구 요지 및 이유를 서면으로 알려야 한다(법 제18조 제4항).
5. **아동복지시설기관장의 직접 · 청구:** 처리결과를 통보받은 아동복지시설의 장 및 학교의 장은 그 처리결과에 대하여 이의가 있을 경우 통보받은 날부터 30일 내에 직접 법원에 친권행사의 제한 또는 친권상실의 선고를 청구할 수 있다(법 제18조 제5항).

Ⅷ. 아동의 후견인

1. **아동의 후견인의 선임 청구:** 자치단체장, 아동복지시설의 장 및 학교의 장은 친권자 또는 후견인이 없는 아동을 발견한 경우 그 복지를 위하여 필요하다고 인정할 때에는

법원에 후견인의 선임을 청구하여야 한다(법 제19조 제1항).

2. **후견인의 변경청구:** 자치단체장, 아동복지시설의 장, 학교의 장 또는 검사는 후견인이 해당 아동을 학대하는 등 현저한 비행을 저지른 경우에는 후견인 변경을 법원에 청구하여야 한다(법 제19조 제2항).
3. **아동의 의견존중:** 후견인의 선임 및 후견인의 변경 청구를 할 때에는 해당 아동의 의견을 존중하여야 한다(법 제19조 제3항).
4. **보호시설에 있는 아동의 후견직무:** 아동복지시설에 입소 중인 보호대상아동에 대하여는 보호시설에 있는 미성년자의 후견직무에 관한 법률을 적용한다(법 제19조 제4항).
5. **아동의 후견인 선임:** 법원은 후견인의 선임청구를 받은 경우 후견인이 없는 아동에 대하여 후견인을 선임하기 전까지 자치단체장, "아동보호전문기관"의 장, 가정위탁지원센터의 장 및 보장원의 장으로 하여금 임시로 그 아동의 후견인 역할을 하게 할 수 있다. 이 경우 해당 아동의 의견을 존중하여야 한다(법 제20조 제2항).

6. 보호시설에 있는 아동의 후견직무:

보호시설에 있는 미성년자의 후견 직무에 관한 법률
조선민사령 제1조에 의거 구육소(救育所)에 있는 고아의 후견지에 관한 법률 의용(依用)
1961.08.31. 법률 제703호 보호시설에 있는 고아의 후견직무에 관한 법률 제정
2000.01.12. 법률 제6148호 보호시설에 있는 미성년자의 후견직무에 관한 법률 제2차 전부개정
2023.04.11. 법률 제19340호 제16차 타법개정, 2023.10.12. 시행(최신)

1) 법의 목적

아동복지시설에 입소 중인 보호아동에 대하여는 '보호시설에 있는 미성년자의 후견직무에 관한 법률'을 적용한다(아동복지법 제19조 제4항)는 아동복지법의 규정에 따라 이 법은 보호시설에 있는 미성년자의 후견인(後見人)에 관한 사항을 규정함을 목적으로 한다(후견법 제1조).

2) 보호시설에 있는 미성년자의 후견인

(1) 국 · 공영 보호시설의 경우: 국가나 지방자치단체가 설치 · 운영하는 시설의 경우 그 보호시설의 장이 후견인이 된다(후견법 제3조 제1항).

(2) 국 · 공영 외의 보호시설인 경우: 국가 · 지방자치단체 외의 자가 설치 · 운영하는 시설의 경우 그 보호시설의 소재지를 관할하는 자치단체장이 후견인을 지정한다(후견법 제3조 제2항).

(3) **보호시설 밖의 미성년자인 고아의 경우**: 보호시설에 있는 고아가 아닌 미성년자의 경우 제1항과 제2항을 준용하되, 법원의 허가를 받아야 한다(후견법 제3조 제3항).

(4) **임시 후견인의 역할**: 법원은 허가를 하기 전까지 후견인이 되기 위하여 신청을 한 사람으로 하여금 다음에 해당하는 사항에 대하여 임시로 후견인 역할을 하게 할 수 있다. 이 경우 해당 미성년자의 의견을 존중하여야 한다(후견법 제3조 제4항).

① 금융계좌 개설 및 이동통신서비스 이용에 관한 사항

② 수술, 입원 · 퇴원 등 의료서비스 이용에 관한 사항

③ 입학, 전학 등 학적관리에 필요한 사항

7. 보조인의 선임

1) **법원심리과정에서의 보조인:** 법원의 심리과정에서 변호사, 법정대리인, 직계 친족, 형제자매, 아동학대전담공무원, 보장원 또는 아동보호전문기관의 상담원은 학대아동사건의 심리에 있어서 보조인이 될 수 있다. 다만, 변호사가 아닌 경우에는 법원의 허가를 받아야 한다(법 제21조 제1항).

2) **피해아동과 신뢰관계에 있는 사람의 동석:** 법원은 피해아동을 증인으로 신문하는 경우 검사, 피해아동과 그 보호자 또는 보장원, 아동보호전문기관의 신청이 있는 경우에는 피해아동과 신뢰관계에 있는 사람의 동석을 허가할 수 있다(법 제21조 제2항).

3) **수사기관 조사과정에서의 보조:** 수사기관이 피해아동을 조사하는 경우에도 제1항 및 제2항과 같다(법 제21조 제3항).

제3절 아동학대의 예방 · 방지

Ⅰ. 금지행위(법 제17조)

1. 금지행위의 내용 및 처벌

① **아동을 매매하는 행위:** 10년 이하의 징역(법 제71조 제1항 제1호). 양벌규정(법 제74조). 다만, 아동 · 청소년의 성보호에 관한 법률 제12조[4]에 따른 매매는 제외한다. 즉, 아동 · 청소년

4) 아동 · 청소년의 성보호에 관한 법률 제12조(아동 · 청소년 매매행위) ① 아동 · 청소년의 성을 사는 행위

의 성보호에 관한 법률에 따라 별도로 처벌한다(법 제71조 제1항 제1호). 양벌규정(법 제74조). 미수범[5] 처벌(법 제73조). 상습범[6]은 형의 50%까지 가중(법 제72조).

② **아동에게 음란한 행위를 시키거나 이를 매개하는 행위 또는 아동을 대상으로 하는 성희롱 등의 성적 학대행위:** 10년 이하의 징역 또는 1억원 이하의 벌금에 처한다(법 제71조 제1항 제1의2호). 양벌규정(법 제74조). 다만 아동·청소년의 성보호에 관한 법률 제9조[7]에 따른 매매는 제외한다. 즉, 아동·청소년의 성보호에 관한 법률에 따라 별도로 처벌한다(법 제71조 제1항 제1호). 양벌규정(법 제74조). 미수범 처벌(법 제73조). 상습범은 형의 50%까지 가중(법 제72조).

③ **아동의 신체에 손상을 주거나 신체의 건강 및 발달을 해치는 신체적 학대행위:** 5년 이하의 징역 또는 5천만원 이하의 벌금(법 제71조 제1항 제2호). 양벌규정(법 제74조). 상습범은 형의 50%까지 가중(법 제72조).

④ **아동의 정신건강 및 발달에 해를 끼치는 정서적 학대행위**(가정폭력에 아동을 노출시키는 행위로 인한 경우 포함)**:** 5년 이하의 징역 또는 5천만원 이하의 벌금(법 제71조 제1항 제2호). 양벌규정(법 제74조). 상습범은 형의 50%까지 가중(법 제72조).

⑤ **자신의 보호·감독을 받는 아동을 유기하거나 의식주를 포함한 기본적 보호·양육·치료 및 교육을 소홀히 하는 방임행위:** 5년 이하의 징역 또는 5천만원 이하의 벌금(법 제71조 제1항 제2호). 양벌규정(법 제74조). 상습범은 형의 50%까지 가중(법 제72조).

⑥ **장애를 가진 아동[8]을 공중에 관람시키는 행위[9]:** 5년 이하의 징역 또는 5천만원 이하의

또는 아동·청소년이용음란물을 제작하는 행위의 대상이 될 것을 알면서 아동·청소년을 매매 또는 국외에 이송하거나 국외에 거주하는 아동·청소년을 국내에 이송한 자는 무기징역 또는 5년 이상의 징역에 처한다. ② 제1항의 미수범은 처벌한다.

5) 범죄의 실행에 착수하였으나 그 행위를 끝내지 못하였거나 결과가 발생하지 아니한 범죄 또는 범인을 말한다(형법 제25조 1항). 미수범은 모든 경우에 다 처벌되는 것이 아니라 법률에 특별히 정해진 경우에만 처벌된다(형법 제29조).

6) 상습으로 이러한 죄를 범한 자는 그 죄에 정한 형의 2분의 1까지 가중한다(법 제40조의2).

7) 제9조(아동·청소년 매매행위) ① 아동·청소년의 성을 사는 행위 또는 아동·청소년이용음란물을 제작하는 행위의 대상이 될 것을 알면서 아동·청소년을 매매 또는 국외에 이송하거나 국외에 거주하는 아동·청소년을 국내에 이송한 자는 무기 또는 5년 이상의 징역에 처한다. ② 제1항의 미수범은 처벌한다.

8) '장애를 가진 아동'이라 함은 반드시 '장애인 등록'을 할 것을 요구하지 않는다고 본다. 왜냐하면 '기형'을 장애인복지법에서 말하는 '장애'로 볼 수 없기 때문이다. 구법의 '불구기형아'를 신법이 '장애를 가진 아동'으로 바꾼 것은 용어상 장애인복지법을 따른 것으로 진일보했다고 보겠다. 다만, '불구기형'과 '장애'는 반드시 같은 의미로 볼 수 없으므로 신법의 '장애'의 의미에는 구법의 '기형'의 뜻도 포함된다고 보아야 할 것이다. 장애인복지법에서 '안면장애'를 장애의 범위에 넣었으나 '안면장애'가 아닌 다른 종류의 기형도 포함되는 것으로 넓게 해석해야 할 것이다. 참고로 일본의 아동복지법을 보면 '신체에 장해 또는 형태상 이상이 있는 아동'으로 명확하게 표현하고 있다. 우리도 '장애를 가진 아동'을 이와 같이 넓게 보아야 할 것이다.

벌금(법 제71조 제1항 제2호). 양벌규정(법 제74조). 상습범은 형의 50%까지 가중(법 제72조).

⑦ **아동에게 구걸을 시키거나 아동을 이용하여 구걸하는 행위10):** 5년 이하의 징역 또는 5천만원 이하의 벌금(법 제71조 제1항 제2호). 양벌규정(법 제74조). 상습범은 형의 50%까지 가중(법 제72조).

⑧ **공중의 오락11) 또는 흥행을 목적으로 아동12)의 건강 또는 안전에 유해한 곡예를 시키는 행위 또는 이를 위하여 아동을 제3자에게 인도하는 행위:** 1년 이하의 징역 또는 1천만원 이하의 벌금(법 제71조 제1항 제4호). 양벌규정(법 제74조). 상습범은 형의 50%까지 가중(법 제72조).

⑨ **정당한 권한을 가진 알선기관 외의 자가 아동의 양육을 알선하고 금품을 취득13)하거나 금품을 요구 또는 약속하는 행위:** 3년 이하의 징역 또는 3천만원 이하의 벌금(법 제71조 제1항 제3호). 양벌규정(법 제74조). 상습범은 형의 50%까지 가중(법 제72조).

⑩ **아동을 위하여 증여 또는 급여된 금품을 그 목적 외의 용도로 사용하는 행위:** 3년 이하의 징역 또는 3천만원 이하의 벌금(법 제71조 제1항 제3호). 양벌규정(법 제74조). 상습범은 형의 50%까지 가중(법 제72조).

---

9) '공중'이란 불특정 다수인을 말한다. 그리고 '관람시키는 행위'란 유료 · 무료를 불문한다. 단 1회라도 해당된다(厚生省兒童家庭局編, 兒童福祉法の 解說(東京: 時事通信社, 昭和58), p. 225).

10) '구걸'이라 함은 타인의 연민의 정을 이용하여 자신을 위한 금전 또는 물품을 얻는 것, 즉 대가 없이 받는 것을 말한다. 다만, 아동이 자발적으로 구걸행위를 하게 되면 아동복지법상 금지행위에 해당하지는 않는다. 구걸행위를 시키는 행위는 경범죄처벌법(제1조 제23호(구걸 부당이득) 다른 사람을 구걸하게 하여 올바르지 아니한 이익을 얻은 사람. 아동복지법은 경범죄처벌법에 대하여 특별법 우선의 적용을 받는다.)에도 저촉된다.

11) '공중의 오락'이라는 목적이 있어야 한다. 이러한 목적의식만 있으면 반드시 유료일 것을 요구하지 않는다. 그리고 공중의 면전이면, 비록 준비행위나 연습행위라도 해당된다. 흥행이라 함은 구경시킴(show)을 말한다.

12) (구)아동복지법은 '14세 미만의 아동에게 곡예를 시키는 행위'로 규정했던 것을 (신)아동복지법은 단지 '아동'이라고만 표현하여 18세 미만으로 연령을 상향조정하였다. 그것은 ILO의 취업최저연령 협약(제138호: 1998년 6월 제86차 총회에서 채택)에 의한 것으로 "건강, 안전 또는 도덕을 저해할 우려가 있는 업무에 취업할 수 있는 최저연령은 18세를 하회해서는 안 된다"(ILO 취업최저연령협약 제3조)는 규정에 따른 것이다. 종전에 일본은 15세 미만으로 규정했었고, 우리나라 근로기준법은 "여자와 18세 미만 자는 도덕상 또는 보건상 유해 · 위험한 사업에 사용하지 못한다"고 규정하고 있다.

13) 법의 규정은 '아동의 양육을 알선하고 금품을 취득'해야만 처벌하게 되어 있으나 금품의 취득뿐만 아니라 '기타 이득'(예컨대, 취직, 성, 이권 등을 예상할 수 있다.)까지 포함해야 할 것이다. 그리고 아무런 이득이 없는 알선행위와 자신이 양육하는 행위도 신고 없이 행하는 것은 금해야 할 것이다. 왜냐하면 누구나 단순한 선의나 동정심으로 길 잃은 아동을 양육하거나 타인에게 양육을 알선한다면 훗날 아동의 친부모나 관계인이 그 아동을 찾고자 할 때 불가능해지기 때문이다.

2. 금지행위 관련 조사

1) **관계인에 대한 조사:** 보건복지부장관, 시 · 도지사 또는 시장 · 군수 · 구청장은 필요하다고 인정할 때에는 관계 공무원이나 전담공무원으로 하여금 아동복지시설과 아동의 주소 · 거소, 아동의 고용장소 또는 금지행위를 위반할 우려가 있는 장소에 출입하여 아동 또는 관계인에 대하여 필요한 조사를 하거나 질문을 하게 할 수 있다(법 제66조 제1항).

2) **조사 방해자에 대한 처벌:** 조사를 거부 · 방해 또는 기피하거나 질문에 대하여 답변을 거부 · 기피 또는 거짓 답변을 하거나, 아동에게 답변을 거부 · 기피 또는 거짓 답변을 하게 하거나 그 답변을 방해한 자는 1년 이하의 징역 또는 1천만원 이하의 벌금에 처한다(법 제71조 제3항 제7호). 양벌규정(법 제74조).

Ⅱ. 아동학대 예방 · 방지 관련 교육

1. 아동학대 신고의무자에 대한 교육

관계 중앙행정기관의 장은 "아동학대 신고의무자"의 자격 취득 과정이나 보수교육 과정에 아동학대 예방 및 신고의무와 관련된 교육 내용을 포함하도록 하여야 하며, 그 결과를 보건복지부장관에게 제출하여야 한다(법 제26조 제1항).

2. 아동학대 예방교육 실시

국가기관과 지방자치단체의 장, 공공기관과 대통령령으로 정하는 공공단체의 장은 아동학대의 예방과 방지를 위하여 필요한 교육을 연 1회 이상 실시하고, 그 결과를 보건복지부장관에게 제출하여야 한다(법 제26조의2 제1항).

3. 교육대상이 아닌 사람들을 위한 교육

아동의 보호자 등 교육 대상이 아닌 사람은 아동보호전문기관 또는 대통령령으로 정하는 교육기관에서 아동학대의 예방과 방지에 필요한 교육을 받을 수 있다(법 제26조의2 제2항).

Ⅲ. 아동학대 등의 통보

1. 사법경찰관의 직무상 통보의무

사법경찰관리는 아동 사망 및 상해사건, 가정폭력 사건 등에 관한 직무를 행하는 경우 아동학대가 있었다고 의심할 만한 사유가 있는 때에는 시 · 도지사, 시장 · 군수 · 구청장 또는 보장원의 장에게 그 사실을 통보하여야 한다(법 제27조의2 제1항).

2. 임시조치 신청의 통보

사법경찰관 또는 보호관찰관은 임시조치의 청구를 신청하였을 때에는 시 · 도지사, 시장 · 군수 · 구청장 또는 보장원의 장에게 그 사실을 통보하여야 한다(법 제27조의2 제2항).

3. 피해아동 응급조치에 대한 거부금지

사법경찰관리, 아동학대전담공무원이 피해아동을 인도하는 경우에는 아동학대 관련 보호시설이나 의료기관은 정당한 사유 없이 이를 거부하여서는 아니 된다(법 제 27조의3).

Ⅳ. 아동학대 관련 사후관리

1. 재발방지를 위한 조치

1) **재발여부의 확인:** 보장원의 장 또는 아동보호전문기관의 장은 아동학대가 종료된 이후에도 가정방문, 전화상담 등을 통하여 아동학대의 재발 여부를 확인하여야 한다(법 제28조 제1항).
2) **재발방지를 위한 지원:** 보장원의 장 또는 아동보호전문기관의 장은 아동학대가 종료된 이후에도 아동학대의 재발 방지 등을 위하여 필요하다고 인정하는 경우 피해아동 및 보호자를 포함한 피해아동의 가족에게 필요한 지원을 제공할 수 있다(법 제28조 제2항).
3) **아동보호전문기관의 거부 금지:** 보장원의 장 또는 아동보호전문기관이 사후관리에 따른 업무를 수행하는 경우 보호자는 정당한 사유 없이 이를 거부하거나 방해하여서는 아니 된다(법 제28조 제3항).

2. 아동학대정보의 관리 및 제공

1) 아동정보시스템에 입력 · 관리

보건복지부장관은 아동학대 관련 정보를 공유하고 아동학대를 예방하기 위하여 피해아동, 그 가족 및 아동학대행위자에 관한 정보와 아동학대예방사업에 관한 정보를 아동정보시스템에 입력 · 관리하여야 한다(법 제28조의2 제2항).

2) 아동학대행위자에 관한 정보를 복지부장관에게 요청

다음에 해당하는 자는 아동의 보호 및 아동학대 발생 방지를 위하여 필요한 경우 아동정보시스템상의 피해아동, 그 가족 및 아동학대행위자에 관한 정보를 보건복지부장관에게 요청할 수 있다. 이 경우 목적과 필요한 정보의 범위를 구체적으로 기재하여야 한다(법 제28조의2 제3항). 보건복지부장관은 요청이 있는 경우 아동정보시스템상의 해당 정보를 제공할 수 있다. 다만, 피해아동의 보호를 위하여 필요한 경우로서 대통령령으로 정하는 경우에는 정보의 제공을 제한할 수 있다(법 제28조의2 제4항).

① 시 · 도지사 및 시장 · 군수 · 구청장
② 판사, 검사 및 경찰관서의 장
③ 어린이집의 원장
④ 유치원의 원장
⑤ 초 · 중등 학교의 장
⑥ 아동학대 전담의료기관의 장
⑦ 다함께돌봄센터의 장
⑧ 아동복지시설의 장
⑨ 입양기관의 장
⑩ 그 밖에 대통령령으로 정하는 피해아동의 보호 및 지원 관련 기관 또는 단체의 장

3) 피해아동관련 정보의 목적 외 사용금지

피해아동관련 정보를 취득한 사람은 요청 목적 외로 해당 정보를 사용하거나 다른 사람에게 제공 또는 누설하여서는 아니 된다(법 제28조의2 제5항).

3. 피해아동[14] 및 그 가족에 대한 지원

1) **상담, 교육 및 의료적 · 심리적 치료 지원:** 보장원의 장 또는 아동보호전문기관의 장은 아동의 안전 확보와 재학대 방지, 건전한 가정기능의 유지 등을 위하여 피해아동 및 보호자를 포함한 피해아동의 가족에게 상담, 교육 및 의료적 · 심리적 치료 등의 필요한 지원을 제공하여야 한다(법 제29조 제1항).
2) **관계기관에 대한 협조 요청:** 보장원의 장 또는 아동보호전문기관의 장은 가족 등에 대한 지원을 위하여 관계 기관에 협조를 요청할 수 있다(법 제29조 제2항).
3) **지원에 대한 피해아동 가족의 협력:** 보호자를 포함한 피해아동의 가족은 보장원 또는 아동보호전문기관이 제공하는 지원에 성실하게 참여하여야 한다(법 제29조 제3항).
4) **피해아동 이익의 최우선 배려:** 보장원의 장 또는 아동보호전문기관의 장은 가족 등에 대한 지원 여부의 결정 및 지원의 제공 등 모든 과정에서 피해아동의 이익을 최우선으로 고려하여야 한다(법 제29조 제4항).
5) **가족이 부담하는 비용의 실비지원:** 국가와 지방자치단체는 보건복지부령으로 정하는 일정 소득 이하의 피해아동 및 보호자를 포함한 피해아동의 가족이 상담 및 교육 또는 의료적 · 심리적 치료 등을 받은 경우에는 예산의 범위에서 여비 등 실비(實費)를 지급할 수 있다(법 제29조 제5항).
6) **피해아동의 취학에 대한 지원:** 국가와 지방자치단체는 초 · 중등학교에 재학 중인 피해아동 및 피해아동의 가족이 주소지 외의 지역에서 취학(입학 · 재입학 · 전학 · 편입학 포함)할 필요가 있을 때에는 그 취학이 원활하게 이루어질 수 있도록 지원하여야 한다(법 제29조 제6항).

4. 아동학대행위자에 대한 상담 · 교육 등의 제공

지방자치단체장, 보장원의 장 또는 아동보호전문기관의 장은 아동학대행위자에 대하여 상담 · 교육 및 심리적 치료 등 필요한 지원을 받을 것을 권고할 수 있다. 이 경우 아동학대행위자는 상담 · 교육 및 심리적 치료 등에 성실히 참여하여야 한다(법 제29조의2 제1항). 상담 · 교육 및 심리적 치료 등에 참여할 수 없는 정당한 사유가 있는 아동학대행위자는 그 사유가 해소되는 즉시 이에 참여하여야 한다(법 제29조의2 제2항)

14) '피해아동'이란 아동학대로 인하여 피해를 입은 아동, 즉 아동학대를 당한 아동을 말한다(법 제3조 제8호).

5. 아동학대 관련 범죄전력자의 아동관련 기관 취업제한

1) **판결과 동시에 취업제한명령 선고:** 법원은 아동학대 관련 범죄로 형 또는 치료감호를 선고하는 경우에는 판결(약식명령 포함)로 그 형 또는 치료감호의 전부 또는 일부의 집행을 종료하거나 집행이 유예 · 면제된 날(벌금형을 선고받은 경우에는 그 형이 확정된 날)부터 "취업제한기간" 동안 "아동관련기관"을 운영하거나 아동관련기관에 취업 또는 사실상 노무를 제공할 수 없도록 하는 "취업제한명령"을 아동학대 관련 범죄 사건의 판결과 동시에 선고(약식명령의 경우에는 고지)하여야 한다. 다만, 재범의 위험성이 현저히 낮은 경우나 그 밖에 취업을 제한하여서는 아니 되는 특별한 사정이 있다고 판단하는 경우에는 그러하지 아니하다(법 제29조의3 제1항).

2) **취업제한기간의 상한(上限):** 취업제한기간은 10년을 초과하지 못한다(법 제29조의3 제2항).

3) **전문가의 의견청취:** 법원은 취업제한명령을 선고하려는 경우에는 정신건강의학과 의사, 심리학자, 사회복지학자, 아동학대 관련 전문가, 그 밖의 관련 전문가로부터 취업제한명령 대상자의 재범 위험성 등에 관한 의견을 들을 수 있다(법 제29조의3 제3항).

4) **아동학대 관련 범죄 전력 조회의 요청:** 아동관련기관의 설치 또는 설립인가 · 허가 · 신고를 관할하는 중앙행정기관의 장, 지방자치단체의 장, 교육감 또는 교육장은 아동관련기관을 운영하려는 자에 대하여 본인의 동의를 받아 관계 기관의 장에게 아동학대 관련 범죄 전력 조회를 요청하여야 한다. 다만, 아동관련기관을 운영하려는 자가 아동학대 관련 범죄 전력 조회 회신서를 중앙행정기관의 장, 지방자치단체의 장, 교육감 또는 교육장에게 직접 제출한 경우에는 아동학대 관련 범죄 전력 조회를 한 것으로 본다(법 제29조의3 제4항).

5) **아동관련기관의 취업자에 대한 전력 조회:** 아동관련기관의 장은 그 기관에 취업 중이거나 사실상 노무를 제공 중인 사람 또는 취업하려 하거나 사실상 "취업자등"에 대하여 아동학대 관련 범죄 전력을 확인하여야 하며, 이 경우 본인의 동의를 받아 관계 기관의 장에게 아동학대 관련 범죄 전력 조회를 요청하여야 한다. 다만, 취업자등이 아동학대 관련 범죄 전력 조회 회신서를 아동관련기관의 장에게 직접 제출한 경우에는 아동학대 관련 범죄 전력 조회를 한 것으로 본다(법 제29조의3 제5항).

6. 취업제한명령을 선고받은 자에 대한 취업 등의 점검 · 확인

1) 취업자의 해임요구

(1) 취업제한명령을 선고받은 자가 취업한 경우

중앙행정기관의 장은 취업제한명령을 위반하여 취업하거나 사실상 노무를 제공하는 사람에 대하여 아동관련기관의 장에게 그의 해임을 요구하여야 한다(법 제29조의5 제1항). 이러한 해임요구를 정당한 사유 없이 거부하거나 1개월 이내에 이행하지 아니한 아동관련기관의 장은 1천만 원 이하의 과태료를 부과한다(법 제75조 제1항 제2호).

(2) 취업제한명령을 위반한 아동관련기관의 폐쇄 요구

중앙행정기관의 장은 아동관련기관의 장에게 취업제한명령을 위반하여 운영 중인 아동관련기관의 폐쇄를 요구하여야 한다(법 제29조의5 제2항).

(3) 폐쇄요구 불이행 기관에 대한 강제조치

중앙행정기관의 장은 아동관련기관의 장이 폐쇄요구를 정당한 사유 없이 거부하거나 1개월 이내에 요구사항을 이행하지 아니하는 경우에는 해당 아동관련기관을 폐쇄하거나 그 등록 · 허가 등을 취소하거나 관계 행정기관의 장에게 이를 요구할 수 있다(법 제29조의5 제3항).

2) 아동학대에 대한 법률상담

국가는 피해아동을 위한 법률상담과 소송대리 등의 지원을 할 수 있다(법 제29조의6 제1항). 보건복지부장관, 시 · 도지사, 시장 · 군수 · 구청장, 보장원의 장 및 아동보호전문기관의 장은 대한법률구조공단 또는 대통령령으로 정하는 그 밖의 기관에 법률상담 등을 요청할 수 있다(법 제29조의6 제2항).

3) 아동학대 전담 의료기관

(1) 아동학대 전담 의료기관의 지정: 보건복지부장관, 시 · 도지사 및 시장 · 군수 · 구청장은 국공립병원, 보건소 또는 민간의료기관을 피해아동의 치료를 위한 "전담 의료기관"으로 지정할 수 있다(법 제29조의7 제1항).

(2) 아동학대 전담 의료기관의 서비스 내용: 전담 의료기관은 시 · 도지사 또는 시장 · 군수 · 구청장, 피해아동 · 가족 · 친족, 보장원의 장, 아동보호전문기관 또는 아동복지시설의 장, 경찰관서의 장, 판사 또는 가정법원 등의 요청이 있는 경우 피해아동에 대하여

①아동학대 피해에 대한 상담 ②신체적 · 정신적 치료 ③그 밖에 대통령령으로 정하는 의료에 관한 사항 등의 조치를 하여야 한다(법 제29조의7 제2항).

4) 아동학대보도 권고기준 수립 및 준수 협조요청

보건복지부장관은 아동의 인권보호 및 아동학대 예방에 관한 정확한 정보의 제공 등을 위하여 대통령령으로 정하는 관계 중앙행정기관의 장과 협의하여 언론의 아동학대보도에 대한 권고기준을 수립하고 그 이행확보 방안을 마련하여야 한다(법 제29조의8 제1항). 보건복지부장관은 방송 · 신문 · 잡지 및 인터넷신문 등 언론에 대하여 아동학대보도에 대한 권고기준을 준수하도록 협조를 요청할 수 있다. 이 경우 언론은 협조요청을 적극 이행하도록 노력하여야 한다(법 제29조의8 제2항).

제 4 절 아동지원서비스

Ⅰ. 아동 안전 및 건강지원

1. 안전기준의 설정

국가는 아동복지시설과 아동용품에 대한 안전기준을 정하고 아동용품을 제작 · 설치 · 관리하는 자에게 이를 준수하도록 하여야 한다(법 제30조).

2. 아동의 안전에 대한 교육

아동복지시설의 장, 어린이집의 원장, 유치원의 원장 및 초 · 중등학교의 장은 교육대상 아동의 연령을 고려하여 매년 ①성폭력 예방, ②아동학대 예방, ③실종 · 유괴의 예방과 방지, ④감염병 및 약물의 오남용 예방 등 보건위생관리, ⑤재난대비 안전, ⑥교통안전 등의 사항에 관한 교육계획을 수립하여 교육을 실시하여야 한다(법 제31조 제1항). 교육을 실시하지 아니한 자에게는 300만원 이하의 과태료(법 제75조 제3항 제2호).

3. 아동보호구역에서의 고정형 영상정보처리기기 설치

국가와 지방자치단체는 유괴 등 범죄의 위험으로부터 아동을 보호하기 위하여 필요하다고 인정하는 경우에는 다음에 해당되는 시설의 주변구역을 아동보호구역으로 지정하여 범죄의 예방을 위한 순찰 및 아동지도 업무 등 필요한 조치를 할 수 있다(법 제32조 제1항). 국가와 지방자치단체는 지정된 아동보호구역에 고정형 영상정보처리기기를 설치하여야 한다(법 제32조 제3항).

① 도시공원 / ② 어린이집 / 육아종합지원센터 / 시간제보육서비스 지정기관 ③ 초등학교 및 특수학교 / ④ 유치원

4. 아동안전 보호인력

1) **아동안전 보호인력의 배치 · 활용:** 국가와 지방자치단체는 실종 및 유괴 등 아동에 대한 범죄의 예방을 위하여 순찰활동 및 아동지도 업무 등을 수행하는 아동안전 보호인력을 배치 · 활용할 수 있다(법 제33조 제1항).
2) **아동안전 보호인력의 증표 휴대:** 순찰활동 및 아동지도 업무 등을 수행하는 아동안전 보호인력은 그 권한을 표시하는 증표를 지니고 이를 관계인에게 내보여야 한다(법 제33조 제2항).
3) **아동안전 보호인력의 범죄경력 확인:** 국가와 지방자치단체는 아동안전 보호인력으로 배치하고자 하는 사람에 대하여 본인의 동의를 받아 범죄경력을 확인하여야 한다(법 제33조 제3항).

5. 아동긴급보호소

1) **긴급보호소 지정 및 운영:** 경찰청장은 유괴 등의 위험에 처한 아동을 보호하기 위하여 아동긴급보호소를 지정 · 운영할 수 있다(법 제34조 제1항).
2) **긴급보호소의 지정희망자에 대한 범죄경력 확인:** 경찰청장은 아동긴급보호소의 지정을 원하는 자에 대하여 본인의 동의를 받아 범죄경력을 확인하여야 한다(법 제34조 제2항).

6. 건강한 심신의 보존

1) **아동 보호자의 노력:** 아동의 보호자는 아동의 건강 유지와 향상을 위하여 최선의 주의와 노력을 하여야 한다(법 제35조 제1항).
2) **국가 · 지방자치단체의 지원:** 국가와 지방자치단체는 아동의 건강 증진과 체력 향상을

위하여 다음에 해당하는 사항을 지원하여야 한다(법 제35조 제2항).

① 신체적 건강 증진에 관한 사항

② 자살 및 각종 중독의 예방 등 정신적 건강 증진에 관한 사항

③ 급식지원 등을 통한 결식예방 및 영양개선에 관한 사항

④ 비만 방지 등 체력 및 여가 증진에 관한 사항

3) **물가를 반영한 급식지원:** 국가와 지방자치단체는 매년 물가상승률 등을 반영한 급식최저단가를 결정하고 급식지원 시 이를 반영하여 지원하여야 한다(법 제35조 제3항).

4) **국가 · 지방자치단체의 기반 마련:** 국가와 지방자치단체는 아동의 신체적 · 정신적 문제를 미리 발견하여 아동이 제때에 상담과 치료를 받을 수 있는 기반을 마련하여야 한다(법 제35조 제4항).

7. 보건소

보건소는 이 법에 따라 다음의 업무를 행한다(법 제36조).

① 아동의 전염병 예방조치

② 아동의 건강상담, 신체검사와 보건위생에 관한 지도

③ 아동의 영양 개선

Ⅱ. 취약계층아동 통합서비스지원 및 자립지원

1. 통합서비스지원

1) **지원대상아동의 용어정의:** '지원대상아동'이란 아동이 조화롭고 건강하게 성장하는 데에 필요한 기초적인 조건이 갖추어지지 아니하여 사회적 · 경제적 · 정서적 지원이 필요한 아동을 말한다(법 제3조 제5호).

2) **국가 · 지방자치단체의 통합서비스지원:** 국가와 지방자치단체는 아동의 건강한 성장과 발달을 도모하기 위하여 아동의 성장 및 복지 여건이 취약한 가정을 선정하여 그 가정의 지원대상아동과 가족을 대상으로 보건, 복지, 보호, 교육, 치료 등을 종합적으로 지원하는 통합서비스를 실시한다(법 제37조 제1항).

3) **통합서비스 지원사업 운영지원에 관한 업무의 위탁:** 보건복지부장관은 통합서비스 지원사업의 운영지원에 관한 업무를 법인과 단체 등에 위탁할 수 있다(법 제37조 제3항).

2. 자립지원

1) **자립지원의 내용:** 국가와 지방자치단체는 보호대상아동의 위탁보호 종료 또는 아동복지시설 퇴소 이후의 자립을 지원하기 위하여 다음에 해당하는 조치를 시행하여야 한다(법 제38조 제1항).

① 자립에 필요한 주거 · 생활 · 교육 · 취업 등의 지원
② 자립에 필요한 자립정착금 및 자립수당 지급
③ 자립에 필요한 "자산형성지원"
④ 자립에 관한 실태조사 및 연구
⑤ 사후관리체계 구축 및 운영
⑥ 그 밖에 자립지원에 필요하다고 대통령령으로 정하는 사항

2) **자립지원대상자:** 자립지원 대상자는 다음에 해당하는 사람으로 한다(법 제38조 제2항).

① 가정위탁보호 중인 사람
② 아동복지시설에서 보호 중인 사람
③ 보호조치가 종료되거나 해당 시설에서 퇴소한 지 5년이 지나지 아니한 사람
④ ①~③호까지에서 규정한 사람 외에 18세에 달하기 전에 보호조치가 종료되거나 해당 시설에서 퇴소한 사람으로서 보건복지부장관이 자립지원이 필요하다고 인정하는 사람

3) **자립지원계획의 수립:** 가정위탁지원센터의 장 및 아동복지시설의 장은 보호하고 있는 15세 이상의 아동을 대상으로 매년 개별 아동에 대한 자립지원계획을 수립하고, 그 계획을 수행하는 종사자를 대상으로 자립지원에 관한 교육을 실시하여야 한다(법 제39조 제1항).

3. 자산형성지원사업

1) **국가 · 지방자치단체의 지원사업:** 국가와 지방자치단체는 아동이 건전한 사회인으로 성장 · 발전할 수 있도록 자산형성지원사업을 실시할 수 있다(법 제42조 제1항).

2) **자산형성지원사업 관련 업무:** 보건복지부장관은 자산형성지원사업을 효율적으로 추진하기 위하여 자산형성지원사업 운영업무 및 금융자산관리업무를 하여야 한다(법 제43조 제1항).

3) **자산형성지원사업 관련 업무의 위탁:** 보건복지부장관은 자산형성지원사업의 운영업

무를 사회복지법인 등 대통령령으로 정하는 법인 또는 단체에 위탁할 수 있다(법 제44조 제1항). 금융자산관리업무는 은행, 체신관서, 농업협동조합중앙회, 수산업협동조합중앙회 또는 중소기업은행에 위탁할 수 있다(법 제44조 제2항).

Ⅲ. 방과 후 돌봄서비스 지원

1. 다함께돌봄센터의 기능

시 · 도지사 및 시장 · 군수 · 구청장은 초등학교의 정규교육 이외의 시간 동안 다음의 "방과 후 돌봄서비스"를 실시하기 위하여 다함께돌봄센터를 설치 · 운영할 수 있다(법 제44조의2 제1항).

① 아동의 안전한 보호

② 안전하고 균형 있는 급식 및 간식의 제공

③ 등 · 하교 전후, 야간 또는 긴급상황 발생 시 돌봄서비스 제공

④ 체험활동 등 교육 · 문화 · 예술 · 체육 프로그램의 연계 · 제공

⑤ 돌봄 상담, 관련 정보의 제공 및 서비스의 연계

⑥ 그 밖에 보건복지부령으로 정하는 방과 후 돌봄서비스의 제공

2. 다함께돌봄센터의 위탁

시 · 도지사 및 시장 · 군수 · 구청장은 다함께돌봄센터의 설치 · 운영을 보건복지부장관이 정하는 법인 또는 단체에 위탁할 수 있다(법 제44조의2 제2항).

3. 센터 설치 · 운영비 지원

국가는 다함께돌봄센터의 설치 · 운영에 필요한 비용의 일부를 지방자치단체에 지원할 수 있다(법 제44조의2 제3항).

4. 보호자의 비용 일부부담

다함께돌봄센터의 장은 시 · 도지사 및 시장 · 군수 · 구청장이 정하는 바에 따라 아동의 보호자에게 방과 후 돌봄서비스 제공에 필요한 비용의 일부를 부담하게 할 수 있다(법 제44조의2 제4항).

제 5 절 아동복지시설

Ⅰ. 총 칙

1. 아동복지시설장의 아동권리 최우선 보장 의무

아동복지시설의 장은 보호아동의 권리를 최대한 보장하여야 하며, 친권자가 있는 경우 보호아동의 가정복귀를 위하여 적절한 상담과 지도를 병행하여야 한다(법 제57조).

2. 사업의 정지, 위탁의 취소 또는 시설의 폐쇄

보건복지부장관, 시 · 도지사 또는 시장 · 군수 · 구청장은 아동복지시설과 교육훈련시설(대학 및 전문대학 제외)이 다음에 해당하는 경우에는 소관에 따라 그 시설의 개선, 6개월 이내의 사업의 정지, 위탁의 취소 또는 해당 시설의 장의 교체를 명하거나 시설의 폐쇄를 명할 수 있다(법 제57조). 사업의 정지, 위탁의 취소 또는 시설의 폐쇄명령을 받고도 그 시설을 운영하거나 사업을 한 자는 1년 이하의 징역 또는 1천만원 이하의 벌금에 처한다(법 제71조 제2항 제5호). 양벌규정(법 제74조).

① 시설이 설치기준에 미달하게 된 경우
② 사회복지법인 또는 비영리법인이 설치 · 운영하는 시설로서 그 사회복지법인이나 비영리법인의 설립허가가 취소된 경우
③ 설치목적의 달성이나 그 밖의 사유로 계속하여 운영될 필요가 없다고 인정할 때
④ 보호대상아동에 대한 아동학대행위가 확인된 경우
⑤ 거짓이나 그 밖의 부정한 방법으로 경비의 지원을 받은 경우
⑥ 아동복지시설의 사업정지 기간 중에 사업을 한 경우
⑦ 그 밖에 이 법 또는 이 법에 따른 명령을 위반한 경우

3. 유사명칭의 사용금지

이 법에 따른 아동복지시설이 아니면 아동복지시설이라는 명칭을 사용하지 못한다(법 제69조). 이를 위반하여 아동복지시설이라는 명칭을 사용한 자에게는 300만원 이하의 과태료를 부과한다(법 제75조 제3항 제4호).

4. 벌칙 적용에서의 공무원 의제

아동복지전담기관 및 아동복지시설의 장과 그 종사자는 형법에 따른 수뢰, 사전수뢰(제129조), 제3자 뇌물제공(제130조), 수뢰 후 부정처사(제131조), 알선수뢰(제132조)의 죄를 적용할 때에는 공무원으로 본다(법 제70조).

5. 비밀유지의 의무

아동복지사업을 포함하여 아동복지업무에 종사하였거나 종사하는 자는 그 직무상 알게 된 비밀을 누설하여서는 아니된다(법 제65조). 이 규정을 위반하여 비밀을 누설한 자는 1년 이하의 징역 또는 1천만원 이하의 벌금에 처한다(법 제71조 제2항 제6호). 양벌규정(법 제74조).

6. 연차보고서

보건복지부장관은 매년 정기국회 전까지 아동학대 예방 및 피해아동 보호 정책의 추진현황과 평가결과에 대한 연차보고서를 작성하여 국회 소관 상임위원회에 제출하여야 한다(법 제65조의2 제1항).

7. 관계공무원의 방문조사

보건복지부장관, 시 · 도지사 또는 시장 · 군수 · 구청장은 필요하다고 인정할 때에는 관계 공무원이나 전담공무원으로 하여금 아동복지시설과 아동의 주소 · 거소, 아동의 고용장소 또는 금지행위를 위반할 우려가 있는 장소에 출입하여 아동 또는 관계인에 대하여 필요한 조사를 하거나 질문을 하게 할 수 있다(법 제66조 제1항). 이경우 관계 공무원 또는 전담공무원은 그 권한을 표시하는 증표를 지니고 이를 관계인에게 내보여야 한다(법 제66조 제2항).

이때 조사를 거부 · 방해 또는 기피하거나 질문에 대하여 답변을 거부 · 기피 또는 거짓 답변을 하거나, 아동에게 답변을 거부 · 기피 또는 거짓 답변을 하게 하거나 그 답변을 방해한 자는 1년 이하의 징역 또는 1천만원 이하의 벌금에 처한다(법 제71조 제2항 제7호). 양벌규정(법 제74조).

Ⅱ. 아동복지시설

'아동복지시설'이란 아동복지법(제50조)에 따라 설치된 시설을 말한다(법 제3조 제10호).

1. 아동복지시설의 설치

1) **국가 · 지방자치단체의 설치:** 국가 또는 지방자치단체는 아동복지시설을 설치할 수 있다(법 제50조 제1항).

2) **민간의 신고 설치:** 국가 또는 지방자치단체 외의 자는 관할 기초 자치단체장에게 신고하고 아동복지시설을 설치할 수 있다(법 제50조 제2항). 기초 자치단체장은 신고를 받은 경우 그 내용을 검토하여 이 법에 적합하면 신고를 수리하여야 한다(법 제50조 제3항). 신고를 하지 아니하고 아동복지시설을 설치한 자는 1년 이하의 징역 또는 1천만원 이하의 벌금에 처한다(법 제71조 제3항 제3호). 양벌규정(법 제74조).

2. 아동복지시설의 휴업 · 폐업에 따른 조치

1) **휴업 · 폐업 등의 신고:** 신고한 아동복지시설을 폐업 또는 휴업하거나 그 운영을 재개하고자 하는 자는 미리 시장 · 군수 · 구청장에게 신고하여야 한다(법 제51조 제1항). 신고하지 아니한 자에게는 300만원 이하의 과태료를 부과한다(법 제75조 제3항 제3호).

2) **시설의 휴업 · 폐업에 따른 아동의 권익보호 조치:** 아동복지시설의 장은 아동복지시설이 폐업 또는 휴업하는 경우에는 해당 아동복지시설을 이용하는 아동이 다른 아동복지시설로 옮길 수 있도록 하는 등 보호대상아동의 권익을 보호하기 위한 조치를 취하여야 한다(법 제51조 제2항). 정당한 사유 없이 다른 아동복지시설로 옮기는 권익보호조치를 하지 아니한 사람은 1년 이하의 징역 또는 1천만원 이하의 벌금에 처한다(법 제71조 제2항 제1호). 양벌규정(법 제74조).

3) **권익조치 여부의 확인:** 시장 · 군수 · 구청장은 아동복지시설의 폐업 또는 휴업의 신고를 받은 경우 아동복지시설의 장이 보호대상아동의 권익을 보호하기 위한 조치를 취하였는지 여부를 확인하는 등 보건복지부령으로 정하는 조치를 하고 신고를 수리하여야 한다(법 제51조 제3항).

3. 아동복지시설의 종류

1) **전문아동복지시설**(법 제52조 제1항)

① **아동양육시설:** 보호대상아동을 입소시켜 보호, 양육 및 취업훈련, 자립지원서비스 등을 제공하는 것을 목적으로 하는 시설

② **아동일시보호시설:** 보호대상아동을 일시보호하고 아동에 대한 향후의 양육대책 수립 및 보호 조치를 행하는 것을 목적으로 하는 시설

③ **아동보호치료시설:** 아동에게 보호 및 치료서비스를 제공하는 다음의 시설

㉮ 불량행위를 하거나 불량행위를 할 우려가 있는 아동으로서 보호자가 없거나 친권자나 후견인이 입소를 신청한 아동 또는 가정법원, 지방법원소년부지원에서 보호위탁된 19세 미만인 사람을 입소시켜 치료와 선도를 통하여 건전한 사회인으로 육성하는 것을 목적으로 하는 시설

㉯ 정서적 · 행동적 장애로 인하여 어려움을 겪고 있는 아동 또는 학대로 인하여 부모로부터 일시 격리되어 치료받을 필요가 있는 아동을 보호 · 치료하는 시설

④ **공동생활가정:** 보호대상아동에게 가정과 같은 주거여건과 보호, 양육, 자립지원서비스를 제공하는 것을 목적으로 하는 시설

⑤ **자립지원시설:** 아동복지시설에서 퇴소한 사람에게 취업준비기간 또는 취업 후 일정 기간 동안 보호함으로써 자립을 지원하는 것을 목적으로 하는 시설

⑥ **아동상담소:** 아동과 그 가족의 문제에 관한 상담, 치료, 예방 및 연구 등을 목적으로 하는 시설

⑦ **아동전용시설:** 어린이공원, 어린이놀이터, 아동회관, 체육 · 연극 · 영화 · 과학실험전시시설, 아동휴게숙박시설, 야영장 등 아동에게 건전한 놀이 · 오락, 그 밖의 각종 편의를 제공하여 심신의 건강유지와 복지증진에 필요한 서비스를 제공하는 것을 목적으로 하는 시설

⑧ **지역아동센터:** 지역사회 아동의 보호 · 교육, 건전한 놀이와 오락의 제공, 보호자와 지역사회의 연계 등 아동의 건전육성을 위하여 종합적인 아동복지서비스를 제공하는 시설

⑨ **아동보호전문기관** ⑩ **가정위탁지원센터** ⑪ **보장원** ⑫ **자립지원전담기관**

⑬ **학대피해아동쉼터**

2) 통합아동복지시설

아동복지시설은 통합하여 설치할 수 있다(법 제52조 제2항). 즉, 하나의 전문아동복지시설이 다른 종류의 아동복지시설을 통합적으로 운영하는 시설을 설치할 수 있다.

3) 아동복지시설의 추가사업

아동복지시설은 각 시설 고유의 목적 사업을 해치지 아니하고 각 시설별 설치기준 및 운영

기준을 충족하는 경우 다음의 사업을 추가로 실시할 수 있다(법 제52조 제3항).

① **아동가정지원사업:** 지역사회아동의 건전한 발달을 위하여 아동, 가정, 지역주민에게 상담, 조언 및 정보를 제공하여 주는 사업

② **아동주간보호사업:** 부득이한 사유로 가정에서 낮 동안 보호를 받을 수 없는 아동을 대상으로 개별적인 보호와 교육을 통하여 아동의 건전한 성장을 도모하는 사업

③ **아동전문상담사업:** 학교부적응아동 등을 대상으로 올바른 인격형성을 위한 상담, 치료 및 학교폭력예방을 실시하는 사업

④ **학대아동보호사업:** 학대아동의 발견, 보호, 치료 및 아동학대의 예방 등을 전문적으로 실시하는 사업

⑤ **공동생활가정사업:** 보호대상아동에게 가정과 같은 주거여건과 보호를 제공하는 것을 목적으로 하는 사업

⑥ **방과 후 아동지도사업:** 저소득층 아동을 대상으로 방과 후 개별적인 보호와 교육을 통하여 건전한 인격형성을 목적으로 하는 사업

4. 아동전용시설

1) **아동전용시설의 설치:** 국가와 지방자치단체는 아동이 항상 이용할 수 있는 아동전용시설을 설치하도록 노력하여야 한다(법 제53조 제1항).

2) **아동에 대한 입장료 감면:** 아동이 이용할 수 있는 문화 · 오락 시설, 교통시설, 그 밖의 서비스시설 등을 설치 · 운영하는 자는 대통령령으로 정하는 바에 따라 아동의 이용편의를 고려한 편익설비를 갖추고 아동에 대한 입장료와 이용료 등을 감면할 수 있다(법 제53조 제2항).

5. 학대피해아동쉼터

1) 학대피해아동쉼터의 설치

광역 및 기초자치단체장은 피해아동에 대한 보호, 치료, 양육 서비스 등을 제공하는 학대피해아동쉼터를 지역별 아동수, 아동학대 발생건수, 아동의 성별 등을 고려하여 설치 · 운영할 수 있다(법 제53조의2 제1항). 광역 및 기초자치단체장은 학대피해아동쉼터의 설치 · 운영을 보건복지부장관이 정하는 비영리법인에 위탁할 수 있다(법 제53조의2 제3항).

2) 학대피해아동쉼터의 업무(법 제53조의2 제2항)

① 피해아동의 보호와 숙식 제공 등의 쉼터 생활 지원
② 피해아동의 심리적 안정을 위한 심리상담 · 치료
③ 피해아동에 대한 학습 및 정서 지원
④ 그 밖에 보건복지부령으로 정하는 업무

Ⅲ. 아동복지시설의 종사자

'아동복지시설 종사자'란 아동복지시설에서 아동의 상담 · 지도 · 치료 · 양육, 그 밖에 아동의 복지에 관한 업무를 담당하는 사람을 말한다(법 제3조 제11호).

1. 전문인력의 배치

아동복지시설에는 필요한 전문인력을 배치하여야 한다(법 제54조 제1항). 거짓으로 서류를 작성하여 아동복지시설 전문인력의 자격을 인정받은 자는 1년 이하의 징역 또는 1천만원 이하의 벌금에 처한다(법 제71조 제3항 제4호). 양벌규정(법 제74조).

1) **시설장으로서의 결격사유:** 다음에 해당하는 사람은 시설의 장이 될 수 없다(법 제54조의2 제1항).
   ① 사회복지법인의 임원으로서의 결격사유(법 제19조)에 해당하는 사람
   ② 해임명령(법 제22조)에 따라 해임된 날부터 5년이 지나지 아니한 사람
   ③ 사회복지분야의 6급 이상 공무원으로 재직하다 퇴직한 지 2년이 경과하지 아니한 사람 중에서 퇴직 전 3년 동안 소속하였던 기초자치단체가 관할하는 시설의 장이 되고자 하는 사람
2) **시설 종사자의 채용과 결격사유:** 사회복지법인과 사회복지시설을 설치 · 운영하는 자는 시설에 근무할 종사자를 채용할 수 있다(법 제35조의2 제1항). 다음에 해당하는 사람은 사회복지법인 또는 사회복지시설의 종사자가 될 수 없다(법 제54조의2 제2항).
   ① 「사회복지사업법」 제35조의2제2항[15] 각 호의 어느 하나에 해당하는 사람
   ② 정신질환자. 다만, 정신건강의학과전문의가 아동복지시설 종사자로서 직무를 수행

15) 사회복지사업법에 의한 사회복지 법인과 시설 종사자 결격사유에 해당하는 사람.

할 수 있다고 인정하는 사람은 그러하지 아니하다.

③ 마약류에 중독된 사람

2. 아동복지시설 종사자의 교육 · 훈련

1) **지방자치단체장의 교육 · 훈련:** 시 · 도지사 또는 시장 · 군수 · 구청장은 아동복지시설 종사자의 양성 및 자질 향상을 위한 교육 · 훈련을 실시하여야 한다(법 제55조 제1항).

2) **교육훈련시설에 위탁:** 시 · 도지사 또는 시장 · 군수 · 구청장은 교육훈련을 대학(전문대학 포함) 또는 아동복지단체나 그 밖의 '교육훈련시설'에 위탁하여 실시할 수 있다(법 제55조 제2항).

제 6 절 입양(入養): 국내입양에 대한 특별법

1961.09.30. 법률 제731호로 '고아입양특례법' 제정
1976.12.31. 법률 제2977호 '입양특례법' 제정으로 '고아입양특례법' 폐지
1995.01.05. 법률 제4913호 "입양촉진 및 절차에 관한 특별법'으로 제2차 전부개정
2011.08.04. 법률 제11007호 '입양특례법"으로 제13차 전부개정
2023.07.18. 법률 제19555호 '국내입양에 관한 특별법'으로 제22차 전부개정
2024.02.27. 법률 제20369호 제22차 타법개정, 2025.07.19. 시행(최신)

Ⅰ. 총 칙

1. 법의 목적

이 법은 보호대상아동의 국내입양에 관한 요건 및 절차 등에 대한 특례와 그 지원에 필요한 사항을 정함으로써 양자(養子)가 되는 사람과 입양가정의 권익과 복지를 증진하고, 아동 최선의 이익 원칙에 따라 보호대상아동의 국내입양을 활성화하는 것을 목적으로 한다(법 제1조).

2. 입양의 원칙

1) **태어난 가정에서 건강하게 자랄 것:** 모든 아동은 그가 태어난 가정에서 건강하게 자라야 한다(법 제3조 제1항).

2) **아동의 이익이 최우선 될 것:** 이 법에 따른 입양은 아동의 이익이 최우선이 되도록 하여야 한다(법 제3조 제2항).

3) **아동의 의견 청취 보장:** 이 법에 따른 입양을 할 때에는 아동의 연령과 성숙 정도를 고려하여 아동의 의견을 청취하여야 한다(법 제4조).

4) **비영리 운영의 원칙:** 입양과 관련하여 어떤 기관이나 개인도 이 법에 따른 입양으로 인하여 부당한 재정적 이익 등을 취득하여서는 아니 된다(법 제5조 제1항).

5) **국가 · 지방자치단체의 관리 · 감독:** 국가와 지방자치단체는 입양과 관련한 기관 또는 개인이 이 법에 따른 입양으로 인하여 부당한 재정적 이익 등을 취득하지 아니하도록 노력하여야 한다(법 제5조 제2항).

6) **사인(私人) 간의 입양 알선의 금지:** 누구든지 이 법에서 정한 요건 및 절차 등에 따른 입양 외에 사인 간에 보호대상아동의 국내입양을 의뢰 · 알선 또는 조장 · 홍보하여서는 아니 된다(법 제5조 제3항).

3. 국가 등의 책무

1) **태어난 가정에서 건강하게 자라도록 지원:** 국가와 지방자치단체는 아동이 그가 태어난 가정에서 건강하게 자랄 수 있도록 지원하고, 태어난 가정에서 자라기 곤란한 아동에게는 건강하게 자랄 수 있는 다른 영구적인 가정을 제공하기 위하여 필요한 조치와 지원을 하여야 한다(법 제6조 제1항).

2) **부득이한 경우 입양가정 알선:** 국가와 지방자치단체는 아동에게 영구적인 가정을 제공할 수 없다면 그와 유사한 환경에서 자랄 수 있도록 노력하여야 한다(법 제6조 제2항).

3) **국외입양의 감축 노력:** 국가는 아동에 대한 보호의무와 책임을 이행하기 위하여 국외입양을 줄여 나가도록 노력하여야 한다(법 제6조 제5항).

4) **입양가족과 친생가족 간의 친교 도모:** 국가와 지방자치단체는 당사자 상호동의 및 개인정보보호 원칙하에 양자가 된 사람과 친생가족 간의 만남을 위하여 필요한 조치를 강구하여야 한다(법 제6조 제6항).

4. 모든 국민의 책무

모든 국민은 입양아동이 건강하게 자랄 수 있도록 협력하여야 하며, 입양아동에게 차별행위를 하여서는 아니 된다(법 제6조 제3항).

5. 국내입양 우선 추진

국가 및 지방자치단체는 양자가 될 아동의 양부모가 될 사람을 국내에서 찾기 위한 정책을 최우선적으로 시행하여야 한다(법 제7조 제1항). 보건복지부장관은 국내입양을 위한 조치에도 불구하고 국내에서 양자가 될 아동에게 적합한 양부모가 될 사람을 찾지 못한 경우 국제입양을 추진할 수 있다(법 제7조 제2항).

6. 입양의 날: 5월 11일

건전한 입양문화의 정착과 입양에 대한 인식 개선을 통하여 국내입양이 활성화될 수 있도록 5월 11일을 입양의 날로 하고, 입양의 날부터 1주일을 입양주간으로 한다(법 제8조 제1항). 국가와 지방자치단체는 입양의 날 취지에 적합한 행사 등 사업을 실시하도록 노력하여야 한다(법 제8조 제2항).

7. 비밀유지의 의무

아동권리보장원, 아동복지시설, 입양 전 아동을 보호한 기관 및 업무를 위탁받은 사회복지법인 또는 단체에 종사하는 사람 또는 종사하였던 사람, 입양 전 아동을 보호하는 자 또는 보호하였던 자는 이 법에 따른 업무를 행하는 과정에서 알게 된 비밀을 누설하여서는 아니 된다. 다만, 입양아동의 "정보공개청구권"(법 제33조)에 따라 입양정보를 공개하는 때는 예외로 한다(법 제36조). 이 규정을 위반하여 업무상 알게 된 비밀을 누설한 자는 3년 이하의 징역 또는 3천만원 이하의 벌금에 처한다(법 제40조 제1항 제4호). 양벌규정(법 제41조).

Ⅱ. 입양의 요건 및 효과

1. 양자가 될 아동의 결정 및 보호

1) **양자가 될 아동의 조건:** 양자가 될 아동은 보호대상아동으로서 "시 · 도지사등"[16]이 아동복지법(제15조제1항제6호)에 따른 보호조치로서 입양이 해당 아동에게 최선의 이익이 된

16) 시 · 도지사 또는 시장 · 군수 · 구청장을 말한다. 구청장은 자치구의 구청장을 말한다.

다고 결정한 아동이어야 한다(법 제13조 제1항).

2) **입양 결정 전에 확인할 사항:** 시 · 도지사등은 입양에 따른 결정을 하기 전에 입양의 동의 및 승낙, 입양의 동의 의사와 제15조제2항 각 호 또는 제16조제2항 각 호의 어느 하나에 해당하는지 여부를 확인하여야 한다(법 제13조 제2항).

3) **아동복지시설에 위탁 보호:** 국가와 지방자치단체는 보호자가 입양허가 또는 임시양육 결정[17] 전까지 아동을 직접 보호 · 양육하기 어려운 경우에는 아동양육시설 · 아동일시보호시설 및 공동생활가정이나 보건복지부령으로 정하는 기준에 적합한 가정 등에 해당 아동을 위탁하여 보호하도록 할 수 있다(법 제13조 제3항).

4) **정기적 양육상황 점검:** 국가와 지방자치단체는 위탁보호 결정이 이루어진 후부터 입양허가가 이루어지기 전까지 양자가 될 아동에 대하여 정기적으로 양육상황을 점검하여 필요한 복지서비스를 지원하고 양육상황 점검보고서를 작성하여야 한다(법 제13조 제4항).

5) **가정형 보호를 우선적으로 고려:** 아동 보호에서 가정형 보호가 우선적으로 고려되어야 한다(법 제13조 제5항).

2. 양자가 될 아동의 후견인

1) **시설에 위탁된 아동의 후견인은 자치단체장:** 양자가 될 아동으로서 보호되는 아동에 대하여는 해당 아동이 시설 등에 위탁된 때부터 해당 아동의 주소지를 관할하는 시 · 도지사등이 후견인이 된다. 다만, 해당 아동에 대하여 법원이 이미 후견인을 두었거나 후견인이 있는 경우에는 그러하지 아니하다(법 제14조 제1항).

2) **친권자의 친권행사 정지 및 회복:** 자치단체장이 후견인으로 되는 경우에 양자가 될 아동에 대한 친권자의 친권행사는 정지된다. 다만, 친권자가 입양의 동의 또는 승낙을 철회하거나 친생부모가 입양의 동의를 철회한 때에는 다시 친권을 행사할 수 있다(법 제14조 제2항).

3) **친권정지사실의 친권부모에게 통지:** 친권이 정지된 경우 아동의 후견인은 친생부모의 신청이 있는 때에는 가정법원의 입양허가 결정이 있을 때까지 입양 절차의 진행과 아동의 건강 및 복리 상태에 대하여 친생부모에게 통지하여야 한다. 다만, 통지할 수 없는 정당한 사유가 있는 경우에는 그러하지 아니하다(법 제14조 제3항).

17) "임시양육결정"이란 가정법원이 입양허가 여부 결정 전에 양자가 될 아동을 양부모가 되려는 사람에게 임시로 양육하도록 하는 결정을 말한다(법 제2조 제6호).

3. 입양의 의사표시

1) 아동의 입양 승낙: 양자가 될 아동은 다음의 구분에 따라 입양의 승낙을 하여야 한다(법 제15조 제1항).

① 양자가 될 아동이 13세 이상인 경우[18]에는 법정대리인의 동의를 받아 입양을 승낙할 것

② 양자가 될 아동이 13세 미만인 경우에는 법정대리인이 그를 갈음하여 입양을 승낙할 것

2) 가정법원의 입양허가: 가정법원은 다음에 해당하는 경우에는 동의 또는 승낙이 없더라도 입양허가를 할 수 있다(법 제15조 제2항).

① 법정대리인이 정당한 이유 없이 동의 또는 승낙을 거부하는 경우. 다만, 법정대리인이 친권자인 경우에는 제16조제2항의 사유가 있어야 한다. 이 경우 가정법원은 법정대리인을 심문하여야 한다(법 제15조 제3항). 이때 동의 또는 승낙은 입양허가가 있기 전까지 철회할 수 있다(법 제15조 제4항).

② 법정대리인의 소재를 알 수 없는 등의 사유로 동의 또는 승낙을 받을 수 없는 경우

3) 입양에 대한 친생부모의 동의

(1) 친생부모의 동의를 요하지 않는 경우: 양자가 될 아동은 친생부모의 동의를 받아야 한다. 다만, 다음에 해당하는 경우에는 그러하지 아니하다(법 제16조 제1항).

① 친생부모가 법정대리인을 통해 동의를 하거나 승낙을 한 경우

② 친생부모가 친권상실의 선고를 받은 경우

③ 친생부모의 소재를 알 수 없는 등의 사유로 동의를 받을 수 없는 경우

(2) 친생부모가 동의를 거부할 경우의 입양허가: 가정법원은 다음에 해당하는 사유가 있는 경우에는 친생부모가 동의를 거부하더라도 입양허가를 할 수 있다. 이 경우 가정법원은 친생부모를 심문하여야 한다(법 제16조 제2항).

① 친생부모가 자신에게 책임이 있는 사유로 3년 이상 자녀에 대한 부양의무를 이행하지 아니하고 면접교섭을 하지 아니한 경우. 이 경우 동의는 입양허가가 있기 전까지 철회할 수 있다(법 제16조 제3항).

② 친생부모가 자녀를 학대 또는 유기(遺棄)하거나 그 밖에 자녀의 복리를 현저히 해친 경우

18) 입양허가 청구 후 가정법원의 입양허가 여부 결정 전에 13세에 달한 경우에도 같다.

4. 입양 승낙 및 동의의 요건

1) **입양관련 행위는 출생 후 7일 지나야:** 입양의 승낙, 입양의 동의는 아동의 출생일부터 7일이 지난 후에 이루어져야 한다(법 제17조 제1항).

2) **입양에 금전적 개입 금지:** 입양의 동의 및 승낙, 입양의 동의는 자유로운 의사로 결정되고 표시되어야 하며, 입양의 동의 및 승낙의 대가로 금전 또는 재산상의 이익, 그 밖의 반대급부를 주고받거나 주고받을 것을 약속하여서는 아니 된다(법 제17조 제2항). 이를 위반하여 입양의 동의 및 승낙의 대가로 금전 등을 주고받거나 주고받을 것을 약속한 자는 3년 이하의 징역 또는 3천만원 이하의 벌금에 처한다(법 제40조 제1항 제1호). 양벌규정(법 제41조).

3) **입양 전 충분한 상담 제공:** 입양의 동의 및 승낙 전에 양자가 될 아동 또는 법정대리인에게 그 동의 및 승낙의 효과 등에 관한 충분한 상담을 제공하여야 하며, 상담내용 등에 관하여는 보건복지부령으로 정한다(법 제17조 제3항).

4) **입양 전 친생부모에 때한 상담 제공:** 시 · 도지사 등은 입양의 동의 전에 친생부모에게 아동을 직접 양육할 경우 지원받을 수 있는 사항, 입양의 법률적 효력 및 입양아동의 입양정보[19] 공개청구권 등에 관한 충분한 상담을 제공하여야 하며, 상담내용 등에 관하여는 보건복지부령으로 정한다(법 제17조 제4항).

5) **친생부모에게 동의 전까지 적절한 지원 제공:** 시 · 도지사등은 친생부모에게 동의 전까지 숙식, 의료 등 적절한 지원을 제공할 수 있다(법 제17조 제5항).

5. 양부모가 될 자격

1) **양부모가 될 자격 요건:** 양부모가 되려는 사람은 다음의 요건을 모두 갖추어야 한다(법 제18조 제1항).
   ① 양자에게 경제적 · 정서적으로 안정적인 양육 환경을 제공하여 줄 수 있을 것
   ② 양자에 대하여 종교의 자유를 인정하고 사회의 구성원으로서 그에 상응하는 양육과 교육을 할 수 있을 것

---

19) "입양정보"란 이 법에 따른 입양 절차의 진행 및 그에 부수되는 기록(문서, 그 밖의 관계 서류 또는 물건, 사진, 영상 녹화물, 전자기록 등 특수매체기록 포함)과 그 절차 진행을 위하여 아동통합정보시스템을 이용하여 전자적인 형태로 작성 · 관리되는 정보를 말한다(법 제2조 제10호).

③ 아동학대, 가정폭력, 성폭력, 마약 관련 범죄 등 대통령령으로 정하는 범죄경력이 없을 것
④ 알코올 및 약물중독 등 심각한 건강상의 사유가 없을 것
⑤ 그 밖에 양자가 될 사람의 복지를 위하여 보건복지부령으로 정하는 요건을 갖출 것

2) **양자가 될 아동을 고려한 직업 선택:** 양부모가 되려는 사람은 양자가 될 아동이 복리에 반하는 직업이나 그 밖에 인권침해의 우려가 있는 직업에 종사하지 아니하도록 하여야 한다(법 제18조 제2항).

3) **양부모가 되기 위한 소정의 교육:** 양부모가 되려는 사람은 소정의 교육을 마쳐야 한다(법 제18조 제3항).

6. 입양의 신청

1) **보건복지부장관에게 입양 신청:** 양부모가 되려는 사람은 보건복지부령으로 정하는 바에 따라 보건복지부장관에게 신청하여야 한다(법 제19조 제1항).

2) **신청인의 자격 확인조사:** 신청을 받은 보건복지부장관은 양부모가 되려는 사람이 자격을 갖추었는지를 확인하기 위하여 보건복지부령으로 정하는 바에 따라 상담 및 가정환경 조사 등을 실시하고 그에 대한 보고서를 작성하여야 하며, 필요한 자료의 제출을 요청할 수 있다(법 제19조 제2항).

3) **양부모의 조사 협조:** 양부모가 되려는 사람은 상담 및 가정환경 조사와 자료 제출 요청 등에 성실히 임하여야 하며 사실을 왜곡 · 은폐 · 과장하거나 거짓 서류를 제출하여서는 아니 된다(법 제19조 제3항). 이를 위반하여 사실을 왜곡 · 은폐 · 과장하거나 거짓 서류를 제출한 자는 500만원 이하의 벌금에 처한다(법 제40조 제3항). 양벌규정(법 제41조).

7. 결연(結緣)

1) **입양원칙 등을 고려한 결연:** 보건복지부장관은 위원회의 심의 · 의결을 거쳐 양부모가 되려는 사람과 양자가 될 아동을 결연[20]한다. 이 경우 입양의 원칙, 국내입양 우선 추진 원칙, 양부모가 되려는 사람의 배경과 양육상황, 양자가 될 아동의 배경과 특별한 필요

20) "결연(結緣)"이란 양자가 될 아동에게 양부모관계의 설정을 위하여 그 아동의 양부모가 되려는 사람을 연결하여 지정하는 것을 말한다(법 제2조 제5호).

등을 종합적으로 고려하여야 한다(법 제20조 제1항).

2) **결연확인서의 발급:** 보건복지부장관은 결연 이후 양부모가 되려는 사람에게 양부모가 되려는 사람 및 양자가 될 아동의 성명, 생년월일 등이 기재된 결연확인서를 발급하여야 한다(법 제20조 제2항).

8. 가정법원의 입양허가

1) **입양허가에 필요한 서류:** 양부모가 되려는 사람이 양자가 될 아동을 입양하려는 경우에는 다음의 서류를 갖추어 양자가 될 아동의 주소지를 관할하는 가정법원의 입양허가를 받아야 한다(법 제21조 제1항). 이를 위반하여 입양허가를 받지 아니하고 입양을 행한 자는 3년 이하의 징역 또는 3천만원 이하의 벌금에 처한다(법 제40조 제1항 제2호). 양벌규정(법 제41조).

   ① 양자가 될 아동의 출생신고 증빙 서류

   ② 양자가 될 아동으로 결정한 서류

   ③ 입양 동의 및 승낙의 의사 등에 관하여 확인한 서류

   ④ 결연확인서

   ⑤ 그 밖에 아동의 복리를 위하여 대법원규칙으로 정하는 서류

2) **6개월 이내에 허가여부 결정:** 가정법원은 특별한 사정이 없는 한 양자가 될 아동의 복리를 위하여 입양허가에 대한 청구가 있은 날부터 6개월 이내에 입양허가 여부를 결정하여야 한다(법 제21조 제3항).

9. 임시양육결정

1) **가정법원의 임시양육결정:** 가정법원은 입양허가에 대한 청구가 있는 경우 입양허가를 청구한 양부모가 되려는 사람의 신청 또는 직권으로 임시양육결정[21]을 할 수 있다(법 제22조 제1항).

2) **가사조사관에게 입양동기 등 조사 지시:** 가정법원은 임시양육결정 여부를 결정할 때 필요하다고 인정하는 경우에는 가사조사관에게 입양 동기, 양육능력 및 양육 환경 등에

---

21) "임시양육결정"이란 가정법원이 입양허가 여부 결정 전에 양자가 될 아동을 양부모가 되려는 사람에게 임시로 양육하도록 하는 결정을 말한다(법 제2조 제6호).

관한 조사를 하도록 명할 수 있다(법 제22조 제2항).

3) **입양청구자의 임시후견인 지위:** 임시양육결정이 있는 경우 양부모가 되려는 사람은 양자가 될 아동의 임시후견인이 된다. 이 경우 양자가 될 아동에 대한 친권자의 친권행사는 정지된다(법 제22조 제3항).

4) **임시양육결정 없는 인도에 대한 처벌:** 임시양육결정 없이 양자가 될 아동을 양부모가 되려는 사람에게 인도한 자 또는 양자가 될 아동을 인도받은 자는 1년 이하의 징역 또는 1천만원 이하의 벌금에 처한다(법 제40조 제2항). 양벌규정(법 제41조).

5) **임시양육결정의 취소:** 가정법원은 다음 각 호의 어느 하나에 해당하는 사유가 있는 경우에는 제21조제1항에 따른 입양허가의 청구인, 시 · 도지사등, 보건복지부장관의 신청 또는 직권으로 임시양육결정을 취소할 수 있다. 이 경우 임시양육결정 취소결정에 대해서는 불복할 수 없다(법 제23조 제1항).

① 양부모가 되려는 사람의 양육태도에 문제가 있는 등 양자가 될 아동을 양육하기에 적절하지 아니한 경우
② 법정대리인이 입양에 대한 동의 또는 승낙 철회의 의사를 표시한 경우
③ 친생부모가 입양에 대한 동의 철회의 의사를 표시한 경우
④ 그 밖에 양부모가 되려는 사람이 양자가 될 아동에 대한 양육을 계속하기 어려운 사정이 있는 경우

6) **임시양육결정의 통지:** 가정법원은 임시양육결정을 한 경우에는 해당 아동의 주소지를 관할하는 시장 · 군수 · 구청장에게 그 결정 사실을 통지하여야 한다(법 제24조 제1항). 임시양육결정이 이루어진 아동에 대한 임시양육결정이 취소되거나 입양허가의 청구가 기각된 때에도 제1항과 같다. 이 경우 결정 사실을 통지받은 시장 · 군수 · 구청장은 지체 없이 해당 아동을 인도받을 자를 지정하여야 한다(법 제24조 제2항).

7) **임시양육결정의 취소에 따른 조치:** 임시양육결정에 따라 양자가 될 아동을 임시양육 중인 양부모가 되려는 사람은 해당 아동에 대한 임시양육결정이 취소되거나 입양허가의 청구가 기각된 경우에는 지체 없이 그 아동을 시장 · 군수 · 구청장이 지정하는 자에게 인도하여야 한다(법 제24조 제3항). 이를 위반하여 정당한 이유 없이 양자가 될 아동을 시장 · 군수 · 구청장이 지정하는 자에게 인도하지 아니한 자에게는 1천만원 이하의 과태료를 부과한다(법 제42조 제1항).

10. 입양의 효력

1) **입양된 아동의 법적 지위:** 이 법에 따라 입양된 아동은 「민법」에 따른 친양자와 동일한 지위를 가진다(법 제25조).

2) **입양의 효력발생:** 이 법에 따른 입양은 가정법원의 인용심판 확정으로 그 효력이 발생한다. 이 경우 양부모 또는 양자는 가정법원의 허가서를 첨부하여 친양자 입양 신고를 하여야 한다(법 제26조 제1항). 가정법원은 입양에 관한 심판이 확정된 경우 그 내용을 지체 없이 보건복지부장관 및 양자의 주소지를 관할하는 시장 · 군수 · 구청장에게 통지하여야 한다(법 제26조 제2항).

3) **아동의 인도:** 아동의 친생부모, 후견인 또는 적법한 절차에 따라 아동을 보호하고 있는 자는 입양허가 결정의 확정 또는 임시양육결정 후 양자 또는 양자가 될 아동을 양부모 또는 양부모가 되려는 사람에게 직접 인도한다(법 제27조).

4) **입양의 취소:** 양자의 친생의 부 또는 모는 자신에게 책임이 없는 사유로 인하여 "친생부모의 소재를 알 수 없는 등의 사유로 동의를 받을 수 없는 경우"(제16조제1항제3호)에 해당하게 되어 자신의 동의 없이 입양의 효력이 발생한 경우에는 입양의 사실을 안 날부터 6개월 이내에 가정법원에 입양의 취소를 청구할 수 있다(법 제28조 제1항). 가정법원은 입양의 취소가 청구된 양자의 의견을 청취하고 그 의견을 존중하여야 한다(법 제28조 제2항).

5) **보호조치:** 시 · 도지사등은 양자가 될 아동으로 결정되었으나 입양이 곤란한 아동에 대해서 보호조치를 지체 없이 하여야 한다(법 제29조).

6) **입양의 당사자 중 일방이 외국인인 경우**

(1) 양부모가 되려는 사람이 외국인인 경우: 양부모가 되려는 사람이 외국인인 경우에는 양부모가 될 자격(법 제18조)과 함께 본국법에 따른 요건을 갖추어야 한다(법 제30조 제1항).

(2) 양자가 될 아동이 외국인인 경우: 양자가 될 아동이 외국 국적을 가진 아동일 경우 친생부모 및 아동의 동의 및 승낙과 함께 본국법에 따른 동의 및 승낙 등도 받아야 한다. 다만, 아동의 본국법에 따라 친자관계의 성립에 관하여 동의 및 승낙 등이 필요하지 아니하는 경우에는 그러하지 아니하다(법 제30조 제2항).

Ⅲ. 입양아동 등에 대한 지원

1. 사후서비스 제공

1) **입양 후 1년 동안 적응을 위한 복지서비스:** 보건복지부장관은 입양이 성립된 후 1년 동안 양부모와 양자의 상호적응을 위하여 정기적인 상담과 필요한 복지서비스를 지원하고 아동 적응보고서를 작성하여야 한다. 다만, 양부모와 양자의 요구가 있는 경우 등 보건복지부령으로 정하는 사유가 있는 경우에는 그 기간을 연장할 수 있다(법 제31조 제1항).

2) **지원 복지서비스의 내용:** 국가와 지방자치단체는 입양가정이 입양아동을 건전하게 양육할 수 있도록 다음의 지원을 하여야 한다(법 제31조 제2항).
   ① 입양아동의 건전한 성장 및 입양가족 간의 정보 공유와 상호 협력 등을 위한 모임이나 단체의 사업 지원
   ② 입양가정에서 입양아동의 건전한 성장을 위하여 양육에 필요한 정보의 제공
   ③ 입양가정이 수시로 상담할 수 있는 창구의 개설 및 상담요원의 배치

2. 양육보조금 등의 지급

국가와 지방자치단체는 입양아동이 건강하게 자랄 수 있도록 하기 위하여 필요한 경우에는 대통령령으로 정하는 범위에서 양육수당, 의료비, 아동교육지원비, 그 밖의 필요한 양육보조금을 지급할 수 있다(법 제32조 제1항).

3. 입양정보의 공개

1) **입양된 아동의 "정보공개청구권":** 양자가 된 사람은 아동권리보장원의 장에게 자신과 관련된 입양정보의 공개를 청구할 수 있다. 다만, 이 법에 따라 양자가 된 사람이 미성년자인 경우에는 양부모의 동의를 받아야 한다(법 제33조 제1항).

2) **친생부모의 동의를 받아 공개:** 정보공개의 청구를 받은 아동권리보장원의 장은 친생부모의 동의를 받아 보유하고 있는 입양정보를 지체 없이 공개하여야 한다. 다만, 친생부모의 동의 여부가 확인되지 아니하거나 친생부모가 동의하지 아니하는 경우에는 그 친생부모의 인적사항을 제외하고 입양정보를 공개하여야 한다(법 제33조 제2항).

3) **친생부모의 동의 없이도 공개할 경우:** 친생부모가 사망이나 그 밖의 사유로 동의할 수 없는 경우로서 양자가 된 사람의 의료상 목적 등 특별한 사유가 있는 경우에는 친생부모의 동의 여부와 관계없이 입양정보를 공개할 수 있다(법 제33조 제3항).

제7절 입양(入養): 국제입양에 관한 법률

2023.07.18. 법률 제19553호로 '국제입양에 관한 법률' 제정
2024.2.27. 법률 제20369호 제2차 타법개정, 2025.7.19. 시행(최신)

Ⅰ. 총 칙

1. 목적

이 법은 국제입양의 요건과 절차에 관한 사항을 정함으로써 「국제입양에서 아동의 보호 및 협력에 관한 협약」을 이행하고 양자가 되는 사람과 입양가정의 권익과 복지를 증진하는 것을 목적으로 한다(법 제1조).

2. 국제입양의 의의

"국제입양"이란 다음에 해당하는 입양을 말한다(법 제2조 제6호).

① **외국**(협약 체약국과 협약 비체약국 모두 포함)**으로의 입양:** 양부모가 되려는 사람의 쌍방 또는 일방의 일상거소가 외국에 있고, 아동이 입양되기 위하여 또는 입양의 결과로 일상거소를 대한민국에서 외국으로 이동하는 경우의 입양

② **국내로의 입양:** 양부모가 되려는 사람의 쌍방 또는 일방의 일상거소가 대한민국에 있고, 아동이 입양되기 위하여 또는 입양의 결과로 일상거소를 외국에서 대한민국으로 이동하는 경우의 입양

3. 국제입양의 원칙

1) **국제입양이 최선일 때에만 허용:** 국제입양은 국내에서 양부모를 찾지 못한 아동에게 영구적인 가정을 제공하는 등 국제입양이 아동에게 최선의 이익이 될 때에만 허용될

수 있다(법 제3조 제1항).

2) **아동의 기본적 권리가 존중되어야:** 국제입양의 모든 절차에서 양자가 될 아동의 기본적 권리가 존중되어야 하며, 국제입양이 아동의 탈취 · 매매 또는 거래의 수단으로 악용되어서는 아니 된다(법 제3조 제2항).

3) **사인 간의 국제입양의 금지:** 누구든지 이 법에서 정한 요건 및 절차 등에 따른 국제입양 외에 사인 간의 국제입양을 의뢰 · 알선 또는 조장 · 홍보하여서는 아니 된다(법 제3조 제3항).

4) **비영리 운영의 원칙:** 국제입양과 관련한 어떤 기관이나 개인도 이 법에 따른 입양으로 인하여 부당한 재정적 이익 등을 취득하여서는 아니 된다(법 제4조 제1항).

5) **부당한 재정적 이익 금지:** 국가와 지방자치단체는 국제입양과 관련한 기관 또는 개인이 이 법에 따른 입양으로 인하여 부당한 재정적 이익 등을 취득하지 아니하도록 노력하여야 한다(법 제4조 제2항).

Ⅱ. 국제입양의 요건 및 절차

1. 외국으로의 입양

1) 양자가 될 자격

양자가 될 아동은 다음에 해당하는 아동이어야 한다(법 제7조 제1항).

① 보건복지부장관이 국제입양대상아동으로 결정한 아동

② 부부의 일방이 배우자의 친생자를 단독으로 국제입양하려는 경우의 그 친생자

2) 보건복지부장관이 정하는 아동

보건복지부장관은 양자가 될 아동으로 결정된 아동(국내입양에 관한 특별법 제13조제1항) 중 국제입양이 해당 아동에게 최선의 이익이 된다고 판단되는 경우 위원회의 심의 · 의결을 거쳐 해당 아동을 국제입양대상아동으로 결정할 수 있다. 이 경우 해당 아동에 대한 국제입양아동보고서를 작성하여야 한다(법 제7조 제2항).

3) 입양의 동의 및 승낙

입양의 동의 및 승낙에 관하여는 국내입양에 관한 특별법상 입양의 의사표시(제15조), 입양에 대한 친생부모의 동의(제16조), 입양승낙 및 동의의 요건 등(제17조)을 준용한다(법 제8조).

준용되는 국내입양에 관한 특별법(제17조제2항) 규정을 위반하여 입양의 동의 및 승낙의 대가로 금전 등을 주고받거나 주고받을 것을 약속한 자는 3년 이하의 징역 또는 3천만원 이하의 벌금에 처한다(법 제34조 제1항 제1호). 양벌규정(법 제35조).

4) 양부모가 될 자격

(1) **본국법에 따른 양부모 될 자격 갖출 것**: 양부모가 되려는 사람은 본국법에 따른 양부모가 될 자격을 갖추어야 한다. 다만, 보건복지부장관이 국제입양대상아동으로 결정한 아동(제7조제1항제1호)를 입양하려는 경우에는 국내입양에 관한 특별법 및 민법에 따른 양부모가 될 자격도 갖추어야 한다(법 제9조 제1항).

(2) **입양국 보고서의 우리나라 자격기준에 맞는지 확인**: 보건복지부장관은 입양국 중앙당국[22]으로부터 양부모가 되려는 사람에 대한 보고서를 수령한 경우 위원회[23]의 심의·의결을 거쳐 양부모가 되려는 사람이 우리나라 법(제9조 제1항)에 따른 양부모가 될 자격 등을 갖추었는지 여부를 확인하여야 한다. 다만, 부부의 일방이 배우자의 친생자를 단독으로 국제입양하려는 경우의 그 친생자(제7조제1항제2호)를 입양하려는 경우에는 위원회의 심의·의결을 생략할 수 있다(법 제9조 제2항).

5) 결연(結緣)

(1) **양부모와 양자 간의 결연**: 보건복지부장관은 위원회의 심의·의결을 거쳐 양부모가 될 자격을 갖추었다고 판단한 자와 양자가 될 아동을 결연하여야 한다. 다만, 부부의 일방이 배우자의 친생자를 단독으로 국제입양하려는 경우의 그 친생자(제7조제1항제2호)를 입양하려는 경우에는 결연을 생략할 수 있다(법 제10조 제1항).

(2) **국제입양의 원칙 등 고려**: 결연을 함에 있어서는 국제입양의 원칙, 양부모가 되려는 사람의 배경과 양육상황, 양자가 될 아동의 배경과 특별한 필요 등을 종합적으로 고려하여야 한다(법 제10조 제2항).

6) 중앙당국 간 협의

(1) **입양의 동의 등 관련서류의 송부**: 보건복지부장관은 결연 후 국제입양아동보고서와 입

22) "중앙당국"이란 협약이 부과한 의무를 이행하기 위하여 협약 제6조에 따라 지정된 각 체약국의 국가기관 또는 협약 비체약국에서 입양을 관장하는 정부부처 또는 해당 권한을 부여받은 권한 있는 기관을 말한다(법 제2조 제5호). 대한민국의 중앙당국은 보건복지부로 한다(법 제5조).

23) "위원회"란 「국내입양에 관한 특별법」 제12조에 따른 입양정책위원회를 말한다.

양의 동의 및 승낙에 관한 정보, 결연에 관한 정보를 입양국 중앙당국에 송부하여야 한다. 다만, 부부의 일방이 배우자의 친생자를 단독으로 국제입양하려는 경우의 그 친생자(제7조제1항제2호)인 아동에 대해서는 입양의 동의 및 승낙에 관한 정보를 입양국 중앙당국에 송부하여야 한다(법 제11조 제1항).

(2) 입양국 양부모의 입양의사 확인: 보건복지부장관은 상당한 기간 내에 입양국 중앙당국을 통하여 양부모가 될 사람의 해당 아동에 대한 입양 동의 의사를 확인하여야 한다(법 제11조 제2항).

(3) 입양 절차의 중단 사유: 보건복지부장관은 다음에 해당하는 사정이 발생한 경우 입양 절차의 진행을 중단하고 그 사실을 지체 없이 입양국 중앙당국에 알려야 한다. 이 경우 입양동의 등 관련서류 및 국제입양절차 진행 협의서의 반환을 요청하여야 한다(법 제11조 제5항).

① 아동에게 국내에서의 영구적인 가정을 제공할 수 있게 된 경우
② 친생부모, 법정대리인 또는 아동이 입양의 동의 또는 승낙을 철회한 경우
③ 양부모가 될 사람의 자격에 의심 가는 사정이 발생한 경우
④ 그 밖에 아동의 복리를 위하여 국제입양이 적당하지 아니하다고 보건복지부령으로 정하는 사정이 발생한 경우

7) 가정법원의 입양허가

(1) 아동의 주소지를 관할하는 가정법원의 허가: 양부모가 되려는 사람이 양자가 될 아동을 입양하려는 경우에는 국제입양절차 진행 협의서 및 대법원규칙으로 정하는 서류를 갖추어 양자가 될 아동의 주소지를 관할하는 가정법원의 입양허가를 받아야 한다. 다만, 양자가 될 아동이 "부부의 일방이 배우자의 친생자를 단독으로 국제입양하려는 경우의 그 친생자"(법 제7조제1항제2호)에 해당하는 경우로서 양부모가 되려는 사람이 「민법」 제882조의2 또는 이에 상응하는 본국법에 따른 입양의 효력[24)]이 발생하기를 원하는 경우에는 「민법」 제867조 또는 이에 상응하는 본국법에 따라 가정법원의 허가[25)]를 받을 수 있다(법 제12조 제1항).

24) 제882조의2(입양의 효력) ① 양자는 입양된 때부터 양부모의 친생자와 같은 지위를 가진다. ② 양자의 입양 전의 친족관계는 존속한다.

25) 제867조(미성년자의 입양에 대한 가정법원의 허가) ① 미성년자를 입양하려는 사람은 가정법원의 허가를 받아야 한다. ② 가정법원은 양자가 될 미성년자의 복리를 위하여 그 양육 상황, 입양의 동기, 양부모(養父母)의 양육능력, 그 밖의 사정을 고려하여 제1항에 따른 입양의 허가를 하지 아니할 수 있다.

이 규정을 위반하여 법원의 허가를 받지 아니하고 입양을 행한 자 또는 양자가 될 자격을 갖추지 아니한 아동의 입양을 행한 자는 3년 이하의 징역 또는 3천만원 이하의 벌금에 처한다(법 제34조 제1항 제2호). 양벌규정(법 제35조).

(2) **청구 후 6개월 이내에 허가여부 결정**: 가정법원은 특별한 사정이 없는 한 양자가 될 아동의 복리를 위하여 입양허가에 대한 청구가 있는 날부터 6개월 이내에 입양허가 여부를 결정하여야 한다(법 제12조 제2항).

8) 입양의 효력

(1) **입양된 아동은 친양자와 동일한 지위**: 입양된 아동은 「민법」에 따른 친양자와 동일한 지위를 가진다. 다만, 제12조제1항 단서에 해당하는 경우에는 「민법」 제882조의2에 따른 입양의 효력이 발생한다(법 제13조).

(2) **입양의 효력발생의 시점**: 입양은 가정법원의 인용심판 확정으로 그 효력이 발생한다. 이 경우 양부모 또는 양자는 가정법원의 입양허가 재판서를 첨부하여 입양 신고 또는 친양자 입양 신고를 하여야 한다(법 제14조 제1항).

9) 아동의 인도

아동의 친생부모, 후견인 또는 그 외 적법한 절차에 따라 아동을 보호하고 있는 자는 입양허가 인용심판 확정 후 양자가 된 아동을 양부모에게 직접 인도한다. 다만, "부부의 일방이 배우자의 친생자를 단독으로 국제입양하려는 경우의 그 친생자"(제7조제1항제2호)인 아동을 입양하려는 경우에는 그러하지 아니하다(법 제15조 제1항). 아동의 인도는 보건복지부령으로 정하는 특별한 사정이 없는 한 대한민국에서 이루어져야 한다(법 제15조 제2항).

10) 사후서비스 제공

(1) **양부모와 양자의 상호적응 확인**: 보건복지부장관은 입양이 성립된 후 대통령령으로 정하는 기간 동안 양부모와 양자의 상호적응을 위하여 입양국 중앙당국과 협력하여 해당 중앙당국이 작성한 아동 적응보고서를 수령하고 확인하여야 한다(법 제16조 제1항).

(2) **입양아동의 국적취득 확인**: 보건복지부장관은 입양국의 중앙당국과 협력하여 양자가 되어 출국한 아동이 입양국의 국적을 취득하였는지를 확인하여야 한다(법 제16조 제2항).

(3) **보건복지부의 해외입양인 사후서비스**: 보건복지부장관은 대한민국 국민이거나 대한민국 국적을 보유하였던 해외입양인의 위기극복 및 정착 지원을 위하여 다음의 사후서비

스를 제공할 수 있다(법 제16조 제5항).

① 체류 및 국적회복의 지원
② 취업 교육
③ 필요한 사회복지서비스의 연계 및 정착 지원
④ 강제귀환 등 위기에 처한 입양인에 대한 의료, 주거, 생계 지원
⑤ 그 밖에 이 법에 따라 입양된 사람을 위하여 보건복지부장관이 필요하다고 인정하는 사업

11) 입양정보의 공개

양자가 된 사람은 아동권리보장원의 장에게 자신과 관련된 입양정보의 공개를 청구할 수 있다. 다만, 이 법에 따라 양자가 된 사람이 미성년자인 경우에는 양부모의 동의를 받아야 한다(법 제17조 제1항).

Ⅲ. 국내로의 입양

1. 양자가 될 자격

이 절에 따라 양자가 될 아동은 출신국 중앙당국으로부터 양자가 될 자격이 있다고 인정받은 아동이어야 한다(법 제18조 제1항).

2. 양부모가 될 자격

양부모가 되려는 사람은 「국내입양에 관한 특별법」 제18조에 따른 양부모가 될 자격 등을 갖추어야 한다(법 제19조).

3. 입양의 신청

1) 양부모 희망자의 신청

양부모가 되려는 사람은 보건복지부장관에게 신청하여야 한다(법 제20조 제1항).

2) 양부모에게 자료 제출 요청

신청을 받은 보건복지부장관은 양부모가 되려는 사람이 자격을 갖추었는지를 확인하기 위

하여 보건복지부령으로 정하는 바에 따라 상담 및 가정환경 조사 등을 실시하고 그에 대한 보고서를 작성하여야 하며, 필요한 자료의 제출을 요청할 수 있다(법 제20조 제2항).

3) 거짓 서류 제출 금지

양부모가 되려는 사람은 상담 및 가정환경 조사에 성실히 임하여야 하며 사실을 왜곡 · 은폐 · 과장하거나 거짓 서류를 제출하여서는 아니 된다(법 제20조 제3항). 이를 위반하여 사실을 왜곡 · 은폐 · 과장하거나 거짓 서류를 제출한 자는 500만원 이하의 벌금에 처한다(법 제34조 제2항). 양벌규정(법 제35조).

4. 중앙당국 간 협의

1) 아동의 입양동의 확인, 전달

보건복지부장관은 출신국 중앙당국으로부터 양자가 될 아동에 관한 보고서 등을 수령한 때에는 양부모가 되려는 사람에게 해당 아동에 대한 입양 동의 의사를 확인하여야 하며, 그 사실을 출신국 중앙당국에 전달하여야 한다(법 제21조 제1항).

2) 입양절차의 진행 중단 사유

보건복지부장관은 다음에 해당하는 사정이 발생한 경우 입양 절차의 진행을 중단하여야 한다. 이 경우 보건복지부장관은 제3호에 해당하는 사유가 있는지 확인하기 위하여 법무부 등 관계 기관에 협조를 요청할 수 있다(법 제21조 제2항).

① 양부모가 되려는 사람이 입양 의사를 철회한 경우
② 결연된 아동 또는 양부모가 되려는 사람의 자격에 의심이 가는 사정이 발생한 경우
③ 아동이 「출입국관리법」에 따른 입국 및 체류자격을 갖추지 못하였거나 갖추지 못할 것으로 예상되는 경우
④ 그 밖에 아동의 복리를 위하여 국제입양이 적당하지 아니하다고 보건복지부령으로 정하는 사정이 발생한 경우

5. 출신국에서 성립한 입양의 효력발생

협약 체약국인 출신국의 입양재판 또는 그 밖에 권한 있는 당국의 승인에 의하여 이 절에 따른 입양이 성립하면 우리나라에서도 출신국 법률에 따른 효력이 발생한다. 다만, 출신국에

서 성립한 입양이 기존의 친자관계를 종료시키는 효과를 가지지 아니하는 경우에도 친생부모가 입양에 의하여 기존의 친자관계를 종료시키는 데 동의하면 양부모의 주소지를 관할하는 가정법원은 양부모의 친양자 입양으로의 효력 변경 청구에 따라 출신국에서 성립한 입양을 친양자 입양으로 전환하는 재판을 할 수 있으며, 재판이 확정되면 친양자 입양의 효력이 발생한다(법 제22조 제1항). 협약 비체약국인 출신국의 입양재판에 의하여 이 절에 따른 입양이 성립하면 「민사소송법」 제217조에 따른 요건을 갖춘 경우 우리나라에서도 출신국 법률에 따른 효력이 발생한다(법 제22조 제2항).

6. 국내에서 성립한 입양의 효력발생

이 절에서 정한 절차에 따라 양자가 될 아동이 입양을 위하여 입국하여 가정법원으로부터 입양 또는 친양자 입양 허가를 받은 경우에는 각각의 허가에 따른 효력이 발생한다. 이 경우 양부모 또는 양자는 가정법원의 허가서를 첨부하여 신고하여야 한다(법 제23조).

7. 사후서비스

보건복지부장관은 입양이 성립된 후 대통령령으로 정하는 기간 동안 양부모와 양자의 상호적응을 위하여 출신국 중앙당국과 협력하여 정기적인 상담과 필요한 복지서비스를 지원하고 아동 적응보고서를 작성하여야 한다(법 제24조 제1항). 보건복지부장관은 출신국 중앙당국으로부터 아동 적응보고서 작성 외에 추가적인 요청이 있는 경우 해당 중앙당국과 협의하여 요청에 응할 수 있다(법 제24조 제2항).

8. 입양의 취소

입양된 아동의 입양의 취소에 관하여는 「국내입양에 관한 특별법」(제28조)를 준용한다. 다만, 아동이 「민법」에 따른 양자(친양자가 아닌 경우)인 경우에는 「민법」의 관련 규정을 준용한다(법 제25조 제1항). 가정법원은 입양의 취소가 청구된 양자의 의견을 청취하고 그 의견을 존중하여야 한다(법 제25조 제2항).

Ⅳ. 보칙

1. 보호조치

1) 입양취소된 아동의 본국 귀국조치

보건복지부장관은 외국으로 입양된 아동의 입양이 취소된 경우 입양국 중앙당국과 협력하여 아동이 다시 대한민국으로 돌아오도록 하거나 아동의 복리를 위하여 필요한 조치를 취하도록 하여야 한다(법 제26조 제1항).

2) 한국으로의 입양이 취소된 아동에 대한 보호조치

보건복지부장관은 대한민국으로 입양된 아동의 입양이 취소된 경우 또는 출신국의 입양허가 전 협약 아동을 양부모가 되려는 사람에게 위탁하는 결정을 한 후 입국한 아동에 대하여 입양절차를 진행하지 아니하게 된 경우 그 사실을 출신국 중앙당국에 통보하고, 해당 중앙당국과 협력하여 아동의 보호조치를 강구하여야 한다(법 제26조 제2항).

2. 관계 기관 등에 대한 협조 요청

1) 관계기관에 자료 요청

보건복지부장관, 광역 및 기초자치단체장 및 아동권리보장원의 장은 업무수행을 위하여 필요한 경우 관계 중앙행정기관 및 지방자치단체, 경찰관서, 공공기관, "아동복지시설", 사회복지법인 또는 단체 등에 대하여 자료를 제공하도록 요청할 수 있다. 이 경우 요청을 받은 기관은 특별한 사유가 없으면 그 요청에 따라야 한다(법 제28조 제1항).

2) 자료의 목적 외 사용금지

제공된 자료는 이 법에 따른 업무수행을 위한 목적 외에는 사용할 수 없다(법 제2조 제2항). 이를 위반하여 제공받은 자료를 이 법에 따른 업무수행을 위한 목적 외에 사용한 자는 3년 이하의 징역 또는 3천만원 이하의 벌금에 처한다(법 제34조 제1항 제3호). 양벌규정(법 제35조).

3. 비밀유지의 의무

아동권리보장원, 아동복지시설, 국내입양에 관한 특별법 제13조제3항에 따라 입양 전 아동을 보호한 기관 및 제32조에 따라 업무를 위탁받은 사회복지법인 또는 단체에 종사하는 사람 또는 종사하였던 사람, 국내입양에 관한 특별법 제13조제3항에 따라 입양 전 아동을 보호하는 자 또는 보호하였던 자는 이 법에 따른 업무를 행하는 과정에서 알게 된 비밀을 누설하여서는 아니 된다. 다만, 제17조에 따라 입양정보를 공개하는 때는 예외로 한다(법 제29조).

비밀유지의 의무를 위반하여 업무상 알게 된 비밀을 누설한 자는 3년 이하의 징역 또는 3천만원 이하의 벌금에 처한다(법 제34조 제1항 제4호). 양벌규정(법 제35조).

4. 외국과의 협력

국가는 양자가 되는 아동의 권익을 최우선으로 고려한 입양절차의 진행을 위하여 필요 시 협약 체약국 또는 비체약국과 양자 또는 다자 협정을 체결할 수 있다(법 제31조 제1항).

제8절 장애아동복지지원법

2011.08.04. 법률 제11009호 '장애아동복지지원법' 제정
2024.01.02. 법률 제19900호 제16차 일부개정, 2025.01.03. 시행(최신)

Ⅰ. 총 칙

1. 기본이념

1) **장애아동 이익의 최우선 원칙:** 장애아동[26]을 위한 모든 활동에 있어서 장애아동의 이익이 최우선적으로 고려되어야 한다(장애아동법 제3조 제1항).
2) **장애아동의 자유로운 의사표현권 보장:** 장애아동은 자신에게 영향을 미치는 모든 활동에 대하여 자신의 견해를 자유로이 표현할 권리를 최대한 보장받아야 한다(장애아동법 제3조 제2항).

2. 장애아동의 권리(장애아동법 제4조)

① 장애아동은 모든 형태의 학대 및 유기·착취·감금·폭력 등으로부터 보호받아야 한다.

26) 이 법에서 '장애아동'이란 18세 미만의 사람 중 장애인복지법 제32조에 따라 등록한 장애인을 말한다. 다만, 6세 미만의 아동으로서 장애가 있다고 보건복지부장관이 별도로 인정하는 사람을 포함한다(법 제2조 제1호).

② 장애아동은 부모에 의하여 양육되고, 안정된 가정환경에서 자라나야 한다.
③ 장애아동은 인성 및 정신적 · 신체적 능력을 최대한 계발하기 위하여 적절한 교육을 제공받아야 한다.
④ 장애아동은 가능한 최상의 건강상태를 유지하고 행복한 일상생활을 영위하기 위한 의료적 · 복지적 지원을 받아야 한다.
⑤ 장애아동은 휴식과 여가를 즐기고, 놀이와 문화 · 예술활동에 참여할 수 있는 기회를 제공받아야 한다.
⑥ 장애아동은 의사소통능력, 자기결정능력 및 자기권리 옹호능력을 향상시키기 위한 교육 및 훈련 기회를 제공받아야 한다.

Ⅱ. 복지지원의 내용

1. 의료비 지원

1) **국가 · 지방자치단체의 의료비 지원:** 국가와 지방자치단체는 장애아동의 의료적 욕구에 따라 적절한 의료비 지원을 할 수 있다(장애아동법 제19조 제1항).
2) **장애아동의 부담지원:** 의료비지원은 국민건강보험법과 의료급여법에 따라 제공되는 의료에 드는 비용 중 장애아동의 부담을 지원하는 것으로 한다(장애아동법 제19조 제2항).

2. 보조기구 지원

국가와 지방자치단체는 장애아동의 학습과 일상생활활동에 필요한 보조기구를 교부 · 대여 또는 수리하거나 구입 또는 수리에 필요한 비용을 지급할 수 있다(장애아동법 제20조 제1항). 보조기구지원의 품목, 대상, 기준 및 방법 등에 관한 구체적인 사항은 장애인복지법(제66조)에 따른다(장애아동법 제20조 제2항).

3. 발달재활서비스 지원

1) **국가 · 지방자치단체의 지원:** 국가와 지방자치단체는 장애아동의 인지, 의사소통, 적응행동, 감각 · 운동 등의 기능향상과 행동발달을 위하여 적절한 '발달재활서비스'를 지원할 수 있다(장애아동법 제21조 제1항).

2) **장애유형 · 정도 · 경제적 능력 등 고려:** 발달재활서비스를 지원할 때에는 장애아동의 장애유형 · 장애정도와 그 가족의 경제적 능력 등을 고려하여 지원할 대상 및 내용을 결정할 수 있다(장애아동법 제21조 제2항).

3) **발달서비스의 지원기간:** 발달재활서비스 지원기간은 장애아동이 발달재활서비스 지원 대상자로 선정된 달의 다음 달부터 장애아동이 만 18세가 되는 달까지로 한다. 다만, 해당 장애아동이 초 · 중등학교에 재학 중인 경우에는 만 20세가 되는 달까지로 한다(장애아동법 제21조 제3항).

4) **발달재활서비스 제공기관 지정:** 지방자치단체는 발달재활서비스의 제공경험 및 전문성, 서비스 내용의 적정성 등을 고려하여 발달재활서비스를 제공하는 "발달재활서비스 제공기관"을 지정하여 운영할 수 있다(장애아동법 제21조 제4항).

5) **발달재활서비스 제공계획 수립:** 발달재활서비스 제공기관은 장애아동에게 적합한 발달재활서비스를 제공하기 위하여 발달재활서비스 제공계획을 수립하고 실시하여야 한다(장애아동법 제21조 제4항).

6) **발달재활서비스 제공기관의 지정 취소:** 지방자치단체의 장은 발달재활서비스 제공기관이 다음에 해당하는 때에는 그 지정을 취소할 수 있다(장애아동법 제21조 제5항).
   ① 거짓이나 그 밖의 부정한 방법으로 지정을 받은 경우
   ② 당초의 지정조건을 충족하지 못하게 된 경우
   ③ 정보제공의무를 위반한 경우

4. 보육지원

1) **장애영유아에 대한 보육료 지원:** 국가와 지방자치단체는 '장애영유아'[27]에 대하여 보육료 등을 지원하여야 한다(장애아동법 제22조 제1항).

2) **장애영유아에 대한 양육수당의 지급:** 국가 및 지방자치단체는 어린이집(영유아보육법 제10조) 또는 유치원(유아교육법 제2조 제2호)을 이용하지 아니하는 장애영유아에게 양육수당을 지급할 수 있다(장애아동법 제22조 제2항).

3) **보육계획 수립 및 특수교사의 배치:** 장애영유아를 위한 어린이집은 장애영유아에 대한 체계적인 보육지원과 원활한 취학을 위한 보육계획을 수립 · 실시하여야 하며, 자격을 가진 특수교사와 장애영유아를 위한 보육교사를 배치하여야 한다(장애아동법 제22조 제3항).

27) 영유아보육법(제27조)에 따른 어린이집 이용대상이 되는 장애아동을 말한다.

4) **특수교사 배치의 순차적 실시:** 특수교사와 장애영유아를 위한 보육교사의 자격 및 배치는 국가와 지방자치단체의 재정 및 교원수급여건을 고려하여 대통령령으로 정하는 바에 따라 순차적으로 실시한다(장애아동법 제22조 제4항).

5. 가족지원

1) **장애아동가족에 대한 지원:** 국가와 지방자치단체는 장애아동가족이 장애아동에게 적합한 양육방법을 습득하고 가족의 역량을 키울 수 있도록 가족상담 · 교육 등의 가족지원을 제공할 수 있다(장애아동법 제23조 제1항).
2) **가족지원 업무의 위탁 및 지원:** 지방자치단체는 가족지원 업무를 비영리법인에 위탁할 수 있으며 필요한 경우 예산의 범위에서 그 비용을 지원할 수 있다(장애아동법 제23조 제2항).

6. 돌봄 및 일시적 휴식서비스 지원

1) **돌봄 및 일시적 휴식지원서비스 제공:** 국가와 지방자치단체는 장애아동가족의 일상적인 양육부담을 경감하고 보호자의 정상적인 사회활동을 돕기 위하여 돌봄 및 일시적 휴식지원 서비스를 제공할 수 있다(장애아동법 제24조 제1항).
2) **개별 상황을 고려한 지원대상 결정:** 복지지원을 제공할 때에는 장애아동의 장애유형 · 장애정도와 그 가족의 경제적 능력 등을 고려하여 지원할 대상 및 내용을 결정할 수 있다(장애아동법 제24조 제2항).

7. 지역사회 전환 서비스 지원

국가와 지방자치단체는 장애아동이 18세가 되거나 고등학교와 이에 준하는 각종 학교 또는 장애인 등에 대한 특수교육법(제24조)의 전공과를 졸업한 후 주거 · 직업체험 등의 지역사회 전환 서비스를 제공하도록 노력하여야 한다(장애아동법 제25조).

8. 문화 · 예술 등 복지지원

국가와 지방자치단체는 이 법에서 정한 복지지원 외에 문화 · 예술 · 스포츠 · 교육 · 주거 등의 영역에서 장애아동에게 필요한 서비스가 지원되도록 최대한 노력하여야 한다(장애아동법 제26조).

9. 취약가정 복지지원 우선제공

국가와 지방자치단체는 다음에 해당하는 장애아동과 그 가족, 즉 '취약가정'에 대하여는 이 법에서 정하는 복지지원을 우선적으로 제공할 수 있다. 다만, 보육지원은 영유아보육법(제28조)에 따른다(장애아동법 제27조).

①장애아동의 부 또는 모가 장애인인 경우, ②한 가정에 장애아동이 2명 이상인 경우, ③장애아동이 한부모가족의 자녀인 경우, ④장애아동이 부모와 떨어져 조부 또는 조모가 세대주이거나 세대원을 사실상 부양하는 경우, ⑤장애아동이 다문화가족의 자녀인 경우, ⑥장애아동이 도서 · 벽지에 거주하는 경우, ⑦그 밖에 보건복지부장관이 우선하여 지원할 필요가 있다고 인정하는 경우

제9절 청소년 복지

2004.02.09. 법률 제7164호 '청소년복지지원법' 제정
2012.02.01. 법률 제11290호 제6차 전부개정
2016.02.03. 사회복지사업법으로 편입
2023.12.26. 법률 제19841호 제25차 타법개정, 2024.12.27. 시행(최신)

Ⅰ. 총 칙

1. 청소년 실태조사

여성가족부장관은 청소년복지 향상을 위한 정책수립에 활용하기 위하여 3년마다 청소년의 의식 · 태도 · 생활 등에 관한 실태조사를 실시하고 그 결과를 공표하여야 한다(법 제2조의2 제1항).

2. 청소년의 우대

국가 또는 지방자치단체는 그가 운영하는 수송시설 · 문화시설 · 여가시설 등을 청소년이 이용하는 경우 그 이용료를 면제하거나 할인할 수 있다(법 제3조 제1항). 국가 또는 지방자치단체는 ①국가 또는 지방자치단체의 재정적 보조를 받는 자, ②관계 법령에 따라 세제상의 혜택을

받는 자, 또는 ③국가 또는 지방자치단체로부터 위탁을 받아 업무를 수행하는 자가 청소년이 이용하는 시설을 운영하는 경우 청소년에게 그 시설의 이용료를 할인하여 주도록 권고할 수 있다(법 제3조 제2항).

3. 청소년증(법 제4조)

1) **청소년증 발급:** 시 · 도지사 또는 시장 · 군수 · 구청장은 9세 이상 18세 이하의 청소년에게 청소년증을 발급할 수 있다.
2) **청소년증의 양도 금지:** 청소년증은 다른 사람에게 양도하거나 빌려주어서는 아니 된다. 이 규정을 위반하여 청소년증을 양도하거나 빌려준 사람 또는 양도받거나 빌린 사람에게는 50만원 이하의 과태료를 부과한다(법 제45조 제3항 제1호).
3) **유사 청소년증 제작 금지:** 누구든지 청소년증 외에 청소년증과 동일한 명칭 또는 표시의 증표를 제작 · 사용하여서는 아니 된다. 이 규정을 위반하여 청소년증과 동일한 명칭 또는 표시의 증표를 제작하거나 사용한 사람 또는 양도받거나 빌린 사람에게는 50만원 이하의 과태료를 부과한다(법 제45조 제3항 제2호).

Ⅱ. 위기청소년 지원

1. 상담 및 교육

1) **위기청소년과 그 가족에 대한 상담 · 교육:** 국가 및 지방자치단체는 위기청소년에게 효율적이고 적합한 지원을 하기 위하여 위기청소년의 가족 및 보호자[28]에 대한 상담 및 교육을 실시할 수 있다(법 제13조 제1항). 위기청소년의 가족 및 보호자는 국가 및 지방자치단체가 상담 및 교육을 권고하는 경우에는 이에 협조하여 성실히 상담 및 교육을 받아야 한다(법 제13조 제2항).
2) **상담 · 교육비의 지원:** 국가 및 지방자치단체는 여성가족부령으로 정하는 일정 소득 이하의 가족 및 보호자가 상담 및 교육을 받은 경우에는 예산의 범위에서 여비 등 실비(實費)를 지급할 수 있다(법 제13조 제3항).

28) 이 법에서 "보호자"란 친권자, 법정대리인 또는 사실상 청소년을 양육하는 사람을 말한다(법 제2조 제3호).

2. 위기청소년 특별지원

국가 및 지방자치단체는 위기청소년에게 필요한 사회적 · 경제적 "특별지원"을 할 수 있다(법 제14조 제1항). 특별지원은 생활지원, 학업지원, 의료지원, 직업훈련지원, 청소년활동지원 등 대통령령으로 정하는 내용에 따라 물품 또는 서비스의 형태로 제공한다. 다만, 위기청소년의 지원에 반드시 필요하다고 인정되는 경우에는 금전의 형태로 제공할 수 있다(법 제14조 제2항).

1) **특별지원의 신청:** ①청소년 본인 또는 그 보호자, ②청소년지도자, ③초 · 중등학교 교원, ④사회복지사, ⑤지방자치단체에서 청소년 업무를 담당하는 공무원에 해당하는 사람은 위기청소년을 특별지원 대상 청소년으로 선정하여 줄 것을 특별자치시장 · 특별자치도지사 또는 시장 · 군수 · 구청장에게 신청할 수 있다. 이 경우 본인 외의 다른 사람은 해당 청소년의 동의를 받아야 한다(법 제15조 제1항).
2) **운영위원회의 심의:** 이러한 신청을 받은 경우에는 운영위원회의 심의를 거쳐 선정 여부와 지원 내용 및 기간을 결정하여야 한다(법 제15조 제2항).
3) **긴급한 경우에 대한 예외:** 시 · 도지사 또는 시장 · 군수 · 구청장은 긴급하게 지원할 필요가 있다고 판단하는 경우 또는 운영위원회가 구성되지 아니한 경우에는 운영위원회의 심의를 거치지 아니하고 결정을 할 수 있다(법 제15조 제3항).

3. 청소년 가출 예방 및 보호 · 지원

여성가족부장관 또는 지방자치단체의 장은 청소년의 가출을 예방하고 가출한 청소년의 가정 · 사회 복귀를 돕기 위하여 상담, 청소년쉼터의 설치 · 운영, 청소년쉼터 퇴소 청소년에 대한 사후지원 등 필요한 지원을 하여야 한다(법 제16조 제1항).

4. 보호자의 협조

보호자는 청소년의 가출을 예방하기 위하여 노력하여야 하며, 가출한 청소년의 가정 · 사회 복귀를 위한 국가 및 지방자치단체 등의 노력에 적극 협조하여야 한다(법 제16조 제2항).

5. 이주배경 청소년에 대한 지원

국가 및 지방자치단체는 ㉮ 다문화가족의 청소년, 또는 ㉯ 그 밖에 국내로 이주하여 사회 적응 및 학업 수행에 어려움을 겪는 청소년의 사회 적응 및 학습능력 향상을 위하여 상담 및 교육 등 필요한 시책을 마련하고 시행하여야 한다(법 제18조).

Ⅲ. 예방적 · 회복적 보호지원

1. 예방적 · 회복적 보호지원의 실시

1) **예방적 · 회복적 보호지원의 신청:** 시 · 도지사 또는 시장 · 군수 · 구청장은 청소년의 비행 · 일탈을 예방하고 가정 · 학교 · 사회 생활에 복귀 및 적응하는 것을 돕기 위하여 ①비행 · 일탈을 저지른 청소년, ②일상생활에 적응하지 못하여 가정 또는 학교 외부의 교육적 도움이 필요한 청소년에 대하여 청소년 본인, 해당 청소년의 보호자 또는 청소년이 취학하고 있는 학교의 장의 신청에 따라 예방적 · 회복적 '보호지원'을 실시할 수 있다. 이 경우 해당 청소년의 보호자 또는 학교의 장이 보호지원을 신청하는 때에는 청소년 본인의 동의를 받아야 한다(법 제19조 제1항).
2) **보호지원의 방법:** 보호지원은 해당 청소년이 정상적인 가정 · 학교 · 사회 생활에 복귀 및 적응하는 데에 도움이 되는 방법으로서 상담 · 교육 · 자원봉사 · 수련 · 체육 · 단체활동 등 대통령령으로 정하는 방법에 따라 한다(법 제19조 제2항).
3) **보호지원의 기간:** 보호지원의 기간은 6개월 이내로 한다. 다만, 시 · 도지사 또는 시장 · 군수 · 구청장은 보호지원의 결과를 검토하여 보호지원의 연장이 필요하다고 인정하는 경우 청소년 본인의 동의를 받아 6개월의 범위에서 한 번 연장할 수 있다(법 제19조 제3항).

2. 보호지원시설의 설치 · 운영

국가 및 지방자치단체는 보호지원에 필요한 시설의 설치 · 운영, 보호지원 프로그램의 개발 · 보급, 보호지원 활동에 대한 지원 및 지도자 교육 등 보호지원의 실효성을 확보하기 위한 노력을 하여야 한다(법 제20조 제1항).

3. 보호지원후견인

국가 및 지방자치단체 또는 보호지원 업무를 위탁받은 청소년단체는 보호지원 대상 청소년을 개인별로 전담하여 지도하는 보호지원후견인을 지정할 수 있다(법 제21조 제1항). 보호지원후견인은 청소년지도자 및 청소년지도위원 중에서 지정한다(법 제21조 제3항).

Ⅳ. 교육적 선도(善導)

1. 교육적 선도의 실시

1) 자치단체장의 교육적 선도

특별자치도지사 또는 시장·군수·구청장은 ① 비행·일탈을 저지른 청소년이나 ② 일상생활에 적응하지 못하여 가정 또는 학교 외부의 교육적 도움이 필요한 청소년에 대하여 청소년 본인, 해당 청소년의 보호자 또는 청소년이 취학하고 있는 학교의 장의 신청에 따라 교육적 "선도"를 실시할 수 있다. 이 경우 해당 청소년의 보호자 또는 학교의 장이 선도를 신청하는 때에는 청소년 본인의 동의를 받아야 한다(법 제19조 제1항).

2) 선도의 방법

선도는 해당 청소년이 정상적인 가정·학교·사회생활에 복귀하는 데에 도움이 되는 방법으로서 대통령령으로 정하는 방법에 따라 한다(법 제19조 제2항).

3) 선도의 기간

선도의 기간은 6개월 이내로 한다. 다만, 특별자치도지사 또는 시장·군수·구청장은 선도의 결과를 검토하여 선도의 연장이 필요하다고 인정하는 경우 청소년 본인의 동의를 받아 6개월의 범위에서 한 번 연장할 수 있다(법 제19조 제3항).

2. 시설의 설치·운영

국가 및 지방자치단체는 선도에 필요한 시설의 설치·운영, 선도 프로그램의 개발·보급, 선도활동에 대한 지원 및 지도자 교육 등 선도의 실효성을 확보하기 위한 노력을 하여야 한다(법 제20조).

3. 선도후견인

국가 및 지방자치단체(선도 업무를 위탁한 경우에는 그 선도 업무를 위탁받은 청소년단체)는 선도 대상 청소년을 개인별로 전담하여 지도하는 선도후견인을 지정할 수 있다(법 제21조 제1항). 선도후견인은 청소년지도자 및 청소년지도위원 중에서 지정한다(법 제21조 제2항).

Ⅴ. 청소년복지지원기관 및 시설

1. 한국청소년상담복지개발원

청소년 상담 및 복지와 관련된 정책의 연구, 청소년 상담·복지 사업의 개발 및 운영·지원 등의 사업[29)]을 하기 위하여 한국청소년상담복지개발원(약칭 "청소년상담원")을 설립한다(법 제22조 제1항).

2. 청소년상담복지센터

① **시·군·구 청소년상담복지센터:** 지자체장은 청소년에 대한 상담·긴급구조·자활·의료지원 등의 업무를 수행하기 위하여 청소년상담복지센터를 설치·운영할 수 있다(법 제29조 제1항). 시·도지사 또는 시장·군수·구청장은 청소년상담복지센터를 법인으로 설치할 수 있다(법 제29조 제5항).

② **광역 센터의 지역 청소년상담복지센터 지원:** 특별시·광역시·도 및 특별자치도에 설치된 청소년상담복지센터는 시·군·구의 청소년상담복지센터의 업무를 지도·지원하여야 한다(법 제29조 제2항).

③ **지방청소년활동진흥센터와의 통합운영:** 시장·군수·구청장은 시·군·구에 설치하는 청소년상담복지센터를 시·군·구에 설치하는 지방청소년활동진흥센터와 통합하여 운영할 수 있다(법 제29조 제3항).

④ **청소년단체에 위탁운영:** 지자체장은 청소년상담복지센터를 청소년단체에 위탁하여 운영하도록 할 수 있다(법 제29조 제4항).

⑤ **이주배경청소년지원센터:** 여성가족부장관은 이주배경청소년 지원을 위한 이주배경청소년지원센터를 설치·운영할 수 있다(법 제30조 제1항).

29) ① 청소년 상담 및 복지와 관련된 정책의 연구
② 청소년 상담·복지 사업의 개발 및 운영·지원
③ 청소년 상담기법의 개발 및 상담자료의 제작·보급
④ 청소년 상담·복지 인력의 양성 및 교육
⑤ 청소년 상담·복지 관련 기관 간의 연계 및 지원
⑥ 지방자치단체 청소년복지지원기관의 청소년 상담·복지 관련 사항에 대한 지도 및 지원
⑦ 청소년 가족에 대한 상담·교육
⑧ 청소년에 관한 상담·복지 정보체계의 구축·운영
⑨ 그 밖에 청소년상담원의 목적을 수행하기 위하여 필요한 부수사업

3. 청소년복지시설

1) 청소년복지시설의 종류(법 제31조)

① **청소년쉼터:** 가출청소년에 대하여 가정 · 학교 · 사회로 복귀하여 생활할 수 있도록 일정 기간 보호하면서 상담 · 주거 · 학업 · 자립 등을 지원하는 시설

② **청소년자립지원관:** 일정 기간 청소년쉼터 또는 청소년회복지원시설의 지원을 받았는데도 가정 · 학교 · 사회로 복귀하여 생활할 수 없는 청소년에게 자립하여 생활할 수 있는 능력과 여건을 갖추도록 지원하는 시설

③ **청소년치료재활센터:** 학습 · 정서 · 행동상의 장애를 가진 청소년을 대상으로 정상적인 성장과 생활을 할 수 있도록 해당 청소년에게 적합한 치료 · 교육 및 재활을 종합적으로 지원하는 거주형 시설

④ **청소년회복지원시설:** 감호 위탁 처분(소년법 제32조제1항제1호)을 받은 청소년에 대하여 보호자를 대신하여 그 청소년을 보호할 수 있는 자가 상담 · 주거 · 학업 · 자립 등 서비스를 제공하는 시설

2) 청소년복지시설의 설치 · 운영

(1) **국가 · 지방자치단체의 청소년복지시설 설치:** 국가 또는 지방자치단체는 청소년복지시설을 설치 · 운영하여야 한다(법 제32조 제1항).

(2) **국가 · 지방자치단체 외의 자의 신고 설치:** 국가 또는 지방자치단체 외의 자는 청소년복지시설을 설치 · 운영하려면 해당 시설이 있는 지역을 관할하는 시 · 도지사 또는 시장 · 군수 · 구청장에게 신고하여야 한다(법 제32조 제2항).

(3) **시설설치 신고의 수리여부에 대한 통지:** 시 · 도지사 또는 시장 · 군수 · 구청장은 신고를 받은 날부터 여성가족부령으로 정하는 기간 내에 신고수리 여부를 신고인에게 통지하여야 한다(법 제32조 제3항). 시 · 도지사 또는 시장 · 군수 · 구청장이 정한 기간 내에 신고수리 여부 또는 민원 처리 관련 법령에 따른 처리기간의 연장을 신고인에게 통지하지 아니하면 그 기간이 끝난 날의 다음 날에 신고를 수리한 것으로 본다(법 제32조 제4항).

(4) **시설운영자의 보험가입 의무:** 청소년복지시설을 설치 · 운영하는 자는 청소년복지시설을 이용하는 청소년의 생명 · 신체에 손해가 발생하는 경우 이를 배상하기 위한 보험에 가입하여야 한다(법 제32조 제5항).

3) 가출청소년의 청소년쉼터 계속 이용

청소년쉼터를 설치 · 운영하는 자는 해당 청소년쉼터에 입소한 가출청소년이 가정폭력, 친족에 의한 성폭력, 그 밖에 가정으로 복귀하여 생활하기 어려운 사유로서 대통령령으로 정하는 사유가 원인이 되어 가출한 경우에는 그 가출청소년 본인의 의사에 반하여 퇴소시켜서는 아니 된다. 다만, 해당 가출청소년이 ①거짓 또는 부정한 방법으로 청소년쉼터에 입소한 경우 또는 ②청소년쉼터 안에서 현저한 질서문란 행위를 한 경우에는 그러하지 아니하다(법 제32조의2).

4) 자립지원

국가 및 지방자치단체는 가정 밖 청소년이 청소년복지시설 퇴소 이후 자립할 수 있도록 다음에 해당하는 조치를 할 수 있다(법 제32조의3 제1항).

① 자립에 필요한 주거 · 생활 · 교육 · 취업 등의 지원
② 자립에 필요한 자립정착금 및 자립수당 지급
③ 자립에 필요한 자산의 형성 및 관리 지원
④ 사후관리체계 구축 및 운영
⑤ 그 밖에 자립지원에 필요하다고 대통령령으로 정하는 사항

5) 휴업 · 폐업 등의 신고

국가 또는 지방자치단체 외의 자가 신고한 청소년복지시설을 휴업 또는 폐업하거나 그 운영을 재개(再開)하려면 미리 관할 특별자치도지사 또는 시장 · 군수 · 구청장에게 신고하여야 한다. 이 경우 휴업신고 또는 폐업신고를 받은 시 · 도지사 또는 시장 · 군수 · 구청장은 그 내용을 검토하여 이 법에 적합하면 신고를 수리하여야 한다(법 제33조). 이 규정을 위반하여 휴업 · 폐업 또는 운영 재개 신고를 하지 아니한 자에게는 300만원 이하의 과태료를 부과한다(법 제45조 제2항).

6) 청소년복지시설의 종사자

청소년복지시설에는 각 시설의 사업 수행 및 운영에 필요한 종사자를 두어야 한다(법 제34조 제1항). 여성가족부장관 또는 지방자치단체의 장은 청소년복지시설 종사자를 양성하고 전문성을 높이기 위한 교육 · 훈련을 실시하여야 한다(법 제34조 제2항). 국가 및 지방자치단체는 청소년복지시설 종사자의 신변보호를 위한 안전대책을 마련하여야 한다(법 제34조 제3항).

7) 시설개선, 사업정지, 폐쇄

특별자치도지사 또는 시장 · 군수 · 구청장은 국가 또는 지방자치단체 외의 자가 신고한 청소년복지시설이 다음[30]에 해당하면 그 시설의 개선, 1개월 이내의 사업정지, 시설의 장의 교체 또는 시설의 폐쇄를 명할 수 있다(법 제35조 제1항). 사업의 정지명령 또는 시설의 폐쇄명령을 받고도 그 사업을 하거나 시설을 운영한 자는 6개월 이하의 징역 또는 500만원 이하의 벌금에 처한다(법 제43조 제2항 제2호). 양벌규정(법 제44조).

Ⅵ. 보칙

1. **비밀 누설의 금지:** 청소년상담원, 청소년상담복지센터, 이주배경청소년지원센터(이하 "청소년복지지원기관"이라 한다)나 청소년복지시설에서 청소년복지 업무에 종사하거나 종사하였던 사람은 그 직무상 알게 된 비밀을 누설하여서는 아니 된다(법 제37조). 이 규정을 위반하여 비밀을 누설한 사람은 1년 이하의 징역 또는 1천만원 이하의 벌금에 처한다(법 제 43조 제1항 제1호). 양벌규정(법 제44조).
2. **동일 명칭의 사용 금지:** 이 법에 따른 청소년복지지원기관 또는 청소년복지시설이 아니면 한국청소년상담복지개발원, 청소년상담복지센터, 이주배경청소년지원센터 또는 청소년쉼터, 청소년자립지원관, 청소년치료재활센터의 명칭을 사용하지 못한다(법 제38조). 이 규정을 위반하여 동일 명칭을 사용한 자에게는 500만원 이하의 과태료를 부과한다(법 제45조 제1항 제1호).
3. **감독:** 국가 및 지방자치단체는 필요한 경우에는 청소년복지지원기관 또는 청소년복지시설에 대하여 업무 · 회계 및 재산에 관한 사항의 보고 또는 자료의 제출을 명하거나, 소속 공무원으로 하여금 해당 장소에 출입하여 장부 또는 그 밖의 서류를 검사하거나 종사자에게 질문하게 할 수 있다(법 제39조 제1항). 출입 · 검사를 하는 공무원은 그 권한을 표시하는 증표를 지니고 이를 관계인에게 보여 주어야 한다(법 제39조 제2항). 보고 또는 자료 제출을 하지 아니하거나 검사를 거부 · 방해 또는 기피한 자에게는 500만원 이하의 과태료를 부과한다(법 제45조 제1항 제2호).

---

30) ①설치기준에 미달하게 된 경우, ②사회복지법인이나 비영리법인이 설치 · 운영하는 시설인 경우 그 사회복지법인이나 비영리법인의 설립허가가 취소된 경우, ③회계 부정, 이용자에 대한 인권 침해 등 불법행위가 확인된 경우, ④사업정지 기간에 사업을 한 경우, ⑤이 법 또는 이 법에 따른 명령을 위반한 경우

4. **예산의 보조:** 국가 및 지방자치단체는 예산의 범위에서 청소년복지지원기관 및 청소년복지시설, 관련 단체의 운영에 필요한 예산의 전부 또는 일부를 보조할 수 있다(법 제40조).

5. **기관 · 시설 등의 평가:** 여성가족부장관 및 시 · 도지사는 청소년복지지원기관 및 청소년복지시설 또는 청소년복지 업무를 위탁받은 기관이나 단체를 대상으로 그 업무 실적을 정기적으로 평가할 수 있다. 다만, 다른 법령에 따라 성과평가 또는 경영평가를 한 경우에는 그러하지 아니하다(법 제41조 제1항). 여성가족부장관은 평가 결과를 청소년복지지원기관 및 청소년복지시설 등의 감독과 지원에 반영하는 등의 조치를 할 수 있다(법 제41조 제2항).

제6장

영유아보육법

1991.01.14. 법률 제4328호 '영유아보육법' 제정
2004.01.29. 법률 제7153호 제8차 전부개정
2024.03.19. 법률 제20380호 제92차 일부개정, 2024.09.20. 시행(최신)

제1절 총 칙

1. 법의 목적

이 법은 영유아(嬰幼兒)의 심신을 보호하고 건전하게 교육하여 건강한 사회 구성원으로 육성함과 아울러 보호자의 경제적 · 사회적 활동이 원활하게 이루어지도록 함으로써 영유아 및 가정의 복지 증진에 이바지함을 목적으로 한다(법 제1조).

2. 보육의 이념(법 제3조)

① **영유아의 이익 최우선 원칙:** 보육은 영유아의 이익을 최우선적으로 고려하여 제공되어야 한다.

② **안전하고 쾌적한 환경 제공:** 보육은 영유아가 안전하고 쾌적한 환경에서 건강하게 성장할 수 있도록 하여야 한다.

③ **어떠한 종류의 차별도 금지:** 영유아는 자신이나 보호자의 성, 연령, 종교, 사회적 신분, 재산, 장애, 인종 및 출생지역 등에 따른 어떠한 종류의 차별도 받지 아니하고 보육되어야 한다.

3. 보육에 대한 책임(법 제4조)

① **모든 국민에 대한 선언적 책임:** 모든 국민은 영유아를 건전하게 보육할 책임을 진다.

② **국가와 지방자치단체의 재정부담:** 국가와 지방자치단체는 보호자와 더불어 영유아를 건전하게 보육할 책임을 지며, 이에 필요한 재원을 안정적으로 확보하도록 노력하여야 한다.

③ **기초자치단체의 어린이 집 확보:** 특별자치도지사 · 시장 · 군수 · 구청장(자치구의 구청장을 말한다. 이하 같다)은 영유아의 보육을 위한 적절한 어린이집을 확보하여야 한다.

④ **보육교직원의 양성 및 근로여건 개선:** 국가와 지방자치단체는 보육교직원의 양성 및 근로여건 개선을 위하여 노력하여야 한다.

⑤ **보육 여건을 개선을 위한 시책 강구:** 국가와 지방자치단체는 지방의 보육 여건을 개선하기 위한 종합적인 시책을 수립 · 추진하고 지원 방안을 강구하여야 한다.

제 2 절 어린이집

Ⅰ. 어린이집의 종류

어린이집의 종류는 다음과 같다(법 제10조).

① **국공립어린이집:** 국가나 지방자치단체가 설치 · 운영하는 어린이집

② **사회복지법인어린이집:** '사회복지법인'이 설치 · 운영하는 어린이집

③ **법인 · 단체 등 어린이집:** 각종 법인(사회복지법인을 제외한 비영리법인)이나 단체 등이 설치 · 운영하는 어린이집으로서 대통령령으로 정하는 어린이집

④ **직장어린이집:** 사업주가 사업장의 근로자를 위하여 설치 · 운영하는 어린이집(국가나 지방자치단체의 장이 소속 공무원을 위하여 설치 · 운영하는 어린이집 포함)

⑤ **가정어린이집:** 개인이 가정이나 그에 준하는 곳에 설치 · 운영하는 어린이집

⑥ **협동어린이집:** 보호자 또는 보호자와 보육교직원이 조합(영리를 목적으로 하지 아니하는 조합에 한정)을 결성하여 설치 · 운영하는 어린이집

⑦ **민간어린이집:** 이상의 규정에 해당하지 아니하는 어린이집

Ⅱ. 각종 어린이집의 설치

1. 국공립어린이집

1) **국공립어린이집의 설치:** 국가나 지방자치단체는 국공립어린이집을 설치 · 운영하여야 한다. 이 경우 국공립어린이집은 보육계획에 따라 ①도시 저소득주민 밀집 주거지역 및

농어촌지역 등 취약지역과 ②산업단지 지역에 우선적으로 설치하여야 한다(법 제12조 제1항). 국가나 지방자치단체가 국공립어린이집을 설치할 경우 지방보육정책위원회의 심의를 거쳐야 한다(법 제12조 제2항).

2) **공동주택 어린이집의 국 · 공립화:** 국가나 지방자치단체는 공동주택에 설치되어야 하는 어린이집을 국공립어린이집으로 운영하여야 한다. 다만, 입주자등의 과반수가 국공립어린이집으로의 운영에 찬성하지 아니하는 경우 등 대통령령으로 정하는 경우에는 그러하지 아니하다(법 제12조 제3항).

2. 국공립이 아닌 어린이 집

1) **국공립어린이집 외의 어린이집의 설치:** 국공립어린이집 외의 어린이집을 설치 · 운영하려는 자는 특별자치도지사 · 시장 · 군수 · 구청장의 인가를 받아야 한다. 인가받은 사항 중 중요 사항을 변경하려는 경우에도 또한 같다(법 제13조 제1항).

※ 설치인가를 받지 아니하고 어린이집의 명칭을 사용하거나 사실상 어린이집의 형태로 운영한 자는 1년 이하의 징역 또는 1천만원 이하의 벌금에 처한다(법 제54조 제4항 제1호). 양벌규정(법 제55조).

※ 거짓이나 그 밖의 부정한 방법으로 어린이집의 설치인가 또는 변경인가를 받은 자의 경우에도 마찬가지로 1년 이하의 징역 또는 1천만원 이하의 벌금에 처한다(법 제54조 제4항 제2호). 양벌규정(법 제55조).

2) **어린이집 인가증의 게시:** 어린이집의 설치인가를 받은 자는 어린이집 방문자 등이 볼 수 있는 곳에 어린이집 인가증을 게시하여야 한다(법 제13조 제1항).

3. 직장어린이집

1) **직장어린이집의 설치:** 여성근로자 300명 이상 또는 상시 근로자 500명 이상을 고용하고 있는 사업장(령 제20조 제1항)의 사업주는 직장어린이집을 설치하여야 한다(법 제14조 제1항 전단).

2) **공동 직장어린이집과 위탁보육의 경우:** 사업장의 사업주가 직장어린이집을 단독으로 설치할 수 없을 때에는 사업주 공동으로 직장어린이집을 설치 · 운영하거나, 지역의 어린이집과 위탁계약을 맺어 근로자 자녀의 '위탁보육'을 지원하여야 한다(법 제14조 제1항 단서). 사업주가 위탁보육을 하는 경우에는 사업장 내 보육대상이 되는 근로자 자녀 중에

서 위탁보육을 받는 근로자 자녀가 100분의 30 이상(령 제7조 제2항)이 되도록 하여야 한다(법 제14조 제2항).

3) 직장어린이집 설치의무 미이행(未履行)사업장 관리

(1) 직장어린이집 설치의무 이행 실태조사: 교육부장관 및 '조사기관'의 장은 직장어린이집 설치 등 의무 이행에 관한 실태 조사를 매년 실시하여야 하고, 실태조사 대상 사업장의 사업주는 특별한 사정이 없으면 이에 따라야 한다. 이 경우 조사기관의 장은 실태 조사를 완료한 후 그 결과를 교육부장관에게 통보하여야 한다(법 제14조의2 제1항).

(2) 미이행 사업장 명단공표: 교육부장관은 실태조사 결과 직장어린이집 설치 등의 의무를 이행하지 아니한 사업장 및 실태조사에 불응한 '미이행 사업장'[1]의 명단을 공표할 수 있다. 다만, 대통령령으로 정하는 사유가 있는 경우에는 그러하지 아니하다(법 제14조의2 제2항).

(3) 명단 공표 면제 사유: 명단공표를 면제할 수 있는 "대통령령(제20조의5)으로 정하는 사유가 있는 경우"란 다음의 경우를 말한다.

① 해당 사업장이 직장어린이집 설치 대상이 된 날부터 1년이 지나지 아니한 경우

② 해당 사업장이 직장어린이집 설치에 관한 계획을 수립하여 건축비용의 일부를 집행하는 등 직장어린이집을 설치 중인 경우

③ 해당 사업장의 상시근로자의 특성상 보육 수요가 없는 경우 등 명단의 공표가 필요하지 아니하다고 인정되는 경우

Ⅲ. 어린이집 관련 시설의 설치기준

1. 어린이집

어린이집을 설치 · 운영하려는 자는 교육부령으로 정하는 설치기준을 갖추어야 한다. 다만, 놀이터, 비상재해대비시설 및 폐쇄회로 텔레비전의 설치와 관련된 사항은 각각 이 법의 규정(제15조의2부터 제15조의4까지)에 따른다(법 제15조).

1) 미이행사업장이라 함은 이행하지 아니한 사업장 및 실태 조사에 불응한 사업장을 말한다.

2. 어린이 놀이터

1) **놀이터의 설치기준:** 어린이집을 설치 · 운영하는 자는 놀이터를 설치하여야 하며 설치에 관한 기준은 교육부령으로 정한다. 다만, 다음에 해당하는 어린이집은 그러하지 아니한다(법 제15조의2 제1항).

① 보육정원 50명 미만인 어린이집

② 100미터 이내에 교육부령으로 정하는 기준을 충족하는 놀이터가 설치되어 있는 어린이집

2) **여건상 설치 곤란한 경우의 예외:** 기초자치단체장은 지방보육정책위원회의 심의를 거쳐 2005년 1월 29일 이전에 인가받은 어린이집이 도심지 및 도서 · 벽지 등 지역의 여건상 놀이터를 설치하기 곤란한 경우로서 보육상 지장이 없다고 인정하는 경우에는 놀이터를 설치하지 아니하거나 놀이터 설치 기준을 완화하여 변경인가 할 수 있다(법 제15조의2 제2항).

3. 비상재해대비시설

1) **비상재해대비시설의 설치:** 어린이집을 설치 · 운영하는 자는 반드시 1층과 2층 이상 등 종류별 비상재해대비시설을 설치하여야 하며 설치에 관한 기준은 교육부령으로 정한다(법 제15조의3 제1항).

2) **기인가(旣認可) 어린이집에 대한 특례:** 기초자치단체장은 2009년 7월 3일 이전 '기인가 어린이집'이 비상재해 대비에 지장이 없다고 판단한 경우 종전 인가 당시 기준을 적용할 수 있다. 이 경우 기초자치단체장은 기인가 어린이집이 비상재해 대비에 지장이 없는지 여부를 판단하기 위해 비상재해대비시설기준 심의위원회를 구성 · 운영하여야 하며, 해당 위원회의 심의를 반드시 거쳐야 한다(법 제15조의3 제2항).

4. 폐쇄회로 텔레비전의 설치 · 관리

1) **폐쇄회로 텔레비전의 설치:** 어린이집을 설치 · 운영하는 자는 아동학대 방지 등 영유아의 안전과 어린이집의 보안을 위하여 '폐쇄회로 텔레비전'을 설치 · 관리하여야 한다(법 제15조의4 제1항 전단).

2) **폐쇄회로 텔레비전의 설치 예외 경우:** 다음에 해당하는 경우에는 '폐쇄회로 텔레비전'

을 설치하지 아니할 수 있다(법 제15조의4 제1항 단서).

① 어린이집을 설치 · 운영하는 자가 보호자 전원의 동의를 받아 시장 · 군수 · 구청장에게 신고한 경우

② 어린이집을 설치 · 운영하는 자가 보호자 및 보육교직원 전원의 동의를 받아 네트워크 카메라를 설치한 경우

3) **폐쇄회로 텔레비전의 관리:** 폐쇄회로 텔레비전을 설치 · 관리하는 자는 영유아 및 보육교직원 등 정보주체의 권리가 침해되지 아니하도록 다음의 사항을 준수하여야 한다(법 제15조의4 제2항).

① 아동학대 방지 등 영유아의 안전과 어린이집의 보안을 위하여 최소한의 영상정보만을 적법하고 정당하게 수집하고, 목적 외의 용도로 활용하지 아니하도록 할 것

② 영유아 및 보육교직원 등 정보주체의 권리가 침해받을 가능성과 그 위험 정도를 고려하여 영상정보를 안전하게 관리할 것

③ 영유아 및 보육교직원 등 정보주체의 사생활 침해를 최소화하는 방법으로 영상정보를 처리할 것

4) **기록영상물의 보존 기한:** 어린이집을 설치 · 운영하는 자는 폐쇄회로 텔레비전에 기록된 영상정보를 60일 이상 보관하여야 한다(법 제15조의4 제3항).

5) **영상정보의 열람금지:** 폐쇄회로 텔레비전을 설치 · 관리하는 자는 다음에 해당하는 경우를 제외하고는 영상정보를 열람하게 하여서는 아니 된다(법 제15조의5 제1항).

① 보호자가 자녀 또는 보호아동의 안전을 확인할 목적으로 열람시기 · 절차 및 방법 등 보건복지부령으로 정하는 바에 따라 요청하는 경우

② 공공기관이 법령에서 정하는 영유아의 안전업무 수행을 위하여 요청하는 경우

③ 범죄의 수사와 공소의 제기 및 유지, 법원의 재판업무 수행을 위하여 필요한 경우

④ 그 밖에 보육관련 안전업무를 수행하는 기관으로서 보건복지부령으로 정하는 자가 업무의 수행을 위하여 열람시기 · 절차 및 방법 등 보건복지부령으로 정하는 바에 따라 요청하는 경우

6) **폐쇄회로 텔레비전의 임의조작 등 금지:** 어린이집을 설치 · 운영하는 자는 다음에 해당하는 행위를 하여서는 아니 된다(법 제15조의5 제2항).

① 설치 목적과 다른 목적으로 폐쇄회로 텔레비전을 임의로 조작하거나 다른 곳을 비추는 행위. 이 규정을 위반 한 자는 3년 이하의 징역 또는 3천만원 이하의 벌금에 처한다(법 제54조 제2항 제1호). 양벌규정(법 제55조).

② 녹음기능을 사용하거나 보건복지부령으로 정하는 저장장치 이외의 장치 또는 기기에 영상정보를 저장하는 행위. 이 규정을 위반한 자는 3년 이하의 징역 또는 3천만원 이하의 벌금에 처한다(법 제54조 제2항 제2호). 양벌규정(법 제55조).

7) **영상정보의 안전한 보관 조치:** 어린이집을 설치 · 운영하는 자는 영상정보가 분실 · 도난 · 유출 · 변조 또는 훼손되지 아니하도록 내부 관리계획의 수립, 접속기록 보관 등 안전성 확보에 필요한 기술적 · 관리적 및 물리적 조치를 하여야 한다(법 제15조의5 제3항). 이 규정에 따른 안전성 확보에 필요한 조치를 하지 아니하여 영상정보를 분실 · 도난 · 유출 · 변조 또는 훼손당한 자는 2년 이하의 징역 또는 2천만원 이하의 벌금에 처한다(법 제54조 제3항). 양벌규정(법 제55조).

8) **국가 및 지방자치단체의 조사 · 점검:** 국가 및 지방자치단체는 어린이집에 설치한 폐쇄회로 텔레비전의 설치 · 관리와 그 영상정보의 열람으로 영유아 및 보육교직원 등 정보주체의 권리가 침해되지 아니하도록 설치 · 관리 및 열람 실태를 매년 1회 이상 조사 · 점검하여야 한다(법 제15조의5 제4항).

9) **영상정보의 유출 · 변조 등 금지:** 누구든지 이 법의 규정에 따르지 아니하고는 제영상정보를 유출 · 변조 · 훼손 또는 멸실하는 행위를 하여서는 아니 된다(법 제15조의5 제5항). 이를 위반하여 영상정보를 유출 · 변조 · 훼손 또는 멸실한 자는 5년 이하의 징역 또는 5천만원 이하의 벌금에 처한다(법 제54조 제1항)

Ⅳ. 어린이집 운영자의 결격사유

다음에 해당하는 자는 어린이집을 설치 · 운영할 수 없다(법 제16조).

① 미성년자, 피성년후견인 또는 피한정후견인

② 정신질환자

③ 마약류에 중독된 자

④ 파산선고를 받고 복권되지 아니한 자

⑤ 금고 이상의 실형을 선고받고 그 집행이 종료(집행이 종료된 것으로 보는 경우 포함)되거나 집행이 면제된 날부터 5년(아동학대 관련 범죄를 저지른 경우에는 20년)이 경과되지 아니한 자

⑥ 금고 이상의 형의 집행유예를 선고받고 그 유예기간 중에 있는 사람. 다만, 아동학대 관련 범죄로 금고 이상의 형의 집행유예를 선고받은 경우에는 그 집행유예가 확정된 날부터 20년이 지나지 아니한 사람

⑦ 어린이집의 폐쇄명령을 받고 5년이 경과되지 아니한 자

⑧ 300만원 이상의 벌금형이 확정된 날부터 2년이 지나지 아니한 사람 또는 아동학대 관련 범죄로 벌금형이 확정된 날부터 10년이 지나지 아니한 사람

⑨ 교육명령을 이행하지 아니한 자

제 3 절 보육교직원

Ⅰ. 보육교직원 일반

1. 보육교직원의 배치

어린이집에는 보육교직원을 두어야 한다(법 제17조 제1항). '보육교직원'이란 어린이집 영유아의 보육, 건강관리 및 보호자와의 상담, 그 밖에 어린이집의 관리 · 운영 등의 업무를 담당하는 자로서 어린이집의 원장 및 보육교사와 그 밖의 직원을 말한다(법 제2조 제5호).

① **보육시간별 보육교사:** 보육시간을 구분하여 운영하는 어린이집은 보육시간별로 보육교사를 배치할 수 있다(법 제17조 제2항).

② **보조교사:** 어린이집에는 보육교사의 업무 부담을 경감할 수 있도록 보조교사 등을 둔다(법 제17조 제3항).

③ **대체교사:** 휴가 또는 보수교육 등으로 보육교사의 업무에 공백이 생기는 경우에는 이를 대체할 수 있는 대체교사를 배치한다(법 제17조 제4항).

2. 보육교직원의 직무

① **어린이집의 원장:** 어린이집의 원장은 어린이집을 총괄하고 보육교사와 그 밖의 직원을 지도 · 감독하며 영유아를 보육한다(법 제18조 제1항).

② **보육교사:** 보육교사는 영유아를 보육하고 어린이집의 원장이 불가피한 사유로 직무를 수행할 수 없을 때에는 그 직무를 대행한다(법 제18조 제2항).

3. 보육교직원의 책무

① **영유아의 신체적 정신적 고통 삼갈 것:** 보육교직원은 영유아를 보육함에 있어 영유아에

게 신체적 고통이나 고성 · 폭언 등의 정신적 고통을 가하여서는 아니 된다(법 제18조의2 제1항).

② **영유아의 안전에 대한 주의의무:** 보육교직원은 업무를 수행함에 있어 영유아의 생명 · 안전보호 및 위험방지를 위하여 주의의무를 다하여야 한다(법 제18조의2 제1항).

4. 보육교직원의 보육 활동 보호

1) **국가 · 지자체의 보육교직원 보육활동에 대한 협조:** 국가, 지방자치단체, 그 밖의 공공기관은 보육교직원이 보육 활동을 원활하게 수행할 수 있도록 적극 협조하여야 한다(법 제18조의3 제1항).

2) **국가지자체의 보육교직원 보호 시책:** 국가와 지방자치단체는 보육교직원의 보육 활동을 보호하기 위하여 다음에 관한 시책을 수립 · 시행하여야 한다(법 제18조의3 제2항).
   ① 보육 활동 침해행위에 관한 기준 마련 및 예방
   ② 보육 활동 침해행위에 대한 조사 · 관리 및 보육교직원의 보호조치
   ③ 보육 활동과 관련된 분쟁의 조정
   ④ 보육교직원에 대한 보육 활동 보호 관련 법률, 노무 및 심리 · 정서 관련 상담
   ⑤ 그 밖의 보육교직원의 보육 활동 보호를 위하여 필요하다고 인정하는 사항

5. 보육교직원의 영유아 생활지도

1) **법에 따른 정당한 지도 허용:** 어린이집의 원장 또는 보육교사는 영유아의 인권을 보호하고 보육 활동을 위하여 필요한 경우에는 법령과 교육부장관이 고시하는 바에 따라 영유아를 지도할 수 있다(법 제18조의5 제1항).

2) **정당한 생활지도의 보호:** 정당한 생활지도는 '아동복지법'(제17조)에 따른 아동의 신체에 손상을 주거나 신체의 건강 및 발달을 해치는 신체적 학대행위(제3호), 아동의 정신건강 및 발달에 해를 끼치는 정서적 학대행위(제5호), 자신의 보호 · 감독을 받은 아동을 유기하거나 의식주를 포함한 기본적 보호 · 양육 · 치료 및 교육을 소홀히 하는 방임행위(제6호) 등의 금지행위 위반으로 보지 아니한다(법 제18조의5 제2항).

6. 보호자의 의무

1) **영유아의 인권침해행위 금지:** 보호자는 보육교직원 또는 다른 영유아의 인권을 침해

하는 행위를 하여서는 아니 된다(법 제18조의6 제1항).

2) **어린이집 원장 또는 보육교사의 생활지도 존중:** 보호자는 어린이집의 원장 또는 보육교사의 영유아 생활지도를 존중하고 지원하여야 한다(법 제18조의6 제2항).

3) **어린이집 원장 또는 보육교사의 전문적 판단 존중:** 보호자는 보육 활동에 관한 어린이집의 원장과 보육교사의 전문적인 판단을 존중하고 보육 활동이 원활히 이루어질 수 있도록 적극 협력하여야 한다(법 제18조의6 제3항).

7. 보육교직원 개인정보의 보호

어린이집을 설치 · 운영하는 자는 보육교직원의 전화번호, 주민등록번호 등 개인정보가 보호될 수 있도록 필요한 조치를 하여야 한다(법 제18조의7).

8. 보육교직원의 임면

기초자치단체장은 보육교직원의 권익 보장과 근로여건 개선을 위하여 보육교직원의 임면(任免)과 경력 등에 관한 사항을 관리하여야 한다(법 제19조 제1항). 어린이집의 원장은 보육교직원의 임면에 관한 사항을 기초자치단체장에게 보고하여야 한다(법 제19조 제2항).

9. 보육교직원의 결격사유

다음에 해당하는 자는 어린이집에 근무할 수 없다(법 제20조).

① 어린이집 운영자로서의 결격사유(법 제16조)에 해당하는 자

② 어린이집 원장의 자격정지(법 제46조)나 보육교사의 자격정지(법 제47조) 중인 자

③ 어린이집의 원장 또는 보육교사의 자격이 취소(법 제48조)된 후 재교부 기한이 경과되지 아니한 자

Ⅱ. 어린이집의 원장 또는 보육교사

1. 어린이집의 원장 및 보육교사의 자격

1) **어린이집 원장의 자격:** 어린이집의 원장은 대통령령으로 정하는 자격을 가진 자로서 교육부장관이 검정 · 수여하는 자격증을 받은 자이어야 한다(법 제21조 제1항).

2) 보육교사의 자격: 보육교사는 다음에 해당하는 자로서 교육부장관이 검정 · 수여하는 자격증을 받은 자이어야 한다(법 제21조 제2항).

① 각급 대학에서 교육부령으로 정하는 보육 관련 교과목과 학점을 이수하고 전문학사 학위 이상을 취득한 사람

② 각급 대학응 졸업한 사람과 같은 수준 이상의 학력이 있다고 인정된 사람으로서 교육부령으로 정하는 보육 관련 교과목과 학점을 이수하고 전문학사학위 이상을 취득한 사람

③ 고등학교 또는 이와 같은 수준 이상의 학교를 졸업한 자로서 시 · 도지사가 지정한 교육훈련시설에서 소정의 교육과정을 이수한 사람

2. 어린이집의 원장 또는 보육교사 자격 취득의 결격사유

다음에 해당하는 사람은 어린이집 원장 또는 보육교사의 자격을 취득할 수 없다(법 제21조의2).

① 마약 · 대마 · 향정신성의약품 중독자

② 미성년자에 대한 ㉮성폭력범죄, ㉯아동 · 청소년대상 성범죄에 해당하는 행위로 형 또는 치료감호를 선고받아 그 형 또는 치료감호가 확정된 사람(집행유예를 선고받고 그 집행유예기간이 경과한 사람 포함), ㉰성인에 대한 성폭력범죄 행위로 100만원 이상의 벌금형이나 그 이상의 형 또는 치료감호를 선고받아 그 형 또는 치료감호가 확정된 사람(집행유예를 선고받고 그 집행유예기간이 경과한 사람 포함).

3. 명의대여 금지

1) 원장 · 보육교사 개인 또는 시설의 명칭 대여금지: 어린이집의 원장 또는 보육교사는 다른 사람에게 자기의 성명이나 어린이집의 명칭을 사용하여 어린이집의 원장 또는 보육교사의 업무를 수행하게 하여서는 아니 된다(법 제22조의2 제1항). 이를 위반하여 자기의 성명이나 어린이집의 명칭을 사용하여 어린이집의 원장 또는 보육교사의 업무를 수행하게 한 자 및 그 상대방은 1년 이하의 징역 또는 1천만원 이하의 벌금에 처한다(법 제54조 제4항 제3호). 양벌규정(법 제55조).

2) 자격증의 대여 금지: 자격증을 교부받은 사람은 다른 사람에게 그 자격증을 빌려주어서는 아니 되고, 누구든지 그 자격증을 빌려서는 아니 된다(법 제22조의2 제2항). 이를 위반하여 다른 사람에게 자격증을 빌려주거나 빌린 자는 1년 이하의 징역 또는 1천만원 이하

의 벌금에 처한다(법 제54조 제4항 제3의2호). 양벌규정(법 제55조).

3) **금지사항의 알선 금지:** 누구든지 금지된 행위를 알선하여서는 아니 된다(법 제22조의2 제3항). 이를 위반하여 자격증을 빌려주거나 빌리는 것을 알선한 자는 1년 이하의 징역 또는 1천만원 이하의 벌금에 처한다(법 제54조 제4항 제4호). 양벌규정(법 제55조).

Ⅲ. 보수교육

1. 어린이집 원장의 보수교육

1) **자질 향상을 위한 집합교육:** 교육부장관은 어린이집 원장의 자질 향상을 위한 보수교육(補修教育)을 실시하여야 한다. 이 경우 보수교육은 집합교육을 원칙으로 한다(법 제23조 제1항).

2) **보수교육의 내용:** 보수교육에는 다음에 관한 내용을 포함하여야 한다(법 제23조 제4항).
   ① 성폭력 및 아동학대 예방
   ② 실종 · 유괴의 예방과 방지
   ③ 감염병 및 약물의 오남용 예방 등 보건위생 관리
   ④ 재난대비 안전
   ⑤ 교통안전
   ⑥ 어린이집 원장의 인성함양(영유아의 인권보호 교육 포함)
   ⑦ 그 밖에 교육부령으로 정하는 사항

2. 보육교사의 보수교육

1) **보육교사의 자질 향상 도모:** 교육부장관은 보육교사의 자질 향상을 위한 보수교육(補修教育)을 실시하여야 한다. 이 경우 보수교육은 집합교육을 원칙으로 한다(법 제23조의2 제1항). 보수교육은 직무교육과 승급교육으로 구분한다(법 제23조의2 제2항).

2) **보육교사의 보수교육 내용:** 보육교사의 보수교육은 원장의 보수교육 내용과 같다. 다만, 인성함양(영유아의 인권보호 교육 포함)교육에서 교육 대상자가 원장과 보육교사라는 점을 염두에 두는 것이 다를 뿐이다(법 제23조의2 제3항).

3. 아동학대방지 예방교육명령

교육부장관은 아동학대 관련 범죄[2)]를 저지른 사람이 제16조제5호부터 제8호까지[3)]의 결격사유 및 제20조제1호의 결격사유[4)](제16조제5호부터 제8호까지의 결격사유에 해당하는 경우에 한정)에 해당하지 아니하게 되어 어린이집을 설치 · 운영하거나 어린이집에 근무하려는 경우에는 그 사람에 대하여 사전에 아동학대 방지를 위한 교육을 받도록 명하여야 한다. 이 경우 교육 실시에 드는 비용은 교육을 받는 사람이 부담한다(법 제23조의3 제1항).

제 4 절 어린이집의 운영

Ⅰ. 어린이집의 운영기준

1. 어린이집 운영기준 준수

어린이집을 설치 · 운영하는 자는 교육부령으로 정하는 운영기준에 따라 어린이집을 운영하여야 한다(법 제24조 제1항).

2. 위탁체 선정관리 기준

국가나 지방자치단체는 설치된 국공립어린이집을 법인 · 단체 또는 개인에게 위탁하여 운영

---

2) "아동학대 관련 범죄"란 다음에 해당하는 죄를 말한다(아동복지법 제3조 제7의2호).
㉮ 「아동학대범죄의 처벌 등에 관한 특례법」 제2조제4호에 따른 아동학대범죄
㉯ 아동에 대한 「형법」상 살인의 죄 중 살인 · 존속살해(형법 제250조), 촉탁 · 승낙에 의한 살해(형법 제252조), 위계에 의한 촉탁살인(형법 제253조), 미수범(형법 제254조), 예비 · 음모(형법 제255조)의 죄

3) * **영유아보육법 제16조 제5호**: 금고 이상의 실형을 선고받고 그 집행이 종료(집행이 종료된 것으로 보는 경우 포함)되거나 집행이 면제된 날부터 5년(「아동복지법」 제3조제7호의2에 따른 아동학대 관련 범죄를 저지른 경우에는 20년)이 경과되지 아니한 자.
* 영유아보육법 제16조 제6호: 금고 이상의 형의 집행유예를 선고받고 그 유예기간 중에 있는 사람. 다만, 「아동복지법」 제3조제7호의2에 따른 아동학대 관련 범죄로 금고 이상의 형의 집행유예를 선고받은 경우에는 그 집행유예가 확정된 날부터 20년이 지나지 아니한 사람.
* 영유아보육법 제16조 제7호: 제45조에 따라 어린이집의 폐쇄명령을 받고 5년이 경과되지 아니한 자 또는 「유아교육법」 제32조에 따라 폐쇄명령을 받고 5년이 경과되지 아니한 자.
* 영유아보육법 제16조 제8호: 제54조제2항부터 제4항까지의 규정에 따라 300만원 이상의 벌금형이 확정된 날부터 2년이 지나지 아니한 사람 또는 「아동복지법」 제3조제7호의2에 따른 아동학대 관련 범죄로 벌금형이 확정된 날부터 10년이 지나지 아니한 사람.

4) 어린이집 설치 · 운영 결격사유 해당자.

할 수 있다. 이 경우 교육부령으로 정하는 국공립어린이집 위탁체 선정관리 기준에 따라 심의하며, 최초 위탁은 다음에 해당하는 자에게 위탁하는 경우를 제외하고는 공개경쟁의 방법에 따른다(법 제24조 제2항).

① 민간어린이집을 국가 또는 지방자치단체에 기부채납하여 국공립어린이집으로 전환하는 경우 기부채납 전에 그 어린이집을 설치·운영한 자
② 국공립어린이집 설치 시 해당 부지 또는 건물을 국가 또는 지방자치단체에 기부채납하거나 무상으로 사용하게 한 자
③ 설치된 민간어린이집을 국공립어린이집으로 전환하는 경우 전환하기 전에 그 어린이집을 설치·운영한 자

3. 직장어린이집의 민간위탁

직장어린이집을 설치한 사업주는 이를 법인·단체 또는 개인에게 위탁하여 운영할 수 있다(법 제24조 제3항).

4. 보육시간의 구분

어린이집은 다음과 같이 보육시간을 구분하여 운영할 수 있다(법 제24조의2 제1항).

① **기본보육:** 어린이집을 이용하는 모든 영유아에게 필수적으로 제공되는 과정으로, 교육부령으로 정하는 시간 이하의 보육
② **연장보육:** 기본보육을 초과하여 보호자의 욕구 등에 따라 제공되는 보육

Ⅱ. 어린이집 운영위원회

어린이집 원장은 어린이집 운영의 자율성과 투명성을 높이고 지역사회와의 연계를 강화하여 지역실정과 특성에 맞는 보육을 실시할 수 있도록 하기 위하여 어린이집에 어린이집 운영위원회를 설치·운영할 수 있다. 다만, 취약보육을 우선적으로 실시하여야 하는 어린이집과 대통령령이 정하는 어린이집은 어린이집 운영위원회를 설치·운영하여야 한다(법 제25조 제1항).

Ⅲ. 부모모니터링단(團)

1. **부모모니터링단의 운영:** 기초자치단체장은 어린이집 보육환경을 모니터링하고 개선을 위한 컨설팅을 하기 위하여 부모, 보육·보건 전문가로 "부모모니터링단"을 구성·운영할 수 있다(법 제25조의2 제1항). 부모모니터링단은 10명 이내로 구성하며 기초자치단체장이 위촉한다(법 제25조의2 제3항).
2. **부모모니터링단의 직무**(법 제25조의2 제2항)**:**
   ① 어린이집 급식, 위생, 건강 및 안전관리 등 운영상황 모니터링
   ② 어린이집 보육환경 개선을 위한 컨설팅
   ③ 그 밖에 보육 관련 사항으로서 교육부령으로 정하는 사항

Ⅳ. 보호자의 어린이집 참관

보호자는 영유아의 보육환경·보육내용 등 어린이집의 운영실태를 확인하기 위하여 어린이집 원장에게 어린이집 참관을 요구할 수 있다. 이 경우 어린이집 원장은 특별한 사유가 없으면 이에 따라야 한다(법 제25조의3 제1항).

Ⅴ. 취약보육의 우선 실시

국가나 지방자치단체, 사회복지법인, 그 밖의 비영리법인이 설치한 어린이집과 대통령령으로 정하는 어린이집의 원장은 영아·장애아·다문화가족의 아동 등 "취약보육"을 우선적으로 실시하여야 한다(법 제26조 제1항).

Ⅵ. 시간제보육 서비스

1. 시간제보육 서비스 지원

국가 또는 지방자치단체는 무상보육 및 무상교육 지원을 받지 아니하는 영유아에 대하여 필요한 경우 시간제보육 서비스를 지원할 수 있다. 이 경우 시간제보육 서비스의 종류, 지원대상, 지원방법, 그 밖에 시간제보육 서비스의 제공에 필요한 사항은 교육부령으로 정한다(법 제26조의2 제1항).

2. 시간제보육 서비스 지원 기관

기초자치단체장은 다음에 해당하는 시설을 시간제보육 서비스를 제공하는 "시간제보육서비스지정기관"으로 지정할 수 있다(법 제26조의2 제2항).

① 육아종합지원센터

② 어린이집

③ 그 밖에 시간제보육 서비스의 제공이 가능한 시설로서 교육부령으로 정하는 시설

Ⅶ. 어린이집 이용대상

1. 어린이집 이용대상

어린이집의 이용대상은 보육이 필요한 영유아를 원칙으로 한다. 다만, 필요한 경우 어린이집의 원장은 만 12세까지 연장하여 보육할 수 있다(법 제27조).

2. 보육의 우선 제공 대상자

국가나 지방자치단체, 사회복지법인, 그 밖의 비영리법인이 설치한 어린이집과 대통령령으로 정하는 어린이집의 원장은 다음에 해당하는 자가 우선적으로 어린이집을 이용할 수 있도록 하여야 한다. 다만, 고용촉진시설의 설치 · 운영을 위탁받은 공공단체 또는 비영리법인이 설치 · 운영하는 어린이집의 원장은 근로자의 자녀가 우선적으로 어린이집을 이용하게 할 수 있다(법 제28조 제1항).

① 국민기초생활 수급자

② 한부모가족 지원대상자의 자녀 및 손자녀

③ 국민기초생활 보장법상 차상위계층의 자녀

④ 장애인 중 교육부령으로 정하는 장애 정도에 해당하는 자의 자녀

⑤ 장애인 중 교육부령으로 정하는 장애 정도에 해당하는 자가 형제자매인 영유아

⑥ 다문화가족의 자녀

⑦ 국가유공자 중 전몰군경, 상이자로서 교육부령으로 정하는 자, 순직자의 자녀

⑧ 제1형 당뇨를 가진 경우로서 의학적 조치가 용이하고 일상생활이 가능하여 보육에 지장이 없는 영유아

⑨ 그 밖에 소득수준 및 보육수요 등을 고려하여 교육부령으로 정하는 자의 자녀

Ⅷ. 보육과정

1. 보육과정의 내용

보육과정은 영유아의 신체 · 정서 · 언어 · 사회성 및 인지적 발달을 도모할 수 있는 내용을 포함하여야 한다(법 제29조 제1항).

2. 표준보육과정 개발 · 보급

교육부장관은 표준보육과정을 개발 · 보급하여야 하며 필요하면 그 내용을 검토하여 수정 · 보완하여야 한다(법 제29조 제2항). 어린이집의 원장은 제2항의 표준보육과정에 따라 영유아를 보육하도록 노력하여야 한다(법 제29조 제3항).

3. 특별활동 프로그램 실시

어린이집의 원장은 보호자의 동의를 받아 일정 연령 이상의 영유아에게 교육부령으로 정하는 특정한 시간대에 한정하여 보육과정 외에 어린이집 내외에서 이루어지는 "특별활동" 프로그램을 실시할 수 있다. 이 경우 어린이집의 원장은 특별활동에 참여하지 아니하는 영유아를 위하여 특별활동을 대체할 수 있는 프로그램을 함께 마련하여야 한다(법 제29조 제4항).

Ⅸ. 어린이집의 운영

1. 어린이집 생활기록

어린이집의 원장은 영유아 생활지도 및 초등학교 교육과의 연계 지도에 활용할 수 있도록 영유아의 발달상황 등을 종합적으로 관찰 · 평가하여 교육부장관이 정하는 기준에 따라 생활기록부를 작성 · 관리하여야 한다(법 제29조의2).

2. 어린이집 평가

1) **정기적 평가 실시:** 교육부장관은 영유아의 안전과 보육서비스의 질 향상을 위하여 어린이집의 보육환경, 보육과정 운영, 보육인력의 전문성 및 이용자 만족도 등에 대하여 정기적으로 평가를 실시하여야 한다(법 제30조 제1항).

2) **평가결과에 따른 지원:** 교육부장관은 평가 결과에 따라 어린이집 보육서비스의 관리, 어린이집 운영 지원 등 필요한 지원을 할 수 있다(법 제30조 제2항).

3) **재평가 사유:** 교육부장관은 평가를 받은 어린이집에 다음에 해당하는 사유가 발생한 경우에는 그 평가 결과의 효력을 중단하고 재평가를 실시하여야 한다(법 제30조 제4항).
   ① 거짓이나 그 밖의 부정한 방법으로 평가를 받은 경우
   ② 어린이집의 설치 · 운영자가 이 법을 위반하여 금고 이상의 형을 선고받고 그 형이 확정된 경우
   ③ 보조금의 반환명령을 받았거나 행정처분을 받은 경우로서 교육부령으로 정하는 경우
   ④ 어린이집의 대표자 또는 보육교직원이 아동복지법(제17조)상 금지사항를 위반하거나 아동 · 청소년의 성보호에 관한 법률(제2조제2호)의 아동 · 청소년대상 성범죄를 저지른 경우

3. 공공형어린이집

1) **공공형어린이집의 지정:** 교육부장관은 어린이집 운영의 공공성 및 관리체계를 강화하기 위하여 어린이집의 종류 등 교육부령으로 정하는 요건을 갖춘 어린이집을 공공형어린이집으로 지정할 수 있다(법 제30조 의2제2항). 공공형어린이집 지정의 유효기간은 지정을 받은 달의 다음 달 1일부터 3년으로 하고, 3년 단위로 재지정할 수 있다(법 제30조 의2제3항).

2) **공공형어린이집의 지정 취소:** 교육부장관은 지정된 공공형어린이집이 다음에 해당하는 경우에는 그 지정을 취소할 수 있다. 다만, 제1호에 해당하는 경우에는 그 지정을 취소하여야 한다(법 제30조의3 제12항).
   ① 거짓이나 그 밖의 부정한 방법으로 지정을 받은 경우
   ② 지정 요건 또는 재지정 기준을 충족하지 못하게 된 경우
   ③ 공공형어린이집 운영기준을 위반한 경우

제 4 부

노인복지

- 노인복지법
- 기초연금법

제7장

노인복지법

1981.06.05. 법률 제3453호 제정
1989.12.30. 법률 제4178호 제2차 전부개정
1997.08.22. 법률 제5359호 제5차 전부개정
2024.02.06. 법률 제20212호 제74차 일부개정. 2024.08.07. 시행(최신)

제1절 총 칙

Ⅰ. 노인복지의 이념 및 법의 적용대상

1. 노인복지의 기본이념

① 존경과 안정된 생활의 보장(법 제2조 제1항)	노인은 후손의 양육과 국가 및 사회의 발전에 기여하여 온 자로서 존경받으며 건전하고 안정된 생활을 보장받는다.
② 사회활동 참여의 보장(법 제2조 제2항)	노인은 그 능력에 따라 적당한 일에 종사하고 사회적 활동에 참여할 기회를 보장받는다.
③ 노인 스스로의 자각(법 제2조 제3항)	노인은 노령에 따르는 심신의 변화를 자각하여 항상 심신의 건강을 유지하고 그 지식과 경험을 활용하여 사회의 발전에 기여하도록 노력하여야 한다.
④ 가족제도의 유지 · 발전(법 제3조)	국가와 국민은 경로효친의 미풍양속에 따른 건전한 가족제도가 유지 · 발전되도록 노력해야 한다.[1]

2. 법의 적용대상으로서의 노인

노인복지법은 그 적용대상을 노인으로 하고 있다. 그러나 노인에 대한 구체적인 규정을 두지 않고 다만 복지조치의 개별조항에 65세 이상이라고 연령을 기준으로 일률적으로 규정하고 있다(제26조, 제28조 제1항 등). 다만 65세 미만이라도 '그 노쇠현상이 현저하여[2] 특별히 보호할 필요가 있다고 인정될 때'라고 하여 예외규정을 두었다(제28조 제2항).

1) 이것은 어디까지나 선언적인 규정으로 경로주간 설정과 함께 우리 고유의 좋은 전통을 보존하고자 하는 국가의지의 상징적 표현이라 할 수 있다. 그러나 이 규정에 대하여 국가의 노인복지에 대한 책임을 가족에게 떠넘기려는 발상이라는 비판 의견이 있다.
2) "현저한 노쇠현상"에 대한 명확한 규정이 없어 입법불비에 대한 논쟁이 생길 수 있을 것이다.

Ⅱ. 노인의 보건 · 복지증진에 대한 책임

1. 국가 · 지방자치단체의 책임

1) **노인의 보건 · 복지 증진시책 강구:** 국가와 지방자치단체는 노인의 보건 및 복지증진의 책임이 있으며, 이를 위한 시책을 강구하여 추진하여야 한다(법 제4조 제1항).
2) **노인복지 기본이념의 구현:** 국가와 지방자치단체는 노인복지시책을 강구함에 있어 노인복지법에 규정된 기본이념이 구현되도록 노력하여야 한다(법 제4조 제2항).
3) **안전사고의 예방:** 국가와 지방자치단체는 노인의 안전을 보장하고 낙상사고 등 노인에게 치명적인 사고를 예방하기 위하여 필요한 시책을 수립 · 시행하여야 한다(법 제4조의2 제1항).
4) **고령친화도시조성:** 국가와 지방자치단체는 지역정책과 발전과정에 노인이 능동적으로 참여하고 노인의 역량 강화, 돌봄 및 안전, 건강하고 활력 있는 노후생활이 구현되도록 정책을 운영하는 지역, 즉 "고령친화도시"를 조성하도록 노력하여야 한다(법 제4조의3 제1항). 보건복지부장관은 기초자치단체를 고령친화도시로 지정하고 이를 지원할 수 있다(법 제4조의3 제2항).

2. 노인 관련 사업경영자의 책임

노인의 일상생활에 관련되는 사업을 경영하는 자는 그 사업을 경영함에 있어 노인의 보건복지가 증진되도록 노력하여야 한다(법 제4조 제3항).

3. 비밀누설의 금지

이 법에 의한 학대노인의 보호와 관련된 업무에 종사하였거나 종사하는 자는 그 직무상 알게 된 비밀을 누설하지 못한다(법 제39조의12). 직무상 알게 된 비밀을 누설한 자는 1년 이하의 징역 또는 1천만원 이하의 벌금에 처한다(법 제57조 제5호). 양벌규정(제60조).

Ⅲ. 노인 관련 기념일

1. **노인의 날 · 경로의 달:** 노인에 대한 사회적 관심과 공경의식을 높이기 위하여 경로효친의 사상을 앙양하고 노인의 생활의욕을 높이기 위하여 매년 10월 2일을 노인의 날로,

매년 10월을 경로의 달로 정했다(법 제6조 제1항).

2. **어버이날:** 부모에 대한 효사상을 앙양하기 위하여 매년 5월 8일을 어버이날로 정했다(법 제6조 제2항).
3. **노인학대예방의 날:** 국민적으로 노인학대에 대한 인식을 높이고 관심을 유도하기 위하여 매년 6월 15일을 노인학대예방의 날로 지정하고, 국가와 지방자치단체는 노인학대예방의 날의 취지에 맞는 행사와 홍보를 실시하도록 노력하여야 한다(법 제6조 제2항).

제2절 노인복지 전문요원

1. 노인복지상담원

노인복지법은 노인의 복지를 담당하게 하기 위하여 특별자치도와 시 · 군 · 구에 노인복지상담원을 둔다(법 제7조 제1항).

2. 노인요양보호사[3)]

1) **요양보호사의 직무 및 채용:** 노인복지시설의 설치 · 운영자는 보건복지부령으로 정하는 바에 따라 노인 등의 신체활동 또는 가사활동 지원 등의 업무를 전문적으로 수행하는 요양보호사를 두어야 한다(법 제39조의2 제1항).
2) **요양보호사의 자격:** 요양보호사가 되려는 자는 요양보호사교육기관에서 교육과정을 마치고 시 · 도지사가 실시하는 요양보호사 자격시험에 합격하여야 한다(법 제39조의2 제2항). 시 · 도지사는 요양보호사 교육과정을 마친 자에게 요양보호사의 자격을 검정하고 자격증을 교부하여야 한다(법 제39조의2 제3항).
3) **요양보호사의 결격사유:** 다음에 해당하는 사람은 요양보호사가 될 수 없다(법 제39조의13).
   ① 정신질환자. 다만, 전문의가 요양보호사로서 적합하다고 인정하는 사람은 제외
   ② 마약 · 대마 또는 향정신성의약품 중독자

3) 가정봉사원을 요양보호사로 명칭을 바꾸고 전문직화하였다. 노인들에게 양질의 요양서비스를 제공하고, 노인요양보험제도의 도입에 대비하여 전문인력을 양성할 필요에 따라 요양보호사 자격인정제를 도입하였다. 노인복지법 개정안 심사보고서는 "노인장기요양보험이 제정 · 실시됨에 따라 필요한 요양인력이 2010년 51,955명인 것으로 예상되므로 요양인력기준을 명확히 하고 질 높은 수발(요양)인력을 확보할 필요성이 있다."고 지적하였다(노인복지법 개정안 국회보건복지위원회 심사보고 참조).

③ 피성년후견인

④ 금고 이상의 형을 선고받고 그 형의 집행이 종료되지 아니하였거나 그 집행을 받지 아니하기로 확정되지 아니한 사람

⑤ 법원의 판결에 따라 자격이 정지 또는 상실된 사람

⑥ 요양보호사의 자격이 취소된 날부터 1년이 경과되지 아니한 사람

4) 요양보호사 자격의 취소: 시 · 도지사는 요양보호사가 다음에 해당하는 경우 그 자격을 취소할 수 있다. 다만, 제1호~제3호까지의 경우 자격을 반드시 취소하여야 한다(법 제39조의14 제1항). 그러나 제4, 5호의 경우에는 사안의 경중에 따라 자격을 취소할 수 있다.

① 요양보호사의 결격사유(법 제39조의13)에 해당하게 된 경우

② 금지행위(법 제39조의9)를 위반하여 처벌을 받은 경우

③ 거짓이나 그 밖의 부정한 방법으로 자격증을 취득한 경우

④ 영리를 목적으로 노인 등에게 불필요한 요양서비스를 알선 · 유인하거나 이를 조장한 경우

⑤ 자격증을 대여 · 양도 또는 위조 · 변조한 경우

5) 요양보호사의 배치 및 자격증의 교부

(1) 노인복지시설의 요양보호사 배치: 노인복지시설의 설치 · 운영자는 노인 등의 신체활동 또는 가사활동 지원 등의 업무를 전문적으로 수행하는 요양보호사를 두어야 한다(법 제39조의2 제1항).

(2) 요양보호사의 양성교육과 자격시험: 요양보호사가 되려는 사람은 '요양보호사교육기관'에서 교육과정을 마치고 시 · 도지사가 실시하는 요양보호사 자격시험에 합격하여야 한다(법 제39조의2 제2항). 요양보호사 자격시험에 합격한 사람에게 요양보호사 자격증을 교부하여야 한다(법 제39조의2 제3항).

(3) 요양보호사자격증의 대차 또는 알선금지: 자격증을 교부받은 사람은 다른 사람에게 그 자격증을 빌려주어서는 아니 되고, 누구든지 그 자격증을 빌려서는 아니 된다(법 제39조의2 제7항). 자격증을 빌려주거나 빌리는 것을 알선한 자는 1년 이하의 징역 또는 1천만원 이하의 벌금에 처한다(법 제57조 제2의3호). 양벌규정(법 제60조).

6) 요양보호사교육기관

(1) 요양보호사교육기관의 지정: 시 · 도지사는 요양보호사의 양성을 위하여 지정기준에 적

합한 시설을 요양보호사교육기관으로 지정 · 운영하여야 한다(법 제39조의3 제1항). 지정을 받지 아니하고 요양보호사교육기관을 설치하거나 운영한 자는 1년 이하의 징역 또는 1천만원 이하의 벌금에 처한다(법 제57조 제3호). 양벌규정(법 제60조).

(2) **요양보호사교육기관의 지정취소:** 시 · 도지사는 요양보호사교육기관이 다음에 해당하는 경우 사업의 정지를 명하거나 그 지정을 취소할 수 있다. 다만, 제1호에 해당하는 경우 지정을 취소하여야 한다(법 제39조의3 제1항).

① 거짓이나 그 밖의 부정한 방법으로 요양보호사교육기관으로 지정을 받은 경우
② 지정기준에 적합하지 아니하게 된 경우
③ 교육과정을 1년 이상 운영하지 아니하는 경우
④ 정당한 사유 없이 보고 또는 자료제출을 하지 아니하거나 거짓으로 한 경우 또는 조사 · 검사를 거부 · 방해하거나 기피한 경우
⑤ 요양보호사교육기관을 설치 · 운영하는 자가 교육 이수 관련 서류를 거짓으로 작성한 경우

3. 노인복지명예지도원

복지실시기관은 양로시설, 노인공동생활가정, 노인복지주택, 노인요양시설 및 노인요양공동생활가정의 입소노인의 보호를 위하여 노인복지명예지도원을 둘 수 있다(법 제51조 제1항). 노인복지명예지도원은 당해 지역사회의 실정에 밝고 노인복지에 관한 학식과 경험이 풍부한 자 중에서 위촉한다(령 제25조 제1항).

제3절 노인에 대한 보건 · 복지의 조치

Ⅰ. 노인의 사회참여

1. 노인 사회참여의 시책 강구

국가 또는 지방자치단체는 노인의 사회참여 확대를 위하여 노인의 봉사활동 기회를 넓히고 노인에게 적합한 직종의 개발과 그 보급을 위한 시책을 강구하며 근로능력 있는 노인에게 일할 기회를 우선적으로 제공하도록 노력하여야 한다(법 제23조 제1항).

2. 노인의 사회참여사업 지원

국가 또는 지방자치단체는 노인의 지역봉사활동 및 취업의 활성화를 기하기 위하여 노인지역봉사기관, 노인취업알선기관 등 노인복지관계 기관에 대하여 필요한 지원을 할 수 있다(법 제23조 제2항).[4]

3. 노인일자리전담기관

1) **노인일자리전담기관의 종류:** 노인의 능력과 적성에 맞는 일자리지원사업을 전문적 · 체계적으로 수행하기 위한 전담기관은 다음의 기관으로 한다(법 제23조의2 제1항).

① **노인인력개발기관:** 노인일자리개발 · 보급사업, 조사사업, 교육 · 홍보 및 협력사업, 프로그램인증 · 평가사업 등을 지원하는 기관

② **노인일자리지원기관:** 지역사회 등에서 노인일자리의 개발 · 지원, 창업 · 육성 및 노인에 의한 재화의 생산 · 판매 등을 직접 담당하는 기관

③ **노인취업알선기관:** 노인에게 취업 상담 및 정보를 제공하거나 노인일자리를 알선하는 기관

2) **노인일자리전담기관의 설치 · 운영:** 국가 또는 지방자치단체는 노인일자리전담기관을 설치 · 운영하거나 그 운영의 전부 또는 일부를 법인 · 단체 등에 위탁할 수 있다(법 제23조의2 제2항).

4. 지역봉사지도원 위촉 및 업무

국가 또는 지방자치단체는 사회적 신망과 경험이 있는 노인으로서 지역봉사를 희망하는 경우에는 이를 지역봉사지도원으로 위촉할 수 있다(법 제24조 제1항). 지역봉사지도원의 업무는 다음과 같다(법 제24조 제2항).

① 국가 또는 지방자치단체가 행하는 업무 중 민원인에 대한 상담 및 조언

② 도로의 교통정리, 주 · 정차단속의 보조, 자연보호 및 환경침해 행위단속의 보조와 청소년 선도

③ 충효사상, 전통의례 등 전통문화의 전수교육

---

4) 노인들의 취업, 자원봉사활동, 노인교육참여 등은 노인의 삶의 질 향상과 생활만족도를 증진시키는 데 가장 효과적이다. 노인복지정책을 요보호노인에게 한정지을 것이 아니라 전체 노인에게 확대시킬 때 국가 또는 지방자치단체의 노인사회참여에 관심을 갖는다는 것은 절대적으로 필요한 조치인 것이다.

④ 국가유산의 보호 및 안내
⑤ 노인에 대한 교통안전 및 교통사고예방 교육
⑥ 기타 대통령령이 정하는 업무

5. 생업지원

1) **공공단체의 매점 등 노인 신청자에 우선허가:** 국가, 지방자치단체, 그 밖의 공공단체 중 대통령령으로 정하는 기관은 소관 공공시설에 식료품 · 사무용품 · 신문 등 일상생활 용품의 판매를 위한 매점이나 자동판매기의 설치를 허가 또는 위탁할 때에는 65세 이상 노인의 신청이 있는 경우 이를 우선적으로 반영하여야 한다(법 제25조 제1항).
2) **노인을 20% 이상 채용한 업체에 우선:** 국가, 지방자치단체, 그 밖의 공공단체 중 대통령령으로 정하는 기관은 소관 공공시설에 청소, 주차관리, 매표 등의 사업을 위탁하는 경우에는 65세 이상 노인을 100분의 20 이상 채용한 사업체를 우선적으로 고려할 수 있다(법 제25조 제1항).

Ⅱ. 경로우대

국가 또는 지방자치단체는 노인에 대하여 국가 또는 지방자치단체의 수송시설 및 고궁 · 능원 · 박물관 · 공원 등의 공공시설을 무료로 또는 그 이용요금을 할인하여 이용하게 할 수 있다(법 제26조 제1항). 65세 이상의 자에 대하여 이용요금을 할인할 수 있는 경로우대시설의 종류와 그 할인율은 〈표 8-1〉과 같다(령 제19조 제1항).

〈표 8-1〉 **경로우대시설의 종류와 할인율(령 제19조 제1항 관련 별표 1)**

시설의 종류	할인율(일반요금에 대한 백분율)
1. 철도	
가. 새마을호, 무궁화호	100분의 30
나. 통근열차	100분의 50
다. 수도권전철	100분의 100
2. 도시철도(도시철도 구간 안의 국유전기철도를 포함)	100분의 100
3. 고궁	100분의 100
4. 능원	100분의 100
5. 국공립박물관	100분의 100
6. 국공립공원	100분의 100

시설의 종류	할인율(일반요금에 대한 백분율)
7. 국공립미술관	100분의 100
8. 국공립국악원	100분의 50 이상
9. 국가·지방자치단체 또는 국가나 지방자치단체가 출연하거나 경비를 지원하는 법인이 설치·운영하거나 그 운영을 위탁한 공연장	100분의 50

비고: 1. 철도 및 도시철도의 경우에는 운임에 한한다.
2. 공연장의 경우에는 그 공연장의 운영자가 자체기획한 공연의 관람료에 한한다.
3. 새마을호의 경우 토요일과 공휴일에는 할인율을 적용하지 아니한다.
※ KTX의 경우는 노인복지법에 의해서가 아니라 철도청 자체 프로그램으로 주중에 한해서 30% 할인하고 있다.

국가 또는 지방자치단체는 노인의 일상생활에 관련된 사업을 경영하는 자에게 65세 이상의 자에 대해 할인우대를 하도록 권유할 수 있다(법 제26조 제2항). 다만, "국가 또는 지방자치단체는 노인에게 이용요금을 할인하여 주는 자에 대하여 적절한 지원을 할 수 있다(법 제26조 제3항)."[5)]

Ⅲ. 노인의 건강관리

1. **건강진단의 실시:** 국가 또는 지방자치단체는 65세 이상의 자에 대하여 건강진단과 보건교육을 실시할 수 있다. 이 경우 성별 다빈도 질환 등을 반영하여야 한다(법 제27조 제1항).
2. **건강지도:** 국가 또는 지방자치단체는 건강진단 결과 필요하다고 인정한 때에는 그 건강진단을 받은 자에 대하여 필요한 지도를 하여야 한다(법 제27조 제2항). 보건교육은 복지실시기관이 보건소 또는 보건·의료 관련 기관·단체로 하여금 실시하게 할 수 있다(령 제20조 제2항).
3. **노인성 질환에 대한 의료지원:** 국가 또는 지방자치단체는 노인성 질환자의 경제적 부담능력 등을 고려하여 노인성 질환의 예방교육, 조기발견 및 치료 등에 필요한 비용의 전부 또는 일부를 지원할 수 있다(법 제27조의4 제1항).
4. **노인재활요양사업:** 국가 또는 지방자치단체는 신체적·정신적으로 재활요양을 필요로 하는 노인을 위한 재활요양사업을 실시할 수 있다(법 제30조 제1항).

5) 그러나 이 규정은 현실적으로 잘 지켜지지도 않고 노인들도 이 제도를 활용하기를 꺼려 하는 형편이다. 그리고 이러한 규정은 국가·지방자치단체의 노인복지에 대한 책임을 민간에게 떠넘기는 태도라는 비난을 받고 있다.

Ⅳ. 홀로 사는 노인에 대한 지원

1. **방문요양과 돌봄 등의 서비스:** 국가 또는 지방자치단체는 홀로 사는 노인에 대하여 방문요양과 돌봄 등의 서비스와 안전확인 등의 보호조치를 취하여야 한다(법 제27조의2 제1항). 이러한 사업을 노인 관련 기관 · 단체에 위탁할 수 있으며, 예산의 범위에서 그 사업 및 운영에 필요한 비용을 지원할 수 있다(법 제27조의2 제2항).
2. **독거노인종합지원센터:** 보건복지부장관은 홀로 사는 노인에 대한 돌봄과 관련된 다음의 사업을 수행하기 위하여 독거노인종합지원센터를 설치 · 운영할 수 있다(법 제27조의3 제1항). 보건복지부장관은 독거노인종합지원센터의 운영을 전문 인력과 시설을 갖춘 법인 또는 단체에 위탁할 수 있다(법 제27조의3 제2항).

Ⅴ. 상담 · 입소 등의 조치

1. **상담 · 지도 및 입소조치:** 보건복지부장관, 시 · 도지사 · 특별자치도지사, 시장 · 군수 · 구청장은 노인에 대한 복지를 도모하기 위하여 필요하다고 인정한 때에는 다음의 조치를 하여야 한다(법 제28조 제1항).
   ① 65세 이상의 자 또는 그를 보호하고 있는 자를 관계공무원 또는 노인복지상담원으로 하여금 상담 · 지도하게 하는 것
   ② 65세 이상의 자로서 신체적 · 정신적 · 경제적 이유 또는 환경상의 이유로 거택에서 보호받기가 곤란한 자를 노인주거복지시설 또는 재가노인복지시설에 입소시키거나 입소를 위탁하는 것
   ③ 65세 이상의 자로서 신체 또는 정신상의 현저한 결함으로 인하여 항상 보호를 필요로 하고 경제적 이유로 거택에서 보호받기가 곤란한 자를 노인의료복지시설에 입소시키거나 입소를 위탁하는 것
2. **65세 미만의 자에 대한 보호:** 보건복지부장관 등 복지실시기관은 65세 미만의 자에 대하여도 그 노쇠현상이 현저하여 특별히 보호할 필요가 있다고 인정할 때에는 같은 조치를 할 수 있다(법 제28조 제2항).
3. **입소노인의 장례:** 복지실시기관은 입소조치 된 자가 사망한 경우에 그 자에 대한 장례를 행할 자가 없을 때에는 그 장례를 행하거나 당해 시설의 장으로 하여금 그 장례를 행하게 할 수 있다(법 제28조 제3항).

Ⅵ. 실종(失踪)노인

1. **실종노인의 무단보호 금지:** 누구든지 정당한 사유 없이 사고 또는 치매 등의 사유로 인하여 보호자로부터 이탈된 노인, 즉 '실종노인'을 경찰관서 또는 지방자치단체의 장에게 신고하지 아니하고 보호하여서는 아니 된다(법 제39조의10 제1항).
   정당한 사유 없이 신고하지 아니 하고 실종노인을 보호한 자는 3년 이하의 징역 또는 3천만원 이하의 벌금에 처한다(법 제55조의4 제1의2호). 양벌규정(법 제60조).
2. **실종노인에 관한 신고의무:** 노인복지시설(미인가 · 미신고 시설 포함) 등 '보호시설'의 장 또는 그 종사자는 그 직무를 수행하면서 실종노인임을 알게 된 때에는 지체 없이 보건복지부령으로 정하는 신상카드를 작성하여 지방자치단체의 장과 실종노인 관련 업무를 수행하는 기관의 장에게 제출하여야 한다(법 제39조의10 제2항). 이 규정을 위반하여 신상카드를 제출하지 아니한 자에게는 200만원 이하의 과태료를 부과한다(법 제61조의2 제3항 제2호).
3. **실종노인 발견을 위한 조사:** 경찰청장, 시 · 도지사 또는 시장 · 군수 · 구청장은 실종노인의 발견을 위하여 필요한 때에는 보호시설의 장 또는 그 종사자에게 필요한 보고 또는 자료제출을 명하거나 소속 공무원으로 하여금 보호시설에 출입하여 관계인 또는 노인에 대하여 필요한 조사 또는 질문을 하게 할 수 있다(법 제39조의11 제2항).

※ **거짓보고에 대한 과태료:** 이 명령을 위반하여 보고 또는 자료제출을 하지 아니하거나 거짓으로 보고하거나 거짓 자료를 제출한 자에게는 500만원 이하의 과태료를 부과한다(법 제61조의2 제1항).

※ **특수 공무집행방해에 대한 형사처벌:** 위계 또는 위력을 행사하여 관계 공무원의 출입 또는 조사를 거부하거나 방해한 자는 3년 이하의 징역 또는 3천만원 이하의 벌금에 처한다(법 제55조의4 제2호). 양벌규정(법 제60조).

제 4 절 학대받는 노인에 대한 복지조치

Ⅰ. 총 칙

1. 노인학대의 정의

'노인학대'라 함은 노인에 대하여 신체적 · 정신적 · 정서적 · 성적 폭력 및 경제적 착취 또는 가혹행위를 하거나 유기 또는 방임을 하는 것을 말한다(법 제1조의2 제4호).

'노인학대관련범죄'란 보호자에 의한 65세 이상 노인에 대한 노인학대로서 형법의 범죄에 해당되는 죄를 말한다(법 제1조의2 제5호).

2. 긴급전화의 설치

국가 및 지방자치단체는 노인학대[6]를 예방하고 수시로 신고를 받을 수 있도록 긴급전화를 설치하여야 한다(법 제39조의4 제1항). 국가 및 지방자치단체는 노인보호전문기관에 전국적으로 통일된 번호로 매일 24시간 동안 운영되는 긴급전화[7]를 설치하여야 한다(법 제39조의4 제2항; 령 제20조의2 제1항).

3. 노인학대 관련 홍보영상의 제작 · 배포 · 송출

1) **노인학대 관련 홍보영상의 제작 · 배포:** 보건복지부장관은 노인학대의 예방과 방지, 노인학대의 위해성, 신고방법 등에 관한 홍보영상을 제작하여 방송편성책임자에게 배포하여야 한다(법 제6조의2 제1항).
2) **홍보영상의 송출 요청:** 지상파방송사업자에게 비상업적 공익광고 편성비율의 범위에서 홍보영상을 채널별로 송출하도록 요청할 수 있다(법 제6조의2 제2항).
3) **홍보영상의 전광판 송출 요청:** 전광판방송사업자에게 비상업적 공익광고 편성비율의 범위에서 홍보영상을 전광판으로 송출하도록 요청할 수 있다(법 제6조의2 제3항).

Ⅱ. 노인학대 신고와 절차

1. 노인학대에 관한 신고

1) **노인보호전문기관에 신고:** 누구든지 노인학대를 알게 된 때에는 노인보호전문기관 또

6) 여기서 '노인학대'라 함은 노인에 대하여 신체적 · 정신적 · 정서적 · 성적 폭력 및 경제적 착취 또는 가혹행위를 하거나 유기 또는 방임을 하는 것을 말한다(법 제1조의2 제4호).

7) 보건복지부는 국민이 쉽게 보건복지서비스를 받을 수 있도록 관련 전화번호를 129번으로 통합 · 연계하여 운영하고 있다. 즉, 노인학대(1389), 아동학대(1391), 푸드뱅크(1377), 위기가정(1688-1004), 치매(1588-0678), 자살(1577-0199) 및 암(1577-8899)은 혼란을 최소화하고 민간상담기관의 행정적인 준비를 위해 2006년 말까지 129와 병행 운영하다가, 2007년부터 129번으로 통합하였다. 의료적 긴급처치가 필요한 응급의료(1339), 국민연금(1355), 건강보험(1588-1125)은 전화번호를 폐지하지 않고 129번과 상호 원활한 연계체계를 구축하였다.

는 수사기관에 신고할 수 있다(법 제39조의6 제1항).

2) **노인학대 신고의무자:** 다음에 해당하는 자는 그 직무상 65세 이상의 사람에 대한 노인학대를 알게 된 때에는 즉시 노인보호전문기관 또는 수사기관에 신고하여야 한다(법 제39조의6 제2호). 이를 위반하여 노인학대를 신고하지 아니한 사람에게는 500만원 이하의 과태료를 부과한다(법 제61조의2 제2항 제2호).

① 의료기관에서 의료업을 행하는 의료인 및 의료기관의 장
② 방문요양과 돌봄이나 안전 확인 등의 서비스 종사자, 노인복지시설의 장과 그 종사자 및 노인복지상담원
③ 장애인복지시설에서 장애노인에 대한 상담 · 치료 · 훈련 또는 요양업무를 수행하는 사람
④ 가정폭력 관련 상담소 및 가정폭력피해자 보호시설의 장과 그 종사자
⑤ 사회복지전담공무원 및 사회복지시설의 장과 그 종사자
⑥ 장기요양기관의 장과 그 종사자
⑦ 119구급대의 구급대원
⑧ 건강가정지원센터의 장과 그 종사자
⑨ 다문화가족지원센터의 장과 그 종사자
⑩ 성폭력피해상담소 및 성폭력피해자보호시설의 장과 그 종사자
⑪ 응급구조사
⑫ 의료기사
⑬ 국민건강보험공단 소속 요양직 직원
⑭ 지역보건의료기관의 장과 종사자
⑮ 노인복지시설 설치 및 관리 업무 담당 공무원
⑯ 사회복지시설에서 복무하는 사회복무요원(노인을 직접 대면하는 업무에 복무하는 사람으로 한정)

3) **신고인의 신분보장:** 신고인의 신분은 보장되어야 하며 그 의사에 반하여 신분이 노출되어서는 아니 된다(법 제39조의6 제3항). 이를 위반하여 신고인의 신분보호 및 신원노출 금지의무를 위반한 자는 1년 이하의 징역 또는 1천만원 이하의 벌금에 처한다(법 제57조 제4호). 양벌규정(법 제60조).

4) **신고의무자에 대한 교육:** 관계 중앙행정기관의 장은 노인학대에 관한 신고 의무가 있는 사람의 자격취득 교육과정이나 보수교육 과정에 노인학대 예방 및 신고의무와 관련된 교육 내용을 포함하도록 하여야 한다(법 제39조의6 제4항).

2. 노인학대에 대한 응급조치

1) **지체 없는 현장출동:** 노인학대 신고를 접수한 노인보호전문기관의 직원이나 사법경찰관리는 지체 없이 노인학대의 현장에 출동하여야 한다. 이 경우 노인보호전문기관의 장이나 수사기관의 장은 서로 동행하여 줄 것을 요청할 수 있고, 그 요청을 받은 때에는 정당한 사유가 없으면 소속 직원이나 사법경찰관리를 현장에 동행하도록 하여야 한다(법 제39조의7 제1항).

2) **관계인 조사:** 출동한 노인보호전문기관의 직원이나 사법경찰관리는 피해자를 보호하기 위하여 신고된 현장에 출입하여 관계인에 대하여 조사를 하거나 질문을 할 수 있다. 이 경우 노인보호전문기관의 직원은 피해노인의 보호를 위한 범위에서만 조사 또는 질문을 할 수 있다(법 제39조의7 제2항).

※ **업무방해에 대한 처벌:** 이러한 업무를 수행 중인 노인보호전문기관의 직원에 대하여 폭행 또는 위력으로써 그 업무를 방해한 자는 5년 이하의 징역 또는 5천만원 이하의 벌금에 처한다(법 제55조의3 제1항 제1호). 양벌규정(법 제60조).

※ **특수 업무방해에 대한 처벌:** 단체 또는 다중의 위력을 보이거나 위험한 물건을 휴대하고 업무방해의 죄를 범하여 노인보호전문기관의 직원을 상해에 이르게 한 때에는 3년 이상의 유기징역에 처한다. 사망에 이르게 한 때에는 무기 또는 5년 이상의 징역에 처한다(법 제55조의3 제3항). 양벌규정(법 제60조).

3) **노인학대자로부터 분리 조사:** 조사 또는 질문을 하는 노인보호전문기관의 직원이나 사법경찰관리는 피해자 · 신고자 · 목격자 등이 자유롭게 진술할 수 있도록 노인학대행위자로부터 분리된 곳에서 조사하는 등 필요한 조치를 하여야 한다(법 제39조의7 제4항).

4) **노인보호전문기관에 인도:** 현장에 출동한 자는 학대받은 노인을 노인학대행위자로부터 분리하거나 치료가 필요하다고 인정할 때에는 노인보호전문기관 또는 의료기관에 인도하여야 한다(법 제39조의7 제5항). 이러한 업무를 수행 중인 노인보호전문기관의 직원에 대하여 폭행 또는 위력으로써 그 업무를 방해한 자는 5년 이하의 징역 또는 5천만원 이하의 벌금에 처한다(법 제55조의3 제1항 제1호). 양벌규정(법 제60조). 상습범에 대한 가중처벌(법 제59조의2).[8]

5) **조사 거부 또는 방해자에 대한 조치:** 누구든지 정당한 사유 없이 노인학대 현장에 출동한 자에 대하여 현장조사를 거부하거나 업무를 방해하여서는 아니 된다(법 제39조의7

8) 상습적으로 같은 죄를 범한 경우에는 각 그 죄에서 정한 형의 2분의 1까지 가중한다(법 제59조의2)

제6항). 이러한 업무를 수행 중인 노인보호전문기관의 직원에 대하여 폭행 또는 위력으로써 그 업무를 방해한 자는 5년 이하의 징역 또는 5천만원 이하의 벌금에 처한다(법 제55조의3 제1항 제1호). 양벌규정(법 제60조).

3. 보조인의 선임

학대받은 노인의 법정대리인, 직계친족, 형제자매, 노인보호전문기관의 상담원 또는 변호사는 노인학대사건의 심리에 있어서 보조인이 될 수 있다. 다만, 변호사가 아닌 경우에는 법원의 허가를 받아야 한다(법 제39조의8 제1항). 법원은 학대받은 노인을 증인으로 신문하는 경우 본인 · 검사 또는 노인보호전문기관의 신청이 있는 때에는 본인과 신뢰관계에 있는 자의 동석을 허가할 수 있다(법 제39조의8 제2항).

4. 노인에 대한 금지행위

누구든지 노인(65세 이상의 자)에 대하여 다음의 행위를 하여서는 아니 된다(법 제39조의9).

① **노인의 신체에 폭행을 가하거나 상해를 입히는 행위:**

- **폭행:** 5년 이하의 징역 또는 5천만원 이하의 벌금에 처한다(법 제55조의3 제1항 제2호). 양벌규정(법 제60조). 상습범 가중처벌(법 제59조의2).
- **상해:** 7년 이하의 징역 또는 7천만원 이하의 벌금(법 제55조의2). 양벌규정(법 제60조). 상습범에 대한 가중처벌(법 제59조의2).

② **노인에게 성적 수치심을 주는 성폭행 · 성희롱 등의 행위**[9]**:** 5년 이하의 징역 또는 5천만원 이하의 벌금(법 제55조의3 제1항 제2호). 양벌규정(법 제60조).

③ **자신의 보호 · 감독을 받는 노인을 유기하거나 의식주를 포함한 기본적 보호 및 치료를 소홀히 하는 방임행위:** 5년 이하의 징역 또는 5천만원 이하의 벌금(법 제55조의3 제1항 제1호). 양벌규정(법 제60조).

④ **노인에게 구걸을 하게 하거나 노인을 이용하여 구걸하는 행위:** 5년 이하의 징역 또는 5천만원 이하의 벌금(법 제55조의3 제1항 제1호). 양벌규정(법 제60조).

⑤ **노인을 위하여 증여 또는 급여된 금품을 그 목적 외의 용도에 사용하는 행위:** 3년 이하의

9) 형법 강간죄의 형은 3년 이상의 유기징역에 처한다(형법 제297조). 또 강제추행죄는 10년 이하의 징역 또는 1천 5백만원 이하의 벌금에 처한다(형법 제298조). 이러한 형벌규정에 비추어 볼 때 노인복지법의 노인에 대한 처벌은 오히려 더 가볍게 되었다.

징역 또는 3천만원 이하의 벌금(법 제55조의4 제1호). 상습범에 대한 가중처벌(법 제59조의2).

⑥ **폭언, 협박, 위협 등으로 노인의 정신건강에 해를 끼치는 정서적 학대행위:** 5년 이하의 징역 또는 5천만원 이하의 벌금(법 제55조의3 제1항 제6호).

5. 노인복지시설 등에 대한 출입조사

경찰청장, 시 · 도지사 또는 시장 · 군수 · 구청장은 실종노인의 발견을 위하여 필요한 때에는 보호시설의 장 또는 그 종사자에게 필요한 보고 또는 자료제출을 명하거나 소속 공무원으로 하여금 보호시설에 출입하여 관계인 또는 노인에 대하여 필요한 조사 또는 질문을 하게 할 수 있다(법 제39조의11 제2항).

위계 또는 위력을 행사하여 관계 공무원의 출입 또는 조사를 거부하거나 방해한 자는 3년 이하의 징역 또는 3천만원 이하의 벌금에 처한다(법 제55조의4 제2호). 명령을 위반하여 보고 또는 자료제출을 하지 아니하거나 거짓으로 보고하거나 거짓 자료를 제출한 자에게는 500만원 이하의 과태료를 부과한다(법 제61조의2 제2항 제1호).

6. 비밀누설의 금지

이 법에 의한 학대노인의 보호와 관련된 업무에 종사하였거나 종사하는 자는 그 직무상 알게 된 비밀을 누설하지 못한다(법 제39조의12). 이를 위반하여 직무상 알게 된 비밀을 누설한 자는 3년 이하의 징역 또는 3천만원 이하의 벌금에 처한다(법 제55조의4 제3호). 양벌규정(법 제60조).

Ⅲ. 노인학대행위자에 대한 상담 · 교육

노인보호전문기관의 장은 노인학대행위자에 대하여 상담 · 교육 및 심리적 치료 등 필요한 지원을 제공하여야 한다(법 제39조의16 제1항). 노인학대행위자는 노인보호전문기관의 장이 상담 · 교육 및 심리적 치료 등을 제공하는 경우에는 정당한 사유가 없으면 상담 · 교육 및 심리적 치료 등을 받아야 한다(법 제39조의16 제2항). 정당한 사유 없이 상담교육 및 심리적 치료 등을 받지 아니한 노인학대행위자는 300만원 이하의 과태료를 부과한다(법 제61조 제3항 제1호).

Ⅳ. 노인학대행위자의 노인관련기관 취업제한

1. 취업제한 대상 기관

법원은 노인학대관련범죄로 형 또는 치료감호를 선고하는 경우에는 그 형 또는 치료감호의 전부 또는 일부의 집행을 종료하거나 집행이 유예·면제된 날(벌금형은 그 형의 확정일)부터 '취업제한기간' 동안 '노인관련기관'을 운영하거나 노인관련기관에 취업 또는 사실상 노무를 제공할 수 없도록 하는 '취업제한명령'을 판결과 동시에 선고하여야 한다. 다만, 재범의 위험성이 현저히 낮은 경우, 그 밖에 취업을 제한하여서는 아니 되는 특별한 사정이 있다고 판단하는 경우에는 그러하지 아니하다(법 제39조의17 제1항).

2. 취업제한기간의 상한: 10년

취업제한기간은 10년을 초과하지 못한다(법 제39조의17 제2항).

3. 관련 전문가의 의견청취

법원은 취업제한명령을 선고하려는 경우에는 정신건강의학과 의사, 심리학자, 사회복지학자, 노인학대 관련 전문가, 그 밖의 관련 전문가로부터 취업제한명령 대상자의 재범 위험성 등에 관한 의견을 들을 수 있다(법 제39조의17 제3항).

4. 노인관련기관 설립자의 경력조회

노인관련기관의 설치 신고·인가·허가 등을 관할하는 '관할행정기관의 장'은 노인관련기관을 운영하려는 자에 대하여 본인의 동의를 받아 관계 기관의 장에게 노인학대관련범죄 경력조회를 요청하여야 한다. 다만, 노인관련기관을 운영하려는 자가 노인학대관련범죄 경력 조회 회신서를 관할행정기관의 장에게 직접 제출한 경우에는 노인학대관련범죄 경력 조회를 한 것으로 본다(법 제39조의17 제4항).

5. 취업자등에 대한 경력 조회

노인관련기관의 장은 그 기관에 취업 중이거나 사실상 노무를 제공 중인 사람 또는 취업하려 하거나 사실상 노무를 제공하려는 사람, 즉 '취업자등'에 대하여 노인학대관련범죄 경력을 확인하여야 하며, 이 경우 본인의 동의를 받아 관계 기관의 장에게 노인학대관련범죄 경력 조회를 요청하여야 한다. 다만, 취업자등이 노인학대관련범죄 경력 조회 회신서를 노인관련기관의 장에게 직접 제출한 경우에는 노인학대관련범죄 경력 조회를 한 것으로 본다(법 제39조의17 제5항). 이를 위반하여 취업자등에 대하여 노인학대관련범죄 경력을 확인하지 아니한 노인관련기관의 장에게는 500만원 이하의 과태료를 부과한다(법 제61조의2 제2항 제3호).

6. 관할행정기관의 점검 · 확인 및 자료제출 요구

관할행정기관의 장은 취업제한명령을 선고받은 사람이 노인관련기관을 운영하거나 노인관련기관에 취업 또는 사실상 노무를 제공하고 있는지를 직접 또는 관계 기관 조회 등의 방법으로 연 1회 이상 점검 · 확인하고 그 결과를 관계 중앙행정기관의 장에게 제출하여야 한다(법 제39조의17 제6항). 관할행정기관의 장은 점검 · 확인을 위하여 필요한 경우에는 노인관련기관의 장에게 관련 자료의 제출을 요구할 수 있다(법 제39조의17 제7항).

7. 취업제한명령을 선고받은 자에 대한 해임

노인관련기관의 장은 취업제한명령을 선고받은 사람이 노인관련기관에 취업 또는 사실상 노무를 제공하고 있는 것을 알게 된 때에는 즉시 해임하여야 한다(법 제39조의17 제8항).

8. 취업제한명령을 위반한 기관에 대한 제재(制裁)

관할행정기관의 장은 취업제한명령을 위반하여 노인관련기관을 운영 중인 노인관련기관의 장에게 운영 중인 노인관련기관의 폐쇄를 요구하여야 하며, 취업제한명령을 위반하여 노인관련기관에 취업하거나 사실상 노무를 제공하고 있는 사람이 있으면 해당 노인관련기관의 장에게 그의 해임을 요구하여야 한다(법 제39조의17 제9항). 해임요구를 정당한 사유 없이 거부하거나 1개월 이내에 이행하지 아니하는 노인관련기관의 장에게는 1천만원 이하의 과태료를 부과한다(법 제61조의2 제1항).

9. 폐쇄요구 거부에 대한 인 · 허가 취소

관할행정기관의 장은 노인관련기관의 장이 정당한 사유 없이 폐쇄요구를 거부하거나 3개월 이내에 요구사항을 이행하지 아니하는 경우에는 해당 노인관련기관을 폐쇄하거나 그 허가 ·

인가 등을 취소하거나 관계 행정기관의 장에게 이를 요구할 수 있다(법 제39조의17 제10항).

Ⅴ. 위반사실의 공표

1. 처벌받은 법인 · 시설의 위반사실 공표

보건복지부장관, 시 · 도지사 또는 시장 · 군수 · 구청장은 금지행위로 처벌을 받은 법인 등이 운영하는 시설에 대하여 그 위반행위, 처벌내용, 해당 법인 또는 시설의 명칭, 대표자 성명, 시설장 성명(대표자와 동일인이 아닌 경우만 해당) 및 그 밖에 다른 시설과의 구별에 필요한 사항으로서 대통령령으로 정하는 사항을 공표할 수 있다. 이 경우 공표 여부를 결정할 때에는 그 위반행위의 동기, 정도, 횟수 및 결과 등을 고려하여야 한다(법 제39조의18 제1항).

2. 처벌받은 종사자의 위반사실 공표

보건복지부장관, 시 · 도지사 또는 시장 · 군수 · 구청장은 처분을 받거나 처벌을 받은 자로서 금지행위로 노인의 생명을 해치거나 신체 또는 정신에 중대한 피해를 입힌 노인복지시설의 장과 종사자에 대하여 법 위반 이력과 명단, 그 밖에 대통령령으로 정하는 사항을 공표할 수 있다. 이 경우 공표여부를 결정할 때에는 그 위반행위의 동기, 정도, 횟수 및 결과 등을 고려하여야 한다(법 제39조의18 제2항).

3. 공표대상자의 소명기회 부여

보건복지부장관, 시 · 도지사 또는 시장 · 군수 · 구청장은 공표를 실시하기 전에 공표대상자에게 그 사실을 통지하여 소명자료를 제출하거나 출석하여 의견진술을 할 수 있는 기회를 부여하여야 한다(법 제39조의18 제3항).

Ⅵ. 학대피해노인 전용쉼터

국가와 지방자치단체는 '학대피해노인'을 일정기간 보호하고 심신 치유 프로그램을 제공하기 위하여 학대피해노인 전용'쉼터'를 설치 · 운영할 수 있다(법 제39조의19 제1항). 국가와 지방자치단체는 쉼터의 운영업무를 노인보호전문기관에 위탁할 수 있다. 이 경우 국가와 지방자치단체는 위탁에 소요되는 비용을 지원할 수 있다.

Ⅶ. 노인학대의 사후관리

1. 노인학대 재발방지를 위한 지원

노인보호전문기관의 장은 노인학대가 종료된 후에도 가정방문, 시설방문, 전화상담 등을 통하여 노인학대의 재발 여부를 확인하여야 한다(법 제39조의20 제1항). 노인보호전문기관의 장은 노인학대가 종료된 후에도 노인학대의 재발 방지를 위하여 필요하다고 인정하는 경우 피해노인 및 보호자를 포함한 피해노인의 가족에게 상담, 교육 및 의료적 · 심리적 치료 등의 지원을 하여야 한다(법 제39조의20 제2항).

2. 보호자 · 가족들의 협조

피해노인의 보호자 · 가족은 정당한 사유 없이 노인보호전문기관의 업무 수행을 거부하거나 방해하여서는 아니 된다(법 제39조의20 제5항). 정당한 사유 없이 노인보호전문기관의 업무 수행을 거부하거나 방해한 피해노인의 보호자가족에게는 300만원 이하의 과태료를 부과한다(법 제61조의2 제3항 제2호).

Ⅷ. 노인학대보도 권고기준 수립 및 준수 협조요청

1. 노인학대보도 권고기준 수립

보건복지부장관은 노인의 인권보호 및 노인학대 예방에 관한 정확한 정보의 제공 등을 위하여 대통령령으로 정하는 관계 중앙행정기관의 장과 협의하여 언론의 노인학대보도에 대한 권고기준을 수립하고 그 이행확보 방안을 마련하여야 한다(법 제39조의21 제1항).

2. 언론에 대한 권고기준 준수 요청

보건복지부장관은 방송 · 신문 · 잡지 및 인터넷신문 등 언론에 대하여 노인학대보도에 대한 권고기준을 준수하도록 협조를 요청할 수 있다. 이 경우 언론은 협조요청을 적극 이행하도록 노력하여야 한다(법 제39조의21 제2항).

제5절 노인복지시설

노인복지법은 노인복지시설의 종류를 ① 노인주거복지시설, ② 노인의료복지시설, ③ 노인여가복지시설, ④ 재가노인복지시설, ⑤ 노인보호전문기관, ⑥ 노인일자리 지원기관, ⑦ 학대피해노인 전용쉼터로 구분했다(법 제31조).

Ⅰ. 노인복지시설 통칙

1. 국가 · 지방자치단체의 노인복지시설 설치

국가 또는 지방자치단체는 노인주거복지시설, 노인의료복지시설, 노인여가복지시설, 노인재가시설 등 노인복지시설을 설치할 수 있다(법 제33조 제1항; 법 제35조 제1항, 법 제37조 제1항; 법 제39조 제1항).

2. 국가 · 지방자치단체 외의 자의 설치 신고

국가 또는 지방자치단체 외의 자가 노인주거복지시설, 노인의료복지시설, 노인여가복지시설, 노인재가시설 등 노인복지시설을 설치하고자 하는 경우에는 시장 · 군수 · 구청장에게 신고하여야 한다(법 제33조 제2항; 법 제35조 제2항, 법 제37조 제2항; 법 제39조 제2항). 시장 · 군수 · 구청장은 신고를 받은 경우 그 내용을 검토하여 이 법에 적합하면 신고를 수리하여야 한다(법 제33조 제3항; 법 제35조 제3항, 법 제37조 제3항; 법 제39조 제3항). 신고를 하지 아니하고 양로시설 · 노인공동생활가정 · 노인복지주택 · 노인요양시설 · 노인요양공동생활가정 · 노인여가복지시설 또는 재가노인복지시설을 설치하거나 운영한 자는 1년 이하의 징역 또는 1천만원 이하의 벌금에 처한다(법 제57조 제1호).

3. 노인복지법에 의한 신고의 인정

노인복지법에 따라 노인복지시설의 설치신고를 한 경우 사회복지사업법에 따른 사회복지시설 설치신고를 한 것으로 본다(법 제31조의2).

4. 노인복지시설 운영자의 수탁의무

양로시설, 노인공동생활가정 및 노인복지주택, 노인요양시설 및 노인요양공동생활가정 또는 재가노인복지시설을 설치 · 운영하는 자가 복지실시기관으로부터 노인의 입소 · 장례를 위탁받은 때에는 정당한 이유 없이 이를 거부하여서는 아니 된다(법 제41조).

이를 위반하여 수탁을 거부한 자는 50만원 이하의 벌금에 처한다(법 제59조). 양벌규정(법 제60조).

5. 시설의 폐지 · 휴지의 경우 이용자의 권익보호

노인주거복지시설의 장, 노인의료복지시설의 장, 노인여가복지시설의 장 또는 재가노인복지시설의 장은 해당 시설을 폐지 또는 휴지하는 경우에는 해당 시설을 이용하는 사람이 다른 시설을 이용할 수 있도록 조치계획을 수립하고 이행하는 등 시설 이용자의 권익을 보호하기 위한 조치를 취하여야 한다(법 제40조 제5항). 정당한 사유 없이 권익보호의 조치를 하지 아니한 자는 1년 이하의 징역 또는 1천만원 이하의 벌금에 처한다(법 제57조 제6호).

Ⅱ. 노인주거복지시설

1. 노인주거복지시설의 종류(법 제32조 제1항)

양로시설	노인을 입소시켜 급식과 그 밖에 일상생활에 필요한 편의를 제공함을 목적으로 하는 시설
노인공동생활가정	노인들에게 가정과 같은 주거여건과 급식, 그 밖에 일상생활에 필요한 편의를 제공함을 목적으로 하는 시설
노인복지주택	노인에게 주거시설을 임대하여 주거의 편의 · 생활지도 · 상담 및 안전관리 등 일상생활에 필요한 편의를 제공함을 목적으로 하는 시설

2. 노인복지주택의 입소자격

1) **입소자격자:** 노인복지주택에 입소할 수 있는 자는 60세 이상의 노인을 '입소자격자'로 한다. 다만, 다음에 해당하는 경우에는 입소자격자와 함께 입소할 수 있다(법 제33조의2 제1항).

① 입소자격자의 배우자
② 입소자격자가 부양을 책임지고 있는 24세 미만의 자녀 · 손자녀
③ 보건복지부령으로 정하는 장애로 인하여 입소자격자가 부양을 책임지고 있는 24세 이상의 자녀 · 손자녀

2) **입소자격자에 대한 임대:** 노인복지주택을 설치하거나 설치하려는 자는 노인복지주택을 입소자격자에게 임대하여야 한다(법 제33조의2 제2항).

입소자격자가 아닌 자에게 노인복지주택을 임대한 자는 2년 이하의 징역에 처하거나 위법하게 임대한 세대의 수에 1천만원을 곱한 금액 이하의 벌금에 처한다(법 제56조 제1항). 양벌규정(법 제60조).

3) **무자격자에 대한 양도금지:** 노인복지주택을 임차한 자는 해당 노인주거시설을 입소자격자가 아닌 자에게 다시 임대할 수 없다(법 제33조의2 제3항). 이 규정을 위반하여 임대한 자는 1년 이하의 징역 또는 1천만원 이하의 벌금에 처한다(법 제57조 제2호).

4) **무자격자의 퇴소:** 입소자격자가 사망하거나 노인복지주택에 거주하지 아니하는 경우 노인복지주택에 입소한 입소자격자의 배우자 및 자녀 · 손자녀는 보건복지부령으로 정하는 기간 내에 퇴소하여야 한다. 다만, 입소자격자의 해외 체류 등 보건복지부령으로 정하는 부득이한 사유가 있는 경우에는 그러하지 아니하다(법 제33조의2 제7항).

Ⅲ. 노인의료복지시설

1. 노인의료복지시설의 종류(법 제34조)

노인요양시설	치매 · 중풍 등 노인성질환 등으로 심신에 상당한 장애가 발생하여 도움을 필요로 하는 노인을 입소시켜 급식 · 요양과 그 밖에 일상생활에 필요한 편의를 제공함을 목적으로 하는 시설
노인요양공동생활가정	치매 · 중풍 등 노인성질환 등으로 심신에 상당한 장애가 발생하여 도움을 필요로 하는 노인에게 가정과 같은 주거여건과 급식 · 요양, 그 밖에 일상생활에 필요한 편의를 제공함을 목적으로 하는 시설

2. 노인의료복지시설의 입소대상자

노인의료복지시설 중 노인요양시설 · 노인요양공동생활가정의 입소대상자는 다음에 해당하는 자로서 노인성질환 등으로 요양을 필요로 하는 자로 한다(규칙 제18조 제1항). 다만, 입소대상

자의 배우자는 65세 미만(입소자로부터 입소비용의 전부를 수납하여 운영하는 노인요양시설 또는 노인요양공동생활가정의 경우에는 60세 미만)인 경우에도 입소대상자와 함께 입소할 수 있다(규칙 제18조 제2항).

① 노인장기요양급여수급자
② 기초수급권자로서 65세 이상의 자
③ 부양의무자로부터 적절한 부양을 받지 못하는 65세 이상의 자
④ 입소자로부터 입소비용의 전부를 수납하여 운영하는 노인요양시설 또는 노인요양공동생활가정의 경우는 60세 이상의 자

Ⅳ. 노인여가복지시설

1. 노인여가복지시설의 종류(법 제36조 제1항)

구분	내용
노인복지관	노인의 교양 · 취미생활 및 사회참여활동 등에 대한 각종 정보와 서비스를 제공하고, 건강증진 및 질병예방과 소득보장 · 재가복지, 그 밖에 노인의 복지증진에 필요한 서비스를 제공함을 목적으로 하는 시설
경로당	지역노인들이 자율적으로 친목도모 · 취미활동 · 공동작업장 운영 및 각종 정보교환과 기타 여가활동을 할 수 있도록 하는 장소를 제공함을 목적으로 하는 시설
노인교실	노인들에 대하여 사회활동 참여욕구를 충족시키기 위하여 건전한 취미생활 · 노인건강유지 · 소득보장, 기타 일상생활과 관련한 학습프로그램을 제공함을 목적으로 하는 시설

2. 경로당 활성화 프로그램 개발

국가 또는 지방자치단체는 경로당의 활성화를 위하여 지역별 · 기능별 특성을 갖춘 표준 모델 및 프로그램을 개발 · 보급하여야 한다(법 제37조 제4항).

3. 경로당에 대한 지원

1) **양곡구입비의 보조:** 국가 또는 지방자치단체는 경로당에 대하여 예산의 범위에서 정부관리양곡 구입비의 전부 또는 일부를 보조할 수 있다(법 제37조의2 제1항).
2) **냉 · 난방비의 보조:** 국가 또는 지방자치단체는 예산의 범위에서 경로당의 냉 · 난방 비용의 전부 또는 일부를 보조할 수 있다(법 제37조의2 제2항).
3) **공과금 감면:** 전기판매사업자, 전기통신사업자 및 도시가스사업자는 경로당에 대하여

각각 전기요금 · 전기통신요금 및 도시가스요금을 감면할 수 있다(법 제37조의3 제1항). 수도사업자(수도사업자가 지방자치단체인 경우에는 해당 지방자치단체의 장)는 경로당에 대하여 수도요금을 감면할 수 있다(법 제37조의3 제2항).

Ⅴ. 노인복지시설의 변경 · 폐지

1. 노인복지시설 변경 · 폐지의 신고

노인주거복지시설, 노인의료복지시설, 노인여가복지시설 또는 재가노인복지시설을 설치한 자가 그 설치신고사항 중 보건복지부령이 정하는 사항을 변경하거나 그 시설을 폐지 또는 휴지하고자 할 때에는 시장 · 군수 · 구청장에게 미리 신고하여야 한다(법 제40조 제1항; 법 제40조 제3항). 시장 · 군수 · 구청장은 변경신고를 받은 경우 그 내용을 검토하여 이 법에 적합하면 신고를 수리하여야 한다(법 제40조 제4항). 신고하지 아니하고 노인복지시설을 폐지 또는 휴지한 자에게는 200만원 이하의 과태료를 부과한다(법 제61조의2 제4항 제3호).

2. 이용자들의 권익보호 조치

노인주거복지시설의 장, 노인의료복지시설의 장, 노인여가복지시설의 장 또는 재가노인복지시설의 장은 해당 시설을 폐지 또는 휴지하는 경우에는 해당 시설을 이용하는 사람이 다른 시설을 이용할 수 있도록 조치계획을 수립하고 이행하는 등 시설 이용자의 권익을 보호하기 위한 조치를 취하여야 한다(법 제40조 제5항).

정당한 사유 없이 권익보호조치를 하지 아니한 자는 1년 이하의 징역 또는 1천만원 이하의 벌금에 처한다(법 제57조 제6호). 양벌규정(법 제60조).

3. 권익보호 조치 확인 후 신고수리

시장 · 군수 · 구청장은 노인복지시설의 폐지 또는 휴지의 신고를 받은 경우 해당 시설의 장이 시설 이용자의 권익을 보호하기 위한 조치를 취하였는지 여부를 확인하는 등의 조치를 하고, 신고 내용이 이 법에 적합하면 신고를 수리하여야 한다(법 제40조 제6항).

Ⅵ. 재가노인복지시설

1. 재가노인복지시설의 종류(법 제38조 제1항)

방문요양서비스	가정에서 일상생활을 영위하고 있는 '재가노인'으로서 신체적 · 정신적 장애로 어려움을 겪고 있는 노인에게 필요한 각종 편의를 제공하여 지역사회 안에서 건전하고 안정된 노후를 영위하도록 하는 서비스
주 · 야간보호서비스	부득이한 사유로 가족의 보호를 받을 수 없는 심신이 허약한 노인과 장애노인을 주간 또는 야간 동안 보호시설에 입소시켜 필요한 각종 편의를 제공하여 이들의 생활안정과 심신기능의 유지 · 향상을 도모하고, 그 가족의 신체적 · 정신적 부담을 덜어 주기 위한 서비스
단기보호서비스	부득이한 사유로 가족의 보호를 받을 수 없어 일시적으로 보호가 필요한 심신이 허약한 노인과 장애노인을 보호시설에 단기간 입소시켜 보호함으로써 노인 및 노인가정의 복지증진을 도모하기 위한 서비스
방문 · 목욕서비스	목욕장비를 갖추고 재가노인을 방문하여 목욕을 제공하는 서비스
그 밖의 서비스	그 밖에 재가노인에게 제공하는 서비스로서 보건복지부령(제27조 제1항)으로 정하는 서비스란 재가노인에게 노인생활 및 신상에 관한 상담을 제공하고, 재가노인 및 가족 등 보호자를 교육하며 각종 편의를 제공하여 지역사회 안에서 건전하고 안정된 노후생활을 영위하도록 하는 '재가노인지원서비스'를 말한다.

2. 시설의 변경 · 폐지

재가노인복지시설을 설치한 자가 그 설치신고사항 중 보건복지부령이 정하는 사항을 변경하거나 그 시설을 폐지 또는 휴지하고자 할 때에는 시장 · 군수 · 구청장에게 미리 신고하여야 한다(법 제40조 제3항).

3. 시설의 폐지 · 휴지 신고 위반자의 처벌

신고하지 아니하고 노인복지시설(재가노인복지시설 포함)을 폐지 또는 휴지한 자에게는 200만원 이하의 과태료를 부과한다(법 제61조의2 제4항 제3호).

제 6 절 기초연금법

1989.12.30. 법률 제4178호 노인복지법 제2차 전부개정에서 '노령수당'제도 도입
1997.08.22. 법률 제5359호 노인복지법 제5차 전부개정 때 '경로연금'제로 개정
2007.04.25. 법률 제8385호로 기초노령연금법 제정
2014.05.20. 법률 제12617호로 기초노령연금법 폐지, 기초연금법 제정
2021.06.08. 법률 제18213호 제13차 일부개정, 2022.01.01. 시행(최신)

Ⅰ. 총 칙

1. 기초연금 수급권자의 범위

1) **수급권의 기준이 되는 소득인정액:** 기초연금은 65세 이상인 사람으로서 소득인정액[10]이 '선정기준액' 이하인 사람에게 지급한다(기초연금법 제3조 제1항).

2) **수급권자의 범위가 되는 선정기준액:** 보건복지부장관은 선정기준액을 정하는 경우 65세 이상인 사람 중 기초연금 수급자가 100분의 70 수준이 되도록 한다(기초연금법 제3조 제2항).

3) **수급제외 사유:** 연금의 수급권자와 그 배우자나 다른 공적 연금법에 따라 연금을 받은 사람 중 대통령령으로 정하는 사람과 그 배우자에게는 기초연금을 지급하지 아니한다(기초연금법 제3조 제3항).

2. 국가와 지방자치단체의 책무

1) **연금수준의 향상 노력:** 국가와 지방자치단체는 기초연금이 노인의 생활안정을 지원하고 복지를 증진하는 데 필요한 수준이 되도록 최대한 노력하여야 한다(기초연금법 제4조 제1항).

2) **국민연금기금의 사용배제(排除):** 국가와 지방자치단체는 필요한 비용을 부담할 수 있도록 재원(財源)을 조성하여야 한다. 이 경우 국민연금기금은 기초연금 지급을 위한 재원으로 사용할 수 없다(기초연금법 제4조 제2항).

10) '소득인정액'이란 본인 및 배우자의 소득평가액과 재산의 소득환산액을 합산한 금액을 말한다. 이 경우 소득평가액과 재산의 소득환산액을 산정하는 소득 및 재산의 범위는 대통령령으로 정하고, 소득평가액과 재산의 소득환산액의 구체적인 산정방법은 보건복지부령으로 정한다(법 제2조 제4호).

3) **보조성(補助性)의 원칙**[11]**:** 국가와 지방자치단체는 기초연금의 지급에 따라 계층 간 소득역전 현상이 발생하지 아니하고 근로의욕 및 저축유인이 저하되지 아니하도록 최대한 노력하여야 한다(기초연금법 제4조 제3항).

Ⅱ. 기초연금액

1. 기초연금액의 산정

기초연금 수급권자에 대한 '기초연금액'은 '기준연금액'과 국민연금 급여액 등을 고려하여 산정한다(기초연금법 제5조 제1항).

2. 기준연금액 고시

기준연금액은 보건복지부장관이 그 전년도의 기준연금액에 전국소비자물가변동률을 반영하여 매년 고시한다. 이 경우 그 고시한 기준연금액의 적용기간은 해당 조정연도 4월부터 다음 연도 3월까지로 한다(기초연금법 제5조 제2항). 이러한 규정에도 불구하고 2018년 기준연금액은 25만원으로 한다(기초연금법 제5조 제3항).

3. 국민연금 수급권자의 기초연금액 산정

기초연금 수급권자 중 '국민연금 수급권자'에게 지급하는 기초연금액은 다음에 따라 산정한 금액으로 한다(기초연금법 제5조 제4항).

① 국민연금법에 따른 노령연금 수급권자 또는 분할연금 수급권자

② 북한이탈주민의 보호 및 정착지원에 관한 법률에 따른 국민연금 수급권자

4. 기초연금액 산식(算式)

국민연금 수급권자에게 지급하는 기초연금액은 기초연금액에서 제2호의 금액을 뺀 금액에 부가연금액을 더한 금액으로 한다(기초연금법 제5조 제5항).

① 기준연금액

11) 도움을 주는 정도나 방법에 관한 것으로 국가는 인센티브나 자립의 기회를 제공하는 것은 좋지만, 자립에 대한 책임감 등을 없애서는 안 된다는 것이다.

② 국민연금 수급권자가 받을 수 있는 연금의 금액 중 국민연금법의 '소득재분배급여금액'에 3분의 2를 곱한 금액[12]

③ **부가연금액**: 기준연금액의 2분의 1에 해당하는 금액

기초연금액=기준연금액－(소득재분배급여금액×⅔)

5. 연계노령연금 수급권자의 기초연금액

기초연금 수급권자 중 국민연금과 직역연금의 연계에 관한 법률(제10조)에 따른 연계노령연금 수급권자에게는 제1호의 금액에서 제2호의 금액을 뺀 금액에 제3호의 금액을 더한 금액을 지급한다(기초연금법 제5조 제6항).

① 기준연금액

② 가목과 나목의 금액을 합한 금액에 3분의 2를 곱한 금액

㉮ 소득재분배급여금액

㉯ 국민연금과 직역연금의 연계에 관한 법률(제12조)에 따른 연계퇴직연금액에 2분의 1을 곱한 금액

③ **부가연금액**: 기준연금액의 2분의 1에 해당하는 금액

6. 기준연금 수급자의 기초연금액

기초연금 수급권자 중 다음에 해당하는 사람에게 지급하는 기초연금액은 기준연금액으로 한다(기초연금법 제5조 제7항).

① 노령연금 수급권자 또는 분할연금 수급권자(기초연금법 제25조 제3항 각 호)에 해당하지 아니하는 사람

② 노령연금 수급권자 또는 분할연금 수급권자(기초연금법 제5조 제3항 각 호) 또는 기초연금 수급권자 중 연계노령연금 수급권자(기초연금법 제5조 제5항)에 해당하는 사람으로서 다음에 해당하는 사람

㉮ 국민연금 지급이 정지된 노령연금 수급권자 및 분할연금 수급권자

㉯ 장애인연금법에 따른 수급권자

12) 다만, 국민연금법에 따라 국민연금 수급권자의 연금의 금액을 연기 또는 조기 지급하거나 가산 또는 감액하여 지급하는 경우 등의 소득재분배급여금액 산정 기초가 되는 연금의 금액 기준은 대통령령으로 정한다.

㉰ 국민기초생활보장법에 따른 수급권자로서 대통령령으로 정하는 사람
㉱ 그 밖에 대통령령으로 정하는 사람

7. 저소득 기초연금 수급권자에 대한 기초연금액 산정의 특례

65세 이상인 사람 중 소득인정액이 100분의 20 이하인 사람에게 적용하는 기준연금액은 30만원으로 한다(기초연금법 제5조의2 제1항). 보건복지부장관은 기준연금액을 적용받는 사람을 선정하기 위한 '저소득자 선정기준액'을 정하여 고시하여야 한다(기초연금법 제5조의2 제2항).

8. 기초연금액의 한도

산정한 기초연금액이 기준연금액을 초과하는 경우 기준연금액을 기초연금액으로 본다(기초연금법 제7조).

9. 기초연금액의 감액

1) **부부수급자의 감액:** 본인과 그 배우자가 모두 기초연금 수급권자인 경우에는 각각의 기초연금액에서 기초연금액의 100분의 20에 해당하는 금액을 감액한다(기초연금법 제8조 제1항).
2) **선정기준액을 초과하는 경우의 감액:** 소득인정액과 기초연금액(감액분이 반영된 금액)을 합산한 금액이 선정기준액 이상인 경우에는 선정기준액을 초과하는 금액의 범위에서 기초연금액의 일부를 감액할 수 있다(기초연금법 제8조 제2항).
3) **저소득자 선정기준액과 기준연금액 합산액을 초과하는 경우:** 기초연금 수급권자의 소득인정액과 해당 기초연금액을 합산한 금액이 저소득자 선정기준액과 기준연금액(기초연금 수급권자의 기준연금액)을 합산한 금액 이상인 경우에는 기초연금 수급권자의 기초연금액의 일부를 감액할 수 있다(기초연금법 제8조 제3항).

Ⅲ. 기초연금의 신청 및 지급

1. 기초연금 지급의 신청

1) **본인 또는 대리인의 신청:** '기초연금 수급희망자' 또는 보건복지부령으로 정하는 대리

인은 특별자치시장 · 특별자치도지사 · 시장 · 군수 · 구청장에게 기초연금의 지급을 신청할 수 있다(기초연금법 제10조 제1항).

2) **금융자료제공의 동의:** 기초연금 수급희망자와 그 배우자는 신청을 할 때 다음의 자료 또는 정보를 보건복지부장관 및 특별자치시장 · 특별자치도지사 · 시장 · 군수 · 구청장에게 제공하는 것에 대하여 동의한다는 서면을 제출하여야 한다(기초연금법 제10조 제2항).

① 금융자산 및 금융거래에 관한 자료 또는 정보 중 예금의 평균잔액과 그 밖에 대통령령으로 정하는 '금융정보'

② 신용정보 중 채무액과 그 밖에 대통령령으로 정하는 '신용정보'

③ 보험에 가입하여 납부한 보험료와 그 밖에 대통령령으로 정하는 '보험정보'

3) **기초연금 관련 정보의 제공:** 보건복지부장관 또는 특별자치시장 · 특별자치도지사 · 시장 · 군수 · 구청장은 65세 이상인 사람에게 기초연금의 지급대상, 금액 및 신청방법 등 기초연금 관련 정보를 제공하여야 한다(기초연금법 제10조의2 제1항).

2. 조사 · 질문

1) **신청자료의 확인조사:** 보건복지부장관 또는 자치단체장은 기초연금 수급권의 발생 · 변경 · 상실 등을 확인하기 위하여 기초연금을 신청한 '기초연금 수급권자 등'[13]에게 필요한 서류나 그 밖에 소득 · 재산 등에 관한 자료의 제출을 요구할 수 있으며, 소속 공무원으로 하여금 기초연금 수급권자 등의 집이나 그 밖의 필요한 장소에 방문하여 서류 등을 조사하게 하거나 관계인에게 필요한 질문을 하게 할 수 있다(기초연금법 제11조 제1항).

※ 정당한 사유 없이 서류나 그 밖에 소득 · 재산 등에 관한 자료를 제출하지 아니하거나 거짓의 서류 또는 자료를 제출한 자 또는 조사 · 질문을 거부 · 방해 또는 기피하거나 거짓 답변을 한 자에게는 20만원 이하의 과태료를 부과한다(기초연금법 제31조 제1항).

2) **거짓자료제출에 따른 불이익:** 보건복지부장관 또는 특별자치시장 · 특별자치도지사 · 시장 · 군수 · 구청장은 기초연금 수급희망자, 기초연금 수급권자 또는 기초연금 수급자가 서류 또는 자료를 제출하지 아니하거나 거짓의 서류 또는 자료를 제출한 경우 또는 조사 · 질문을 거부 · 방해 또는 기피하거나 거짓 답변을 한 경우에는 기초연금 지급의 신청을 각하하거나 기초연금 지급의 결정을 취소하거나 기초연금 지급을 정지할 수 있다(기초연금법 제11조 제4항).

13) 기초연금 수급희망자, 기초연금 수급권자, 기초연금 수급자와 그 각각의 배우자 및 고용주 등을 말한다.

※ 거짓이나 그 밖의 부정한 방법으로 기초연금을 지급받은 사람은 1년 이하의 징역 또는 1천만원 이하의 벌금에 처한다(기초연금법 제29조 제3항). 양벌규정(기초연금법 제30조).

3. 기초연금 지급의 결정

1) **자치단체장의 결정:** 특별자치시장, 특별자치도지사, 시장 · 군수 · 구청장은 조사를 한 후 기초연금 수급권의 발생 · 변경 · 상실 등을 결정한다(기초연금법 제13조 제1항).

2) **결정내용의 통지:** 지자체장은 결정을 한 경우에는 그 결정 내용을 서면으로 그 이유를 구체적으로 밝혀 기초연금 수급권자에게 지체 없이 통지하여야 한다(기초연금법 제13조 제2항).

4. 기초연금의 지급 및 지급 시기

1) **매월 정기지급:** 특별자치시장, 특별자치도지사, 시장 · 군수 · 구청장은 기초연금 수급권자로 결정한 사람에 대하여 기초연금의 지급을 신청한 날이 속하는 달부터 기초연금 수급권을 상실한 날이 속하는 달까지 매월 정기적으로 기초연금을 지급한다(기초연금법 제14조 제1항).

2) **지급정지기간 동안의 지급정지:** 기초연금의 지급이 정지된 기간에는 기초연금을 지급하지 아니한다(기초연금법 제14조 제2항). 즉, 자치단체장은 기초연금 수급자가 기초연금지급의 정지 사유가 발생한 날이 속하는 달의 다음 달부터 그 사유가 소멸한 날이 속하는 달까지는 기초연금의 지급을 정지한다(기초연금법 제16조 제1항).

3) **기초연금지급의 정지 사유(기초연금법 제16조 제1항):**

① 기초연금 수급자가 금고 이상의 형을 선고받고 교정시설 또는 치료감호시설에 수용되어 있는 경우

② 기초연금 수급자가 행방불명되거나 실종되는 등 대통령령으로 정하는 바에 따라 사망한 것으로 추정되는 경우

③ 기초연금 수급자의 국외 체류기간이 60일 이상 지속되는 경우. 이 경우 국외 체류 60일이 되는 날을 지급 정지의 사유가 발생한 날로 본다.

④ 그 밖에 제1호부터 제3호까지의 경우에 준하는 경우로서 대통령령으로 정하는 경우

5. 기초연금 수급자의 사후관리

1) **미지급 기초연금:** 기초연금 수급자가 사망한 경우로서 그 기초연금 수급자에게 지급되지 아니한 기초연금액이 있는 경우에는 그 기초연금 수급자의 사망 당시 생계를 같이 한 부양의무자[14]는 미지급 기초연금을 청구할 수 있다. 이 경우 자치단체장[15]은 지체 없이 그 지급 여부를 결정하여 그 부양의무자에게 통지하여야 한다(기초연금법 제15조 제1항).

2) **기초연금 수급권의 상실:** 기초연금 수급권자는 ①사망한 때, ②국적을 상실하거나 국외로 이주한 때, ③기초연금 수급권자에 해당하지 아니하게 된 때에 기초연금 수급권을 상실한다(기초연금법 제17조).

6. 기초연금 수급권자의 권리 보호

1) **기초연금 수급권의 보호:** 기초연금 수급권은 양도하거나 담보로 제공할 수 없으며, 압류 대상으로 할 수 없다(기초연금법 제21조 제1항). 기초연금으로 지급받은 금품은 압류할 수 없다(기초연금법 제21조 제2항).

2) **이의신청**

(1) 자치단체장에 대한 이의신청: 결정이나 그 밖에 이 법에 따른 처분에 이의가 있는 사람은 자치단체장에게 이의신청을 할 수 있다(기초연금법 제22조 제1항).

(2) 이의신청의 기한: 이의신청은 그 처분이 있음을 안 날부터 90일 이내에 서면으로 하여야 한다. 다만, 정당한 사유로 인하여 그 기간 이내에 이의신청을 할 수 없었음을 증명한 때에는 그 사유가 소멸한 때부터 60일 이내에 이의신청을 할 수 있다(기초연금법 제22조 제2항).

14) 배우자와 직계혈족 및 그 배우자를 말한다.

15) 특별자치시장, 특별자치도지사, 시장 · 군수 · 구청장을 말한다.

제5부

장애인복지

- 장애인복지법
- 장애인 · 노인 · 임산부 등의 편의증진보장에 관한 법률
- 장애인활동 지원에 관한 법률
- 장애인연금법
- 발달장애인 권리보장 및 지원에 관한 법률
- 장애인노인 등을 위한 보조기기 지원 및 활용촉진에 관한 법률

제8장

장애인복지법

1981.06.05. 법률 제3452호 심신장애자복지법 제정
1989.12.30. 법률 제4179호 장애인복지법 제2차 전부개정
1999.02.08. 법률 제5931호 제7차 전부개정
2007.04.11. 법률 제8367호 제14차 전부개정
2024.02.13. 법률 제20290호 제79차 일부개정, 2024.08.14. 시행(최신)

제1절 총 칙

Ⅰ. 장애인복지의 이념과 권리

1. 장애인복지의 기본이념

장애인복지의 기본이념은 장애인의 완전한 사회참여와 평등을 통한 사회통합을 이루는 데 있다(법 제3조).

2. 장애인의 권리

① 존중받고 사회활동에 참여할 권리	장애인은 인간으로서 존엄과 가치를 존중받으며, 그에 걸맞은 대우를 받는다(법 제4조 제1항). 장애인은 국가·사회의 구성원으로서 정치·경제·사회·문화, 그 밖의 모든 분야의 활동에 참여할 권리를 가진다(법 제4조 제2항). 장애인은 장애인 관련 정책결정과정에 우선적으로 참여할 권리가 있다(법 제4조 제3항).
② 장애인의 의견수렴	국가 및 지방자치단체는 장애인 정책의 결정과 그 실시에 있어서 장애인 및 장애인의 부모, 배우자, 그 밖에 장애인을 보호하는 자의 의견을 수렴하여야 한다. 이 경우 당사자의 의견수렴을 위한 참여를 보장하여야 한다(법 제5조).
③ 중증장애인의 보호	국가와 지방자치단체는 장애 정도가 심하여 자립하기가 매우 곤란한 '중증장애인'이 필요한 보호 등을 평생 받을 수 있도록 알맞은 정책을 강구하여야 한다(법 제6조).
④ 여성장애인의 권익보호	국가와 지방자치단체는 여성장애인의 권익을 보호하고 사회참여를 확대하기 위하여 기초학습과 직업교육 등 필요한 시책을 강구하여야 한다(법 제7조).

⑤ 차별금지	누구든지 장애를 이유로 정치 · 경제 · 사회 · 문화생활의 모든 영역에서 차별을 받지 아니하고, 누구든지 장애를 이유로 정치 · 경제 · 사회 · 문화생활의 모든 영역에서 장애인을 차별하여서는 아니 된다(법 제8조 제1항). 누구든지 장애인을 비하 · 모욕하거나 장애인을 이용하여 부당한 영리행위를 하여서는 아니 되며, 장애인의 장애를 이해하기 위하여 노력하여야 한다(법 제8조 제2항). 이 규정을 위반하여 장애인을 이용하여 부당한 영리행위를 한 자는 1년 이하의 징역 또는 1천만원 이하의 벌금에 처한다(법 제87조 제1호). 양벌규정(법 제89조).

Ⅱ. 장애인에 대한 국가 · 사회의 책임

1. **국가 · 지방자치단체의 책임:** 이 법은 국가와 지방자치단체는 장애의 발생을 예방하고, 장애의 조기발견에 대한 국민의 관심을 높이고 자립을 지원하며 필요한 보호를 실시하여 장애인의 복지를 증진할 책임을 진다(법 제9조 제1항).
2. **국민의 책임:** 모든 국민은 장애발생의 예방, 장애의 조기발견에 노력하여야 하며 장애인의 인격을 존중하고 사회통합(social integration)의 이념에 기초하여 장애인복지증진에 협력하여야 한다(법 제10조).[1]
3. **장애인의 날:** 국민의 장애인에 대한 이해를 깊게 하고, 장애인의 재활의욕을 고취하기 위하여 매년 4월 20일을 장애인의 날로 하고 장애인의 날부터 1주간을 장애인주간으로 한다(법 제14조 제1항). 국가와 지방자치단체는 장애인의 날 취지에 적합한 행사 등 사업을 실시하도록 노력하여야 한다(법 제14조 제2항).

Ⅲ. 장애인의 종류 및 기준(령 제2조 관련 별표 1)

장애의 종류는 다음 〈표 9-1〉과 같다. 장애의 기준은 장애인복지법 시행령 제2조 관련 〈별표 1〉 참조. 장애인의 등급은 장애인복지법 시행규칙 제2조 관련 〈별표 1〉 참조.

1) 오늘날 장애의 원인은 후천적 장애가 80~90%를 점하고 있어 어떤 면에서는 모든 국민이 잠재적 장애인이라 할 수 있다. 따라서 장애발생은 국가의 노력만으로는 해결할 수 없고 국민 각자가 예방에 적극적인 노력을 해야 한다. 그리고 사회는 공동체이므로 장애인도 공동체의 일원이라는 의식을 가지고 공동체의 일원으로 받아들여야 하는 것이다.

〈표 9-1〉 장애분류표

대분류	중분류	소분류
신체적 장애	외부신체기능의 장애	지체장애, 뇌병변장애, 시각장애, 청각장애, 언어장애, 안면장애[2]
	내부신체기능의 장애	신장장애, 심장장애, 호흡기장애, 간장애, 장루 · 요루장애,[3] 뇌전증장애[4]
정신적 장애	지적장애(知的障碍): 지능지수 70 이하부터	
	정신장애(정신분열병, 양극성 정동장애(情動障碍),[5] 재발성 우울장애)	
	자폐성장애(自閉性障碍)	

Ⅳ. 장애인복지상담원

1. **상담원의 배치 및 윤리:** 장애인의 복지증진을 위한 상담 및 지원업무를 맡기기 위하여 시 · 군 · 구에 장애인복지상담원을 둔다(법 제33조 제1항). 장애인복지상담원은 그 업무를 할 때 개인의 인격을 존중하여야 한다(법 제33조 제2항).
2. **상담원의 자격과 임용:** 장애인복지상담원은 ①사회복지사 자격증의 소지자, ②특수학교의 교사자격증 소지자, ③장애인복지 관련 직무 분야에서 근무한 경력이 3년 이상인 사람으로서 해당 지방자치단체의 규칙으로 정하는 임용예정 계급에 상당하는 경력기준에 상응하는 사람, ④임용예정 직급과 같은 직급에서 공무원으로 2년 이상 근무한 사람 중에서 지방자치단체장이 지방공무원으로 임용한다(령 제21조 제1항).

---

2) 안면 부위의 변형이나 기형
3) 인공 항문 · 인공 요루 등을 장치한 경우 괄약근과 같은 자동 조절기능이 없으므로 수시로 대변이나 소변이 흘러나온다.
4) 종전에는 간질장애라는 용어를 사용했다.
5) 정동장애(情動障礙, affective disorder)란 일상생활에서 기분의 고저는 있게 마련이지만, 때때로 이런 정상적인 기분의 변화와는 전혀 다르게 기분이나 감정이 극단적인 양상을 보여서 일상생활이 어려울 정도에 이르는 경우가 있다. 이를 정동장애라고 한다. 근래에 미국 정신의학회에서는 기분장애로 정의하고 있다.

제 2 절 장애인복지의 기본정책

Ⅰ. 장애발생의 예방

국가와 지방자치단체는 장애의 발생원인과 그 예방에 관한 조사·연구를 촉진하여야 하며, 모자보건사업의 강화, 장애의 원인이 되는 질병의 조기발견과 조기치료의 추진, 기타 필요한 정책을 강구하여야 한다(법 제17조 제1항). 국가와 지방자치단체는 교통사고·산업재해·약물중독 및 환경오염 등에 의한 장애발생을 예방하기 위하여 필요한 조치를 강구하여야 한다(법 제17조 제2항).

Ⅱ. 장애인의 자활·재활에 대한 기본시책

1. 장애인에 대한 의료·재활치료

국가와 지방자치단체는 장애인이 생활기능을 습득 또는 회복할 수 있도록 필요한 기능치료·심리치료 등 재활의료를 제공하고 장애인의 장애를 보완하기 위하여 재활보조기구의 제공 등 필요한 시책을 강구하여야 한다(법 제18조).

2. 사회적응훈련

국가와 지방자치단체는 장애인이 재활치료 후 일상생활 또는 사회생활을 원활히 할 수 있도록 사회적응훈련을 실시하여야 한다(법 제19조).

3. 장애인의 교육

1) **교육내용·방법의 개발:** 국가와 지방자치단체는 사회통합의 이념에 따라 장애인이 그 연령·능력·장애의 종별 및 정도에 따른 충분한 교육을 받을 수 있도록 교육의 내용과 방법의 개선 등 필요한 정책을 강구하여야 한다(법 제20조 제1항).
2) **교육에 관한 조사·연구:** 국가와 지방자치단체는 장애인의 교육에 관한 조사·연구를 촉진하여야 한다(법 제20조 제2항).
3) **전문적 진로교육 실시:** 국가와 지방자치단체는 장애인에게 전문적 진로교육을 실시하는 제도를 강구하여야 한다(법 제20조 제3항).

4) **입학 관련 불이익조치의 금지:** 각급 학교의 장은 교육을 필요로 하는 장애인이 당해 학교에 입학하고자 하는 경우에는 장애를 이유로 입학의 지원을 거부하거나 입학시험 합격자의 입학을 거부하는 등의 불이익한 조치를 하여서는 아니 된다(법 제20조 제4항).[6] 이 규정에 위반하여 장애인의 입학지원 거부 또는 입학시험 합격자의 입학거부 등 불이익한 조치를 한 자는 500만원 이하의 벌금에 처한다(법 제88조 제1호). 양벌규정(법 제89조).

5) **학교에서의 편의시설:** 모든 교육기관은 교육대상 장애인의 입학 및 수학 등에 있어서 장애의 종별 및 정도에 적합한 편의를 제공하기 위하여 시설의 정비, 기타 필요한 조치를 강구하여야 한다(법 제20조 제5항).

4. 직업재활

국가와 지방자치단체는 장애인이 자신의 적성과 능력에 따라 적절한 직업에 종사할 수 있도록 하기 위하여 직업지도, 직업능력평가, 직업적응훈련, 직업훈련, 취업알선, 고용 및 취업후지도 등 필요한 시책을 강구하여야 한다(법 제21조 제1항). 국가와 지방자치단체는 장애인 직업재활 훈련이 원활히 추진될 수 있도록 장애인 적합직종 및 재활사업에 관한 조사 · 연구를 촉진하여야 한다(법 제21조 제2항).

5. 장애유형별 재활서비스 제공

국가와 지방자치단체는 장애인의 일상생활을 편리하고 사회활동 참여를 높이기 위하여 장애유형 · 장애종류별 재활 및 자립지원서비스 제공 등 필요한 정책을 강구하여야 하며, 예산의 범위 내에서 이를 지원할 수 있다(법 제35조).

Ⅲ. 장애인에 대한 기본적 복지대책

1. 정보에의 접근

1) **전기통신 · 방송시설의 개선:** 국가와 지방자치단체는 장애인이 정보에 원활하게 접근하고 자신의 의사를 표시할 수 있도록 전기통신 · 방송시설 등을 개선하기 위하여 노력하여야 한다(법 제22조 제1항).

6) 1977년 12월 31일에 제정된 특수교육법에서 차별금지가 최초로 규정되었다.

2) 한국수어 · 폐쇄자막 등의 서비스: 국가와 지방자치단체는 방송국의 장 등 민간 사업자에게 뉴스와 국가적 주요 사항의 중계 등 방송 프로그램에 청각장애인을 위한 한국수어 또는 폐쇄자막과 시각장애인을 위한 화면해설 또는 자막해설 등을 방영하도록 요청하여야 한다(법 제22조 제2항).

(1) 한국수어 · 폐쇄자막 · 화면해설방영 방송프로그램의 범위(법 제22조 제2항)

① 보도에 관한 방송 프로그램[7]

② 선거에 관한 방송 프로그램

③ 국경일 및 각종 기념일의 의식과 그에 부수되는 행사의 중계방송

④ 그 밖에 청각장애인이나 시각장애인이 정보에 접근하는 데에 필요하다고 인정하여 보건복지부장관이 정하여 고시하는 방송

(2) 한국수어통역 실시행사: 국가와 지방자치단체는 ① 국경일 ② 각종 기념일 중 보건의 날, 장애인의 날, 어린이날, 어버이날, 스승의 날, 현충일, 국군의 날 및 노인의 날 등 대통령령(제15조)으로 정하는 행사를 개최하는 경우에는 청각장애인을 위한 한국수어 통역 및 시각장애인을 위한 점자 및 인쇄물 접근성바코드(음성변환용 코드)가 삽입된 자료 등을 제공하여야 한다. 민간이 주최하는 행사의 경우에는 한국수어 통역과 점자 및 인쇄물 접근성바코드가 삽입된 자료 등을 제공하도록 요청할 수 있다(법 제22조 제3항).

3) 점자 · 음성도서의 보급: 국가와 지방자치단체는 시각장애인이 정보에 쉽게 접근할 수 있도록 점자도서와 음성도서 등을 보급하기 위하여 노력하여야 한다(법 제22조 제5항).

2. 편의시설의 설치 · 운영

국가와 지방자치단체는 장애인이 공공시설 및 교통수단 등을 안전하고 편리하게 이용할 수 있도록 편의시설의 설치와 운영에 관하여 필요한 정책을 강구하여야 한다(법 제21조). 이를 위해 장애인 · 노인 · 임산부 등의 편의증진보장에 관한 법률이 별도로 제정되어 있다(제3절 장애인 · 노인 · 임산부 등의 편의증진보장에 관한 법률 참조).

7) 방송법 시행령 제29조(방송순서의 편성기준) ② 제1항에서 '보도방송'이라 함은 정치 · 경제 · 사회 · 문화 등 모든 분야의 시사에 관한 속보 또는 해설을 목적으로 하는 방송을, '교양방송'이라 함은 민족고유문화의 계승발전과 공중의 일반적 교양의 향상 및 교육을 목적으로 하는 방송을, '오락방송'이라 함은 국민정서의 함양과 생활의 명랑화를 목적으로 하는 방송을 말한다.

3. 안전대책의 강구

국가와 지방자치단체는 추락사고 등 장애로 인하여 추가로 발생될 수 있는 안전사고와 비상재해 등에 대비하여 시각, 청각 및 이동에 불편을 겪는 장애인을 위하여 피난(避難)용 통로를 확보, 점자 · 음성 및 문자 안내판의 설치, 긴급 통보시스템 등 장애인의 특성을 배려한 안전대책 등 필요한 조치를 강구하여야 한다(법 제24조).

4. 사회적 인식개선

1) **사회적 인식개선 교육:** 국가와 지방자치단체는 학생, 공무원, 근로자, 그 밖의 일반국민 등을 대상으로 장애인에 대한 인식개선을 위한 교육 및 공익광고 등 홍보사업을 실시하여야 한다(법 제25조 제1항).
2) **교육기관 및 공공단체 장의 학생 · 직원에 대한 인식개선 교육:** 국가기관 및 지방자치단체의 장, 어린이집, 각급 학교의 장, 그 밖에 대통령령으로 정하는 교육기관 및 공공단체의 장은 소속 직원 · 학생을 대상으로 장애인에 대한 인식개선을 위한 교육을 실시하고, 그 결과를 보건복지부장관에게 제출하여야 한다(법 제25조 제2항).
3) **교과용 도서에 장애인 인식개선 내용 포함:** 국가는 초 · 중등학교에서 사용하는 교과용도서에 장애인에 대한 인식개선을 위한 내용이 포함되도록 하여야 한다(법 제25조 제3항).

5. 선거권 행사를 위한 편의제공

국가와 지방자치단체는 장애인이 선거권을 행사하는 데에 불편함이 없도록 편의시설 · 설비의 설치, 선거권 행사에 관한 홍보, 선거용 보조기구의 개발 · 보급 등 필요한 조치를 강구하여야 한다(법 제26조).

6. 장애인을 위한 주택의 보급

국가와 지방자치단체는 공공주택 등 주택을 건설할 경우에는 장애인에게 우선 분양 또는 임대할 수 있도록 노력하여야 하며, 주택의 구입자금 · 임차자금 또는 개 · 보수비용의 지원 등 장애인의 일상생활에 적합한 주택의 보급 · 개선에 필요한 시책을 강구하여야 한다(법 제27조).

7. 문화환경의 정비

국가와 지방자치단체는 장애인의 문화생활, 체육활동 및 관광활동에 대한 장애인의 접근을 보장하기 위하여 관련 시설 및 설비, 그 밖의 환경을 정비하고 문화생활, 체육활동 및 관광활동 등을 지원하도록 노력하여야 한다(법 제28조).

8. 경제적 부담의 경감

1) **세제상의 조치:** 국가와 지방자치단체, 공공기관, 지방공사 또는 지방공단은 장애인 및 장애인을 부양하는 사람의 경제적 부담경감을 도모하고 장애인의 자립촉진을 위하여 세제상의 조치, 공공시설 이용료의 감면 등 기타 필요한 시책을 강구하여야 한다(법 제30조 제1항).
2) **운임 등의 감면:** 국가와 지방자치단체, 정부투자기관, 지방공사 또는 지방공단이 운영하는 운송사업자는 장애인 및 장애인을 부양하는 사람의 경제적 부담을 경감하고 장애인의 자립을 촉진하기 위하여 장애인 및 그 장애인을 보호하기 위하여 동행하는 자의 운임 등을 감면하는 시책을 강구하여야 한다(법 제30조 제2항).
3) **장애인 가족 지원:** 국가와 지방자치단체는 장애인 가족의 삶의 질 향상 및 안정적인 가정생활 영위를 위하여 ①장애인 가족에 대한 인식개선, ②장애인 가족 돌봄 지원, ③장애인 가족 휴식 지원, ④장애인 가족 사례관리 지원, ⑤장애인 가족 역량강화 지원, ⑥장애인 가족 상담 지원, ⑦그 밖에 보건복지부장관이 장애인 가족을 위하여 필요하다고 인정하는 지원 등의 필요한 시책을 수립 · 시행하여야 한다(법 제30조의2 제1항).

제 3 절 장애인에 대한 복지조치

Ⅰ. 장애인의 등록

1. 장애인 등록

1) **장애인 등록과 등록증 교부:** 장애인, 그 법정대리인 또는 대통령령으로 정하는 보호자[8]는 장애 상태와 그 밖에 보건복지부령이 정하는 사항을 지방자치단체장에게 등록하여야 하며, 지방자치단체장은 등록을 신청한 장애인이 기준에 맞으면 장애인'등록증'을

내주어야 한다(법 제32조 제1항).

2) **장애 상태 변화에 따른 장애 진단:** 지방자치단체장은 등록증을 받은 장애인의 장애 상태의 변화에 따른 장애 정도 조정을 위하여 장애 진단을 받게 하는 등 장애인이나 법정대리인등에게 필요한 조치를 할 수 있다(법 제32조 제3항).

3) **장애 정도가 변동된 장애인 등에 대한 정보 제공:** 지방자치단체장은 장애인 등록 과정에서 장애 정도가 변동된 장애인, 장애의 기준에 맞지 아니하게 된 장애인과 장애인으로 등록되지 못한 신청인에게 장애 정도의 변동, 장애인 자격의 상실 등에 따른 지원의 변화에 대한 정보와 재활 및 자립에 필요한 각종 정보를 제공하여야 한다(법 제32조의8 제1항).

4) **장애판정위원회의 사정(査定):** 장애인의 장애 인정과 장애 정도 사정(査定)에 관한 업무를 담당하게 하기 위하여 보건복지부에 장애판정위원회를 둘 수 있다(법 제32조 제4항).

5) **등록증의 양도 또는 대여 금지:** 등록증은 양도하거나 대여하지 못하며, 등록증과 비슷한 명칭이나 표시를 사용하여서는 아니 된다(법 제32조 제5항). 이 규정을 위반하여 등록증을 양도 또는 대여하거나 양도 또는 대여를 받은 자 및 유사한 명칭 또는 표시를 사용한 자는 1년 이하의 징역 또는 1천만원 이하의 벌금(법 제87조 제2호). 양벌규정(법 제89조).

2. 재외동포 및 외국인 장애인의 등록

1) **재외동포 및 외국인 장애의 등록요건:** 재외동포 및 외국인 중 ①재외국민으로서 국내 거수신고를 한 사람, ②재외국민으로 주민등록을 한 사람, ③외국인등록을 한 사람으로서 대한민국에 영주할 수 있는 체류자격을 가진 사람, ④대한민국 국민이로서 외국인과 결혼한 결혼이민자, ⑤난민인정자에 해당하는 사람은 장애인 등록을 할 수 있다(법 제32조의2 제1항).

2) **예산 등을 고려한 지원 제한:** 국가와 지방자치단체는 등록한 장애인에 대하여는 예산 등을 고려하여 장애인복지사업의 지원을 제한할 수 있다(법 제32조의2 제2항).

8) '대통령령이 정하는 보호자'라 함은 장애인을 보호하고 있는 장애인복지시설의 장, 기타 장애인을 사실상 보호하고 있는 자를 말한다(령 제20조). 따라서 부모 · 친척은 물론이고 친구 또는 우연히 만난 사람이라도 현실적으로 장애인을 보호하고 있으면 여기서 말하는 보호자가 된다.

3. 장애인 등록의 취소

지방자치단체장은 등록증을 받은 사람이 ①사망한 경우, ②기준에 맞지 아니하게 된 경우, ③정당한 사유 없이 보건복지부령으로 정하는 기간 동안 장애 진단 명령 등 필요한 조치를 따르지 아니한 경우, ④장애인 등록 취소를 신청하는 경우에는 장애인 등록을 취소하여야 한다(법 제32조의3 제1항).

4. 장애인 지원 사업

국가와 지방자치단체는 등록한 장애인에게 필요한 복지서비스가 적시에 제공될 수 있도록 다음의 장애인 지원 사업을 실시한다(법 제32조의6 제1항).

① 복지서비스에 관한 상담 및 정보 제공
② 장애인학대 등 안전문제 또는 생계곤란 등 위기상황에 놓여 있을 가능성이 높은 장애인에 대한 방문 상담
③ 복지서비스 신청의 대행
④ 장애인 개인별로 필요한 욕구의 조사 및 복지서비스 제공 계획의 수립 지원
⑤ 장애인과 복지서비스 제공 기관 · 법인 · 단체 · 시설과의 연계
⑥ 복지서비스 등 복지자원의 발굴 및 데이터베이스 구축
⑦ 그 밖에 복지서비스의 제공에 필요한 사업

Ⅱ. 재활 및 자활을 위한 지원

1. 재활상담서비스

장애인복지실시기관은 장애인에 대한 검진 및 재활상담을 하고, 필요하다고 인정되면 다음의 조치를 하여야 한다(법 제34조 제1항).

① 국공립병원, 보건소, 보건지소, 그 밖의 의료기관에 의뢰하여 의료와 보건지도를 받게 하는 것
② 국가 또는 지방자치단체가 설치한 장애인복지시설에서 주거편의 · 상담 · 치료 · 훈련 등의 필요한 서비스를 받도록 하는 것
③ 장애인복지시설에 위탁하여 그 시설에서 주거편의 · 상담 · 치료 · 훈련 등의 필요한 서비

스를 받도록 하는 것

④ 공공직업능력개발훈련시설이나 사업장 내 직업훈련시설에서 하는 직업훈련 또는 취업알선을 필요로 하는 자를 관련 시설이나 직업안정업무기관에 소개하는 것

2. 장애인복지상담원의 방문상담

장애인복지실시기관은 재활상담을 하는 데에 필요하다고 인정되면 장애인복지상담원을 해당 장애인의 가정 또는 장애인이 주거편의 · 상담 · 치료 · 훈련 등의 서비스를 받는 시설이나 의료기관을 방문하여 상담하게 하거나 필요한 지도를 하게 할 수 있다(법 제34조 제2항).

3. 장애 유형 · 정도별 적합서비스 제공

국가와 지방자치단체는 장애인의 일상생활을 편리하게 하고 사회활동 참여를 높이기 위하여 장애 유형 · 장애 정도별로 재활 및 자립지원서비스를 제공하는 등 필요한 정책을 강구하여야 하며, 예산의 범위 안에서 지원할 수 있다(법 제35조).

4. 자립훈련비의 지급

장애인복지실시기관은 장애인복지시설에서 주거편의 · 상담 · 치료 · 훈련 등을 받도록 하거나 위탁한 장애인에 대하여 그 시설에서 훈련을 효과적으로 받는 데 필요하다고 인정되면 자립훈련비를 지급할 수 있으며, 특별한 사정이 있으면 훈련비 지급을 대신하여 물건을 지급할 수 있다(법 제43조 제1항).

5. 생업지원

1) **공공단체 매점설치의 우선권:** 국가와 지방자치단체, 그 밖의 공공단체는 소관 공공시설 안에 식료품 · 사무용품 · 신문 등 일상생활용품을 판매하는 매점이나 자동판매기의 설치를 허가하거나 위탁할 때에는 장애인이 신청하면 우선적으로 반영하도록 노력하여야 한다(법 제42조 제1항).

(1) 공공단체의 범위(령 제27조 제2항)

① 공공기관(공공기관의 운영에 관한 법률 제4조)

② 지방공사 또는 지방공단

③ 특별법에 따라 설립된 법인

(2) 장애인에 대한 수의계약: 국가와 지방자치단체, 그 밖의 공공단체가 소관 공공시설에서 매점(15제곱미터 이하의 경우로 한정)이나 자동판매기의 설치 · 운영을 장애인에게 허가하기 위하여 소관 행정재산 또는 보존재산의 사용 · 수익을 허가하려는 경우에는 수의계약의 방법으로 사용 · 수익자를 결정할 수 있다(령 제27조 제1항).

(3) 장애인 세대주에 대한 배려: 국가 등은 사용 · 수익의 허가를 하려는 경우에는 ①20세 이상으로서 세대주인 장애인, ②20세 이상으로서 배우자가 세대주인 장애인에게 우선적으로 허가할 수 있다(령 제27조 제3항).

2) **담배 소매인의 우선지정:** 시장 · 군수 또는 구청장은 장애인이 담배소매인으로 지정받기 위하여 신청하면 그 장애인을 우선적으로 지정하도록 노력하여야 한다(법 제42조 제2항).

3) **우표류판매업에 대한 우선권:** 장애인이 우편법령에 따라 국내 우표류 판매업 계약 신청을 하면 우편관서는 그 장애인이 우선적으로 계약할 수 있도록 노력하여야 한다(법 제42조 제3항).

4) **지정받은 장애인의 직접 사업:** 이러한 허가 · 위탁 또는 지정 등을 받은 자는 특별한 사유가 없으면 직접 그 사업을 하여야 한다(법 제42조 제4항).

5) **장애인에 대한 공지:** 공공시설 내에 식료품 · 사무용품 · 신문 등 일상생활용품의 판매를 위한 매점이나 자동판매기의 설치 허가권자는 매점 · 자동판매기 설치를 허가하기 위하여 그 설치 장소와 판매할 물건의 종류 등을 조사하고 그 결과를 장애인에게 알리는 조치를 강구하여야 한다(법 제42조 제5항).

6. 자금 대여

국가와 지방자치단체는 장애인에 대하여 사업의 개시, 필요한 지식 · 기능의 습득 등을 지원하기 위하여 ①생업자금 및 생업을 위한 자동차 구입비, ②취업에 필요한 지도 및 기술훈련비, ③기능회복 훈련에 필요한 장애인보조기구 구입비, ④사무보조기기 구입비, ⑤그 밖에 보건복지부장관이 장애인 재활에 필요하다고 인정하는 비용 등의 자금(령 제19조 제1항)을 대여할 수 있다(법 제41조).

Ⅲ. 자녀교육비의 지급

1. **장애인 자녀교육비의 지급내용:** 장애인복지실시기관은 경제적 부담능력 등을 감안하여 장애인이 부양하는 자녀 또는 장애인인 자녀의 교육비를 지급할 수 있다(법 제38조 제1항). 다만, 국민기초생활보장법 등 다른 법령에 따라 교육비를 받는 자에게는 그 받은 금액만큼 감액하여 지급한다(시행규칙 제23조 제1항 단서).
2. **장애인 자녀교육비의 지급대상:** 자녀교육비의 지급대상은 ①학교에 입학하거나 재학하는 자녀를 둔 장애인, ②학교에 입학하거나 재학하는 장애인을 부양하는 자 중 소득과 재산을 고려하여 매년 예산의 범위에서 보건복지부장관이 정한다(시행규칙 제23조 제1항 전단).

Ⅳ. 장애인사용자동차 등에 대한 지원

1. **조세의 감면:** 국가와 지방자치단체, 그 밖의 공공단체는 장애인이 이동수단인 자동차 등을 편리하게 사용할 수 있도록 하고 경제적 부담을 줄여 주기 위하여 조세감면 등 필요한 지원정책을 강구하여야 한다(법 제39조 제1항).
2. **장애인사용자동차 등 표지:** 시장 · 군수 · 구청장은 장애인이 이용하는 자동차 등을 지원하는 데에 편리하도록 장애인이 사용하는 자동차 등임을 알아볼 수 있는 '장애인사용자동차 등 표지'를 발급하여야 한다(법 제39조 제2항).
3. **장애인표지의 양도금지:** 장애인사용자동차 등 표지를 대여하거나 보건복지부령이 정하는 자 외의 자에게 양도하는 등 부당한 방법으로 사용하여서는 아니 되며, 이와 비슷한 표지 · 명칭 등을 사용하여서는 아니 된다(법 제39조 제3항). 장애인사용자동차 등 표지를 대여하거나 보건복지부령으로 정하는 자 외의 자에게 양도한 자 또는 부당하게 사용하거나 이와 비슷한 표지 · 명칭 등을 사용한 자는 300만원 이하의 과태료를 부과한다(법 제90조 제3항 제2호).

Ⅴ. 장애인보조견(補助犬)

1. **장애인보조견 훈련 · 보급의 지원:** 국가와 지방자치단체는 장애인의 복지 향상을 위하여 장애인을 보조할 장애인보조견(補助犬)의 훈련 · 보급을 지원하는 방안을 강구하여야 한다(법 제40조 제1항).

2. **장애인보조견표지:** 보건복지부장관은 장애인보조견에 대하여 장애인보조견표지를 발급할 수 있다(법 제40조 제2항).
3. **보조견 동반 장애인의 출입제한 금지:** 누구든지 보조견표지를 붙인 장애인보조견을 동반한 장애인이 대중교통수단을 이용하거나 공공장소, 숙박시설 및 식품접객업소 등 여러 사람이 다니거나 모이는 곳에 출입하려는 때에는 정당한 사유 없이 거부하여서는 아니 된다. 지정된 전문훈련기관에 종사하는 장애인보조견 훈련자 또는 장애인보조견 훈련 관련 자원봉사자가 보조견표지를 붙인 장애인보조견을 동반한 경우에도 또한 같다(법 제40조 제3항). 이를 위반하여 보조견표지를 붙인 장애인 보조견을 동반한 장애인, 장애인 보조견 훈련자 또는 장애인 보조견 훈련 관련 자원봉사자의 출입을 정당한 사유 없이 거부한 자는 300만원 이하의 과태료를 부과한다(법 제90조 제3항 제3호).

Ⅵ. 생산품의 구매

1. **장애인생산품의 우선구매:** 국가, 지방자치단체 및 그 밖의 공공단체는 장애인복지시설과 장애인복지단체에서 생산한 물품의 우선 구매에 필요한 조치를 마련하여야 한다(법 제44조).
2. **수의계약(隨意契約):** 국가와 지방자치단체, 그 밖의 공공단체는 장애인복지시설과 장애인복지단체에서 생산한 물품을 수의계약으로 구매할 수 있다(법 제44조 제2항). 국가 등이 수의계약으로 구매할 수 있는 물품은 요건을 모두 갖춘 장애인복지시설이나 장애인복지단체에서 생산한 물품으로 한다(령 제28조 제6항).

Ⅶ. 고용의 촉진

1. **공공기관의 장애인고용 노력:** 국가와 지방자치단체는 직접 경영하는 사업에 능력과 적성이 맞는 장애인을 고용하도록 노력하여야 하며, 장애인에게 적합한 사업을 경영하는 자에게 장애인의 능력과 적성에 따라 장애인을 고용하도록 권유할 수 있다(법 제46조). 장애인고용을 촉진하기 위하여 장애인차별금지 및 권리구제 등에 관한 법률이 따로 제정되어 있다.
2. **장애인 응시자에 대한 편의제공:** 국가, 지방자치단체 및 대통령령으로 정하는 기관·단체의 장은 해당 기관·단체가 실시하는 자격시험 및 채용시험 등에 있어서 장애인 응

시자가 비장애인 응시자와 동등한 조건에서 시험을 치를 수 있도록 편의를 제공하여야 한다(법 제46조의2 제1항).

Ⅷ. 장애인에 대한 각종 수당

1. **장애수당:** 국가와 지방자치단체는 장애인의 장애 정도와 경제적 수준을 고려하여 장애로 인한 추가적 비용을 보전(補塡)하게 하기 위하여 장애수당을 지급할 수 있다. 다만, 생계급여 또는 의료급여를 받는 장애인에게는 장애수당을 반드시 지급하여야 한다(법 제49조 제1항). 그러나 장애인연금을 받는 중증장애인에게는 장애수당을 지급하지 아니한다(법 제49조 제2항).
2. **장애아동수당:** 국가와 지방자치단체는 장애아동에게 보호자의 경제적 생활수준 및 장애아동의 장애 정도를 고려하여 장애로 인한 추가적 비용을 보전(補塡)하게 하기 위하여 장애아동수당을 지급할 수 있다(법 제50조 제1항).
3. **장애인 보호수당:** 국가와 지방자치단체는 장애인을 보호하는 보호자에게 그의 경제적 수준과 장애인의 장애 정도를 고려하여 장애로 인한 추가적 비용을 보전하게 하기 위하여 보호수당을 지급할 수 있다(법 제50조 제2항).
4. **당사자의 신청에 의한 지급**

1) **신청서류의 제출:** '자녀교육비', 장애수당, 장애아동수당 및 보호수당 같은 '장애수당 등'을 지급받으려는 사람은 지방자치단체장에게 자녀교육비 및 장애수당 등의 지급을 신청할 수 있다(법 제50조의2 제1항). 신청을 할 때에 신청인과 그 가구원 다음의 자료 또는 정보의 제공에 동의한다는 서면을 제출하여야 한다(법 제50조의2 제2항). 금융자료에 관한 규정은 사회복지사업법 등 다른 법률의 규정과 동일하다.
   ① 금융자산 및 금융거래의 내용에 대한 자료 또는 정보 중 예금의 평균잔액과 '금융정보'
   ② 신용정보 중 채무액과 '신용정보'
   ③ 보험에 가입하여 납부한 보험료와 '보험정보'

2) **부정지급된 수당의 환수:** 지방자치단체장은 자녀교육비 및 장애수당 등을 받은 사람이 다음에 해당하면 그가 받은 자녀교육비 및 장애수당 등의 전부 또는 일부를 환수하여야 한다(법 제51조 제1항).
   ① 거짓이나 그 밖의 부정한 방법으로 자녀교육비 및 장애수당 등을 받은 경우

② 자녀교육비 및 장애수당 등을 받은 후 그 자녀교육비 및 장애수당 등을 받게 된 사유가 소급하여 소멸된 경우

③ 잘못 지급된 경우

5. **압류 금지:** 이 법에 따라 장애인에게 지급되는 금품은 압류하지 못한다(법 제82조 제1항). 장애인복지급여수급계좌의 예금에 관한 채권은 압류할 수 없다(법 제82조 제2항).

Ⅸ. 자립생활지원

1. **자립생활 지원시책 강구:** 국가와 지방자치단체는 장애인의 자기결정에 의한 자립생활을 위하여 활동보조인의 파견 등 활동보조서비스 또는 장애인보조기구의 제공, 그 밖의 각종 편의 및 정보제공 등 필요한 시책을 강구하여야 한다(법 제53조).
2. **장애인자립생활지원센터:** 국가와 지방자치단체는 장애인의 자립생활을 실현하기 위하여 장애인자립생활지원센터를 통하여 필요한 각종 지원서비스를 제공한다(법 제54조 제1항).
3. **활동지원급여**

1) **일상생활 서비스:** 국가와 지방자치단체는 중증장애인이 일상생활 또는 사회생활을 원활히 할 수 있도록 활동지원급여를 지원할 수 있다(법 제55조 제1항).

2) **임신 · 출산 지원서비스:** 국가 및 지방자치단체는 임신 등으로 인하여 이동이 불편한 여성장애인에게 임신 및 출산과 관련한 진료 등을 위하여 경제적 부담능력 등을 감안하여 활동보조인의 파견 등 활동지원급여를 지원할 수 있다(법 제55조 제2항).

제 4 절 장애인복지시설과 단체

Ⅰ. 장애인복지시설

1. 장애인복지시설의 종류

장애인복지시설의 종류는 다음과 같다(법 제58조 제1항).

장애인 거주시설	거주공간을 활용하여 일반가정에서 생활하기 어려운 장애인에게 일정 기간 동안 거주·요양·지원 등의 서비스를 제공하는 동시에 지역사회생활을 지원하는 시설
장애인 지역사회재활시설	장애인을 전문적으로 상담·치료·훈련하거나 장애인의 일상생활, 여가활동 및 사회참여활동 등을 지원하는 시설
장애인 직업재활시설	일반 작업환경에서는 일하기 어려운 장애인이 특별히 준비된 작업환경에서 직업훈련을 받거나 직업생활을 할 수 있도록 하는 시설
장애인 의료재활시설	장애인을 입원 또는 통원하게 하여 상담, 진단·판정, 치료 등 의료재활서비스를 제공하는 시설
그 밖에 대통령령으로 정하는 시설	장애인 생산품판매시설(령 제36조)

2. 장애인복지시설 설치

1) **공공의 장애인복지시설 설치:** 국가와 지방자치단체는 장애인복지시설을 설치할 수 있다(법 제59조 제1항).

2) **사립 장애인복지시설 설치신고:** 국가·지방자치단체 외의 자가 장애인복지시설을 설치·운영하려면 해당 시설 소재지 관할 시장·군수·구청장에게 신고하여야 하며, 신고한 사항 중 보건복지부령으로 정하는 중요한 사항을 변경할 때에도 신고하여야 한다(법 제59조 제2항). 시장·군수·구청장은 신고 또는 변경신고를 받은 경우 그 내용을 검토하여 이 법에 적합하면 신고 또는 변경신고를 수리하여야 한다(법 제59조 제3항).

   설치신고 또는 변경신고를 하지 아니하고 장애인복지시설을 설치·운영한 자는 1년 이하의 징역 또는 1천만원 이하의 벌금에 처한다(법 제87조 제6호). 양벌규정(법 제89조).

3) **폐쇄명령 받은 자의 재설치 제한:** 폐쇄 명령을 받고 1년이 지나지 아니한 자는 시설의 설치·운영 신고를 할 수 없다(법 제59조 제2항 단서).

4) **적합한 신고에 대한 수리:** 시장·군수·구청장은 신고 또는 변경신고를 받은 경우 그 내용을 검토하여 이 법에 적합하면 신고 또는 변경신고를 수리하여야 한다(법 제59조 제3항).

5) **시설 정원의 상한선:** 장애인 거주시설의 정원은 30명을 초과할 수 없다. 다만, 특수한 서비스를 위하여 일정 규모 이상이 필요한 시설 등 대통령령으로 정하는 경우에는 그러하지 아니하다(법 제59조 제4항).

3. 장애인복지시설 운영의 개시

1) **신고 후 지체 없이 운영개시:** 신고한 자는 지체 없이 시설 운영을 시작하여야 한다(법 제60조 제1항). 이를 위반하여 지체 없이 운영을 개시하지 아니한 자에게는 300만원 이하의 과태료를 부과한다(법 제90조 제3항 제4호).
2) **시설의 중단 · 재개 · 폐지신고:** 시설운영자가 시설 운영을 중단 또는 재개하거나 시설을 폐지하려는 때에는 보건복지부령이 정하는 바에 따라 미리 시장 · 군수 · 구청장에게 신고하여야 한다(법 제60조 제2항). 이를 위반하여 시설의 운영 중단 · 재운영 · 시설폐지 등의 신고의무를 위반한 자에게는 300만원 이하의 과태료를 부과한다(법 제90조 제3항 제5호).
3) **시설의 중단 · 폐지 시의 시설이용자 권익보호:** 시설운영자가 시설 운영을 중단하거나 시설을 폐지할 때에는 시설이용자의 권익을 보호하기 위하여 다음의 조치를 하여야 한다(법 제60조 제3항). 시설이용자의 권익보호조치를 위반한 시설운영자는 1년 이하의 징역 또는 1천만원 이하의 징역에 처한다(법 제87조 제7호). 양벌규정(법 제89조).
   ① 시장 · 군수 · 구청장의 협조를 받아 시설이용자가 다른 시설을 선택할 수 있도록 하고 그 이행을 확인하는 조치
   ② 시설이용자가 이용료 · 사용료 등의 비용을 부담하는 경우 납부한 비용 중 사용하지 아니한 금액을 반환하게 하고 그 이행을 확인하는 조치
   ③ 보조금 · 후원금 등의 사용 실태 확인과 이를 재원으로 조성한 재산 중 남은 재산의 회수조치
   ④ 그 밖에 시설이용자의 권익 보호를 위하여 필요하다고 인정되는 조치

4. 장애인 거주시설의 서비스 기준

1) **장애인 거주시설의 서비스 최저기준 설정:** 보건복지부장관은 장애인 거주시설에서 제공하여야 하는 서비스의 최저기준을 마련하여야 하며, 장애인복지실시기관은 그 기준이 충족될 수 있도록 필요한 조치를 취하여야 한다(법 제60조의3 제1항).
2) **최저기준 이상의 서비스수준 유지:** 시설운영자는 서비스의 최저기준 이상으로 서비스의 수준을 유지하여야 한다(법 제60조의3 제2항).

5. 장애인 거주시설 운영자의 의무

1) **시설 이용자의 인권 보호:** 시설 운영자는 시설 이용자의 인권을 보호하고, 인권이 침해된 경우에는 즉각적인 회복조치를 취하여야 한다(법 제60조의4 제1항).
2) **생활 전반에 필요한 서비스 제공:** 시설 운영자는 시설이용자의 거주, 요양, 생활지원, 지역사회생활 지원 등을 위하여 필요한 서비스를 제공하여야 한다(법 제60조의4 제2항).
3) **사생활 및 자기결정권 보장:** 시설 운영자는 시설이용자의 사생활 및 자기결정권의 보장을 위하여 노력하여야 한다(법 제60조의4 제3항).
4) **장애인 지킴이단 배치:** 시설 운영자는 시설 이용자의 인권을 보호하기 위하여 장애인 거주시설에 시설 이용 장애인 인권지킴이단을 두어야 한다(법 제60조의4 제4항).

Ⅱ. 장애인 거주시설 이용절차

1. **거주시설 이용 희망자의 신청:** 장애인 거주시설을 이용하려는 자와 그 친족, 그 밖의 관계인은 시장 · 군수 · 구청장에게 장애인의 시설 이용을 신청하여야 한다(법 제60조의2 제1항).
2. **신청자의 시설 이용 적격성 여부 심사:** 시설 이용을 신청받은 시장 · 군수 · 구청장은 서비스 지원 종합조사 결과 등을 활용하여 이용 신청자의 시설 이용 적격성 여부를 심사하고 그 결과에 따라 시설 이용 여부를 결정하여야 한다(법 제60조의2 제2항).
3. **시설 이용 적격성 및 본인부담금을 결정:** 시장 · 군수 · 구청장은 이용 신청자의 시설 이용 적격성 및 본인부담금을 결정하여 이용 신청자와 시설 운영자에게 통보한다(법 제60조의2 제3항).
4. **시설 운영자와 이용자의 계약 체결:** 시설 운영자는 이용 신청자와 서비스 이용조건, 본인부담금 등의 사항을 포함하여 계약을 체결하고, 그 결과를 시장 · 군수 · 구청장에게 보고하여야 한다(법 제60조의2 제5항).
5. **장애인 본인과의 계약체결 원칙:** 계약은 시설을 이용할 장애인 본인이 체결하는 것을 원칙으로 하되, 지적 능력 등의 이유로 장애인 본인이 계약을 체결하기 어려운 경우에 한하여, 대통령령으로 정하는 자가 계약절차의 전부 또는 일부를 대행할 수 있다(법 제60조의2 제6항).
6. **시설 이용 중단에 따른 불이익 금지:** 시설 이용자가 시설 이용을 중단하려는 경우에는

보건복지부령으로 정하는 기간 전에 시설 이용을 중단할 의사를 시설 운영자에게 밝혀야 한다. 이 경우 시설 운영자는 이용 중단과 관련하여 필요한 조치를 하여야 하고, 이용 중단 희망자에 대하여 이용 중단에 따른 어떠한 불이익한 처분이나 차별도 하여서는 아니 된다(법 제60조의2 제7항).

Ⅲ. 공공시설에 대한 우선권

1. **공공시설의 우선이용:** 국가와 지방자치단체, 그 밖의 공공단체는 장애인의 자립을 지원하는 데에 필요하다고 인정되면 그 공공시설의 일부를 장애인이 우선 이용하게 할 수 있다(법 제47조).
2. **국 · 공유재산의 우선매각 또는 유 · 무상 임대:** 국가와 지방자치단체는 장애인복지시설을 설치하거나 장애인복지단체가 장애인복지사업과 관련한 시설을 설치하는 데에 필요할 경우 국유재산 또는 공유재산을 우선 매각할 수 있고 유상 또는 무상으로 대부하거나 사용 · 수익하게 할 수 있다(법 제48조 제1항).

Ⅳ. 상속인 없는 재산의 처리

1. 원칙적으로 민법에 따라 처리

장애인 거주시설 운영자는 그 시설에 입소 중인 사람이 사망하고 그 상속인의 존부가 분명하지 아니한 때에는 민법[9]에 따라 사망한 사람의 재산을 처리한다. 다만, 사망한 사람의 잔여재산이 500만원[10] 이하인 경우에는 관할 시장 · 군수 · 구청장에게 잔여재산 목록을 작성하여 보고하는 것으로 그 재산의 처리를 갈음할 수 있다(법 제60조의5 제1항).

2. 상속권자의 신고 공고

제1항 단서에 따른 보고를 받은 시장 · 군수 · 구청장은 상속인, 일반상속채권자, 유증받은 자, 기타 상속재산에 대하여 권리를 주장하려는 자가 있으면 6개월 내에 그 권리를 주장할 것을 3개월 이상 공고하여야 한다(법 제60조의5 제2항).

9) 민법 제1053조부터 제1059조까지의 규정.
10) 사회복지사업법 제45조의2제1항 단서.

3. 권리주장자가 없는 재산의 지자체 귀속

기간 내에 상속재산에 대하여 권리를 주장하는 자가 있는 때에는 시장 · 군수 · 구청장이 그 기간 내에 신고한 채권자들 간에 배당하여 변제하여야 한다(법 제60조의5 제3항). 기간이 경과하여도 상속재산에 대하여 권리를 주장하는 자가 없는 때에는 상속재산은 지방자치단체에 귀속된다(법 제60조의5 제4항).

Ⅴ. 장애인관련기관에의 취업제한

1) **취업제한 병행 선고:** 법원은 장애인학대관련범죄나 성범죄[11]로 그 형 또는 치료감호의 전부 또는 일부의 집행을 종료하거나 집행이 유예 · 면제된 날[12]부터 일정기간, 즉 "취업제한기간" 동안 다음의 시설 또는 기관, 즉 "장애인관련기관"을 운영하거나 장애인관련기관에 취업 또는 사실상 노무를 제공할 수 없도록 하는 "취업제한명령"을 장애인학대관련범죄나 성범죄, 즉 "장애인학대관련범죄등" 사건의 판결과 동시에 선고[13]하여야 한다. 다만, 재범의 위험성이 현저히 낮은 경우, 그 밖에 취업을 제한하여서는 아니 되는 특별한 사정이 있다고 판단하는 경우에는 그러하지 아니한다(법 제59조의3 제1항).

2) **취업제한 대상 기관**

① 장애인자립생활지원센터, 장애인복지시설, 장애인권익옹호기관
② 노인복지시설
③ 장기요양기관
④ 발달장애인지원센터
⑤ 취약계층 아동 통합서비스 수행기관 및 아동복지시설
⑥ 의료기관(의료인, 간호조무사 및 의료기사로 한정)
⑦ 발달재활서비스 제공기관 및 장애영유아를 위한 어린이집
⑧ 장애인 활동지원기관
⑨ 정신건강복지센터 및 정신건강증진시설

11) 여기서 말하는 성범죄란 「성폭력범죄의 처벌 등에 관한 특례법」에 따른 성폭력범죄 또는 아동 · 청소년의 성보호에 관한 법률에 따른 아동 · 청소년대상 성범죄로 형 또는 치료감호를 선고하는 경우에는 판결(약식명령을 포함한다. 이하 같다)
12) 벌금형을 선고받은 경우에는 그 형이 확정된 날을 말한다.
13) 약식명령의 경우에는 고지.

⑩ 장애인 등에 대한 특수교육법의 특수교육기관 및 특수교육지원센터

3) **취업제한기간:** 취업제한기간은 10년을 초과하지 못한다(법 제59조의3 제2항).

4) **전문가의 의견청취:** 법원은 취업제한명령을 선고하려는 경우에는 정신건강의학과 의사, 심리학자, 사회복지학자, 장애인학대 관련 전문가, 성범죄 관련 전문가, 장애인단체가 추천하는 장애인 전문가, 그 밖의 관련 전문가로부터 취업제한명령 대상자의 재범위험성 등에 관한 의견을 들을 수 있다(법 제59조의3 제3항).

5) **장애인학대관련범죄 등의 경력 조회 요청:** 장애인관련기관의 설치 신고 · 허가 등을 관할하는 "관할행정기관장"은 장애인관련기관을 운영하려는 자에 대하여 본인의 동의를 받아 관계 기관의 장에게 장애인학대관련범죄등의 경력 조회를 요청하여야 한다. 다만, 장애인관련기관을 운영하려는 자가 장애인학대관련범죄등 경력 조회 회신서를 관할행정기관장에게 직접 제출한 경우에는 장애인학대관련범죄등의 경력 조회를 한 것으로 본다(법 제59조의3 제4항).

6) **기관운영자의 범죄경력 확인의무:** 장애인관련기관 운영자는 그 시설에 취업 중이거나 사실상 노무를 제공 중인 사람 또는 취업하려 하거나 사실상 노무를 제공하려는 사람, 즉 "취업자등"에 대하여 장애인학대관련범죄등의 경력을 확인하여야 하며, 이 경우 본인의 동의를 받아 관계 기관의 장에게 장애인학대관련범죄등의 경력 조회를 요청하여야 한다. 다만, 취업자등이 장애인학대관련범죄등 경력 조회 회신서를 장애인관련기관 운영자에게 직접 제출한 경우에는 장애인학대관련범죄등의 경력 조회를 한 것으로 본다(법 제59조의3 제5항).

7) **연 1회 이상 확인 점검:** 관할행정기관장은 장애인학대관련범죄등으로 취업제한명령을 선고받은 사람이 장애인관련기관을 운영하거나 장애인관련기관에 취업 또는 사실상 노무를 제공하고 있는지를 직접 또는 관계 기관 조회 등의 방법으로 연 1회 이상 확인 · 점검하여야 한다(법 제59조의3 제6항). 관할행정기관장은 확인 · 점검을 위하여 필요한 경우에는 장애인관련기관 운영자에게 관련 자료의 제출을 요구할 수 있다(법 제59조의3 제7항).

Ⅵ. 장애인학대 및 장애인대상 성범죄신고 의무와 절차

1. 장애인학대 및 장애인 대상 성범죄 신고

1) **장애인학대 및 장애인 대상 성범죄 신고의무와 절차:** 누구든지 장애인학대[14] 및 장

애인 대상 성범죄를 알게 된 때에는 중앙장애인권익옹호기관 또는 지역 '장애인권익옹호기관'이나 수사기관에 신고할 수 있다(법 제59조의4 제1항).

2) **장애인학대 관련 직무상 신고의무자:** 다음[15]에 해당하는 사람은 그 직무상 장애인학대 및 장애인 대상 성범죄를 알게 된 경우에는 지체 없이 장애인권익옹호기관 또는 수사기관에 신고하여야 한다(법 제59조의4 제2항). 이를 위반하여 직무상 장애인학대 및 장애인 대상 성범죄의 발생사실을 알고도 장애인권익옹호기관 또는 수사기관에 신고하지 아니한 사람은 300만원 이하의 과태료를 부과한다(법 제90조 제3항 제3의4호).

3) **장애인복지관련 교육내용에 신고의무 포함:** 소관 중앙행정기관의 장은 자격 취득 과정이나 보수교육 과정에 장애인학대 및 장애인 대상 성범죄 예방 및 신고의무에 관한 교육 내용을 포함하도록 하여야 한다(법 제59조의4 제6항).

2. 장애인학대범죄신고인에 대한 보호조치

1) **신고인에 대한 불이익조치의 금지:** 누구든지 장애인학대 및 장애인 대상 성범죄 신고인에게 장애인학대범죄 신고 등을 이유로 불이익조치[16]를 하여서는 아니 된다(법 제59조의5).

---

14) 장애인학대란 장애인에 대하여 신체적 · 정신적 · 정서적 · 언어적 · 성적 폭력이나 가혹행위, 경제적 착취, 유기 또는 방임을 하는 것을 말한다(법 제2조 제3항).

15) ①사회복지 전담공무원 및 사회복지시설의 장과 그 종사자, ②장애인활동지원인력 및 장애인활동지원기관의 장과 그 종사자, ③의료인 및 의료기관의 장, ④의료기사, ⑤응급구조사, ⑥구급대의 대원, ⑦정신건강복지센터의 장과 그 종사자, ⑧어린이집의 원장 등 보육교직원, ⑨유아교육법에 따른 교직원 및 강사, ⑩초 · 중등교육법에 따른 교직원, 전문상담교사 및 산학겸임교사 등, ⑪학원의 운영자 · 강사 · 직원 및 교습소의 교습자 · 직원, ⑫성폭력피해상담소의 장과 그 종사자 및 성폭력피해자보호시설의 장과 그 종사자, ⑬성매매방지 및 피해자보호법에 따른 지원시설의 장과 그 종사자 및 성매매피해상담소의 장과 그 종사자, ⑭가정폭력 관련 상담소의 장과 그 종사자 및 가정폭력피해자 보호시설의 장과 그 종사자, ⑮건강가정지원센터의 장과 그 종사자, ⑯다문화가족지원센터의 장과 그 종사자, ⑰아동복지법에 따른 가정위탁지원센터의 장과 그 종사자, ⑱한부모가족복지시설의 장과 그 종사자, ⑲청소년시설의 장과 그 종사자 및 청소년단체의 장과 그 종사자, ⑳청소년 보호 · 재활센터의 장과 그 종사자, ㉑노인장기요양원

16) ① 파면, 해임, 해고, 그 밖에 이에 준하는 신분상실의 조치: 이러한 불이익조치를 한 자는 2년 이하의 징역 또는 2천만원 이하의 벌금에 처한다(법 제86조의2 제1항). 양벌규정(법 제89조).
② 징계, 정직, 감봉, 강등, 승진 제한, 그 밖에 이에 준하는 부당한 인사조치
③ 전보, 전근, 직무 미부여, 직무 재배치, 그 밖에 이에 준하는 인사조치
④ 성과평가 또는 동료평가 등을 통한 임금, 상여금 등의 차별적 지급
⑤ 교육 · 훈련 등 자기계발 기회의 박탈 및 예산 · 인력 등에 대한 업무상 제한, 그 밖에 이에 준하는 근무 조건의 차별적 조치
⑥ 요주의 대상자 명단의 작성 · 공개, 집단 따돌림 및 폭행 · 폭언, 그 밖에 이에 준하는 정신적 · 신체적 위해 행위
⑦ 직무에 대한 부당한 감사, 조사 및 그 결과의 공표
* ②~⑦까지의 어느 하나에 해당하는 불이익조치를 한 자는 1년 이하의 징역 또는 1천만원 이하의 벌금

2) **위반행위자에 대한 처벌:** 장애인학대 및 장애인 대상 성범죄 신고인에 대하여는 특정범죄신고자 등 보호법(제7조부터 제13조까지)의 규정을 준용한다(법 제59조의6). 이를 위반하여 신고자의 인적사항 또는 신고자임을 미루어 알 수 있는 사실을 다른 사람에게 알려주거나 공개 또는 보도한 사람은 3년 이하의 징역 또는 3천만원 이하의 벌금에 처한다(법 제86조 제4항 제1호). 양벌규정(법 제89조).

3. 응급조치

1) **신속한 현장 출동:** 장애인학대 신고를 접수한 장애인권익옹호기관의 직원이나 사법경찰관리는 지체 없이 장애인학대현장에 출동하여야 한다. 이 경우 장애인권익옹호기관의 장이나 수사기관의 장은 서로 동행하여 줄 것을 요청할 수 있으며, 그 요청을 받은 장애인권익옹호기관의 장이나 수사기관의 장은 정당한 사유가 없으면 소속 직원이나 사법경찰관리가 현장에 동행하도록 하여야 한다(법 제59조의7 제1항).
2) **학대행위자로부터의 분리:** 장애인학대현장에 출동한 자는 학대받은 장애인을 학대행위자로부터 분리하거나 치료가 필요하다고 인정할 때에는 장애인권익옹호기관 또는 의료기관에 인도하여야 한다(법 제59조의7 제2항). 이러한 업무를 수행 중인 장애인권익옹호기관의 직원에 대하여 폭행 또는 협박하거나 위계 또는 위력으로써 그 업무를 방해한 사람은 5년 이하의 징역 또는 5천만원 이하의 벌금에 처한다(법 제86조 제2항 제2호). 양벌규정(법 제89조).
3) **관계인에 대한 조사:** 장애인 학대 현장에 출동한 자는 학대받은 장애인을 보호하기 위하여 신고된 현장에 출입하여 관계인에 대하여 조사를 하거나 질문을 할 수 있다. 이 경우 장애인권익옹호기관의 직원은 학대받은 장애인의 보호를 위한 범위에서만 조사 또는 질문을 할 수 있다(법 제59조의7 제3항).
4) **학대행위자로부터 분리된 곳에서 조사:** 조사 또는 질문을 하는 자는 학대받은 장애인·신고자·목격자 등이 자유롭게 진술할 수 있도록 장애인학대행위자로부터 분리된 곳에서 조사하는 등 필요한 조치를 하여야 한다(법 제59조의7 제5항).
5) **현장조사 방해 금지:** 누구든지 장애인학대현장에 출동한 자에 대하여 현장조사를 거부하거나 업무를 방해하여서는 아니 된다(법 제59조의7 제6항). 현장소사를 거부·기피하거나 업무를 방해한 자는 300만원 이하의 과태료를 부과한다(법 제90조 제3항 제3의5호).

에 처한다(법 제86조의2 제2항). 양벌규정(법 제89조).

4. 보조인

1) **보조인의 선임:** 학대받은 장애인의 법정대리인, 직계친족, 형제자매, 장애인권익옹호기관의 상담원 또는 변호사는 장애인학대사건의 심리에 있어서 보조인이 될 수 있다. 다만, 변호사가 아닌 경우에는 법원의 허가를 받아야 한다(법 제59조의8 제1항).

2) **신뢰관계에 있는 사람의 동석:** 법원은 학대받은 장애인을 증인으로 신문하는 경우 본인 또는 검사의 신청이 있는 때에는 본인과 신뢰관계에 있는 사람의 동석을 허가할 수 있다(법 제59조의8 제2항).

5. 장애인에 대한 금지행위(법 제59조의9)

① **장애인에게 성적 수치심을 주는 성희롱 · 성폭력 등의 행위:** 이러한 범죄 행위를 한 사람은 10년 이하의 징역 또는 1억원 이하의 벌금에 처한다(법 제86조 제1항). 양벌규정(제89조).

② **장애인의 신체에 폭행을 가하거나 상해를 입히는 행위:** 이를 위반하여 상해를 입힌 경우에는 7년 이하의 징역 또는 7천만원 이하의 벌금에 처한다(법 제86조 제2항 제1호). 양벌규정(제89조).

이를 위반하여 폭행을 한 사람은 5년 이하의 징역 또는 5천만원 이하의 벌금에 처한다(법 제86조 제3항 제3호). 양벌규정(제89조).

③ **장애인을 폭행, 협박, 감금, 그 밖에 정신상 또는 신체상의 자유를 부당하게 구속하는 수단으로써 장애인의 자유의사에 어긋나는 노동을 강요하는 행위:** 이러한 범죄행위를 한 사람은 7년 이하의 징역 또는 7천만원 이하의 벌금에 처한다(법 제86조 제2항 제2호). 양벌규정(제89조).

④ **자신의 보호 · 감독을 받는 장애인을 유기하거나 의식주를 포함한 기본적 보호 및 치료를 소홀히 하는 방임행위:** 이러한 행위를 한 사람은 5년 이하의 징역 또는 5천만원 이하의 벌금에 처한다(법 제86조 제3항 제3호). 양벌규정(제89조).

⑤ **장애인에게 구걸을 하게 하거나 장애인을 이용하여 구걸하는 행위:** 이러한 행위를 한 사람은 5년 이하의 징역 또는 5천만원 이하의 벌금에 처한다(법 제86조 제3항 제3호). 양벌규정(제89조).

⑥ **장애인을 체포 또는 감금하는 행위:** 이러한 행위를 한 사람은 5년 이하의 징역 또는 5천만원 이하의 벌금에 처한다(법 제86조 제3항 제3호). 양벌규정(제89조).

⑦ **장애인의 정신건강 및 발달에 해를 끼치는 정서적 학대행위:** 이러한 행위를 한 사람은 5년 이하의 징역 또는 5천만원 이하의 벌금에 처한다(법 제86조 제3항 제3호). 양벌규정(제89조).

⑧ **장애인을 위하여 증여 또는 급여된 금품을 그 목적 외의 용도에 사용하는 행위:** 이러한 행위를 한 사람은 3년 이하의 징역 또는 3천만원 이하의 벌금에 처한다(법 제86조 제4항 제2호). 양벌규정(제89조).

⑨ **공중의 오락 또는 흥행을 목적으로 장애인의 건강 또는 안전에 유해한 곡예를 시키는 행위:** 이러한 행위를 한 사람은 1년 이하의 징역 또는 1천만원 이하의 벌금에 처한다(법 제86조 제5항). 양벌규정(제89조).

6. 사후관리

1) **장애인학대 재발 여부의 확인:** 장애인권익옹호기관의 장은 장애인학대가 종료된 후에도 가정방문, 시설방문, 전화상담 등을 통하여 장애인학대의 재발 여부를 확인하여야 한다(법 제59조의12 제1항).

2) **피해 장애인 · 가족 등에 대한 상담 · 교육:** 장애인권익옹호기관의 장은 장애인학대가 종료된 후에도 피해장애인의 안전 확보, 장애인학대의 재발 방지, 건전한 가정기능의 유지 등을 위하여 피해장애인, 피해장애인의 보호자[17] · 가족 및 장애인학대 행위자에게 상담, 교육 및 의료적 · 심리적 치료 등의 지원을 하여야 한다(법 제59조의12 제2항).

3) **피해장애인의 이익을 최우선 고려:** 장애인권익옹호기관의 장은 지원을 할 때에는 피해장애인의 이익을 최우선으로 고려하여야 한다(법 제59조의12 제4항).

4) **보호자 · 가족 등의 협조:** 피해장애인의 보호자 · 가족 및 장애인학대 행위자는 장애인권익옹호기관의 지원에 참여하여야 하고, 장애인권익옹호기관의 업무 수행을 정당한 사유 없이 거부하거나 방해하여서는 아니 된다(법 제59조의12 제5항).

17) 친권자, 후견인, 장애인을 보호 · 양육 · 교육하거나 그러한 의무가 있는 사람 또는 업무 · 고용 등의 관계로 사실상 장애인을 보호 · 감독하는 사람을 말한다.

제 5 절 장애인활동 지원

2011.1.4. 법률 제10426호 '장애인활동 지원에 관한 법률' 제정
2024.02.06. 법률 제20222호 제21차 일부개정, 2024.08.07. 시행(최신)

Ⅰ. 총 칙

1. 장애인활동 지원의 기본원칙

1) **필요 적정의 원칙:** 활동지원급여는 장애인의 심신상태, 생활환경 및 욕구 등을 종합적으로 고려하여 필요한 범위에서 적정하게 제공하여야 한다(장애인활동지원법 제2조의2 제1항).

2) **사회구성원으로 살아갈 수 있도록:** 활동지원급여는 장애인이 지역 사회 안에서 사회구성원으로 살아갈 수 있도록 제공하여야 한다(장애인활동지원법 제2조의2 제2항).

2. 국가와 지방자치단체의 책무

1) **장애인의 생활지원 시책:** 국가와 지방자치단체는 적절한 활동지원급여를 제공하여 장애인이 일상생활과 사회생활을 원활히 할 수 있도록 시책을 마련하여야 한다(장애인활동지원법 제3조 제1항). 국가와 지방자치단체는 활동지원사업이 장애인의 자립생활을 지원하고 그 가족의 부담을 줄일 수 있도록 매년 필요한 재원을 조달하여야 한다(장애인활동지원법 제3조 제2항).

2) **장애인 동료 간 상담:** 국가와 지방자치단체는 장애인이 장애를 극복하는 데 도움이 되도록 장애동료 간 상호 대화나 상담의 기회를 제공하도록 노력하여야 한다(장애인활동지원법 제56조 제1항).

3) **장애인의 재활 및 자립생활의 연구**

(1) 연구과제의 의뢰: 국가와 지방자치단체는 장애인 재활 및 자립생활에 대하여 종합적이고 체계적으로 조사 · 연구 · 평가하기 위하여 전문 연구기관에 장애예방 · 의료 · 교육 · 직업재활 및 자립생활 등에 관한 연구 과제를 선정하여 의뢰할 수 있다(장애인활동지원법 제52조 제1항).

(2) 비용의 보조: 국가와 지방자치단체는 연구 과제를 수행하는 데에 들어가는 비용을 예산의 범위 안에서 보조할 수 있다(장애인활동지원법 제52조 제2항).

3. **비용의 부담:** 국가와 지방자치단체는 이 법에 따른 활동지원사업에 필요한 비용을 부담한다(장애인활동지원법 제39조 제1항). 지방자치단체가 부담하는 금액은 특별시 · 광역시 · 도 또는 특별자치도 · 시 · 군 · 구가 분담한다(장애인활동지원법 제39조 제2항).

4. **비밀 누설 등의 금지:** 보건복지부, 특별시 · 광역시 · 도 및 특별자치도 · 시 · 군 · 구 소속 공무원과 소속 공무원이었던 사람, 수탁기관, 수급자격심의위원회 및 활동지원기관의 종사자와 종사자였던 사람은 업무 수행 중 알게 된 정보와 자료, 비밀 등을 이 법에서 정한 목적 외의 다른 용도로 사용하거나 다른 사람 또는 기관에 제공하거나 누설하여서는 아니 된다(장애인활동지원법 제44조).

   이 규정을 위반하여 업무 수행 중 알게 된 정보 또는 자료, 비밀 등을 사용 · 제공 또는 누설한 자는 3년 이하의 징역 또는 3천만원 이하의 벌금에 처한다(장애인활동지원법 제47조 제1항 제2호). 양벌규정(장애인활동지원법 제48조).

Ⅱ. 활동지원급여의 인정

1. 활동지원급여의 신청

1) **활동지원급여의 신청자격:** 활동지원급여를 신청할 수 있는 사람은 다음의 자격을 모두 갖추어야 한다(장애인활동지원법 제5조).

   ① 혼자서 일상생활과 사회생활을 하기 어려운 장애인

   ② 노인등[18]이 아닌 사람으로서 대통령령으로 정하는 연령[19] 이상인 사람. 다만, 다음에 해당하는 사람으로서 보건복지부장관이 정하는 기준에 해당하는 사람은 신청자격을 갖는다.

   ㉮ 수급자였다가 65세 이후에 혼자서 사회생활을 하기 어려운 사람

   ㉯ 노인성 질병으로 장기요양급여를 수급하는 65세 미만인 사람

   ③ 활동지원급여와 비슷한 다른 급여를 받고 있거나 보장시설에 입소한 경우 등 대통령령으로 정하는 경우[20]에 해당하지 아니하는 사람

18) "노인등"이란 65세 이상의 노인 또는 65세 미만의 자로서 치매 · 뇌혈관성질환 등 대통령령으로 정하는 노인성 질병을 가진 자를 말한다.

19) "대통령령으로 정하는 연령 이상인 사람"이란 6세 이상인 사람을 말한다.

20) 보장시설에 입원한 경우 외에 의료기관에 입원한 경우, 교정시설 또는 치료감호시설에 수용된 경우, 그 밖에 다른 법령에 따라 활동지원급여와 비슷한 급여를 받고 있다고 보건복지부장관이 인정하는 경우이다.

2) **활동지원급여의 신청절차:** 활동지원급여를 신청하는 '신청인'은 관할 지방자치단체장에게 활동지원급여 '신청서'를 제출하여야 한다(법 제6조 제1항). 이 법 시행 당시 '종전의 활동보조급여 수급 중증장애인'은 이 법 시행일에 활동지원급여를 신청한 사람으로 본다(장애인활동지원법 부칙 제3조 제1항).

2. 신청 등에 대한 대리

1) **가족 · 친족 등의 대리신청:** 활동지원급여를 받으려는 사람 또는 수급자가 신체적 · 정신적인 사유로 활동지원급여 신청, 수급자격의 갱신 신청 또는 활동지원등급의 변경 신청 등을 직접 할 수 없을 때에는 본인의 가족이나 친족, 그 밖의 관계인이 대리할 수 있다(장애인활동지원법 제15조 제1항).
2) **사회복지 전담공무원의 대리신청:** 사회복지전담공무원은 관할 지역에 거주하는 사람의 활동지원급여 신청 등을 본인 또는 가족의 동의를 받아 대리할 수 있다(장애인활동지원법 제15조 제2항).
3) **시장 · 군수 · 구청장의 신청대리인 지정:** 활동지원급여를 받으려는 사람 또는 수급자가 대리인을 통해 활동지원급여 신청 등을 할 수 없는 경우에는 지방자치단체장이 지정하는 자가 대리할 수 있다(장애인활동지원법 제15조 제3항).

3. 수급자격의 유효기간

수급자격 결정의 유효기간은 최소 3년으로 한다(장애인활동지원법 제12조 제1항; 동 시행령 제15조 제1항).

4. 수급권의 보호

활동지원급여를 받을 권리는 양도 또는 압류하거나 담보로 제공할 수 없다(장애인활동지원법 제46조).

5. 부정청구 및 부정 수급에 대한 처벌

1) **부정청구에 대한 처벌:** 거짓이나 그 밖의 부정한 방법으로 급여비용을 청구한 자는 3년 이하의 징역 또는 3천만원 이하의 벌금에 처한다(장애인활동지원법 제47조 제1항 제1호).

양벌규정(장애인활동지원법 제48조).

2) **부정 수급에 대한 처벌:** 거짓이나 그 밖의 부정한 방법으로 활동지원급여비용을 받거나 다른 사람으로 하여금 활동지원급여를 받게 한 자는 1년 이하의 징역 또는 1천만원 이하의 벌금에 처한다(장애인활동지원법 제47조 제3항 제1호). 양벌규정(장애인활동지원법 제48조).

Ⅲ. 활동지원급여의 제공

1. 활동지원급여의 종류

이 법에 따른 활동지원급여의 종류는 다음과 같다(장애인활동지원법 제16조 제1항).

① **활동보조:** '활동지원인력'[21]인 활동지원사가 수급자의 가정 등을 방문하여 신체활동, 가사활동 및 이동보조 등을 지원하는 활동지원급여

② **방문목욕:** 활동지원인력이 목욕설비를 갖춘 장비를 이용하여 수급자의 가정 등을 방문하여 목욕을 제공하는 활동지원급여

③ **방문간호:** 활동지원인력인 간호사 등이 의사, 한의사 또는 치과의사의 지시서 등 '방문간호지시서'에 따라 수급자의 가정 등을 방문하여 간호, 진료의 보조, 요양에 관한 상담 또는 구강위생 등을 제공하는 활동지원급여

④ **그 밖의 활동지원급여:** 야간보호 등 대통령령으로 정하는 활동지원급여

2. 급여이용권의 지급

지방자치단체장은 수급자가 활동지원급여를 받을 수 있도록 활동지원급여의 수량 또는 그에 상응하는 금액이 적힌(전자적 · 자기적 방법에 의한 기록 포함) 활동지원급여이용권을 수급자에게 지급할 수 있다(장애인활동지원법 제17조 제2항).

3. 급여의 월 한도액

활동지원급여는 월 한도액의 범위에서 제공한다. 이 경우 월 한도액은 활동지원등급 등을 고려하여 산정한다(장애인활동지원법 제18조 제1항).

---

21) '장애인활동지원인력'이란 장애인활동지원기관에 소속되어 수급자에 대한 활동지원급여를 수행하는 사람을 말한다(법 제2조 제7호).

4. 수급자 등의 준수사항

1) **급여의 적정 이용:** 수급자는 일상생활 및 사회생활을 수행하기 위하여 활동지원급여를 적정하게 이용하여야 하며, 부당한 요구를 하여서는 아니 된다(장애인활동지원법 제18조의2 제1항).
2) **수급자의 욕구와 자율성 존중:** 활동지원인력은 수급자의 욕구에 따른 선택과 자율적인 결정을 존중하고 그에 따라 적정하게 활동지원급여를 제공하여야 한다(장애인활동지원법 제18조의2 제2항).
3) **수급자와 활동지원인력 간의 상호 존중:** 수급자와 활동지원인력은 서로 인격을 존중하고 신뢰하여야 하며, 이를 훼손할 수 있는 폭행이나 모욕적인 언행을 하여서는 아니 된다(장애인활동지원법 제18조의2 제3항). 활동지원기관의 장은 활동지원급여의 제공이나 이용 과정에서 발생할 수 있는 수급자와 활동지원인력 간의 갈등의 예방 및 해결을 위하여 적극 노력하여야 한다(장애인활동지원법 제18조의2 제4항).

5. 급여의 중단 또는 제한

1) **중단 또는 제한 사유:** 지방자치단체장은 활동지원급여를 받고 있거나 받을 수 있는 사람이 다음에 해당하는 경우에는 활동지원급여를 중단하거나 1년의 범위에서 활동지원급여의 수량이나 제공 기간 등을 제한하여야 한다(장애인활동지원법 제19조 제1항).
   ① 거짓이나 그 밖의 부정한 방법으로 수급자로 선정된 경우
   ② 활동지원기관 또는 활동지원인력이 거짓이나 그 밖의 부정한 방법으로 활동지원급여 비용을 받은 데에 가담한 경우
2) **자료제출 거부에 따른 급여의 제한:** 지방자치단체장은 수급자가 타당한 사유 없이 자료의 제출 및 질문 · 검사 요구를 거부 · 방해 · 기피하거나 거짓 자료를 제출한 경우에 활동지원급여의 전부 또는 일부를 중단하거나 활동지원기관으로 하여금 제공하지 아니하게 할 수 있다(장애인활동지원법 제19조 제2항).
3) **급여중단의 사유:** 지방자치단체장은 수급자가 다음에 해당하는 경우 그 기간 중 활동지원급여를 중단한다(장애인활동지원법 제19조 제3항).
   ① 보장시설에 입소한 경우
   ② 금고 이상의 실형을 선고받고 교정시설 또는 치료감호시설에 수용 중인 경우
   ③ 그 밖에 장기간의 국외체류 등으로 활동지원급여를 받는 것이 어려운 경우로서 보건

복지부령으로 정하는 경우

4) **부정청구에 대한 처벌:** 거짓이나 그 밖의 부정한 방법으로 급여비용을 청구한 자에게는 3년 이하의 징역 또는 3천만원 이하의 벌금에 처한다(장애인활동지원법 제47조 제1항 제1호). 양벌규정(장애인활동지원법 제48조).

6. 활동지원 응급안전서비스 제공

지방자치단체장은 활동지원급여의 신청자격을 갖춘 장애인이 다음에 해당하는 경우로서 응급안전서비스 제공이 필요하다고 인정될 때에는 응급상황에 대처할 수 있도록 정보통신기술 등을 활용하여 안전 확인 또는 구조 · 구급활동 등의 활동지원 응급안전서비스를 제공할 수 있다(장애인활동지원법 제19조의2 제1항).

① 1인 가구인 경우

② 가구구성원인 가족이 모두 장애인이거나 18세 이하 또는 65세 이상인 경우

③ 가구구성원인 가족이 직장 · 학교생활 등으로 인하여 장애인에 대한 보호가 곤란한 경우

Ⅳ. 활동지원기관

1. 활동지원기관의 지정

1) **시장 · 군수 · 구청장의 지정:** 활동지원기관을 설치 · 운영하려는 자는 시설 및 인력 기준을 갖추고 소재지를 관할하는 지방자치단체장으로부터 지정을 받아야 한다(장애인활동지원법 제20조 제1항).

이 규정을 위반하여 거짓이나 그 밖의 부정한 방법으로 활동지원기관 지정을 받은 자는 1년 이하의 징역 또는 1천만원 이하의 벌금에 처한다(장애인활동지원법 제47조 제3항 제2호). 양벌규정(장애인활동지원법 제48조).

2) **지역적 분포 등 고려한 지정:** 지방자치단체장은 활동지원기관의 지역적 분포 및 적정 공급 규모, 활동지원급여 대상자 수 등을 고려하여 적정 수의 활동지원기관을 지정하여야 한다(장애인활동지원법 제20조 제2항).

2. 활동지원기관 정보의 안내

지방자치단체장은 수급자가 활동지원기관을 쉽게 선택하도록 하고 활동지원기관이 제공하

는 활동지원급여의 질을 보장하기 위하여 활동지원기관별 활동지원급여의 내용, 시설 · 인력 현황 자료 등을 활동지원기관의 장으로부터 제출받아 수급자에게 안내하여야 한다(장애인활동지원법 제21조 제1항).

3. 활동지원기관의 의무

1) **급여 거부의 금지:** 활동지원기관은 수급자로부터 활동지원급여 제공을 요청받았을 때에 이를 거부하여서는 아니 된다. 다만, 활동지원인력의 수급(需給)이 원활하지 아니한 경우 등 타당한 사유가 있는 경우에는 거부할 수 있다(장애인활동지원법 제22조 제1항).

   타당한 사유 없이 활동지원급여 제공을 거부한 자는 2년 이하의 징역 또는 2천만원 이하의 벌금에 처한다(장애인활동지원법 제47조 제2항 제1호). 양벌규정(장애인활동지원법 제48조).

2) **성실한 급여제공 의무:** 활동지원기관은 활동지원급여의 제공 기준 · 절차 및 방법 등에 따라 활동지원급여를 제공하여야 한다(장애인활동지원법 제22조 제2항).

3) **수급자를 소개 · 알선 · 유인하는 행위 금지:** 활동지원기관은 영리를 목적으로 본인부담금을 면제하거나 할인하는 행위, 금품 등을 제공하는 등 수급자를 소개 · 알선 · 유인하는 행위 및 이를 조장하는 행위를 하여서는 아니 된다(장애인활동지원법 제22조 제5항).

   이 규정을 위반하여 수급자를 소개 · 알선 · 유인하거나 이를 조장하는 행위를 한 자는 2년 이하의 징역 또는 2천만원 이하의 벌금에 처한다(장애인활동지원법 제47조 제2항 제2호). 양벌규정(장애인활동지원법 제48조).

4. 활동지원기관의 폐업

1) **30일 전까지 휴 · 폐업 신고:** 활동지원기관은 폐업하거나 휴업하려는 경우에는 폐업 또는 휴업 예정일 전 30일까지 지방자치단체장에게 신고하여야 한다. 신고를 받은 지방자치단체장은 지체 없이 그 신고 내용을 수탁기관에 통보하여야 한다(장애인활동지원법 제23조 제1항). 휴 · 폐업 시 신고하지 아니한 자 또는 거짓으로 신고한 자는 500만원 이하의 과태료를 부과한다(장애인활동지원법 제49조 제1항 제4호).

2) **지방자치단체의 대응조치:** 지방자치단체장은 폐업 또는 휴업 신고를 접수하였을 때 인근 지역에 대체 활동지원기관이 없는 등 활동지원급여에 중대한 차질이 우려되는 경우에는 활동지원기관의 폐업 또는 휴업 철회를 권고하거나 그 밖의 다른 조치를 마련하여야 한다(장애인활동지원법 제23조 제2항).

3) **활동지원급여 제공 자료의 이관:** 활동지원기관은 폐업 또는 휴업 신고를 할 때에는 활동지원급여 제공 자료를 관할 지방자치단체로 이관하여야 한다. 다만, 휴업하는 활동지원기관이 활동지원급여 제공 자료를 직접 보관하기 위해서는 휴업 예정일까지 관할 지방자치단체의 허가를 받아야 한다(장애인활동지원법 제23조 제3항).

5. 활동지원기관 지정의 취소

1) **활동지원기관의 업무정지처분의 사유:** 지방자치단체장은 활동지원기관이 다음에 해당하는 경우에는 6개월의 범위에서 업무를 정지하거나 그 지정을 취소할 수 있다(장애인활동지원법 제24조 제1항).

① 시설 및 인력 기준 등 지정기준에 맞지 아니하게 된 경우

② 활동지원급여 제공을 거부한 경우

③ 본인부담금을 면제 또는 할인하거나 수급자를 알선 또는 유인하는 행위를 한 경우

④ 자료의 제출 및 질문 · 검사 요구를 거부 · 방해 · 기피하거나 거짓 자료를 제출한 경우

⑤ 거짓이나 그 밖의 부정한 방법으로 활동지원급여비용을 청구한 경우

⑥ 활동지원인력이나 그 밖의 활동지원기관 종사자가 다음에 해당하는 행위를 한 경우

㉮ 수급자의 신체에 폭행을 하거나 상해를 입히는 행위

㉯ 수급자에게 성적 수치심을 주는 성폭행 · 성희롱 등의 행위

㉰ 자신이 활동지원급여를 제공하는 수급자를 내다 버리거나 의식주를 포함한 기본적 보호 및 간병 등을 소홀히 하는 행위

2) **활동지원기관 지정취소의 사유:** 지방자치단체장은 활동지원기관이 다음에 해당하는 경우에는 그 지정을 취소하여야 한다(장애인활동지원법 제24조 제2항).

① 거짓이나 그 밖의 부정한 방법으로 지정을 받은 경우

② 휴업 또는 업무정지 기간에 활동지원급여를 제공한 경우

③ 업무정지 처분을 3회 이상 받은 경우

3) **행정처분 내용의 통보:** 지방자치단체장은 업무정지 또는 지정 취소 등의 행정처분을 한 경우에 지체 없이 수탁기관에 행정처분 내용을 통보하여야 한다(장애인활동지원법 제24조 제3항).

4) **지정취소처분을 받은 자의 재지정 금지:** 지정취소를 받은 자는 그 처분을 받은 날부

터 2년의 범위에서 대통령령으로 정하는 기간 동안 활동지원기관으로 다시 지정될 수 없다(장애인활동지원법 제24조 제4항).

6. 과징금의 부과

1) **업무정지에 갈음한 과징금:** 지방자치단체장은 업무정지 또는 지정 취소 등에 해당하는 행위를 이유로 업무정지 명령을 하여야 하는 경우로서 그 업무정지가 해당 활동지원기관을 이용하는 수급자에게 심한 불편을 주거나 공익을 해칠 우려가 있는 경우에는 업무정지 명령을 갈음하여 5천만원 이하의 과징금을 부과할 수 있다(장애인활동지원법 제24조의2 제1항).

2) **징벌적 과징금의 경우:** 지방자치단체장은 업무정지 명령을 하여야 하는 경우로서 그 업무정지가 해당 활동지원기관을 이용하는 수급자에게 심한 불편을 주거나 공익을 해칠 우려가 있는 경우에는 업무정지 명령을 갈음하여 거짓이나 그 밖의 부정한 방법으로 청구한 금액의 5배 이하의 금액을 과징금으로 부과할 수 있다(장애인활동지원법 제24조의2 제2항).

7. 활동지원급여의 결과평가

1) **활동지원급여 평가와 결과의 공개:** 지방자치단체장은 활동지원기관이 제 활동지원급여의 제공 기준 · 절차 · 방법 등에 따라 적정하게 활동지원급여를 제공하였는지를 평가한 후 그 결과를 공개하는 등 필요한 조치를 할 수 있다(장애인활동지원법 제25조 제1항). 또한 활동지원기관이 제공하는 활동지원급여의 내용을 지속적으로 관리 · 평가하여 그 수준을 향상시킬 수 있도록 노력하여야 한다(장애인활동지원법 제25조 제2항).

2) **활동지원급여 평가제외 기관:** 활동지원기관은 다음에 해당하는 경우를 제외하고는 활동지원급여 평가에 응하여야 한다.

① 신규로 지정되어 운영기간이 1년 미만인 경우

② 폐업, 휴업, 업무정지 등의 사유로 현장평가가 어려운 경우

③ 그 밖에 보건복지부장관이 정하여 고시하는 사유가 있는 경우

Ⅴ. 활동지원인력

1. 활동지원인력의 종류

활동지원급여의 종류별 활동지원인력은 활동보조를 수행하는 활동보조인력, 방문목욕을 수행하는 활동보조인력, 방문간호를 수행하는 활동보조인력과 다음의 자격을 갖춘 방문간호를 수행하는 활동인력으로 한다(장애인활동지원법 제26조; 장애인활동지원법 시행령 제19조).

① 간호사로서 2년 이상 경력이 있는 사람
② 간호조무사로서 3년 이상 경력이 있는 사람으로 소정의 교육을 이수한 사람
③ 치과위생사

2. 활동보조인의 자격

활동보조급여를 제공하는 '활동보조인'이 되려는 사람은 활동보조인교육기관에서 교육과정을 수료하거나, 대통령령으로 정하는 일정 자격, 즉 요양보호사, 사회복지사, 간호사, 간호조무사의 자격을 갖추어야 한다(장애인활동지원법 제27조 제1항; 장애인활동지원법 시행령 제20조).

3. 결격사유 확인을 위한 범죄경력조회

활동지원기관의 장은 소속 활동지원인력이 결격사유에 해당하는지를 확인하기 위하여 본인의 동의를 받아 소재지를 관할하는 지방경찰청장 또는 경찰서장에게 범죄경력조회를 요청하여야 한다(장애인활동지원법 제29조의2 제1항). 범죄경력조회를 요청받은 지방경찰청장 또는 경찰서장은 정당한 사유가 없으면 이에 따라야 한다(장애인활동지원법 제29조의2 제2항).

Ⅵ. 활동지원급여비용

1. 활동지원급여비용의 청구 및 지급

1) **활동지원기관의 청구:** 활동지원기관은 활동지원급여를 수급자에게 제공한 경우 지방자치단체장에게 활동지원 '급여비용'을 청구하고, 청구를 받은 지방자치단체장은 이를 지급하여야 한다(장애인활동지원법 제31조 제1항).

거짓이나 그 밖의 부정한 방법으로 급여비용을 청구한 자는 3년 이하의 징역 또는

3천만원 이하의 벌금에 처한다(장애인활동지원법 제47조 제1항 제1호). 양벌규정(장애인활동지원법 제48조).

2) **평가결과에 따른 급여비용 가감(加減):** 지방자치단체장은 활동지원급여 평가 결과에 따라 급여비용을 가산 또는 감액 조정하여 지급할 수 있다(장애인활동지원법 제31조 제2항).

2. 급여비용의 산정

급여비용은 활동지원급여의 종류 및 활동지원등급 등에 따라 보건복지부장관이 정하여 고시한다(장애인활동지원법 제32조 제1항). 보건복지부장관은 급여비용을 정할 때 활동지원기관이 국가와 지방자치단체로부터 설립 및 운영비용을 지원받았는지 등을 고려하여 가산 또는 감액 조정할 수 있다(장애인활동지원법 제32조 제2항).

3. 본인부담금

1) **생활수준에 따른 차등부담:** 수급자는 해당 급여비용의 100분의 15 한도에서 수급자와 그 부양의무자의 소득 및 재산 등 생활수준에 따라 그 비용의 일부인 '본인부담금'을 차등 부담한다(장애인활동지원법 제33조 제1항).

2) **본인 전부 부담금:** 다음의 활동지원급여에 대한 비용은 수급자 본인이 전부 부담한다(장애인활동지원법 제33조 제2항).

① 급여의 범위 및 대상에 포함되지 아니하는 활동지원급여

② 활동지원급여의 월 한도액을 초과하는 활동지원급여

3) **정액 본인부담금:** 다음에 해당하는 사람에게는 정액의 본인부담금을 부담하도록 할 수 있다(장애인활동지원법 제33조 제3항).

① 의료급여법 제3조제1항제2호부터 제9호까지의 규정[22]에 따른 수급자

22) 2. 재해구호법에 따른 이재민으로서 보건복지부장관이 의료급여가 필요하다고 인정한 사람
3. 의사상자 등 예우 및 지원에 관한 법률에 따라 의료급여를 받는 사람
4. 입양특례법에 따라 국내에 입양된 18세 미만의 아동
5. 독립유공자예우에 관한 법률, 국가유공자 등 예우 및 지원에 관한 법률 및 보훈보상대상자 지원에 관한 법률의 적용을 받고 있는 사람과 그 가족으로서 국가보훈처장이 의료급여가 필요하다고 추천한 사람 중에서 보건복지부장관이 의료급여가 필요하다고 인정한 사람
6. 무형문화재 보전 및 진흥에 관한 법률에 따라 지정된 국가무형문화재의 보유자(명예보유자 포함)와 그 가족으로서 문화재청장이 의료급여가 필요하다고 추천한 사람 중에서 보건복지부장관이 의료급여가 필요하다고 인정한 사람
7. 북한이탈주민의 보호 및 정착지원에 관한 법률의 적용을 받고 있는 사람과 그 가족으로서 보건복지부

② 차상위계층

③ 소득 및 재산 등 생활수준이 보건복지부장관이 정하는 금액 이하인 사람. 다만, 섬·외딴곳·농어촌 등의 지역에 거주하는 사람에 대하여는 따로 금액을 정할 수 있다.

④ 천재지변 등 보건복지부령으로 정하는 사유로 생계가 곤란한 사람

4) **본인부담금 면제자:** 생계급여 수급자 또는 의료급여 수급자는 본인부담금을 부담하지 아니한다(장애인활동지원법 제33조 제4항).

4. 부당지급급여의 징수

1) **부당지급급여의 징수 사유:** 지방자치단체장은 활동지원급여를 받은 수급자 또는 급여비용을 받은 활동지원기관이 다음에 해당하는 경우에는 활동지원급여 또는 급여비용에 상당하는 금액을 징수한다. 다만, 제2호 및 제3호의 어느 하나에 해당하는 경우에는 대통령령으로 정하는 이자를 더하여 징수한다(장애인활동지원법 제35조 제1항).

① 활동지원급여의 월 한도액을 초과하여 활동지원급여를 받은 경우

② 활동지원급여의 제한 등을 받는 사람이 활동지원급여를 받은 경우

③ 거짓이나 그 밖의 부정한 방법으로 급여비용을 청구하여 받은 경우

④ 잘못 지급된 경우

2) **거짓 행위에 관여한 자의 연대책임:** 지방자치단체장은 거짓 보고 또는 증명에 의하거나 거짓 진단에 따라 활동지원급여가 제공된 때에 거짓 행위에 관여한 자에 대하여 활동지원급여를 받은 수급자와 연대하여 징수금을 납부하게 할 수 있다(장애인활동지원법 제35조 제2항).

장관이 의료급여가 필요하다고 인정한 사람

8. 5·18민주화운동 관련자 보상 등에 관한 법률 제8조에 따라 보상금등을 받은 사람과 그 가족으로서 보건복지부장관이 의료급여가 필요하다고 인정한 사람
9. 노숙인 등의 복지 및 자립지원에 관한 법률에 따른 노숙인 등으로서 보건복지부장관이 의료급여가 필요하다고 인정한 사람
10. 그 밖에 생활유지 능력이 없거나 생활이 어려운 사람으로서 대통령령으로 정하는 사람

제 6 절 장애인연금

2010.04.12. 법률 제10255호 '장애인연금법' 제정
2021.06.08. 법률 제18221호 제15차 일부개정, 2022.01.01. 시행(최신)

Ⅰ. 수급권자

1. **수급권자의 범위:** 수급권자는 18세 이상의 중증장애인으로서 소득인정액이 그 중증장애인의 소득 · 재산 · 생활수준과 물가상승률 등을 고려하여 '선정기준액' 이하인 사람으로 한다. 다만, 20세 이하로서 초 · 중 · 고등학교에 재학 중인 사람은 제외한다(장애인연금법 제4조 제1항). 즉, 초 · 중 · 고등학교에 재학 중인 사람은 선정기준액과 상관없이 수급권자가 된다.
2. **18세 이상 중증장애인의 선정기준액:** 보건복지부장관은 선정기준액을 정하는 경우에 18세 이상의 중증장애인 중 수급자가 100분의 70 수준이 되도록 한다(장애인연금법 제4조 제2항).
3. **장애연금과 타 연금의 중복지급 배제:** 다음에 해당하는 연금을 받을 자격이 있는 사람과 그 배우자나 다음에 해당하는 연금을 받은 사람 중 대통령령으로 정하는 사람과 그 배우자에게는 장애인연금을 지급하지 아니한다(장애인연금법 제4조 제3항).
   ① 공무원연금법 및 사립학교교직원 연금법에 따른 퇴직연금, 퇴직연금일시금, 퇴직연금공제일시금, 장해연금, 장해보상금, 유족연금, 유족연금일시금, 순직유족연금 또는 유족일시금
   ② 군인연금법에 따른 퇴역연금, 퇴역연금일시금, 퇴역연금공제일시금, 상이연금, 유족연금 또는 유족연금일시금
   ③ 별정우체국법에 따른 퇴직연금, 퇴직연금일시금, 퇴직연금공제일시금, 유족연금 또는 유족연금일시금
   ④ 국민연금과 직역연금의 연계에 관한 법률에 따른 연계퇴직연금 또는 연계퇴직유족연금 중 직역재직기간이 10년 이상인 경우의 연계퇴직연금 또는 연계퇴직유족연금
4. **부정수급자에 대한 처벌:** 거짓이나 그 밖의 부정한 방법으로 장애인연금을 받거나 다른 사람으로 하여금 장애인연금을 받게 한 자는 1년 이하의 징역 또는 1천만원 이하의 벌금에 처한다(장애인연금법 제25조 제3항). 양벌규정(장애인연금법 제26조).

Ⅱ. 장애인연금의 종류 및 내용

1. 장애인연금의 종류(장애인연금법 제5조)

기초급여	근로능력의 상실 또는 현저한 감소로 인하여 줄어드는 소득을 보전(補塡)하여 주기 위하여 지급하는 급여
부가급여	장애로 인하여 추가로 드는 비용의 전부 또는 일부를 보전하여 주기 위하여 지급하는 급여

2. 기초급여액

1) **기초연금법의 기준연금액을 준용:** '기초급여액'은 보건복지부장관이 그 전년도 기초급여액에 전국소비자물가변동률을 반영하여 매년 고시한다. 다만, 2018년의 기초급여액은 25만원으로 한다(장애인연금법 제6조 제1항). 기준연금액을 고시한 경우 그 기준연금액을 기초급여액으로 한다(장애인연금법 제6조 제2항).
2) **부부수급자의 감액:** 수급권자와 그 배우자가 모두 기초급여를 받는 경우에는 각각의 기초급여액에서 기초급여액의 100분의 20에 해당하는 금액을 감액한다(장애인연금법 제6조 제3항).
3) **기초급여액의 일부감액:** 소득인정액과 기초급여액을 합한 금액이 선정기준액 이상인 경우에는 기초급여액의 일부를 감액하여 지급할 수 있다(장애인연금법 제6조 제4항).
4) **기초연금과 기초급여의 이중지급 배제:** 수급권자 중 기초연금 수급권자에게는 이 법에 따른 기초급여를 지급하지 아니한다(장애인연금법 제6조 제5항).

3. 부가급여액

부가급여액은 월정액으로 하며, 수급권자와 그 배우자의 소득 수준 및 장애로 인한 추가비용 등을 고려하여 대통령령으로 정한다(장애인연금법 제7조).

제 7 절 장애인편의시설

1997.04.10. 법률 제5332호 장애인 · 노인 · 임산부 등의 편의증진보장에 관한 법률 제정
2023.03.28. 법률 제19302호 제27차 일부개정, 2023.06.29. 시행(최신)

Ⅰ. 총 칙

1. **편의시설 설치의 기본원칙:** "시설주 등"[23]은 장애인 등이 공공건물 및 공중이용시설을 이용할 때 가능하면 최대한 편리한 방법으로 최단거리로 이동할 수 있도록 편의시설을 설치하여야 한다(편의시설법 제3조).
2. **접근권(接近權):** 장애인 등[24]은 인간으로서의 존엄과 가치 및 행복을 추구할 권리를 보장받기 위하여 장애인 등이 아닌 사람들이 이용하는 시설과 설비를 동등하게 이용하고, 정보에 자유롭게 접근할 수 있는 권리를 가진다(편의시설법 제4조). 그러나 이 규정만으로 장애인들의 접근권이 구체화되는 것은 아니라는 헌법재판소의 판례가 있다.[25]
3. **국가 및 지방자치단체의 의무:** 국가와 지방자치단체는 장애인 등이 일상생활에서 안전하고 편리하게 시설과 설비를 이용하고, 정보에 접근할 수 있도록 각종 시책을 마련하여야 한다(편의시설법 제6조). 시설주관기관은 편의시설 활성화 정책의 기초자료 확보 등을 위하여 편의시설 설치에 관한 실태조사를 실시하고, 그 결과를 공표하여야 한다(편의시설

23) 시설주 등이라 함은 시설주(施設主), 즉 대상시설의 소유자 또는 관리자 및 대상시설의 설치를 위하여 허가나 처분을 신청하는 등 절차를 진행 중인 자를 말한다(법 제3조).

24) "장애인 등"이란 장애인 · 노인 · 임산부 등 일상생활에서 이동, 시설 이용 및 정보 접근 등에 불편을 느끼는 사람을 말한다(법 제2조 제1호).

25) 청구인 '장애인 이동권 쟁취를 위한 연대회의'는 청구외 박소엽이 2001년 1월 22일 오이도역 장애인 수직리프트에서 추락하여 사망한 사건이 발생한 후, 장애인의 이동권을 쟁취하기 위하여 2001년 4월 19일 결성되어 현재 29개의 장애인 단체로 구성되어 있다. 청구인은 2001년 11월 26일 보건복지부장관에게 장애인이 편리하게 승차할 수 있는 저상(低床)버스의 도입을 청구하였으나 보건복지부장관은 건설교통부와 협의해야 한다는 등의 이유를 들며 이를 이행하지 않자, 보건복지부장관을 상대로 저상버스를 도입하지 않은 부작위가 청구인의 행복추구권, 인간다운 생활을 할 권리 등을 침해한다는 주장으로 2002년 1월 22일 이 사건 헌법소원심판을 청구하였다. 이에 대한 헌법재판소의 판결은 "장애인의 복지를 향상해야 할 국가의 의무가 다른 다양한 국가과제에 대하여 최우선적인 배려를 요청할 수 없을 뿐 아니라, 나아가 헌법의 규범으로부터는 '장애인을 위한 저상버스의 도입'과 같은 구체적인 국가의 행위의무를 도출할 수 없는 것이다. 국가에게 헌법 제34조에 의하여 장애인의 복지를 위하여 노력을 해야 할 의무가 있다는 것은, 장애인도 인간다운 생활을 누릴 수 있는 정의로운 사회질서를 형성해야 할 국가의 일반적인 의무를 뜻하는 것이지, 장애인을 위하여 저상버스를 도입해야 한다는 구체적 내용의 의무가 헌법으로부터 나오는 것은 아니다."라는 이유로 각하하였다(2002.12.18. 2002헌마52 전원재판부).

법 제11조 제1항).

4. **민간 편의시설 설치의 지원:** 국가와 지방자치단체는 민간의 편의시설 설치 부담을 덜고 그 설치를 촉진하기 위하여 금융 지원과 기술 지원 등 필요한 조치를 마련하여야 한다(편의시설법 제13조 제1항). 법인이나 개인이 이 법에서 정하는 편의시설을 설치한 경우에는 시설의 설치비용에 대하여 조세를 감면한다(편의시설법 제13조 제2항).

Ⅱ. 편의시설 설치 대상시설

1. 대상시설(편의시설법 제7조; 령 제3조 별표 1)[26)]

편의시설을 설치하여야 하는 "대상시설"은 ① 공원, ② 공공건물 및 공중이용시설 ③ 공동주택, ④ 통신시설 ⑤ 그 밖에 장애인 등의 편의를 위하여 편의시설을 설치할 필요가 있는 건물·시설 및 그 부대시설로서 대통령령으로 정하는 것을 말한다(편의시설법 제7조).

2. 시설주의 의무

1) **편의기준 적합성 유지:** 시설주 등은 대상시설을 설치하거나 대통령령으로 정하는 주요부분을 변경(용도변경 포함)할 때에는 장애인 등이 대상시설을 항상 편리하게 이용할 수 있도록 편의시설을 설치기준에 적합하게 설치하고, 유지·관리하여야 한다(편의시설법 제9조). 이를 위반한 자로서 시정명령을 받고 기간 내에 그 명령을 이행하지 아니한 자는 500만원 이하의 벌금에 처한다(법 제25조). 양벌규정(제26조).
2) **설치기준의 적합성 확인:** 시설주관기관은 시설주 등이 대상시설의 설치를 위하여 건축허가나 처분을 신청하는 등 절차를 진행 중인 경우에는 설계도서의 검토 등을 통하여 편의시설 설치기준에 적합한지 여부를 확인하여야 한다(편의시설법 제9조의2 제1항). 시설주관기관은 확인 결과 대상시설이 편의시설 설치기준에 부적합한 경우에는 상당한 기간을 정하여 시설주 등에게 보완을 요구하여야 한다(편의시설법 제9조의2 제2항). 시설주관기관은 확인 업무를 장애인 관련 법인 또는 단체에 대행하게 할 수 있다(편의시설법 제9조의3 제1항).
3) **세부기준 적용의 완화:** 시설주 등은 다음에 해당하는 경우로서 "세부기준"에 적합한 편의시설을 설치하기가 곤란하거나 불합리할 때에는 세부기준을 완화한 별도의 기준을 정하고 시설주관기관의 승인을 받아 이에 따라 편의시설을 설치할 수 있다(편의시설법 제15

26) 법이 적용되는 시설의 규모 등 구체적 내용에 대해서는 시행령 제3조 관련 〈별표 1〉을 참조할 것.

조 제1항). 시설주관기관은 제1항에 따른 별도의 기준을 승인할 때에는 장애인 등의 편의시설 이용에 불편이 없도록 하여야 한다(편의시설법 제15조 제2항).

① 세부기준에 적합한 편의시설을 설치하기가 구조적으로 곤란한 경우
② 세부기준에 적합하게 편의시설을 설치하면 안전 관리에 중대한 위험을 초래할 우려가 있는 경우
③ 대상시설의 용도와 주변 여건에 비추어 볼 때 세부기준을 완화하여 적용하는 것이 더 적절하다고 인정되는 경우
④ 그 밖에 대통령령으로 정하는 경우

3. 장애물 없는 생활환경 인증

1) **인증제도의 주무관서:** 보건복지부장관과 국토교통부장관은 장애인 등이 대상시설을 안전하고 편리하게 이용할 수 있도록 편의시설의 설치 · 운영을 유도하기 위하여 대상시설에 대하여 장애물 없는 생활환경 "인증"을 할 수 있다(편의시설법 제10조의2 제1항). 인증기준 · 절차, 인증기관 지정 기준 · 절차, 인증 비용의 부담, 그 밖에 인증 제도 운영에 필요한 사항은 보건복지부와 국토교통부의 "공동부령"으로 정한다(편의시설법 제10조의2 제5항).

2) **인증신청:** 대상시설에 대하여 인증을 받으려는 시설주는 보건복지부장관 등에게 인증을 신청하여야 한다(편의시설법 제10조의2 제2항).

Ⅲ. 편의시설

1. 시설이용상의 편의 제공

장애인 등이 많이 이용하는 공공건물 및 공중이용시설의 시설주는 휠체어, 점자(點字) 안내책자, 보청기기, 장애인용 쇼핑카트 등을 갖추어 두고 장애인 등이 해당 시설을 편리하게 이용할 수 있도록 하여야 한다(편의시설법 제16조 제1항). 휠체어, 점자 안내책자, 보청기기, 장애인용 쇼핑카트 등의 이용료는 무료를 원칙으로 하되, 수리 비용 등을 고려하여 실비로 할 수 있다(편의시설법 제16조 제3항).

이 규정을 위반한 자로서 시정명령을 받고 기간 내에 그 명령을 이행하지 아니한 자에게는 200만원 이하의 과태료를 부과한다(법 제27조 제1항 제3호).

2. 장애인의 편의제공 요청

장애인은 대통령령으로 정하는 공공건물 및 공중이용시설을 이용하려는 경우에는 시설주에게 안내 서비스, 수화(手話) 통역 등의 편의 제공을 요청할 수 있다. 이 경우 시설주는 정당한 사유가 없으면 이에 따라야 한다(편의시설법 제16조의2). 이러한 편의 제공의 요청에 따르지 아니한 자로서 시정명령을 받고 기간 내에 그 명령을 이행하지 아니한 자에게는 200만원 이하의 과태료를 부과한다(법 제27조 제1항 제4호).

3. 편의를 제공해야 할 대상시설(편의시설법 시행령 제7조의2)

① 제1종 근린생활시설 중 지역자치센터, 파출소, 지구대, 우체국, 보건소, 공공도서관, 국민건강보험공단 · 국민연금공단 · 한국장애인고용공단 · 근로복지공단의 지사
② 문화 및 집회시설 중 공연장 및 전시장
③ 종합병원
④ 학교 및 도서관
⑤ 장애인복지시설
⑥ 국가 또는 지방자치단체의 청사(공중이 직접 이용하는 시설에 한함)
⑦ 국민건강보험공단 · 국민연금공단 · 한국장애인고용공단 · 근로복지공단 및 그 지사

4. 장애인전용주차구역

1) **장애인전용주차구역의 설치:** 시설주 등은 주차장 해당 대상시설에 장애인전용주차구역을 설치하여야 한다(편의시설법 제17조 제1항).
2) **장애인자동차표지 발급:** 국가보훈부장관과 특별자치시장 · 특별자치도지사, 시장 · 군수 · 구청장은 보행에 장애가 있는 사람이 신청하는 경우 장애인전용주차구역에 주차할 수 있음을 표시하는 장애인전용주차구역 주차표지를 발급하여야 한다(편의시설법 제17조 제2항).
3) **장애인자동차표지의 부정사용 금지:** 국가보훈부장관과 지방자치단체장은 장애인전용주차구역 주차표지를 발급받은 자가 그 표지를 양도 · 대여하는 등 부당한 목적으로 사용한 경우에는 그 표지를 회수하거나 재발급을 제한할 수 있다(편의시설법 제17조 제3항).
4) **일반자동차의 주차금지:** 누구든지 장애인전용주차구역 주차표지가 붙어 있지 아니한 자동차를 장애인전용주차구역에 주차하여서는 아니 된다. 장애인전용주차구역 주차표

지가 붙어 있는 자동차에 보행에 장애가 있는 사람이 타지 아니한 경우에도 같다(편의시설법 제17조 제4항). 이를 위반하여 다음에 해당하는 자동차를 장애인전용주차구역에 주차한 사람에게는 20만원 이하의 과태료를 부과한다(편의시설법 제27조 제3항).

① 장애인전용주차구역 주차표지를 붙이지 아니한 자동차

② 장애인전용주차구역 주차표지가 붙어 있는 자동차로서 보행에 장애가 있는 사람이 타지 아니한 자동차

5) **장애인전용주차구역 단속:** 시설주관기관은 복지 또는 교통 관련 공무원 등 소속 공무원에게 장애인전용주차구역에 주차하고 있는 자동차를 단속하게 할 수 있다(편의시설법 제17조 제6항).

6) **장애인전용주차장 사용 방해 금지:** 누구든지 장애인전용주차구역에 물건을 쌓거나 그 통행로를 가로막는 등 주차를 방해하는 행위를 하여서는 아니 된다(편의시설법 제17조 제5항). 이를 위반하여 주차 방해 행위를 한 자는 100만원 이하의 과태료를 부과한다(편의시설법 제27조 제2항).

제 8 절 장애인보조기기(補助器機)[27]

2015.12.29. 법률 제13662호 장애인 · 노인 등을 위한 보조기기 지원 및 활용촉진에 관한 법률 제정
2018.12.11. 법률 제15903호 제4차 일부개정, 2018.12.11. 시행(최신)

Ⅰ. 총 칙

1. 장애인보조기구의 정의

"장애인보조기구"란 장애인이 장애의 예방 · 보완과 기능 향상을 위하여 사용하는 의지(義

27) '장애인복지법'은 '장애인 보조기구'라는 용어를 썼고 장애인 · 노인 등을 위한 보조기기 지원 및 활용촉진에 관한 법률'은 '장애인등의 보조기기'란 용어를 썼다. 각 법은 용어를 다음과 같이 정의했다. 장애인보조기구'란 장애인이 장애의 예방 · 보완과 기능 향상을 위하여 사용하는 의지(義肢) · 보조기 및 그 밖에 보건복지부장관이 정하는 보장구와 일상생활의 편의 증진을 위하여 사용하는 생활용품을 말한다(장애인복지법 제65조 제1항). "보조기기"란 장애인등의 신체적 · 정신적 기능을 향상 · 보완하고 일상 활동의 편의를 돕기 위하여 사용하는 각종 기계 · 기구 · 장비로서 보건복지부령으로 정하는 것을 말한다(장애인 · 노인 등을 위한 보조기기 지원 및 활용촉진에 관한 법률 제3조 제2호). 이렇게 보면 '보조기기'란 용어가 좀 더 넓은 의미로 사용됨을 알 수 있다. 따라서 이 책에서는 '보조기기'라는 용어로 통일해서 '보조기구'라는 의미를 포함하는 것으로 사용하겠다.

肢) · 보조기 및 그 밖에 보건복지부장관이 정하는 보장구와 일상생활의 편의 증진을 위하여 사용하는 생활용품을 말한다(법 제65조 제1항).

2. 장애인 · 노인 등을 위한 보조기기 지원 및 활용촉진법

보건복지부장관은 장애인의 일상생활의 편의증진 등을 위하여 장애인보조기구의 지원 및 활용촉진 등에 관한 사업을 실시할 수 있다(법 제65조 제2항). 이 규정에 따라 '장애인 · 노인 등을 위한 보조기기 지원 및 활용촉진에 관한 법률'이 제정되어 있다.

3. 보조기기활용에 대한 기본이념

장애인복지법은 장애인 · 노인 등의 필요와 요구에 따라 보조기기[28]를 편리하고 자유롭게 활용할 수 있도록 보장함으로써 이들이 자아를 실현하고, 완전한 사회참여와 삶의 질 향상을 통하여 사회통합을 이루는 것을 기본이념으로 한다(법 제2조).

4. 국가와 지방자치단체의 책무

1) **활용촉진 및 서비스 제공 노력:** 국가와 지방자치단체는 장애인등이 보조기기를 활용하는 데 어려움이 없도록 활용촉진, 서비스 제공 및 효율적 관리를 위하여 노력하여야 한다(법 제4조 제1항).
2) **재원조달 등 관련조치 강구:** 국가와 지방자치단체는 장애인등에 대한 보조기기 지원과 활용촉진을 위하여 필요한 재원 조달 등 관련 조치를 강구하여야 한다(법 제4조 제2항).
3) **전문인력 양성:** 국가와 지방자치단체는 장애인등에게 적합한 보조기기 서비스를 제공하는 데 필요한 전문인력의 양성을 위하여 노력하여야 한다(법 제4조 제3항).

Ⅱ. 보조기기의 지원

1) **보조기기 지원 및 활용촉진 사업:** 국가와 지방자치단체는 예산의 범위에서 다음의 사업을 실시할 수 있다(법 제7조).
   ① 보조기기의 교부 · 대여 및 사후관리 등 사례관리 사업

28) "보조기기"란 장애인등의 신체적 · 정신적 기능을 향상 · 보완하고 일상 활동의 편의를 돕기 위하여 사용하는 각종 기계 · 기구 · 장비로서 보건복지부령으로 정하는 것을 말한다(법 제3조 제2호).

② 보조기기 관련 정보의 제공
③ 보조기기 품질관리 및 연구개발 지원
④ 그 밖에 보조기기의 지원 및 활용촉진을 위하여 보건복지부장관이 필요하다고 정하는 사업

2) 보조기기 교부

(1) **보조기기 교부 · 대여 또는 비용 지급:** 국가와 지방자치단체는 장애인등이 보조기기를 신청하는 경우 예산의 범위에서 ①보조기기 교부 · 대여 또는 사후관리, ②이에 필요한 비용 지급 등의 지원을 할 수 있다(법 제8조 제1항). 비용의 지급은 보조기기의 교부 · 대여 또는 사후관리가 곤란하다고 인정되는 경우에만 한정한다(법 제8조 제2항).

(2) **보조기기 서비스에 대한 사례관리:** 보건복지부장관은 장애인등이 자신에게 적합한 보조기기를 적용하고 활용능력을 향상시킬 수 있도록 보조기기 서비스[29]에 대한 사례관리를 실시할 수 있다(법 제8조 제3항).

(3) **지원된 보조기기에 대한 압류 금지:** 이 법에 따라 장애인등에게 보급 또는 지원된 보조기기는 압류하거나 담보로 제공할 수 없다(법 제23조).

3) 보조기기 관련 정보제공: 국가는 장애인등이 보조기기를 안전하고 편리하게 활용할 수 있도록 필요한 정보를 제공할 수 있다(법 제9조 제1항).

4) 보조기기의 품질관리: 국가는 장애인등[30]의 안전과 편의가 보장될 수 있도록 보조기기의 품질유지와 향상을 위하여 보조기기의 품질관리를 할 수 있다(법 제10조 제1항). 품질관리 대상 품목과 품질관리 방법 등을 정하여 고시할 수 있다(법 제10조 제2항). 품질관리 등의 실시를 위하여 대통령령으로 정하는 소속 기관장 또는 공공기관에 위임 또는 위탁할 수 있다(법 제10조 제3항).

5) 보조기기 및 이용자 정보관리: 국가와 지방자치단체는 장애인등에게 보조기기를 제공하는 경우 보조기기와 이용자 등에 관한 정보를 전산시스템 등의 방법으로 수집 · 관리할 수 있다(법 제11조 제1항).

---

29) "보조기기 서비스"란 장애인등이 보조기기를 확보하고 효율적으로 활용할 수 있도록 제공되는 일련의 지원을 말한다(법 제3조 제3호).

30) "장애인등"이란 「장애인복지법」 제2조에 따른 장애인, 「노인장기요양보험법」 제2조제1호에 따른 노인등, 「국가유공자 등 예우 및 지원에 관한 법률」 제4조에 따른 국가유공자 등을 말한다(법 제3조 제1호).

Ⅲ. 보조기기센터

1) 중앙보조기기센터

(1) **중앙보조기기센터의 설치 · 운영**: 보건복지부장관은 보조기기의 지원과 활용촉진 등에 필요한 사업을 수행하기 위하여 중앙보조기기센터, 즉 "중앙센터"를 설치 · 운영하여야 한다(법 제13조 제1항). 보건복지부장관은 공공기관에 중앙센터의 운영을 위탁할 수 있다(법 제13조 제2항).

(2) **전문인력의 고용**: 중앙센터는 보조공학사 등 보조기기 관련 전문인력을 두어야 한다. 이 경우 등록한 장애인을 우선적으로 고용하도록 노력하여야 한다(법 제13조 제4항).

2) 지역보조기기센터

(1) **장애인 수 등을 고려한 적정규모의 센터운영**: 시 · 도지사는 관할 구역의 장애인 수 등을 고려하여 보건복지부장관이 정하는 적정 규모에 따라 지역센터를 설치 · 운영할 수 있으며, 이 경우 소요되는 예산의 일부를 시장 · 군수 · 구청장에게 공동으로 부담하게 할 수 있다(법 제14조 제2항). 시 · 도지사는 공공기관 또는 비영리법인에 지역센터의 운영을 위탁할 수 있다(법 제14조 제3항).

(2) **전문인력의 고용**: 지역센터는 보조공학사 등 보조기기 관련 전문인력을 두어야 한다. 이 경우 등록한 장애인을 우선적으로 고용하도록 노력하여야 한다(법 제14조 제5항).

Ⅳ. 보조기 제조업소

1) **의지 · 보조기제조업소의 개설**: '의지 · 보조기제조업', 즉 의지 · 보조기를 제조 · 개조 · 수리하거나 신체에 장착하는 사업을 하는 자는 그 제조업소를 개설한 후 7일 이내에 보건복지부령이 정하는 바에 따라 시장 · 군수 · 구청장에게 제조업소의 개설사실을 알려야 한다. 제조업소의 소재지 변경 등 보건복지부령이 정하는 중요 사항을 변경한 때에도 또한 같다(법 제69조 제1항). 이 규정을 위반하여 의지 · 보조기 제조업소의 개설 또는 변경사실을 통보하지 아니한 자는 300만원 이하의 과태료를 부과한다(법 제90조 제6호).

2) **보조기 기사의 채용**: 의지 · 보조기 제조업자는 의지 · 보조기기사(補助器 技士)를 1명 이상 두어야 한다. 다만, 의지 · 보조기 제조업자 자신이 의지 · 보조기기사인 경우에는 따로 기사를 두지 아니하여도 된다(법 제69조 제2항). 이 규정을 위반하여 의지 · 보조기기사

를 두지 아니하고 의지 · 보조기제조업을 한 자는 1년 이하의 징역 또는 1천만원 이하의 벌금에 처한다(법 제87조 제10호). 양벌규정(법 제89조).

3) 의사의 처방에 따른 제조: 의지 · 보조기제조업자는 의사의 처방에 따라 의지 · 보조기를 제조하거나 개조하여야 한다(법 제69조 제4항). 의사의 처방에 의하지 아니하고 의지 · 보조기를 제조하거나 개조한 제조업자는 300만원 이하의 과태료를 부과한다(법 제90조 제3항 제7호).

4) 보조기기 업체의 책무

(1) **장애인등의 안전과 편의를 우선적 고려:** 보조기기를 생산 · 판매 · 유통 · 대여 · 수입 · 수리하는 보조기기업체는 보조기기를 취급함에 있어 장애인등의 안전과 편의를 우선적으로 고려하여야 한다(법 제12조 제1항).

(2) **사용에 필요한 정보 제공:** 보조기기업체는 보조기기를 판매 · 유통 · 대여 · 수리하는 경우 장애인등에게 사용에 필요한 정보 등을 제공하여야 한다(법 제12조 제2항).

(3) **보조기기에 대한 사후관리서비스 제공:** 보조기기업체는 장애인등의 편의를 위하여 판매 · 유통되어 장애인등이 사용 중인 보조기기에 대한 고장수리 등 사후관리서비스를 제공하여야 한다(법 제12조 제3항).

5) 의지 · 보조기제조업소의 폐쇄

(1) **의지 · 보조기제조업에 대한 폐쇄명령:** 시장 · 군수 · 구청장은 의지 · 보조기제조업자가 다음에 해당하는 경우에는 그 제조업소의 폐쇄를 명할 수 있다(법 제70조 제1항). 폐쇄명령을 받고도 영업을 한 자는 1년 이하의 징역 또는 1천만원 이하의 벌금에 처한다(법 제87조 제12호). 양벌규정(법 제89조).

① 의지 · 보조기기사를 두지 아니하고 의지 · 보조기제조업을 한 경우

② 영업정지처분 기간에 영업을 하거나 3회 이상 영업정지처분은 받은 경우

(2) **의지 · 보조기제조업의 영업정지:** 시장 · 군수 · 구청장은 의지 · 보조기제조업자가 의지 · 보조기제조업을 하면서 고의나 중대한 과실로 의지 · 보조기를 착용하는 사람의 신체에 손상을 입힌 사실이 있는 때에는 6개월의 범위 안에서 보건복지부령으로 정하는 바에 따라 영업정지를 명할 수 있다(법 제70조 제2항).

(3) **폐쇄명령 받은 후 재개업 금지:** 의지 · 보조기제조업자가 폐쇄명령(법 제70조에 의거)을 받은 후 6개월이 지나지 아니하면 같은 장소에서 같은 제조업을 하여서는 아니 된다(법

제69조 제3항). 이 규정에 위반하여 폐쇄명령을 받은 후 6월이 지나지 아니한 때에 동일한 장소에서 동일한 제조업을 한 자는 1년 이하의 징역 또는 1천만원 이하의 벌금에 처한다(법 제69조 제2항; 제87조 제11호). 양벌규정(법 제89조).

Ⅴ. 장애인복지전문인력

1) 장애인복지전문인력 양성

(1) 국가지자체의 전문인력 양성노력: 국가와 지방자치단체 그 밖의 공공단체는 의지 · 보조기 기사, 언어재활사, 장애인재활상담사, 한국수어 통역사, 점역(點譯) · 교정사 등 장애인복지 전문인력, 그 밖에 장애인복지에 관한 업무에 종사하는 자를 양성 · 훈련하는 데에 노력해야 한다(법 제71조 제1항).

(2) 전문인력 양성업무의 위탁: 장애인복지전문인력의 양성업무를 관계 전문기관 등에 위탁할 수 있다(법 제71조 제3항).

2) 장애인복지전문인력의 자격 제한

(1) 자격취소 사유: 보건복지부장관은 의지 · 보조기 기사 등이 다음에 해당한 때에는 그 자격을 취소해야 한다(법 제76조).

① 타인에게 자격증을 대여한 때

② 응시무자격 사항에 해당하게 된 때

③ 자격정지처분 기간에 그 업무를 하거나 자격정지 처분을 3회 받은 때

(2) 자격정지 사유: 보건복지부장관은 의지 · 보조기 기사등이 다음에 해당하면 6개월 이내의 범위 안에서 자격을 정지시킬 수 있다(법 제77조).

① 의지 · 보조기 기사의 업무를 하면서 고의 또는 중대한 과실로 의지 · 보조기 착용자의 신체에 손상을 입힌 사실이 있는 때

② 언어재활사의 업무를 하면서 고의 또는 중대한 과실로 언어재활 대상자의 기능에 손상을 입힌 사실이 있을 때

③ 장애인재활상담사의 업무를 하면서 고의 또는 중대한 과실로 재활 대상자에게 손해를 입힌 사실이 있을 때

④ 보수교육을 연속하여 2회 이상 받지 아니한 때

3) 장애인복지전문인력 국가시험

(1) **장애인복지전문인력 국가시험의 실시**: 의지 · 보조기 기사, 언어재활사 및 장애인재활상담사의 국가시험은 보건복지부장관이 실시하되, 실시시기 · 실시방법 · 시험과목, 그 밖에 시험 실시에 관하여 필요한 사항은 대통령령으로 정한다(법 제73조 제1항). 보건복지부장관은 국가시험의 실시에 관한 업무를 한국보건의료인국가시험원에 위탁할 수 있다(법 제73조 제2항).

(2) **응시 무자격자**: 다음에 해당하는 자는 국가시험에 응시할 수 없다(법 제74조 제1항).

① 정신질환자. 다만, 전문의가 의지 · 보조기 기사등으로서 적합하다고 인정하는 사람은 그러하지 아니하다.

② 마약 · 대마 또는 향정신성의약품 중독자

③ 피성년후견인

④ 이 법이나 형법(제234조 · 제317조제1항), 의료법, 국민건강보험법, 의료급여법, 보건범죄 단속에 관한 특별조치법, 마약류 관리에 관한 법률 또는 후천성면역결핍증 예방법을 위반하여 금고 이상의 형을 선고받고 그 형의 집행이 끝나지 아니하였거나 집행을 받지 아니하기로 확정되지 아니한 자

(3) **부정행위자의 합격 무효**: 부정한 방법으로 국가시험에 응시한 자나 국가시험에 관하여 부정행위를 한 자는 그 수험을 정지시키거나 합격을 무효로 한다(법 제74조 제2항).

(4) **부정행위자의 국가시험 응시제한**: 수험이 정지되거나 합격이 무효가 된 자는 그 후 2회에 한하여 국가시험에 응시할 수 없다(법 제74조 제3항).

4) 의지 · 보조기 기사

(1) **의지 · 보조기 기사자격증 교부**: 건복지부장관은 다음에 해당하는 자로서 의지 · 보조기 기사자격 국가시험에 합격한 자에게 의지 · 보조기 기사 자격증을 내주어야 한다(법 제72조 제1항).

① 전문대학이나 교육부장관이 이와 같은 수준 이상의 학력이 있다고 인정하는 학교에서 의지 · 보조기 관련 교과목을 이수하고 졸업한 자

② 보건복지부장관이 인정하는 외국에서 제1호에 해당하는 학교와 같은 수준 이상의 교육과정을 마치고 외국의 해당 의지 · 보조기 기사자격증을 받은 자

(2) **기사자격증의 대여 금지**: 의지 · 보조기 기사자격증은 다른 자에게 대여하지 못한다(법 제72조 제3항). 이를 위반하여 의지 · 보조기 기사자격증을 타인이게 대여한 자는 500만원

이하의 벌금에 처한다(법 제88조 제2호). 양벌규정(법 제89조).

(3) **보수교육**: 보건복지부장관은 의지 · 보조기 기사등에 대하여 자질 향상을 위하여 필요한 보수(補修) 교육을 받도록 명할 수 있다(법 제75조 제1항).

(4) **의지 · 보조기 기사 채용의무**: 의지 · 보조기 제조업자는 의지 · 보조기 기사(補助器 技士)를 1명 이상 두어야 한다. 다만, 의지 · 보조기 제조업자 자신이 의지 · 보조기 기사인 경우에는 따로 기사를 두지 아니하여도 된다(법 제69조 제2항).

5) 보조공학사

(1) **보조공학사 자격증 교부**: 보건복지부장관은 장애인등에게 보조기기의 상담 · 사용법 교육 · 정보제공 또는 생산 · 수리 등의 서비스를 제공하기 위하여 자격요건을 갖춘 사람에게 '보조공학사' 자격증을 내주어야 한다(법 제15조 제1항). 보조공학사 자격증을 분실하거나 훼손한 사람에게는 신청에 따라 자격증을 재교부한다(법 제15조 제3항).

(2) **자격증의 대여금지**: 보조공학사 자격증은 다른 사람에게 대여하지 못한다(법 제15조 제4항).

(3) **민간단체가 발급한 자격증 소지자에 관한 특례**: 이 법 시행 당시 보건복지부장관이 인정하는 단체에서 발급한 보조공학사 자격증을 소지한 사람은 이 법 시행 후 3년 이내에 보건복지부장관이 실시하는 특례시험을 거쳐 이 법에 따른 보조공학사 자격증을 취득할 수 있다(부칙 제2조).

(4) **민간단체가 발급한 보조공학사 자격증 소지자에 대한 경과조치**: 이 법 시행 당시 보건복지부장관이 인정하는 단체에서 발급한 보조공학사 자격증을 소지한 사람은 이 법 시행 후 3년까지 이 법에 따른 보조공학사로 본다(부칙 제3조).

(5) **보조공학사의 결격사유**: 다음에 해당하는 자는 보조공학사가 될 수 없다(법 제16조).

① 정신질환자. 다만, 전문의가 보조공학사로서 적합하다고 인정하는 사람은 가능.

② 마약 · 대마 또는 향정신성의약품 중독자

③ 피성년후견인, 피한정후견인, 피특정후견인

④ 이 법이나 형법의 위조사문서등의 행사, 업무상 비밀누설죄(제234조 · 제317조제1항), 의료법, 국민건강보험법, 의료급여법, 보건범죄단속에 관한 특별조치법, 마약류 관리에 관한 법률 또는 후천성면역결핍증 예방법을 위반하여 금고 이상의 형을 선고받고 그 형의 집행이 끝나지 아니하였거나 집행을 받지 아니하기로 확정되지 아니한 사람

(6) **보수교육**: 보건복지부장관은 보조공학사에 대하여 자질 향상을 위하여 필요한 보수(보

수)교육을 받도록 명할 수 있다(법 제17조 제1항). 보수교육 업무는 공공기관 또는 비영리법인에 위탁할 수 있다(법 제17조 제2항).

(7) **자격취소**: 보건복지부장관은 보조공학사가 ①타인에게 보조공학사 자격증을 대여한 때, ②보조공학사의 결격사유(제16조) 중 어느 하나에 해당하게 된 때, 또는 ③자격정지 처분기간에 그 업무를 하거나 자격정지 처분을 3회 받은 때에는 그 자격을 취소하여야 한다(법 제18조).

(8) **자격정지**: 보건복지부장관은 보조공학사가 ①보조공학사의 업무를 하면서 고의 또는 중대한 과실로 보조기기 이용자의 신체에 손상을 입힌 사실이 있는 때, 또는 ②보수교육을 연속하여 2회 이상 받지 아니한 때에는 6개월의 범위에서 자격을 정지할 수 있다(법 제19조).

(9) **수수료**: 보조공학사의 자격증을 교부 또는 재교부 받으려 하는 자는 보건복지부령으로 정하는 바에 따라 수수료를 내야 한다(법 제20조).

6) 언어재활사

(1) **언어재활사 자격증 교부**: 보건복지부장관은 자격요건을 갖춘 사람으로서 언어재활사자격 국가시험에 합격한 사람에게 언어재활사 자격증을 내주어야 한다(법 제72조의2 제1항).

(2) **언어재활사의 종류 및 국가시험 응시자격**: 언어재활사의 종류 및 국가시험 응시자격 요건은 다음의 구분과 같다. 이 경우 외국의 대학원 · 대학 · 전문대학에서 언어재활 분야의 학위를 취득한 사람으로서 등급별 자격기준과 동등한 학력이 있다고 보건복지부장관이 인정하는 경우에는 해당 등급의 응시자격을 갖춘 것으로 본다(법 제72조의2 제2항).

① **1급 언어재활사**: 2급 언어재활사 자격증을 가진 사람으로서 다음에 해당하는 사람

㉮ 대학원에서 언어재활 분야의 박사학위 또는 석사학위를 취득한 사람으로서 언어재활기관에 1년 이상 재직한 사람

㉯ 대학에서 언어재활 관련 학과의 학사학위를 취득한 사람으로서 언어재활기관에 3년 이상 재직한 사람

② **2급 언어재활사**: 대학원 · 대학 · 전문대학의 언어재활 관련 교과목을 이수하고 관련 학과의 석사학위 · 학사학위 · 전문학사학위를 취득한 사람

(3) **언어재활사 자격증의 대여금지**: 언어재활사 자격증은 다른 사람에게 대여하지 못한다(법 제72조의2 제4항).

7) 장애인재활상담사

(1) **장애인재활상담사 자격증 교부:** 보건복지부장관은 장애인의 직업재활 등을 지원하기 위하여 자격요건을 갖춘 사람으로서 장애인재활상담사자격 국가시험에 합격한 사람에게 장애인재활상담사 자격증을 내주어야 한다(법 제72조의3 제1항).

(2) **장애인재활상담사의 종류 및 국가시험 응시자격:** 장애인재활상담사의 종류 및 국가시험 응시자격 요건은 다음과 같다. 이 경우 외국의 대학원 · 대학 · 전문대학에서 장애인재활 분야의 학위를 취득한 사람으로서 등급별 자격기준과 동등한 학력이 있다고 보건복지부장관이 인정하는 경우에는 해당 등급의 응시자격을 갖춘 것으로 본다(법 제72조의3 제2항).

① **1급 장애인재활상담사:** 다음에 해당하는 사람

㉮ 「고등교육법」에 따른 대학원에서 장애인재활 분야의 박사학위를 취득한 사람

㉯ 2급 장애인재활상담사 자격증을 가진 사람으로서 대학원에서 장애인재활 분야의 석사학위를 취득한 사람

㉰ 2급 장애인재활상담사 자격증을 가진 사람으로서 장애인재활 관련 기관에서 3년 이상 재직한 사람

㉱ 사회복지사 2급 자격증을 가진 사람으로서 장애인재활 관련 기관에서 5년 이상 재직한 사람

② **2급 장애인재활상담사:** 다음 각 목의 어느 하나에 해당하는 사람

㉮ 「고등교육법」에 따른 대학에서 장애인재활 관련 교과목을 이수한 사람

㉯ 3급 장애인재활상담사 자격증을 가진 사람으로서 장애인재활 관련 기관에서 2년 이상 재직한 사람

㉰ 사회복지사 2급 자격증을 가진 사람으로서 장애인재활 관련 기관에서 3년 이상 재직한 사람

③ **3급 장애인재활상담사:** 전문대학에서 장애인재활 관련 교과목을 이수한 사람

(3) **장애인재활상담사 자격증의 대여금지:** 장애인재활상담사 자격증은 다른 사람에게 대여하지 못한다(법 제72조의3 제4항).

제 9 절 발달장애인 권리보장 및 지원

2014.05.20. 법률 제12618호 발달장애인 권리보장 및 지원에 관한 법률 제정
2025.08.17. 법률 제20095호 제15차 일부개정, 2024.06.14. 시행(최신)

1. 총칙

1) 용어의 정의

(1) "발달장애인": 장애인으로서 다음의 장애인을 말한다(법 제2조 제1호).

① **지적장애인:** 정신 발육이 항구적으로 지체되어 지적 능력의 발달이 불충분하거나 불완전하여 자신의 일을 처리하는 것과 사회생활에 적응하는 것이 상당히 곤란한 사람

② **자폐성장애인:** 소아기 자폐증, 비전형적 자폐증에 따른 언어 · 신체표현 · 자기조절 · 사회적응 기능 및 능력의 장애로 인하여 일상생활이나 사회생활에 상당한 제약을 받아 다른 사람의 도움이 필요한 사람

③ **그 밖에 통상적인 발달지체자:** 통상적인 발달이 나타나지 아니하거나 크게 지연되어 일상생활이나 사회생활에 상당한 제약을 받는 사람으로서 대통령령으로 정하는 사람

(2) "보호자": 다음에 해당하는 사람을 말한다(법 제2조 제2호).

① 보호자(발달장애인이 미성년자인 경우에 한정)

② 성년인 발달장애인의 후견인

③ 성년인 발달장애인의 후견인이 아닌 사람 중 가족 또는 부양의무자로서 사실상 해당 발달장애인을 보호하는 사람

④ 성년인 발달장애인 중 보호자가 없는 경우 지방자치단체의 장이 발달장애인의 보호자로 지명하는 사람(후견인을 선임하기 전까지로 한정)

2) 발달장애인의 권리

(1) 스스로 판단하고 결정할 권리: 발달장애인은 원칙적으로 자신의 신체와 재산에 관한 사항에 대하여 스스로 판단하고 결정할 권리를 가진다(법 제3조 제1항).

(2) 자유로운 의사를 표현할 수 있도록 도움을 받을 권리: 발달장애인은 자신에게 법률적 · 사실적인 영향을 미치는 사안에 대하여 스스로 이해하여 자신의 자유로운 의사를 표현

할 수 있도록 필요한 도움을 받을 권리가 있다(법 제3조 제2항).

(3) 정책결정과정에 의사를 표현할 권리: 발달장애인은 자신과 관련된 정책의 결정과정에서 자기의 견해와 의사를 표현할 권리가 있다(법 제3조 제3항).

3) 국가와 지방자치단체의 책무

(1) 장애조기발견을 위한 조치: 국가와 지방자치단체는 발달장애인의 적절한 발달과 원활한 사회통합을 촉진하기 위하여 장애를 최대한 조기에 발견하여 지원할 수 있도록 필요한 조치를 강구하여야 한다(법 제4조 제1항).

(2) 연구와 조사 지원: 발달장애인의 장애를 완화하고 기능을 향상시키는 방안을 마련하기 위한 연구와 조사를 지원하여야 하며, 발달장애인의 복지수준 향상과 그 가족의 일상적인 양육부담을 경감하기 위하여 필요한 조치를 강구하여야 한다(법 제4조 제2항).

(3) 권익옹호에 필요한 지원: 발달장애인이 장애로 인하여 차별을 받는 등 권리가 침해받지 아니하도록 권익옹호에 필요한 지원을 실시하여야 한다(법 제4조 제3항).

(4) 복지시책의 홍보: 발달장애인과 그 가족이 이용할 수 있는 복지시책을 적극적으로 홍보하여야 하며, 국민이 발달장애인을 올바르게 이해하도록 하는 데에 필요한 정책을 강구하여야 한다(법 제4조 제4항).

4) 국민의 책무: 모든 국민은 발달장애인의 인격을 존중하고 사회통합의 이념에 기초하여 발달장애인의 복지향상에 협력하여야 한다(법 제5조).

5) 홍보영상의 제작 · 배포 · 송출: 보건복지부장관은 발달장애인에 대한 차별 · 편견 및 학대의 예방과 방지 등에 관한 홍보영상을 제작하여 방송편성책임자에게 배포하여야 한다(법 제5조의2 제1항). 보건복지부장관은 방송사업자에게 비상업적 공익광고 편성비율의 범위에서 홍보영상을 채널별로 송출하도록 요청할 수 있다(법 제5조의2 제2항).

6) 실태조사: 보건복지부장관은 발달장애인의 실태파악과 복지정책 수립을 위한 기초자료로 활용하기 위하여 3년마다 발달장애인과 그 가족에 대한 실태조사를 실시하여야 한다(법 제6조 제1항). 실태조사는 장애실태조사와 함께 실시할 수 있다(법 제6조 제2항).

2. 발달장애인에 대한 권리의 보장

1) 자기결정권의 보장

(1) 일상생활에서의 선택의 자유: 발달장애인은 자신의 주거지의 결정, 의료행위에 대한 동

의나 거부, 타인과의 교류, 복지서비스의 이용 여부와 서비스 종류의 선택 등을 스스로 결정한다(법 제8조 제1항).

(2) 의사결정을 도울 충분한 정보 제공: 누구든지 발달장애인에게 의사결정이 필요한 사항과 관련하여 충분한 정보와 의사결정에 필요한 도움을 제공하지 아니하고 그의 의사결정능력을 판단하여서는 아니 된다(법 제8조 제2항).

(3) 보호자의 의사결정 지원: 스스로 의사를 결정할 능력이 충분하지 아니하다고 판단할 만한 상당한 이유가 있는 경우에는 보호자가 발달장애인의 의사결정을 지원할 수 있다. 이 경우 보호자는 발달장애인 당사자에게 최선의 이익이 되도록 하여야 한다(법 제8조 제3항).

2) 성년후견제 이용 지원

(1) 후견인선임 심판 청구: 지방자치단체의 장은 성년인 발달장애인이 다음에 해당하여 후견인을 선임할 필요가 있음에도 불구하고 자력으로 후견인을 선임하기 어렵다고 판단되는 경우에는 그를 위하여 가정법원에 성년후견개시, 한정후견개시 또는 특정후견의 심판을 청구할 수 있다(법 제9조 제1항).

① 일상생활에서 의사를 결정할 능력이 충분하지 아니하거나 매우 부족하여 의사결정의 대리 또는 지원이 필요하다고 볼 만한 상당한 이유가 있는 경우

② 발달장애인의 권리를 적절하게 대변하여 줄 가족이 없는 경우

③ 별도의 조치가 없으면 권리침해의 위험이 상당한 경우

(2) 적절한 후견인의 추천: 지방자치단체의 장이 성년후견개시, 한정후견개시 또는 특정후견의 심판을 청구할 때에는 대통령령령으로 정하는 요건을 충족하는 사람 또는 법인을 후견인 후보자로 하여 그 사람 또는 법인을 후견인으로 선임하여 줄 것을 함께 청구하여야 한다(법 제9조 제2항).

(3) 후견인 후보자의 추천 의뢰: 지방자치단체의 장은 중앙발달장애인지원센터의 장에게 후견인 후보자를 추천하여 줄 것을 의뢰할 수 있다(법 제9조 제3항).

3) 의사소통지원

(1) 법령과 정책정보의 해설 · 배포: 국가와 지방자치단체는 발달장애인의 권리와 의무에 중대한 영향을 미치는 법령과 각종 복지지원 등 중요한 정책정보를 발달장애인이 이해하기 쉬운 형태로 작성하여 배포하여야 한다(법 제10조 제1항).

(2) 학습도구 개발과 전문인력 양성: 교육부장관은 발달장애인이 자신의 의사를 원활하게 표현할 수 있도록 학습에 필요한 의사소통도구를 개발하고 의사소통지원 전문인력을 양성하여 발달장애인에게 도움이 될 수 있도록 각급 학교[31]와 평생교육기관[32] 등을 통하여 필요한 교육을 실시하여야 한다(법 제10조 제2항).

(3) 민원담당 직원용 의사소통지침 개발: 행정안전부장관은 국가와 지방자치단체의 민원담당 직원이 발달장애인과 효과적으로 의사소통할 수 있도록 의사소통 지침을 개발하고 필요한 교육을 실시하여야 한다(법 제10조 제3항).

4) 자조단체의 결성 · 지원: 발달장애인은 자신의 권익을 보호하고 사회참여를 제고하기 위하여 자조단체(자조단체)를 구성할 수 있다(법 제11조 제1항). 국가와 지방자치단체는 예산의 범위에서 자조단체의 활동에 필요한 경비를 지원할 수 있다(법 제11조 제2항).

5) 형사 · 사법 절차상 권리보장

(1) 경찰공무원에 대한 발달장애인 관련 교육 실시: 경찰청장, 해양경찰청장 및 제주특별자치도지사는 경찰공무원과 자치경찰공무원에게 발달장애인에 대한 올바른 인식확산을 위한 교육을 실시하여야 한다(법 제12조 제1항).

(2) 발달장애인을 위한 보조인이 될 수 있는 자: 발달장애인이 재판의 당사자가 된 경우 그의 보호자, 중앙발달장애인지원센터 및 지역발달장애인지원센터의 직원이나 그 밖에 발달장애인과 신뢰관계에 있는 사람은 법원의 허가를 받아 법원의 심리과정에서 발달장애인을 위한 보조인이 될 수 있다(법 제12조 제2항).

(3) 신뢰관계에 있는 사람의 동석: 법원은 발달장애인을 증인으로 신문하는 경우 발달장애인 본인, 검사, 보호자, 발달장애인지원센터의 장의 신청이 있는 때에는 재판에 중대한 지장을 줄 우려가 있는 등 부득이한 경우가 아니면 발달장애인과 신뢰관계에 있는 사람을 동석하게 하여야 한다(법 제12조 제3항).

(4) 수사과정에서의 보조인 또는 동석: 수사기관이 발달장애인을 조사하는 경우에도 제2항 및 제3항을 따라야 한다(법 제12조 제4항).

---

31) 초등학교 · 공민학교, 중학교 · 고등공민학교, 고등학교 · 고등기술학교, 특수학교, 각종학교(초 · 중등교육법 제2조)를 말함.

32) 「평생교육법」 제2조제2호의 평생교육기관을 말함.

6) 발달장애인에 대한 전담조사제

(1) 발달장애인 전담검사 지정: 검찰총장은 각 지방검찰청 검사장으로 하여금 발달장애인 전담검사를 지정하도록 하여 특별한 사정이 없으면 이들로 하여금 발달장애인을 조사 또는 심문하게 하여야 한다(법 제13조 제1항).

(2) 발달장애인 전담사법경찰관 지정: 경찰청장은 각 경찰서장으로 하여금 발달장애인 "전담사법경찰관"을 지정하도록 하여 특별한 사정이 없으면 이들로 하여금 발달장애인을 조사 또는 심문하게 하여야 한다(법 제13조 제2항).

(3) 전담조사제에 따른 전담자 교육: 검찰총장 및 경찰청장은 전담검사 및 전담사법경찰관에게 발달장애인의 특성에 대한 전문지식과 의사소통 방법 및 발달장애인 보호를 위한 수사방법 등에 관한 교육을 실시하여야 한다(법 제13조 제3항).

7) 발달장애인 대상 범죄 방지

(1) 발달장애인 대상 범죄 예방대책 추진: 국가와 지방자치단체는 발달장애인에 대한 "유기등" 다음의 범죄를 예방하고 근절하기 위한 대책을 마련하여 추진하여야 한다(법 제14조 제1항).

① 유기 또는 존속유기

② 학대 또는 존속학대

③ 약취, 유인, 인신매매, 상해 · 치상, 살인 · 치사, 수수 · 은닉 등

④ 성폭력범죄

⑤ 아동학대범죄

⑥ 그 밖에 발달장애인에게 특히 빈번하게 발생하는 범죄로서 대통령령으로 정하는 범죄

(2) 발달장애인 대상 범죄예방을 위한 탐문조사: 경찰청장, 해양경찰청장 및 제주특별자치도지사는 발달장애인에 대한 유기등의 발생 사례가 없는지 소속 경찰공무원 · 자치경찰공무원에게 관할 지역을 정기적으로 탐문하고 조사하도록 하여야 한다(법 제14조 제2항).

8) 발달장애인 유기등 신고의무

(1) 발달장애인지원센터 또는 수사기관에 신고: 누구든지 발달장애인에 대한 유기등의 발생 사실을 알게 된 경우에는 발달장애인지원센터 또는 수사기관에 신고할 수 있다(법 제15조 제1항).

(2) **발달장애인 유기등 신고의무자**: 다음에 해당하는 사람은 그 직무상 발달장애인에 대한 유기등의 발생 사실을 알게 된 경우에는 즉시 발달장애인지원센터 또는 수사기관에 신고하여야 한다(법 제15조 제2항). 이를 위반하여 발달장애인에 대한 유기등을 신고하지 아니한 사람에게는 300만원 이하의 과태료를 부과한다(법 제44조 제1항 제1호).

①사회복지시설의 장과 그 종사자, ②장애인 활동지원인력, 장애인 활동지원기관의 장과 그 종사자, ③의료기관의 장, ④의료기사, ⑤응급구조사, ⑥구조대 및 구급대의 대원, ⑦정신건강복지센터의 장과 그 종사자, ⑧어린이집의 원장 등 보육교직원, ⑨유치원의 교직원 및 유치원의 강사, 기간제 교사 또는 명예교사 등, ⑩초·중등학교 교직원, 전문상담교사 및 산학겸임교사·명예교사 또는 강사 등, ⑪학원의 운영자와 그 종사자 및 교습소의 교습자 등 종사자, ⑫성폭력피해상담소의 장과 그 종사자 및 성폭력피해자 보호시설의 장과 그 종사자, ⑬성매매피해자 지원시설의 장과 그 종사자 및 성매매피해 상담소의 장과 그 종사자, ⑭가정폭력 관련 상담소의 장과 그 종사자 및 가정폭력피해자 보호시설의 장과 그 종사자, ⑮건강가정지원센터의 장과 건강가정사 등 그 종사자, ⑯노인장기요양기관의 장기요양요원

(3) **신고의무자에 대한 신고관련 교육**: 관계 중앙행정기관의 장은 발달장애인 유기등 신고의무에 해당하는 사람의 자격 취득 과정이나 보수교육 과정 등에 발달장애인에 대한 유기등에 대한 신고의무와 관련된 교육 내용을 포함하도록 하여야 한다(법 제15조 제3항).

(4) **신고인의 인적사항 누설금지**: 발달장애인지원센터 또는 수사기관의 장이나 직원은 신고인의 인적 사항 또는 신고인임을 미루어 알 수 있는 사실을 다른 사람에게 알려 주거나 공개하여서는 아니 된다(법 제15조 제4항). 이를 위반한 자에게는 1년 이하의 징역 또는 1천만원 이하의 벌금에 처한다(법 제42조 제1호). 양벌규정(법 제43조).

9) 현장조사

(1) **지체 없는 현장 출동**: 발달장애인에 대한 유기등의 신고를 접수한 발달장애인지원센터의 직원이나 사법경찰관리는 지체 없이 그 현장에 출동하여야 한다. 이 경우 발달장애인지원센터의 장이나 수사기관의 장은 서로 발달장애인에 대한 유기등의 현장에 동행하여 줄 것을 요청할 수 있고 요청받은 발달장애인지원센터의 장이나 수사기관의 장은 정당한 사유가 없으면 그 소속 직원이나 사법경찰관리가 동행하도록 조치하여야 한다(법 제16조 제1항).

(2) **센터직원이나 사법경찰의 조사·질문**: 신고를 접수한 발달장애인지원센터의 직원이나

사법경찰관리는 발달장애인에 대한 유기등의 행위가 행하여지고 있는 것으로 신고된 현장에 출입하여 발달장애인 또는 유기등 행위자 등 관계인에 대하여 조사를 하거나 질문을 할 수 있다. 이 경우 발달장애인지원센터의 직원은 그 발달장애인의 보호를 위한 범위에서만 조사 또는 질문을 할 수 있다(법 제16조 제2항). 조사 또는 질문을 하는 발달장애인지원센터의 직원이나 사법경찰관리는 그 권한을 표시하는 증표를 지니고 이를 관계인에게 보여 주어야 한다(법 제16조 제3항).

(3) **센터직원이나 사법경찰의 업무방해 금지:** 누구든지 발달장애인지원센터의 직원이나 사법경찰관리가 업무를 수행할 때에 폭행이나 협박을 하거나 현장조사를 거부하는 등 업무수행을 방해하는 행위를 하여서는 아니 된다(법 제16조 제4항). 정당한 사유 없이 현장조사를 거부·기피하는 등 업무 수행을 방해한 사람에게는 300만원 이하의 과태료를 부과한다(법 제44조 제1항 제2호).

10) 보호조치

(1) **발달장애인의 안전을 위한 격리조치:** 발달장애인지원센터의 장은 발달장애인에 대한 유기등이 발생하였다고 믿을 만한 상당한 이유가 있고, 발달장애인을 그 가해자로 추정되는 사람으로부터 격리하거나 치료할 필요가 있는 경우 발달장애인을 임시로 보호하기 위하여 지정된 "위기발달장애인쉼터" 또는 의료기관에 인도하는 등 발달장애인이 안전한 곳에서 보호받을 수 있도록 조치하여야 한다(법 제17조 제1항).

(2) **지자체장에 대한 격리조치의 보고:** 발달장애인지원센터의 장은 발달장애인을 격리하여 보호하는 경우 그 사실을 관할 "시·도지사" 또는 시장·군수·구청장에게 즉시 통보하여야 하고, 그 격리기간은 7일을 넘을 수 없다. 다만, 대통령령으로 정하는 사유가 있는 경우에는 시·도지사 또는 시장·군수·구청장의 사전 승인을 받아 7일 이내에서 이를 연장할 수 있다(법 제17조 제2항).

(3) **피해자의 보호시설 입소의뢰:** 발달장애인지원센터의 장은 제2항에 따른 격리기간이 끝나기 전에 대통령령으로 정하는 바에 따라 피해 발달장애인의 복리를 위하여 장애인거주시설, 성폭력 피해자 또는 가정폭력 피해자를 위한 보호시설 입소를 통한 보호조치를 시·도지사 또는 시장·군수·구청장에게 의뢰할 수 있다(법 제17조 제3항).

(4) **위기발달장애인쉼터의 지정:** 위기발달장애인쉼터는 장애인 거주시설 중에서 지정하여 운영하여야 한다(법 제17조 제4항).

3. 복지지원 및 서비스

1) 복지서비스의 신청

(1) **발달장애인의 직접신청**: 발달장애인은 다음의 복지지원 및 "복지서비스", 사회보험, 공공부조 및 사회서비스를 스스로 신청하여야 한다(법 제18조 제1항).

① 장애인 활동지원급여

② 장애인을 위한 발달재활서비스지원, 가족지원, 돌봄 및 일시적 휴식지원 서비스지원, 지역사회 전환 서비스지원 및 문화·예술 등 복지지원

③ 재활 및 발달 지원, 문화·예술·여가·체육 활동 등 지원, 주간활동·방과후 활동 지원, 최중증 발달장애인 통합돌봄 지원, 보호자에 대한 상담지원 및 휴식지원 등

④ 그 밖에 보건복지부장관이 정하는 서비스

(2) **보호자의 신청**: 발달장애인이 의사를 결정할 능력이 충분하지 아니하다고 판단할 만한 상당한 이유가 있는 경우에는 보호자가 신청을 할 수 있다. 이 경우 보호자의 신청은 발달장애인의 신청으로 본다(법 제18조 제2항).

(3) **사회복지전담공무원의 직권 신청**: 보호자가 신청을 하지 아니하는 경우 "사회복지전담공무원"은 발달장애인에 대한 복지지원이 누락되지 아니하도록 하기 위하여 발달장애인의 동의를 받아 관할 지역에 거주하는 발달장애인에 대한 복지서비스를 직권으로 신청할 수 있다. 다만, 발달장애인이 심신미약 또는 심신상실인 경우 등 대통령령으로 정하는 경우에는 발달장애인의 동의를 생략할 수 있다(법 제18조 제3항). 사회복지전담공무원의 신청은 발달장애인의 신청으로 본다(법 제18조 제5항).

2) 개인별 지원계획의 수립

(1) **개인별지원계획 수립의 요청**: 신청을 하는 경우 신청자는 해당 발달장애인 개인의 특성을 고려한 복지서비스를 제공받을 수 있도록 "개인별지원계획"을 수립하여 줄 것을 시·도지사·시장·군수·구청장에게 신청할 수 있다(법 제18조 제4항).

(2) **지역발달장애인지원센터의 장에게 의뢰**: 지자체장은 개인별지원계획의 수립을 신청받은 경우 대상자 선정 여부 및 복지서비스 내용을 결정하여 "지역발달장애인지원센터"의 장에게 개인별지원계획의 수립을 의뢰하여야 한다(법 제19조 제1항).

(3) **당사자 및 가족의 특성 고려한 계획수립**: 지역발달장애인지원센터의 장은 개인별지원계획의 수립을 의뢰받은 경우 결정된 복지서비스의 범위에서 발달장애인 및 그 가족의

특성을 고려하여 복지서비스의 내용, 방법 등이 포함된 개인별지원계획을 수립하여야 한다(법 제19조 제2항).

(4) **발달장애인에게 의견진술 기회 제공**: 개인별지원계획을 수립할 때에는 발달장애인에게 적합한 의사소통의 방식으로 의견진술의 기회가 충분히 제공되어야 한다(법 제19조 제3항).

(5) **시·도지사의 개인별지원계획서 승인**: 지역발달장애인지원센터의 장은 복지서비스 대상자에 대하여 수립된 개인별지원계획의 승인을 자치단체장에게 요청하여야 하며, 개인별지원계획은 자치단체장의 적합성 심사를 거쳐 승인을 얻은 경우 효력을 가진다(법 제19조 제4항).

(6) **개인별지원계획의 통보**: 지역발달장애인지원센터의 장은 개인별지원계획의 적합성 심사 결과를 발달장애인 및 그 보호자에게 통보하여야 한다(법 제19조 제5항).

(7) **개인별지원계획에 대한 수정 신청**: 개인별지원계획을 통보받은 발달장애인과 그 보호자는 발달장애인의 복지 욕구를 고려하여 개인별지원계획의 변경·수정을 지역발달장애인지원센터의 장에게 신청할 수 있다(법 제19조 제6항).

3) 발달장애인과 복지서비스 제공기관 등의 연계

(1) **개인별지원계획과 복지서비스 제공기관의 연계**: 지역발달장애인지원센터의 장은 자치단체장에 의하여 복지서비스 대상자로 선정된 발달장애인과 그 가족에게 개인별지원계획에 따라 복지서비스 제공기관 등을 연계하여야 한다(법 제20조 제1항).

(2) **복지서비스 대상자와 서비스 제공기관의 정보 공유**: 지역발달장애인지원센터의 장은 복지서비스 대상자와 복지서비스 제공기관 등을 연계할 때에는 복지서비스 대상자에게 복지서비스 제공시간 및 방법·비용부담 등 관련 정보를 제공하여야 한다(법 제20조 제2항).

4) 조기진단 및 개입

(1) **검사도구의 개발 등 정책 강구**: 국가와 지방자치단체는 발달장애인의 장애를 조기에 발견하기 위하여 검사도구의 개발, 영유아를 둔 부모에 대한 정보제공 및 홍보 등 필요한 정책을 적극적으로 강구하여야 한다(법 제23조 제1항).

(2) **발달장애 정밀진단 비용 지원**: 국가 및 지방자치단체는 발달장애가 의심되는 영유아에 대하여 발달장애 정밀진단 비용을 지원할 수 있다(법 제23조 제2항). 거짓이나 그 밖의 부정한 방법으로 이러한 서비스 또는 지원을 받거나 다른 사람으로 하여금 이를 받게 한

자는 1년 이하의 징역 또는 1천만원 이하의 벌금에 처한다(법 제42조 제1호). 양벌규정(법 제43조).

5) 재활 및 발달 지원

(1) 발달장애인의 잠재능력 개발을 위한 노력: 국가와 지방자치단체는 발달장애인이 자신의 장애에도 불구하고 잠재적인 능력을 최대한 계발할 수 있도록 발달장애인에게 적절한 재활치료와 발달재활서비스 등을 제공하도록 노력하여야 한다(법 제24조 제1항).

(2) 발달장애의 원인규명 등 연구 및 의료 지원체계 구축: 보건복지부장관은 발달장애의 원인규명과 치료 및 행동문제 등의 완화를 위한 연구 및 의료 지원체계를 구축하여야 한다(법 제24조 제2항).

(3) 발달장애인 거점병원 지정: 국가와 지방자치단체는 발달장애인의 특성과 요구에 맞는 체계적이고 효율적인 의료지원을 위하여 발달장애인 거점병원을 지정할 수 있다. 다만, "시 · 도"에는 1개소 이상의 의료기관을 발달장애인 거점병원으로 지정하여야 한다(법 제24조 제3항).

(4) 행동발달증진센터의 설치 · 운영: 국가와 지방자치단체는 자해 · 공격 등 행동문제로 인하여 일상생활에 곤란을 겪는 발달장애인을 전문적으로 지원하기 위하여 행동발달증진센터를 설치 · 운영할 수 있다. 다만, 시 · 도에는 1개소 이상의 행동발달증진센터를 설치 · 운영하여야 한다.(법 제24조 제4항).

(5) 국가 · 지자체의 경비지원: 국가와 지방자치단체는 예산의 범위에서 재활 및 발달 지원 사업을 수행하는 데 필요한 경비의 전부 또는 일부를 지원할 수 있다(법 제24조 제5항). 거짓이나 그 밖의 부정한 방법으로 이러한 서비스 또는 지원을 받거나 다른 사람으로 하여금 이를 받게 한 자는 1년 이하의 징역 또는 1천만원 이하의 벌금에 처한다(법 제42조 제1호). 양벌규정(법 제43조).

6) 고용 및 직업훈련 지원

(1) 직업생활을 위한 조치강구: 국가와 지방자치단체는 발달장애인이 자신의 능력을 최대한 활용하여 직업생활을 영위할 수 있도록 필요한 조치를 강구하여야 한다(법 제25조 제1항).

(2) 직업훈련을 위한 직업재활시설 설치 · 운영: 보건복지부장관은 장애의 정도가 심한 발달장애인의 능력과 특성에 적합한 직업훈련을 지원하기 위하여 발달장애인에 특화된 직업훈련을 하는 직업재활시설을 설치 · 운영할 수 있다(법 제25조 제2항). 거짓이나 그 밖의

부정한 방법으로 이러한 서비스 또는 지원을 받거나 다른 사람으로 하여금 이를 받게 한 자는 1년 이하의 징역 또는 1천만원 이하의 벌금에 처한다(법 제42조 제1호). 양벌규정(법 제43조).

7) 평생교육 지원

(1) **평생교육기관을 지정 · 운영**: 국가와 지방자치단체는 발달장애인에게 평생교육의 기회가 충분히 부여될 수 있도록 자치단체별로 평생교육기관을 지정하여 발달장애인을 위한 교육과정을 적절하게 운영하도록 조치하여야 한다(법 제26조 제1항). 평생교육기관의 지정기준과 절차, 발달장애인을 위한 교육과정의 기준, 교육제공인력의 요건 등은 교육부장관이 보건복지부장관과 협의하여 정한다(법 제26조 제2항).

(2) **평생교육기관에 대한 경비지원**: 국가와 지방자치단체는 지정된 평생교육기관에 대하여 예산의 범위에서 발달장애인을 위한 교육과정의 운영에 필요한 경비의 전부 또는 일부를 지원할 수 있다(법 제26조 제3항). 거짓이나 그 밖의 부정한 방법으로 이러한 서비스 또는 지원을 받거나 다른 사람으로 하여금 이를 받게 한 자는 1년 이하의 징역 또는 1천만원 이하의 벌금에 처한다(법 제42조 제1호). 양벌규정(법 제43조).

8) 문화 · 예술 · 여가 · 체육활동 등 지원

(1) **문화 · 예술 · 여가 · 체육 활동 등을 위한 발달장애인 지원**: 국가와 지방자치단체는 발달장애인이 영화, 전시관, 박물관 및 국가 · 지방자치단체 등이 개최하는 각종 행사 등을 관람 · 참여 · 향유할 수 있도록 발달장애인을 지원할 수 있다(법 제27조 제1항).

(2) **발달장애인의 특성과 흥미에 적합한 방식을 지원**: 국가와 지방자치단체는 발달장애인의 문화 · 예술 · 여가 · 체육 활동을 장려하기 위하여 발달장애인의 특성과 흥미에 적합한 방식으로 설계된 시설, 놀이기구, 프로그램 및 그 밖의 장비 등을 지원할 수 있다(법 제27조 제2항).

(3) **발달장애인의 생활체육단체 지원**: 국가와 지방자치단체는 발달장애인의 생활체육을 활성화시키기 위하여 생활체육 행사 및 생활체육 관련 단체를 지원할 수 있다(법 제27조 제3항). 거짓이나 그 밖의 부정한 방법으로 이러한 서비스 또는 지원을 받거나 다른 사람으로 하여금 이를 받게 한 자는 1년 이하의 징역 또는 1천만원 이하의 벌금에 처한다(법 제42조 제1호). 양벌규정(법 제43조).

9) 발달장애인의 소득보장

국가와 지방자치단체는 발달장애인의 특수한 어려움을 고려하여 발달장애인이 적정한 생활 수준을 유지할 수 있도록 장애인 연금제도 등 관련 장애인 복지제도의 개선을 위하여 노력하여야 한다(법 제28조).

10) 거주시설 · 주간활동 · 돌봄 지원

(1) 거주시설 지원: 국가와 지방자치단체는 발달장애인의 특성에 맞는 거주시설 지원을 위하여 필요한 시책을 강구하여야 한다(법 제29조 제1항).

(2) 주간활동 지원: 국가와 지방자치단체는 발달장애인의 낮 시간 활동 및 지역사회 참여를 효과적으로 제공할 수 있는 주간활동 지원을 위하여 노력하여야 한다(법 제29조 제2항).

(3) 돌봄지원: 국가와 지방자치단체는 발달장애인과 그 가족의 특성과 요구에 따른 돌봄 지원을 제공하기 위하여 노력하여야 한다(법 제29조 제3항).

11) 주간활동 · 방과 후 활동 지원

국가와 지방자치단체는 발달장애인의 낮 시간 활동 및 지역사회 참여를 효과적으로 지원하기 위하여 주간활동서비스를 제공할 수 있다(법 제29조의2 제1항). 국가와 지방자치단체는 청소년 발달장애학생의 방과 후 활동을 지원하고 그 가족의 양육부담을 경감하기 위하여 청소년 발달장애학생 방과 후 활동서비스를 제공할 수 있다(법 제29조의2 제2항).

12) 최중증 발달장애인 통합돌봄 지원

국가와 지방자치단체는 장애의 정도가 극히 심한 "최중증 발달장애인"에게 일상생활 훈련, 취미활동, 긴급돌봄, 자립생활 등을 전문적 · 통합적으로 지원하는 "통합돌봄서비스"를 제공할 수 있다(법 제29조의3 제1항).

4. 발달장애인 가족 및 보호자 지원

1) 재활 및 발달 지원

(1) 잠재력을 최대한 계발하도록 지원: 국가와 지방자치단체는 발달장애인이 자신의 장애에도 불구하고 잠재적인 능력을 최대한 계발할 수 있도록 발달장애인에게 적절한 재활치료와 발달재활서비스 등을 제공하도록 노력하여야 한다(법 제24조 제1항).

(2) 발달장애인 거점병원 지정: 국가와 지방자치단체는 발달장애인의 특성과 요구에 맞는

체계적이고 효율적인 의료지원을 위하여 발달장애인 거점병원을 지정할 수 있다. 다만, "시 · 도"에는 1개소 이상의 의료기관을 발달장애인 거점병원으로 지정하여야 한다(법 제24조 제3항).

(3) **행동발달증진센터 설치 · 운영:** 국가와 지방자치단체는 자해 · 공격 등 행동문제로 인하여 일상생활에 곤란을 겪는 발달장애인을 전문적으로 지원하기 위하여 행동발달증진센터를 설치 · 운영할 수 있다. 다만, 시 · 도에는 1개소 이상의 행동발달증진센터를 설치 · 운영하여야 한다(법 제24조 제4항).

2) 상담지원

(1) **보호자에 대한 상담지원:** 국가와 지방자치단체는 발달장애인과 동거하는 보호자에게 전문적인 심리상담 서비스를 제공할 수 있다(법 제31조 제1항).

(2) **상담지원에 따른 경비 지원:** 국가와 지방자치단체는 예산의 범위에서 제1항에 따른 심리상담 서비스에 필요한 경비의 전부 또는 일부를 지원할 수 있다(법 제31조 제3항). 거짓이나 그 밖의 부정한 방법으로 이러한 서비스 또는 지원을 받거나 다른 사람으로 하여금 이를 받게 한 자는 1년 이하의 징역 또는 1천만원 이하의 벌금에 처한다(법 제42조 제1호). 양벌규정(법 제43조).

3) 휴식지원

(1) **돌봄 및 일시적 휴식 지원:** 국가와 지방자치단체는 발달장애인 가족의 일상적인 양육부담을 경감하고 보호자의 정상적인 사회활동을 돕기 위하여 돌봄 및 일시적 휴식 지원 서비스를 제공할 수 있다(법 제32조 제1항).

(2) **발달장애인의 형제 · 자매 지원:** 국가와 지방자치단체는 발달장애인의 형제 · 자매로서 발달장애인이 아닌 아동 및 청소년이 건전하게 성장할 수 있도록 이들의 정서발달과 심리적 부담 해소 등을 위한 프로그램 운영을 지원할 수 있다(법 제32조 제2항).

(3) **발달장애인 가족의 경제적 능력을 고려한 지원:** 지원을 제공할 때에는 발달장애인 가족의 경제적 능력 등을 고려하여 지원할 대상 및 내용을 결정할 수 있다(법 제32조 제3항). 거짓이나 그 밖의 부정한 방법으로 이러한 서비스 또는 지원을 받거나 다른 사람으로 하여금 이를 받게 한 자는 1년 이하의 징역 또는 1천만원 이하의 벌금에 처한다(법 제42조 제1호). 양벌규정(법 제43조).

5. 발달장애인지원센터

1) 발달장애인지원센터 설치

(1) 중앙발달장애인지원센터: 보건복지부장관은 발달장애인에 대한 국가의 책무를 효과적으로 수행하고 발달장애인에 대한 통합적 지원체계를 마련하기 위하여 중앙발달장애인지원센터를 설치하여야 한다(법 제33조 제1항).

(2) 지역발달장애인지원센터: 시 · 도지사는 발달장애인의 권리보호 활동, 당사자와 그 가족에 대한 상담 등을 담당하는 지역발달장애인지원센터를 시 · 도에 설치하여야 한다. 시 · 도지사는 필요성을 고려하여 지역발달장애인지원센터를 시 · 군 · 구에 설치할 수 있다(법 제33조 제2항).

(3) 지역 지원센터의 통합운영: 지역발달장애인지원센터를 시 · 군 · 구에 설치하는 경우 둘 이상의 시 · 군 · 구를 통합하여 하나의 지역발달장애인지원센터를 설치 · 운영할 수 있다. 이 경우 시 · 도지사는 지역발달장애인지원센터의 설치 · 운영에 필요한 비용을 관할 구역의 발달장애인 수 등을 고려하여 시장 · 군수 · 구청장에게 공동으로 부담하게 할 수 있다(법 제33조 제3항).

2) **전문인력의 배치:** 발달장애인지원센터에는 대통령령으로 정하는 자격을 가진 특수교사, 사회복지사, 변호사 등 필요한 인력을 적절히 배치하여 발달장애인이 복지 및 법률 서비스를 받을 수 있도록 노력하여야 한다(법 제34조 제3항).

3) **발달장애인의 채용:** 발달장애인지원센터는 발달장애인 동료에 대한 상담 및 교육 등의 역할을 수행할 수 있는 발달장애인을 채용할 수 있다(법 제34조 제4항).

4) **관련기관에 대한 협조 요청:** 지역발달장애인지원센터는 관련 기관의 장에게 발달장애인에 대한 서비스 제공 현황 등 관련 정보의 제공을 요청할 수 있다. 이 경우 협조 요청을 받은 기관의 장은 특별한 사유가 없으면 이에 따라야 한다(법 제35조 제1항).

5) **발달장애인지원정보시스템의 구축 및 운영:** 보건복지부장관은 이 법의 시행에 필요한 각종 자료 및 정보의 효율적인 처리와 기록 및 관리 업무의 전산화를 위하여 발달장애인지원정보시스템을 구축 · 운영할 수 있다(법 제36조).

6) 서비스의 제공 방법

(1) 사회서비스이용권으로 제공: 국가와 지방자치단체는 서비스를 제공할 경우 사회서비스 이용권으로 제공할 수 있다(법 제37조 제1항).

(2) **서비스제공 기관의 선정:** 보건복지부장관은 사회서비스이용권을 제공하는 경우 서비스 제공을 위한 전문 인력의 수급 상황, 제공기관 현황과 서비스 수요자의 규모 등을 고려하여 소재지를 관할하는 지자체장으로 하여금 사회서비스이용권을 통하여 서비스를 제공하는 기관 등을 지정하게 할 수 있다(법 제37조 제2항). 이때 지자체장이 '지정권자'가 된다.

(3) **서비스제공기관의 변경지정:** 서비스를 제공하도록 지정받은 "서비스제공기관"의 장은 보건복지부령으로 정하는 중요사항을 변경하려는 경우 지정권자의 변경지정을 받아야 한다(법 제38조 제1항). 위반하여 변경지정을 받지 아니한 자에게는 300만원 이하의 과태료를 부과한다(법 제44조 제1항 제4호).

(4) **서비스제공기관의 폐업 · 휴업의 경우:** 서비스제공기관이 폐업 또는 휴업하려는 경우에는 폐업 또는 휴업 예정일 전 30일까지 지정권자에게 신고하여야 하며 신고를 받은 지정권자는 인근 지역에 대체할 서비스제공기관이 없는 등 서비스 제공에 중대한 차질이 우려되는 경우에는 서비스제공기관의 폐업 또는 휴업 철회를 권고하거나 그 밖의 다른 조치를 마련하여야 한다(법 제38조 제2항). 이를 위반하여 폐업 · 휴업 시 신고하지 아니한 자 또는 거짓으로 신고한 자에게는 300만원 이하의 과태료를 부과한다(법 제44조 제1항 제5호).

(5) **서비스제공기관의 업무정지 · 지정 취소 사유:** 서비스제공기관의 지정권자는 서비스제공기관이 다음에 해당하는 경우에는 6개월의 범위에서 업무를 정지하거나 그 지정을 취소할 수 있다. 다만, 제1호에 해당하는 경우에는 지정을 취소하여야 한다(법 제38조 제3항).

① 거짓이나 그 밖의 부정한 방법으로 지정을 받은 경우
② 시설 및 인력 기준 등 지정기준에 맞지 아니하게 된 경우
③ 자료의 제출과 보고 요구를 거부 · 방해 · 기피하거나 거짓 자료를 제출하거나 관계 공무원의 조사에 협조하지 아니한 경우
④ 거짓이나 그 밖의 부정한 방법으로 서비스 제공 비용을 청구한 경우
⑤ 서비스 제공과 관련한 개인정보를 본인의 동의 없이 누설한 경우

(6) **지정취소 받은 자에 대한 제재:** 지정취소를 받은 자는 그 처분을 받은 날부터 2년 이내의 범위에서 대통령령으로 정하는 기간 동안 서비스제공기관으로 다시 지정될 수 없다(법 제38조 제4항).

7) **지도와 감독:** 보건복지부장관, 시 · 도지사 또는 시장 · 군수 · 구청장은 발달장애인에 대한 서비스의 원활한 제공을 위하여 서비스제공기관에 대하여 필요한 지도와 감독을 할 수 있다(법 제39조).

8) **보고와 검사:** 보건복지부장관, 시 · 도지사 또는 시장 · 군수 · 구청장은 서비스제공기관의 장으로 하여금 필요한 자료제출과 보고를 하게 할 수 있으며, 관계 공무원으로 하여금 운영 상황을 조사하게 하거나 장부와 그 밖의 서류를 검사하게 할 수 있다(법 제40조 제1항). 정당한 사유 없이 자료제출 · 보고를 거부하거나 거짓으로 한 자 또는 조사 · 검사를 거부 · 방해하거나 기피한 자에게는 300만원 이하의 과태료를 부과한다(법 제44조 제1항 제6호).

제 6 부

가족복지

- 건강가정기본법
- 양육비 이행확보 및 지원에 관한 법률
- 아이돌봄 지원법
- 한부모가족지원법
- 가정폭력방지 및 피해자보호 등에 관한 법률
- 다문화가족지원법

제 9 장

가족복지에 관한 법률

제 1 절 건강가정기본법

2004.02.09. 법률 제7166호 건강가정기본법 제정
2024.03.27. 법률 제20417호 제13차 타법개정, 2024.09.27. 시행(최신)

Ⅰ. 총 칙

1. 가족과 가정

'가족(family)'이라 함은 혼인 · 혈연 · 입양으로 이루어진 사회의 기본단위를 말한다(법 제3조 제1호). '가정(home)'이라 함은 가족구성원이 생계 또는 주거를 함께 하는 생활공동체로서 구성원의 일상적인 부양 · 양육 · 보호 · 교육 등이 이루어지는 생활단위를 말한다(법 제3조 제2호).

2. 국가시책의 목표

1) **가족가치의 구현:** 가족구성원은 부양 · 자녀양육 · 가사노동 등 가정생활의 운영에 함께 참여하여야 하고 서로 존중하며 신뢰하여야 한다(법 제7조).
2) **혼인과 출산 장려:** 모든 국민은 혼인과 출산의 사회적 중요성을 인식하여야 한다(법 제8조 제1항). 국가 및 지방자치단체는 출산과 육아에 대한 사회적 책임을 인식하고 모 · 부성권 보호 및 태아의 건강보장 등 적절한 출산 · 육아환경을 조성하기 위하여 적극적으로 지원하여야 한다(법 제8조 제2항).
3) **가족해체 예방:** 가족구성원 모두는 가족해체를 예방하기 위하여 노력하여야 한다(법 제9조 제1항). 국가 및 지방자치단체는 가족해체를 예방하기 위하여 필요한 제도와 시책을 강구하여야 한다(법 제9조 제2항).
4) **지역사회자원의 개발 · 활용:** 국가 및 지방자치단체는 건강한 가정구현에 기여할 수 있도록 지역사회자원을 최대한 개발하고 활용하여야 한다(법 제10조).
5) **건강가정 영위를 위한 정보제공:** 국가 및 지방자치단체는 자녀교육, 가족교육 · 상담

등 가족구성원에게 건강한 가정생활을 영위하는데 도움이 되는 정보를 최대한 제공하고 가정생활에 관한 정보관리체계를 확립하여야 한다(법 제11조).

3. 가정에 대한 국민의 권리와 의무

① **인간다운 삶을 향유할 권리:** 모든 국민은 가정의 구성원으로서 안정되고 인간다운 삶을 유지할 수 있는 가정생활을 영위할 권리를 가진다(법 제4조 제1항).

② **가족의 복지향상을 위해 노력할 의무:** 모든 국민은 가정의 중요성을 인식하고 그 복지의 향상을 위하여 노력하여야 한다(법 제4조 제2항).

4. 가정에 대한 국가 및 지방자치단체의 책임

① **건강가정을 위한 시책 강구:** 국가 및 지방자치단체는 건강가정을 위하여 필요한 제도와 여건을 조성하고 이를 위한 시책을 강구하여 추진하여야 한다(법 제5조 제1항).

② **가족특성을 고려한 시책:** 국가 및 지방자치단체는 시책을 강구함에 있어 가족구성원의 특성과 가정유형을 고려하여야 한다(법 제5조 제2항).

③ **양성평등의 민주적 가치 실현:** 국가 및 지방자치단체는 민주적인 가정형성, 가정친화적 환경조성, 양성평등한 가족가치 실현 및 가사노동의 정당한 가치평가를 위하여 노력하여야 한다(법 제5조 제3항).

5. 가정의 날

가정의 중요성을 고취하고 건강가정[1]을 위한 개인 · 가정 · 사회의 적극적인 참여분위기를 조성하기 위하여 매년 5월을 가정의 달로 하고, 5월 15일을 가정의 날로 한다(법 제12조).

Ⅱ. 건강가정사업[2]

1. 가정에 대한 지원

1) 가정에 대한 지원의 내용: 국가 및 지방자치단체는 가정이 원활한 기능을 수행하도록

1) '건강가정'이라 함은 가족구성원의 욕구가 충족되고 인간다운 삶이 보장되는 가정을 말한다(법 제3조 제3호).
2) '건강가정사업'이라 함은 건강가정을 저해하는 '가정문제'의 발생을 예방하고 해결하기 위한 여러 가지 조치와 가족의 부양 · 양육 · 보호 · 교육 등의 가정기능을 강화하기 위한 사업을 말한다(법 제3조 제4호).

지원하여야 한다(법 제21조 제1항). 지원하여야 할 사항은 다음과 같다(법 제21조 제2항).

① 가족구성원의 정신적 · 신체적 건강지원

② 소득보장 등 경제생활의 안정

③ 안정된 주거생활

④ 태아검진 및 출산 · 양육의 지원

⑤ 직장과 가정의 양립

⑥ 음란물 · 유흥가 · 폭력 등 위해환경으로부터의 보호

⑦ 가정폭력으로부터의 보호

⑧ 가정친화적 사회분위기의 조성

⑨ 그 밖에 건강한 가정의 기능을 강화 · 지원할 수 있는 관련 사항

2) 유급육아휴가의 장려: 국가 및 지방자치단체는 임신 · 출산 · 수유 및 육아와 관련된 모 · 부성권 보장을 위한 육아휴직 및 유급휴가시책이 확산되도록 노력하여야 한다(법 제21조 제3항).

3) 요보호가정에 대한 지원: 국가 및 지방자치단체는 한부모가족, 노인단독가정, 장애인가정, 미혼모가정, 공동생활가정, 자활공동체 등 사회적 보호를 필요로 하는 가정에 대하여 적극적으로 지원하여야 한다(법 제21조 제4항).

4) 위기가족긴급지원

(1) 재난을 당한 가족의 지원: 국가와 지방자치단체는 '재난 및 안전관리 기본법'(제3조제1호)에 따른 재난 중 대통령령으로 정하는 재난에 의하여 가족의 부양 · 양육 · 보호 · 교육 등 가족기능이 현저하게 저하된 경우 원활한 가족기능을 수행하는 데에 긴급하게 필요한 범위에서 '위기가족긴급지원'을 하여야 한다(법 제21조의2 제1항).

(2) 긴급지원의 종류 및 내용(법 제21조의2 제2항)

① 아이돌봄지원, 가사돌봄지원 등 가족돌봄

② 가족상담, 집단프로그램, 자조모임 운영 등 가족의 심리 · 정서지원

③ 법률구조, 의료지원, 복지서비스 등 연계

④ 그 밖에 여성가족부장관이 필요하다고 인정하는 지원

(3) 긴급지원의 기간: 지원기간은 1년 이내로 한다. 다만, 심리 · 정서지원의 지원기간은 3년 이내로 하되, 필요한 경우 1년의 범위에서 한 번 연장할 수 있다(법 제21조의2 제3항).

2. 자녀양육 지원의 강화

1) **자녀양육지원책 확대:** 국가 및 지방자치단체는 자녀를 양육하는 가정에 대하여 자녀양육으로 인한 부담을 완화하고 아동의 행복추구권을 보장하기 위하여 보육, 방과 후 서비스, 양성이 평등한 육아휴직제 등의 정책을 적극적으로 확대 · 시행하여야 한다(법 제22조 제1항).
2) **가사노동의 가치에 대한 사회적 인식 제고:** 국가 및 지방자치단체는 다양한 가족형태를 고려하여 아동양육지원사업 시책(아이돌보미서비스 포함)을 수립 · 시행하여야 한다(법 제22조 제2항).

3. 가족단위 복지증진

국가 및 지방자치단체는 사회보험 · 공공부조 등 사회보장제도의 운용과 관련하여 보험료의 산정 · 부과, 급여 등을 운용함에 있어서 가족을 지지하는 시책을 개발 · 추진하여야 한다(법 제23조 제1항). 국가 및 지방자치단체는 경제 · 사회, 교육 · 문화, 체육, 지역사회개발 등 각 분야의 제도 · 정책 및 사업을 수립 · 추진함에 있어 가족을 우대하는 방안을 강구하여야 한다(법 제23조 제2항).

4. 가족의 건강증진

국가 및 지방자치단체는 영 · 유아, 아동, 청소년, 중 · 장년, 노인 등 생애주기에 따르는 가족구성원의 종합적인 건강증진대책을 마련하여야 한다(법 제24조).

5. 가족부양의 지원

1) **가족의 부양부담 완화시책 강구:** 국가 및 지방자치단체는 영 · 유아 혹은 노인 등 부양지원을 요하는 가족구성원이 있는 가정에 대하여 부양부담을 완화하기 위한 시책을 적극적으로 강구하여야 한다(법 제25조 제1항).
2) **전문보호시설의 확대:** 국가 및 지방자치단체는 질환이나 장애로 가족 내 수발을 요하는 가족구성원이 있는 가정을 적극 지원하며, 보호시설을 이용할 수 있도록 전문보호시설을 확대하여야 한다(법 제25조 제2항).
3) **간병휴가시책 강화:** 국가 및 지방자치단체는 가족구성원 중 장기요양을 필요로 하는

질병이나 사고로 간병을 요할 경우 가족간호를 위한 휴가 등의 시책을 마련하여야 한다(법 제25조 제3항).

6. 민주적 양성평등한 가족관계의 증진

1) **양성평등한 가족관계 증진:** 국가 및 지방자치단체는 부부 및 세대 간에 가족갈등이 있는 경우 이를 예방·상담하고, 민주적이고 양성평등한 가족관계를 증진시킬 수 있도록 가족지원서비스를 확대하고, 다양한 가족생활교육·부모교육·가족상담·평등가족 홍보 등을 추진하여야 한다(법 제26조 제1항).
2) **가정폭력에 대한 개입의 전문성 강화:** 국가 및 지방자치단체는 가정폭력이 있는 가정의 경우 가정폭력피해자와 피해자가족에 대한 개입에 있어 전문가의 체계적인 개입과 서비스가 이루어지도록 노력하여야 한다(법 제26조 제2항).

7. 가족단위의 시민적 역할증진

국가 및 지방자치단체는 가족의 결속력과 가족구성원의 발전을 위하여 가족이 시민으로서의 역할을 증진할 수 있는 기회와 서비스를 제공하여야 한다(법 제27조 제1항). 국가 및 지방자치단체는 가족단위의 자원봉사참여가 확대되도록 노력하여야 한다(법 제27조 제2항).

8. 가정생활문화 발전

1) **가정생활문화 지원정책 수립:** 국가 및 지방자치단체는 건강가정의 생활문화를 고취하고 그에 대한 지원정책을 수립하여야 한다(법 제28조 제1항).
2) **건강가정 생활문화의 내용:** 국가 및 지방자치단체가 지원하여야 하는 건강가정의 생활문화는 다음의 사항을 포함한다(법 제28조 제2항).

① 가족여가문화
② 양성평등한 가족문화
③ 가족단위 자원봉사활동
④ 건강한 의식주 생활문화
⑤ 합리적인 소비문화
⑥ 지역사회 공동체문화
⑦ 그 밖에 건강가정의 생활문화와 관련된 사항

9. 가정의례

개인과 가정은 건전한 가정의례를 확립하도록 노력하여야 한다(법 제29조 제1항). 국가 및 지방자치단체는 건전한 가정의례를 확립하기 위한 지원정책을 수립하여야 한다(법 제29조 제2항).

10. 가정봉사원

1) **가정봉사원의 지원:** 국가 및 지방자치단체는 건강한 가정을 유지하기 위하여 필요한 경우에는 가정을 방문하여 가사 · 육아 · 산후조리 · 간병 등을 돕는 '가정봉사원'을 지원할 수 있다(법 제30조 제1항).
2) **가정봉사원의 교육:** 가정봉사원은 여성가족부령이 정하는 바에 따라 교육을 받아야 한다(법 제30조 제2항). 가정봉사원은 건강가정지원센터에서 가사 · 육아 · 산후조리 · 간병 등에 관한 이론교육과 실습교육을 매년 16시간 이상 받아야 한다.
3) **가정봉사원의 처우:** 국가 및 지방자치단체는 가정봉사원에게 예산의 범위 안에서 일정 금액을 지급할 수 있다(법 제30조 제3항). 가정봉사원의 지원에 관하여 필요한 사항은 여성가족부령으로 정한다(법 제30조 제4항).

11. 이혼 예방 및 이혼가정 지원

1) **이혼조정의 내실화:** 국가 및 지방자치단체는 이혼하고자 하는 부부가 이혼 전 상담을 받을 수 있게 하는 등 이혼조정을 내실화할 수 있도록 필요한 조치를 강구하여야 한다(법 제31조 제1항).
2) **이혼가족에 대한 지원서비스:** 국가 및 지방자치단체는 이혼의 의사가 정해진 가족에 대하여 이들 가족이 자녀양육 · 재산 · 정서 등의 제반 문제를 준비할 수 있도록 도움을 주는 지원서비스를 제공하도록 하여야 한다(법 제31조 제2항).
3) **이혼가족의 양육비 집행 실효성 강화:** 국가 및 지방자치단체는 이혼한 가족에 대하여 양육비에 대한 집행력의 실효성을 강화하고 그 적용대상을 확대하도록 하여야 한다(법 제31조 제3항). 이에 따른 국가의 시책으로 양육비 이행확보 및 지원에 관한 법률을 제정하였다.

12. 건강가정교육

1) **건강가정교육의 실시:** 국가 및 지방자치단체는 건강가정교육을 실시하여야 한다(법 제32조 제1항).

2) **건강가정교육의 내용:** 교육내용에는 ①결혼준비교육, ②부모교육, ③가족윤리교육, ④가족가치실현 및 가정생활 관련 교육 등의 사항이 포함되어야 한다(법 제32조 제2항).

제 2 절 양육비 이행확보 및 지원

2014.03.24. 법률 제12532호 양육비 이행확보 및 지원에 관한 법률 제정
2024.03.26. 법률 제20423호 제9차 일부개정, 2024.03.26. 시행(최신)

1. 미성년 자녀에 대한 양육 책임

1) **부모의 미성년 자녀에 대한 양육책임:** 부 또는 모는 혼인상태 및 양육여부와 관계없이 미성년 자녀가 건강하게 성장할 수 있도록 의식주, 교육 및 건강 등 모든 생활영역에서 최적의 성장환경을 조성하여야 한다(법 제3조 제1항).

2) **양육비 채무[3]의 성실이행 의무:** 비(非)양육부 · 모[4]는 양육부 · 모[5]와의 합의 또는 법원의 판결 등에 따라 정하여진 양육비를 양육비 채권자[6]에게 성실히 지급하여야 한다. 다만, 비양육부 · 모가 부양능력이 없는 미성년자인 경우에는 그 비양육부 · 모의 부모가 지급하여야 한다(법 제3조 제2항).

3) **양육비 가이드라인:** 여성가족부장관은 자녀양육비 산정을 위한 양육비 가이드라인을 마련하여 법원의 판결, 심판 등에 적극 활용될 수 있도록 노력하여야 한다(법 제5조).

3) '양육비 채무'란 민법 제836조의2 및 가사소송법 상의 집행권원(執行權原)이 있는 양육비용부담에 관한 채무를 말한다(법 제2조 제2호). 집행권원이란 일정한 사법상의 이행청구권의 존재 및 범위를 표시하고 그 청구권에 집행력을 인정한 문서를 말한다.
4) '비양육부 · 모'란 미성년 자녀를 직접 양육하지 아니하는 부 또는 모를 말한다(법 제2조 제4호).
5) '양육부 · 모'란 미성년 자녀를 직접 양육하고 있는 부 또는 모를 말한다(법 제2조 제3호).
6) '양육비 채권자'란 양육자로 지정된 부 또는 모이거나 법정대리인 등 실질적으로 미성년자녀를 양육하고 있는 사람으로서 양육비 채무의 이행을 청구할 수 있는 사람을 말한다(법 제2조 제5호).

2. 양육비 이행확보 지원

1) **양육비에 관한 상담 및 협의 성립의 지원:** 비양육부 · 모 또는 양육부 · 모는 당사자 간 양육비 부담 등 협의가 이루어지지 아니할 경우 이행관리원[7]의 장에게 양육비에 관한 상담 또는 협의 성립의 지원을 신청할 수 있다(법 제10조 제1항). 상담 결과 비양육부 · 모와 양육부 · 모 간에 양육비 부담 등 협의가 이루어질 경우 이행관리원의 장은 협의한 사항이 이행될 수 있도록 하기 위한 지원을 할 수 있다(법 제10조 제2항).
2) **면접교섭 지원:** 이행관리원의 장은 비양육부 · 모와 미성년 자녀의 관계를 개선하기 위하여 비양육부 · 모 및 양육부 · 모의 신청이 있는 경우 비양육부 · 모와 미성년 자녀의 면접교섭을 위한 지원을 할 수 있다. 다만, 면접교섭이 제한 · 배제되었거나, 면접교섭으로 인하여 양육부 · 모 및 자녀의 안전을 해할 우려가 있는 경우 지원을 배제 · 제한 또는 중단할 수 있다(법 제10조의2).
3) **양육비 청구 및 이행확보를 위한 법률 지원 신청:** 양육부 · 모는 이행관리원의 장에게 자녀의 인지청구 및 양육비 청구를 위한 소송 대리 등 양육비 집행권원(執行權原)[8] 확보를 위한 법률 지원을 신청할 수 있다(법 제11조 제1항). 양육비 채권자는 합의 또는 법원의 판결에 의하여 확정된 양육비를 양육비 채무자로부터 지급받지 못할 경우 이행관리원의 장에게 양육비 직접지급명령, 이행명령신청의 대리 등 양육비 이행확보에 필요한 법률 지원이나 양육비 채권 추심지원을 신청할 수 있다(법 제11조 제2항).
4) **비양육부 · 모 또는 양육비 채무자의 주소 등 자료 요청:** 여성가족부장관은 양육비 집행권원 확보 또는 양육비의 이행확보를 위하여 필요하다고 인정하는 경우에는 지방자치단체장에게 비양육부 · 모 또는 양육비 채무자의 주민등록표의 열람 및 등본 · 초본의 교부를 요청하거나 국민건강보험공단의 장에게 비양육부 · 모 또는 양육비 채무자의 근무지에 관한 정보자료를 요청할 수 있다(법 제13조 제1항). 요청을 받은 관계 기관의 장은 정당한 이유가 없으면 이에 따라야 한다(법 제13조 제2항).
5) **양육비 채무자[9]의 진술기회 부여:** 이행관리원의 장은 양육부 · 모 또는 양육비 채권자

7) 미성년 자녀의 양육비 청구와 이행확보 지원 등에 관한 업무를 수행하기 위하여 건강가정기본법에 따라 설립된 한국건강가정진흥원에 양육비 "이행관리원"을 둔다(법 제7조 제1항).
8) 양육비의 이행청구권의 존재 및 범위를 표시하고 그 청구권에 집행력을 인정한 공정의 문서, 즉 청구권에 강제집행력을 인정한 공증을 받은 문서를 말한다.
9) '양육비 채무자'란 미성년자녀를 직접 양육하지 아니하는 부 또는 모로서 양육비 채무를 이행하여야 하는 사람(비양육부 · 모의 부모가 부양료를 지급하여야 하는 경우에는 비양육부 · 모의 부모를 포함)을 말한다(법 제2조 제6호).

의 신청으로 양육비 이행을 지원하는 경우 양육비 채무자의 신청이 있으면 양육비 채무자에게 의견 진술의 기회를 주어야 한다(법 제12조).

6) 한시적 양육비 긴급지원

(1) 이행관리원장에게 긴급지원 신청: 양육비 청구 및 이행확보를 위한 법률 지원 등을 신청한 양육비 채권자는 양육비 채무자가 양육비 채무를 이행하지 아니하여 자녀의 복리가 위태롭게 되었거나 위태롭게 될 우려가 있는 경우에는 이행관리원의 장에게 '한시적 양육비긴급지원'을 신청할 수 있다(법 제14조 제1항).

(2) 타 법과 동일한 내용의 지원 배제: 긴급지원 신청을 받은 이행관리원의 장은 대통령령으로 정하는 긴급지원 기준에 해당하는 경우 긴급지원을 결정할 수 있다. 다만, 이 법에 따른 지원대상자가 동일한 내용의 보호를 받고 있는 경우에는 그 범위에서 이 법에 따른 긴급지원을 하지 아니한다(법 제14조 제2항).

(3) 긴급지원의 지급기간: 결정된 긴급지원의 지급기간은 9개월을 넘지 아니하여야 하고, 자녀의 복리를 위하여 추가 지원이 필요한 경우에는 3개월의 범위에서 이를 연장할 수 있다(법 제14조 제3항).

(4) 긴급지원 종료: 이행관리원의 장은 양육비 채무자가 양육비를 지급하면 그 즉시 긴급지원을 종료하여야 한다(법 제14조의2 제1항). 양육비 채권자는 양육비 채무자가 양육비를 지급한 사실을 알게 되는 등 긴급지원의 지급 요건과 관련한 사항에 변화가 있는 경우 이를 지체 없이 이행관리원의 장에게 알려야 한다(법 제14조의2 제2항).

(5) 긴급지원 결정에 관한 이의신청 특례: 이행관리원의 장은 긴급지원 결정에 관한 이의신청을 받으면 그 신청을 받은 날부터 30일 이내에 이의신청에 대한 결과를 신청인에게 통지하여야 한다. 다만, 부득이한 사정으로 30일 이내에 통지할 수 없는 경우에는 그 기간을 만료일 다음 날부터 기산하여 30일의 범위에서 한 차례 연장할 수 있다(법 제14조의3 제1항).

(6) 부정한 방법으로 긴급지원 받은 비용의 환수: 이행관리원의 장은 양육비 채권자가 거짓이나 그 밖의 부정한 방법으로 양육비를 긴급지원 받은 경우에는 지원한 비용의 전부 또는 일부를 반환하게 하여야 한다. 다만, 양육비의 반환이 미성년 자녀의 복리를 위태롭게 할 경우에는 감경할 수 있다(법 제14조의4).

7) 양육비 이행확보의 우선 지원: 이행관리원의 장은 다음에 해당하는 사람에게 우선적

으로 양육비 이행확보 지원을 하여야 한다. 다만, 신청자의 과다, 이행지원 절차의 지연 등 정당한 사유가 있는 경우에는 그러하지 아니하다(법 제22조).

① 국민기초생활 수급자
② 차상위계층
③ 한부모가족지원법에 따른 지원대상자
④ 그 밖에 소득수준 등을 고려하여 여성가족부령으로 정하는 사람

3. 양육비채무자에 대한 강제징수

1) 양육비 채무자의 재산에 대한 추심

(1) 이행관리원의 추심 지원: 이행관리원의 장은 양육비 이행 확보를 위한 조치결과 지급받을 금전, 그 밖에 채무자의 재산에 대한 양육부·모의 추심을 지원할 수 있다(법 제19조 제1항).

(2) 추심한 재산을 양육비 채권자에 이전: 이행관리원의 장은 추심한 금전, 그 밖의 재산이 있는 경우 이를 7일 이내에 양육비 채권자에게 이전하여야 한다(법 제19조 제2항).

(3) 양육비 전용 계좌 개설: 이행관리원의 장은 양육비 수령 여부를 확인하기 위하여 양육비 전용 계좌 개설 등 필요한 조치를 할 수 있으며, 양육비 채권자는 이에 협조하여야 한다. 이 경우 양육비 전용 계좌 개설 등에 필요한 사항은 여성가족부령으로 정한다(법 제19조 제3항).

2) 운전면허 정지처분 요청: 여성가족부장관은 양육비 채무 불이행으로 인하여 이행명령 결정을 받았음에도 불구하고 양육비 채무를 이행하지 아니하는 양육비 채무자 중 대통령령으로 정하는 사람에 대하여 위원회의 심의·의결을 거쳐 지방경찰청장에게 해당 양육비 채무자의 "운전면허 정지처분"을 요청할 수 있다. 다만, 양육비 채무자가 해당 운전면허를 직접적인 생계유지 목적으로 사용하고 있어 운전면허의 효력을 정지하게 되면 양육비 채무자의 생계유지가 곤란할 것으로 인정되는 경우에는 그러하지 아니하다(법 제21조의3 제1항).

3) 긴급지원 한시적 양육비의 징수: 이행관리원의 장은 긴급지원을 한 경우에는 그 지급액의 전부 또는 일부를 양육비 채무자에게 통지하여 징수하고, 양육비 채무자가 이에 따르지 아니하는 경우 여성가족부장관의 승인을 받아 국세 체납처분의 예에 따라 징수한다(법 제14조 제5항).

4) **출국금지 요청:** 여성가족부장관은 양육비 채무 불이행으로 인하여 이행명령 결정을 받았음에도 불구하고 양육비 채무를 이행하지 아니하는 양육비 채무자 중 대통령령으로 정하는 사람에 대하여 위원회의 심의 · 의결을 거쳐 법무부장관에게 출국금지를 요청할 수 있다(법 제21조의4 제1항).

5) **명단 공개:** 여성가족부장관은 양육비 채무 불이행으로 인하여 이행명령 결정을 받았음에도 불구하고 양육비 채무를 이행하지 아니하는 양육비 채무자 중 대통령령으로 정하는 사람에 대하여 양육비 채권자의 신청에 의하여 위원회의 심의 · 의결을 거쳐 다음의 정보를 공개할 수 있다. 다만, 양육비 채무자의 사망 등 대통령령으로 정하는 사유가 있는 경우에는 그러하지 아니하다(법 제21조의5 제1항).
   ① 양육비 채무자의 성명, 나이 및 직업
   ② 양육비 채무자의 주소 또는 근무지
   ③ 양육비 채무 불이행기간 및 양육비 채무액

제 3 절 아이돌봄 지원

2012.02.01. 법률 제11288호 아이돌봄지원법 제정
2023.04.11. 법률 제19338호 제12차 일부개정, 2023.10.12. 시행(최신)

Ⅰ. 총 칙

1. 아이돌봄 지원의 원칙

아이[10]의 이익 최우선	국가와 지방자치단체는 돌보는 아이의 이익을 최우선으로 고려하여 아이돌봄을 지원하여야 한다(법 제3조 제1항).
보호자[11]의 요구 충족	아이돌봄 지원은 보호자의 다양한 요구를 충족할 수 있도록 제공되어야 한다(법 제3조 제2항).

2. 국가 등의 지원: 국가와 지방자치단체는 보호자가 아이돌봄의 책임을 다할 수 있도록

10) 여기서 '아이'란 만 12세 이하 아동을 말한다(법 제2조 제1호).
11) 여기서 '보호자'란 친권자 · 후견인, 그 밖의 사람으로서 아이를 사실상 보호하고 있는 사람을 말한다(법 제2조 제2호).

지원하여야 한다(법 제4조).

3. **명의대여 등의 금지:** 아이돌보미는 다른 사람에게 자기의 성명을 사용하여 아이돌보미 업무를 수행하게 하거나 수료증을 대여하여서는 아니 된다(법 제8조 제1항). 아이돌보미가 아닌 사람은 아이돌보미 또는 이와 유사한 명칭을 사용할 수 없다(법 제8조 제2항). 이를 위반한 사람에게는 300만원 이하의 과태료를 부과한다(법 제37조 제1항 제1호).
4. **비밀누설금지:** 중앙지원센터, 광역지원센터, 서비스기관 및 업무위탁을 받은 기관에 종사하고 있거나 종사한 사람, 아이돌보미는 업무수행 중 알게 된 비밀을 누설하여서는 아니 된다(법 제30조). 업무수행 중 알게 된 비밀을 누설한 사람은 1년 이하의 징역 또는 1천만원 이하의 벌금에 처한다(법 제35조 제7호). 양벌규정(법 제36조).

Ⅱ. 아이돌보미

1. **아이돌보미의 업무:** 아이돌보미[12]는 아이의 안전한 보호 및 돌봄 업무를 수행하여야 한다(법 제5조 제1항). 아이돌보미는 다음의 업무를 수행한다(법 제5조 제2항).
   ① 아이에게 질병·사고 등이 발생한 경우 의료기관에의 이송
   ② 안전하고 균형 있는 영양의 급식 및 간식 제공
   ③ 아이의 청결과 위생의 유지
   ④ 그 밖에 여성가족부령으로 정하는 사항
2. **아이돌보미의 주의 의무(법 제5조 제3항; 시행규칙 제2조 제2항)**
   ① 돌봄 중인 아이의 안전사고 예방
   ② 음주나 흡연 등 아이의 건강에 해를 끼칠 수 있는 행동 금지
   ③ 직무 외의 아이돌봄서비스[13] 이용자 가정의 사생활 보호
   ④ 돌봄장소 무단이탈 등 업무시간의 개인적 이용 금지
3. **아이돌보미와 보호자의 협의:** 아이돌보미는 보호자의 육아 방침을 존중하여야 하며, 응급조치 등과 관련하여 보호자와 협의하여야 한다(법 제5조 제4항).

12) '아이돌보미'란 법이 정한 자격을 갖춘 사람으로서 지정된 서비스제공기관을 통하여 아이돌봄서비스를 제공하는 사람을 말한다(법 제2조 제4호).

13) '아이돌봄서비스'란 아이의 주거지 등에서 개별적으로 제공하는 보호 및 양육 등의 서비스를 말한다(법 제2조 제3호).

4. 아이돌보미의 자격

1) **아이돌보미의 자격 기준:** 아이돌보미가 되려는 사람은 교육기관에서 교육과정을 수료하거나 ① 보육교사의 자격 ② 유치원교사의 자격 ③ 초·중등교사의 자격 ④ 의의료인의 자격 등을 갖추어야 한다(법 제7조 제1항; 령 제2조).
2) **적성·인성검사:** 아이돌보미가 되려는 사람은 여성가족부장관이 실시하는 적성·인성검사를 받아야 한다(법 제7조 제3항).

5. 아이돌보미의 양성

1) **아이돌보미 교육기관의 지정:** 시·도지사는 아이돌보미의 양성을 위하여 지정기준에 적합한 시설을 교육기관으로 지정·운영하여야 한다(법 제9조 제1항). 지정기준을 위반하여 교육기관 지정을 받은 자는 1년 이하의 징역 또는 1천만원 이하의 벌금에 처한다(법 제35조 제1호). 양벌규정(법 제36조).
2) **교육기관에 대한 규제:** 시·도지사는 교육기관이 다음에 해당하는 경우 사업의 정지를 명하거나 그 지정을 취소할 수 있다. 다만, 제1호에 해당하는 경우 지정을 취소하여야 한다(법 제9조 제2항).
   ① 거짓이나 그 밖의 부정한 방법으로 교육기관으로 지정을 받은 경우
   ② 지정기준에 적합하지 아니하게 된 경우
   ③ 교육과정을 1년 이상 운영하지 아니하는 경우
3) **양성교육기관의 교육내용:** 아이돌보미 양성 교육기관의 교육은 다음의 내용을 포함하여야 한다(법 제7조 제2항).
   ① 아동인권과 아동학대 예방 교육
   ② 아동의 안전관리 교육
   ③ 성희롱 예방 교육
   ④ 아이돌보미의 인성함양
   ⑤ 그 밖에 여성가족부령으로 정하는 사항

6. 아이돌보미 보수교육

여성가족부장관은 아이돌봄서비스의 질적 수준과 아이돌보미의 전문성 향상을 위하여 보수

교육을 실시하여야 한다(법 제10조 제1항). 보수교육은 양성교육의 교육내용을 포함하여야 한다(법 제10조 제2항). 보수교육은 전문기관에 위탁하여 실시할 수 있다(법 제10조 제3항).

7. 아이돌보미의 건강진단

아이돌보미는 건강진단을 받아야 한다. 다만, 다른 법령에 따라 같은 내용의 건강진단을 받은 경우에는 이 법에 따른 건강진단을 받은 것으로 본다(법 제10조의2 제1항). 아이돌봄광역지원센터는 건강진단을 받지 아니한 사람과 다른 사람에게 위해를 끼칠 우려가 있는 질병이 있는 사람을 아이돌보미로 활동하게 하여서는 아니 된다(법 제10조의2 제2항).

8. 아이돌보미 자격정지

여성가족부장관은 아이돌보미가 다음에 해당하면 3년 이내의 범위에서 그 자격을 정지시킬 수 있다. 다만, 제1호에 해당하는 경우 자격을 정지시켜야 한다(법 제32조).

① 다음 각 목의 어느 하나에 해당하는 행위를 한 경우
㉮ 아이의 신체에 폭행을 가하거나 상해를 입히는 행위
㉯ 아이를 모욕하거나 협박하는 행위
㉰ 아이를 유기하거나 의식주를 포함한 기본적 보호를 소홀히 하는 행위
㉱ 아이의 주거지에서 행한 절도 등 불법행위
㉲ 아이돌봄서비스 제공 장소에서 청소년유해약물을 이용하는 행위
② 아이돌보미가 업무 수행 중 고의나 중대한 과실로 아이 또는 보호자에게 신체상 또는 재산상 손해를 입힌 경우
③ 보수교육을 연속하여 3회 이상 받지 아니한 경우
④ 영리를 목적으로 보호자에게 불필요한 서비스를 알선 · 유인하거나 이를 조장한 경우

Ⅲ. 아이돌봄서비스 제공기관

1. 서비스기관 지정

1) **지방자치단체장의 지정:** 아이돌봄서비스를 제공할 수 있는 '서비스기관', 즉 서비스제공기관을 설치 · 운영하고자 하는 자는 시설, 인력, 운영 등 기준을 갖추고 소재지를 관할

구역으로 하는 시 · 도지사 · 시장 · 군수 · 구청장으로부터 지정을 받아야 한다(법 제11조 제1항). 거짓이나 그 밖의 부정한 방법으로 지정기준을 위반하여 중앙지원센터 지정을 받은 자는 1년 이하의 징역 또는 1천만원 이하의 벌금에 처한다(법 제35조 제4호). 양벌규정(법 제36조).

2) **지역사정을 고려한 지정:** 시 · 도지사 · 시장 · 군수 · 구청장은 서비스기관의 지역적 분포 및 적정공급 규모, 대상 아이 수 등을 고려하여 적정 수의 기관을 지정하여야 한다(법 제11조 제2항).

2. 보호자에 대한 아이돌봄서비스 안내

1) **서비스기관에 대한 정보 제공:** 시 · 도지사 · 시장 · 군수 · 구청장은 서비스의 질을 보장하기 위하여 서비스의 내용, 시설 · 인력 현황 자료 및 서비스기관 지정취소 이력 등을 서비스기관의 장으로부터 제출받아 아이의 보호자에게 안내하여야 한다(법 제12조 제1항).
2) **아이돌보미에 대한 정보 제공:** 서비스기관의 장은 해당 아이돌보미의 인적사항, 경력, 자격정지 · 취소 이력, 제18조의2에 따른 만족도 조사 결과 등의 정보를 아이의 보호자에게 제공할 수 있다(법 제12조 제2항).

3. 서비스기관의 임무

1) **아이돌보미의 채용:** 서비스기관은 광역지원센터 소속 아이돌보미를 서비스기관 내에 배치하여야 한다(법 제13조 제1항).
2) **서비스 거부 금지:** 서비스기관은 보호자로부터 서비스의 제공을 요청받은 때 이를 거부하여서는 아니 된다(법 제13조 제2항). 정당한 사유 없이 아이돌봄서비스의 제공을 거부한 자에게는 300만원 이하의 과태료를 부과한다(법 제37조 제1항 제3호). 다만, 아이돌보미의 수급이 원활하지 아니한 경우 등 정당한 사유가 있는 경우는 그러하지 아니하다(법 제13조 제2항 단서).
3) **아이의 건강 · 위생 관리:** 서비스기관은 아이돌봄서비스 제공 시 아이의 건강 및 위생 관리 등 여성가족부령으로 정하는 사항을 이행하여야 한다(법 제13조 제3항).
4) **보육교사의 아이돌봄서비스:** 서비스기관은 24개월 이하 영아가 있는 가정에 보육교사 자격증을 받은 자로 하여금 아이돌봄서비스를 제공하게 할 수 있다(법 제13조 제5항).
5) **추가 서비스의 제공:** 서비스기관은 보호자와 협의하여 아이와 관련된 가사를 추가로

하는 아이돌봄서비스를 제공하게 할 수 있다(법 제13조 제6항).

4. 아이돌봄서비스의 우선 제공

국가 또는 지방자치단체와 서비스기관은 다음에 해당하는 사람이 우선적으로 아이돌봄서비스를 이용할 수 있도록 하여야 한다. 다만, 예산 부족이나 아이돌보미 수급이 원활하지 아니하는 등 정당한 사유가 있는 경우에는 그러하지 아니하다(법 제13조의2). 정당한 사유 없이 아이돌봄서비스를 우선적으로 제공하지 아니한 자에게는 300만원 이하의 과태료를 부과한다(법 제37조 제1항 제4호).

① 국민기초생활 수급자의 자녀
② 차상위계층의 자녀
③ 한부모가족지원법(제5조 및 제5조의2)에 따른 보호 대상자의 자녀
④ 장애인 중 여성가족부령으로 정하는 장애정도에 해당하는 사람의 자녀
⑤ 다문화가족의 자녀
⑥ 국가유공자 등 예우 및 지원법에 따른 상이등급 중 여성가족부령으로 정하는 상이등급 이상에 해당하는 사람의 자녀
⑦ 부모의 취업 또는 생계활동 등으로 양육을 원활히 할 수 없는 맞벌이 가정의 자녀
⑧ 그 밖에 소득수준 등을 고려하여 여성가족부령으로 정하는 사람의 자녀

5. 표준근로계약서 작성

광역지원센터는 소속 아이돌보미와 표준근로계약서를 작성하여야 한다(법 제14조 제1항). 아이돌봄서비스를 이용하고자 하는 보호자는 안전사고 예방을 위한 조치 등 서비스기관에서 정하는 이용약관에 동의하고 이를 준수하여야 한다(법 제15조).

6. 광역지원센터 및 서비스기관에 대한 권고

시 · 도지사, 시장 · 군수 · 구청장은 광역지원센터 또는 서비스기관이 폐업 또는 휴업하려는 경우 인근 지역에 서비스기관이 없거나 인근지역 광역지원센터의 활용이 어려운 경우 등 불편이 우려되는 때에는 그 업무를 지속하도록 권고하거나 그 밖에 필요한 조치를 강구하여야 한다(법 제16조).

7. 서비스 지정기관의 취소

1) **지정기관의 취소사유:** 여성가족부장관 또는 시·도지사·시장·군수·구청장은 중앙지원센터, 광역지원센터 및 서비스기관이 다음에 해당하는 경우 그 지정을 취소할 수 있다. 다만, 제1호 또는 제5호에 해당하는 경우 지정을 취소하여야 한다(법 제17조 제1항).
   ① 거짓이나 그 밖의 부정한 방법으로 지정을 받은 경우
   ② 시설 및 인력 기준 등 지정기준에 적합하지 아니한 경우
   ③ 서비스기관이 서비스의 제공을 거부한 경우
   ④ 자료의 제출 및 질문·검사를 거부·방해·기피하거나 거짓으로 보고하거나 거짓 자료를 제출한 경우
   ⑤ 거짓이나 그 밖의 부정한 방법으로 아이돌봄서비스 비용을 청구한 경우
   ⑥ 소속 또는 배치된 아이돌보미의 아이에 대한 학대 사실을 알고도 적절한 조치를 취하지 아니하는 등 아이돌보미에 대한 관리를 소홀히 한 경우
2) **3년 이내 재지정 금지:** 지정취소를 받은 자는 그 처분을 받은 날부터 3년 이내의 범위에서 여성가족부령으로 정하는 기간 동안 중앙지원센터, 광역지원센터 또는 서비스기관으로 다시 지정받을 수 없다(법 제17조 제2항). 이를 위반하여 중앙지원센터, 광역지원센터 및 서비스기관의 지정을 다시 받은 자는 1년 이하의 징역 또는 1천만원 이하의 벌금에 처한다(법 제35조 제5호). 양벌규정(법 제36조).

8. 서비스기관의 관리·평가

여성가족부장관은 서비스기관에서 제공하는 서비스의 내용을 지속적으로 관리·평가하여 그 수준을 향상시킬 수 있도록 노력하여야 한다(법 제18조 제9항). 관리·평가 업무의 일부를 법인이나 단체 등 전문기관에 위탁하여 운영할 수 있다(법 제18조 제3항).

9. 아이돌보미 만족도 조사

여성가족부장관은 아이돌보미에 대한 보호자의 만족도를 조사할 수 있다(법 제18조의2 제1항). 여성가족부장관은 만족도 조사를 여성가족부령으로 정하는 법인이나 단체 등 전문기관에 위탁하여 운영할 수 있다(법 제18조의2 제1항).

Ⅳ. 양육친화적인 사회환경 조성

1. **공동육아나눔터:** 국가 및 지방자치단체는 아이양육 관련 정보교류, 부모교육 등을 위하여 공동주택 등에 공동육아나눔터를 설치 · 운영할 수 있다(법 제19조 제1항). 국가 및 지방자치단체는 공동육아나눔터를 법인이나 단체 등 전문기관에 위탁하여 운영할 수 있다(법 제19조 제2항).
2. **육아도우미 신원 확인 증명서 발급:** 육아도우미가 되려는 사람 또는 육아도우미로 활동 중인 사람은 여성가족부장관에게 육아도우미 신원 확인 "증명서"의 발급을 요청할 수 있다. 이때 다음의 서류를 첨부하여야 한다(법 제19조의2 제1항).
   ① 검진기관으로 지정된 병원급 의료기관이 발행한 건강진단서로 정신질환병력 여부 및 마약 · 대마 또는 향정신성의약품 중독 병력 여부가 포함된 건강진단서
   ② 범죄경력조회 신청서

Ⅴ. 아이돌봄서비스 비용

1. 비용의 지원

1) **국가 · 지방자치단체의 비용지원:** 국가와 지방자치단체는 여성가족부령으로 정하는 일정소득 이하 가구의 아이돌봄서비스 비용의 전부 또는 일부를 지원할 수 있다(법 제20조 제1항). 거짓이나 그 밖의 부정한 방법으로 비용을 지원받거나 타인으로 하여금 지원받게 한 자는 1년 이하의 징역 또는 1천만원 이하의 벌금에 처한다(법 제35조 제6호). 양벌규정(법 제36조).
2) **비용의 차등지원:** 비용은 가구의 소득수준과 거주지역 및 부모의 취업 등을 고려하여 차등지원할 수 있다(법 제20조 제2항).

2. 아이돌봄서비스 이용권

국가와 지방자치단체는 비용 지원을 위하여 아이돌봄서비스 이용권을 지급할 수 있다(법 제21조 제1항). 여성가족부장관과 지방자치단체의 장은 이용권에 관한 업무를 공공기관 또는 민간기관 · 단체에 위탁할 수 있다(법 제21조 제2항).

3. 비용 지원의 신청

보호자는 아이돌봄서비스의 비용 지원을 신청할 수 있다(법 제22조 제1항). 신청을 할 때에는 ① 금융자산 및 금융거래의 내용에 대한 자료 또는 정보 중 예금의 평균잔액과 그 밖의 '금융정보', ② 신용정보 중 채무액과 그 밖의 '신용정보', ③ 보험에 가입하여 납부한 보험료와 그 밖의 '보험정보'의 제공에 대한 보호자 및 그 가구원의 동의 서면을 제출하여야 한다(법 제22조 제2항).

제 4 절 한부모가족지원

1989.04.01. 법률 제4121호 모자복지법 제정
2002.12.18. 법률 제6801호 모 · 부자복지법으로 개정
2007.10.17. 법률 제8655호 한부모가족지원법으로 명칭개정
2023.07.18. 법률 제19555호 제34차 타법개정, 2025.07.19. 시행(최신)

Ⅰ. 총 칙

1. 한부모가족에 대한 국가의 책임과 역할

1) 국가의 책임

복지증진의 책임(법 제2조 제1항)	국가와 지방자치단체는 한부모가족의 복지를 증진할 책임을 진다.
권익 · 자립지원 노력 (법 제2조 제2항)	국가와 지방자치단체는 한부모가족의 권익과 자립을 지원하기 위한 여건을 조성하고 이를 위한 시책을 수립 · 시행하여야 한다.
사회적 편견해소를 위한 조치 (법 제2조 제3항)	국가와 지방자치단체는 한부모가족에 대한 사회적 편견과 차별을 예방하고, 사회구성원이 한부모가족을 이해하고 존중할 수 있도록 교육 및 홍보 등 필요한 조치를 할 수 있다.
각급 학교에서의 이해교육 (법 제2조 제4항)	교육부장관과 시도의 교육감은 유치원, 초 · 중등학교, 각급 대학교에서 한부모가족에 대한 이해를 돕는 교육을 실시하기 위한 시책을 수립 · 시행하여야 한다.
청소년 한부모가족의 자립을 위한 노력(법 제2조 제5항)	국가와 지방자치단체는 청소년 한부모가족의 자립을 위하여 노력하여야 한다.

2) **모든 국민의 협력:** 모든 국민은 한부모가족의 복지 증진에 협력하여야 한다(법 제2조 제6항).

3) **한부모가족의 날:** 한부모가족에 대한 국민의 이해와 관심을 제고하기 위하여 매년 5월 10일을 한부모가족의 날로 한다(법 제5조의4 제1항). 국가와 지방자치단체는 한부모가족의 날의 취지에 맞는 행사 등 사업을 실시할 수 있다(법 제5조의4 제2항).

2. 한부모가족의 권리와 책임

출산 · 양육 등으로 차별받지 않을 권리	한부모가족의 모(母) 또는 부(父)는 임신과 출산 및 양육을 사유로 합리적인 이유 없이 교육 · 고용 등에서 차별을 받지 아니한다(법 제3조 제1항).
한부모가족 관련 정책결정과정에 참여할 권리	한부모가족의 모 또는 부와 아동은 한부모가족 관련 정책결정과정에 참여할 권리가 있다(법 제3조 제2항).
자립과 생활향상을 위해 노력할 의무	한부모가족의 모 또는 부와 아동은 그가 가지고 있는 자산과 노동능력 등을 최대한으로 활용하여 자립과 생활 향상을 위하여 노력하여야 한다(법 제3조 제3항).

3. 지원대상자

1) **지원대상자의 범위:** 이 법에 따른 지원대상자는 아동인 자녀를 양육하는 '모' 또는 '부', 청소년 한부모, 모자가족, 부자가족, 아동에 해당하는 자로서 여성가족부령으로 정하는 자로 한다(법 제5조 제1항).

(1) '모' 또는 '부': 아동인 자녀를 양육하는 '모' 또는 '부'로서 다음에 대행하는 자(법 제4조 제1호).

① 배우자와 사별 또는 이혼하거나 배우자로부터 유기(遺棄)된 자

② 정신이나 신체의 장애로 장기간 노동능력을 상실한 배우자를 가진 자

③ 교정시설 · 치료감호시설에 입소한 배우자 또는 병역복무 중인 배우자를 가진 사람

④ 미혼자(사실혼(事實婚) 관계에 있는 자 제외)

⑤ ①~④에 준하는 자로서 여성가족부령(제2조)으로 정하는 다음의 자

㉮ 배우자의 생사가 분명하지 아니한 자

㉯ 배우자 또는 배우자 가족과의 불화 등으로 인하여 가출한 자

(2) 청소년 한부모: '청소년 한부모'란 24세 이하의 모 또는 부를 말한다(법 제4조 제1의2호).

(3) 한부모가족: '한부모가족'이란 모자가족 또는 부자가족을 말한다(법 제4조 제2호). '모자가

족'이란 모가 세대주(세대원(世代員)을 사실상 부양하는 자 포함)인 가족을 말한다(법 제4조 제3호). '부자가족'이란 부가 세대주(세대원을 사실상 부양하는 자 포함)인 가족을 말한다(법 제4조 제4호).

(4) 아동: '아동'이란 18세 미만을 말한다. 취학 중인 경우에는 22세 미만을 말한다. 병역의무를 이행하고 취학 중인 경우에는 병역의무를 이행한 기간을 가산한 연령 미만을 말한다(법 제4조 제5호).

2) 아동의 연령을 초과한 자녀의 제외: 지원대상자 중 아동의 연령을 초과하는 자녀가 있는 한부모가족의 경우 그 자녀를 제외한 나머지 가족구성원을 지원대상자로 한다(제5조 제2항).

3) 지원대상자의 범위에 대한 특례

(1) 아동에 대한 특례: 여성가족부령으로 정하는 아동이란 다음에 해당하는 아동을 말한다(시행규칙 제3조의2).

① 부모가 가정의 불화 등으로 가출하여 부모의 부양을 받을 수 없는 아동

② 그 밖에 부모가 실직 등으로 장기간 경제적 능력을 상실하여 부양을 받을 수 없는 아동

(2) 미혼모에 대한 특례: 출산 후 해당 아동을 양육하지 아니하는 미혼모라 해도 '미혼모자복지시설'을 이용할 때에는 이 법에 따른 지원 대상자가 된다(법 제5조의2 제1항).

(3) 조부 · 조모에 대한 특례: 다음에 해당하는 아동과 그 아동을 양육하는 조부 또는 조모로서 여성가족부령으로 정하는 자는 이 법에 따른 지원 대상자가 된다(법 제5조의2 제2항).

① 부모가 사망하거나 생사가 분명하지 아니한 아동

② 부모가 정신 또는 신체의 장애 · 질병으로 장기간 노동능력을 상실한 아동

③ 부모의 장기복역 등으로 부양을 받을 수 없는 아동

④ 부모가 이혼했거나 유기하여 부양을 받을 수 없는 아동

⑤ 위의 ①, ②, ③, ④에 준하는 자로서 여성가족부령으로 정하는 특례아동(시행규칙 제3조의2)

(4) 외국인에 대한 특례: 국내에 체류하고 있는 외국인 중 대한민국 국적의 아동을 양육하고 있는 모 또는 부로서 외국인 등록을 마친 사람이 이 법의 지원 대상자(법 제5조)에 해당하면 이 법에 따른 지원 대상자가 된다(법 제5조의2 제3항; 령 제10조).

Ⅱ. 한부모가족복지의 내용과 실시

1. 복지급여의 신청과 급여내용

1) 지원대상자의 조사

(1) 생활실태 등 조사: 기초자치단체장은 매년 1회 이상 관할구역 지원대상자의 가족상황, 생활실태 등을 조사하여야 한다(법 제10조 제1항).

(2) 정보시스템을 활용한 자료관리: 기초자치단체장은 조사 결과를 대장(臺帳)으로 작성 · 비치하여야 한다. 다만, 정보시스템을 활용할 때에는 전자적으로 작성하여 관리할 수 있다(법 제10조 제2항).

2) 복지 급여의 신청

지원대상자 또는 그 친족이나 그 밖의 이해관계인은 복지 급여를 관할 기초자치단체장에게 신청할 수 있다(법 제11조 제1항). 복지 급여 신청을 할 때에는 다음에 따른 자료 또는 정보의 제공에 대한 지원대상자의 동의 서면을 제출하여야 한다(법 제11조 제2항).

① **금융정보:** 금융자산 및 금융거래의 내용에 대한 자료 또는 정보 중 예금의 평균잔액과 그 밖에 대통령령으로 정하는 자료 또는 정보

② **신용정보:** 신용정보 중 채무액과 그 밖에 대통령령으로 정하는 자료 또는 정보

③ **보험정보:** 보험에 가입하여 납부한 보험료와 그 밖에 대통령령으로 정하는 자료 또는 정보

3) 복지 급여의 내용과 범위

(1) 복지 급여의 내용: 국가나 지방자치단체는 복지 급여의 신청이 있으면 ① 생계비, ② 아동교육지원비, ③ 아동양육비, ④ 그 밖에 대통령령으로 정하는 비용 등의 복지 급여를 실시하여야 한다(법 제12조 제1항).

(2) 중복급여의 배제: 이 법에 따른 지원대상자가 다른 법령에 따라 지원을 받고 있는 경우에는 그 범위에서 이 법에 따른 급여를 하지 아니한다. 다만, 아동양육비는 지급할 수 있다(법 제12조 제2항).

(3) 아동양육비에 따른 추가급여: 아동양육비를 지급할 때에 다음에 해당하는 경우에는 예산의 범위에서 추가적인 복지 급여를 실시하여야 한다. 이 경우 모 또는 부의 직계존속이 5세 이하의 아동을 양육하는 경우에도 또한 같다(법 제12조 제3항).

① 미혼모나 미혼부가 5세 이하의 아동을 양육하는 경우

② 34세 이하의 모 또는 부가 아동을 양육하는 경우

(4) **직업훈련비 등 추가지급:** 국가나 지방자치단체는 이 법에 따른 지원대상자의 신청이 있는 경우에는 예산의 범위에서 직업훈련비와 훈련기간 중 생계비를 추가적으로 지급할 수 있다(법 제12조 제4항).

4) 급여 사유의 확인

(1) **지원대상자의 주거 등에 출입 · 조사:** 여성가족부장관 또는 각급 자치단체장은 복지 급여를 신청한 지원대상자 또는 복지 급여를 받고 있는 지원대상자에 대하여 급여 사유의 발생 · 변경 또는 상실을 확인하기 위하여 필요한 소득 · 재산 등에 관한 자료의 제출을 요구할 수 있다. 또한 소속 공무원으로 하여금 지원대상자의 주거 등에 출입하여 생활환경 및 소득자료 등을 조사하게 하거나 지원대상자의 고용주 등 관계인에게 필요한 질문을 하게 할 수 있다(법 제12조의2 제1항). 출입 · 조사 · 질문을 하는 공무원은 그 권한을 표시하는 증표를 지니고 이를 관계인에게 보여 주어야 한다(법 제12조의2 제3항).

(2) **관계 기관장에게 자료 협조요청:** 여성가족부장관 또는 각급 자치단체장은 확인을 위하여 필요한 국세 · 지방세, 토지 · 건물, 건강보험 · 고용보험 · 국민연금, 출국 · 입국, 교정시설 · 치료감호시설의 입소 · 출소, 병무, 주민등록 · 가족관계등록 등에 관한 자료의 제공을 관계 기관의 장에게 요청할 수 있다. 이 경우 자료의 제공을 요청받은 관계 기관의 장은 정당한 사유가 없으면 이에 응하여야 한다(법 제12조의2 제2항).

(3) **업무로 얻은 자료의 부정사용 금지:** 조사업무에 종사하거나 종사하였던 사람은 업무를 수행하면서 받은 자료와 그 밖에 알게 된 사실을 이 법에서 정한 목적과 다르게 사용하거나 누설하여서는 아니 된다(법 제12조의2 제4항).

(4) **조사결과에 따른 급여의 거절 · 변경:** 여성가족부장관 또는 기초자치단체장은 복지 급여를 신청한 지원대상자가 자료의 제출을 거부하거나 조사 · 질문을 거부 · 방해 또는 기피하는 경우에는 복지 급여의 지급을 거절할 수 있다(법 제12조의4 제1항). 여성가족부장관 또는 기초자치단체장은 복지 급여를 받고 있는 지원대상자에 대하여 다음에 따른 조치를 할 수 있다(법 제12조의4 제2항).

① 지원대상자가 자료의 제출을 거부하거나 조사 · 질문을 거부 · 방해 또는 기피하는 경우: 복지 급여 지급의 정지

② 지원대상자의 복지 급여 사유가 변경되거나 상실된 경우: 복지 급여의 변경 또는 지급 중지

2. 복지급여의 지급방법

1) 금융정보등의 제공 요청

(1) 급여사유의 발생 확인 차: 여성가족부장관은 복지 급여를 신청한 지원대상자의 급여 사유의 발생을 확인하기 위하여 필요하다고 인정하는 경우 지원대상자가 제출한 동의 서면을 전자적 형태로 바꾼 문서에 의하여 금융기관등의 장에게 금융정보, 신용정보 또는 보험정보, 즉 "금융정보등"의 제공을 요청할 수 있다(법 제12조의3 제1항).

(2) 급여사유의 변경 · 상실 확인 차: 여성가족부장관은 복지 급여를 받고 있는 지원대상자의 급여 사유의 변경 · 상실을 확인하기 위하여 필요하다고 인정하는 경우 인적사항을 적은 문서 또는 정보통신망으로 금융기관등의 장에게 금융정보등을 제공하도록 요청할 수 있다(법 제12조의3 제2항).

(3) 업무로 얻은 정보의 불법사용 금지: 업무에 종사하거나 종사하였던 사람은 업무를 수행하면서 취득한 금융정보등을 이 법에서 정한 목적 외의 다른 용도로 사용하거나 다른 사람 또는 기관에 제공하거나 누설하여서는 아니 된다(법 제12조의3 제6항).

2) 복지급여수급계좌

국가나 지방자치단체는 복지 급여를 받는 지원대상자의 신청이 있는 경우에는 복지 급여를 지원대상자 명의의 지정된 "복지급여수급계좌"로 입금하여야 한다. 다만, 정보통신장애나 그 밖에 대통령령으로 정하는 불가피한 사유로 복지급여수급계좌로 이체할 수 없을 때에는 현금 지급 등 대통령령으로 정하는 바에 따라 복지 급여를 지급할 수 있다(법 제12조의5 제1항).

3. 자립을 돕는 지원

1) 복지 자금의 대여

국가나 지방자치단체는 한부모가족의 생활안정과 자립을 촉진하기 위하여 ①사업에 필요한 자금, ②아동교육비, ③의료비, ④주택자금, ⑤그 밖에 대통령령으로 정하는 한부모가족의 복지를 위하여 필요한 자금의 어느 하나의 자금을 대여할 수 있다(법 제13조 제1항).

2) 고용의 촉진

국가 또는 지방자치단체는 한부모가족의 모 또는 부와 아동의 직업능력을 개발하기 위하여 능력 및 적성 등을 고려한 직업능력개발훈련을 실시하여야 한다(법 제14조 제1항). 국가 또는 지방자치단체는 한부모가족의 모 또는 부와 아동의 고용을 촉진하기 위하여 적합한 직업을 알선하고 각종 사업장에 모 또는 부와 아동이 우선 고용되도록 노력하여야 한다(법 제14조 제2항).

3) 고용지원 연계

국가 및 지방자치단체는 한부모가족의 모 또는 부와 아동의 취업기회를 확대하기 위하여 한부모가족 관련 시설 및 기관과 직업안정기관 간 효율적인 연계를 도모하여야 한다(법 제14조의2 제1항). 고용노동부장관은 한부모가족의 모 또는 부와 아동을 위한 취업지원사업 등이 효율적으로 추진될 수 있도록 여성가족부장관과 긴밀히 협조하여야 한다(법 제14조의2 제2항).

4) 공공시설에 매점 및 시설 설치

국가나 지방자치단체가 운영하는 공공시설의 장은 그 공공시설에 각종 매점 및 시설의 설치를 허가하는 경우 이를 한부모가족 또는 한부모가족복지단체에 우선적으로 허가할 수 있다(법 제15조).

5) 시설 우선이용

국가나 지방자치단체는 한부모가족의 아동이 공공의 아동 편의시설과 그 밖의 공공시설을 우선적으로 이용할 수 있도록 노력하여야 한다(법 제16조).

6) 가족지원서비스

국가나 지방자치단체는 한부모가족에게 다음의 가족지원서비스를 제공하도록 노력하여야 한다(법 제17조).

① 아동의 양육 및 교육 서비스
② 장애인, 노인, 만성질환자 등의 부양 서비스
③ 취사, 청소, 세탁 등 가사 서비스
④ 교육·상담 등 가족 관계 증진 서비스
⑤ 인지청구 및 자녀양육비 청구 등을 위한 법률상담, 소송대리 등 법률구조서비스
⑥ 그 밖에 대통령령으로 정하는 한부모가족에 대한 가족지원서비스

4. 청소년 한부모 지원

1) 청소년 한부모에 대한 교육 지원

국가나 지방자치단체는 청소년 한부모가 학업을 할 수 있도록 청소년 한부모의 선택에 따라

다음 각 호의 어느 하나에 해당하는 지원을 할 수 있다(법 제17조의2 제1항).

① 초·중등학교에서의 학적 유지를 위한 지원 및 교육비 지원 또는 검정고시 지원

② 학력인정 평생교육시설에 대한 교육비 지원

③ "학업에 어려움을 겪는 학생"(초·중교육법 제28조)에 대한 교육 지원

④ 그 밖에 청소년 한부모의 교육 지원을 위하여 여성가족부령으로 정하는 사항

2) 자녀양육비 이행지원

여성가족부장관은 자녀양육비 산정을 위한 자녀양육비 가이드라인을 마련하여 법원이 이혼 판결 시 적극 활용할 수 있도록 노력하여야 한다(법 제17조의3).

3) 청소년 한부모의 자립지원

국가나 지방자치단체는 청소년 한부모가 주거마련 등 자립에 필요한 자산을 형성할 수 있도록 재정적인 지원을 할 수 있다(법 제17조의4 제1항). 지원으로 형성된 자산은 청소년 한부모가 이 법에 따른 지원대상자에 해당하는지 여부를 조사·확인할 때 이를 포함하지 아니한다(법 제17조의4 제2항).

4) 청소년 한부모의 건강진단

국가와 지방자치단체는 청소년 한부모의 건강증진을 위하여 건강진단을 실시할 수 있다(법 제17조의5 제1항). 국가와 지방자치단체는 건강진단의 결과를 청소년 한부모 본인에게 알려 주어야 한다(법 제17조의5 제2항).

5) 미혼모 등의 건강관리 등 지원

국가와 지방자치단체는 미혼모 또는 미혼부와 그 자녀가 건강하게 생활할 수 있도록 산전(産前)·분만·산후(産後)관리, 질병의 예방·상담·치료, 영양·건강에 관한 교육 등 건강관리를 위한 지원을 할 수 있다(법 제17조의6 제1항). 국가와 지방자치단체는 출산지원시설에 입소한 미혼모 등의 신청이 있는 경우에는 미혼모 등 본인 및 함께 생활하는 자녀에 대한 의료비를 추가적으로 지원할 수 있다(법 제17조의6 제2항).

6) 아동·청소년 보육·교육

국가와 지방자치단체는 아동·청소년 보육·교육을 실시함에 있어서 한부모가족 구성원인 아동·청소년을 차별하여서는 아니 된다(법 제17조의7).

5. 국민주택의 분양 및 임대

국가나 지방자치단체는 「주택법」에서 정하는 바에 따라 국민주택을 분양하거나 임대할 때에는 한부모가족에게 일정 비율이 우선 분양될 수 있도록 노력하여야 한다(법 제18조).

6. 한부모가족 상담전화의 설치

여성가족부장관은 한부모가족 지원에 관한 종합정보의 제공과 지원기관 및 시설의 연계 등에 관한 전문적이고 체계적인 상담서비스를 제공하기 위하여 한부모가족 상담전화를 설치 · 운영할 수 있다(법 제18조의2 제1항).

Ⅲ. 한부모가족복지시설

1. 한부모가족복지시설의 종류(법 제19조 제1항)

① **출산지원시설:** 다음에 해당하는 자의 임신 · 출산 및 그 출산 아동(3세 미만)의 양육을 위하여 주거 등을 지원하는 시설

㉮ 모(母)

㉯ 혼인 관계에 있지 아니한 자로서 출산 전 임신부

㉰ 혼인 관계에 있지 아니한 자로서 출산 후 해당 아동을 양육하지 아니하는 모

② **양육지원시설:** 6세 미만 자녀를 동반한 한부모가족에게 자녀를 양육할 수 있도록 주거 등을 지원하는 시설

③ **생활지원시설:** 18세 미만(취학 중인 경우에는 22세 미만을 말하되, 병역의무를 이행하고 취학 중인 경우에는 병역의무를 이행한 기간을 가산한 연령 미만) 자녀를 동반한 한부모가족에게 자립을 준비할 수 있도록 주거 등을 지원하는 시설

④ **일시지원시설:** 배우자(사실혼 관계에 있는 사람 포함)가 있으나 배우자의 물리적 · 정신적 학대로 아동의 건전한 양육이나 모 또는 부의 건강에 지장을 초래할 우려가 있을 경우 일시적 또는 일정 기간 동안 모와 아동, 부와 아동, 모 또는 부에게 주거 등을 지원하는 시설

⑤ **한부모가족복지상담소:** 한부모가족에 대한 위기 · 자립 상담 또는 문제해결 지원 등을 목적으로 하는 시설

2. 한부모가족복지시설의 설치

1) **국가 · 지방자치단체의 설치:** 국가나 지방자치단체는 한부모가족복지시설을 설치할 수 있다(법 제20조 제1항).
2) **청소년 한부모의 우선입소:** 한부모가족복지시설의 장은 청소년 한부모가 입소를 요청하는 경우에는 우선 입소를 위한 조치를 취하여야 한다(법 제20조 제2항).
3) **사립시설의 설치신고:** 국가나 지방자치단체 외의 자가 한부모가족복지시설을 설치 · 운영하려면 특별자치시장 · 특별자치도지사 · 시장 · 군수 · 구청장에게 신고하여야 한다. 신고한 사항 중 여성가족부령으로 정하는 중요 사항을 변경하려는 경우에도 또한 같다(법 제20조 제3항). 특별자치시장 · 특별자치도지사 · 시장 · 군수 · 구청장은 설치 · 운영 신고 또는 변경 신고를 받은 날부터 15일 이내(령 제10조 제6항)에 신고수리 여부를 신고인에게 통지하여야 한다(법 제20조 제4항).

   신고를 하지 아니하고 한부모가족복지시설을 설치한 자는 1년 이하의 징역 또는 1천만원 이하의 벌금에 처한다(법 제29조 제3항 제1호). 양벌규정(법 제30조).
4) **입양기관의 편의제공시설 설치 제한:** 국내입양에 관한 특별법 및 국제입양에 관한 법률에 따라 업무를 위탁받은 사회복지법인 및 단체를 운영하는 자는 출산지원시설을 설치 · 운영할 수 없다(법 제20조 제6항).

3. 한부모가족복지시설의 수탁의무

한부모가족복지시설을 설치 · 운영하는 자는 시 · 도지사 또는 시장 · 군수 · 구청장으로부터 한부모가족복지시설에 한부모가족을 입소하도록 위탁받으면 정당한 사유 없이 이를 거부하지 못한다(법 제22조). 복지실시기관으로부터 시설이용을 위탁받고도 정당한 이유 없이 이를 거부한 자는 300만원 이하의 과태료를 부과한다(법 제30조 제1항 제1호).

4. 한부모가족복지시설의 폐지 · 휴지

1) **시설의 폐지 · 휴지 신고:** 한부모가족복지시설의 설치 신고를 한 자가 그 시설의 폐지, 일시적 운영중단 또는 운영재개를 하려면 여성가족부령으로 정하는 바에 따라 미리 특별자치시장 · 특별자치도지사 · 시장 · 군수 · 구청장에게 신고하여야 한다(법 제21조 제1항).
2) **시설 입소자의 권익보호:** 한부모가족복지시설의 장은 한부모가족복지시설을 폐지하거

나 그 시설의 운영을 일시적으로 중단하는 경우에는 그 시설에 입소하고 있는 사람이 다른 한부모가족복지시설로 옮길 수 있도록 하는 등 입소자의 권익을 보호하기 위한 조치를 하여야 한다(법 제21조 제2항).

3) **입소자의 권익보호조치 확인:** 특별자치시장 · 특별자치도지사 · 시장 · 군수 · 구청장은 신고를 받은 경우 그 신고받은 내용을 검토하여 이 법에 적합하면 신고를 수리하여야 한다. 이 경우 시설의 폐지 또는 일시적 운영중단 신고를 받은 경우에는 한부모가족복지시설의 장이 입소자의 권익을 보호하기 위한 조치를 하였는지 여부를 확인하는 등 여성가족부령으로 정하는 조치를 한 후 수리하여야 한다(법 제21조 제3항).

제 5 절 가정폭력방지 및 피해자보호

1997.12.31. 법률 제5487호 가정폭력방지 및 피해자보호 등에 관한 법률 제정
2023.04.11. 법률 제19339호 제26차 일부개정, 2023.04.11. 시행(최신)

Ⅰ. 총 칙

1. 가정폭력 예방교육

1) **가정폭력 예방교육의 실시:** 국가기관, 지방자치단체 및 초 · 중등교육법에 따른 각급 학교의 장, 그 밖에 대통령령으로 정하는 공공단체의 장은 가정폭력의 예방과 방지를 위하여 필요한 교육을 실시하고, 그 결과를 여성가족부장관에게 제출하여야 한다(가폭보호법 제4조의3 제1항).

2) **성 관련 교육과 통합 실시:** 가정폭력 예방교육을 실시하는 경우 성교육 및 성폭력 예방교육, 성희롱 예방교육 및 성매매 예방교육 등을 성평등 관점에서 통합 · 실시할 수 있다(가폭보호법 제4조의3 제2항).

3) **교육대상이 아닌 국민의 교육:** 여성가족부장관 또는 시 · 도지사는 교육의 대상이 아닌 국민에게 가정폭력의 예방과 방지를 위하여 필요한 교육을 실시할 수 있다. 이 경우 여성가족부장관 또는 시 · 도지사는 교육에 관한 업무를 가정폭력 관련 상담소 또는 대통령령으로 정하는 교육기관에 위탁할 수 있다(가폭보호법 제4조의3 제3항).

4) **전문강사의 양성과 프로그램 개발:** 여성가족부장관은 교육을 위하여 전문강사를 양성

하고, 교육 프로그램을 개발 · 보급하여야 한다(가폭보호법 제4조의3 제4항).

5) **교육점검의 기관평가 반영:** 여성가족부장관은 점검결과를 다음의 평가에 반영하도록 해당 기관 · 단체의 장에게 요구할 수 있다(가폭보호법 제4조의3 제7항).
① 중앙행정기관 및 지방자치단체의 자체평가
② 공기업 · 준정부기관의 경영실적평가
③ 지방공기업의 경영평가
④ 초 · 중등학교의 학교평가

6) **점검결과의 공표:** 여성가족부장관은 점검결과를 언론 등에 공표하여야 한다. 다만, 다른 법률에서 공표를 제한하고 있는 경우에는 그러하지 아니하다(가폭보호법 제4조의3 제8항).

2. 가정폭력피해자 동반 아동의 학업지원

1) **아동의 취학지원:** 국가 또는 지방자치단체는 피해자 또는 피해자가 동반한 가정구성원(피해자의 지원 또는 양육을 받고 있는 자)이 아동인 경우 주소지 외의 지역에서 취학(입학 · 재입학 · 전학 및 편입학 포함)할 필요가 있는 때에는 그 취학이 원활히 이루어지도록 지원하여야 한다(가폭보호법 제4조의4 제1항).

2) **지원자가 전학을 원하는 경우:** 피해자 또는 피해자가 동반한 가정구성원(피해자의 지원 또는 양육을 받고 있는 자)인 '피해아동'의 지원자(가정폭력행위자[14] 제외)가 피해아동을 주소지 외의 지역에 있는 초등학교에 입학시키고자 할 경우에는 입학할 초등학교의 장은 가정폭력이 발생한 사실이 인정되는 때 이를 승낙하여야 한다(가폭보호법 시행령 제1조의3 제1항).

3) **초등학교장의 전학 추천:** 초등학교의 장은 가정폭력이 발생한 사실이 인정되는 때에는 피해아동의 지원자 1인의 동의를 받아 교육장에게 당해 피해아동의 전학을 추천하여야 하며, 이 경우 교육장은 전학할 학교를 지정하여 전학시켜야 한다(가폭보호법 시행령 제1조의3 제2항). 중 · 고등학교의 경우에도 마찬가지다(령 제1조의3 제4항).

4) **아동을 위한 비밀보장:** 피해자 및 피해자가 동반한 가정구성원의 지원을 위하여 읍 · 면 · 동의 장, 학교의 장, 교육장 또는 교육감은 아동의 학업에 대하여 조치한 사실이

14) '가정폭력행위자'라 함은 가정폭력범죄를 범한 자 및 가정구성원인 공범을 말한다(가폭보호법 제2조 제2호; 가폭처벌법 제2조 제4호). 여기서 '가정구성원'이라 함은 다음에 해당하는 자를 말한다.
㉮ 배우자(사실상 혼인관계에 있는 자 포함) 또는 배우자 관계에 있었던 자
㉯ 자기 또는 배우자와 직계존비속 관계(사실상의 양친자 관계 포함)에 있거나 있었던 자
㉰ 계부모와 자의 관계 또는 적모와 서자의 관계에 있거나 있었던 자
㉱ 동거하는 친족관계에 있는 자

취학업무 관계자가 아닌 자에게 공개되지 아니하도록 관리 · 감독하여야 한다(가폭보호법 시행령 제1조의3 제5항).

3. 피해자에 대한 불이익처분의 금지

피해자를 고용하고 있는 자는 누구든지 가정폭력범죄와 관련하여 피해자를 해고하거나 그 밖의 불이익을 주어서는 아니 된다(가폭보호법 제4조의5). 이를 위반하여 피해자를 해고하거나 그 밖의 불이익을 준 자는 3년 이하의 징역 또는 3천만원 이하의 벌금에 처한다(가폭보호법 제20조 제1항). 양벌규정(가폭보호법 제21조).

4. 상담소 · 보호시설 · 교육훈련시설의 감독

1) **시설의 폐쇄 · 업무정지 · 인가취소 등:** 시장 · 군수 · 구청장은 상담소 · 보호시설 또는 교육훈련시설이 다음에 해당하면 시설의 폐쇄, 업무의 폐지 또는 6개월의 범위에서 업무의 정지를 명하거나 인가를 취소할 수 있다(가폭보호법 제12조 제1항).
   ① 설치기준이나 운영기준에 미달하게 된 경우
   ② 상담원이나 강사의 수가 부족하거나 자격이 없는 자를 채용한 경우
   ③ 정당한 사유 없이 보고를 하지 아니하거나 거짓으로 보고를 한 경우 또는 관계 공무원의 조사 · 검사를 거부하거나 기피한 경우
   ④ 위반하여 영리를 목적으로 상담소 · 보호시설 또는 교육훈련시설을 설치 · 운영한 경우
2) **시설 이용자의 권익 보호 조치:** 시장 · 군수 · 구청장은 상담소 · 보호시설 또는 교육훈련시설이 시설의 폐쇄, 업무의 정지 · 폐지 또는 인가가 취소되는 경우에는 해당 시설을 이용하는 사람이 다른 시설로 옮길 수 있도록 하는 등 여성가족부령으로 정하는 바에 따라 시설 이용자의 권익을 보호하기 위하여 필요한 조치를 하여야 한다(가폭보호법 제12조 제2항).
3) **제재 조치 위반자에 대한 처벌:** 업무의 정지 · 폐지 또는 시설의 폐쇄 명령을 받고도 상담소보호시설 또는 교육훈련시설을 계속 운영한 자는 1년 이하의 징역 또는 1천만원 이하의 벌금에 처한다(가폭보호법 제20조 제2항 제2호). 양벌규정(가폭보호법 제21조).

Ⅱ. 긴급전화센터 · 상담소 · 보호시설

1. 긴급전화센터

여성가족부장관 또는 시 · 도지사는 다음의 업무 등을 수행하기 위하여 긴급전화센터를 설치 · 운영하여야 한다. 이 경우 외국어서비스를 제공하는 긴급전화센터를 따로 설치 · 운영할 수 있다(가폭보호법 제4조의6 제1항). 긴급전화센터의 설치 · 운영을 대통령령으로 정하는 기관 또는 단체에 위탁할 수 있다(가폭보호법 제4조의6 제2항). ① 피해자의 신고접수 및 상담, ② 관련 기관 · 시설과의 연계, ③ 피해자에 대한 긴급한 구조의 지원 ④ 경찰관서 등으로부터 인도받은 피해자 및 피해자가 동반한 가정구성원의 임시 보호

2. 가정폭력상담소

1) 상담소의 설치 · 운영

(1) 설치 · 변경에 관한 신고: 국가나 지방자치단체는 가정폭력 관련 상담소를 설치 · 운영할 수 있다(가폭보호법 제5조 제1항). 국가나 지방자치단체 외의 자가 상담소를 설치 · 운영하려면 지방자치단체장에게 신고하여야 한다. 신고한 사항 중 여성가족부령으로 정하는 중요 사항을 변경하려는 경우에도 또한 같다(가폭보호법 제5조 제2항). 신고하지 아니하고 상담소를 설치 · 운영한 자는 1년 이하의 징역 또는 1천만원 이하의 벌금에 처한다(가폭보호법 제20조 제2항 제1호). 양벌규정(가폭보호법 제21조).

(2) 신고에 따른 처리절차: 시장 · 군수 · 구청장은 신고를 받은 날부터 10일 이내(변경신고의 경우 5일 이내)에 신고수리 여부 또는 민원 처리 관련 법령에 따른 처리기간의 연장을 신고인에게 통지하여야 한다(가폭보호법 제5조 제3항).

(3) 상담소의 특화운영: 상담소는 외국인, 장애인 등 대상별로 특화하여 운영할 수 있다(가폭보호법 제5조 제4항).

2) 상담소의 업무(가폭보호법 제6조)

① 가정폭력을 신고받거나 이에 관한 상담에 응하는 일

② 가정폭력을 신고하거나 이에 관한 상담을 요청한 사람과 그 가족에 대한 상담

③ 가정폭력으로 인하여 정상적인 가정생활 및 사회생활이 어렵거나 기타 긴급히 지원을 필요로 하는 피해자에 대한 임시지원을 하거나 의료기관 또는 가정폭력피해자보호시설로의 인도

④ 행위자에 대한 고발 등 법률적 사항에 관한 자문을 얻기 위한 대한변호사협회 또는 지방변호사회 및 대한법률구조공단 등에 필요한 협조와 지원의 요청
⑤ 경찰관서 등으로부터 인도받은 피해자의 임시지원
⑥ 가정폭력의 예방 및 방지에 관한 교육 및 홍보
⑦ 기타 가정폭력 및 피해에 관한 조사·연구

3) 임시지원

(1) **임시지원의 조치:** 상담소의 장은 피해자를 상담한 결과 임시지원의 필요가 있다고 인정하는 경우 당해 상담소가 임시보호시설이 갖추어지지 아니한 상담소인 때에는 지체 없이 임시보호시설을 갖춘 상담소 또는 보호시설에 피해자를 인도하여 임시지원을 받게 하여야 한다(령 제2조 제3항).

(2) **임시지원의 기간:** 가정폭력 관련 상담소 또는 가정폭력피해자보호시설의 장이 행하는 임시지원은 3일 이내이어야 한다(령 제2조 제1항). 상담소 또는 보호시설의 장이 임시지원 대상자의 지원을 위하여 특히 필요하다고 인정하는 경우에는 그 기간을 7일 이내로 할 수 있다(령 제2조 제2항).

(3) **피해자의 동의:** 임시지원을 행함에 있어서는 피해자 본인 또는 그 지원자의 동의를 얻어야 한다(령 제2조 제4항).

3. 가정폭력피해자 보호시설

1) **가정폭력피해자 보호시설의 설치:** 국가 또는 지방자치단체는 가정폭력피해자 보호시설을 설치·운영할 수 있다(가폭보호법 제7조 제1항). 사회복지법인 및 기타 비영리법인은 시장·군수·구청장의 인가를 받아 보호시설을 설치·운영할 수 있다(가폭보호법 제7조 제2항).

인가 없이 보호시설을 설치·운영한 자는 1년 이하의 징역 또는 1천만원 이하의 벌금에 처한다(가폭보호법 제20조 제2항 제1호). 양벌규정(가폭보호법 제21조).

2) **보호시설의 입소대상:** 보호시설의 입소대상은 피해자 등으로서 다음에 해당하는 경우로 한다(가폭보호법 제7조의3 제1항).

① 본인이 입소를 희망하거나 입소에 동의하는 경우
② 지적장애인이나 정신장애인, 그 밖에 의사능력이 불완전한 자로서 가정폭력행위자가 아닌 지원자가 입소에 동의하는 경우

③ 지적장애인이나 정신장애인, 그 밖에 의사능력이 불완전한 자로서 상담원의 상담 결과 입소가 필요하나 지원자의 입소 동의를 받는 것이 적절하지 못하다고 인정되는 경우

3) 보호시설의 종류(가폭보호법 제7조의2 제1항):

① **단기보호시설:** 피해자 등을 6개월의 범위에서 보호하는 시설이다. 단기보호시설의 장은 그 단기보호시설에 입소한 피해자 등에 대한 보호기간을 3개월의 범위에서 두 차례 연장할 수 있다(가폭보호법 제7조의2 제2항).

② **장기보호시설:** 피해자 등에 대하여 2년의 범위에서 자립을 위한 주거편의 등을 제공하는 시설

③ **외국인보호시설:** 배우자가 대한민국 국민인 외국인 피해자 등을 2년의 범위에서 보호하는 시설

④ **장애인보호시설:** 장애인인 피해자 등을 2년의 범위에서 보호하는 시설

4) 보호시설의 입소보고와 승인: 인가받은 보호시설의 장은 보호시설에 입소한 입소자의 인적사항 및 입소 사유 등을 시장 · 군수 · 구청장에게 지체 없이 보고하여야 하며, '지적장애인이나 정신장애인, 그 밖에 의사능력이 불완전한 자로서 상담원의 상담 결과 입소가 필요하나 지원자의 입소 동의를 받는 것이 적절하지 못하다고 인정되는 경우'(가폭보호법 제7조의3 제1항 제3호)에 해당하는 자를 입소시킨 경우에는 지체 없이 관할 시장 · 군수 · 구청장의 승인을 받아야 한다(가폭보호법 제7조의3 제2항).

5) 피해자 의사의 존중: 상담소나 보호시설의 장은 피해자 등의 명시한 의사에 반하여 지원을 할 수 없다(가폭보호법 제9조).

6) 보호시설의 서비스

(1) 피해자에 대한 서비스: 보호시설은 피해자 등에 대하여 다음의 업무를 행한다(가폭보호법 제8조 제1항 전단).

① 숙식의 제공

② 심리적 안정 및 사회적응을 위한 상담 및 치료

③ 질병치료 및 건강관리(입소 후 1개월 이내 건강검진 포함)를 위한 의료기관에의 인도 등 의료지원

④ 수사 · 재판과정에 필요한 지원 및 서비스 연계

⑤ 법률구조기관 등에 필요한 협조와 지원 요청

⑥ 자립자활교육의 실시와 취업정보의 제공
⑦ 다른 법률에 의하여 보호시설에 위탁된 사항
⑧ 그 밖에 피해자 등의 지원을 위하여 필요한 일

(2) **동반 가족에 대한 서비스의 제한:** 피해자가 동반한 가정구성원에 대하여는 제1호 외의 업무 일부를 행하지 아니할 수 있고, 장기보호시설은 피해자 등에 대하여 제1호 내지 제5호의 업무(주거편의를 제공하는 업무 제외)를 행하지 아니할 수 있다(가폭보호법 제8조 제1항 단서).

(3) **장애인에 대한 사례관리:** 장애인보호시설을 설치 · 운영하는 자가 보호시설의 업무를 행함에 있어서는 장애인의 특성을 고려하여 적절한 지원이 이루어질 수 있도록 하여야 한다(가폭보호법 제8조 제2항).

7) **보호시설에서의 퇴소:** 보호시설에 입소한 자는 본인의 의사 또는 입소 동의를 한 지원자의 요청에 따라 보호시설을 퇴소할 수 있다. 보호시설의 장은 입소한 자가 다음에 해당하는 경우에는 퇴소를 명할 수 있다(가폭보호법 제7조의4).

① 지원의 목적이 달성된 경우
② 지원기간이 끝난 경우
③ 입소자가 거짓이나 그 밖의 부정한 방법으로 입소한 경우
④ 보호시설 안에서 현저한 질서문란 행위를 한 경우

8) **보호시설에 대한 비용 지원:** 국가나 지방자치단체는 보호시설에 입소한 피해자나 피해자가 동반한 가정 구성원의 보호를 위하여 필요한 경우 그 보호비용, 즉 ① 생계비 ② 아동교육지원비 ③ 아동양육비 ④ 직업훈련비 ⑤ 퇴소 시 자립지원금 ⑥ 그 밖에 대통령령으로 정하는 비용 등을 보호시설의 장 또는 피해자에게 지원할 수 있다. 다만, 보호시설에 입소한 피해자나 피해자가 동반한 가정 구성원이 다른 법령에 따라 보호를 받고 있는 경우에는 그 범위에서 이 법에 따른 지원을 하지 아니한다(가폭보호법 제7조의5 제1항).

4. 상담소 · 보호시설의 통합 운영

1) **유사시설의 통합운영 권고:** 국가나 지방자치단체는 이 법에 따라 설치 · 운영하는 상담소나 보호시설을 대통령령으로 정하는 유사한 성격의 상담소나 보호시설과 통합하여 설치 · 운영하거나 설치 · 운영할 것을 권고할 수 있다(가폭보호법 제14조).

2) **통합 가능한 유사시설:** 상담소 또는 보호시설과 통합하여 설치 · 운영할 수 있는 유사한 성격의 상담소 또는 보호시설은 다음과 같다(령 제5조).
① 성폭력방지 및 피해자보호 등에 관한 법률에 따른 상담소 또는 보호시설
② 한부모가족지원법, 아동복지법, 노인복지법 및 장애인복지법에 따른 상담소 또는 보호시설
③ 법률구조법에 따른 상담소
④ 그 밖의 여성가족부장관이 정하여 고시하는 가정복지 또는 사회복지 관련 상담소 또는 보호시설

5. 비용의 구상

보호시설의 장은 이러한 업무로 인한 비용의 전부 또는 일부를 가정폭력행위자로부터 구상할 수 있다. 이 경우 그 구상절차는 국세 또는 지방세 체납처분절차의 예에 의한다(가폭보호법 제8조 제3항).

6. 수사기관과의 협조

1) **사법경찰관의 동행요청:** 긴급전화센터, 상담소 또는 보호시설의 장은 가정폭력행위자로부터 피해자 또는 그 상담원 등 종사자를 긴급히 구조할 필요가 있는 경우 관할 경찰관서의 장에게 그 소속 직원의 동행을 요청할 수 있다. 이 경우 요청을 받은 경찰관서의 장은 특별한 사유가 없으면 이에 따라야 한다(제9조의2).
2) **사법경찰관리의 현장출동:** 사법경찰관리는 가정폭력범죄의 신고가 접수된 때에는 지체 없이 가정폭력의 현장에 출동하여야 한다(가폭보호법 제9조의4 제1항).

3) 사법경찰관리의 현장에서의 역할

(1) 관계인에 대한 조사: 출동한 사법경찰관리는 피해자를 지원하기 위하여 신고된 현장 또는 사건 조사를 위한 관련 장소에 출입하여 관계인에 대하여 조사를 하거나 질문을 할 수 있다(가폭보호법 제9조의4 제2항).
(2) 사법경찰관리의 권위 존중: 가정폭력행위자는 사법경찰관리의 현장 조사를 거부하는 등 그 업무 수행을 방해하는 행위를 하여서는 아니 된다(가폭보호법 제9조의4 제3항). 출입, 조사 또는 질문을 하는 사법경찰관리는 그 권한을 표시하는 증표를 지니고 이를 관계인에

게 내보여야 한다(가폭보호법 제9조의4 제4항).

정당한 사유 없이 이 규정을 위반하여 현장조사를 거부 · 기피하는 등 업무 수행을 방해한 가정폭력행위자에게는 500만원 이하의 과태료를 부과한다(가폭보호법 제22조 제1항).

(3) **사법경찰관리의 관계자 동행 요청권**: 현장출동 시 수사기관의 장은 긴급전화센터, 상담소 또는 보호시설의 장에게 가정폭력 현장에 동행하여 줄 것을 요청할 수 있고, 요청을 받은 긴급전화센터, 상담소 또는 보호시설의 장은 정당한 사유가 없으면 그 소속 상담원을 가정폭력 현장에 동행하도록 하여야 한다(가폭보호법 제9조의4 제5항).

(4) **가정폭력행위자와 피해자의 분리 조사**: 조사 또는 질문을 하는 사법경찰관리는 피해자 · 신고자 · 목격자 등이 자유롭게 진술할 수 있도록 가정폭력행위자로부터 분리된 곳에서 조사하는 등 필요한 조치를 하여야 한다(가폭보호법 제9조의4 제6항).

Ⅲ. 긴급전화센터 · 상담소 · 보호시설의 종사자

1. 상담원의 자격

긴급전화센터, 상담소 및 보호시설에 근무하는 상담원은 다음의 요건에 해당하는 자로서 가정폭력 관련 상담원 교육훈련시설에서 상담원 교육훈련과정을 마친 자로 한다(가폭보호법 제8조의2 제2항).

① 각종 대학 졸업자

② 사회복지사의 자격을 가진 자

③ 사회복지시설, 사회복지단체의 임직원 또는 공무원으로서 가정폭력 방지업무에 3년 이상 종사한 경력(단순노무자로 근무한 경력 제외)이 있는 자

④ 이주노동자 및 외국인 관련 단체 및 시설에서 2년 이상 종사한 경력이 있는 자(외국인 보호시설만 해당)

2. 상담소 · 보호시설장의 자격기준

① 사회복지사 2급 이상의 자격을 취득한 후 가정폭력 방지업무에 3년 이상 종사한 경력이 있는 자

② 국가 또는 지방자치단체에서 7급 이상의 공무원으로 가정폭력 방지업무에 5년 이상 종

사한 경력이 있는 자

③ 가정폭력 상담원의 자격을 취득한 후 가정폭력 방지를 목적으로 설립된 단체 및 시설에서 5년 이상 종사한 경력이 있는 자

3. 종사자의 자격제한

다음에 해당하는 자는 긴급전화센터의 장, 상담소의 장, 보호시설의 장 또는 그 밖에 긴급전화센터 · 상담소 및 보호시설 종사자가 될 수 없다(가폭보호법 제8조의2 제1항).

① 미성년자, 피성년후견인 또는 피한정후견인

② 파산선고를 받은 자로서 복권(復權)되지 아니한 사람

③ 금고 이상의 실형을 선고받고 그 집행이 끝나거나(집행이 끝난 것으로 보는 경우 포함) 집행이 면제되지 아니한 사람

④ 금고 이상의 형의 집행유예를 선고받고 그 유예기간 중에 있는 사람

4. 상담원 교육훈련시설

1) **국가 · 지방자치단체의 설치 · 운영:** 국가 또는 지방자치단체는 상담원(상담원이 되고자 하는 자 포함)에 대하여 교육 · 훈련을 실시하기 위하여 가정폭력 관련 상담원 '교육훈련시설'을 설치 · 운영할 수 있다(가폭보호법 제8조의3 제1항).

2) **민간법인의 설치 · 운영 신고:** 각급 대학을 설립 · 운영하는 학교법인, 법률구조법인, 사회복지법인, 그 밖에 비영리법인으로서 교육훈련시설을 설치하고자 하는 자는 시장 · 군수 · 구청장에게 신고하여야 한다. 신고 사항 중 중요 사항을 변경하려는 경우에도 또한 같다(가폭보호법 제8조의3 제2항). 신고를 하지 아니하고 교육훈련시설을 설치 · 운영한 자는 1년 이하의 징역 또는 1천만원 이하의 벌금에 처한다(가폭보호법 제20조 제2항 제1호). 양벌규정(가폭보호법 제21조).

5. 종사자에 대한 보수교육

여성가족부장관 또는 시 · 도지사는 긴급전화센터 · 상담소 및 보호시설 종사자의 자질을 향상시키기 위하여 보수교육을 실시하여야 한다(가폭보호법 제8조의4 제1항). 보수교육에 관한 업무를 대학, 전문대학 또는 대통령령으로 정하는 전문기관에 위탁할 수 있다(가폭보호법 제8조의4 제2항).

Ⅳ. 치료보호

1. 치료보호의 내용

의료기관은 피해자 본인, 가족, 친지나 긴급전화센터, 상담소 또는 보호시설의 장 등이 요청하면 피해자에 대하여 다음의 치료보호를 실시하여야 한다(가폭보호법 제18조 제1항).

① 보건에 관한 상담 및 지도

② 신체적 · 정신적 피해에 대한 치료

③ 기타 대통령령(제6조)이 정하는 다음의 의료에 관한 사항

㉮ 임산부의 심리적 안정을 위한 각종 치료 프로그램의 실시 등 정신치료

㉯ 임산부 및 태아지원을 위한 검사 및 치료

㉰ 가정폭력피해자 가정의 신생아에 관한 의료

2. 치료비의 부담

1) **가해자부담의 원칙:** 치료보호에 필요한 일체의 비용은 가정폭력행위자가 부담한다(가폭보호법 제18조 제2항).

2) **국가 · 지방자치단체의 치료비 지급:** 이 규정에 불구하고 국가 또는 지방자치단체는 가정폭력행위자를 대신하여 치료보호에 필요한 비용을 의료기관에 지급할 수 있다(가폭보호법 제18조 제3항). 이에 따라 가정폭력피해자는 가정폭력 행위자의 주소지를 관할하는 시장 · 군수 · 구청장에게 치료보호에 소요된 '치료비용'을 청구할 수 있다(규칙 제17장 제1항).

3) **치료비의 구상(求償):** 국가 또는 지방자치단체가 비용을 지급한 경우에는 가정폭력행위자에 대하여 구상권을 행사한다. 다만, 피해자가 보호시설 입소 중에 치료보호를 받은 경우나 가정폭력행위자가 국민기초생활 수급자이거나 등록된 장애인인 때에는 그러하지 아니하다(가폭보호법 제18조 제4항).

제6절 다문화가족지원

2008.03.21. 법률 제8937호 다문화가족지원법 제정
2020.05.19. 법률 제17281호 제13차 일부개정, 2020.05.19. 시행(최신)

Ⅰ. 총 칙

1. 용어의 정의

1) **다문화가족:** 다문화가족이란 ①결혼이민자[15]와 출생 · 인지[16] · 귀하 등의 사유로 대한민국 국적을 취득한 자로 이루어진 가족, ②인지 · 귀화로 대한민국 국적올 취득한 자와 출생 · 인지 · 귀하 등의 사유로 대한민국 국적을 취득한 자로 이루어진 가족을 말한다(법 제2조 제1호).

2) **결혼이민자 등의 정의:** '결혼이민자 등'이란 다문화가족의 구성원으로서 ①결혼이민자 ②귀화허가를 받은 자 등을 말한다(법 제2조 제2호).

3) **아동 · 청소년:** 다문화가족지원법에서 말하는 '아동 · 청소년'이란 24세 이하인 사람을 말한다(법 제2조 제3호).

2. 국가와 지방자치단체의 책무

1) **제도와 여건조성 및 시책의 수립 · 시행:** 국가와 지방자치단체는 다문화가족 구성원이 안정적인 가족생활을 영위할 수 있도록 필요한 제도와 여건을 조성하고 이를 위한 시책을 수립 · 시행하여야 한다(법 제3조 제1항).

2) **담당기구와 공무원 배치:** 특별시 · 광역시 · 도 · 특별자치도 및 시 · 군 · 구에는 다문화가족 지원을 담당할 기구와 공무원을 두어야 한다(법 제3조 제2항).

3) **외국인정책의 수립 및 추진계획:** 국가와 지방자치단체는 이 법에 따른 시책 중 외국인정책 관련 사항에 대하여는 재한외국인 처우 기본법 제2장 외국인정책의 수립 및 추진계획(재한외국인 처우 기본법 제5조부터 제9조)의 규정에 따른다(법 제3조 제3항).

---

15) '결혼이민자'란 대한민국 국민과 혼인한 적이 있거나 혼인관계에 있는 재한외국인을 말한다(재한외국인 처우 기본법 제2조제3호).

16) 혼인 외에 출생한 자녀에 대하여 친아버지나 친어머니가 자기 자식임을 확인하는 경우를 말한다. 외국인으로서 대한민국의 국민인 부 또는 모에 의하여 인지(認知)되면 대한민국의 국적을 취득할 수 있다.

Ⅱ. 다문화가족을 위한 복지조치

1. 다문화가족에 대한 이해증진

1) **다문화 이해교육과 홍보:** 국가와 지방자치단체는 다문화가족에 대한 사회적 차별 및 편견을 예방하고 사회구성원이 문화적 다양성을 인정하고 존중할 수 있도록 다문화 이해교육을 실시하고 홍보 등 필요한 조치를 하여야 한다(법 제5조 제1항).
2) **홍보영상의 제작 · 배포:** 여성가족부장관은 이러한 교육과 홍보 등의 조치를 함에 있어 홍보영상을 제작하여 방송사업자에게 배포하여야 한다(법 제5조 제2항).
3) **홍보영상 송출 요청:** 여성가족부장관은 방송사업자에게 비상업적 공익광고 편성비율의 범위에서 홍보영상을 채널별로 송출하도록 요청할 수 있다(법 제5조 제3항).
4) **방송사의 독자적 홍보영상의 제작 · 송출:** 방송사업자는 홍보영상 외에 독자적으로 홍보영상을 제작하여 송출할 수 있다. 이 경우 여성가족부장관에게 필요한 협조 및 지원을 요청할 수 있다(법 제5조 제4항).
5) **각급 학교에서의 다문화가족 이해 교육 시책수립:** 교육부장관과 지방자치단체의 교육감은 유치원, 초 · 중등학교 또는 각급 대학교에서 다문화가족에 대한 이해를 돕는 교육을 실시하기 위한 시책을 수립 · 시행하여야 한다. 이 경우 실태조사의 결과 중 다문화가족 구성원인 아동 · 청소년의 교육현황 및 아동 · 청소년의 다문화가족에 대한 인식 등에 관한 사항을 반영하여야 한다(법 제5조 제5항).
6) **각급 학교 교원에 대한 다문화가족 이해교육 연수:** 교육부장관과 지방자치단체의 교육감은 유치원, 초 · 중등학교 또는 각급 대학교의 교원에 대하여 대통령령으로 정하는 바에 따라 다문화 이해교육 관련 연수를 실시하여야 한다(법 제5조 제6항).

2. 생활정보 제공 및 교육지원

1) **사회적응, 직업훈련, 한국어 교육 등 지원:** 국가와 지방자치단체는 결혼이민자 등이 대한민국에서 생활하는 데 필요한 기본적 정보(아동 · 청소년에 대한 학습 및 생활지도 관련 정보 포함)를 제공하고, 사회적응교육과 직업교육 · 훈련 및 언어소통 능력 향상을 위한 한국어 교육 등을 받을 수 있도록 필요한 지원을 할 수 있다(법 제6조 제1항).
2) **결혼이민자 가족에 대한 이해교육:** 국가와 지방자치단체는 결혼이민자 등의 배우자 및 가족구성원이 결혼이민자 등의 출신 국가 및 문화 등을 이해하는 데 필요한 기본적

정보를 제공하고 관련 교육을 지원할 수 있다(법 제6조 제2항).

3) **방문교육 또는 원격교육 등 지원:** 국가와 지방자치단체는 교육을 실시함에 있어 거주지 및 가정환경 등으로 인하여 서비스에서 소외되는 결혼이민자 등과 배우자 및 그 가족구성원이 없도록 방문교육이나 원격교육 등 다양한 방법으로 교육을 지원하고, 교재와 강사 등의 전문성을 강화하기 위한 시책을 수립 · 시행하여야 한다(법 제6조 제3항).

4) **방문교육 비용의 차등지원:** 국가와 지방자치단체는 방문교육의 비용을 결혼이민자 등의 가구 소득수준, 교육의 종류 등 여성가족부장관이 정하여 고시하는 기준에 따라 차등지원할 수 있다(법 제6조 제4항).

5) **결혼이민자 가족구성원의 노력:** 결혼이민자 등의 배우자 등 다문화가족 구성원은 결혼이민자 등이 한국어교육 등 사회적응에 필요한 다양한 교육을 받을 수 있도록 노력하여야 한다(법 제6조 제6항).

3. 평등한 가족관계의 유지를 위한 조치

국가와 지방자치단체는 다문화가족이 민주적이고 양성평등한 가족관계를 누릴 수 있도록 가족상담, 부부교육, 부모교육, 가족생활교육 등을 추진하여야 한다. 이 경우 문화의 차이 등을 고려한 전문적인 서비스가 제공될 수 있도록 노력하여야 한다(법 제7조).

4. 가정폭력 피해자에 대한 지원

1) **다문화가족 내 가정폭력 예방과 지원:** 국가와 지방자치단체는 다문화가족 내 가정폭력을 예방하기 위하여 노력하여야 한다(법 제8조 제1항). 국가와 지방자치단체는 가정폭력으로 피해를 입은 결혼이민자 등을 지원 · 지원할 수 있다(법 제8조 제2항).

2) **외국어 통역서비스 확대:** 국가와 지방자치단체는 가정폭력의 피해를 입은 결혼이민자 등에 대한 지원 및 지원을 위하여 외국어 통역서비스를 갖춘 가정폭력상담소 및 보호시설의 설치를 확대하도록 노력하여야 한다(법 제8조 제3항).

3) **결혼이민자 등의 불이익 방지노력:** 국가와 지방자치단체는 결혼이민자 등이 가정폭력으로 혼인관계를 종료하는 경우 의사소통의 어려움과 법률체계 등에 관한 정보의 부족 등으로 불리한 입장에 놓이지 아니하도록 의견진술 및 사실확인 등에 있어서 언어통역, 법률상담 및 행정지원 등 필요한 서비스를 제공할 수 있다(법 제8조 제4항).

5. 의료 및 건강관리 지원

국가와 지방자치단체는 결혼이민자 등이 건강하게 생활할 수 있도록 영양 · 건강에 대한 교육, 산전 · 산후 도우미 파견, 건강검진 등의 의료서비스를 지원할 수 있다(법 제9조 제1항).

국가와 지방자치단체는 결혼이민자 등이 제1항에 따른 의료서비스를 제공받을 경우 외국어 통역 서비스를 제공할 수 있다(법 제9조 제2항).

6. 아동 보육 · 교육

1) **보육 · 교육에서 다문화가족 아동의 차별금지:** 국가와 지방자치단체는 아동 보육 · 교육을 실시함에 있어서 다문화가족 구성원인 아동을 차별하여서는 아니 된다(법 제10조 제1항).
2) **학과 외 · 방과 후 교육 프로그램 지원:** 국가와 지방자치단체는 다문화가족 구성원인 아동이 학교생활에 신속히 적응할 수 있도록 교육지원 대책을 마련하여야 하고, 시 · 도의 교육감은 다문화가족 구성원인 아동에 대하여 학과 외 또는 방과 후 교육 프로그램 등을 지원할 수 있다(법 제10조 제2항).
3) **언어능력 제고를 위한 지원:** 국가와 지방자치단체는 다문화가족 구성원인 아동의 초등학교 취학 전 보육 및 교육 지원을 위하여 노력하고, 그 아동의 언어발달을 위하여 한국어 및 결혼이민자 등인 부 또는 모의 모국어 교육을 위한 교재지원 및 학습지원 등 언어능력 제고를 위하여 필요한 지원을 할 수 있다(법 제10조 제3항).

7. 다국어에 의한 서비스 제공

국가와 지방자치단체는 다문화가족을 위한 복지조치(법 제5조~제10조)에 따른 지원정책을 추진함에 있어서 결혼이민자 등 의사소통의 어려움을 해소하고 서비스 접근성을 제고하기 위하여 다국어에 의한 서비스 제공이 이루어지도록 노력하여야 한다(법 제11조).

8. 사실혼 배우자 및 자녀의 처우

제5조부터 제12조까지의 규정[17]은 대한민국 국민과 사실혼 관계에서 출생한 자녀를 양육하

17) 다문화가족에 대한 이해증진(제5조), 생활정보제공 및 교육지원(제6조), 평등한 가족관계 유지를 위한 조치(제7조), 가정폭력피해자에 대한 지원 · 지원(제8조), 의료 및 건강관리를 위한 지원(제9조), 아동 보육 · 교육(제10조), 다국어에 의한 서비스 제공(제11조), 다문화가족 종합정보 전화센터의 설치 · 운영(법 제11

고 있는 다문화가족 구성원에 대하여 준용한다(법 제14조).

9. 해체된 다문화가족 자녀에 대한 적용 특례

다문화가족이 이혼 등의 사유로 해체된 경우에도 그 구성원이었던 자녀에 대하여는 이 법을 적용한다(법 제14조의2).

조의2), 다문화가족 종합정보센터의 설치 · 운영(법 제12조)

제 7 부

여성복지

- 성매매방지 및 피해자보호 등에 관한 법률
- 성폭력방지 및 피해자보호 등에 관한 법률
- 일제하 일본군위안부 피해자에 대한 생활안정지원 및 기념사업 등에 관한 법률

제10장

여성복지에 관한 법률

제 1 절 성매매방지 및 피해자보호

2004.03.22. 법률 제7212호 '성매매방지 및 피해자보호 등에 관한 법률' 제정
2014.03.27. 법률 제12550호 제15차 전부개정
2018.04.17. 법률 제15590호 제22차 일부개정, 2018.04.17. 시행(최신)

Ⅰ. 성매매피해자

1. 성매매피해자에 대한 처벌특례와 보호

1) 성매매피해자의 보호

(1) 성매매피해자란?: "성매매피해자"란 다음에 해당하는 사람을 말한다(성매매알선 등 행위의 처벌에 관한 법률 제2조 제1항 제4호).

① 위계, 위력, 그 밖에 이에 준하는 방법으로 성매매를 강요당한 사람

② 업무관계, 고용관계, 그 밖의 관계로 인하여 보호 또는 감독하는 사람에 의하여 마약·향정신성의약품 또는 대마에 중독되어 성매매를 한 사람

③ 청소년, 사물을 변별하거나 의사를 결정할 능력이 없거나 미약한 사람 또는 대통령령으로 정하는 중대한 장애가 있는 사람으로서 성매매를 하도록 알선·유인된 사람

④ 성매매 목적의 인신매매를 당한 사람

(2) 성매매피해자의 불처벌(不處罰): 성매매피해자의 성매매는 처벌하지 아니한다(성매매처벌법 제6조 제1항).

(3) 성매매피해자에 대한 보호조치: 검사 또는 사법경찰관은 수사과정에서 피의자 또는 참고인이 성매매피해자에 해당한다고 볼 만한 상당한 이유가 있을 때에는 지체 없이 법정대리인·친족 또는 변호인에게 통지하고, 신변보호, 수사의 비공개, 친족 또는 지원시설·성매매피해상담소에의 인계 등 성매매피해자를 보호하는 데에 필요한 조치를 하여야 한다(성매매처벌법 제6조 제2항 전단).

(4) **피해자 사생활 보호**: 피의자 또는 참고인의 사생활 보호 등 부득이한 사유가 있는 경우에는 통지하지 아니할 수 있다(성매매처벌법 제6조 제2항 단서).

2) **신고자의 신변보호**: 누구든지 성매매처벌법에 규정된 범죄를 신고한 자에 대하여 그 신고를 이유로 불이익을 주어서는 아니 된다(성매매처벌법 제7조 제2항).

다른 법률에 규정이 있는 경우를 제외하고는 신고자 등의 인적사항이나 사진 등 그 신원을 알 수 있는 정보나 자료를 인터넷 또는 출판물에 게재하거나 방송매체를 통하여 방송하여서는 아니 된다(성매매처벌법 제7조 제3항).

2. 신고의무자

성매매피해자보호법에 의한 지원시설 및 성매매피해상담소의 장이나 그 종사자가 업무와 관련하여 성매매피해사실을 알게 된 때에는 지체 없이 수사기관에 신고하여야 한다(성매매처벌법 제7조 제1항).

3. 신뢰관계에 있는 사람의 동석

1) **법원에서의 동석**: 법원은 신고자 등을 증인으로 신문하는 때에는 직권 또는 본인 · 법정대리인이나 검사의 신청에 의하여 신뢰관계에 있는 자를 동석하게 할 수 있다(성매매처벌법 제8조 제1항).

2) **수사기관에서의 동석**: 수사기관은 신고자 등을 조사하는 때에는 직권 또는 본인 · 법정대리인의 신청에 의하여 신뢰관계에 있는 자를 동석하게 할 수 있다(성매매처벌법 제8조 제2항).

3) **청소년 · 장애인의 경우의 동석**: 청소년, 사물을 변별하거나 의사를 결정할 능력이 없거나 미약한 자 또는 대통령령이 정하는 중대한 장애가 있는 자에 대하여 신청이 있는 경우에는 재판 또는 수사에 지장을 초래할 우려가 있는 등 특별한 사유가 없는 한 신뢰관계에 있는 자를 동석하게 하여야 한다(성매매처벌법 제8조 제3항).

4) **동석하는 신뢰관계에 있는 자의 주의사항**: 신문이나 조사에 동석하는 사람은 진술을 대리하거나 유도하는 등으로 수사나 재판에 부당한 영향을 끼쳐서는 아니 된다(성매매처벌법 제8조 제4항).

4. 심리의 비공개[1)]

법원은 신고자 등의 사생활 또는 신변보호를 위하여 필요한 때에는 결정으로 심리를 공개하지 아니할 수 있다(성매매처벌법 제9조 제1항). 증인으로 소환받은 신고자 등과 그 가족은 사생활 또는 신변보호를 위하여 증인신문의 비공개를 신청할 수 있다(성매매처벌법 제9조 제2항).

재판장은 비공개 심리에 대한 신청이 있는 때에는 그 허가여부, 법정 외의 장소에서의 신문 등 신문의 방식 및 장소에 관하여 결정할 수 있다(성매매처벌법 제9조 제3항).

5. 불법원인으로 인한 채권무효

성매매와 관련된 채권은 그 계약의 형식이나 명목에 관계없이 이를 무효로 한다. 그 채권을 양도하거나 그 채무를 인수한 경우에도 또한 같다(성매매처벌법 제10조 제1항). 검사 또는 사법경찰관은 채권이 무효인 사실과 지원시설 등을 이용할 수 있음을 본인 또는 법정대리인 등에게 고지하여야 한다(성매매처벌법 제10조 제3항).

6. 외국인여성에 대한 특례

1) **강제퇴거명령의 보류:** 외국인여성이 이 법에 규정된 범죄를 신고하거나 외국인여성을 성매매피해자로 수사하는 때에는 당해 사건을 불기소처분하거나 공소를 제기할 때까지 출입국관리법에 의한 강제퇴거명령 또는 보호의 집행을 하여서는 아니 된다(성매매처벌법 제11조 제1항). 검사는 공소를 제기한 후에는 일정한 기간을 정하여 강제퇴거명령의 집행을 유예하거나 보호의 일시해제를 요청할 수 있다(성매매처벌법 제11조 제2항).
2) **유예기간 동안 지원시설의 이용:** 강제퇴거명령의 집행을 유예기간 중에는 당해 외국인여성에게 지원시설 등을 이용하게 할 수 있다(성매매처벌법 제11조 제3항).
3) **배상신청권의 고지:** 수사기관은 외국인여성을 성매매피해자로 조사하는 때에는 배상신청을 할 수 있음을 알려 주어야 한다(성매매처벌법 제11조 제4항). 그 배상명령이 확정될 때까지 강제퇴거명령 또는 보호의 집행을 하여서는 아니 된다(성매매처벌법 제11조 제5항).

---

1) 재판은 공정성을 확보하기 위하여 소송의 심리 과정과 판결을 일반인들에게 공개하는 것을 원칙으로 한다. 우리나라 헌법은 이 원칙을 채택하고 있다. "재판의 심리와 판결은 공개한다. 다만, 심리는 국가의 안전보장 또는 안녕질서를 방해하거나 선량한 풍속을 해할 염려가 있을 때에는 법원의 결정으로 공개하지 아니할 수 있다(헌법 제109조)."

Ⅱ. 지원시설 및 상담소

1. 지원시설

1) 지원시설의 설치

(1) 국가 · 지방자치단체의 설치: 국가 또는 지방자치단체는 지원시설을 설치 · 운영할 수 있다(성매매피해자보호법 제10조 제1항).

(2) 국가 · 지방자치단체 외의 신고 설치: 국가나 지방자치단체 외의 자가 지원시설을 설치 · 운영하려면 기초자치단체장에게 신고하여야 한다. 신고한 사항 중 여성가족부령으로 정하는 중요 사항을 변경하려는 경우에도 또한 같다(성매매피해자보호법 제10조 제2항). 신고를 하지 아니하고 지원시설을 설치 · 운영한 자는 1년 이하의 징역 또는 1천만원 이하의 벌금에 처한다(성매매피해자보호법 제36조 제1호). 양벌규정(성매매피해자보호법 제37조).

(3) 설치 신고에 따른 절차: 기초자치단체장은 신고를 받은 날부터 10일 이내(변경신고의 경우 5일 이내)에 신고수리 여부 또는 민원 처리 관련 법령에 따른 처리기간의 연장을 신고인에게 통지하여야 한다(성매매보호법 제10조 제3항).

2) 지원시설의 종류(성매매피해자보호법 제9조 제1항)

(1) 일반지원시설: 성매매피해자 등을 대상으로 1년의 범위에서 숙식을 제공하고 자립을 지원하는 시설

(2) 청소년지원시설: 19세 미만의 성매매피해자 등을 대상으로 19세가 될 때까지 숙식을 제공하고, 취학 · 교육 등을 통하여 자립을 지원하는 시설

(3) 외국인지원시설: 외국인 성매매피해자 등을 대상으로 3개월(외국인여성에 대하여는 그 해당 기간)의 범위에서 숙식을 제공하고, 귀국을 지원하는 시설

(4) 자활지원공동생활시설: 성매매피해자 등을 대상으로 2년의 범위에서 숙박 등의 편의를 제공하고, 자립을 지원하는 시설

3) 지원기간의 연장

(1) 일반지원시설의 기간연장: 일반지원시설의 장은 1년 6개월의 범위에서 지원기간을 연장할 수 있다(성매매피해자보호법 제9조 제2항).

(2) 청소년지원시설의 기간연장: 청소년지원시설의 장은 2년의 범위에서 지원기간을 연장할 수 있다(성매매피해자보호법 제9조 제3항).

(3) 자립지원공동생활시설의 기간 연장: 자립지원공동생활시설의 장은 2년의 범위에서 지원기간을 연장할 수 있다(성매매피해자보호법 제9조 제4항).

4) 지원시설의 업무

(1) 일반지원시설(성매매피해자보호법 제11조 제1항)

① 숙식 제공

② 심리적 안정과 피해 회복을 위한 상담 및 치료

③ 질병치료와 건강관리를 위하여 의료기관에 인도(引渡)하는 등의 의료지원

④ 수사기관의 조사와 법원의 증인신문(證人訊問)에의 동행

⑤ 대한법률구조공단 등 관계기관에 필요한 협조와 지원 요청

⑥ 자립·자활교육의 실시와 취업정보 제공

⑦ 사회보장 관계 법령에 따른 급부(給付)의 수령 지원

⑧ 기술교육(위탁교육 포함)

⑨ 다른 법률에서 지원시설에 위탁한 사항

⑩ 그 밖에 여성가족부령이 정하는 사항

(2) 청소년지원시설(성매매피해자보호법 제11조 제2항): 청소년지원시설은 일반지원시설의 업무 외에 진학을 위한 교육을 제공하거나 교육기관에 취학을 연계하는 업무를 행한다.

(3) 외국인지원시설(성매매피해자보호법 제11조 제3항): 외국인지원시설은 제1항 제1~5호까지 및 제9호의 업무와 귀국을 지원하는 업무를 수행한다.

(4) 자립지원공동생활시설(성매매피해자보호법 제11조 제4항): 자립지원공동생활시설은 ① 숙박 지원, ② 취업 및 창업을 위한 정보 제공, ③ 그 밖에 사회적응을 위하여 필요한 지원으로서 여성가족부령으로 정하는 사항을 수행한다.

2. 자활지원센터

1) **국가지방자치단체의 설치:** 국가 또는 지방자치단체는 성매매피해자등의 회복과 자립에 필요한 지원을 제공하기 위하여 자활지원센터를 설치·운영할 수 있다(성매매피해자보호법 제15조 제1항).

2) **국가지방자치단체 외의 설치신고:** 국가 또는 지방자치단체 외의 자가 자활지원센터를 설치·운영하려면 시·도지사, 시장·군수·구청장에게 신고하여야 한다. 신고한 사항

중 여성가족부령으로 정하는 중요 사항을 변경하려는 경우에도 또한 같다(성매매피해자보호법 제15조 제2항). 신고를 하지 아니하고 자활지원센터를 설치 · 운영한 자는 1년 이하의 징역 또는 1천만원 이하의 벌금에 처한다(성매매피해자보호법 제36조 제2호). 양벌규정(성매매피해자보호법 제37조).

3) **설치신고에 따른 절차:** 시 · 도지사, 시장 · 군수 · 구청장은 신고를 받은 날부터 10일 이내(변경신고의 경우 5일 이내)에 신고수리 여부 또는 민원 처리 관련 법령에 따른 처리기간의 연장을 신고인에게 통지하여야 한다(성매매피해자보호법 제15조 제3항).

4) **자활지원센터의 이용:** 자활지원센터는 이 법에 따른 성매매피해자 등이라면 누구라도 이용할 수 있다(성매매피해자보호법 제15조 제4항).

5) **자활지원센터의 업무:** 자활지원센터는 다음의 업무를 수행한다(성매매피해자보호법 제16조).

① 작업장 등의 설치 · 운영

② 취업 및 기술교육(위탁교육을 포함)

③ 취업 및 창업을 위한 정보의 제공

④ 그 밖에 사회적응을 위하여 필요한 지원으로서 여성가족부령으로 정하는 사항

3. 성매매피해상담소

1) **국가 · 지방자치단체의 설치 · 운영:** 국가 또는 지방자치단체는 성매매피해상담소를 설치 · 운영할 수 있다(성매매피해자보호법 제17조 제1항).

2) **국가 · 지방자치단체 외의 설치 · 운영:** 국가 또는 지방자치단체 외의 자가 상담소를 설치 · 운영하려면 시 · 도지사, 시장 · 군수 · 구청장에게 신고하여야 한다. 신고한 사항 중 여성가족부령으로 정하는 중요 사항을 변경하려는 경우에도 또한 같다(성매매피해자보호법 제17조 제2항). 신고를 하지 아니하고 상담소를 설치 · 운영한 자는 1년 이하의 징역 또는 1천만원 이하의 벌금에 처한다(성매매피해자보호법 제36조 제3호). 양벌규정(성매매피해자보호법 제37조).

3) **신고수리의 절차:** 기초자치단체장은 신고를 받은 날부터 10일 이내(변경신고의 경우 5일 이내)에 신고수리 여부 또는 민원 처리 관련 법령에 따른 처리기간의 연장을 신고인에게 통지하여야 한다(성매매피해자보호법 제17조 제3항).

4) **상담실과 보호실 운영:** 상담소에는 상담실을 두어야 하며, 이용자를 임시로 보호하기 위한 보호실을 운영할 수 있다(성매매피해자보호법 제17조 제4항).

5) **영리목적 운영의 금지:** 이 법에 따른 상담소등은 영리를 목적으로 설치·운영하여서는 아니 된다(성매매피해자보호법 제29조). 이 규정을 위반한 자는 1년 이하의 징역 또는 1천만원 이하의 벌금에 처한다(성매매피해자보호법 제36조 제4호).

6) **비밀엄수 등의 의무:** 상담소등의 장이나 종사자 또는 그 직에 있었던 자는 직무상 알게 된 비밀을 누설하여서는 아니 된다(법 제30조). 이를 위반한 자는 1년 이하의 징역 또는 1천만원 이하의 벌금에 처한다(성매매피해자보호법 제36조 제4호).

7) 상담소등의 폐쇄

(1) 상담소등의 폐쇄 조건: 여성가족부장관, 각급 지방자치단체장은 상담소등이 다음에 해당하는 경우에는 업무 정지 또는 폐지를 명하거나 상담소등을 폐쇄할 수 있다(성매매피해자보호법 제31조 제1항). 업무 정지 또는 폐지를 명하거나 상담소등을 폐쇄하려면 청문을 하여야 한다(성매매피해자보호법 제31조 제2항). 정지 또는 폐지 등의 명령을 위반한 자는 1년 이하의 징역 또는 1천만원 이하의 벌금에 처한다(성매매피해자보호법 제36조 제5호).

① 상담소등이 설치기준에 미달하게 된 경우
② 정당한 사유 없이 보고를 하지 아니하거나 거짓으로 보고한 경우
③ 영리목적 운영금지 규정을 위반한 경우
④ 상담소등의 장 또는 그 종사자들이 입소자·이용자에 대하여 성폭력범죄의 처벌 등에 관한 특례법 제2조제1항의 성범죄를 범한 경우
⑤ 사회복지사업법 제40조제1항제3호[2] 또는 제4호[3]에 해당하는 경우
⑥ 이 법 또는 이 법에 따른 명령을 위반한 경우

(2) 이용자의 권익보호 소치: 여성가족부장관, 각급 지치단체장은 상담소등이 업무가 정지 또는 폐지되거나 상담소등이 폐쇄되는 경우에는 해당 시설을 이용하는 사람이 다른 시설로 옮길 수 있도록 하는 등 시설 이용자의 권익을 보호하기 위하여 필요한 조치를 하여야 한다(성매매피해자보호법 제31조 제3항).

4. 성매매방지 중앙지원센터

국가는 성매매방지활동 및 성매매피해자 등에 대한 지원서비스 전달체계의 효율적인 연계·조정 등을 위하여 성매매방지 '중앙지원센터'를 설치·운영할 수 있다(성매매피해자보호법 제

2) 설치 목적이 달성되었거나 그 밖의 사유로 계속하여 운영될 필요가 없다고 인정할 때
3) 회계부정이나 불법행위 또는 그 밖의 부당행위 등이 발견되었을 때

19조 제1항). 중앙지원센터의 운영은 여성가족부령으로 정하는 바에 따라 비영리법인 또는 단체에 위탁할 수 있다(성매매피해자보호법 제19조 제3항).

5. 폐지·휴지 등의 신고

1) **시설의 폐지·휴지 또는 재개 등 신고:** 신고한 상담소등을 폐지 또는 휴지(休止)하거나 그 운영을 재개(再開)하려는 자는 여성가족부령으로 정하는 바에 따라 시·도지사, 시장·군수·구청장에게 신고하여야 한다(성매매피해자보호법 제28조 제1항). 이를 위반하여 신고하지 아니한 자에게는 300만원 이하의 과태료를 부과한다(법 제38조 제2항).
2) **적합한 신고의 수리:** 시·도지사, 시장·군수·구청장은 상담소등의 폐지 또는 휴지신고를 받은 경우 그 내용을 검토하여 이 법에 적합하면 신고를 수리하여야 한다(성매매피해자보호법 제28조 제2항).
3) **시설 이용자의 권익 보호:** 상담소등의 장은 해당 시설을 폐지 또는 휴지하는 경우에는 여성가족부령으로 정하는 바에 따라 해당 시설을 이용하는 사람이 다른 시설로 옮길 수 있도록 하는 등 시설 이용자의 권익을 보호하기 위한 조치를 하여야 한다(성매매피해자보호법 제28조 제3항).
4) **시설 이용자의 권익보호 확인:** 시·도지사, 시장·군수·구청장은 상담소등의 폐지 또는 휴지의 신고를 받은 경우 해당 시설의 장이 시설 이용자의 권익을 보호하기 위한 조치를 하였는지 여부를 확인하는 등 여성가족부령으로 정하는 조치를 하여야 한다(성매매피해자보호법 제28조 제4항).

Ⅲ. 지원시설 및 상담소의 종사자

1. 종사자의 자격

〈표 12-1〉 지원시설 및 상담소 종사자의 자격(성매매피해자보호법 시행규칙 제5조 관련 별표 2)

직종별	자격 기준
지원시설 및 상담소의 장	1. 사회복지사의 자격을 가진 자 2. 사회복지시설, 사회복지단체의 임직원 또는 공무원으로서 여성폭력방지 업무에 5년 이상 종사한 경력이 있는 자 3. 성매매방지를 목적으로 설립된 단체 및 시설에서 5년 이상 성매매방지업무에 종사한 경력이 있는 자

직종별	자격 기준
사무국장	1. 사회복지사의 자격을 가진 자 2. 사회복지시설, 사회복지단체의 임직원 또는 공무원으로서 여성폭력방지 업무에 3년 이상 종사한 경력이 있는 자 3. 성매매방지를 목적으로 설립된 단체 및 시설에서 3년 이상 성매매방지업무에 종사한 경력이 있는 자
상담원	1. 사회복지사의 자격을 가진 자 2. 사회복지시설, 사회복지단체의 임직원 또는 공무원으로서 여성폭력방지 업무에 2년 이상 종사한 경력이 있는 자 3. 가정폭력상담소나 성폭력상담소 등 사회복지사업법 제2조 제1항의 규정에 의한 상담소에서 상담업무에 2년 이상 종사한 경력이 있는 자 4. 성매매방지를 목적으로 설립된 단체 및 시설에서 2년 이상 성매매방지업무에 종사한 경력이 있는 자 5. 음악치료사·미술치료사 등의 전문치료사 자격증 소지자 6. 청소년 지도사 및 청소년 상담사의 자격을 가진 자 7. 이주노동자 및 외국인 관련 단체 및 시설에서 2년 이상 종사한 경력이 있는 자(외국인여성지원시설에 한함)
직업훈련교사	근로자직업능력개발법에 의한 직업능력개발훈련교사 자격을 가진 자
사무지원	고등학교 이상 졸업자 또는 이와 동등한 자격이 있다고 인정되는 자

2. 종사자 양성교육(성매매피해자보호법 시행규칙 제5조 관련 별표 2의 별지)

〈표 12-2〉 **상담원 및 종사자 양성교육과정**

분 야	교 육 과 목		이수시간
소양분야	• 여성정책 • 여성학	• 여성복지	10
전문분야 (이론)	• 성매매 관련법 및 정책·제도에 대한 이해	• 성매매에 대한 이해	15
	• 자활 관련법·정책	• 여성 취업 및 창업에 대한 이해	10
전문분야 (실무)	• 성매매 피해여성에 대한 이해(법률, 보건, 심리·정서적 상황 등)		10
	• 법률지원 실무(수사절차의 이해 포함) • 여성주의 상담	• 의료지원 실무 • 상담기법 및 프로그램	25
	• 상담원 소진예방	• 상담원의 윤리 및 자세	5
	• 상담사례연구 및 상담원 자기성장훈련	• 여성자활, 취업 및 창업에 대한 실무	10
	• 행정실무(문서작성, 회계 등)		5
실습	• 관련 기관 방문 및 성매매지원시설(또는 상담소)에서의 현장실습		50
총계			150

※ 비고: 1. 교육기간은 4주로 한다.
2. 교육기관의 장은 20%의 범위 안에서 교육훈련 과목별 이수시간을 조정하여 실시할 수 있다.

3. 보수교육의 실시

1) **종사자에 대한 보수교육:** 여성가족부장관 또는 시 · 도지사는 상담소등의 종사자의 자질을 향상시키기 위하여 보수교육을 실시하여야 한다(성매매피해자보호법 제20조 제1항).
2) **보수교육의 위탁:** 여성가족부장관 또는 시 · 도지사는 보수교육에 관한 업무를 중앙지원센터 또는 대통령령으로 정하는 전문기관에 위탁할 수 있다(성매매피해자보호법 제20조 제2항).

Ⅳ. 보호조치

1. 수사기관의 협조

1) **경찰의 동행요청:** 상담소의 장은 성매매피해자 등을 긴급히 구조할 필요가 있는 경우에는 관할 국가경찰관서의 장에게 그 소속 직원의 동행을 요청할 수 있으며, 요청을 받은 국가경찰관서의 장은 특별한 사유가 없으면 이에 따라야 한다(성매매피해자보호법 제21조 제1항).
2) **수사기관 및 행정기관의 지원을 요청:** 상담소의 장은 본인 또는 상담소 직원이 성매매, 성매매알선 등 행위 및 성매매 목적의 인신매매 방지 등을 위하여 업소 및 지역을 현장방문하거나 출입하고자 할 때 업무를 원활히 수행할 수 있도록 수사기관 및 행정기관의 지원을 요청할 수 있다(성매매피해자보호법 제21조 제2항).

2. 성매매피해자 등의 의사존중

상담소 등의 장은 성매매피해자 등이 밝힌 의사에 반(反)하여 지원시설에 들어가게 하거나 보호를 할 수 없다(성매매피해자보호법 제22조).[4)]

---

4) 이 조항은 과거 윤락행위등방지법에서 수용보호가 헌법상 기본권을 침해한다는 이유로 헌법소원을 당한 사례가 있었다. 이 때 헌법재판소가 판단은 하지 않았지만 신법에서 그런 위헌의 소지를 제거해 버렸다. 그러나 성매매의 우려가 있다거나, 성매매를 재발할 우려가 있는 경우에도 아무런 조치를 취할 수 없다는 비판도 있다. 위헌심판청구의 사건 개요는 다음과 같다. "청구인은 1991.09.01.경 서울 중구 장충동 소재 앰배서더호텔에서 윤락행위 혐의로 서울시경 소속 경찰관에게 체포 · 연행되어 같은 날 22:00경 피청구인이 윤락행위등방지법 제7조, 제8조에 근거하여 윤락여성에 대한 보호지도 등을 위하여 설치한 서울특별시립여자기술원에 수용보호되었다. 이에 청구인은 위 윤락행위등방지법 제7조, 제8조 등은 위헌의 법률조항이고 위 수용보호조치는 청구인의 헌법상 기본권을 침해하는 위헌의 공권력행사라는 이유로 1991.10.10. 이 사건 헌법소원심판을 청구하였다." 이 사건은 헌재판결이 나기 전에 청구인이 이미 지원시설을 퇴원하

3. 의료비의 지원

국가 또는 지방자치단체는 상담소 등의 장이 의료기관에 질병치료 등을 의뢰한 경우에는 의료급여법상의 급여가 지급되지 아니하는 치료항목에 대한 의료비용의 전부 또는 일부를 지원할 수 있다(성매매피해자보호법 제23조 제1항).

4. 전담의료기관

1) **전담의료기관의 지정:** 여성가족부장관 또는 특별자치시장 · 특별자치도지사, 시장 · 군수 · 구청장은 성폭력방지 및 피해자보호 등에 관한 법률(제27조 제1항)에 따라 지정받은 전담의료기관 등 필요한 의료기관을 성매매피해자 등의 치료를 위한 전담의료기관으로 지정할 수 있다(성매매피해자보호법 제24조 제1항).
2) **전담의료기관의 서비스 내용:** 지정된 전담의료기관은 상담소 등의 장의 요청이 있을 때에는 다음의 의료 등을 제공하여야 한다(성매매피해자보호법 제24조 제2항).
   ① 성매매피해자 등의 보건 상담 및 지도
   ② 성매매피해의 치료
   ③ 그 밖에 대통령령으로 정하는 신체적 · 정신적 치료

제2절 성폭력방지 및 피해자보호

1961.11.09. 법률 제771호 '윤락행위등방지법' 제정
2004.03.22. 법률 제7196호 '윤락행위등방지법' 폐지
2010.4.15. 법률 제10261호 '성폭력방지 및 피해자보호 등에 관한 법률' 제정
2024.03.26. 법률 제20416호 제24차 일부개정, 2024.06.27. 시행(최신)

Ⅰ. 총 칙

1. 성폭력 예방교육

1) **성교육 및 성폭력 예방교육 지침마련:** 국가기관 및 지방자치단체의 장, 유치원의 장,

였고 관련법이 개정되어 '이 사건 헌법소원심판청구는 권리보호의 이익이 없는 부적법한 청구'라 하여 이 사건 자체에 대한 아무런 판단이 없이 각하하였다(1996.1.25. 91헌마178).

어린이집의 원장, 각급 학교의 장, 그 밖에 대통령령으로 정하는 공공단체의 장은 성교육 및 성폭력 예방교육 실시, 기관 내 피해자 보호와 피해 예방을 위한 자체 예방지침 마련, 사건발생 시 재발방지대책 수립 · 시행 등 필요한 조치를 하고, 그 결과를 여성가족부장관에게 제출하여야 한다(성폭력피해자보호법 제5조 제1항).

2) **성평등 관점에서 통합 교육:** 교육을 실시하는 경우 성희롱 예방교육 및 가정폭력 예방교육 등을 성평등 관점에서 통합하여 실시할 수 있다(성폭력피해자보호법 제5조 제2항).

3) **사용자의 성교육 및 성폭력 예방교육:** 사용자는 성교육 및 성폭력 예방교육을 실시하는 등 직장 내 성폭력 예방을 위한 노력을 하여야 한다(성폭력피해자보호법 제5조 제3항).

4) **일반국민대상의 성폭력 예방교육:** 여성가족부장관 또는 시 · 도지사는 교육대상에 포함되지 아니하는 국민에게 성교육 및 성폭력 예방교육을 실시할 수 있다. 이 경우 여성가족부장관 또는 시 · 도지사는 교육에 관한 업무를 성폭력 예방교육 지원기관에 위탁할 수 있다(성폭력피해자보호법 제5조 제4항).

5) **전문강사의 양성과 프로그램 개발:** 여성가족부장관은 교육을 효과적으로 실시하기 위하여 전문강사를 양성하고, 관계 중앙행정기관의 장과 협의하여 생애주기별 교육프로그램 및 장애인 등 대상별 특성을 고려한 교육프로그램을 개발 · 보급하여야 한다(성폭력피해자보호법 제5조 제5항).

6) **교육 및 성폭력 예방조치에 대한 점검:** 여성가족부장관은 교육 및 성폭력 예방조치에 대한 점검을 매년 실시하여야 한다(성폭력피해자보호법 제5조 제6항). 점검결과 교육이 부실하다고 인정되는 기관 · 단체에 대하여 대통령령으로 정하는 바에 따라 관리자 특별교육 등 필요한 조치를 취하여야 한다(성폭력피해자보호법 제5조 제7항).

7) **기관 평가에 점검결과 반영:** 여성가족부장관은 점검결과를 ①중앙행정기관 및 지방자치단체의 자체평가, ②공기업 · 준정부기관의 경영실적평가, ③지방공기업의 경영평가, ④초 · 중등학교의 평가 등에 반영하도록 해당 기관 · 단체의 장에게 요구할 수 있다(성폭력피해자보호법 제5조 제8항).

8) **점검결과의 공표:** 여성가족부장관은 점검결과를 언론 등에 공표하여야 한다. 다만, 다른 법률에서 공표를 제한하고 있는 경우에는 그러하지 아니하다(성폭력피해자보호법 제5조 제9항).

2. 성폭력 예방교육 지원기관의 설치 · 운영

여성가족부장관 또는 시 · 도지사는 성교육 및 성폭력 예방교육의 실시, 생애주기별 교육프로그램 개발 · 보급, 장애인 등 대상별 특성을 고려한 교육프로그램 개발 · 보급, 전문강사 양성 등의 업무를 수행하고 지원하기 위한 기관을 설치 · 운영할 수 있다(성폭력피해자보호법 제5조의2 제1항). 여성가족부장관 또는 시 · 도지사는 지원기관의 운영을 대통령령으로 정하는 기관이나 단체에 위탁할 수 있다(성폭력피해자보호법 제5조의2 제2항).

3. 성폭력 사건 발생 시 조치

국가기관등의 장은 해당 기관에서 성폭력 사건이 발생한 사실을 알게 된 경우 피해자의 명시적인 반대의견이 없으면 지체 없이 그 사실을 여성가족부장관에게 통보하고, 해당 사실을 안 날부터 3개월 이내에 재발방지대책을 여성가족부장관에게 제출하여야 한다. 다만, 대통령령으로 정하는 기관장 등에 의한 사건인 경우 해당 사실을 안 날부터 1개월 이내에 재발방지대책을 여성가족부장관에게 제출하여야 한다(성폭력피해자보호법 제5조의4 제1항).

4. 피해자등에 대한 취학 및 취업 지원

국가와 지방자치단체는 "피해자등", 즉, 피해자나 피해자의 가족구성원이 초 · 중등교육법에 따른 각급학교의 학생인 경우 주소지 외의 지역에서 취학(입학, 재입학, 전학 및 편입학)할 필요가 있을 때에는 다음에 따라 그 취학이 원활히 이루어지도록 지원하여야 한다. 이 경우 취학을 지원하는 관계자는 피해자등의 사생활이 침해되지 아니하도록 유의하여야 한다(성폭력피해자보호법 제7조 제1항).

① 초등학교의 경우에는 다음 각 목에 따른다.
   ㉮ 보호자가 피해자등을 주소지 외의 지역에 있는 초등학교에 입학시키려는 경우 초등학교의 장은 피해자등의 입학을 승낙하여야 한다.
   ㉯ 피해자등이 초등학교에 다니고 있는 경우 그 초등학교의 장은 피해자등의 보호자(가해자가 아닌 보호자) 1명의 동의를 받아 교육장에게 그 피해자등의 전학을 추천하여야 하고, 교육장은 전학할 학교를 지정하여 전학시켜야 한다.

② 그 밖의 각급학교의 경우: 각급학교의 장은 피해자등이 다른 학교로 전학 · 편입학할 수 있도록 추천하여야 하고, 교육장 또는 교육감은 교육과정의 이수에 지장이 없는 범위에

서 전학 · 편입학할 학교를 지정하여 배정하여야 한다. 이 경우 그 배정된 학교의 장은 피해자등의 전학 · 편입학을 거부할 수 없다.

5. 피해자에 대한 법률상담

1) **법률상담과 소송대리 등 지원:** 국가는 피해자에 대하여 법률상담과 소송대리 등의 지원을 할 수 있다(성폭력피해자보호법 제7조의2 제1항).
2) **대한법률구조공단에 지원요청:** 여성가족부장관은 대한법률구조공단 또는 대통령령으로 정하는 그 밖의 기관에 법률상담등을 요청할 수 있다(성폭력피해자보호법 제7조의2 제2항).

6. 불법촬영물로 인한 피해자에 대한 지원

1) **불법촬영물의 삭제 지원:** 국가는 촬영물 또는 복제물(복제물의 복제물 포함), 즉 "촬영물등"이 정보통신망에 유포되어 피해를 입은 사람에 대하여 촬영물등의 삭제를 위한 지원을 할 수 있다(성폭력피해자보호법 제7조의3 제1항).
2) **촬영물 삭제비용의 가해자 부담 원칙:** 대상자, 그 배우자(사실 혼인관계 포함), 직계친족 또는 형제자매는 국가에 촬영물등의 삭제를 위한 지원을 요청할 수 있다(성폭력피해자보호법 제7조의3 제2항). 촬영물등 삭제 지원에 소요되는 비용은 죄를 범한 성폭력행위자가 부담한다(성폭력피해자보호법 제7조의3 제3항).
3) **국가의 구상권(求償權) 행사:** 국가가 촬영물등 삭제 지원에 소요되는 비용을 지출한 경우 성폭력행위자에 대하여 구상권을 행사할 수 있다(성폭력피해자보호법 제7조의3 제4항).

7. 피해자에 대한 불이익처분의 금지

누구든지 피해자를 고용하고 있는 자는 성폭력과 관련하여 피해자를 해고하거나 그 밖의 불이익을 주어서는 아니 된다(성폭력피해자보호법 제8조). 이를 위반하여 피해자를 해고하거나 그 밖의 불이익을 준 자는 3년 이하의 징역 또는 2천만원 이하의 벌금에 처한다(성폭력피해자보호법 제36조 제1항). 양벌규정(성폭력피해자보호법 제37조).

8. 보호하는 미성년자가 피해자임을 알게 된 경우의 신고의무

19세 미만의 미성년자를 보호하거나 교육 또는 치료하는 시설의 장 및 관련 종사자는 자기의 보호 · 지원을 받는 자가 성폭력 피해자인 사실을 알게 된 때에는 즉시 수사기관에 신고하여야 한다(성폭력피해자보호법 제9조).

Ⅱ. 피해자 보호 · 지원시설

1. 성폭력피해자상담소

1) **국가 또는 지방자치단체의 설치:** 국가 또는 지방자치단체는 성폭력피해상담소를 설치 · 운영할 수 있다(성피해자보호법 제10조 제1항).

2) **국가 또는 지방자치단체 외의 설치:** 국가 또는 지방자치단체 외의 자가 상담소를 설치 · 운영하려면 특별자치시장 · 특별자치도지사 또는 시장 · 군수 · 구청장(자치구의 구청장을 말한다. 이하 같다)에게 신고하여야 한다. 신고한 사항 중 여성가족부령으로 정하는 중요사항을 변경하려는 경우에도 또한 같다(성피해자보호법 제10조 제2항). 신고를 하지 아니하고 상담소를 설치 · 운영한 사람은 2년 이하의 징역 또는 500만원 이하의 벌금에 처한다(성피해자보호법 제36조 제2항). 양벌규정(성피해자보호법 제37조).

3) **신고에 따른 수리절차:** 시 · 도지사 또는 시장 · 군수 · 구청장은 신고를 받은 날부터 10일 이내(변경신고의 경우 5일 이내)에 신고수리 여부 또는 민원 처리 관련 법령에 따른 처리기간의 연장을 신고인에게 통지하여야 한다(성피해자보호법 제10조 제3항).

2. 성폭력피해자보호시설

1) 보호시설의 설치 · 운영 및 종류

(1) 국가 · 지방자치단체의 보호시설 설치: 국가 또는 지방자치단체는 성폭력피해자보호시설을 설치 · 운영할 수 있다(성피해자보호법 제12조 제1항). 국가 또는 지방자치단체는 보호시설의 설치 · 운영을 대통령령으로 정하는 기관 또는 단체에 위탁할 수 있다(성피해자보호법 제12조 제2항).

(2) 법인의 보호시설 인가 설치: 사회복지법인이나 그 밖의 비영리법인은 시 · 도지사 또는 시장 · 군수 · 구청장의 인가를 받아 보호시설을 설치 · 운영할 수 있다(성피해자보호법 제12조 제2항). 인가를 받지 아니하고 보호시설을 설치 · 운영한 사람은 2년 이하의 징역 또는 500만원 이하의 벌금에 처한다(성피해자보호법 제36조 제2항). 양벌규정(성피해자보호법 제37조).

2) **보호시설의 종류**(성피해자보호법 제12조 제3항)

① **일반보호시설:** 피해자에게 보호시설의 업무 전반의 사항을 제공하는 시설

② **장애인보호시설:** 장애인인 피해자에게 보호시설의 업무 전반의 사항을 제공하는 시설

③ **특별지원 보호시설:** 성폭력 피해자로서 19세 미만의 피해자에게 보호시설의 업무 전반의 사항을 제공하는 시설

④ **외국인보호시설:** 외국인 피해자에게 보호시설의 업무 전반의 사항을 제공하는 시설. 다만, 배우자가 대한민국 국민인 외국인 피해자등을 2년의 범위에서 보호하는 외국인보호시설과 통합하여 운영할 수 있다.

⑤ **자립지원 공동생활시설:** 제1호부터 제4호까지의 보호시설을 퇴소한 사람에게 보호시설의 업무 전반의 사항 및 그 밖에 필요한 사항을 제공하는 시설

⑥ **장애인 자립지원 공동생활시설:** 장애인보호시설을 퇴소한 사람에게 자립·자활 교육의 실시와 취업정보의 제공 및 그 밖에 필요한 사항을 제공하는 시설

3) **보호시설의 업무:** 보호시설은 다음의 업무를 한다(성피해자보호법 제13조 제1항). 장애인보호시설 및 장애인자립지원공동생활시설을 설치·운영하는 자가 장애인 보호시설의 업무를 할 때에는 장애인의 특성을 고려하여 적절하게 보호·지원될 수 있도록 하여야 한다(성피해자보호법 제13조 제2항).

① 피해자 등의 지원 및 숙식 제공

② 피해자 등의 심리적 안정과 사회 적응을 위한 상담 및 치료

③ 자립·자활 교육의 실시와 취업정보의 제공

④ 상담소의 업무(성피해자보호법 제11조) 중 제3호·제4호 및 제5호의 업무

⑤ 다른 법률에 따라 보호시설에 위탁된 업무

⑥ 그 밖에 피해자 등을 지원하기 위하여 필요한 업무

3. 통합지원센터

1) **피해자를 위한 통합지원센터의 설치·운영:** 국가와 지방자치단체는 성폭력 피해상담, 치료, 대한법률피해구조공단 등의 기관에 법률상담등 연계, 수사지원, 그 밖에 피해구제를 위한 지원업무를 종합적으로 수행하기 위하여 성폭력피해자통합지원센터를 설치·운영할 수 있다(성피해자보호법 제18조 제1항).

2) **대통령령으로 정하는 기관 · 단체에 위탁 운영:** 국가와 지방자치단체는 국가나 지방자치단체가 설치 · 운영하는 여성정책 관련 기관, 종합병원, 지방의료원, 그 밖에 성폭력 방지 및 피해자 보호를 주된 업무로 하는 비영리법인 또는 단체(시행령 제6조)로 하여금 통합지원센터를 설치 · 운영하게 할 수 있다(성피해자보호법 제18조 제2항).

4. 상담원

1) **상담원의 자격:** 상담소, 보호시설 및 통합지원센터에서 종사하려는 사람은 전문 지식이나 경력 등 대통령령으로 정하는 자격기준을 갖추어야 한다(성피해자보호법 제19조 제2항).

2) **상담원의 결격사유:** 다음에 해당하는 사람은 상담소, 보호시설 및 통합지원센터의 장 또는 상담원이 될 수 없다(성피해자보호법 제19조 제1항).

① 미성년자, 피성년후견인 또는 피한정후견인[5]

② 금고 이상의 실형을 선고받고 그 집행이 끝나거나(집행이 끝난 것으로 보는 경우를 포함)집행이 면제되지 아니한 사람

③ 성폭력범죄의 처벌 등에 관한 특례법(제2조)의 죄 또는 아동 · 청소년의 성보호에 관한 법률(제2조 제2호)의 죄를 범하여 형 또는 치료감호를 선고받고 그 형 또는 치료감호의 전부 또는 일부의 집행이 끝나거나(끝난 것으로 보는 경우 포함) 집행이 유예 · 면제된 날부터 10년이 지나지 아니한 사람

3) 상담원 교육훈련

(1) 국가 · 지방자치단체의 설치 · 운영: 국가와 지방자치단체는 상담원의 자질을 향상시키기 위하여 상담원에 대한 전문적인 교육 · 훈련을 담당하는 '교육훈련시설'을 설치 · 운영할 수 있다(성피해자보호법 제19조의2 제1항).

(2) 상담원 교육 · 훈련의 위탁: 여성가족부장관 또는 '시 · 도지사'는 상담원에 대한 전문적인 교육 · 훈련을 대통령령으로 정하는 기관 또는 단체에 위탁하거나 이를 교육훈련시설

---

5) 종전에는 미성년자와 금치산자, 한정치산자로 제한했다. 그런데 2011년 3월 7일 개정 민법 제9조(성년후견개시의 심판) 규정을 신설하였다. 이로써 민법은 금치산 · 한정치산제도를 폐지하고 성년후견제도를 도입하였다. 종래의 금치산 · 한정치산제도는 재산관리에 중점을 두었고 본인의 의사와 잔존능력에 대한 고려 없이 획일적으로 행위능력을 제한했다. 이에 비해 성년후견제도는 본인의 의사와 잔존능력을 존중함으로써 재산 관련 행위뿐만 아니라 치료 · 요양 등 신상에 관한 분야에도 폭넓게 도움을 줄 수 있게 되었다. 성년후견제도의 종류는 선년후견, 한정후견, 특정후견의 법정후견과 임의후견으로 구분된다. 이 규정은 2013년 7월 1일부터 시행되었다.

로 지정할 수 있다(성피해자보호법 제19조의2 제2항).

(3) **신고로 교육훈련시설을 설치할 수 있는 자:** ① 학교를 설립 · 운영하는 학교법인, ②법률구조법인, ③사회복지법인, ④그 밖의 비영리법인이나 단체로서 교육훈련시설을 설치하려는 자는 특별자치시장 · 특별자치도지사 또는 시장 · 군수 · 구청장에게 신고하여야 한다. 신고한 사항 중 여성가족부령으로 정하는 중요 사항을 변경하려는 경우에도 또한 같다(성피해자보호법 제19조의2 제3항). 이를 위반하여 신고를 하지 아니하고 교육훈련시설을 설치 운영한 자는 2년 이하의 징역 또는 500만원 이하의 벌금에 처한다(성피해자보호법 제36조 제2항 제1호)

4) **보수교육의 실시:** 여성가족부장관 또는 시 · 도지사는 상담소, 보호시설 및 통합지원센터 종사자의 자질을 향상시키기 위하여 보수(補修)교육을 실시하여야 한다(성피해자보호법 제20조 제1항). 여성가족부장관 또는 시 · 도지사는 교육에 관한 업무를 대학 및 전문대학 또는 대통령령으로 정하는 전문기관에 위탁할 수 있다(성피해자보호법 제20조 제2항).

5. 경찰관서의 협조

1) **사법경찰관리의 동행요청:** 상담소, 보호시설 또는 통합지원센터의 장은 피해자등을 긴급히 구조할 필요가 있을 때에는 경찰관서의 장에게 그 소속 직원의 동행을 요청할 수 있으며, 요청을 받은 경찰관서의 장은 특별한 사유가 없으면 이에 따라야 한다(성피해자보호법 제31조).

2) **사법경찰관리의 현장출동:** 사법경찰관리는 성폭력 신고가 접수된 때에는 지체 없이 신고된 현장에 출동하여야 한다(성피해자보호법 제31조의2 제1항).

3) **현장에서의 관계인 조사:** 출동한 사법경찰관리는 신고된 현장에 출입하여 관계인에 대하여 조사를 하거나 질문을 할 수 있다(성피해자보호법 제31조의2 제2항). 출입, 조사 또는 질문을 하는 사법경찰관리는 그 권한을 표시하는 증표를 지니고 이를 관계인에게 내보여야 한다(성피해자보호법 제31조의2 제3항).

4) **성폭력행위자로부터 분리된 곳에서 조사:** 조사 또는 질문을 하는 사법경찰관리는 피해자 · 신고자 · 목격자 등이 자유롭게 진술할 수 있도록 성폭력행위자로부터 분리된 곳에서 조사하는 등 필요한 조치를 하여야 한다(성피해자보호법 제31조의2 제4항).

5) **사법경찰관리에 대한 업무방해 금지:** 누구든지 정당한 사유 없이 신고된 현장에 출동한 사법경찰관리에 대하여 현장조사를 거부하는 등 업무를 방해하여서는 아니 된다(성피

해자보호법 제31조의2 제5항). 정당한 이유 없이 현장조사를 거부하는 등 업무를 방해한 자에게는 500만원 이하의 과태료를 부과한다(성피해자보호법 제38조 제1항)

제 3 절 일제하 일본군위안부 피해자에 대한 보호지원 및 기념사업

1993.06.11. 법률 제4565호 '일제하 일본군위안부 피해자에 대한 생활안정지원법' 제정
2002.12.11. 법률 제6771호 '일제하 일본군위안부 피해자에 대한 생활안정지원 및 기념사업 등에 관한 법률' 제4차 일부개정
2017.12.12. 법률 제15207호 '일제하 일본군위안부 피해자에 대한 보호·지원 및 기념사업 등에 관한 법률' 제16차 일부개정
2020.06.09. 법률 제17440호 제18차 일부개정, 2020.12.10. 시행(최신)

1. 법의 목적

이 법은 일제에 의하여 강제로 동원되어 위안부로서의 생활을 강요당한 피해자를 보호·지원하고, 일본군위안부[6] 피해자의 명예 회복과 진상 규명을 위한 기념사업을 수행함으로써 이들의 생활 안정과 복지 증진을 꾀하고 국민의 올바른 역사관 정립과 인권 증진에 이바지함을 목적으로 한다(법 제1조).[7]

2. 생활안정 지원 및 간병인 지원

1) 생활안정 지원

(1) 지원의 신청과 결정: 생활안정지원대상자가 되려는 사람은 여성가족부장관에게 등록신청을 하여야 한다. 다만, 본인이 신청할 수 없는 경우 그 지원자가 대신하여 등록신청을 할 수 있다(법 제3조 제1항). '생활안정지원대상자'란 일본군위안부 중 생존자로서 등록된 사람을 말한다(법 제2조 제2호). 등록신청을 받으면 일본군위안부 피해자 생활안정지원 및 기념사업 심의위원회의 심의를 거쳐 신청인이 생활안정지원대상자인지 여부를 결정하여야 한다(법 제3조 제2항). 또한 결정을 하면 이를 등록하고, 그 결과를 신청인에게 알려야

6) '일본군위안부 피해자'란 일제에 의하여 강제로 동원되어 성적(性的) 학대를 받으며 위안부로서의 생활을 강요당한 피해자를 말한다(법 제2조 제1호).

7) 최초의 법은 '기념사업'에 관한 규정이 없이 단순히 '피해자를 지원하고 지원'함을 목적으로 한다고 규정하여 한시적인 법으로서의 성격이 강하였다. 그러나 개정법은 비록 일제하 일본군위안부들의 생존자가 없어진다 해도 기념사업은 항구적으로 지속될 것이기 때문에 법의 한시성(限時性)이 없어졌다.

한다(법 제3조 제3항).

(2) 생활안정지원 대상자에 대한 지원의 내용과 비용부담: 국가는 생활안정지원대상자에게 ① 생계급여, ② 의료급여, ③ 의료급여법에 따른 본인부담금 및 비급여비용의 지원 ④ 생활안정지원금의 지급, ⑤ 간병인 지원, ⑥ 장제비 지원을 한다(법 제4조 제1항). 생활안정지원금의 지급, 간병인 지원에 드는 비용 및 장제비는 국가가 부담한다(법 제4조 제3항).

(3) 임대주택의 우선 임대: 국가 · 지방자치단체 또는 한국토지주택공사는 임대주택을 임대하는 경우에는 생활안정지원대상자 중 주택을 소유하지 아니한 사람에 대하여 국토해양부장관이 정하는 바에 따라 우선 임대하여야 한다(법 제5조).

2) **간병인의 지원:** 간병인 지원 대상자는 ① 의료기관에 입원하여 치료 중인 사람 ② 치매 · 중풍 등 중증 노인성 질환을 앓고 있는 사람으로 한다(령 제7조의2 제1항). 간병인 지원은 간병비를 지급하는 방법으로 한다(령 제7조의2 제2항).

3) **국민기초생활보장법과의 관계:** 생계급여를 할 때 생활안정지원대상자는 국민기초생활 수급권자 및 의료급여 수급권자로 본다. 따라서 국민기초생활보장법의 타법 우선의 원칙(국민기초생활 보장법 제3조 제2항)은 적용하지 아니한다(법 제4조 제2항). 본인부담금 및 비급여비용의 지원, 생활안정지원금의 지급, 간병인 지원에 드는 비용 및 장제비는 국가가 부담한다(법 제4조 제3항).

3. 기념사업

1) **기념사업의 내용:** 국가와 지방자치단체는 일본군위안부와 관련한 다음의 사업을 수행할 수 있다(법 제11조).

① 일본군위안부 피해자에 관한 기념사업

② 일본군위안부 피해자에 관한 역사적 자료의 수집 · 보존 · 관리 · 전시 및 조사 · 연구

③ 일본군위안부 피해자에 관한 교육 · 홍보 및 학예활동

④ 일본군위안부 피해자의 명예회복을 위한 국제교류 및 공동조사 등 국내외활동

⑤ 일본군위안부 피해자를 위한 추도공간 조성 등 위령사업

⑥ 제1~5호까지의 사업에 딸린 사업

2) 일본군위안부 피해자 기림의 날: 8월 14일

일본군위안부 문제를 국내외에 알리고 일본군위안부 피해자를 기리기 위하여 매년 8월 14일을 일본군위안부 피해자 기림의 날로 한다(법 제11조의2 제1항). 국가와 지방자치단체는 제1항에

따른 일본군위안부 피해자 기림의 날의 취지에 맞는 행사와 홍보를 실시하도록 노력하여야 한다(법 제11조의2 제2항).

3) 기념사업에 대한 경비보조

(1) 지방자치단체의 사업에 대한 국가의 보조: 국가는 지방자치단체가 일본군위안부 관련 기념사업을 수행하는 경우 예산의 범위에서 사업경비의 일부를 보조할 수 있다(법 제12조 제1항).

(2) 민간사업에 대한 국가 · 지방자치단체의 보조: 국가와 지방자치단체는 개인 · 법인 또는 단체가 일본군위안부 관련 기념사업을 수행하는 경우 예산의 범위에서 사업경비의 일부를 보조할 수 있다(법 제12조 제2항).

(3) 개인 · 단체에 대한 보조: 국가와 지방자치단체가 경비를 보조할 수 있는 개인 · 법인 또는 단체는 다음과 같다(령 제17조 제1항). 여성가족부장관은 개인 · 법인 또는 단체에 경비를 보조하려는 경우에는 심의위원회의 심의를 거쳐야 한다(령 제17조 제2항).

① **개인인 경우:** 경비보조 신청일부터 최근 5년 이내에 등록된 신문과 정기간행물(국가나 지방자치단체가 발간하는 것 포함)에 3회 이상 일본군위안부 관련 논문을 싣거나 1회 이상 일본군위안부 관련 저서를 출간하였을 것

② **법인 또는 단체인 경우:** 다음의 요건을 모두 갖추었을 것

㉮ 일본군위안부 관련 조사 · 연구 · 교육 · 홍보 또는 기념사업 등의 수행을 설립목적 또는 주된 사업으로 하고, 관련 사업 수행 실적이 있을 것

㉯ 비영리법인이거나 비영리민간단체일 것

제 8 부

정신질환자복지

- 정신건강증진 및 정신질환자 복지서비스 지원에 관한 법률
- 자살예방 및 생명존중문화 조성을 위한 법률

제11장

정신건강증진 및 정신질환자 복지서비스 지원에 관한 법률

1995.12.30. 법률 제5133호 '정신보건법' 제정
1997.12.31. 법률 제5486호 제3차 전부개정
2016.05.29. 법률 제14224호 '정신건강증진 및 정신질환자 복지서비스 지원에 관한 법률'로 제19차 전부개정
2024.01.23. 법률 제20113호 제41차 일부개정, 2024.07.24. 시행(최신)

제1절 총 칙

1. 법의 목적 및 이념

1) **법의 목적:** 이 법은 정신질환의 예방 · 치료, 정신질환자의 재활 · 복지 · 권리보장과 정신건강 친화적인 환경 조성에 필요한 사항을 규정함으로써 국민의 정신건강증진 및 정신질환자[1]의 인간다운 삶을 영위하는 데 이바지함을 목적으로 한다(법 제1조).

2) 정신질환자 복지의 기본이념

① 정신질환으로부터의 보호 (법 제1조 제1항)	모든 국민은 정신질환으로부터 보호받을 권리를 가진다.
② 정신질환자의 인권 (법 제1조 제2항)	모든 정신질환자는 인간으로서의 존엄과 가치를 보장받고, 최적의 치료를 받을 권리를 가진다.
③ 차별금지 (법 제1조 제3항)	모든 정신질환자는 정신질환이 있다는 이유로 부당한 차별대우를 받지 아니한다.
④ 미성년 정신질환자의 특별보호 (법 제1조 제4항)	미성년자인 정신질환자는 특별히 치료, 보호 및 교육을 받을 권리를 가진다.
⑤ 자의입원의 우선 (법 제1조 제5항)	정신질환자에 대해서는 입원 또는 입소가 최소화되도록 지역사회 중심의 치료가 우선적으로 고려되어야 하며, 정신건강증진시설에 자신의 의지에 따른 입원 또는 입소 등 '자의입원등'이 권장되어야 한다.

1) '정신질환자'란 망상, 환각, 사고(思考)나 기분의 장애 등으로 인하여 독립적으로 일상생활을 영위하는 데 중대한 제약이 있는 사람을 말한다(법 제3조 제1호).

⑥ 시설의 자유로운 환경 (법 제1조 제6항)	정신건강증진시설에 입원등을 하고 있는 모든 사람은 가능한 한 자유로운 환경을 누릴 권리와 다른 사람들과 자유로이 의견교환을 할 수 있는 권리를 가진다.
⑦ 자기결정권의 존중 (법 제1조 제7항)	정신질환자는 원칙적으로 자신의 신체와 재산에 관한 사항에 대하여 스스로 판단하고 결정할 권리를 가진다. 특히 주거지, 의료행위에 대한 동의나 거부, 타인과의 교류, 복지서비스의 이용 여부와 복지서비스 종류의 선택 등을 스스로 결정할 수 있도록 자기결정권을 존중받는다.
⑧ 자유로운 의사표현 (법 제1조 제8항)	정신질환자는 자신에게 법률적 · 사실적 영향을 미치는 사안에 대하여 스스로 이해하여 자신의 자유로운 의사를 표현할 수 있도록 필요한 도움을 받을 권리를 가진다.
⑨ 정책결정에의 참여 (법 제1조 제9항)	정신질환자는 자신과 관련된 정책의 결정과정에 참여할 권리를 가진다.

3) **정신건강의 날**(10월 10일): 정신건강의 중요성을 환기하고 정신질환에 대한 편견을 해소하기 위하여 매년 10월 10일을 정신건강의 날로 하고, 정신건강의 날이 포함된 주(주)를 정신건강주간으로 한다(법 제14조 제1항). 국가와 지방자치단체는 정신건강의 날 취지에 적합한 행사와 교육 · 홍보사업을 실시할 수 있다(법 제14조 제2항).

제 2 절 정신건강 관련 전문기구 및 인력

1. 정신건강 관련 전문기관

1) 정신건강복지센터

(1) 정신건강복지센터를 설치 · 운영: 보건복지부장관은 필요한 지역에서의 소관 정신건강증진사업등의 제공 및 연계 사업을 전문적으로 수행하게 하기 위하여 정신건강복지센터를 설치 · 운영할 수 있다(법 제15조 제1항). 이 규정에 따라 보건복지부는 '중앙정신건강복지사업지원사업단'[2]을 설치 · 운영하고 있다.

(2) 광역정신건강복지센터를 설치 · 운영: 시 · 도지사는 관할 구역에서의 소관 정신건강증

2) '중앙정신건강복지사업지원사업단'은 설치근거로 '정신건강증진 및 정신질환자 복지서비스 지원에 관한 법률 제12조(국가와 지방자치단체의 정신건강증진사업등의 추진 등)'이라고 밝혔다. 법 제15조 제1항은 "보건복지부장관은 필요한 지역에서의 제12조제1항에 따른 소관 정신건강증진사업등의 제공 및 연계 사업을 전문적으로 수행하게 하기 위하여 정신건강복지센터를 설치 · 운영할 수 있다"고 했다. 따라서 '중앙정신건강복지사업지원사업단'을 보건복지부 소관 '정신건강복지센터'로 봄이 타당하다.

진사업등의 제공 및 연계 사업을 전문적으로 수행하게 하기 위하여 광역정신건강복지센터를 설치 · 운영할 수 있다(법 제15조 제2항).

(3) **기초정신건강복지센터를 설치 · 운영**: 시장 · 군수 · 구청장은 관할 구역에서의 소관 정신건강증진사업등의 제공 및 연계 사업을 전문적으로 수행하게 하기 위하여 보건소에 기초정신건강복지센터를 설치 · 운영할 수 있다(법 제15조 제3항).

(4) **정신질환자 관리에서의 본인동의**: 정신건강복지센터의 장은 정신건강증진사업등의 제공 및 연계사업을 수행하기 위하여 정신질환자를 관리하는 경우에 정신질환자 본인이나 보호의무자의 동의를 받아야 한다(법 제15조 제4항).

2) 국가트라우마센터

(1) **국가트라우마센터의 설치 · 운영**: 보건복지부장관은 다음에 해당하는 사람의 심리적 안정과 사회 적응을 지원, 즉 "심리지원"하기 위하여 국가트라우마센터를 설치 · 운영할 수 있다(법 제15조의2 제1항).

① 재난이나 그 밖의 사고로 정신적 피해를 입은 사람과 그 가족

② 재난이나 사고 상황에서 구조, 복구, 치료 등 현장대응업무에 참여한 사람으로서 정신적 피해를 입은 사람

(2) **국가트라우마센터의 업무**: 국가트라우마센터는 다음의 업무를 수행한다(법 제15조의2 제2항).

① 심리지원을 위한 지침의 개발 · 보급

② 제1항의 하나에 해당하는 사람에 대한 심리평가, 심리상담, 심리치료

③ 트라우마에 관한 조사 · 연구

④ 심리지원 관련 기관 간 협력체계의 구축

⑤ 트라우마 극복에 관한 대국민 교육 및 홍보

⑥ 심리지원 전문인력에 대한 교육 및 훈련

⑦ 재난이나 사고 이후 정신건강상태에 대한 측정도구 개발

⑧ 그 밖에 심리지원을 위하여 보건복지부장관이 정하는 업무

(3) **권역별 트라우마센터 운영 및 그 업무**: 보건복지부장관은 국가트라우마센터의 업무를 지원하기 위하여 권역별 트라우마센터를 설치 · 지정 및 운영할 수 있다(법 제15조의2 제3항). ④ 권역별 트라우마센터는 다음 각 호의 업무를 수행한다(법 제15조의2 제4항).

① 국가트라우마센터의 업무 지원

② 해당 권역에 거주하는 제1항의 하나에 해당하는 사람에 대한 심리상담 및 심리치료
③ 해당 권역의 심리지원 관련 기관 간 협력체계의 구축
④ 그 밖에 심리지원을 위하여 보건복지부장관이 정하는 업무

(4) 트라우마센터의 위탁운영: 보건복지부장관은 국가트라우마센터 및 권역별 트라우마센터의 설치 · 지정 및 운영을 그 업무에 필요한 전문인력과 시설을 갖춘 기관에 위임 또는 위탁할 수 있다(법 제15조의2 제4항).

3) **중독관리통합지원센터:** 보건복지부장관 또는 지방자치단체의 장은 알코올, 마약, 도박, 인터넷 등의 중독 문제와 관련한 종합적인 지원사업을 수행하기 위하여 중독관리통합지원센터를 설치 · 운영할 수 있다(법 제15조의3 제1항). 중독관리통합지원센터의 설치 · 운영을 그 업무에 관한 전문성이 있는 기관 · 단체에 위탁할 수 있다(법 제15조의3 제4항).

2. 정신건강증진시설의 장의 의무

1) **환자의 권리행사 방법 등 설명:** 정신건강증진시설의 장은 정신질환자등이 입원등을 하거나 사회적응을 위한 훈련을 받으려고 하는 때에는 지체 없이 정신질환자등과 그 보호의무자에게 이 법 및 다른 법률에 따른 권리 및 권리행사 방법을 알리고, 그 권리행사에 필요한 각종 서류를 정신건강증진시설에 갖추어 두어야 한다. 이 경우 정신질환자등과 그 보호의무자에게 알릴 권리 및 권리행사 방법과 권리행사에 필요한 서류는 정신질환자등이 이해하기 쉬운 형태로 작성되거나 고지되어야 한다(법 제6조 제1항).

2) **퇴원환자에 대한 정신건강복지센터 정보 설명:** 정신건강증진시설의 장은 정신질환자등이 "퇴원등"을 하려는 때에는 정신질환자등과 그 보호의무자에게 정신건강복지센터의 기능 · 역할 및 이용 절차 등을 알리고, 지역사회 거주 및 치료에 필요한 정보를 제공하는 정신보건수첩 등 각종 서류를 정신건강증진시설에 갖추어 두어야 한다(법 제6조 제2항).

3) **재활과정에서 환자의 의견 존중:** 정신건강증진시설의 장은 정신질환자등의 치료, 보호 및 재활과정에서 정신질환자등의 의견을 존중하여야 한다(법 제6조 제3항).

4) **환자에 대한 인간으로서의 존엄과 가치 존중:** 정신건강증진시설의 장은 입원등 또는 거주 중인 정신질환자등이 인간으로서의 존엄과 가치를 보장받으며 자유롭게 생활할 수 있도록 노력하여야 한다(법 제6조 제4항).

3. 정신건강전문인력

1) **정신건강전문요원의 자격:** 보건복지부장관은 정신건강 분야에 관한 전문지식과 기술을 갖추고 보건복지부령으로 정하는 수련기관에서 수련을 받은 사람에게 정신건강전문요원의 자격을 줄 수 있다(법 제17조 제1항).

2) **정신건강전문요원의 구분:** 정신건강전문요원은 그 전문분야에 따라 정신건강임상심리사, 정신건강간호사, 정신건강사회복지사 및 정신건강작업치료사로 구분한다(법 제17조 제2항).

3) **정신건강전문요원의 자질향상을 위한 보수교육:** 보건복지부장관은 정신건강전문요원의 자질을 향상시키기 위하여 보수교육을 실시할 수 있다(법 제17조 제3항). 보수교육을 국립정신병원, 각급 대학교 또는 대통령령으로 정하는 전문기관에 위탁할 수 있다(법 제17조 제4항).

4) **정신건강전문요원의 자격상실:** 보건복지부장관은 정신건강전문요원이 다음에 해당하는 경우에는 그 자격을 취소하거나 6개월 이내의 기간을 정하여 자격의 정지를 명할 수 있다. 다만, 제1호 또는 제2호에 해당하면 그 자격을 취소하여야 한다(법 제17조 제5항).
   ① 자격을 받은 후 정신건강전문요원의 결격사유 중 어느 하나에 해당하게 된 경우
   ② 거짓이나 그 밖의 부정한 방법으로 자격을 받은 경우
   ③ 고의 또는 중대한 과실로 대통령령으로 정하는 업무의 수행에 중대한 지장이 발생하게 된 경우

5) **정신건강전문요원의 결격사유:** 다음에 해당하는 사람은 정신건강전문요원이 될 수 없다(법 제18조).
   ① 피성년후견인
   ② 이 법이나 아래 〈표〉 내용의 법령을 위반하여 금고 이상의 형을 선고받고 그 집행이 끝나지 아니하거나 집행을 받지 아니하기로 확정되지 아니한 사람
   ③ 성폭력범죄 또는 아동 · 청소년대상 성범죄를 저질러 금고 이상의 형 또는 치료감호를 선고받고 그 집행이 끝나지 않았거나 집행을 받지 아니하기로 확정되지 아니한 사람

농어촌 등 보건의료를 위한 특별조치법/ 마약류 관리에 관한 법률/ 모자보건법/ 보건범죄 단속에 관한 특별조치법/ 사회보장급여의 이용 · 제공 및 수급권자 발굴에 관한 법률/ 사회복지사업법 / 시체 해부 및 보존 등에 관한 법률/ 약사법/ 응급의료에 관한 법률/ 의료기사 등에 관한 법률/ 의료법/

지역보건법/ 혈액관리법/ 후천성면역결핍증 예방법/
형법 중 허위진단서 등의 작성(제233조)[3], 위조사문서 등의 행사(제234조), 제233조 및 제234조의 미수범(제235조), 낙태(제269조), 부동의 낙태죄(제270조제2항), 낙태상해(제270조 제3항), 존속유기(제317조제1항) 및 사기(제347조: 거짓으로 진료비를 청구하여 환자나 진료비를 지급하는 기관·단체를 속인 경우만 해당)

제 3 절 정신건강증진시설

1. 정신병원

1) **국립·공립 정신병원의 설치:** 국가와 지방자치단체는 국립 또는 공립의 정신의료기관으로서 정신병원을 설치·운영하여야 한다(법 제21조 제1항).
2) **국립·공립 정신병원의 지역별 균형 배치:** 국가와 지방자치단체가 정신병원을 설치하는 경우 그 병원이 지역적으로 균형 있게 분포되도록 하여야 하며, 정신질환자가 지역사회 중심으로 관리되도록 하여야 한다(법 제21조 제2항).
3) **정신건강증진사업 인력에 대한 교육·훈련 담당:** 국립정신병원은 정신건강증진사업을 수행하고 정신건강증진사업 인력에 대한 교육·훈련을 담당한다(법 제21조 제3항).

2. 정신요양시설

1) **국공립 정신요양시설의 설치·운영:** 국가와 지방자치단체는 정신요양시설을 설치·운영할 수 있다(법 제22조 제1항).
2) **법인의 경우 자치단체장의 허가를 받아야:** 사회복지법인과 그 밖의 비영리법인이 정신요양시설을 설치·운영하려는 경우에는 해당 정신요양시설 소재지 관할 시·도지사·시장·군수·구청장의 허가를 받아야 한다(법 제22조 제2항).
3) **정신요양시설 대표자의 결격사유:** ①정신질환자의 퇴소나 임시퇴소의 통보를 받고도 퇴소나 임시 퇴소를 시키지 아니한 행위, ②정신건강의학과전문의의 대면 진단에 의하지 아니하고 정신질환자를 정신요양시설에 입소시키거나 입소의 기간을 연장한 행위 등으로 금고 이상의 형을 선고받고 그 형의 집행이 끝나거나, 집행을 받지 아니하기로 확

3) 제233조의 죄에 의하여 작성된 허위진단서등을 행사한 사람만 해당한다.

정된 후 5년이 지나지 아니한 사람, 또는 그 사람이 대표자로 있는 법인은 정신요양시설을 설치할 수 없다(법 제22조 제3항).

4) **허가사항의 변경 신고:** 허가를 받은 자가 허가받은 사항을 변경하려는 경우에는 시·도지사·시장·군수·구청장에게 신고하여야 한다. 다만, 입소 정원을 변경하려는 경우에는 변경허가를 받아야 한다(법 제22조 제4항). 시·도지사·시장·군수·구청장은 신고를 받은 경우 그 내용을 검토하여 이 법에 적합하면 신고를 수리하여야 한다(법 제22조 제5항).

5) **정신요양시설의 운영 개방:** 보건복지부장관, 시·도지사 및 시장·군수·구청장은 정신요양시설의 장에게 정신질환자의 요양생활에 지장이 없는 범위에서 지역주민·사회단체·언론사 등이 정신요양시설의 운영상황을 파악할 수 있도록 그 시설의 개방을 요구할 수 있다. 이 경우 정신요양시설의 장은 정당한 사유가 없으면 그 요구에 따라야 한다(법 제22조 제6항).

정당한 사유 없이 시설 개방 요구에 따르지 아니한 자는 500만원 이하의 벌금에 처한다(법 제87조). 양벌규정(법 제88조).

6) **정신건강의학과전문의의 자문:** 정신요양시설의 장은 정신요양시설에서 요양 서비스를 제공할 때 의료와 관련된 부분은 정신건강의학과전문의에게 자문하여야 한다(법 제23조 제1항).

3. 정신재활시설

1) **국·공립 정신재활시설의 설치·운영:** 국가 또는 지방자치단체는 정신재활시설을 설치·운영할 수 있다(법 제26조 제1항).

2) **국·공립 외의 정신재활시설의 신고 설치·변경:** 국가나 지방자치단체 외의 자가 정신재활시설을 설치·운영하려면 해당 정신재활시설 소재지 관할 시·도지사·시장·군수·구청장에게 신고하여야 한다. 신고한 사항 중 보건복지부령으로 정하는 중요한 사항을 변경할 때에도 신고하여야 한다(법 제26조 제2항). 신고를 받은 경우 그 내용을 검토하여 이 법에 적합하면 신고를 수리하여야 한다(법 제26조 제3항).

신고를 하지 아니하고 정신재활시설을 설치·운영한 자는 3년 이하의 징역 또는 3천만원 이하의 벌금에 처한다(법 제85조 제1호). 양벌규정(법 제88조).

3) **정신재활시설의 법인 위탁운영:** 국가 또는 지방자치단체는 필요한 경우 정신재활시설

을 사회복지법인 또는 비영리법인에 위탁하여 운영할 수 있다(법 제26조 제5항).

4) **정신재활시설의 종류(법 제27조 제1항; 령 제16조)**

① **생활시설:** 정신질환자등이 생활할 수 있도록 주로 의식주 서비스를 제공하는 시설

② **재활훈련시설:** 정신질환자등이 지역사회에서 직업활동과 사회생활을 할 수 있도록 주로 상담 · 교육 · 취업 · 여가 · 문화 · 사회참여 등 각종 재활활동을 지원하는 시설

③ **생산품판매시설:** "정신질환자등"이 생산한 생산품의 판매 · 유통 등을 지원하는 시설

④ **중독자재활시설:** 알코올 중독, 약물 중독 또는 게임 중독 등으로 인한 정신질환자등을 치유하거나 재활을 돕는 시설

⑤ **종합시설:** 2개 이상의 정신재활시설의 기능을 복합적 · 종합적으로 제공하는 시설

4. 공립정신병원의 운영

1) **정신병원에 대한 운영평가:** 보건복지부장관은 보건복지부령으로 정하는 바에 따라 공립 정신병원에 대한 운영평가를 실시하여야 한다. 다만, 보건복지부장관이 필요하다고 인정하는 경우에는 지방자치단체의 장으로 하여금 운영평가를 하게 할 수 있다(법 제21조의2 제1항).

2) **평가업무의 위탁:** 지방자치단체의 장은 공립 정신병원 운영의 전문성과 효율성을 제고하기 위하여 필요한 경우에는 보건복지부령으로 정하는 법인 · 단체 또는 개인에게 그 운영을 위탁할 수 있다(법 제21조의2 제2항). 공립 정신병원의 운영을 위탁하려는 경우에는 이를 공고하여 경쟁입찰에 부쳐야 한다. 다만, 공립 정신병원의 설치 · 운영에 필요한 부지 또는 건물 등으로서 보건복지부령으로 정하는 재산을 기부채납한 자에게 위탁하는 경우에는 수의계약을 할 수 있다(법 제21조의2 제3항).

3) **공립 정신병원 운영의 위탁기간:** 공립 정신병원 운영의 위탁기간은 그 위탁을 받은 날부터 5년으로 하며, 지방자치단체의 장은 운영평가 결과를 고려하여 5년 단위로 위탁계약을 갱신할 수 있다(법 제21조의2 제4항).

4) **위탁계약의 해지 사유:** 지방자치단체의 장은 공립 정신병원의 운영을 위탁받은 자, 즉 "수탁자"가 공립 정신병원을 위법 또는 부당하게 운영하거나 위탁계약을 위반한 사실이 있는 경우 그 시정을 요구할 수 있다(법 제21조의2 제5항). 지방자치단체의 장은 수탁자가 다음에 해당하는 경우 위탁계약을 해지할 수 있다. 다만, 제1호에 해당하는 경우에는 위탁계약을 해지하여야 한다(법 제21조의2 제6항). 지방자치단체의 장은 위탁계약을 해지하

려면 수탁자에게 미리 의견진술의 기회를 주어야 한다(법 제21조의2 제7항).

① 거짓이나 그 밖의 부정한 방법으로 위탁계약을 체결한 경우
② 부도, 파산, 해산, 의료인의 면허자격 정지 또는 취소, 의료업에 관한 허가 정지 또는 취소 등의 사유로 공립 정신병원의 위탁 운영이 곤란하다고 인정되는 경우
③ 운영평가를 정당한 사유 없이 거부·방해 또는 기피한 경우
④ 지방자치단체의 장의 시정 요구를 정당한 사유 없이 이행하지 아니한 경우
⑤ 그 밖에 위탁계약 내용에 포함된 계약 해지 사유가 발생한 경우

제 4 절 복지서비스의 제공

1. 복지서비스의 개발

국가와 지방자치단체는 정신질환자가 정신질환에도 불구하고 잠재적인 능력을 최대한 계발할 수 있도록 정신질환자에게 적합한 서비스를 적극적으로 개발하기 위한 연구지원체계를 구축하기 위하여 노력하여야 한다(법 제33조 제1항).

2. 고용 및 직업재활 지원

1) **고용촉진조치 강구:** 국가와 지방자치단체는 정신질환자가 자신의 능력을 최대한 활용하여 직업생활을 영위할 수 있도록 일자리 창출, 창업지원 등 고용촉진에 필요한 조치를 강구하여야 한다(법 제34조 제1항).
2) **특성에 적합한 직업훈련·직업지도:** 보건복지부장관은 정신질환자의 능력과 특성에 적합한 직업훈련, 직업지도 등을 지원하기 위하여 필요한 조치를 강구하여야 한다(법 제34조 제2항).

3. 평생교육 지원

1) **지역별 평생교육기관 지정:** 국가와 지방자치단체는 정신질환자에게 평생교육의 기회가 충분히 부여될 수 있도록 시·도지사·시장·군수·구청장별로 평생교육기관을 지정하여 정신질환자를 위한 교육과정을 적절하게 운영하도록 조치하여야 한다(법 제35조 제1항).

2) 지정 평생교육기관에 대한 경비 지원: 국가와 지방자치단체는 지정된 평생교육기관에 대하여 예산의 범위에서 정신질환자를 위한 교육과정 운영에 필요한 경비의 전부 또는 일부를 지원할 수 있다(법 제35조 제2항).

4. 문화 · 예술 · 여가 · 체육활동 등 지원

국가와 지방자치단체는 이 법에서 정한 지원 외에 문화 · 예술 · 여가 · 체육활동 등의 영역에서 정신질환자에게 필요한 서비스가 지원되도록 최대한 노력하여야 한다(법 제36조).

5. 지역사회 거주 · 치료 · 재활 등 통합 지원

국가와 지방자치단체는 정신질환자의 지역사회 거주 및 치료를 위하여 필요한 시책을 강구하여야 한다(법 제37조 제1항). 또한 정신건강증진시설에서의 퇴원등이 필요한 정신질환자에 대한 지역사회 재활 지원 등 지역사회 통합 지원을 위하여 노력하여야 한다(법 제37조 제2항).

6. 가족에 대한 정보제공과 교육

국가와 지방자치단체는 정신질환자의 가족이 정신질환자의 적절한 회복과 자립을 지원하는 데 필요한 정보를 제공하거나 관련 교육을 실시할 수 있다(법 제38조 제1항).

7. 절차조력

국가 및 지방자치단체는 정신질환자등이 정신건강증진시설에 입원등을 하거나 정신건강증진시설에서 퇴원등을 할 때 정신질환자등의 의사가 충실히 전달되고 반영될 수 있도록 도와주는 절차조력서비스를 제공할 수 있다(법 제38조의2 제1항).

8. 성년후견제 이용지원

지방자치단체의 장은 성년인 정신질환자등이 다음에 해당하여 후견인을 선임할 필요가 있음에도 불구하고 자력으로 후견인을 선임하기 어렵다고 판단되는 경우에는 그를 위하여 가정법원에 성년후견개시, 한정후견개시 또는 특정후견의 심판을 청구할 수 있다(법 제38조의3 제1항).

① 일상생활에서 의사를 결정할 능력이 충분하지 아니하거나 매우 부족하여 의사결정의 대리 또는 지원이 필요하다고 볼 만한 상당한 이유가 있는 경우

② 정신질환자등의 권리를 적절하게 대변하여 줄 가족이 없는 경우

③ 별도의 조치가 없으면 권리침해의 위험이 상당한 경우

제5절 보호 및 치료

1. 보호의무자

「민법」에 따른 후견인 또는 부양의무자는 정신질환자의 보호의무자가 된다. 다만, 다음에 해당하는 사람은 보호의무자가 될 수 없다(법 제39조 제1항).

① 피성년후견인 및 피한정후견인 ② 파산선고를 받고 복권되지 아니한 사람 ③ 해당 정신질환자를 상대로 한 소송이 계속 중인 사람 또는 소송한 사실이 있었던 사람과 그 배우자 ④ 미성년자 ⑤ 행방불명자 ⑥ 그 밖에 보건복지부령으로 정하는 부득이한 사유로 보호의무자로서의 의무를 이행할 수 없는 사람

2. 보호의무자의 의무

1) **적절한 치료 및 요양:** 보호의무자는 보호하고 있는 정신질환자가 적절한 치료 및 요양과 사회적응 훈련을 받을 수 있도록 노력하여야 한다(법 제40조 제1항).

2) **정신의료기관 또는 정신요양시설의 입원:** 보호의무자는 보호하고 있는 정신질환자가 정신의료기관 또는 정신요양시설(이하 "정신의료기관등"이라 한다)에 입원등을 할 필요가 있는 경우에는 정신질환자 본인의 의사를 최대한 존중하여야 하며, 정신건강의학과전문의가 정신의료기관등에서 정신질환자의 퇴원등이 가능하다고 진단할 경우에는 퇴원등에 적극 협조하여야 한다(법 제40조 제2항).

3) **타인을 해치지 않도록 유의:** 보호의무자는 보호하고 있는 정신질환자가 자신이나 다른 사람을 해치지 아니하도록 유의하여야 하며, 정신질환자의 재산상의 이익 등 권리보호를 위하여 노력하여야 한다(법 제40조 제3항).

4) **정신질환자의 유기(遺棄) 금지:** 보호의무자는 보호하고 있는 정신질환자를 유기하여서는 아니 된다(법 제40조 제4항). 이를 위반하여 정신질환자를 유기한 자는 5년 이하의 징역 또는 5천만원 이하의 벌금에 처한다(법 제84조 제1호). 양벌규정(법 제88조).

3. 정신질환자의 입원

1) 자의입원

(1) **환자 본인의 신청에 의한 입원**: 정신질환자나 그 밖에 정신건강상 문제가 있는 사람은 입원등 신청서를 정신의료기관등의 장에게 제출함으로써 그 정신의료기관등에 자의입원등을 할 수 있다(법 제41조 제1항).

(2) **자의입원자의 퇴원 신청**: 정신의료기관등의 장은 자의입원등을 한 사람이 퇴원등을 신청한 경우에는 지체 없이 퇴원등을 시켜야 한다(법 제41조 제2항). 이 명령에 따르지 아니한 자는 5년 이하의 징역 또는 5천만원 이하의 벌금에 처한다(법 제84조 제1호). 양벌규정(법 제88조).

(3) **2개월마다 퇴원의사 확인**: 정신의료기관등의 장은 자의입원등을 한 사람에 대하여 입원등을 한 날부터 2개월마다 퇴원등을 할 의사가 있는지를 확인하여야 한다(법 제41조 제3항). 이 규정을 위반하여 퇴원등을 할 의사가 있는지 여부를 확인하지 아니한 자는 1년 이하의 징역 또는 1천만원 이하의 벌금에 처한다(법 제86조 제2호). 양벌규정(법 제88조).

2) 동의 입원

(1) **보호의무자의 동의 입원**: 정신질환자는 보호의무자의 동의를 받아 입원등 신청서를 정신의료기관등의 장에게 제출함으로써 그 정신의료기관등에 입원등을 할 수 있다(법 제42조 제1항).

(2) **보호의무자의 동의 없는 퇴원신청의 거부**: 정신의료기관등의 장은 입원등을 한 정신질환자가 퇴원등을 신청한 경우에는 지체 없이 퇴원등을 시켜야 한다(법 제42조 제2항 전단). 이를 위반하여 퇴원을 시키지 아니한 자는 5년 이하의 징역 또는 5천만원 이하의 벌금에 처한다(법 제84조 제1호). 양벌규정(법 제88조).

다만, 정신질환자가 보호의무자의 동의를 받지 아니하고 퇴원등을 신청한 경우에는 정신건강의학과전문의 진단 결과 환자의 치료와 보호 필요성이 있다고 인정되는 경우에 한정하여 정신의료기관등의 장은 퇴원등의 신청을 받은 때부터 72시간까지 퇴원등을 거부할 수 있고, 퇴원등을 거부하는 기간 동안 보호의무자에 의한 입원(제43조) 또는 자치단체장에 의한 입원(제44조) 등으로 전환할 수 있다(법 제42조 제2항 단서).

(3) **퇴원거부의 경우 사유 통지**: 정신의료기관등의 장은 퇴원등을 거부하는 경우에는 지체 없이 환자 및 보호의무자에게 그 거부 사유 및 퇴원등의 심사를 청구할 수 있음을 서면

또는 전자문서로 통지하여야 한다(법 제42조 제3항). 이를 위반하여 퇴원등 거부사유 및 퇴원등 심사를 청구할 수 있음을 통지하지 아니한 자에게는 100만원 이하의 과태료를 부과한다(법 제89조 제4호).

(4) 입원환자에 대한 2개월마다 퇴원의사 확인: 정신의료기관등의 장은 입원등을 한 정신질환자에 대하여 입원등을 한 날부터 2개월마다 퇴원등을 할 의사가 있는지를 확인하여야 한다(법 제42조 제4항).

이 경우에도 자의입원과 마찬가지로 퇴원등을 할 의사가 있는지 여부를 확인하지 아니한 자는 1년 이하의 징역 또는 1천만원 이하의 벌금에 처한다(법 제86조 제2호). 양벌규정(법 제88조).

3) 보호의무자에 의한 입원

(1) 정신건강의학전문의의 진단: 정신의료기관등의 장은 정신질환자의 보호의무자 2명 이상[4)]이 신청한 경우로서 정신건강의학과전문의가 입원등이 필요하다고 진단한 경우에만 해당 정신질환자를 입원등을 시킬 수 있다. 이 경우 정신의료기관등의 장은 입원등을 할 때 보호의무자로부터 입원등 신청서와 보호의무자임을 확인할 수 있는 서류를 받아야 한다(법 제43조 제1항). 이를 위반하여 입원등 신청서나 보호의무자임을 확인할 수 있는 서류를 받지 아니한 자는 1년 이하의 징역 또는 1천만원 이하의 벌금에 처한다(법 제86조 제3호). 양벌규정(법 제88조).

(2) 환자의 증상에 따른 각각의 진단서 첨부: 정신건강의학과전문의의 입원등 필요성에 관한 진단은 해당 정신질환자가 다음에 해당하는 경우 그 각각에 관한 진단을 적은 입원등 권고서를 입원등 신청서에 첨부하는 방법으로 하여야 한다(법 제43조 제2항).

① 정신질환자가 정신의료기관등에서 입원치료 또는 요양을 받을 만한 정도 또는 성질의 정신질환을 앓고 있는 경우

② 정신질환자 자신의 건강 또는 안전이나 다른 사람에게 해를 끼칠 위험이 있어 입원등을 할 필요가 있는 경우

(3) 정확한 진단을 위한 임시 입원관찰: 정신의료기관등의 장은 정신건강의학과전문의 진단결과 정신질환자가 제2항 각 호에 모두 해당하여 입원등이 필요하다고 진단한 경우 그 증상의 정확한 진단을 위하여 2주의 범위에서 기간을 정하여 입원하게 할 수 있다(법

4) 보호의무자 간 입원등에 관하여 다툼이 있는 경우에는 선순위자 2명 이상을 말하며, 보호의무자가 1명만 있는 경우에는 1명으로 한다.

제43조 제3항).

(4) **2명 이상 전문의의 일치된 소견 요구**: 정신의료기관등의 장은 진단 결과 해당 정신질환자에 대하여 계속 입원등이 필요하다는 서로 다른 정신의료기관등에 소속된 2명 이상의 정신건강의학과전문의[5]의 일치된 소견이 있는 경우에만 해당 정신질환자에 대하여 치료를 위한 입원등을 하게 할 수 있다(법 제43조 제4항).

(5) **3개월 이내의 최초입원**: 입원등의 기간은 최초로 입원등을 한 날부터 3개월 이내로 한다. 다만, 다음에 따라 입원등의 기간을 연장할 수 있다(법 제43조 제5항).

① 3개월 이후의 1차 입원등 기간 연장: 3개월 이내

② 1차 입원등 기간 연장 이후의 입원등 기간 연장: 매 입원등 기간 연장 시마다 6개월 이내

(6) **입원기간 연장의 조건**: 정신의료기관등의 장은 다음에 해당하는 경우에만 입원등 기간의 연장을 할 수 있다. 이 경우 정신의료기관등의 장은 입원등 기간을 연장할 때마다 관할 시 · 도지사 · 시장 · 군수 · 구청장에게 대통령령으로 정하는 기간 이내에 그 연장에 대한 심사를 청구하여야 한다(법 제43조 제6항).

① 서로 다른 정신의료기관등에 소속된 2명 이상의 정신건강의학과전문의[6]가 입원등 기간을 연장하여 치료할 필요가 있다고 일치된 진단을 하는 경우

② 보호의무자 2명 이상[7]이 입원등의 기간 연장에 대한 동의서를 제출한 경우

이를 위반하여 입원등 기간 연장에 대한 심사 청구기간을 지나서 심사 청구를 하거나, 심사 청구를 하지 아니하고 입원등 기간을 연장하여 입원등을 시킨 자는 1년 이하의 징역 또는 1천만원 이하의 벌금에 처한다(법 제86조 제4호). 양벌규정(법 제88조).

(7) **지방자치단체장의 명령에 따른 퇴원**: 정신의료기관등의 장은 입원등 기간 연장의 심사 청구에 대하여 시 · 도지사 · 시장 · 군수 · 구청장으로부터 퇴원등 또는 임시 퇴원등 명령의 통지를 받은 경우에는 해당 정신질환자를 지체 없이 퇴원등 또는 임시 퇴원등을 시켜야 한다(법 제43조 제7항). 이를 위반하여 퇴원을 시키지 아니한 자는 5년 이하의 징역 또는 5천만원 이하의 벌금에 처한다(법 제84조 제1호). 양벌규정(법 제88조).

(8) **환자 또는 보호의무자에 대한 입원등 사유 통지**: 정신의료기관등의 장은 입원등을 시키

5) 국립 · 공립의 정신의료기관등 또는 보건복지부장관이 지정하는 정신의료기관등에 소속된 정신건강의학과 전문의가 1명 이상 포함되어야 한다.

6) 국립 · 공립의 정신의료기관등 또는 보건복지부장관이 지정하는 정신의료기관등에 소속된 정신건강의학과 전문의가 1명 이상 포함되어야 한다.

7) 입원등 신청 시 신청 보호의무자가 1명만 있었던 경우에는 1명으로 한다.

거나 입원등의 기간을 연장하였을 때에는 지체 없이 입원등을 한 사람 및 보호의무자에게 그 사실 및 사유를 서면으로 통지하여야 한다(법 제43조 제8항). 이를 위반하여 입원등 또는 입원등 기간 연장의 사실 및 사유를 통지하지 아니한 자에게는 100만원 이하의 과태료를 부과한다(법 제89조 제5호).

(9) **환자 또는 보호자의 신청에 의한 퇴원**: 정신의료기관등의 장은 입원등을 한 사람 또는 보호의무자가 퇴원등을 신청한 경우에는 지체 없이 그 사람을 퇴원등을 시켜야 한다(법 제43조 제9항 전단). 이를 위반하여 정신질환자를 퇴원등을 시키지 아니한 자는 5년 이하의 징역 또는 5천만원 이하의 벌금에 처한다(법 제84조 제1호). 양벌규정(법 제88조).

다만, 정신의료기관등의 장은 그 입원등을 한 사람이 제2항 각 호에 모두 해당하는 경우에는 퇴원등을 거부할 수 있다(법 제43조 제9항).

(10) **신청 거부의 경우 사유 통지**: 정신의료기관등의 장은 입원등을 한 사람을 퇴원등을 시켰을 때에는 지체 없이 보호의무자에게 그 사실을 서면으로 통지하여야 하고, 퇴원등을 거부하는 경우에는 지체 없이 정신질환자 본인과 퇴원등을 신청한 보호의무자에게 그 거부사실 및 사유와 퇴원등의 심사를 청구할 수 있다는 사실 및 그 청구 절차를 서면으로 통지하여야 한다(법 제43조 제10항). 이를 위반하여 퇴원등 거부 사실 및 사유나 퇴원등 심사를 청구할 수 있다는 사실 및 그 청구절차를 통지하지 아니한 자에게는 100만원 이하의 과태료를 부과한다(법 제89조 제6호).

(11) **지역 정신건강의학과전문의가 부족한 경우의 진단**: 서로 다른 정신의료기관등에 소속된 2명 이상의 정신건강의학과전문의의 진단은 해당 지역의 정신의료기관등 또는 정신건강의학과전문의가 부족한 사정이 있는 경우에는 구체적인 시행방안을 달리 정하여 진단하도록 할 수 있다(법 제43조 제11항).

4) 시 · 도지사 · 시장 · 군수 · 구청장에 의한 입원

(1) **전문요원의 지방자치단체장에 대한 보호 신청**: 정신건강의학과전문의 또는 정신건강전문요원은 정신질환으로 자신의 건강 또는 안전이나 다른 사람에게 해를 끼칠 위험이 있다고 의심되는 사람을 발견하였을 때에는 시 · 도지사 · 시장 · 군수 · 구청장에게 그 사람에 대한 진단과 보호를 신청할 수 있다(법 제44조 제1항).

(2) **경찰관의 전문의 또는 전문요원에 대한 보호 요청**: 경찰관은 정신질환으로 자신의 건강 또는 안전이나 다른 사람에게 해를 끼칠 위험이 있다고 의심되는 사람을 발견한 경우 정신건강의학과전문의 또는 정신건강전문요원에게 그 사람에 대한 진단과 보호의 신청

을 요청할 수 있다(법 제44조 제2항).

(3) **자치단체장의 전문의에 대한 진단 의뢰:** 신청을 받은 시 · 도지사 · 시장 · 군수 · 구청장은 즉시 그 정신질환자로 의심되는 사람에 대한 진단을 정신건강의학과전문의에게 의뢰하여야 한다(법 제44조 제3항).

(4) **위험한 환자에 대한 단기입원:** 정신건강의학과전문의가 정신질환자로 의심되는 사람에 대하여 자신의 건강 또는 안전이나 다른 사람에게 해를 끼칠 위험이 있어 그 증상의 정확한 진단이 필요하다고 인정한 경우에 시 · 도지사 · 시장 · 군수 · 구청장은 그 사람을 보건복지부장관이나 지방자치단체의 장이 '지정정신의료기관'에 2주의 범위에서 기간을 정하여 입원하게 할 수 있다(법 제44조 제4항).

(5) **보호의무자에게 단기입원 사실의 통지:** 시 · 도지사 · 시장 · 군수 · 구청장은 입원을 시켰을 때에는 그 사람의 보호의무자 또는 보호를 하고 있는 사람에게 지체 없이 입원 사유 · 기간 및 장소를 서면으로 통지하여야 한다(법 제44조 제5항).

(6) **2명 이상의 전문의 진단과 결과의 통지:** 정신질환자로 의심되는 사람을 입원시킨 정신의료기관의 장은 지체 없이 2명 이상의 정신건강의학과전문의에게 그 사람의 증상을 진단하게 하고 그 결과를 시 · 도지사 · 시장 · 군수 · 구청장에게 서면으로 통지하여야 한다(법 제44조 제6항).

(7) **2명 이상 전문의의 소견일치의 경우 입원 의뢰:** 시 · 도지사 · 시장 · 군수 · 구청장은 진단 결과 그 정신질환자가 계속 입원할 필요가 있다는 2명 이상의 정신건강의학과전문의의 일치된 소견이 있는 경우에만 그 정신질환자에 대하여 지정정신의료기관에 치료를 위한 입원을 의뢰할 수 있다(법 제44조 제7항).

(8) **계속입원의 경우 당사자의 조치사항 서면 통지:** 시 · 도지사 · 시장 · 군수 · 구청장은 입원 의뢰를 한 때에는 그 정신질환자와 보호의무자 또는 보호를 하고 있는 사람에게 계속하여 입원이 필요한 사유 및 기간, 퇴원등 또는 처우개선의 심사를 청구할 수 있다는 사실 및 그 청구 절차를 지체 없이 서면으로 통지하여야 한다(법 제44조 제8항).

(9) **위험한 환자의 경우 119구급대의 호송 요청:** 시 · 도지사 · 시장 · 군수 · 구청장은 정신질환자로 의심되는 사람을 진단하거나 입원을 시키는 과정에서 그 사람이 자신의 건강 또는 안전이나 다른 사람에게 해를 끼칠 위험한 행동을 할 때에는 119구급대의 구급대원에게 호송을 위한 도움을 요청할 수 있다(법 제44조 제9항).

5) 입원적합성심사위원회

(1) 입원적합성심사위원회의 설치: 보건복지부장관은 입원등의 적합성을 심사하기 위하여 국립정신병원등에 입원적합성심사위원회를 설치하며, 각 국립정신병원등의 심사대상 관할 지역은 대통령령으로 정한다(법 제46조 제1항).

(2) 입원등의 입원적합성심사위원회 신고: 입원등을 시키고 있는 정신의료기관등의 장은 입원등을 시킨 즉시 입원등을 한 사람에게 입원등의 사유 및 입원적합성심사위원회에 의하여 입원적합성심사를 받을 수 있다는 사실을 구두 및 서면으로 알리고, 입원등을 한 사람의 대면조사 신청 의사를 구두 및 서면으로 확인하여야 한다(법 제45조 제1항).

(3) 입원적합성심사위원회의 입원 적합성 심사: 입원적합성심사위원회는 입원심사소위원회를 설치하여 입원등에 대한 적합성 여부를 심사하여야 한다(법 제46조 제2항).

6) 응급입원

(1) 급박한 상황의 경우 의사와 경찰관의 동의: 정신질환자로 추정되는 사람으로서 자신의 건강 또는 안전이나 다른 사람에게 해를 끼칠 위험이 큰 사람을 발견한 사람은 그 상황이 매우 급박하여 입원등을 시킬 시간적 여유가 없을 때에는 의사와 경찰관의 동의를 받아 정신의료기관에 그 사람에 대한 응급입원을 의뢰할 수 있다(법 제50조 제1항).

(2) 동의한 경찰관 또는 구급대원의 호송: 입원을 의뢰할 때에는 이에 동의한 경찰관 또는 구급대원은 정신의료기관까지 그 사람을 호송한다(법 제50조 제2항).

(3) 응급입원의 기간(3일 이내): 정신의료기관의 장은 응급입원이 의뢰된 사람을 3일 이내의 기간 동안 응급입원을 시킬 수 있다(법 제50조 제3항).

(4) 전문의에 의한 응급환자 증상 진단: 응급입원을 시킨 정신의료기관의 장은 지체 없이 정신건강의학과전문의에게 그 응급입원한 사람의 증상을 진단하게 하여야 한다(법 제50조 제4항).

(5) 전문의의 진단 결과에 따른 조치: 정신의료기관의 장은 정신건강의학과전문의의 진단 결과 그 사람이 자신의 건강 또는 안전이나 다른 사람에게 해를 끼칠 위험이 있는 정신질환자로서 계속하여 입원할 필요가 있다고 인정된 경우에는 입원을 할 수 있도록 필요한 조치를 하고, 계속하여 입원할 필요가 없다고 인정된 경우에는 즉시 퇴원시켜야 한다(법 제50조 제5항).

이를 위반하여 즉시 퇴원시키지 아니한 자는 1년 이하의 징역 또는 1천만원 이하의 벌금에 처한다(법 제86조 제5호). 양벌규정(법 제88조).

(6) 응급입원의 경우 보호의무자에 통지: 정신의료기관의 장은 응급입원을 시켰을 때에는 그 사람의 보호의무자 또는 보호를 하고 있는 사람에게 입원이 필요한 사유 · 기간 및 장소를 지체 없이 서면으로 통지하여야 한다(법 제50조 제6항).

4. 신상정보의 확인

1) **정신건강증진시설 이용자의 신상정보 확인:** 정신건강증진시설의 장은 정신건강증진시설에 입원등을 하거나 시설을 이용하는 사람의 성명, 주소, 보호의무자 등의 신상정보를 확인하여야 하며, 신상정보가 확인되지 아니하는 경우에는 시 · 도지사 · 시장 · 군수 · 구청장에게 신상정보의 조회를 요청하여야 한다(법 제51조 제1항). 이러한 신상정보의 확인이나 조회 요청을 하지 아니한 자는 1년 이하의 징역 또는 1천만원 이하의 벌금에 처한다(법 제86조 제6호). 양벌규정(법 제88조).
2) **신상정보를 정신건강증진시설의 장에게 통보:** 시 · 도지사 · 시장 · 군수 · 구청장은 조회 요청을 받은 경우 그 대상자의 신상정보를 확인하고 그 결과를 정신건강증진시설의 장에게 통보하여야 한다(법 제50조 제2항).
3) **관할 경찰서장에게 신상정보의 확인 요청:** 시 · 도지사 · 시장 · 군수 · 구청장은 조회 요청 대상자의 신상정보를 확인하기 어려운 경우 관할 경찰서장에게 신상정보의 확인을 요청할 수 있다(법 제50조 제3항).

5. 퇴원등의 사실의 통보

1) **관할 정신건강복지센터의 장에게 퇴원사실 통보:** 정신의료기관등의 장은 정신의료기관등에 입원등을 한 사람이 퇴원등을 할 때에는 본인의 동의를 받아 그 퇴원등의 사실을 관할 정신건강복지센터의 장 또는 보건소의 장에게 통보하여야 한다. 다만, 정신건강의학과전문의가 퇴원등을 할 사람 본인의 의사능력이 미흡하다고 판단하는 경우에는 보호의무자의 동의로 본인의 동의를 갈음할 수 있다(법 제52조 제1항).
2) **환자의 재활과 사회적응 지원방안 마련:** 퇴원등의 사실을 통보받은 정신건강복지센터의 장 또는 보건소의 장은 해당 퇴원등을 할 사람 또는 보호의무자와 상담하여 그 사람의 재활과 사회적응을 위한 지원방안을 마련하여야 한다(법 제52조 제2항).

제 6 절 권익보호 및 지원

1. 전문의의 대면진단 없는 입원 금지

누구든지 응급입원의 경우를 제외하고는 정신건강의학과전문의의 대면 진단에 의하지 아니하고 정신질환자를 정신의료기관등에 입원등을 시키거나 입원등의 기간을 연장할 수 없다(법 제68조 제1항). 이를 위반하여 정신건강의학과전문의의 대면 진단에 의하지 아니하고 정신질환자를 정신의료기관등에 입원등을 시키거나 입원등의 기간을 연장한 자는 5년 이하의 징역 또는 5천만원 이하의 벌금에 처한다(법 제84조 제5호). 양벌규정(법 제88조).

이 때 진단의 유효기간은 진단서 발급일부터 30일까지로 한다(법 제68조 제2항).

2. 권익보호

1) **정신질환자에 대한 차별대우 금지:** 누구든지 정신질환자이거나 정신질환자였다는 이유로 그 사람에 대하여 교육, 고용, 시설이용의 기회를 제한 또는 박탈하거나 그 밖의 불공평한 대우를 하여서는 아니 된다(법 제69조 제1항). 이를 위반하여 교육, 고용, 시설이용의 기회를 제한 또는 박탈하거나 그 밖의 불공평한 대우를 한 자에게는 100만원 이하의 과태료를 부과한다(법 제89조 제10호).
2) **동의 없는 녹음·촬영 등 금지:** 누구든지 정신질환자, 그 보호의무자 또는 보호를 하고 있는 사람의 동의를 받지 아니하고 정신질환자에 대하여 녹음·녹화 또는 촬영하여서는 아니 된다(법 제69조 제2항). 이를 위반하여 동의를 받지 아니하고 정신질환자에 대하여 녹음·녹화 또는 촬영을 한 자는 1년 이하의 징역 또는 1천만원 이하의 벌금에 처한다(법 제86조 제9호). 양벌규정(법 제88조).
3) **정신질환자에 대한 강제노동 금지:** 정신건강증진시설의 장은 입원등을 하거나 정신건강증진시설을 이용하는 정신질환자에게 정신건강의학과전문의의 지시에 따른 치료 또는 재활의 목적이 아닌 노동을 강요하여서는 아니 된다(법 제69조 제3항).

   이 규정을 위반하여 입원등을 하거나 정신건강증진시설을 이용하는 정신질환자에게 노동을 강요한 자는 3년 이하의 징역 또는 3천만원 이하의 벌금에 처한다(법 제85조 제5호). 양벌규정(법 제88조).
4) **비밀누설의 금지:** 정신질환자 또는 정신건강증진시설과 관련된 직무를 수행하고 있거나 수행하였던 사람은 그 직무의 수행과 관련하여 알게 된 다른 사람의 비밀을 누설하거

나 공표하여서는 아니 된다(법 제71조). 이 규정을 위반하여 직무수행과 관련하여 알게 된 다른 사람의 비밀을 누설하거나 공표한 사람은 3년 이하의 징역 또는 3천만원 이하의 벌금에 처한다(법 제85조 제5호). 양벌규정(법 제88조).

5) **시설 외의 수용 및 가혹행위 등의 금지:** 누구든지 이 법 또는 다른 법령에 따라 정신질환자를 보호할 수 있는 시설 외의 장소에 정신질환자를 수용하여서는 아니 된다(법 제72조 제1항). 정신건강증진시설의 장이나 그 종사자는 정신건강증진시설에 입원등을 하거나 시설을 이용하는 사람에게 폭행을 하거나 가혹행위를 하여서는 아니 된다(법 제72조 제2항).

이를 위반하여 정신질환자를 정신질환자를 보호할 수 있는 시설 외의 장소에 수용한 자 또는 정신건강증진시설의 장 또는 그 종사자로서 정신건강증진시설에 입원등을 하거나 시설을 이용하는 사람에게 폭행을 하거나 가혹행위를 한 사람은 5년 이하의 징역 또는 5천만원 이하의 벌금에 처한다(법 제84조 제5호). 양벌규정(법 제88조).

6) **특수치료의 제한:** 정신의료기관에 입원을 한 사람에 대한 전기충격요법 · 인슐린혼수요법 · 마취하최면요법 · 정신외과요법, 그 밖에 대통령령으로 정하는 '특수치료'는 그 정신의료기관이 구성하는 협의체에서 결정하되, 본인 또는 보호의무자에게 특수치료에 관하여 필요한 정보를 제공하고, 본인의 동의를 받아야 한다. 다만, 본인의 의사능력이 미흡한 경우에는 보호의무자의 동의를 받아야 한다(법 제73조 제1항).

이 규정을 위반하여 협의체의 결정 없이 특수치료를 하거나 정신의료기관에 입원을 한 사람 또는 보호의무자의 동의 없이 특수치료를 한 자는 5년 이하의 징역 또는 5천만원 이하의 벌금에 처한다(법 제84조 제5호). 양벌규정(법 제88조).

7) **통신과 면회의 자유:** 정신의료기관등의 장은 입원등을 한 사람에 대하여 치료 목적으로 정신건강의학과전문의의 지시에 따라 하는 경우가 아니면 통신과 면회의 자유를 제한할 수 없다(법 제74조 제1항). 치료 목적으로 정신건강의학과전문의의 지시에 따라 통신과 면회의 자유를 제한하는 경우에도 최소한의 범위에서 하여야 한다(법 제74조 제2항).

입원등을 한 사람의 통신과 면회의 자유를 제한한 자는 3년 이하의 징역 또는 3천만원 이하의 벌금에 처한다(법 제85조 제5호). 양벌규정(법 제88조).

8) 격리 · 포박 등 금지

(1) 환자에 대한 신체적 제한 금지: 정신의료기관등의 장은 입원등을 한 사람에 대하여 치료 또는 보호의 목적으로 정신건강의학과전문의의 지시에 따라 하는 경우가 아니면 격리시

키거나 묶는 등의 신체적 제한을 할 수 없다(법 제75조 제1항).

이를 위반하여 정신건강의학과전문의의 지시에 따르지 아니하고 신체적 제한을 한 자는 1년 이하의 징역 또는 1천만원 이하의 벌금에 처한다(법 제86조 제10호). 양벌규정(법 제88조).

(2) 전문의의 지시에 따른 예외규정: 정신의료기관등의 장은 치료 또는 보호의 목적으로 정신건강의학과전문의의 지시에 따라 입원등을 한 사람을 격리시키거나 묶는 등의 신체적 제한을 하는 경우에도 자신이나 다른 사람을 위험에 이르게 할 가능성이 뚜렷하게 높고 신체적 제한 외의 방법으로 그 위험을 회피하는 것이 뚜렷하게 곤란하다고 판단되는 경우에만 신체적 제한을 할 수 있다. 이 경우 격리는 해당 시설 안에서 하여야 한다(법 제75조 제2항).

3. 동료지원인 양성 및 활동지원

1) **동료지원인의 정의:** "동료지원인"이란 정신질환자등에 대한 상담 및 교육 등의 역할을 수행할 수 있도록 정신질환자이거나 정신질환자이었던 사람 중 동료지원인 양성과정을 수료한 사람을 말한다(법 제3조 제8호).

2) **동료지원인 양성 및 활동지원:** 국가 및 지방자치단체는 동료지원인을 양성하고 활동을 지원할 수 있다(법 제69조의2 제1항). 보건복지부장관은 동료지원인 양성 및 보수교육 과정을 개발할 수 있다(법 제69조의2 제2항).

3) **동료지원인 교육 훈련기관 지정:** 보건복지부장관은 동료지원인 양성 및 보수교육을 전문적으로 수행하기 위하여 동료지원인 양성 및 보수교육을 위한 "교육훈련기관"을 지정하여 교육훈련의 실시를 위탁할 수 있다. 이 경우 보건복지부장관은 교육훈련을 위탁받은 교육훈련기관에 그 경비의 일부 또는 전부를 지원할 수 있다(법 제69조의2 제4항).

4. 인권교육

1) **정신건강증진시설 종사자의 인권교육 수강의무:** 정신건강증진시설의 장과 종사자는 인권에 관한 교육을 받아야 한다(법 제70조 제1항).

2) **인권교육기관의 지정:** 보건복지부장관은 인권교육을 하기 위하여 인권교육기관을 지정할 수 있다(법 제70조 제2항).

3) **교육비의 지원과 비용 징수:** 보건복지부장관은 지정한 인권교육기관에 교육과정의 운

영에 드는 비용의 일부를 예산의 범위에서 보조할 수 있으며, 지정을 받은 인권교육기관은 보건복지부장관의 승인을 받아 교육에 필요한 경비를 교육대상자로부터 징수할 수 있다(법 제70조 제3항).

4) **인권교육기관의 지정취소:** 보건복지부장관은 지정을 받은 인권교육기관이 다음에 해당하면 그 지정을 취소하거나 6개월 이내의 기간을 정하여 업무를 정지할 수 있다. 다만, 제1호에 해당하면 그 지정을 취소하여야 한다(법 제70조 제4항).
   ① 거짓이나 그 밖의 부정한 방법으로 지정을 받은 경우
   ② 보건복지부령으로 정하는 지정요건을 갖추지 못하게 된 경우
   ③ 인권교육의 수행능력이 현저히 부족하다고 인정되는 경우

5. 작업치료

정신의료기관등의 장은 입원등을 한 사람의 치료, 재활 및 사회적응에 도움이 된다고 인정되는 경우에는 그 사람의 건강상태와 위험성을 고려하여 보건복지부령으로 정하는 작업을 시킬 수 있다(법 제76조 제1항). 작업은 입원등을 한 사람 본인이 신청하거나 동의한 경우에만 정신건강의학과전문의가 지시하는 방법에 따라 시켜야 한다. 다만, 정신요양시설의 경우에는 정신건강의학과전문의의 지도를 받아 정신건강전문요원이 작업의 구체적인 방법을 지시할 수 있다(법 제76조 제2항).

이를 위반하여 입원등을 한 사람의 신청 또는 동의 없이 작업을 시키거나 정신건강의학과전문의나 정신건강전문요원이 지시한 방법과 다르게 작업을 시킨 자는 1년 이하의 징역 또는 1천만원 이하의 벌금에 처한다(법 제86조 제11호). 양벌규정(법 제88조).

6. 상속인 없는 재산의 처리

1) **원칙적으로 민법에 따라 처리:** 정신요양시설과 정신재활시설의 설치·운영자는 그 시설에 입소 중인 사람이 사망하고 그 상속인의 존부가 분명하지 아니한 경우 민법에 따라 사망한 사람의 재산을 처리한다. 다만, 사망한 사람의 잔여재산이 500만원 이하[8]인 경우에는 관할 시장·군수·구청장에게 잔여재산 목록을 작성하여 보고하는 것으로 그 재산의 처리를 갈음할 수 있다(법 제81조의2 제1항).

2) **3개월 이상 공고:** 보고를 받은 시장·군수·구청장은 상속인, 일반상속채권자, 유증받

8) 사회복지사업법 제45조의2제1항 단서.

은 자, 기타 상속재산에 대하여 권리를 주장하려는 자가 있으면 6개월 내에 그 권리를 주장할 것을 3개월 이상 공고하여야 한다(법 제81조의2 제2항). 기간 내에 상속재산에 대하여 권리를 주장하는 자가 있는 때에는 시장·군수·구청장이 민법에 따라 그 기간 내에 신고한 채권자들 간에 배당하여 변제하여야 한다(법 제81조의2 제3항).

3) **잔여재산의 지방자치단체 귀속:** 기간이 경과하여도 상속재산에 대하여 권리를 주장하는 자가 없는 때에는 상속재산은 지방자치단체에 귀속된다(법 제81조의2 제4항).

제7절 자살시도자 보호 및 복지

2011.03.30. 법률 제10516호 자살예방 및 생명존중문화 조성을 위한 법률 제정
2023.07.11. 법률 제19529호 제11차 일부개정, 2024.07.12. 시행(최신)

1. 자살예방 기본정책

1) **사전예방대책에 중점:** 자살예방정책은 자살 위험에 노출된 개인이 처한 특수한 환경을 고려하여 성별·연령별·계층별·동기별 등 다각적이고 범정부적인 차원의 사전예방대책에 중점을 두고 수립되어야 한다(법 제2조 제1항).

2) **생명존중문화의 확산에 중점:** 자살예방정책은 생명윤리의식 및 생명존중문화의 확산, 건강한 정신과 가치관의 함양 등 사회문화적 인식개선에 중점을 두고 수립되어야 한다(법 제2조 제2항).

3) 용어의 정의

(1) **"자살위험자":** 자살의 위험에 노출되거나 노출될 가능성이 있다고 판단되는 자를 말한다(법 제2조의2 제1호).

(2) **"자살위해물건":** 자살 수단으로 빈번하게 사용되고 있거나 가까운 장래에 자살 수단으로 빈번하게 사용될 위험이 상당한 것으로서 자살예방정책위원회의 심의를 거쳐 보건복지부장관이 고시하는 물건을 말한다(법 제2조의2 제2호).

(3) **"자살유발정보":** 자살을 적극적으로 부추기거나 자살행위를 돕는 데 활용되는 다음의 정보를 말한다(법 제2조의2 제3호).

① 자살동반자 모집정보

② 자살에 대한 구체적인 방법을 제시하는 정보

③ 자살을 실행하거나 유도하는 내용을 담은 문서, 사진 또는 동영상 등의 정보

④ 자살위해물건의 판매 또는 활용에 관한 정보

⑤ 그 밖에 위 각 목에 준하는 정보로서 명백히 자살 유발을 목적으로 하는 정보

(4) **"생명지킴이"**: 자살을 할 위험성이 높은 사람을 발견하여 자살예방센터 등 전문기관에 의뢰 · 연계하는 사람으로 보건복지부장관이 인정하는 교육을 수료한 사람을 말한다.

(5) **"자살예방사업"**: 다음의 사업을 말한다(법 제2조의2 제4호).

① 생명존중문화 조성

② 자살예방 상담 · 교육 및 홍보

③ 자살예방 전문인력 양성

④ 자살예방체계 구축

⑤ 자살위험자 발견 및 사후관리

⑥ 자살실태조사 및 심리부검

⑦ 자살시도자 및 그 가족, 자살자의 유족에 대한 지원 및 사후관리

⑧ 그 밖에 자살예방을 위하여 보건복지부장관이 필요하다고 인정하는 사업

4) 자살과 관련된 국민의 권리와 의무

(1) **국가 지방자치단체에 도움을 요청할 권리**: 국민은 자살위험에 노출되거나 스스로 노출되었다고 판단될 경우 국가 및 지방자치단체에 도움을 요청할 권리가 있다(법 제3조 제1호).

(2) **자살예방정책 수립에 협조한 의무**: 국민은 국가 및 지방자치단체가 자살예방정책을 수립 · 시행함에 있어 적극 협조하여야 하며, 자살을 할 위험성이 높은 자를 발견한 경우에는 구조되도록 조치를 취하여야 한다(법 제3조 제2호).

5) 자살과 관련된 국가 및 지방자치단체의 책무

(1) **자살위험으로부터의 구조정책 수립**: 국가 및 지방자치단체는 자살위험자를 위험으로부터 적극 구조하기 위하여 필요한 정책을 수립하여야 한다(법 제4조 제1항).

(2) **자살행위의 단계별 정책수립**: 국가 및 지방자치단체는 자살의 사전예방, 자살 발생 위기에 대한 대응 및 자살이 발생한 후 또는 자살이 미수에 그친 후 사후대응의 각 단계에 따른 정책을 수립 · 시행하여야 한다. 이 경우 자살시도자 및 그 가족 또는 자살자의 유

족을 보호하기 위한 방안을 포함하여야 한다(법 제4조 제2항).

6) 자살과 관련된 사업주의 책무

(1) 자살예방정책에 협조의무: 사업주는 국가 및 지방자치단체가 실시하는 자살예방정책에 적극 협조하여야 한다(법 제5조 제1항).

(2) 근로자의 정신건강을 위한 조치강구: 사업주는 고용하고 있는 근로자의 정신적인 건강 유지를 위하여 필요한 조치를 강구하도록 노력하여야 한다(법 제5조 제2항).

2. 자살예방대책

1) 자살관련 현황파악

(1) 자살실태조사: 국가 및 지방자치단체는 자살실태를 파악하고, 자살예방을 위한 서비스의 욕구와 수요를 파악하기 위하여 5년마다 자살실태조사를 실시하고 그 결과를 발표하여야 한다(법 제11조 제1항).

(2) 실태조사에 포함될 내용: 자살실태조사에는 다음의 사항이 포함되어야 한다(법 제11조 제2항).

① 성별 · 나이 · 학력, 혼인 및 취업 상태 등 조사대상자의 일반적 특성에 관한 사항
② 자살에 관한 생각, 자살을 시도한 횟수 등 조사대상자의 자살 위험요인에 관한 사항
③ 신문 · 방송 및 인터넷 등 언론의 자살보도가 자살에 미치는 영향에 관한 사항
④ 그 밖에 자살실태 및 자살예방을 위한 서비스의 욕구와 수요를 파악하기 위하여 필요한 사항

2) 심리부검: 국가와 지방자치단체는 효과적인 자살예방정책을 수립하고, 자살시도자 및 그 가족 또는 자살자의 유족 등 "자살시도자등"에 대한 심리적 지원을 제공하기 위하여 자살행위 전후의 심리 · 행동변화 등을 바탕으로 자살원인을 분석하는 심리부검을 실시할 수 있다. 이 경우 미리 자살시도자등의 동의를 받아야 한다(법 제11조의2).

3) 자살통계 분석 및 정보관리체계 구축: 국가 및 지방자치단체는 자살통계를 수집 · 분석 및 관리하기 위하여 전문 조사 · 연구 기관을 지정하여 운영할 수 있다(법 제12조 제1항).

4) 자살위험자 지원 및 정신건강 증진 대책

(1) 자살 위험에 노출된 자에 대한 의료적 조치: 국가 및 지방자치단체는 정신건강에 이상이 생긴 것으로 인하여 자살 위험에 노출된 자에 대하여 필요한 의료적 조치가 적절히 제공

될 수 있는 환경을 조성하여야 한다(법 제14조 제1항).

(2) **정신건강 선별검사 도구를 개발**: 국가 및 지방자치단체는 자살위험자를 대상으로 한 정신건강 선별검사 도구를 개발하고 보급하여야 한다(법 제14조 제2항).

(3) **자살위험자의 조기 발견 등 노력**: 국가 및 지방자치단체는 자살위험자의 조기 발견, 상담 및 치료를 위하여 필요한 조치를 하도록 노력하여야 한다(법 제14조 제3항).

3. 생명존중문화 조성

1) **생명존중문화 조성**: 국가 및 지방자치단체는 생명을 존중하는 사회문화 환경을 조성하기 위하여 자살예방을 위하여 활동하는 민간단체 등과 협조하여 범국민적 생명존중문화 사업을 추진할 수 있다(법 제15조).

2) **자살예방의 날**: 자살의 위해성을 일깨우고 자살예방을 위한 적극적인 사회 분위기를 조성하기 위하여 매년 9월 10일을 자살예방의 날로 하고, 자살예방의 날부터 1주일을 자살예방주간으로 한다(법 제16조 제1항). 국가 및 지방자치단체는 자살예방의 날 취지에 적합한 행사와 교육 · 홍보사업을 실시하도록 노력하여야 한다(법 제16조 제2항).

3) **자살예방 상담 · 교육**

(1) **자살예방 상담 · 교육 실시기관**: 다음에 해당하는 기관 · 단체 및 시설의 장은 자살방지 및 생명존중문화 조성을 위하여 자살예방 교육을 실시하고 그 결과를 보건복지부장관 또는 주무부처의 장에게 제출하여야 한다. 다만, 초 · 중등학교의 장은 자살예방 교육의 실시 결과 제출을 생략할 수 있다(법 제17조 제1항).

① 국가기관, 지방자치단체 및 대통령령으로 정하는 공공기관

② 노인복지시설

③ 사회복지시설

④ 초 · 중등학교

⑤ 그 밖에 자살예방 교육이 필요하다고 인정하여 대통령령으로 정하는 기관이나 단체

(2) **자살예방 상담 · 교육의 대상**: 보건복지부장관은 관계 중앙행정기관의 장 및 지방자치단체의 장에게 자살위험자 등과 관련된 업무를 수행하는 사람으로서 다음에 해당하는 사람에 대하여 자살예방 상담 · 교육을 실시할 것을 요청할 수 있다(법 제17조 제4항).

① 119구조대의 구조대원 및 119구급대의 구급대원

② 경찰공무원

③ 자치경찰공무원

④ 사회복지전담공무원

⑤ 그 밖에 자살예방 상담·교육이 필요하다고 인정하여 대통령령으로 정하는 사람

4) 자살예방을 위한 홍보

(1) **자살예방 홍보시책 강구:** 국가 및 지방자치단체는 교육과 홍보 활동을 통하여 자살예방에 관한 국민의 이해를 돕기 위하여 필요한 시책을 강구하여야 한다(법 제18조 제1항).

(2) **자살예방 홍보영상 제작·배포:** 보건복지부장관은 자살의 예방과 국민의 자살예방 활동 참여를 독려하기 위하여 자살예방에 대한 홍보영상을 제작하여 방송편성책임자에게 배포하여야 한다(법 제18조 제2항).

(3) **홍보영상의 송출 요청:** 보건복지부장관은 방송사업자에게 대통령령으로 정하는 비상업적 공익광고 편성비율의 범위에서 홍보영상을 채널별로 송출하도록 요청할 수 있다(법 제18조 제3항).

(4) **자살예방 상담번호 안내:** 방송사업자는 자살과 관련한 보도 또는 방송에 연이어 홍보영상 또는 보건복지부장관이 정하는 자살예방 상담번호 안내를 송출하도록 노력하여야 한다(법 제18조 제5항).

5) 자살유발정보예방체계의 구축

(1) **정보통신망을 이용한 자살유발정보의 유통금지:** 누구든지 정보통신망을 통하여 자살유발정보를 유통하여서는 아니 된다(법 제19조 제1항).

이를 위반하여 자살유발정보를 정보통신망을 통하여 유통한 사람은 2년 이하의 징역 또는 2천만원 이하의 벌금에 처한다(법 제25조 제3항).

(2) **자살유발정보예방협의회를 구성:** 보건복지부장관은 교육부, 문화체육관광부, 과학기술정보통신부, 여성가족부, 방송통신위원회 및 경찰청 등 관계 기관과 자살유발정보예방협의회를 구성하여 자살유발정보의 차단을 위하여 협력하여야 한다(법 제19조 제2항).

6) 자살보도 권고기준 준수 협조요청:

보건복지부장관은 자살사건 보도로 인한 자살의 확산을 방지하기 위하여 방송·신문·잡지 및 인터넷신문 등 언론에 대하여 자살보도에 대한 권고기준을 준수하도록 협조를 요청할 수 있다(법 제19조의2 제1항). 언론은 협조요청을 적극 이행하도록 노력하여야 한다(법 제19조의2 제2항).

7) 긴급구조대상자 구조를 위한 정보제공요청

(1) **긴급구조기관의 정보통신서비스 제공자에 대한 자료요청:** 경찰관서 · 해양경찰관서 및 소방관서의 장 등 "긴급구조기관"은 자살위험자 중 다음에 해당하는 사람의 생명 · 신체를 보호하기 위하여 긴급한 경우로서 다른 방법으로는 긴급구조대상자의 위치 등을 파악하여 구조할 수 없는 경우에 정보통신서비스 제공자에게 자료의 열람이나 제출을 요청할 수 있다(법 제19조의3 제1항).

① 자살 의사 또는 계획을 표현한 사람

② 자살동반자를 모집한 사람

③ 자살위해물건을 구매하거나 구매의사를 표현하는 등 자살을 실행할 것이 명백하다고 판단되는 사람

(2) **정보통신서비스 제공자의 협조의무:** 정보통신서비스 제공자는 자료제공요청을 받았을 경우 지체 없이 협조하여야 한다(법 제19조의3 제4항).

이를 위반하여 자료제공요청을 거부한 자는 1년 이하의 징역 또는 2천만원 이하의 벌금에 처한다(법 제25조 제4항).

(3) **개인정보주체에게 사실의 통보:** 긴급구조기관 및 정보통신서비스 제공자는 인적사항 및 위치를 특정할 수 있는 정보를 요청하거나 제공하는 경우 그 사실을 해당 개인정보주체에게 즉시 통보하여야 한다. 다만, 즉시 통보가 개인정보주체의 생명 · 신체에 대한 뚜렷한 위험을 초래할 우려가 있는 경우에는 그 사유가 소멸한 후 지체 없이 통보하여야 한다(법 제19조의3 제5항). 이 위반하여 정보제공사실을 통보하지 아니한 자에게는 1천만원 이하의 과태료를 부과한다(법 제26조).

(4) **개인정보의 목적 외 사용금지:** 긴급구조기관 및 긴급구조업무에 종사하거나 종사하였던 사람은 긴급구조 목적으로 제공받은 개인정보를 긴급구조 외의 목적에 사용하여서는 아니 된다(법 제19조의3 제6항).

이를 위반하여 받은 정보를 긴급구조 외의 목적에 사용한 자는 5년 이하의 징역 또는 5천만원 이하의 벌금에 처한다(법 제25조 제1항 제1호).

(5) **개인정보의 제3자에게 전달 금지:** 긴급구조기관은 제공받은 인적사항 및 위치를 특정할 수 있는 정보를 제3자에게 알려서는 아니 된다. 다만, 다음의 경우에는 그러하지 아니하다(법 제19조의3 제8항). 이를 위반하여 개인정보주체의 동의를 받지 아니하거나 긴급구조 외의 목적으로 정보를 제공하거나 제공받은 자는 5년 이하의 징역 또는 5천만원 이하의

벌금에 처한다(법 제25조 제1항 제2호).

① 개인정보주체의 동의가 있는 경우

② 긴급구조 활동을 위하여 불가피한 상황에서 다른 긴급구조기관에 제공하는 경우

8) **정보통신서비스 제공자의 의무:** 정보통신서비스 제공자 중 일일평균 이용자의 수, 매출액 등이 대통령령으로 정하는 기준에 해당하는 자는 자료제공 업무책임자를 지정하여 보건복지부장관에게 신고하여야 한다(법 제19조의4 제1항).

4. 자살시도자에 대한 보호 · 지원

1) 자살시도자 등의 사후관리

(1) 자살시도자 지원기관 정보 제공: 다음에 해당하는 사람은 직무상 자살시도자 등을 알게 된 경우 그 자살시도자 등에게 관할 구역 안에 있는 관계 지원기관에 관한 정보를 제공하여야 한다(법 제12조의2 제1항).

① 경찰공무원 및 소방공무원, ② 자치경찰공무원

(2) 경찰 · 소방 관서장이 정보를 제공해야 할 기관: 경찰관서의 장과 소방관서의 장은 자살시도자 또는 자살자가 발생한 경우 자살시도자 등의 정보를 관할 구역 내 다음의 기관에 제공하여야 한다(법 제12조의2 제2항).

① 자살예방센터, ② 정신건강복지센터, ③ 그 밖에 대통령령으로 정하는 자살예방업무 수행기관

2) 자살시도자 등에 대한 지원

(1) 상담치료법률구조 등의 지원: 국가 및 지방자치단체는 자살시도자 및 그 가족 또는 자살자의 유족 등에 미치는 심각한 심리적 영향의 완화와 이들의 생활안정을 위하여 자살시도자 등에게 심리상담 · 상담치료 · 법률구조 및 생계비 등을 지원할 수 있다(법 제20조 제1항).

(2) 자살자 유족 자조모임에 대한 지원: 국가 및 지방자치단체는 자살자의 유족 등이 참여하는 자조(自助) 모임의 운영에 필요한 인력과 비용을 지원할 수 있다(법 제20조 제2항).

(3) 유족들에 대한 지원대책 이용절차 안내: 국가 및 지방자치단체는 자살자의 유족이 자살자의 유족 지원 대책을 적극적으로 이용할 수 있도록 지원 대책과 그 이용 절차를 안내하여야 한다(법 제20조 제3항).

(4) 국가 · 지자체의 자살자유족 지원을 위한 직권 신청: 국가 및 지방자치단체는 자살자의 유족이 지원 대책을 직접 신청하지 않는 경우 자살자의 유족에 대한 지원이 즉시 제공될 수 있도록 직권으로 신청하여야 한다. 이 경우 지원대상자의 동의를 받아야 하며, 동의를 받은 경우에는 지원대상자가 신청한 것으로 본다(법 제20조 제4항).

3) **명예 및 생활의 평온에 대한 배려:** 국가 및 지방자치단체는 자살예방대책을 실시함에 있어서 자살자 · 자살시도자 및 이들의 가족 등의 명예 및 생활의 평온을 부당하게 침해하는 일이 없도록 하여야 한다(법 제21조).

4) **전문인력의 양성:** 국가 및 지방자치단체는 자살예방 등에 관한 전문인력의 양성 · 확보 및 자질의 향상에 필요한 시책을 강구하도록 노력하여야 한다(법 제22조).

5) **민간단체 등의 지원:** 국가 및 지방자치단체는 자살예방사업을 수행하는 단체에 대하여 업무수행에 필요한 지원을 할 수 있다(법 제23조 제1항). 국가 및 지방자체단체는 생명지킴이의 활동에 필요한 경비를 지원할 수 있다(법 제23조 제2항).

6) **비밀누설의 금지:** 이 법에 따라 자살예방 직무를 수행하였던 자 또는 수행하고 있는 자는 직무 수행과 관련하여 알게 된 타인의 비밀을 누설하거나 발표하여서는 아니 된다(법 제24조). 이를 위반한 자는 3년 이하의 징역 또는 3천만원 이하의 벌금에 처한다(법 제25조 제2항).

제 9 부

교정(矯正)복지

- 보호관찰 등에 관한 법률

제12장

보호관찰(保護觀察)

1988.12.31. 법률 제4059호 보호관찰법 제정
1995.01.05. 법률 제4933호 보호관찰 등에 관한 법률 제2차 전부개정
1996.12.12. 법률 제5178호 제3차 전부개정
2011.08.04. 사회복지사업법에서 사회복지사업으로 편입
2021.07.20. 법률 제18299호 제25차 일부개정, 2022.01.21. 시행(최신)

제1절 총 칙

1. 법의 목적

이 법은 죄를 지은 사람으로서 재범 방지를 위하여 보호관찰,[1] 사회봉사, 수강(受講) 및 갱생보호(更生保護) 등 체계적인 사회 내 처우가 필요하다고 인정되는 사람을 지도하고 보살피며 도움으로써 건전한 사회 복귀를 촉진하고, 효율적인 범죄예방 활동을 전개함으로써 개인 및 공공의 복지를 증진함과 아울러 사회를 보호함을 목적으로 한다(법 제1조).[2]

2. 법의 대상자

1) 보호관찰 대상자(법 제3조 제1항)

① 보호관찰을 조건으로 형의 선고유예를 받은 사람
② 보호관찰을 조건으로 형의 집행유예를 선고받은 사람
③ 보호관찰을 조건으로 가석방되거나 임시퇴원된 사람

---

1) 보호관찰(protective supervision)은 범인에 대한 사회 내 처우(community based treatment)의 하나로서 유죄가 인정된 범죄인에 대하여 교정시설에서 수용·처벌하는 대신 일정한 기간을 정하여 선행의 유지를 조건으로 형의 선고 또는 형의 집행을 유예하거나 형의 집행을 중단하고 사회 내에서 자유활동을 허용하는 것이다. 이와 같이 자유로운 사회생활을 하면서 전문지식을 갖춘 보호관찰의 개별적인 지도·감독 및 원조를 통해 적극적으로 범죄인의 교정·갱생과 사회복귀를 가능하게 함으로써 범죄인의 범죄성을 제거하고 나아가서 범죄로부터 사회를 방위하는 형사정책의 하나이다.
2) 2011년 8월 4일로 보호관찰법이 사회복지사업법에 편입됨으로써 이제는 보호관찰사업이 법적으로 사회복지사업이 되었다.

④ 소년법에 의한 보호처분을 받은 사람

⑤ 다른 법률에서 이 법에 따른 보호관찰을 받도록 규정된 사람

2) **사회봉사 · 수강명령 대상자**(법 제3조 제2항)

① 사회봉사 또는 수강을 조건으로 형의 집행유예를 선고받은 사람

② 사회봉사명령 또는 수강명령을 받은 사람

③ 다른 법률에서 이 법에 따른 사회봉사 또는 수강을 받도록 규정된 사람

3) **갱생보호 대상자:** '갱생보호 대상자'는 형사처분 또는 보호처분을 받은 사람으로서 자립갱생을 위한 숙식 제공, 주거 보호, 창업 지원, 직업훈련 및 취업 지원 등 보호의 필요성이 인정되는 사람으로 한다(법 제3조 제3항).

제 2 절 행형(行刑)과 사회복지의 만남

1. 판결 전 조사[3)]

1) **법원의 판결 전 조사 요구:** 법원은 피고인에 대하여 보호관찰, 사회봉사 또는 수강을 명하기 위하여 필요하다고 인정하면 그 법원의 소재지(所在地) 또는 피고인의 주거지를 관할하는 보호관찰소의 장에게 범행 동기, 직업, 생활환경, 교우관계, 가족상황, 피해회복 여부 등 피고인에 관한 사항의 조사를 요구할 수 있다(법 제19조 제1항).

2) **법원의 결정[4)] 전 조사의뢰:** 법원은 소년 보호사건에 대한 조사 또는 심리를 위하여 필요하다고 인정하면 그 법원의 소재지 또는 소년의 주거지를 관할하는 보호관찰소의 장에게 소년의 품행, 경력, 가정상황, 그 밖의 환경 등 필요한 사항에 관한 조사를 의뢰할 수 있다(법 제19조의2 제1항).

3) 판결전조사제도(presentence investigation)는 재판과정의 유죄 · 무죄를 확정하는 단계에서 유죄가 인정된 자에게 형량을 정하는 기초 자료로서 인격과 환경에 대한 상황을 조사하는 제도이다.

4) 재판의 형식으로서는 판결 · 결정 · 명령의 3가지가 있다. 중요한 사항은 판결의 형식으로, 경미한 사항은 결정 · 명령의 형식으로 재판한다(네이버 백과사전). 가정법원 소년부가 소년사건을 조사 · 심리한 결과 죄질이나 정상에 비추어 형사처분이 마땅하다고 인정할 경우에는 검사에게 송치한다. 그렇지 않은 경우에는 보호처분이 필요가 없는 자로 결정하든지, 또는 결정으로써 보호관찰 · 소년원 송치, 보호자 또는 소년보호시설에의 감호위탁 등의 보호처분을 해야 한다(네이버 백과사전 참조).

2. 선고유예[5] 및 집행유예[6]와 보호관찰

법원은 선고유예 또는 집행유예를 조건으로 보호관찰을 명하는 판결을 하는 경우에는 판결이 확정된 때부터 3일 이내에 판결문 등본 및 준수사항을 적은 서면을 피고인의 주거지를 관할하는 보호관찰소의 장에게 보내야 한다(법 제20조 제1항). 이 때 그 의견이나 그 밖에 보호관찰에 참고가 될 수 있는 자료를 첨부할 수 있다(법 제20조 제2항). 또한 통지를 받은 보호관찰소의 장에게 보호관찰 상황에 관한 보고를 요구할 수 있다(법 제20조 제3항).

3. 가석방 및 임시퇴원[7]

1) 교도소장 등의 통보의무

(1) 가석방요건 충족기간의 통보: 교도소 · 구치소 · 소년교도소의 장은 징역 또는 금고의 형을 선고받은 '소년수형자'가 소년법 제65조 각 호의 기간[8]을 지나면 그 교도소 · 구치소 · 소년교도소의 소재지를 관할하는 심사위원회에 그 사실을 통보하여야 한다(법 제21조 제1항).

(2) 수용기간 6개월 경과 사실 통보: 소년원장은 보호소년이 수용된 후 6개월이 지나면 그 소년원의 소재지를 관할하는 심사위원회에 그 사실을 통보하여야 한다(법 제21조 제2항).

2) 가석방 · 퇴원 및 임시퇴원의 신청: 교도소 · 구치소 · 소년교도소 및 소년원 등 '수용기관'의 장은 가석방요건 충족기간이 지난 소년수형자 또는 수용 중인 보호소년에 대하여 관할 심사위원회에 가석방, 퇴원 또는 임시퇴원 심사를 신청할 수 있다(법 제22조 제1항). 신청을 할 때에는 통지받은 환경조사 및 환경개선활동 결과를 고려하여야 한다(법 제22조 제2항).

---

5) 선고유예(宣告猶豫)란 범죄인의 정상을 참작하여 판결의 선고를 일정한 기간 동안 미루어 공소제기가 소멸되도록 하는 것으로 주로 1년 이하의 징역이나 벌금형과 같은 가벼운 범죄에 적용된다.

6) 집행유예(執行猶豫)란 유죄판결을 내리고 일정한 기간 동안 형의 집행을 보류하며, 그 기간을 무사히 넘기면 선고의 효력이 없어지게 하는 제도이다. 형의 집행유예제도는 주로 초범자에 대하여 일정한 기간을 정하여 형의 집행을 유예하는 제도인데 그 기간 중에 취소의 사유가 없으면 형을 집행하지 않는 재판상의 처분을 말한다. 유예의 기간이 경과되면 자동적으로 형의 선고가 실효되는 조건부 유죄판결제도이다.

7) 가석방(임시퇴원)제도는 자유형의 집행 중에 있는 자가 개전의 정이 현저할 때에 형기가 만료되기 전에 임시로 석방하여 가석방의 기간을 별다른 문제없이 경과하게 되면 남은 형이 집행된 것과 같은 효과를 발생하는 행정처분이다(鄭盛根, 1990: 680).

8) 소년법 제65조(가석방)징역 또는 금고를 선고받은 소년에 대하여는 다음의 기간이 지나면 가석방(假釋放)을 허가할 수 있다. 무기형의 경우에는 5년, 15년 유기형의 경우에는 3년, 부정기형의 경우에는 단기의 3분의 1

3) 가석방 · 퇴원 및 임시퇴원의 심사와 결정

(1) 신청에 의한 심사결정: 심사위원회는 신청을 받으면 소년수형자에 대한 가석방 또는 보호소년에 대한 퇴원 · 임시퇴원이 적절한지를 심사하여 결정한다(법 제23조 제1항).

(2) 직권에 의한 심사결정: 심사위원회는 통보를 받은 사람에 대하여는 신청이 없는 경우에도 직권으로 가석방 · 퇴원 및 임시퇴원이 적절한지를 심사하여 결정할 수 있다(법 제23조 제2항).

(3) 보호관찰의 필요성의 심사: 심사위원회는 소년수형자의 가석방이 적절한지를 심사할 때에는 보호관찰의 필요성을 심사하여 결정한다(법 제23조 제3항).

(4) 심사에서 고려할 사항: 심사위원회는 심사 · 결정을 할 때에는 본인의 인격, 교정성적, 직업, 생활태도, 가족관계 및 재범 위험성 등 모든 사정을 고려하여야 한다(법 제23조 제4항).

4) 성인수형자에 대한 보호관찰 필요성의 심사와 결정: 심사위원회는 가석방되는 사람에 대하여 보호관찰의 필요성을 심사하여 결정한다(법 제24조 제1항). 심사위원회는 보호관찰심사를 할 때에는 보호관찰 사안조사(법 제28조) 결과를 고려하여야 한다(법 제24조 제2항).

5) 법무부장관의 허가: 심사위원회는 심사 결과 가석방, 퇴원 또는 임시퇴원이 적절하다고 결정한 경우 및 심사 결과 보호관찰이 필요 없다고 결정한 경우에는 결정서에 관계 서류를 첨부하여 법무부장관에게 이에 대한 허가를 신청하여야 하며, 법무부장관은 심사위원회의 결정이 정당하다고 인정하면 이를 허가할 수 있다(법 제25조).

4. 환경조사 및 환경개선활동[9)]

1) 환경조사

(1) 환경조사의 의뢰: 수용기관 · 병원 · 요양소 · 소년의료보호시설의 장은 소년수형자 및 병원, 요양소 또는 소년보호시설 위탁이나 단기 또는 장기 소년원 송치(소년법 제32조 제1항 제7호 · 제9호 · 제10호) 등의 보호처분 중 어느 하나에 해당하는 처분을 받은 사람을 수용한 경우에는 지체 없이 거주예정지를 관할하는 보호관찰소의 장에게 신상조사서를 보내

9) 오늘날 사회복지학에서는 개인이 나타내는 문제의 원인을 개인적 요인에서 찾는 것이 아니라 환경과의 관계 양상에서 찾고자 한다. 문제의 해결도 개인적 변화에 초점을 두기보다는 가족, 직장, 학교, 친구 등 주변 환경의 구성원들끼리 상호작용하는 방식의 변화에 초점을 둔다. 따라서 범죄자를 바로 이해하기 위해서도 범죄자의 환경조사가 필요하며, 범죄자의 재범을 방지하기 위해서는 환경을 어떻게 조정하고 변화시킬 것인가를 바로 이해할 필요가 있다.

환경조사를 의뢰하여야 한다(법 제26조 제1항).

(2) **환경조사 결과의 통보**: 환경조사를 의뢰받은 보호관찰소의 장은 수용자의 범죄 또는 비행의 동기, 수용 전의 직업, 생활환경, 교우관계, 가족상황, 피해회복 여부, 생계대책 등을 조사하여 수용기관의 장에게 알려야 한다. 이 경우 필요하다고 인정하면 수용자를 면담하거나 관계인을 소환하여 심문(審問)하거나 소속 보호관찰관에게 필요한 사항을 조사하게 할 수 있다(법 제26조 제2항).

2) 환경개선활동

(1) **수용자 본인의 협력**: 보호관찰소의 장은 환경조사 결과에 따라 수용자의 건전한 사회복귀를 촉진하기 위하여 필요하다고 인정하면 본인의 동의를 얻거나 가족 · 관계인의 협력을 받아 본인의 환경개선을 위한 활동을 할 수 있다(법 제27조 제1항).

(2) **수용기관장에 대한 협조 요청**: 보호관찰소의 장은 환경개선활동을 위하여 필요하다고 인정하면 수용기관의 장에게 수용자의 면담 등 필요한 협조를 요청할 수 있다(법 제27조 제2항).

(3) **환경개선활동에 대한 통보**: 보호관찰소의 장은 환경개선활동의 결과를 수용기관의 장과 수용기관의 소재지를 관할하는 심사위원회에 알려야 한다(법 제27조 제3항).

3) 성인수형자에 대한 보호관찰 사안(事案)조사

(1) **성인수형자 신상조사서의 송부**: 교도소 · 구치소 · 소년교도소의 장은 징역 또는 금고 이상의 형을 선고받은 '성인수형자'에 대하여 가석방심사위원회에 가석방 적격심사신청을 할 때에는 신청과 동시에 가석방 적격심사신청 대상자의 명단과 신상조사서를 해당 교도소 · 구치소 · 소년교도소의 소재지를 관할하는 심사위원회에 보내야 한다(법 제28조 제1항).

(2) **보호관찰 사안조사의 시행**: 심사위원회는 교도소 · 구치소 · 소년교도소의 장으로부터 가석방 적격심사신청 대상자의 명단과 신상조사서를 받으면 해당 성인수형자를 면담하여 직접 생활력이나 환경(제26조 제2항 전단에 규정된 사항), 석방 후의 재범 위험성 및 사회생활에 대한 적응 가능성 등에 관한 '보호관찰 사안조사'를 하거나 교도소 · 구치소 · 소년교도소의 소재지 또는 해당 성인수형자의 거주예정지를 관할하는 보호관찰소의 장에게 그 자료를 보내 보호관찰 사안조사를 의뢰할 수 있다(법 제28조 제2항).

제3절 보호관찰

1. 보호관찰의 실시

1) **보호관찰의 개시:** 보호관찰은 법원의 판결이나 결정이 확정된 때 또는 가석방 · 임시퇴원된 때부터 시작된다(법 제29조 제1항).

2) **보호관찰의 신고:** 보호관찰 대상자는 대통령령으로 정하는 바에 따라 주거, 직업, 생활계획, 그 밖에 필요한 사항을 관할 보호관찰소의 장에게 신고하여야 한다(법 제29조 제2항).

3) **보호관찰 담당자:** 보호관찰은 보호관찰 대상자의 주거지를 관할하는 보호관찰소 소속 보호관찰관이 담당한다(법 제30조).

4) **보호관찰의 기간:** 보호관찰 대상자는 다음의 구분에 따른 기간에 보호관찰을 받는다(법 제30조).

① **보호관찰을 조건으로 형의 선고유예를 받은 사람:** 1년

② **보호관찰을 조건으로 형의 집행유예를 선고받은 사람:** 그 유예기간. 다만, 법원이 보호관찰 기간을 따로 정한 경우에는 그 기간

③ **가석방자:** 형법 제73조의2[10] 또는 소년법 제66조[11]에 규정된 기간

④ **임시퇴원자:** 퇴원일부터 6개월 이상 2년 이하의 범위에서 심사위원회가 정한 기간

⑤ **소년법에 의한 장기보호관찰 및 단기보호관찰**(제32조 제1항 제4호 및 제5호)**의 보호처분을 받은 사람:** 그 법률에서 정한 기간

⑥ **다른 법률에 따라 이 법에서 정한 보호관찰을 받는 사람:** 그 법률에서 정한 기간

2. 보호관찰 대상자의 준수사항

보호관찰 대상자는 보호관찰관의 지도 · 감독을 받으며 준수사항을 지키고 스스로 건전한 사회인이 되도록 노력하여야 한다(법 제32조 제1항).

---

10) 형법 제73조의2(가석방의 기간 및 보호관찰) ① 가석방의 기간은 무기형에 있어서는 10년으로 하고, 유기형에 있어서는 남은 형기로 하되, 그 기간은 10년을 초과할 수 없다. ② 가석방된 자는 가석방 기간 중 보호관찰을 받는다. 다만, 가석방을 허가한 행정관청이 필요가 없다고 인정한 때에는 그러하지 아니하다.

11) 제66조(가석방 기간의 종료) 징역 또는 금고를 선고받은 소년이 가석방된 후 그 처분이 취소되지 아니하고 가석방 전에 집행을 받은 기간과 같은 기간이 지난 경우에는 형의 집행을 종료한 것으로 한다. 다만, 제59조의 형기(刑期) 또는 제60조 제1항에 따른 장기의 기간이 먼저 지난 경우에는 그때에 형의 집행을 종료한 것으로 한다.

1) **보호관찰 대상자의 일반준수사항:** 보호관찰 대상자는 다음의 사항을 지켜야 한다(법 제32조 제2항).

① 주거지에 상주(常住)하고 생업에 종사할 것
② 범죄로 이어지기 쉬운 나쁜 습관을 버리고 선행(善行)을 하며 범죄를 저지를 염려가 있는 사람들과 교제하거나 어울리지 말 것
③ 보호관찰관의 지도·감독에 따르고 방문하면 응대할 것
④ 주거를 이전(移轉)하거나 1개월 이상 국내외 여행을 할 때에는 미리 보호관찰관에게 신고할 것

2) **보호관찰 대상자의 특별준수사항:** 법원 및 심사위원회는 판결의 선고 또는 결정의 고지를 할 때에는 일반준수사항 외에 범죄의 내용과 종류 및 본인의 특성 등을 고려하여 필요하면 보호관찰기간의 범위에서 기간을 정하여 다음의 사항을 특별히 지켜야 할 사항으로 따로 과(科)할 수 있다(법 제32조 제3항).

① 야간 등 재범의 기회나 충동을 줄 수 있는 특정 시간대의 외출 제한
② 재범의 기회나 충동을 줄 수 있는 특정 지역·장소의 출입 금지
③ 피해자 등 재범의 대상이 될 우려가 있는 특정인에 대한 접근 금지
④ 범죄행위로 인한 손해를 회복하기 위하여 노력할 것
⑤ 일정한 주거가 없는 자에 대한 거주장소 제한
⑥ 사행행위에 빠지지 아니할 것
⑦ 일정량 이상의 음주를 하지 말 것
⑧ 마약 등 중독성 있는 물질을 사용하지 아니할 것
⑨ 마약류 투약, 흡연, 섭취 여부에 관한 검사에 따를 것
⑩ 그 밖에 보호관찰 대상자의 재범 방지를 위하여 필요하다고 인정되어 대통령령으로 정하는 사항

3) **대통령령이 정하는 특별준수사항:** '대통령령으로 정하는 사항'이란 다음의 사항을 말한다(령 제19조).

① 운전면허를 취득할 때까지 자동차(원동기장치자전거 포함) 운전을 하지 않을 것
② 직업훈련, 검정고시 등 학과교육 또는 성행개선을 위한 교육, 치료 및 처우 프로그램에 관한 보호관찰관의 지시에 따를 것

③ 범죄와 관련이 있는 특정 업무에 관여하지 않을 것
④ 성실하게 학교수업에 참석할 것
⑤ 정당한 수입원에 의하여 생활하고 있음을 입증할 수 있는 자료를 정기적으로 보호관찰관에게 제출할 것
⑥ 흉기나 그 밖의 위험한 물건을 소지 또는 보관하거나 사용하지 아니할 것
⑦ 가족의 부양 등 가정생활에 있어서 책임을 성실히 이행할 것
⑧ 그 밖에 보호관찰 대상자의 생활상태, 심신의 상태, 범죄 또는 비행의 동기, 거주지의 환경 등으로 보아 보호관찰 대상자가 준수할 수 있고 자유를 부당하게 제한하지 아니하는 범위에서 개선·자립에 도움이 된다고 인정되는 구체적인 사항

4) **준수사항의 추가 또는 변경:** 보호관찰 대상자가 일반준수사항 또는 특별준수사항을 위반하는 등 사정변경의 상당한 이유가 있는 경우에는 법원은 보호관찰소의 장의 신청 또는 검사의 청구에 따라, 심사위원회는 보호관찰소의 장의 신청에 따라 각각 준수사항의 전부 또는 일부를 추가하거나 변경할 수 있다(법 제32조 제4항).

5) **준수사항의 서면고지:** 일반준수사항이나 특별준수수항 또는 준수사항의 추가나 변경은 서면으로 고지하여야 한다(법 제32조 제5항).

6) **보호관찰 대상자에 대한 경고:** 보호관찰소의 장은 보호관찰 대상자가 준수사항을 위반하거나 위반할 위험성이 있다고 인정할 상당한 이유가 있는 경우에는 준수사항의 이행을 촉구하고 형의 집행 등 불리한 처분을 받을 수 있음을 경고할 수 있다(법 제38조). 경고를 하는 때에는 보호관찰 대상자에게 경고이유 등을 서면으로 고지하여야 한다(령 제22조).

3. 지도·감독

보호관찰관은 보호관찰 대상자의 재범을 방지하고 건전한 사회 복귀를 촉진하기 위하여 필요한 지도·감독을 한다(법 제33조 제1항). 지도·감독 방법은 다음과 같다(법 제33조 제2항).

① 보호관찰 대상자와 긴밀한 접촉을 가지고 항상 그 행동 및 환경 등을 관찰하는 것
② 보호관찰 대상자에게 준수사항을 이행하기에 적절한 지시를 하는 것
③ 보호관찰 대상자의 건전한 사회 복귀를 위하여 필요한 조치를 하는 것

4. 분류처우[12)]

보호관찰소의 장은 범행 내용, 재범위험성 등 보호관찰 대상자의 개별적 특성을 고려하여 그에 알맞은 지도 · 감독의 방법과 수준에 따라 분류처우를 하여야 한다(법 제33조의2 제1항).

1) **분류처우계획의 수립:** 보호관찰소의 장은 '분류처우'를 하기 위하여 보호관찰 대상자의 개별적 특성에 알맞은 분류처우계획을 수립 · 시행하여야 한다(령 제19조의3 제1항).
2) **필요한 사항의 조사:** 보호관찰소의 장은 분류처우를 하기 위하여 보호관찰 대상자의 재범가능성, 사회생활 적응가능성 등 필요한 사항을 조사하여야 한다(령 제19조의3 제2항).
3) **심리검사:** 보호관찰소의 장은 분류처우를 하기 위하여 보호관찰 대상자에 대한 심리검사 등 필요한 검사를 할 수 있고, 필요한 경우 외부전문가로부터 의견을 듣거나 검사를 의뢰할 수 있다(령 제19조의3 제3항).

5. 원호(援護) 및 응급구호

1) **자조노력에 대한 원호:** 보호관찰관은 보호관찰 대상자가 자조(自助)의 노력을 할 때에는 그의 개선과 자립을 위하여 필요하다고 인정되는 적절한 원호(援護)를 한다(법 제34조 제1항).
2) **원호의 방법:** 원호의 방법은 다음과 같다(법 제34조 제2항).
   ①숙소 및 취업의 알선, ②직업훈련 기회의 제공, ③환경의 개선, ④보호관찰 대상자의 건전한 사회 복귀에 필요한 원조의 제공 등이다.
3) **응급구호:** 보호관찰소의 장은 보호관찰 대상자에게 부상, 질병, 그 밖의 긴급한 사유가 발생한 경우에는 대통령령으로 정하는 바에 따라 필요한 구호를 할 수 있다(법 제35조). 응급구호는 다음에 해당하는 경우에 실시할 수 있다(령 제20조).
   ① 질병 · 부상, 기타 긴급한 사유의 발생으로 보호관찰 대상자의 생명 · 신체에 중대한 위험이 예상되는 경우

12) 분류처우는 소년분류심사원에서 한다. 소년분류심사원은 비행청소년을 수용 · 보호하면서 이들의 자질을 과학적으로 진단 · 감별하는 법무부 소속 국가기관이다. 분류(또는 감별)는 의학, 심리학, 사회학, 사회사업학 등의 전문적인 지식과 기술에 근거하여 신체적 · 심리적 · 환경적 제 측면의 조사 · 분석을 통하여 문제점을 규명하고 이들의 처우에 관한 방침을 수립하는 데 목적이 있다. 소년분류심사원은 ① 분류결과를 법원소년부에 보내어 보호처분의 참고자료로 제공하고, ② 소년원 및 보호관찰소에 교정처우 지침을 제시, ③ 사회에 복귀하는 소년에 대하여는 보호자에게 사후지도에 필요한 지도방법을 권고하는 등 재비행 방지에 힘쓰고 있다. 그 외에도 가정, 학교, 사회보호단체 등에서 감별 요청이 있을 경우 감별을 하여 청소년 지도자료로 제공하고 있다.

② 보호자 또는 부양의무자의 부양능력이 없어 구호가 불가피한 경우

③ 기타 응급구호를 함이 적절하다고 판단되는 경우

4) **갱생보호사업자 등의 원조와 협력:** 보호관찰소의 장은 원호와 응급구호를 위하여 필요한 경우에는 국공립기관, 갱생보호사업 허가를 받은 자, 한국법무보호복지공단, 그 밖의 단체에 대하여 숙식 제공이나 그 밖의 적절한 원조 또는 협력을 요청할 수 있다. 이 경우 필요한 비용은 국가가 예산의 범위에서 지급한다(법 제36조).

5) 정신질환 보호관찰 대상자의 치료 등을 위한 협력

(1) 정신질환 보호관찰 대상자의 등록: 보호관찰 대상자로서 정신건강의학과전문의가 정신질환자로 진단하거나 감정한 사람, 즉 "정신질환 보호관찰 대상자"는 정신건강복지센터에 등록하여 상담, 진료, 재활 지원 등의 서비스를 받을 수 있다(법 제36조의2 제1항).

(2) 정신질환 보호관찰대상자의 보호관찰 종료통보: 보호관찰소의 장은 정신질환 보호관찰 대상자의 보호관찰이 종료되는 때에는 심사위원회의 심사를 거쳐 그 종료사실을 정신질환 보호관찰 대상자의 주소지를 관할하는 경찰관서의 장 및 지방자치단체의 장에게 통보할 수 있다(법 제36조의2 제2항).

6. 보호관찰 대상자 등의 조사

1) **소환 · 조사:** 보호관찰소의 장은 보호관찰을 위하여 필요하다고 인정하면 보호관찰 대상자나 그 밖의 관계인을 소환하여 심문하거나 소속 보호관찰관에게 필요한 사항을 조사하게 할 수 있다(법 제37조 제1항).

2) **관계기관에 협조요청:** 보호관찰소의 장은 보호관찰을 위하여 필요하다고 인정하면 국공립기관이나 그 밖의 단체에 사실을 알아보거나 관련 자료의 열람 등 협조를 요청할 수 있다(법 제37조 제2항).

3) **직무담당자의 비밀 엄수의무:** 직무를 담당하는 사람은 직무상 비밀을 엄수하고, 보호관찰 대상자 및 관계인의 인권을 존중하며, 보호관찰 대상자의 건전한 사회 복귀에 방해되는 일이 없도록 주의하여야 한다(법 제37조 제3항).

7. 구인(拘引)[13)]

1) 구인의 사유: 보호관찰소의 장은 보호관찰 대상자가 준수사항을 위반하였거나 위반하였다고 의심할 상당한 이유가 있고, 다음에 해당하는 사유가 있는 경우에는 관할 지방검찰청의 검사에게 신청하여 검사의 청구로 관할 지방법원 판사의 구인장을 발부받아 보호관찰 대상자를 구인(拘引)할 수 있다(법 제39조 제1항).

① 일정한 주거가 없는 경우

② 보호관찰소장이 보호관찰에 필요하다고 인정(법 제37조 제1항)함에 따른 소환에 따르지 아니한 경우

③ 도주한 경우 또는 도주할 염려가 있는 경우

2) 검사의 지휘: 구인장은 검사의 지휘에 따라 보호관찰관이 집행한다. 다만, 보호관찰관이 집행하기 곤란한 경우에는 사법경찰관리에게 집행하게 할 수 있다(법 제39조 제2항).

3) 긴급구인

(1) 긴급구인의 사유: 보호관찰소의 장은 준수사항을 위반한 보호관찰 대상자가 구인의 사유(법 제39조 제1항)에 해당하는 사유가 있는 경우로서 긴급하여 구인장을 발부받을 수 없는 경우에는 그 사유를 알리고 구인장 없이 그 보호관찰 대상자를 구인할 수 있다. 이 경우 긴급하다 함은 해당 보호관찰 대상자를 우연히 발견한 경우 등과 같이 구인장을 발부받을 시간적 여유가 없는 경우를 말한다(법 제40조 제1항).

(2) 긴급구인의 승인: 보호관찰소의 장은 보호관찰 대상자를 긴급구인한 경우에는 긴급구인서를 작성하여 즉시 관할 지방검찰청 검사의 승인을 받아야 한다(법 제40조 제2항). 보호관찰소의 장은 승인을 받지 못하면 즉시 보호관찰 대상자를 석방하여야 한다(법 제40조 제3항).

4) 구인기간: 보호관찰소의 장은 보호관찰 대상자를 구인하였을 때에는 유치(留置) 허가를 청구한 경우를 제외하고는 구인한 때부터 48시간 이내에 석방하여야 한다. 다만, 유치 허가를 받지 못하면 즉시 보호관찰 대상자를 석방하여야 한다(법 제41조).

5) 구인 후 조사 및 심문

(1) 지체 없이 조사 착수: 보호관찰관은 구인된 보호관찰 대상자를 보호관찰소 등에 인치한

13) 법원이 신문하기 위하여 피고인이나 증인 따위를 일정한 장소로 끌고 가는 강제 처분으로, 소환에 응하지 않는 경우에만 영장에 의하여 집행된다(네이버 국어사전 참조).

때에는 지체 없이 조사하여야 한다(령 제27조 제1항).

(2) **진술거부권의 고지:** 보호관찰관은 보호관찰 대상자에게 심문에 대하여 진술을 거부할 수 있으며 본인에게 유리한 사실에 대하여 진술을 할 수 있다는 취지를 고지하여야 한다(령 제27조 제2항).

(3) **조사결과에 따른 조치:** 보호관찰소의 장은 조사결과 보호관찰 대상자를 유치할 필요가 없다고 판단되는 때에는 즉시 석방하여야 한다(령 제27조 제3항).

8. 유치(留置)[14)]

1) **유치의 사유:** 보호관찰소의 장은 다음의 신청이 필요하다고 인정되면 구인한 보호관찰 대상자를 수용기관 또는 소년분류심사원에 유치할 수 있다(법 제42조 제1항).

① 보호관찰을 조건으로 한 형의 선고유예의 실효(失效) 및 집행유예의 취소 청구의 신청

② 가석방 및 임시퇴원의 취소 신청

③ 보호처분의 변경 신청

2) **유치의 허가:** 유치를 하려는 경우에는 보호관찰소의 장이 검사에게 신청하여 검사의 청구로 관할 지방법원 판사의 허가를 받아야 한다. 이 경우 검사는 보호관찰 대상자가 구인된 때부터 48시간 이내에 유치 허가를 청구하여야 한다(법 제42조 제2항).

3) **보호관찰소장의 조치:** 보호관찰소의 장은 유치 허가를 받은 때부터 24시간 이내에 유치의 사유(법 제42조 제1항)가 된 신청을 하여야 한다(법 제42조 제3항).

4) **검사의 조치:** 검사는 보호관찰소의 장으로부터 신청을 받고 그 이유가 타당하다고 인정되면 48시간 이내에 관할 지방법원에 보호관찰을 조건으로 한 형의 선고유예의 실효 또는 집행유예의 취소를 청구하여야 한다(법 제42조 제4항).

5) **유치기간:** 유치의 기간은 구인한 날부터 20일로 한다(법 제43조 제1항).

6) **유치기간의 연장:** 법원은 신청이 있는 경우에 심리(審理)를 위하여 필요하다고 인정되면 심급마다 20일의 범위에서 한 차례만 유치기간을 연장할 수 있다(법 제43조 제2항). 보호관찰소의 장은 신청이 있는 경우에 심사위원회의 심사에 필요하면 검사에게 신청하여 검사의 청구로 지방법원 판사의 허가를 받아 10일의 범위에서 한 차례만 유치기간을 연장할 수 있다(법 제43조 제3항).

---

14) 유치(留置)란 형사소송법에서 사람을 구속하는 재판 및 그 집행, 또는 그 결과로 구속되어 있는 상태를 말한다. 그러나 여기서의 유치는 감정유치란 피고인의 정신 또는 신체에 관한 감정이 필요한 때 법원이 기간을 정하여 병원이나 기타 적당한 장소에 피고인을 유치하는 것을 말한다(형사소송법 제172조 제3항).

7) **유치의 해제**(解除)15)**:** 보호관찰소의 장은 다음에 해당하는 경우에는 유치를 해제하고 보호관찰 대상자를 즉시 석방하여야 한다(법 제44조).

① 검사가 보호관찰소의 장의 신청을 기각한 경우

② 법원이 검사의 청구를 기각한 경우

③ 심사위원회가 보호관찰소의 장의 신청을 기각한 경우

④ 법무부장관이 심사위원회의 신청을 허가하지 아니한 경우

⑤ 법원이 보호관찰소의 장의 신청을 기각한 경우

8) **유치기간의 형기 산입**(算入)**:** 유치된 사람에 대하여 보호관찰을 조건으로 한 형의 선고유예가 실효되거나 집행유예가 취소된 경우 또는 가석방이 취소된 경우에는 그 유치기간을 형기에 산입한다(법 제54조).

9. 보호장구의 사용

1) **보호장구의 종류:** 보호관찰소 소속 공무원은 보호관찰 대상자에 대한 정당한 직무집행 과정에서 도주 방지, 항거 억제, 자기 또는 타인의 생명 · 신체에 대한 위해(危害) 방지를 위하여 필요하다고 인정되는 상당한 이유가 있으면 ① 수갑, ② 포승, ③ 전자충격기, ④ 가스총 등의 보호장구를 사용할 수 있다(법 제45조의2 제1항).

2) **최소사용의 원칙:** 보호장구는 필요한 최소한의 범위에서 사용하여야 하며, 보호장구를 사용할 필요가 없게 되면 지체 없이 사용을 중지하여야 한다(법 제45조의2 제2항).

3) **보호장구 사용의 사전 경고:** 보호장구를 사용하려면 사전에 해당 보호관찰 대상자에게 경고를 하여야 한다. 다만, 긴급한 상황으로 사전에 경고할 만한 시간적 여유가 없을 때에는 그러하지 아니하다(법 제45조의2 제3항).

10. 보호관찰의 종료

1) **보호관찰의 종료사유:** 보호관찰은 보호관찰 대상자가 다음에 해당하는 때에 종료한다(법 제51조).

① 보호관찰기간이 지난 때

② 보호관찰을 조건으로 한 형의 선고유예가 실효되거나 보호관찰을 조건으로 한 집행

15) 유효한 법률행위의 효력을 소급하여 원천적으로 소멸되게 하는 것이다. 이에 대해 해지(解止)란 법률행위의 효력을 장래에 대하여 소멸시키는 것이다.

유예가 실효되거나 취소된 때

③ 법률에 따라 가석방 또는 임시퇴원이 실효되거나 취소된 때

④ 보호처분이 변경된 때

⑤ 부정기형 종료 결정이 있는 때

⑥ 보호관찰기간 중 금고 이상 형의 집행을 받게 된 때

⑦ 보호관찰이 정지된 임시퇴원자가 22세의 나이가 된 때[16)]

⑧ 다른 법률에 따라 보호관찰이 변경되거나 취소·종료된 때

2) **보호관찰 종료사실 등의 통보:** 보호관찰소의 장은 가석방자의 보호관찰이 종료된 때에 재범 방지 등을 위하여 필요하다고 인정하면 가석방자의 보호관찰 종료사실 등을 그의 주거지를 관할하는 경찰관서의 장에게 통보할 수 있다(법 제55조의3 제1항).

11. 보호관찰의 임시해제

1) **심사위원회의 해제:** 심사위원회는 보호관찰 대상자의 성적이 양호할 때에는 보호관찰소의 장의 신청을 받거나 직권으로 보호관찰을 임시해제할 수 있다(법 제52조 제1항). 임시해제 중에는 보호관찰을 하지 아니한다. 다만, 보호관찰 대상자는 준수사항을 계속하여 지켜야 한다(법 제52조 제2항).

2) **임시해제 결정의 취소:** 심사위원회는 임시해제 결정을 받은 사람에 대하여 다시 보호관찰을 하는 것이 적절하다고 인정되면 보호관찰소의 장의 신청을 받거나 직권으로 임시해제 결정을 취소할 수 있다(법 제52조 제3항). 임시해제 결정이 취소된 경우에는 그 임시해제기간을 보호관찰기간에 포함한다(법 제52조 제4항).

12. 보호관찰의 정지

1) **정지결정:** 심사위원회는 가석방 또는 임시퇴원된 사람이 있는 곳을 알 수 없어 보호관찰을 계속할 수 없을 때에는 보호관찰소의 장의 신청을 받거나 직권으로 보호관찰의 '정지결정'을 할 수 있다(법 제53조 제1항).

2) **정지해제결정:** 심사위원회는 보호관찰을 정지한 사람이 있는 곳을 알게 되면 즉시 그 정지를 해제하는 결정을 하여야 한다(법 제53조 제2항).

3) **보호관찰 정지 중의 구인:** 보호관찰 정지 중인 사람이 구인된 경우에는 구인된 날에

16) 보호소년 등의 처우에 관한 법률 제43조(퇴원) ① 소년원장은 보호소년이 22세가 되면 퇴원시켜야 한다.

정지해제결정을 한 것으로 본다(법 제53조 제3항). 형기 또는 보호관찰기간은 정지결정을 한 날부터 그 진행이 정지되고, 정지해제결정을 한 날부터 다시 진행된다(법 제53조 제4항).

4) **보호 대상자에게 귀책사유 없는 정지결정취소:** 심사위원회는 정지결정을 한 후 소재불명이 천재지변이나 그 밖의 부득이한 사정 등 보호관찰 대상자에게 책임이 있는 사유로 인한 것이 아닌 것으로 밝혀진 경우에는 그 정지결정을 취소하여야 한다. 이 경우 정지결정은 없었던 것으로 본다(법 제53조 제5항).

제4절 사회봉사 및 수강

1. 사회봉사명령[17]·수강명령[18]의 범위

1) **시간의 지정:** 법원은 사회봉사를 명할 때에는 500시간, 수강을 명할 때에는 200시간 범위에서 그 기간을 정하여야 한다. 다만, 다른 법률에 특별한 규정이 있는 경우에는 그 법률에서 정하는 바에 따른다(법 제59조 제1항).
2) **장소의 지정:** 법원은 사회봉사·수강명령 대상자가 사회봉사를 하거나 수강할 분야와 장소 등을 지정할 수 있다(법 제59조 제2항).

2. 판결의 통지

법원은 사회봉사 또는 수강을 명하는 판결이 확정된 때부터 3일 이내에 판결문 등본 및 준수사항을 적은 서면을 피고인의 주거지를 관할하는 보호관찰소의 장에게 보내야 한다(법 제60조 제1항). 법원은 그 의견이나 그 밖에 사회봉사명령 또는 수강명령의 집행에 참고가 될 만한 자료를 첨부할 수 있다(법 제60조 제2항).

17) 사회봉사명령(Community Service Order)은 유죄가 인정된 범죄자 및 비행소년들로 하여금 형의 선고, 보호처분 또는 이에 수반하는 조건으로서 일정한 기간 내에 지정된 시간 동안 무보수로 근로에 종사하도록 하는 것이다. 이것은 무보수라는 측면에서는 자원봉사활동과 같으나 자발성이란 측면에서 자원봉사활동과 구분된다.

18) 수강명령이란 비교적 비행성이 약한 범죄자들에 대하여 일정시간 동안 수강센터(Attendance Centers)에 출석하여 강의, 훈련 또는 상담 등을 받도록 하는 처분이다.

3. 사회봉사 · 수강명령 집행 담당자

사회봉사명령 또는 수강명령은 보호관찰관이 집행한다(법 제61조 제1항 전단). 보호관찰관은 국공립기관이나 그 밖의 단체에 그 집행의 전부 또는 일부를 위탁할 수 있다(법 제61조 제1항 단서). 보호관찰관은 사회봉사명령 또는 수강명령의 집행을 국공립기관이나 그 밖의 단체에 위탁한 때에는 이를 법원 또는 법원의 장에게 통보하여야 한다(법 제61조 제2항).

4. 사회봉사 · 수강명령 대상자의 의무사항

1) **사회봉사 · 수강명령 대상자의 신고의무:** 사회봉사 · 수강명령 대상자는 대통령령으로 정하는 바에 따라 주거, 직업, 그 밖에 필요한 사항을 관할 보호관찰소의 장에게 신고하여야 한다(법 제62조 제1항).
2) **사회봉사 · 수강명령 대상자의 준수사항:** 사회봉사 · 수강명령 대상자는 다음의 사항을 준수하여야 한다(법 제62조 제2항). 법원은 판결의 선고를 할 때 법이 정하는 다음의 준수사항 외에 대통령령으로 정하는 범위에서 본인의 특성 등을 고려하여 특별히 지켜야 할 사항을 따로 과(科)할 수 있다(법 제62조 제3항). 준수사항은 서면으로 고지하여야 한다(법 제62조 제4항).
   ① 보호관찰관의 집행에 관한 지시에 따를 것
   ② 주거를 이전하거나 1개월 이상 국내외여행을 할 때에는 미리 보호관찰관에게 신고할 것

5. 사회봉사 · 수강의 종료

사회봉사 · 수강은 사회봉사 · 수강명령 대상자가 다음에 해당하는 때에 종료한다(법 제63조).

① 사회봉사명령 또는 수강명령의 집행을 완료한 때
② 형의 집행유예 기간이 지난 때
③ 사회봉사 · 수강명령을 조건으로 한 집행유예의 선고가 실효되거나 취소된 때
④ 사회봉사 · 수강명령 집행기간 중 금고 이상의 형의 집행을 받게 된 때
⑤ 다른 법률에 따라 사회봉사 · 수강명령이 변경되거나 취소 · 종료된 때

제5절 갱생보호

1. 갱생보호[19]의 방법 및 개시

1) **갱생보호의 신청 및 조치:** 갱생보호 대상자와 관계기관은 보호관찰소의 장, 갱생보호 사업 허가를 받은 자 또는 한국법무지원복지공단에 갱생보호 신청을 할 수 있다(법 제66조 제1항). 신청을 받은 자는 지체 없이 지원이 필요한지 결정하고 지원하기로 한 경우에는 그 방법을 결정하여야 한다(법 제66조 제2항). 신청을 받은 자가 지원결정을 한 경우에는 지체 없이 갱생보호에 필요한 조치를 하여야 한다(법 제66조 제3항).

2) **갱생보호의 조건:** 갱생보호는 갱생보호 대상자가 친족 또는 연고자 등으로부터 도움을 받을 수 없거나 이들의 도움만으로는 충분하지 아니한 경우에 한하여 행한다(령 제40조 제1항). 갱생보호를 하는 경우에는 갱생보호 대상자로 하여금 자립계획을 수립하게 할 수 있다(령 제40조 제2항).

3) **갱생보호의 방법:** 갱생보호는 ① 숙식 제공, ② 주거 지원, ③ 창업 지원, ④ 직업훈련 및 취업 지원, ⑤ 출소예정자 사전상담, ⑥ 갱생보호 대상자의 가족에 대한 지원, ⑦ 심리상담 및 심리치료, ⑧ 사후관리, ⑨ 그 밖에 갱생보호 대상자에 대한 자립 지원의 방법으로 한다(법 제65조 제1항).

4) **갱생보호시설:** 한국법무보호복지공단 또는 갱생보호사업의 허가를 받은 자는 갱생보호 활동을 위하여 갱생보호시설을 설치 · 운영할 수 있다(법 제65조 제3항).

2. 갱생보호사업자

1) **갱생보호사업의 허가:** 갱생보호사업을 하려는 자는 법무부령으로 정하는 바에 따라 법무부장관의 허가를 받아야 한다. 허가받은 사항을 변경하려는 경우에도 또한 같다(법 제67조 제1항). 법무부장관은 갱생보호사업의 허가를 할 때에는 사업의 범위와 허가의 기간을 정하거나 그 밖에 필요한 조건을 붙일 수 있다(법 제67조 제2항).

---

19) 갱생보호(更生保護)란 전과자에 대하여 재범 방지를 위한 관찰 지원을 하는 한편, 자활(自活)을 위한 생업의 지도, 취직 알선 등의 직접 지원을 행하는 일을 말한다. 갱생보호가 필요한 이유는 ① 출소자들의 비현실적인 생활설계, ② 출소자에 대한 사회적 불신, ③ 출소자 스스로의 자책감, ④ 출소자의 경제적 어려움, ⑤ 출소자 주변의 나쁜 인간적 환경 등으로 인해 이들은 재범의 위험에 노출되어 있다. 이러한 재범의 위험에서 출소자들을 지원하고 사회복귀를 도와주는 갱생보호제도를 '교도소와 사회를 잇는 다리'(bridge between prison and community)라고 한다.

※ 갱생보호사업의 허가를 받지 아니하고 갱생보호사업 명목으로 영리행위를 한 자는 1년 이하의 징역 또는 300만원 이하의 벌금에 처한다(법 제99조 제1호). 양벌규정(법 제100조).

※ 갱생보호사업의 허가를 받은 후 이를 이용하여 갱생보호사업의 목적에 반하여 영리행위를 한 자는 1년 이하의 징역 또는 300만원 이하의 벌금에 처한다(법 제99조 제2호). 양벌규정(법 제100조).

2) **허가의 기준:** 법무부장관은 다음의 기준에 맞지 아니할 때에는 갱생보호사업의 허가를 하여서는 아니 된다(법 제68조).

① 갱생보호사업에 필요한 경제적 능력을 가질 것
② 갱생보호사업의 허가신청자가 사회적 신망이 있을 것
③ 갱생보호사업의 조직 및 회계처리 기준이 공개적일 것

3) **보고의무:** 갱생보호사업의 허가를 받은 '사업자'는 다음 해의 사업계획과 전년도의 회계 상황 및 사업 실적을 법무부장관에게 보고하여야 한다(법 제69조).

4) **갱생보호사업의 허가 취소:** 법무부장관은 사업자가 다음에 해당할 때에는 그 허가를 취소하거나 6개월 이내의 기간을 정하여 그 사업의 전부 또는 일부의 정지를 명할 수 있다. 다만, 제1호 또는 제4호에 해당하는 때에는 그 허가를 취소하여야 한다(법 제70조). 갱생보호사업의 허가를 취소하거나 정지하려는 경우에는 청문을 하여야 한다(법 제70조의 2). 정지명령을 위반한 자는 1년 이하의 징역 또는 300만원 이하의 벌금에 처한다(법 제99조 제3호). 양벌규정(법 제100조).

① 부정한 방법으로 갱생보호사업의 허가를 받은 경우
② 갱생보호사업의 허가 조건을 위반한 경우
③ 목적사업 외의 사업을 한 경우
④ 정당한 이유 없이 갱생보호사업의 허가를 받은 후 6개월 이내에 갱생보호사업을 시작하지 아니하거나 1년 이상 갱생보호사업의 실적이 없는 경우
⑤ 보고를 거짓으로 한 경우
⑥ 이 법 또는 이 법에 따른 명령을 위반한 경우

제10부

사회보험

- 국민연금법
- 국민연금과 직역연금의 연계에 관한 법률
- 국민건강보험법
- 노인장기요양보험법
- 산업재해보상보험법
- 고용보험법

제13장

국민연금법

1973.12.24. 법률 제2655호 국민복지연금법 제정
1986.12.31. 법률 제3902호 국민연금법으로 제3차 전부개정
2007.07.23. 법률 제8541호 제23차 전부개정
2023.12.26. 법률 제19839호 제95차 타법개정, 2024.01.18. 시행(최신)

제 1 절 국민연금 가입자

1. 가입자

1) **가입대상:** 국내에 거주하는 국민으로서 18세 이상 60세 미만의 국민은 국민연금 가입대상이 된다(법 제6조 전단).

2) **가입자의 종류:** 가입자는 사업장가입자, 지역가입자, 임의가입자 및 임의계속가입자로 구분한다(법 제7조).

(1) 사업장가입자: '사업장가입자'란 사업장에 사용된 근로자[1] 및 사용자[2]로서 국민연금에 가입된 자를 말한다(법 제3조 제1항 제6호).

(2) 지역가입자: '지역가입자'란 사업장가입자 아닌 자로서 국민연금에 가입된 자를 말한다(법 제3조 제1항 제7호).

(3) 임의가입자: '임의가입자'란 사업장가입자 및 지역가입자 외의 자로서 국민연금에 가입된 자를 말한다(법 제3조 제1항 제8호). 사업장가입자와 지역가입자 외의 자로서 18세 이상 60세 미만인 자는 국민연금공단에 가입신청을 함으로써 임의가입자가 될 수 있다(법 제10조 제1항).[3] 임의가입자는 국민연금관리공단에 신청을 하여 탈퇴할 수 있다(법 제10조 제2항).

---

1) 여기서 '근로자'라 함은 직업의 종류에 불구하고 사업장에서 노무를 제공하고 그 대가로 임금을 받아 생활하는 자를 말한다. 따라서 법인의 이사, 기타 임원을 포함한다. 다만, 대통령령이 정하는 자를 제외한다(법 제3조 제1항 제1호).

2) 여기서 '사용자'라 함은 사업주 또는 사업경영자를 말한다(법 제3조 제1항 제2호). 즉, '사업주'라 함은 사업의 경영주체로서 개인사업자인 경우에는 기업주를, 법인사업자인 경우에는 법인을 가리킨다. '사업경영자'라 함은 사업경영일반에 관하여 책임을 지는 자로서 사업주로부터 사업경영의 전부 또는 일부에 대하여 포괄적인 위임을 받고 대외적으로 사업을 대표하거나 대리하는 자로 법인의 대표이사를 말한다.

3) 18세 미만이거나 27세 미만의 자로서 사업장가입자와 지역가입자가 될 수 없는 사람도 본인의 희망에 따라 공단에 가입신청을 하면 임의가입자가 될 수 있다. 즉, 다른 공적연금에서 퇴직연금(일시금), 장애연금을 받는 수급권자, 국민기초생활 수급자, 사업장가입자 등의 배우자 및 보험료를 납부한 사실이 없고 소득

(4) 임의계속가입자: 국민연금 가입자 또는 가입자였던 자로서 60세가 된 자는 65세가 될 때까지 국민연금공단에 가입을 신청하면 임의계속가입자가 될 수 있다. 이 경우 가입 신청이 수리된 날에 그 자격을 취득한다(법 제13조 제1항).

2. 외국인에 대한 적용

1) **외국인에 대한 상호주의(相互主義) 원칙의 적용:** 이 법의 적용을 받는 사업장에 사용되고 있거나 국내에 거주하는 외국인으로서 대통령령으로 정하는 자 외의 외국인은 당연히 사업장가입자 또는 지역가입자가 된다. 다만, 이 법에 따른 국민연금에 상응하는 연금에 관하여 그 외국인의 본국 법이 대한민국 국민에게 적용되지 아니하면 그러하지 아니하다(법 제126조 제1항).

2) **반환일시금의 적용 배제:** 사업장가입자 또는 지역가입자가 된 외국인에게는 반환일시금에 관한 규정을 적용하지 아니한다. 다만, 다음에 해당하는 외국인에 대하여는 그러하지 아니하다(법 제126조 제2항).

① 외국인의 본국법에 따라 대한민국 국민이 급여(노령, 장애, 유족연금의 급여에 상응하는 급여)의 수급권을 취득하지 못하고 반환일시금에 해당하게 된 때에 그 대한민국 국민에게 일정 금액(가입기간 중 낸 연금보험료에 기초하여 산정한 금액)을 일시금으로 지급하도록 그 나라 법에서 규정하고 있는 경우의 외국인

② 외국인근로자로서 이 법을 적용받는 사업장에 사용된 자

③ 산업연수활동을 할 수 있는 체류자격을 가지고 필요한 연수기간 동안 지정된 연수장소를 이탈하지 아니한 자로서 이 법을 적용받는 사업장에 사용된 자

제2절 국민연금 가입기간

1. 가입기간의 계산

국민연금 '가입기간'은 월단위로 계산하되, 가입자의 자격을 취득한 날이 속하는 달의 다음 달부터 자격을 상실한 날의 전날이 속하는 달까지로 한다(법 제17조 제1항 전단). 가입기간을 계산할 때 연금보험료를 내지 아니한 기간은 가입기간에 산입하지 아니한다(법 제17조 제2항 전단).

활동에 종사하지 않는 27세 미만인 자는 가입을 희망하는 경우 임의가입자가 될 수 있다.

2. 군 복무기간에 대한 가입기간 추가 산입

① 현역병, ② 전환복무를 한 사람, ③ 상근예비역, ④ 사회복무요원에 해당하는 자가 노령연금 수급권을 취득한 때에는 6개월을 가입기간에 추가로 산입한다. 다만, 병역의무를 수행한 기간이 6개월 미만인 경우에는 그러하지 아니한다(법 제18조 제1항). 가입기간을 추가로 산입하는 데 필요한 재원은 국가가 전부를 부담한다(법 제18조 제3항).

3. 출산에 대한 가입기간 추가 산입

2 이상의 자녀가 있는 가입자 또는 가입자였던 자가 노령연금 수급권을 취득한 때(가입기간이 추가 산입되면 노령연금 수급권을 취득할 수 있는 경우 포함)에는 다음의 기간을 가입기간에 추가로 산입한다. 다만, 추가로 산입하는 기간은 50개월을 초과할 수 없으며, 자녀 수의 인정방법 등에 관하여 필요한 사항은 대통령령으로 정한다(법 제19조 제1항). 가입기간을 추가로 산입하는 데 필요한 재원은 국가가 전부 또는 일부를 부담한다(법 제19조 제3항).

① **자녀가 2명인 경우:** 12개월

② **자녀가 3명 이상인 경우:** 둘째 자녀에 대하여 인정되는 12개월에 2자녀를 초과하는 자녀 1명마다 18개월을 더한 개월 수

4. 실업에 대한 가입기간 추가 산입

1) **실업급여 추가산입의 요건:** 다음의 요건을 모두 갖춘 사람이 구직급여를 받는 경우로서 구직급여를 받는 기간을 가입기간으로 산입하기 위하여 국민연금공단에 신청하는 때에는 그 기간을 가입기간에 추가로 산입한다. 다만, 추가로 산입하는 기간은 1년을 초과할 수 없다(법 제19조의2 제1항).

① 18세 이상 60세 미만인 사람 중 가입자 또는 가입자였을 것

② 대통령령으로 정하는 재산 또는 소득이 보건복지부장관이 정하여 고시하는 기준 이하일 것

2) **인정소득의 계산:** 산입되는 가입기간에 대하여는 구직급여의 산정 기초가 되는 임금일액을 월액으로 환산한 금액의 절반에 해당하는 "인정소득"으로 가입한 것으로 본다. 다만, 인정소득의 상한선 및 하한선은 보건복지부장관이 정하여 고시하는 금액으로 한다(법 제19조의2 제2항).

5. 가입기간의 합산

가입자의 자격을 상실한 후 다시 그 자격을 취득한 자에 대하여는 전후(前後)의 가입기간을 합산한다(법 제20조 제1항). 가입자의 가입 종류가 변동되면 그 가입자의 가입기간은 각 종류별 가입기간을 합산한 기간으로 한다(법 제20조 제2항).

제 3 절 국민연금의 보험료[4)]

국민연금의 보험료는 가입자 자격취득 시의 신고 또는 정기결정에 의하여 결정되는 기준소득월액에 보험료율을 곱하여 산정한다.

연금보험료=가입자의 기준소득월액×연금보험료율

1. 기준소득월액

'기준소득월액'이란 연금보험료와 급여를 산정하기 위하여 가입자의 소득월액을 기준으로 하여 대통령령으로 정하는 금액을 말한다(법 제3조 제1항 제5호). 기준소득월액은 하한액과 상한액의 범위에서 사업장가입자는 사용자가, 지역가입자는 가입자가 신고한 소득월액에서 천원 미만을 버린 금액으로 한다(령 제5조 제1항).

2. 보험료율

1) **사업장가입자의 보험료율:** 사업장가입자의 연금보험료 중 기여금은 사업장가입자 본인(근로자)이, 부담금[5)]은 사용자가 각각 부담하되, 그 금액은 각각 기준소득월액의 4.5%(1

4) '연금보험료'란 국민연금사업에 필요한 비용으로서 사업장가입자의 경우에는 부담금 및 기여금의 합계액을, 지역가입자 · 임의가입자 및 임의계속가입자의 경우에는 본인이 내는 금액을 말한다(법 제3조 제1항 제10호). 연금보험료는 연금급여를 지급하기 위한 재정 마련을 목적으로 법률에 근거하여 납부되는 것으로서 국민연금의 주된 재원이 된다.

5) 여기서 '부담금'이라 함은 사업장가입자의 사용자가 부담하는 금액을 말한다(법 제3조 제1항 제11호). '기여금'은 사업장가입자(근로자)가 부담하는 금액을 말한다(법 제3조 제1항 제12호). 사업장가입자의 보험료는 사업장가입자, 즉 근로자와 사용자가 각각 기준소득월액의 4.5%에 해당하는 금액을 부담한다. 이때 근로자가 자신의 보험료를 부담하는 것은 기여금이라 하고 사용자가 근로자의 보험료 중 4.5%를 부담하는 것을 부담금이라 한다.

천분의 45)에 해당하는 금액[6]으로 한다(법 제88조 제3항). 이 규정을 위반하여 부담금의 전부 또는 일부를 사업장가입자에게 부담하게 하거나 임금에서 기여금을 공제할 때 기여금을 초과하는 금액을 사업장가입자의 임금에서 공제한 사용자는 1년 이하의 징역이나 1천만 원 이하의 벌금에 처한다(법 128조 제2항 제1호).

2) **지역가입자의 보험료율:** 지역가입자, 임의가입자 및 임의계속가입자의 연금보험료는 지역가입자, 임의가입자 또는 임의계속가입자 본인이 부담[7]하되, 그 금액은 기준소득월액의 9%로 한다(법 제88조 제4항).

제 4 절 국민연금의 연금급여

급여는 '수급권자'의 청구에 의하여 공단이 지급한다(법 제50조 제1항). 연금액은 그 지급사유에 따라 기본연금액과 부양가족연금액을 기초로 하여 산정한다(법 제50조 제2항).

연금급여액=기본급여액+부양가족연금액

Ⅰ. 총 칙

1. 기본연금액

수급권자의 기본연금액은 다음의 금액을 합한 금액에 1천분의 1천200을 곱한 금액으로 한다. 다만, 가입기간이 20년을 초과하면 그 초과하는 1년(1년 미만이면 매 1개월을 12분의 1년으로 계산)마다 본문에 따라 계산한 금액에 1천분의 50을 곱한 금액을 더한다(법 제51조 제1항).

① 다음에 따라 산정한 금액을 합산하여 3으로 나눈 금액

㉮ 연금 수급 3년 전 연도의 평균소득월액을 연금 수급 3년 전 연도와 대비한 연금 수급 전년도의 전국소비자물가변동률에 따라 환산한 금액

---

6) 사업장가입자의 경우 보험료율인 소득의 9%에 해당하는 금액을 본인과 사업장의 사용자가 각각 절반, 즉 4.5%씩 부담하여 매월 사용자가 납부하여야 한다. 사업장가입자의 연금보험료는 가입자가 개별적으로 납부할 수 없고, 사용자에 의하여 일괄적으로 납부한다.

7) 지역가입자/임의/임의계속가입자는 보험료를 본인이 전액부담한다. 다만, 제도시행 초기 보험료 납부에 대한 부담을 줄여 주기 위하여 3%에서 시작하여, 2000년 7월부터 매년 1%씩 상향조정되어 2005년 7월 이후 9%까지 상향 조정되었다. 농어업인의 경우 일정한 조건에 해당되면 보험료의 일부를 국고에서 지원받을 수 있다.

㉯ 연금 수급 2년 전 연도의 평균소득월액을 연금 수급 2년 전 연도와 대비한 연금 수급 전년도의 전국소비자물가변동률에 따라 환산한 금액

㉰ 연금 수급 전년도의 평균소득월액

② 가입자 개인의 가입기간 중 매년 기준소득월액을 대통령령으로 정하는 바에 따라 보건복지부장관이 고시하는 연도별 재평가율에 의하여 연금 수급 전년도의 현재가치로 환산한 후 이를 합산한 금액을 총 가입기간으로 나눈 금액.

㉮ 군복무에 따라 추가로 산입되는 가입기간의 기준소득월액은 제1호에 따라 산정한 금액의 2분의 1에 해당하는 금액

㉯ 출산에 따라 추가로 산입되는 가입기간의 기준소득월액은 제1호에 따라 산정한 금액

2. 부양가족연금

부양가족연금액은 수급권자(유족연금의 경우에는 가입자 또는 가입자였던 자)를 기준으로 하는 다음의 수급자에 의하여 생계를 유지하고 있거나 노령연금 또는 장애연금의 수급권자가 그 권리를 취득한 후 그 자에 의하여 생계를 유지하고 있는 자에 대하여 해당 호에 규정된 각각의 금액으로 한다(법 제52조 제1항 전단).

① **배우자:** 연 15만원

② **19세 미만이거나 장애상태에 있는 자녀**(배우자가 혼인 전에 얻은 자녀 포함)**:** 연 10만원

③ **60세 이상이거나 장애상태에 있는 부모**(배우자의 부모 포함)**:** 연 10만원

3. 연금액의 최고한도

연금의 월별 지급액은 다음의 금액 중에서 많은 금액을 넘지 못한다(법 제53조).

① 가입자였던 최종 5년 동안의 기준소득월액을 평균한 금액을 전국소비자물가변동률에 준하여 조정한 금액

② 가입기간 동안의 기준소득월액을 평균한 금액을 전국소비자물가변동률에 준하여 조정한 금액

4. 미지급 급여

1) **미지급 급여의 신청:** 수급권자가 사망한 경우 그 수급권자에게 지급하여야 할 급여 중 아직 지급되지 아니한 것이 있으면 그 배우자 · 자녀 · 부모 · 손자녀 · 조부모 또는 형

제자매의 청구에 따라 그 미지급 급여를 지급한다. 다만, 가출 · 실종 등 대통령령으로 정하는 경우에 해당하는 사람에게는 지급하지 아니하며, 형제자매의 경우에는 대통령령으로 정하는 바에 따라 수급권자의 사망 당시 수급권자에 의하여 생계를 유지하고 있던 사람에게만 지급한다.

2) **미지급 급여의 수급 순위:** 급여를 받을 순위는 배우자, 자녀, 부모, 손자녀, 조부모, 형제자매의 순으로 한다. 이 경우 순위가 같은 사람이 2명 이상이면 똑같이 나누어 지급하되, 지급 방법은 대통령령으로 정한다.

3) **미지급 급여의 청구 시한:** 미지급 급여는 수급권자가 사망한 날부터 5년 이내에 청구하여야 한다.

Ⅱ. 연금급여의 종류 및 급여수준

급여의 종류는 다음과 같다(법 제49조).

① 노령연금 ② 장애연금 ③ 유족연금 ④ 반환일시금

1. 노령연금

1) 노령연금의 종류별 급여조건

(1) **완전노령연금:** 가입기간이 10년 이상인 가입자 또는 가입자였던 자에 대하여는 60세(특수직종근로자는 55세)가 된 때부터 그가 생존하는 동안 노령연금을 지급한다(법 제61조 제1항).

(2) **조기노령연금:** 가입기간이 10년 이상인 가입자 또는 가입자였던 자로서 55세 이상인 자가 소득이 있는 업무에 종사하지 아니하는 경우 본인이 희망하면 60세가 되기 전이라도 본인이 청구한 때부터 그가 생존하는 동안 일정한 금액의 '조기노령연금'을 받을 수 있다(법 제61조 제2항).

(3) **특례노령연금:** 1999년 4월 1일 현재 50세 이상 60세 미만인 자로서 다음에 해당하는 자에 대하여는 해당 호에 규정된 날부터 일정한 금액의 연금을 지급한다(법 부칙 제9조 제1항).[8)]

① **60세가 되기 전에 가입기간이 5년 이상 10년 미만이 되는 자:** 60세가 되는 날

8) 국민연금제도 도입(1988년) 당시 및 제도 확대적용(1995년 농어촌지역, 1999년 도시지역) 당시 연령이 많아 만 60세까지 계속하여 가입하더라도 노령연금 수급을 위한 최소가입기간을 충족할 수 없는 고령자에 대하여 5년 이상만 가입하여도 연금혜택을 부여한 제도이다.

② **60세가 된 후에 가입기간이 5년 이상이 되는 자:** 가입자 자격을 상실한 날

(4) **분할연금:** 혼인기간(배우자의 가입기간 중 혼인기간만 해당)이 5년 이상인 자가 다음에 해당하게 되면 그때부터 그가 생존하는 동안 배우자였던 자의 노령연금을 분할한 일정한 금액의 '분할연금'을 받을 수 있다(법 제64조 제1항).

① 노령연금 수급권자인 배우자와 이혼한 후 60세가 된 때

② 60세가 된 이후에 노령연금 수급권자인 배우자와 이혼한 때

③ 60세가 된 이후에 배우자였던 자가 노령연금 수급권을 취득한 때

④ 배우자였던 자가 노령연금 수급권을 취득한 후 본인이 60세가 된 때

2) **노령연금의 급여수준:** 노령연금액의 급여수준은 다음 〈표 15-1〉과 같다(법 제63조).

〈표 15-1〉 **노령연금 수급요건 및 급여수준**(법 제61조~제66조)

구분	수급 요건	가입기간 연령 등		급 여 수 준
완전 노령연금	가입기간 20년 이상, 60세에 달한 자	가입 기간	20년 이상	기본연금액 100% + 부양가족연금액 (65세 미만인 자는 소득이 없는 경우에 한함)
감액 노령연금	가입기간 10년 이상 20년 미만인 자로 60세에 달한 자	가입 기간	10년	기본연금액 50% + 부양가족연금액
			11년	〃 55% + 〃
			12년	〃 60% + 〃
			13년	〃 65% + 〃
			14년	〃 70% + 〃
			15년	〃 75% + 〃
			16년	〃 80% + 〃
			17년	〃 85% + 〃
			18년	〃 90% + 〃
			19년	〃 95% + 〃
조기 노령연금	가입기간 10년 이상, 연령 55세 이상인 자가 소득 있는 업무에 종사하지 아니하고 60세 도달 전에 연금 수급을 원하는 경우	수급 개시 연령	55세	기본연금액 50%×70% + 부양가족연금액
			56세	〃 50%×70% + 부양가족연금액
			57세	〃 50%×76% + 부양가족연금액
			58세	〃 50%×82% + 부양가족연금액
			59세	〃 50%×88% + 부양가족연금액
			60세	〃 50%×94% + 부양가족연금액 ※ 가입기간이 1년 증가 시마다 지급률 5%씩 증가 (11년 가입, 55세인 경우 기본연금액 70%) ※ 65세 전에 소득이 있는 업무에 종사할 경우에 소득이 있는 동안 지급정지

3) 노령연금의 지급 연기

(1) 60세 이상 65세 미만 자에 허용: 노령연금의 수급권자로서 60세 이상 65세 미만인 사람(특수직종근로자는 55세 이상 60세 미만)이 연금지급의 연기를 희망하는 경우에는 1회에 한정하여 65세(특수직종근로자는 60세) 전까지의 기간에 대하여 그 연금의 전부 또는 일부의 지급을 연기할 수 있다(법 제62조 제1항).

(2) 지급의 연기에 따른 가산: 연금 전부의 지급 연기를 신청한 수급권자가 연금의 지급을 희망하거나 65세(특수직종근로자는 60세)가 된 경우의 연금액은 지급의 연기를 신청한 때의 노령연금액(부양가족연금액은 제외)을 조정한 금액에 연기되는 매 1개월마다 그 금액의 1천분의 6을 더한 액으로 한다. 이 경우 1천분의 6에 해당하는 금액도 조정한다(법 제62조 제2항).

(3) 지급연기 신청할 금액의 내역: 연금 일부의 지급 연기를 신청하려는 수급권자는 노령연금액 중 다음의 어느 하나에 해당하는 금액의 지급 연기를 신청할 수 있다(법 제62조 제3항).

① 노령연금액의 1천분의 500(50%)
② 노령연금액의 1천분의 600(60%)
③ 노령연금액의 1천분의 700(70%)
④ 노령연금액의 1천분의 800(80%)
⑤ 노령연금액의 1천분의 900(90%)

2. 장애연금

1) 장애연금의 수급권자: 가입자 또는 가입자였던 자가 질병이나 부상으로 신체상 또는 정신상의 장애가 있고 다음의 요건을 모두 충족하는 경우에는 장애 정도를 결정하는 '장애결정 기준일'부터 그 장애가 계속되는 기간 동안 장애 정도에 따라 장애연금을 지급한다(법 제67조 제1항).

① 해당 질병 또는 부상의 초진일 당시 연령이 18세(다만, 18세 전에 가입한 경우에는 가입자가 된 날을 말한다) 이상이고 노령연금의 지급 연령 미만일 것

② 다음 각 목의 어느 하나에 해당할 것

㉮ 해당 질병 또는 부상의 초진일 당시 연금보험료를 낸 기간이 가입대상기간의 3분의 1 이상일 것

㉯ 해당 질병 또는 부상의 초진일 5년 전부터 초진일까지의 기간 중 연금보험료를 낸 기간이 3년 이상일 것. 다만, 가입대상기간 중 체납기간이 3년 이상인 경우는 제외한다.

㉰ 해당 질병 또는 부상의 초진일 당시 가입기간이 10년 이상일 것

2) 장애연금액: 장애연금액은 장애등급에 따라 다음의 액으로 한다(법 제68조 제1항).

① **장애등급 1급:** 기본연금액의 100% + 부양가족연금액

② **장애등급 2급:** 기본연금액의 80% + 부양가족연금액

③ **장애등급 3급:** 기본연금액의 60% + 부양가족연금액

④ **장애등급 4급:** 기본연금액의 225%(일시보상금)로 지급한다(법 제68조 제2항).

3. 유족연금

1) 유족연금의 수급권: 다음에 해당하는 사람이 사망하면 그 유족에게 유족연금을 지급한다(법 제72조 제1항).

① 노령연금 수급권자

② 가입기간이 10년 이상인 가입자 또는 가입자였던 자

③ 연금보험료를 낸 기간이 가입대상기간의 3분의 1 이상인 가입자 또는 가입자였던 자

④ 사망일 5년 전부터 사망일까지의 기간 중 연금보험료를 낸 기간이 3년 이상인 가입자 또는 가입자였던 자. 다만, 가입대상기간 중 체납기간이 3년 이상인 사람은 제외한다.

⑤ 장애등급이 2급 이상인 장애연금 수급권자

2) 유족의 범위: 유족연금을 지급받을 수 있는 유족은 유급연금 수급권을 가진 사람이 사망할 당시 그에 의하여 생계를 유지하고 있던 다음의 자로 한다. 이 경우 가입자 또는 가입자였던 자에 의하여 생계를 유지하고 있던 자에 관한 인정 기준은 대통령령으로 정한다(법 제73조 제1항).

① 배우자

② 자녀. 다만, 25세 미만이거나 장애등급 2급 이상인 자만 해당한다.

③ 부모(배우자의 부모 포함). 다만, 60세 이상이거나 장애등급 2급 이상인 자만 해당.

④ 손자녀. 다만, 19세 미만이거나 장애등급 2급 이상인 자만 해당한다.

⑤ 조부모(배우자의 조부모 포함). 다만, 60세 이상이거나 장애등급 2급 이상인 자만 해당한다.

3) 유족연금액: 유족연금액은 가입기간에 따라 다음의 금액에 부양가족연금액을 더한 금액으로 한다. 다만, 노령연금 수급권자가 사망한 경우의 유족연금액은 사망한 자가 지급받던 노령연금액을 초과할 수 없다(법 제74조).

① **가입기간이 10년 미만인 경우:** 기본연금액의 40% + 부양가족연금액

② **가입기간이 10년 이상 20년 미만인 경우:** 기본연금액의 50% + 부양가족연금액
③ **가입기간이 20년 이상인 경우:** 기본연금액의 60% + 부양가족연금액

4. 반환일시금 · 사망일시금

1) 반환일시금

(1) 반환일시금의 청구조건: 가입자 또는 가입자였던 자가 다음에 해당하게 되면 본인이나 그 유족의 청구에 의하여 반환일시금을 지급받을 수 있다(법 제77조 제1항).

① 가입기간이 10년 미만인 자가 60세가 된 때
② 가입자 또는 가입자였던 자가 사망한 때. 다만, 제72조에 따라 유족연금이 지급되는 경우에는 그러하지 아니하다.
③ 국적을 상실하거나 국외로 이주한 때

(2) 반환일시금의 급여수준: 반환일시금의 액수는 가입자 또는 가입자였던 자가 납부한 연금보험료에 대통령령으로 정하는 이자를 더한 금액으로 한다(법 제77조 제2항).

2) 사망일시금

(1) 사망일시금 지급 대상: 다음에 해당하는 사람이 사망한 때에 유족이 없으면 그 배우자 · 자녀 · 부모 · 손자녀 · 조부모 · 형제자매 또는 4촌 이내 방계혈족(傍系血族)에게 사망일시금을 지급한다. 다만, 가출 · 실종 등 대통령령으로 정하는 경우에 해당하는 사람에게는 지급하지 아니하며, 4촌 이내 방계혈족의 경우에는 다음에 해당하는 사람의 사망 당시[9] 그 사람에 의하여 생계를 유지하고 있던 사람에게만 지급한다(법 제80조 제1항).

① 가입자 또는 가입자였던 사람
② 노령연금 수급권자
③ 장애등급이 3급 이상인 장애연금 수급권자

(2) 사망일시금의 금액(법 제80조 제2항)

① **가입자 또는 가입자였던 사람에 해당하는 경우:** 가입자 또는 가입자였던 사람의 반환일시금에 상당하는 금액. 다만, 사망한 가입자 또는 가입자였던 사람의 최종 기준

---

9) 부재자의 생사가 5년간 분명하지 아니한 때에 해당(민법 제27조 제1항)되어 실종선고를 받은 경우에는 실종기간의 개시 당시를, 전지(戰地)에 임한 자, 침몰한 선박 중에 있던 자, 추락한 항공기 중에 있던 자 기타 사망의 원인이 될 위난을 당한 자의 생사가 전쟁종지 후 또는 선박의 침몰, 항공기의 추락 기타 위난이 종료한 후 1년간 분명하지 아니한 때(민법 제27조 제2항)에 해당되어 실종선고를 받은 경우에는 사망의 원인이 된 위난 발생 당시를 말한다.

소득월액을 연도별 재평가율에 따라 사망일이 속하는 해의 전년도의 현재가치로 환산한 금액과 같은 호에 준하여 산정한 가입기간 중 기준소득월액의 평균액 중에서 많은 금액의 4배를 초과하지 못한다(법 제80조 제1항 제1호).

② **제1항제2호[10] 또는 제3호[11]에 해당하는 경우:** 수급권자가 사망할 때까지 지급받은 연금액이 제1호를 준용하여 산정한 금액[12]보다 적은 경우에 그 차액에 해당하는 금액(법 제80조 제1항 제1호).

③ **제2항제1호 및 제2호에 모두 해당하는 경우:** 이 경우에는 제2호를 적용한다(법 제80조 제3항).

(3) 사망일시금을 받을 자의 순위: 사망일시금을 받을 자의 순위는 배우자 · 자녀 · 부모 · 손자녀 · 조부모 · 형제자매 및 4촌 이내의 방계혈족 순으로 한다. 이 경우 순위가 같은 사람이 2명 이상이면 똑같이 나누어 지급하되, 그 지급 방법은 대통령령으로 정한다(법 제80조 제4항).

제5절 국민연금과 직역연금과의 연계

2009.02.06. 법률 제9431호 '국민연금과 직역연금의 연계에 관한 법률' 제정
2021.08.17. 법률 제18412호 제11차 타법개정, 2022.02.18. 시행(최신)

1. 총 칙

1) 법의 목적: 이 법은 국민연금의 가입기간과 공무원연금, 사립학교교직원연금, 군인연금 및 별정우체국직원연금의 재직기간 · 복무기간을 연계하여 연계급여를 지급함으로써 국민의 노후생활 안정과 복지증진에 이바지함을 목적으로 한다(국민연금과 직역연금연계법 제1조).

2) 법의 적용범위

(1) 연계급여에 대한 적용: 이 법은 연계(連繫)[13] 신청을 한 자의 연계급여[14]에 대하여 적용

10) 노령연금수급권자.
11) 장애등급 3급 이상인 장애연금수급권자.
12) 이 경우 "가입자 또는 가입자였던 사람"은 "노령연금 수급권자 또는 장애등급이 3급 이상인 장애연금 수급권자"로 본다.
13) 여기서 '연계'란 연계급여를 지급받을 목적으로 국민연금가입기간과 직역재직기간이나 직역재직기간과 직역재직기간을 더하는 것을 말한다(법 제2조 제1항 제8호).

한다(국민연금과 직역연금연계법 제3조 제1항).

(2) **각 법의 연금 수급자는 각 연금법 적용:** 연계 신청을 한 자가 국민연금법에 따른 노령연금 수급권자이고 직역연금법에 따른 퇴직연금수급권자가 된 경우에는 각 연금법을 적용한다(국민연금과 직역연금연계법 제3조 제2항). 연금법이란 국민연금법 및 직역연금법을 말한다(국민연금과 직역연금연계법 제2조 제1항 제3호).

2. 연계대상 기간 및 연계 신청

1) **연계대상 기간의 종류:** 연계대상 기간은 다음의 기간으로 한다(국민연금과 직역연금연계법 제7조 제1항).

① 국민연금 가입기간(임의계속가입기간(제13조)·추가산입되는 군복무기간(제18조) 및 출산에 대한 가산기간(제19조)은 제외)

② 공무원으로서의 재직기간

③ 사립학교교직원으로서의 재직기간

④ 군인연금법에 따른 군복무기간

⑤ 별정우체국 직원으로서의 재직기간

2) **중복기간의 연계기간 제외:** 연계기간을 산정할 때 서로 중복되는 기간이 있는 경우에는 그 중복된 기간은 연계기간에서 제외된다. 다만, 연계노령연금액과 연계퇴직연금액을 산정할 때 중복하여 보험료를 납부한 경우에는 그 중복된 기간을 국민연금가입기간[15]과 직역재직기간에 포함한다(국민연금과 직역연금연계법 제7조 제2항). '연계기간'이란 국민연금가입기간과 직역재직기간이나 직역재직기간과 직역재직기간을 더한 기간을 말한다(국민연금과 직역연금연계법 제2조 제1항 제9호).

3. 연계급여

1) **연계급여의 내용**(국민연금과 직역연금연계법 제9조)

① 연계노령연금 ② 연계퇴직연금

③ 연계노령유족연금 ④ 연계퇴직유족연금

14) '연계급여'란 연계를 통하여 연금가입자 또는 그 유족이 지급받는 급여를 말한다(법 제2조 제1항 제10호).

15) 여기서 '국민연금 가입기간'이란 국민연금 가입기간 중 연계대상이 되는 가입기간을 말한다(국민연금과 직역연금연계법 제2조 제1항 제6호).

2) 연계급여의 수급권자

(1) 연계기간이 10년 이상이고 65세 이상의 경우: 수급권을 취득한 자: 연계 신청을 한 자가 연계기간이 10년(군인연금법에 따른 복무기간을 연계기간으로 포함하여 계산하는 경우는 20년) 이상이고 65세 이상이 되면 연계노령연금 수급권 및 연계퇴직연금 수급권이 생긴다(연계법 제10조 제1항).

(2) 반납금을 내거나 추납보험료를 낸 경우: 연계 신청을 한 자가 65세를 넘어 국민연금법(제78조제1항)에 따른 반납금을 내거나 추납보험료를 내어 기간이 늘어나 연계기간이 10년(군인연금법에 따른 복무기간을 연계기간으로 포함하여 계산하는 경우는 20년)이 된 경우에는 연계노령연금 및 연계퇴직연금을 지급한다(연계법 제10조 제2항).

(3) 소멸시효: 연계급여를 받을 권리는 5년간, 환수금을 징수할 권리는 3년간 행사하지 아니할 때에는 시효로 인하여 소멸한다(연금연계법 제25조).

제14장

국민건강보험법

1963.12.16. 법률 제1623호 '의료보험법' 제정
1997.12.31. 법률 제5488호 '국민의료보험법' 제정
1997.12.31. 법률 제3081호 '공무원 및 사립학교교직원의료보험법' 제정
1999.02.08. 법률 제5854호 '국민건강보험법' 제정
2024.02.20. 법률 제20324호 제90차 일부개정, 2024.08.21. 시행(최신)

제 1 절 국민건강보험의 가입자

1. 적용대상

1) **적용대상자:** 국내에 거주하는 국민은 '건강보험'의 '가입자' 또는 피부양자가 된다(법 제5조 제1항 전단).

2) **건강보험에서 제외되는 자**(법 제5조 제1항 단서)

① 의료급여 '수급권자'

② '독립 및 국가유공자 등 의료지원 대상자'. 다만, 다음에 해당하는 사람은 가입자 또는 피부양자가 된다.

㉮ 유공자 등 의료보호대상자 중 건강보험의 적용을 보험자에게 신청한 사람

㉯ 건강보험을 적용받고 있던 사람이 유공자 등 의료보호대상자로 되었으나 건상보험의 적용배제신청을 보험자에게 하지 아니한 사람

3) **피부양자:** 피부양자는 다음에 해당하는 사람 중 직장가입자에게 주로 생계를 의존하는 사람으로서 소득 및 재산이 보건복지부령으로 정하는 기준 이하에 해당하는 사람을 말한다(법 제5조 제2항).

① 직장가입자의 배우자

② 직장가입자의 직계존속(배우자의 직계존속을 포함)

③ 직장가입자의 직계비속(배우자의 직계비속을 포함)과 그 배우자

④ 직장가입자의 형제 · 자매

2. 가입자의 종류

가입자는 직장가입자와 지역가입자로 구분한다(법 제6조 제1항).

1) 직장가입자: 모든 사업장의 근로자 및 사용자와 공무원 및 교직원은 직장가입자가 된다(법 제6조 제2항 전단).

(1) **근로자**: '근로자'란 직업의 종류와 관계없이 근로의 대가로 보수를 받아 생활하는 사람(법인의 이사와 그 밖의 임원 포함)으로서 공무원 및 교직원을 제외한 사람을 말한다(법 제3조 제1호). 따라서 법인의 이사 또는 기타 임원도 이 법에서는 근로자가 된다. 근로자의 범위에서 사회보험 관련법과 근로기준법과는 다르다.

(2) **사용자**: '사용자'란 다음에 해당하는 자를 말한다(법 제3조 제2호).

① 근로자가 소속되어 있는 사업장의 사업주

② 공무원이 소속되어 있는 기관의 장으로서 대통령령으로 정하는 사람[1)]

③ 교직원이 소속되어 있는 사립학교를 설립·운영하는 자

(3) **직장가입자에서 제외되는 자**(법 제6조 제2항 단서)

① 고용기간이 1개월 미만인 일용근로자

② 현역병(지원에 의하지 아니하고 임용된 하사 포함), 전환복무[2)]된 사람 및 무관후보생

③ 선거에 당선되어 취임하는 공무원으로서 매월 보수 또는 보수에 준하는 급료를 받지 아니하는 사람

④ 그 밖에 사업장의 특성, 고용 형태 및 사업의 종류 등을 고려하여 대통령령으로 정하는 사업장의 근로자 및 사용자와 공무원 및 교직원

(4) **근로자의 권익보호**: 모든 사업장의 근로자를 고용하는 사용자는 그가 고용한 근로자가 이 법에 따른 직장가입자가 되는 것을 방해하거나 자신이 부담하는 부담금이 증가되는 것을 피할 목적으로 정당한 사유 없이 근로자의 승급 또는 임금 인상을 하지 아니하거나 해고나 그 밖의 불리한 조치를 할 수 없다(법 제93조). 이를 위반한 사용자는 1년 이하의 징역 또는 1천만원 이하의 벌금에 처한다(법 제115조 제5항 제3호). 양벌규정(법 제118조).

2) 지역가입자: 지역가입자는 직장가입자와 그 피부양자를 제외한 가입자를 말한다(법 제6조 제3항).

---

1) 대통령령으로 정하는 사람이란 정부의 각급 기관장을 말한다(령 제2조 관련 별표 1 참조).

2) '전환복무'란 현역병으로 복무 중인 사람이 교정시설경비교도·전투경찰대원 또는 의무소방원의 임무에 종사하도록 군인으로서의 신분을 다른 신분으로 전환하는 것을 말한다(병역법 제2조 제7호).

3) 외국인 등에 대한 특례: 정부는 외국 정부가 사용자인 사업장의 근로자의 건강보험에 관하여는 외국 정부와 한 합의에 따라 이를 따로 정할 수 있다(법 제109조 제1항).

4) 실업자에 대한 특례

(1) 퇴직 후의 직장가입자 자격 유지: 사용관계가 끝난 사람 중 직장가입자로서의 자격을 유지한 기간이 보건복지부령으로 정하는 기간 동안 통산 1년 이상인 사람은 지역가입자가 된 이후 최초로 지역가입자 보험료를 고지받은 날부터 그 납부기한에서 2개월이 지나기 이전까지 공단에 직장가입자로서의 자격을 유지할 것을 신청할 수 있다(법 제110조 제1항).

(2) 임의계속가입자의 자격 유지: 임의계속가입자는 대통령령으로 정하는 기간 동안 직장가입자의 자격을 유지한다. 다만, 자격유지 신청 후 최초로 내야 할 직장가입자 보험료를 그 납부기한부터 2개월이 지난 날까지 내지 아니한 경우에는 그 자격을 유지할 수 없다(법 제110조 제2항).

(3) 임의계속가입자의 보수월액: 임의계속가입자의 보수월액은 보수월액보험료가 산정된 최근 12개월간의 보수월액을 평균한 금액으로 한다(법 제110조 제3항).

3. 건강보험증

1) 건강보험증의 발급: 국민건강보험공단은 가입자 또는 피부양자가 신청하는 경우 건강보험증을 발급하여야 한다(법 제12조 제1항). 가입자 또는 피부양자가 요양급여를 받을 때에는 건강보험증을 '요양기관'에 제출하여야 한다. 다만, 천재지변이나 그 밖의 부득이한 사유가 있으면 그러하지 아니하다(법 제12조 제2항).

2) 신분증으로 대체: 가입자 또는 피부양자는 주민등록증(모바일 주민등록증 포함), 운전면허증, 여권, 그 밖에 본인 여부를 확인할 수 있는 '신분증명서'로 요양기관이 그 자격을 확인할 수 있으면 건강보험증을 제출하지 아니할 수 있다(법 제12조 제3항).[3]

3) 건강보험증의 관리

(1) 자격상실 후의 사용금지: 가입자 · 피부양자는 자격을 잃은 후 자격을 증명하던 서류를 사용하여 보험급여를 받아서는 아니 된다(법 제12조 제4항).

(2) 건강보험증의 양도 · 대여 · 부정사용 금지: 누구든지 건강보험증이나 신분증명서를 다

3) 가입자의 모든 정보가 전환화되어 있어 현실적으로 주민등록번호만 제시하면 본인 확인이 가능하다.

른 사람에게 양도(讓渡)하거나 대여하여 보험급여를 받게 하여서는 아니 된다(법 제12조 제5항). 누구든지 건강보험증이나 신분증명서를 양도 또는 대여를 받거나 그 밖에 이를 부정하게 사용하여 보험급여를 받아서는 아니 된다(법 제12조 제6항).

(3) **부정행위자에 대한 처벌**: 거짓이나 그 밖의 부정한 방법으로 보험급여를 받거나 타인으로 하여금 보험급여를 받게 한 자는 2년 이하의 징역 또는 2천만원 이하의 벌금에 처한다(법 제115조 제4항). 양벌규정(법 제118조).

제2절 보험급여

1. 요양급여

1) **용양급여의 내용**: 가입자와 피부양자의 질병, 부상, 출산 등에 대하여 ①진찰 · 검사, ②약제(藥劑) · 치료재료의 지급, ③처치 · 수술 및 그 밖의 치료, ④예방 · 재활, ⑤입원, ⑥간호, ⑦이송(移送)의 요양급여를 실시한다(법 제41조 제1항).

2) 약제의 리베이트관행에 대한 제재

(1) **리베이트 약제에 대한 감액조치**: 보건복지부장관은 약사법[4]의 위반과 관련된 약제에 대하여는 요양급여비용 상한금액의 100분의 20을 넘지 아니하는 범위에서 그 금액의 일부를 감액할 수 있다(법 제41조의2 제1항).

(2) **중복위반의 경우 배액 감액**: 보건복지부장관은 리베이트에 따라 요양급여비용의 상한금액이 감액된 약제가 감액된 날부터 5년의 범위에서 대통령령으로 정하는 기간 내에 다시 리베이트 감액의 대상이 된 경우에는 요양급여비용 상한금액의 100분의 40을 넘지 아니하는 범위에서 요양급여비용 상한금액의 일부를 감액할 수 있다(법 제41조의2 제2항).

(3) **3차 위반의 경우 요양급여의 기간부 정지처분**: 보건복지부장관은 제2차로 요양급여비

4) 소위, '리베이트; rebate'를 말한다. 의약품공급자는 의약품 채택 · 처방유도 · 거래유지 등 판매촉진을 목적으로 약사 · 한약사 · 의료인 · 의료기관 개설자 또는 의료기관 종사자에게 금전, 물품, 편익, 노무, 향응, 그 밖의 경제적 이익을 제공하거나 약사 · 한약사 · 의료인 · 의료기관 개설자 또는 의료기관 종사자로 하여금 약국 또는 의료기관이 경제적 이익등을 취득하게 하여서는 아니 된다. 다만, 견본품 제공, 학술대회 지원, 임상시험 지원, 제품설명회, 대금결제조건에 따른 비용할인, 시판 후 조사 등의 행위로서 식품의약품안전처장과 협의하여 보건복지부령으로 정하는 범위 안의 경제적 이익등인 경우에는 그러하지 아니하다(제47조제2항).

용의 상한금액이 감액된 약제가 감액된 날부터 5년의 범위에서 대통령령으로 정하는 기간 내에 다시 리베이트 위반과 관련된 경우에는 해당 약제에 대하여 1년의 범위에서 기간을 정하여 요양급여의 적용을 정지할 수 있다(법 제41조의2 제3항).

(4) **요양급여 적용 정지에 갈음한 과징금 부과:** 보건복지부장관은 약제를 요양급여에서 적용 정지하는 경우 국민 건강에 심각한 위험을 초래할 것이 예상되는 등 특별한 사유가 있다고 인정되는 때에는 요양급여의 적용 정지에 갈음하여 해당 약제에 대한 요양급여 비용 총액의 100분의 60을 넘지 아니하는 범위에서 과징금을 부과 · 징수할 수 있다. 이 경우 보건복지부장관은 12개월의 범위에서 분할납부를 하게 할 수 있다(법 제99조 제2항).

3) **행위 · 치료재료 및 약제에 대한 요양급여 대상여부의 결정:** 요양기관, 치료재료의 제조업자 · 수입업자 등 보건복지부령으로 정하는 자는 요양급여대상 또는 비급여대상으로 결정되지 아니한 요양급여에 관한 행위 및 치료재료에 대하여 요양급여대상 여부의 결정을 보건복지부장관에게 신청하여야 한다(법 제41조의3 제1항).

4) **선별급여:** 요양급여를 결정함에 있어 경제성 또는 치료효과성 등이 불확실하여 그 검증을 위하여 추가적인 근거가 필요하거나, 경제성이 낮아도 가입자와 피부양자의 건강회복에 잠재적 이득이 있는 등 대통령령으로 정하는 경우에는 예비적인 요양급여인 선별급여로 지정하여 실시할 수 있다(법 제41조의4 제1항).

5) **방문요양급여:** 가입자 또는 피부양자가 질병이나 부상으로 거동이 불편한 경우 등 보건복지부령으로 정하는 사유에 해당하는 경우에는 가입자 또는 피부양자를 직접 방문하여 제41조에 따른 요양급여를 실시할 수 있다(법 제41조의5).

2. 요양기관

1) **요양기관의 종류:** 요양급여(간호와 이송은 제외)는 ①의료기관 ②등록된 약국 ③설립된 한국희귀 · 필수의약품센터 ④보건소 · 보건의료원 및 보건지소 ⑤보건진료소 등의 요양기관에서 실시한다(법 제42조 제1항).

2) **요양기관의 의무:** 요양기관은 정당한 이유 없이 요양급여를 거부하지 못한다(법 제42조 제5항). 이를 위반한 자는 500만원 이하의 벌금에 처한다(법 제117조). 양벌규정(법 제118조).

3) **요양기관의 선별급여 실시에 대한 관리:** 선별급여 중 자료의 축적 또는 의료 이용의 관리가 필요한 경우에는 보건복지부장관이 해당 선별급여의 실시 조건을 사전에 정하여 이를 충족하는 요양기관만이 해당 선별급여를 실시할 수 있다(법 제42조의2 제1항). 이를

위반하여 선별급여를 제공한 요양기관의 개설자는 1년 이하의 징역 또는 1천만원 이하의 벌금에 처한다(법 제115조 제5항 제1호).

3. 비용의 부담

1) **본인일부부담금:** 요양급여를 받는 자는 비용의 일부를 본인이 부담한다. 이 경우 선별급여에 대해서는 다른 요양급여에 비하여 본인일부부담금을 상향 조정할 수 있다(법 제44조 제1항).

(1) 본인부담상한액: 본인이 연간 부담하는 다음 금액의 합계액이 "본인부담상한액"을 초과한 경우에는 공단이 그 초과 금액을 부담하여야 한다. 이 경우 공단은 당사자에게 그 초과 금액을 통보하고, 이를 지급하여야 한다(법 제44조 제2항).

① 본인일부부담금의 총액

② 요양이나 출산의 비용으로 부담한 금액에서 요양비로 지급받은 금액을 제외한 금액

(2) 본인부담상한액의 책정: 본인부담상한액은 가입자의 소득수준 등에 따라 정한다(법 제44조 제3항).

2) **요양급여비용의 산정:** 요양급여비용은 공단의 이사장과 의약계를 대표하는 사람들의 계약으로 정한다. 이 경우 계약기간은 1년으로 한다(법 제45조 제1항). 계약이 체결되면 그 계약은 공단과 각 요양기관 사이에 체결된 것으로 본다(법 제45조 제2항).

3) **약제 · 치료재료에 대한 요양급여비용의 산정:** '약제 · 치료재료'에 대한 요양급여비용은 요양기관의 약제 · 치료재료 구입금액 등을 고려하여 대통령령으로 정하는 바에 따라 달리 산정할 수 있다(법 제46조).

4) **요양급여비용의 청구와 지급:** 요양기관은 공단에 요양급여비용의 지급을 청구할 수 있다. 이 경우 요양급여비용에 대한 심사청구는 공단에 대한 요양급여비용의 청구로 본다(법 제47조 제1항). 요양급여비용을 청구하려는 요양기관은 심사평가원에 요양급여비용의 심사청구를 하여야 하며, 심사청구를 받은 심사평가원은 이를 심사한 후 지체 없이 그 내용을 공단과 요양기관에 알려야 한다(법 제47조 제2항).

5) 부당 청구된 요양급여에 대한 규제

(1) 요양급여비용의 지급 보류: 공단은 요양급여비용의 지급을 청구한 요양기관이 의료법을 위반하여 개설 · 운영되었다는 사실을 수사기관의 수사 결과로 확인한 경우에는 해당 요양기관이 청구한 요양급여비용의 지급을 보류할 수 있다. 이 경우 요양급여비용 지급

보류 처분의 효력은 해당 요양기관이 그 처분 이후 청구하는 요양급여비용에 대해서도 미친다(법 제47조의2 제1항). 의료법을 위반한 사례로는, 예컨대 타인명의로 의료기관을 개설했거나(의료법 제4조제2항), 의료인이 아닌 자가 의료기관을 개설 또는 한 사람의 의료인이 둘 이상의 의료기관을 개설(의료법 제33조제2항 · 제8항)한 경우, 또는 약사가 아닌 자가 약국을 개설(약사법 제20조 제1항), 또는 한 사람의 약사가 둘 이상의 약국을 개설(약사법 제21조제1항)하여 의료법(제33조제10항) 또는 약사법(제6조제3항 · 제4항)을 위반한 경우가 이에 해당된다.

(2) 요양급여비용의 차등 지급: 지역별 의료자원의 불균형 및 의료서비스 격차의 해소 등을 위하여 지역별로 요양급여비용을 달리 정하여 지급할 수 있다(법 제47조의3).

(3) 거짓 요양급여의 청구에 대한 제재(制裁): 보건복지부장관은 관련 서류의 위조 · 변조로 요양급여비용을 거짓으로 청구하여 업무정지 또는 과징금 등의 행정처분을 받은 요양기관이 다음에 해당하면 그 위반 행위, 처분 내용, 해당 요양기관의 명칭 · 주소 및 대표자 성명, 그 밖에 다른 요양기관과의 구별에 필요한 사항으로서 대통령령으로 정하는 사항을 공표할 수 있다. 이 경우 공표 여부를 결정할 때에는 그 위반행위의 동기, 정도, 횟수 및 결과 등을 고려하여야 한다(법 제100조 제1항).

① 거짓으로 청구한 금액이 1천500만원 이상인 경우

② 요양급여비용 총액 중 거짓으로 청구한 금액의 비율이 100분의 20 이상인 경우

4. 요양비

1) **요양비의 지급:** 공단은 가입자나 피부양자가 긴급하거나 그 밖의 부득이한 사유로 요양기관과 비슷한 기능을 하는 기관, 즉 "준요양기관"에서 질병 · 부상 · 출산 등에 대하여 요양을 받거나 요양기관이 아닌 장소에서 출산한 경우에는 그 요양급여에 상당하는 금액을 가입자나 피부양자에게 요양비로 지급한다(법 제49조 제1항).

2) **요양비 명세서의 교부:** 준요양기관은 보건복지부장관이 정하는 요양비 명세서나 요양 명세를 적은 영수증을 요양을 받은 사람에게 내주어야 하며, 요양을 받은 사람은 그 명세서나 영수증을 공단에 제출하여야 한다(법 제49조 제2항). 이를 위반하여 요양비 명세서나 요양 명세를 적은 영수증을 내주지 아니한 자는 500만원 이하의 벌금에 처한다(법 제117조). 양벌규정(법 제118조).

3) **부가급여:** 공단은 이 법에서 정한 요양급여 외에 임신 · 출산 진료비, 장제비(葬祭費), 상

병수당(傷病手當), 그 밖의 급여를 실시할 수 있다(법 제50조).

4) **장애인의 보조기기에 대한 특례:** 공단은 등록한 장애인인 가입자 및 피부양자에게는 "보조기기"에 대하여 보험급여를 할 수 있다(법 제51조 제1항). 장애인인 가입자 또는 피부양자에게 보조기기를 판매한 자는 가입자나 피부양자의 위임이 있는 경우 공단에 보험급여를 직접 청구할 수 있다. 이 경우 공단은 지급이 청구된 내용의 적정성을 심사하여 보조기기를 판매한 자에게 보조기기에 대한 보험급여를 지급할 수 있다(법 제51조 제2항).

5) **건강검진:** 공단은 가입자와 피부양자에 대하여 질병의 조기 발견과 그에 따른 요양급여를 하기 위하여 건강검진을 실시한다(법 제52조 제1항).

5. 부정 또는 부당한 급여의 관리

1) **부정급여에 대한 처벌:** 거짓이나 그 밖의 부정한 방법으로 보험급여를 받거나 타인으로 하여금 보험급여를 받게 한 사람은 2년 이하의 징역 또는 2천만원 이하의 벌금에 처한다(법 제115조 제4항). 양벌규정(법 제118조).

2) 급여의 제한

(1) 보험급여의 제한사유: 보험급여를 받을 수 있는 사람이 다음에 해당하면 보험급여를 하지 아니한다(법 제53조 제1항).

① 고의 또는 중대한 과실로 인한 범죄행위에 그 원인이 있거나 고의로 사고를 일으킨 경우

② 고의 또는 중대한 과실로 공단이나 요양기관의 요양에 관한 지시에 따르지 아니한 경우

③ 고의 또는 중대한 과실로 문서와 그 밖의 물건의 제출을 거부하거나 질문 또는 진단을 기피한 경우

④ 업무 또는 공무로 생긴 질병 · 부상 · 재해로 다른 법령에 따른 보험급여나 보상(報償) 또는 보상(補償)을 받게 되는 경우

(2) 중복급여의 제한: 보험급여를 받을 수 있는 사람이 다른 법령에 따라 국가나 지방자치단체로부터 보험급여에 상당하는 급여를 받거나 보험급여에 상당하는 비용을 지급받게 되는 경우에는 그 한도에서 보험급여를 하지 아니한다(법 제53조 제2항).

(3) 보험료 체납자에 대한 제재(制裁): 공단은 가입자가 대통령령으로 정하는 기간 이상 소득월액보험료 또는 세대단위의 보험료를 체납한 경우 그 체납한 보험료를 완납할 때까지

그 가입자 및 피부양자에 대하여 보험급여를 실시하지 아니할 수 있다. 다만, 월별 보험료의 총체납횟수가 대통령령으로 정하는 횟수 미만이거나 가입자 및 피부양자의 소득·재산 등이 대통령령으로 정하는 기준 미만인 경우에는 그러하지 아니하다(법 제53조 제3항).

(4) 분할납부를 5회 이상 미납한 경우의 제재: 공단으로부터 분할납부 승인을 받고 그 승인된 보험료를 1회 이상 낸 경우에는 보험급여를 할 수 있다. 다만, 분할납부 승인을 받은 사람이 정당한 사유 없이 5회 이상 그 승인된 보험료를 내지 아니한 경우에는 그러하지 아니하다(법 제53조 제5항).

3) 급여의 정지: 보험급여를 받을 수 있는 사람이 다음에 해당하면 그 기간에는 보험급여를 하지 아니한다. 다만, 제3호 및 제4호의 경우에는 요양급여를 실시한다(법 제54조).[5]

① 국외에 체류하는 경우

② 현역병(지원에 의하지 아니하고 임용된 하사 포함), 전환복무된 사람 및 군간부후보생

③ 교도소, 그 밖에 이에 준하는 시설에 수용되어 있는 경우

4) 부당이득의 징수

(1) 부당한 급여의 징수: 공단은 속임수나 그 밖의 부당한 방법으로 보험급여를 받은 사람·준요양기관 및 보조기기 판매업자나 보험급여 비용을 받은 요양기관에 대하여 그 보험급여나 보험급여 비용에 상당하는 금액의 전부 또는 일부를 징수한다.(법 제57조 제1항).

(2) 요양기관 개설자와 요양기관의 연대책임: 공단은 속임수나 그 밖의 부당한 방법으로 보험급여 비용을 받은 요양기관이 다음에 해당하는 경우에는 해당 요양기관을 개설한 자에게 그 요양기관과 연대하여 같은 항에 따른 징수금을 납부하게 할 수 있다(법 제57조 제2항).

① 의료기관을 개설할 수 없는 자가 의료인의 면허나 의료법인 등의 명의를 대여받아 개설·운영하는 의료기관

② 약국을 개설할 수 없는 자가 약사 등의 면허를 대여받아 개설·운영하는 약국

③ 둘 이상의 의료기관을 개설하거나, 다른 의료인이나 의료법인의 명의를 대여하여 개설·운영하는 의료기관

④ 약사 또는 한약사는 하나의 약국만을 개설할 수 없음에도 불구하고 이를 위반하여

5) 이 경우 비용은 법무부장관·국방부장관·국민안전처장관 또는 경찰청장으로부터 예탁받아 지급할 수 있다(법 제60조).

개설 · 운영하는 약국

(3) **불법행위 가담자의 연대책임**: 사용자나 가입자의 거짓 보고나 거짓 증명(건강보험증이나 신분증명서를 양도 · 대여하여 다른 사람이 보험급여를 받게 하는 것 포함), 요양기관의 거짓 진단 또는 준요양기관이나 보조기기를 판매한 자의 속임수 및 그 밖의 부당한 방법으로 보험급여가 실시된 경우 공단은 이들에게 보험급여를 받은 사람과 연대하여 징수금을 내게 할 수 있다(법 제57조 제3항).

(4) **세대원의 연대책임**: 공단은 속임수나 그 밖의 부당한 방법으로 보험급여를 받은 사람과 같은 세대에 속한 가입자(속임수나 그 밖의 부당한 방법으로 보험급여를 받은 사람이 피부양자인 경우에는 그 직장가입자)에게 속임수나 그 밖의 부당한 방법으로 보험급여를 받은 사람과 연대하여 징수금을 내게 할 수 있다(법 제57조 제4항).

(5) **부당요금은 가입자에게 반환**: 요양기관이 가입자나 피부양자로부터 속임수나 그 밖의 부당한 방법으로 요양급여비용을 받은 경우 공단은 해당 요양기관으로부터 이를 징수하여 가입자나 피부양자에게 지체 없이 지급하여야 한다. 이 경우 공단은 가입자나 피부양자에게 지급하여야 하는 금액을 그 가입자 및 피부양자가 내야 하는 보험료등과 상계(相計)할 수 있다(법 제57조 제5항).

5) 구상권(求償權)

(1) **공단의 구상권**: 공단은 제3자의 행위로 보험급여사유가 생겨 가입자 또는 피부양자에게 보험급여를 한 경우에는 그 급여에 들어간 비용 한도에서 그 제3자에게 손해배상을 청구할 권리를 얻는다(법 제58조 제1항).

(2) **손해배상에 대한 보험급여의 배제**: 보험급여를 받은 사람이 제3자로부터 이미 손해배상을 받은 경우에는 공단은 그 배상액 한도에서 보험급여를 하지 아니한다(법 제58조 제2항).

6. 수급권 보호

보험급여를 받을 권리는 양도하거나 압류할 수 없다(법 제59조 제1항). 요양비등수급계좌에 입금된 요양비등은 압류할 수 없다(법 제59조 제2항).

7. 현역병 등의 요양급여비용 예탁

공단은 현역병, 전환복무된 사람 또는 군간부후보생 및 교도소, 그 밖에 이에 준하는 시설에 수용되어 있는 경우에 해당하는 사람이 요양기관에서 요양급여를 받은 경우 그에 따라 공단이 부담하는 요양급여비용과 요양비를 법무부장관 · 국방부장관 · 경찰청장 · 소방청장 또는 해양경찰청장으로부터 예탁받아 지급할 수 있다. 이 경우 법무부장관 · 국방부장관 · 경찰청장 · 소방청장 또는 해양경찰청장은 예산상 불가피한 경우 외에는 연간(年間) 들어갈 것으로 예상되는 요양급여비용과 요양비를 미리 공단에 예탁하여야 한다(법 제60조 제1항).

제 3 절 보험료

공단은 건강보험사업에 드는 비용에 충당하기 위하여 보험료의 납부의무자로부터 보험료를 징수한다(법 제69조 제1항).

1. 보험료의 산정

1) **직장가입자의 보험료:** 직장가입자의 월별 보험료액은 다음에 따라 산정한 금액으로 한다(법 제69조 제4항).

① **보수월액보험료:** 보수월액에 보험료율을 곱하여 얻은 금액

② **소득월액보험료:** 소득월액에 보험료율을 곱하여 얻은 금액

2) **지역가입자의 보험료:** 지역가입자의 월별 보험료액은 세대 단위로 산정하되, 지역가입자가 속한 세대의 월별 보험료액은 보험료부과점수에 보험료부과점수당 금액을 곱한 금액으로 한다(법 제69조 제5항).

2. 보수월액과 소득월액

1) 보수월액

(1) 직장가입자의 보수월액: 직장가입자의 보수월액은 직장가입자가 지급받는 보수를 기준으로 하여 산정한다(법 제70조 제1항).

(2) 휴직자의 보수월액: 휴직이나 그 밖의 사유로 보수의 전부 또는 일부가 지급되지 아니하는 가입자, 곧 '휴직자 등'의 보수월액보험료는 해당 사유가 생기기 전달의 보수월액을 기준으로 산정한다(법 제70조 제2항).

(3) 보수에 포함되는 금품: 보수는 근로자 등이 근로를 제공하고 사용자 · 국가 또는 지방자

치단체로부터 지급받는 금품(실비변상적인 성격을 갖는 금품 제외)으로서 대통령령으로 정하는 것을 말한다. 이 경우 보수 관련 자료가 없거나 불명확한 경우 등 대통령령으로 정하는 사유에 해당하면 보건복지부장관이 정하여 고시하는 금액을 보수로 본다(법 제70조 제3항). 여기서 '대통령령이 정하는 것'이라 함은 근로의 제공으로 인하여 받은 봉급·급료·보수·세비·임금·상여·수당과 이와 유사한 성질의 금품을 말한다(령 제33조).

2) **소득월액:** 소득월액은 보수월액의 산정에 포함된 보수를 제외한 직장가입자의 '보수외소득'이 대통령령으로 정하는 금액을 초과하는 경우 보수외소득을 기준으로 하여 산정하되, 상한을 정할 수 있다(법 제71조 제1항).

3. 보험료부과점수

보험료부과점수는 지역가입자의 소득·재산·생활수준·경제활동참가율 등을 고려하여 정하되, 대통령령으로 정하는 기준에 따라 상한과 하한을 정할 수 있다(법 제72조 제1항).

4. 보험료율

1) **직장가입자의 보험료율:** 직장가입자의 보험료율은 1천분의 80 범위에서 심의위원회의 의결을 거쳐 대통령령으로 정한다(법 제73조 제1항). 국외에서 업무에 종사하고 있는 직장가입자에 대한 보험료율은 정해진 보험료율의 100분의 50으로 한다(법 제73조 제2항).

2) 보험료의 면제

(1) 직장가입자의 경우: 공단은 직장가입자가 1개월 이상 국외에 체류하는 경우, 현역병·전환복무 된 사람·군간부후보생, 교도소 또는 그 밖에 이에 준하는 시설에 수용되어 있는 경우에 해당하는 경우 그 가입자의 보험료를 면제한다. 다만, 국외체류에 해당하는 직장가입자의 경우에는 국내에 거주하는 피부양자가 없을 때에만 보험료를 면제한다(법 제74조 제1항).

(2) 지역가입자의 경우: 지역가입자가 국외체류, 현역병, 교도소 수용 등의 사유에 해당하면 그 가입자가 속한 세대의 보험료를 산정할 때 그 가입자의 보험료부과점수를 제외한다(법 제74조 제2항).

3) 보험료의 경감

(1) **가입자의 생활형편에 따른 경감**: 다음에 해당하는 가입자 중 보건복지부령으로 정하는 가입자에 대하여는 그 가입자 또는 그 가입자가 속한 세대의 보험료의 일부를 경감할 수 있다(법 제75조 제1항).

① 섬 · 벽지(僻地) · 농어촌 등 대통령령으로 정하는 지역에 거주하는 사람

② 65세 이상인 사람

③ 등록한 장애인

④ 국가유공자

⑤ 휴직자

⑥ 그 밖에 생활이 어렵거나 천재지변 등의 사유로 보험료를 경감할 필요가 있다고 보건복지부장관이 정하여 고시하는 사람

(2) **보험료 납부방법에 따른 경감**: 보험료 납부의무자가 다음에 해당하는 경우에는 보험료를 감액하는 등 재산상의 이익을 제공할 수 있다(법 제75조 제2항).

① 보험료의 납입 고지를 전자문서로 받는 경우

② 보험료를 자동 계좌이체의 방법으로 내는 경우

5. 보험료의 부담 및 납부

1) 보험료의 부담

(1) **직장가입자의 보험료 부담**: 직장가입자의 보수월액보험료는 직장가입자와 다음에 따른 자가 각각 보험료액의 50%씩 부담한다. 다만, 직장가입자가 교직원이면 보험료액은 그 직장가입자가 50%를, 사용자가 30%를, 국가가 20%를 각각 부담하되, 사립학교 운영자가 그 부담액 전부를 부담할 수 없으면 그 부족액을 학교에 속하는 회계에서 부담하게 할 수 있다(법 제76조 제1항).

① 직장가입자가 근로자인 경우에는 그 근로자가 소속되어 있는 사업장의 사업주

② 직장가입자가 공무원인 경우에는 그 공무원이 소속되어 있는 국가 또는 지방자치단체

(2) **직장가입자의 소득월액보험료 부담**: 직장가입자의 소득월액보험료는 직장가입자가 부담한다(법 제76조 제2항).

(3) **지역가입자의 보험료**: 지역가입자의 보험료는 그 가입자가 속한 세대의 지역가입자 전원이 연대하여 부담한다(법 제76조 제3항).

2) 보험료 납부의무

(1) 직장가입자의 납부: 직장가입자의 보험료는 다음에 따라 납부한다(법 제77조 제1항).

① **보수월액보험료:** 사용자. 이 경우 사업장의 사용자가 2명 이상인 때에는 그 사업장의 사용자는 해당 직장가입자의 보험료를 연대하여 납부한다.

② **소득월액보험료:** 직장가입자

(2) 지역가입자의 납부: 지역가입자의 보험료는 그 가입자가 속한 세대의 지역가입자 전원이 연대하여 납부한다. 다만, 소득 및 재산이 없는 미성년자와 소득 및 재산 등을 고려하여 대통령령으로 정하는 기준에 해당하는 미성년자는 납부의무를 부담하지 아니한다(법 제77조 제2항).

6. 연체금

1) **체납보험료에 대한 연체금(延滯金):** 보험료등의 납부의무자가 납부기한까지 보험료를 내지 아니하면 그 납부기한이 지난 날부터 매 1일이 경과할 때마다 다음에 해당하는 연체금을 징수한다(법 제80조 제1항).

① **보험료 또는 보험급여 제한 기간 중 받은 보험급여에 대한 징수금을 체납한 경우:** 해당 체납금액의 1천500분의 1에 해당하는 금액. 이 경우 연체금은 해당 체납금액의 1천분의 20을 넘지 못한다.

② **제1호 외에 징수금을 체납한 경우:** 해당 체납금액의 1천분의 1에 해당하는 금액. 이 경우 연체금은 해당 체납금액의 1천분의 30을 넘지 못한다.

2) **연체금에 대한 가산금:** 보험료 납부의무자가 체납된 보험료를 내지 아니하면 납부기한 후 30일이 지난 날부터 매 1일이 경과할 때마다 다음에 해당하는 연체금을 연체금에 더하여 징수한다(법 제80조 제2항).

① **보험료 또는 보험급여 제한 기간 중 받은 보험급여에 대한 징수금을 체납한 경우:** 해당 체납금액의 6천분의 1에 해당하는 금액. 이 경우 연체금은 해당 체납금액의 1천분의 50을 넘지 못한다.

② **제1호 외에 이 법에 따른 징수금을 체납한 경우:** 해당 체납금액의 3천분의 1에 해당하는 금액. 이 경우 연체금은 해당 체납금액의 1천분의 90을 넘지 못한다.

3) **천재지변 등의 배려:** 공단은 천재지변이나 그 밖에 보건복지부령으로 정하는 부득이한 사유가 있으면 연체금을 징수하지 아니할 수 있다(법 제80조 제3항).

4) 고액 · 상습체납자의 인적사항 공개: 공단은 이 법에 따른 납부기한의 다음 날부터 2년이 경과한 보험료, 연체금과 체납처분비의 총액이 1천만원 이상인 체납자가 납부능력이 있음에도 불구하고 체납한 경우 그 인적사항 · 체납액 등을 공개할 수 있다. 다만, 체납된 보험료, 연체금과 체납처분비와 관련하여 행정심판 또는 행정소송이 계류 중인 경우나 그 밖에 체납된 금액의 일부 납부 등 대통령령으로 정하는 사유가 있는 경우에는 그러하지 아니하다(법 제83조 제1항).

제15장

노인장기요양보험법

2007.04.27. 법률 제8403호 노인장기요양보험법 제정
2024.02.06. 법률 제20213호 제40차 일부개정, 2025.02.07. 시행(최신)

제1절 총 칙

1. 장기요양급여[1] 제공의 원칙

자립생활조장의 원칙 (법 제3조 제1항)	장기요양급여는 노인등이 자신의 의사와 능력에 따라 최대한 자립적으로 일상생활을 수행할 수 있도록 제공하여야 한다.
사례관리 적용의 원칙 (법 제3조 제2항)	장기요양급여는 노인 등의 심신상태 · 생활환경과 노인 등 및 그 가족의 욕구 · 선택을 종합적으로 고려하여 필요한 범위 안에서 이를 적정하게 제공하여야 한다.
재가급여 우선의 원칙 (법 제3조 제3항)	장기요양급여는 노인 등이 가족과 함께 생활하면서 가정에서 장기요양을 받는 재가급여를 우선적으로 제공하여야 한다.
의료서비스와의 연계원칙 (법 제3조 제4항)	장기요양급여는 노인 등의 심신상태나 건강 등이 악화되지 아니하도록 의료서비스와 연계하여 이를 제공하여야 한다.

2. 장기요양보험사업의 당사자

1) **사업의 관장(管掌):** 장기요양보험사업은 보건복지부장관이 관장한다(법 제7조 제1항).
2) **보험자:** 장기요양보험사업의 보험자는 공단으로 한다(법 제7조 제2항). 여기서 '장기요양사업'이란 장기요양보험료, 국가 및 지방자치단체의 부담금 등을 재원으로 하여 노인 등에게 장기요양급여를 제공하는 사업을 말한다(법 제2조 제3호).
3) **보험 가입자:** '장기요양보험가입자'는 국민건강보험 가입자로 한다(법 제7조 제3항).
4) **외국인의 가입제외:** 공단은 외국인근로자 등으로서 외국인이 신청하는 경우 장기요양보험가입자에서 제외할 수 있다(법 제7조 제4항).

1) '장기요양급여'란 6개월 이상 동안 혼자서 일상생활을 수행하기 어렵다고 인정되는 자에게 신체활동 · 가사활동의 지원 또는 간병 등의 서비스나 이에 갈음하여 지급하는 현금 등을 말한다(법 제2조 제2호).

3. 장기요양보험의 보험료

1) **장기요양보험료율:** 장기요양보험료율은 1만분의 478(0.0478)로 한다(령 제4조).

2) **장기요양보험료의 징수:** 공단은 장기요양사업에 사용되는 비용에 충당하기 위하여 장기요양보험료를 징수한다(법 제8조 제1항). 장기요양보험료는 '건강보험료'와 통합하여 징수한다. 이 경우 공단은 장기요양보험료와 건강보험료를 구분하여 고지하여야 한다(법 제8조 제2항). 공단은 통합징수 한 장기요양보험료와 건강보험료를 각각의 독립회계로 관리하여야 한다(법 제8조 제3항).

3) **장기요양보험료의 산정:** 장기요양보험료는 국민건강보험료액에서 경감(건강보험법 제66조) 또는 면제(건강보험법 제66조의2)되는 비용을 공제한 금액에 장기요양보험료율을 곱하여 산정한 금액으로 한다(법 제9조 제1항). 장기요양보험료율은 장기요양위원회의 심의를 거쳐 대통령령으로 정한다(법 제9조 제2항).

4) 장애인 등에 대한 보험료의 감면

(1) 장애인 등에 대한 보험료의 경감: 공단은 장애인 또는 이와 유사한 자로서 대통령령으로 정하는 자가 장기요양보험가입자 또는 그 피부양자인 경우 수급자로 결정되지 못한 때에는 장기요양보험료의 전부 또는 일부를 감면할 수 있다(법 제10조).

(2) 보험료 경감대상 장애인의 범위: '대통령령으로 정하는 자'란 다음에 해당하는 자를 말한다(령 제5조 제1항).

① 등록한 제1급 및 제2급 장애인

② 보건복지부장관이 정하여 고시하는 희귀난치성질환자

4. 장기요양의 인정(認定)

1) 장기요양인정의 기준

(1) 장기요양인정 신청자격: 장기요양인정을 신청할 수 있는 자는 노인 등으로서 다음에 해당하는 자격을 갖추어야 한다(법 제12조). 이 법에서 '노인 등'이라 함은 65세 이상의 노인 또는 65세 미만의 자로서 치매·뇌혈관성 질환 등 대통령령으로 정하는 노인성 질병을 가진 자를 말한다(법 제2조 제1호).

① 장기요양보험가입자 또는 그 피부양자

② 의료급여수급권자

(2) 노인성 질병의 종류(령 제2조 관련 별표 1)

한국표준질병 · 사인분류
알츠하이머병에서의 치매, 혈관성 치매, 달리 분류된 기타 질환에서의 치매, 상세불명의 치매, 알츠하이머병, 지주막하출혈, 뇌내출혈, 기타 비외상성 두개내 출혈, 뇌경색증, 출혈 또는 경색증으로 명시되지 않은 뇌졸중, 대뇌경색증을 유발하지 않은 뇌전동맥의 폐쇄 및 협착, 협착, 기타 뇌혈관질환, 달리 분류된 질환에서의 뇌혈관장애, 뇌혈관질환의 후유증, 파킨슨병, 이차성 파킨슨증, 달리 분류된 질환에서의 파킨슨증, 기저핵의 기타 퇴행성 질환, 중풍후유증(中風後遺症), 진전(振顫; 떨림 현상)

2) 장기요양인정의 신청

(1) **의사소견서 첨부:** 장기요양인정 '신청인'은 공단에 장기요양인정신청서에 의사 또는 한의사가 발급하는 '의사소견서'를 첨부하여 제출하여야 한다. 다만, 의사소견서는 공단이 등급판정위원회에 자료를 제출하기 전까지 제출할 수 있다(법 제13조 제1항). '신청인'은 의사 또는 한의사의 소견서를 첨부하여 제출하여야 한다(시행규칙 제2조 제1항).

(2) **진단서 등의 첨부:** 신청인은 '의사소견서'를 공단이 장기요양등급판정위원회에 자료를 제출하기 전까지 제출할 수 있다. 다만, 신청인이 65세 미만인 자로서 신청시에 의사소견서를 제출하지 아니하는 경우에는 '노인성 질병'(령 제2조)을 확인할 수 있는 진단서 등의 증명서류를 장기요양인정신청서에 첨부하여야 한다(시행규칙 제2조 제2항).

(3) **의사소견서 미첨부자에 대한 조치:** 신청서를 제출받은 공단은 신청인이 신청자격을 갖추었는지를 확인하고, 조사를 한 후 신청인이 신청 시에 의사소견서를 첨부하지 아니한 경우에는 다음에 따라 필요한 조치를 하여야 한다(시행규칙 제2조 제3항).

① 의사소견서 제출 제외자(령 제6조): 의사소견서를 제출하지 아니하여도 됨을 신청인에게 통보하여야 한다.

② 의사소견서 제출 제외자(령 제6조)에 해당하지 아니하는 자

㉮ 최초로 장기요양인정을 신청하는 자나 장기요양인정의 갱신신청을 하는 자: 의사소견서 발급의뢰서를 신청인에게 발부하여야 한다.

㉯ 가목에 해당하지 아니하는 자: 의사소견서 발급비용을 전액 본인이 부담하여야 함을 통보하여야 한다.

(4) **의사소견서 제출 제외자:** 거동이 현저하게 불편하거나 도서 · 벽지 지역에 거주하여 의료기관을 방문하기 어려운 자 등 대통령령으로 정하는 자는 의사소견서를 제출하지 아니할 수 있다(법 제13조 제2항). 장기요양인정을 신청하는 자 중 의사소견서를 제출하지

아니하여도 되는 자는 다음과 같다(령 제6조).

① 신청인의 심신상태나 거동상태 등이 현저하게 불편한 자로서 조사 결과 공단 소속 직원이 이를 확인한 자

② 보건복지부장관이 정하여 고시하는 도서 · 벽지 지역에 거주하는 자

(5) **장기요양인정 신청내용의 조사:** 공단은 제 신청서를 접수한 때에는 소속 직원으로 하여금 다음의 사항을 조사하게 하여야 한다. 다만, 지리적 사정 등으로 직접 조사하기 어려운 경우 또는 조사에 필요하다고 인정하는 경우 시 · 군 · 구에 대하여 조사를 의뢰하거나 공동으로 조사할 것을 요청할 수 있다(법 제14조 제1항).

① 신청인의 심신상태

② 신청인에게 필요한 장기요양급여의 종류 및 내용

③ 그 밖에 장기요양에 관하여 필요한 사항으로서 보건복지부령으로 정하는 사항

3) 장기요양인정신청의 대리

(1) **가족 · 친족에 의한 대리:** 장기요양급여를 받고자 하는 자 또는 수급자가 신체적 · 정신적인 사유로 장기요양인정의 신청, 장기요양인정의 갱신신청 또는 장기요양등급의 변경신청 등을 직접 수행할 수 없을 때 본인의 가족이나 친족, 그 밖의 이해관계인은 이를 대리할 수 있다(법 제22조 제1항).

(2) **가족 · 친족 이외의 자의 대리:** ① 사회복지전담공무원 ② 치매안심센터의 장(장기요양급여를 받고자 하는 사람 또는 수급자가 치매환자인 경우로 한정)은 관할 지역 안에 거주하는 사람 중 장기요양급여를 받고자 하는 사람 또는 수급자가 장기요양인정신청 등을 직접 수행할 수 없을 때 본인 또는 가족의 동의를 받아 그 신청을 대리할 수 있다(법 제22조 제2항).

(3) **지방자치단체 장이 지정하는 자의 대리:** 장기요양급여를 받고자 하는 자 또는 수급자가 장기요양인정신청 등을 할 수 없는 경우 시 · 도지사 · 시장 · 군수 · 구청장이 지정하는 자는 이를 대리할 수 있다(법 제22조 제3항).

4) 등급판정

(1) **등급판정 심의자료의 제출:** 공단은 조사가 완료된 때 조사결과서, 신청서, 의사소견서, 그 밖에 심의에 필요한 자료를 장기요양 '등급판정위원회'에 제출하여야 한다(법 제15조 제1항).

(2) **등급판정위원회의 등급판정:** 등급판정위원회는 신청인이 신청자격요건을 충족하고 6개

월 이상 동안 혼자서 일상생활을 수행하기 어렵다고 인정하는 경우 심신상태 및 장기요양이 필요한 정도 등 대통령령으로 정하는 등급판정기준에 따라 수급자로 판정한다(법 제15조 제2항).

(3) **관계인의 의견청취:** 등급판정위원회는 심의 · 판정을 하는 때 신청인과 그 가족, 의사소견서를 발급한 의사 등 관계인의 의견을 들을 수 있다(법 제15조 제3항).

(4) **부정행위자로 의심되는 경우의 재심사:** 공단은 장기요양급여를 받고 있거나 받을 수 있는 자가 다음에 해당하는 것으로 의심되는 경우에는 신청사항을 조사하여 그 결과를 등급판정위원회에 제출하여야 한다(법 제15조 제4항). 등급판정위원회는 제출된 조사 결과를 토대로 다시 수급자 등급을 조정하고 수급자 여부를 판정할 수 있다(법 제15조 제5항).

① 거짓이나 그 밖의 부정한 방법으로 장기요양인정을 받은 경우
② 고의로 사고를 발생하도록 하거나 본인의 위법행위에 기인하여 장기요양인정을 받은 경우

5) **장기요양인정서:** 공단은 등급판정위원회가 장기요양인정 및 등급판정의 심의를 완료한 경우 지체 없이 다음의 사항이 포함된 장기요양인정서를 작성하여 수급자에게 송부하여야 한다(법 제17조 제1항).

① 장기요양등급
② 장기요양급여의 종류 및 내용
③ 그 밖에 장기요양급여에 관한 사항으로서 보건복지부령으로 정하는 사항

제 2 절 장기요양급여

1. 장기요양급여의 제공

1) **장기요양급여의 급여 개시:** 수급자는 장기요양인정서와 표준장기요양이용계획서가 도달한 날부터 장기요양급여를 받을 수 있다(법 제27조 제1항).

2) **부득이한 경우 신청서 제출과 동시에 급여:** 수급자는 돌볼 가족이 없는 경우 등 대통령령으로 정하는 사유가 있는 경우 신청서를 제출한 날부터 장기요양인정서가 도달되는 날까지의 기간 중에도 장기요양급여를 받을 수 있다(법 제27조 제2항).

3) **장기요양인정서와 표준장기요양이용계획서 제시:** 수급자는 장기요양급여를 받으려

면 장기요양기관에 장기요양인정서와 표준장기요양이용계획서를 제시하여야 한다. 다만, 수급자가 장기요양인정서 및 표준장기요양이용계획서를 제시하지 못하는 경우 장기요양기관은 공단에 전화나 인터넷 등을 통하여 그 자격 등을 확인할 수 있다(법 제27조 제3항).

4) **특별현금급여수급계좌:** 공단은 특별현금급여를 받는 수급자의 신청이 있는 경우에는 특별현금급여를 수급자 명의의 지정된 '특별현금급여수급계좌'로 입금하여야 한다. 다만, 정보통신장애나 그 밖에 대통령령으로 정하는 불가피한 사유로 특별현금급여수급계좌로 이체할 수 없을 때에는 현금 지급 등으로 특별현금급여를 지급할 수 있다(법 제27조의2 제1항).

5) **장기요양급여의 월 한도액:** 장기요양급여는 월 한도액 범위 안에서 제공한다. 이 경우 월 한도액은 장기요양등급 및 장기요양급여의 종류 등을 고려하여 산정한다(법 제28조).

6) **급여 외 행위의 제공 금지:** 수급자 또는 장기요양기관은 장기요양급여를 제공받거나 제공할 경우 다음의 '급여 외 행위'를 요구하거나 제공하여서는 아니 된다(법 제28조의2 제1항).

① 수급자의 가족만을 위한 행위
② 수급자 또는 그 가족의 생업을 지원하는 행위
③ 그 밖에 수급자의 일상생활에 지장이 없는 행위

7) 장기요양급여의 제한

(1) 조사에 불성실한 응답의 경우: 공단은 장기요양급여를 받고 있는 자가 정당한 사유 없이 조사나 자료의 제출 또는 보고 및 검사에 따른 요구에 응하지 아니하거나 답변을 거절한 경우 장기요양급여의 전부 또는 일부를 제공하지 아니하게 할 수 있다(법 제29조 제1항).

(2) 요양기관의 부정행위에 가담한 경우: 공단은 장기요양급여를 받고 있거나 받을 수 있는 자가 장기요양기관이 거짓이나 그 밖의 부정한 방법으로 장기요양급여비용을 받는 데에 가담한 경우 장기요양급여를 중단하거나 1년의 범위에서 장기요양급여의 횟수 또는 제공 기간을 제한할 수 있다(법 제29조 제2항).

8) **부정행위자에 대한 처벌:** 거짓이나 그 밖의 부정한 방법으로 장기요양급여를 받거나 다른 사람으로 하여금 장기요양급여를 받게 한 자는 1년 이하의 징역 또는 1천만원 이하의 벌금에 처한다(법 제67조 제3항 제2호).

2. 장기요양급여의 종류

장기요양급여는 재가급여, 시설급여, 특별현금급여로 구분된다(법 제23조 제1항).

1) 재가급여(법 제23조 제1항 제1호)

방문요양	장기요양요원이 수급자의 가정 등을 방문하여 신체활동 및 가사활동 등을 지원하는 장기요양급여
방문목욕	장기요양요원이 목욕설비를 갖춘 장비를 이용하여 수급자의 가정 등을 방문하여 목욕을 제공하는 장기요양급여
방문간호	장기요양요원인 간호사 등이 의사, 한의사 또는 치과의사의 '방문간호지시서'에 따라 수급자의 가정 등을 방문하여 간호, 진료의 보조, 요양에 관한 상담 또는 구강위생 등을 제공하는 장기요양급여
주 · 야간보호	수급자를 하루 중 일정한 시간 동안 장기요양기관에 보호하여 신체활동 지원 및 심신기능의 유지 · 향상을 위한 교육 · 훈련 등을 제공하는 장기요양급여
단기보호	수급자를 일정 기간 동안 장기요양기관에 보호하여 신체활동 지원 및 심신기능의 유지 · 향상을 위한 교육 · 훈련 등을 제공하는 장기요양급여
기타 재가급여	수급자의 일상생활 · 신체활동 지원 및 인지기능의 유지 · 향상에 필요한 용구를 제공하거나 가정을 방문하여 재활에 관한 지원 등을 제공하는 장기요양급여로서 대통령령(제9조)으로 정하는 것

2) 시설급여(법 제23조 제1항 제2호)

장기요양기관에 장기간 입소한 수급자에게 신체활동 지원 및 심신기능의 유지 · 향상을 위한 교육 · 훈련 등을 제공하는 장기요양급여이다.

3) 특별현금급여(법 제23조 제1항 제3호)

(1) 가족요양비: 가족장기요양급여

공단은 다음에 해당하는 수급자가 가족 등으로부터 방문요양에 상당한 장기요양급여를 받은 때 해당 수급자에게 가족요양비를 지급할 수 있다(법 제24조 제1항).

① 도서 · 벽지 등 장기요양기관이 현저히 부족한 지역으로서 보건복지부장관이 정하여 고시하는 지역에 거주하는 자

② 천재지변이나 그 밖에 이와 유사한 사유로 인하여 장기요양기관이 제공하는 장기요양급여를 이용하기가 어렵다고 보건복지부장관이 인정하는 자

③ 신체 · 정신 또는 성격 등 대통령령으로 정하는 사유로 인하여 가족 등으로부터 장기요양을 받아야 하는 자

(2) 특례요양비: 특례장기요양급여

공단은 수급자가 장기요양기관이 아닌 노인요양시설 등의 기관 또는 시설에서 재가급여 또는 시설급여에 상당한 장기요양급여를 받은 경우 해당 장기요양급여비용의 일부를 해당 수급자에게 특례요양비로 지급할 수 있다(법 제25조 제1항).

(3) 요양병원간병비: 요양병원장기요양급여

공단은 수급자가 요양병원(의료법 제3조 제2항 제3호 라목)에 입원한 때 장기요양에 사용되는 비용의 일부를 요양병원간병비로 지급할 수 있다(법 제26조 제1항).

제 3 절 장기요양기관

1. 장기요양기관의 지정

1) **지자체장의 지정:** 재가급여 또는 시설급여를 제공하는 장기요양기관을 운영하려는 자는 장기요양에 필요한 시설 및 인력을 갖추어 소재지를 관할 구역으로 하는 특별자치시·도지사·시장·군수·구청장으로부터 지정을 받아야 한다(법 제31조 제1항).

지정받지 아니하고 장기요양기관을 운영하거나 거짓이나 그 밖의 부정한 방법으로 지정받은 자는 2년 이하의 징역 또는 2천만원 이하의 벌금에 처한다(법 제67조 제2항 제1호). 양벌규정(법 제68조).

2) **장기요양에 필요한 시설 및 인력:** 장기요양기관으로 지정받으려는 자는 보건복지부령으로 정하는 장기요양에 필요한 시설 및 인력을 갖추어야 한다(법 제31조 제2항).

3) **장기요양기관의 지정을 위해 검토할 사항:** 시·도지사·시장·군수·구청장이 지정을 하려는 경우에는 다음의 사항을 검토하여 장기요양기관을 지정하여야 한다. 이 경우 시·도지사·시장·군수·구청장은 공단에 관련 자료의 제출을 요청하거나 그 의견을 들을 수 있다(법 제31조 제3항).

① 장기요양기관을 운영하려는 자의 장기요양급여 제공 이력

② 장기요양기관을 운영하려는 자 및 장기요양요원이 받은 행정처분의 내용

③ 장기요양기관의 운영 계획

④ 해당 지역의 노인인구수 및 장기요양급여 수요 등 지역 특성

⑤ 그 밖에 시·도지사·시장·군수·구청장이 장기요양기관으로 지정하는 데 필요하

다고 인정하여 정하는 사항

4) **방문간호의 관리책임자는 간호사라야:** 재가급여를 제공하는 장기요양기관 중 의료기관이 아닌 자가 설치 · 운영하는 장기요양기관이 방문간호를 제공하는 경우에는 방문간호의 관리책임자로서 간호사를 둔다(법 제31조 제5항).

2. 장기요양기관으로서의 결격사유

다음에 해당하는 자는 장기요양기관으로 지정받을 수 없다(법 제32조).

① 미성년자, 피성년후견인 또는 피한정후견인

② 정신질환자. 다만, 전문의가 장기요양기관 설립 · 운영 업무에 종사하는 것이 적합하다고 인정하는 사람은 그러하지 아니하다.

③ 마약류에 중독된 사람

④ 파산선고를 받고 복권되지 아니한 사람

⑤ 금고 이상의 실형을 선고받고 그 집행이 종료되거나 집행이 면제된 날부터 5년이 경과되지 아니한 사람

⑥ 금고 이상의 형의 집행유예를 선고받고 그 유예기간 중에 있는 사람

⑦ 대표자가 제1호부터 제6호까지의 규정 중 어느 하나에 해당하는 법인

3. 장기요양기관 지정의 유효기간

장기요양기관 지정의 유효기간은 지정을 받은 날부터 6년으로 한다(법 제32조의3).

4. 장기요양기관 지정의 갱신

장기요양기관의 장은 지정의 유효기간이 끝난 후에도 계속하여 그 지정을 유지하려는 경우에는 소재지를 관할구역으로 하는 시 · 도지사 · 시장 · 군수 · 구청장에게 지정 유효기간이 끝나기 90일 전까지 지정 갱신을 신청하여야 한다(법 제32조의4 제1항).

5. 장기요양기관 정보의 안내

장기요양기관은 수급자가 장기요양급여를 쉽게 선택하도록 하고 장기요양기관이 제공하는 급여의 질을 보장하기 위하여 장기요양기관별 급여의 내용, 시설 · 인력 등 현황자료 등을 공단

이 운영하는 인터넷 홈페이지에 게시하여야 한다(법 제34조 제1항). 이를 위반하여 장기요양기관에 관한 정보를 게시하지 아니하거나 거짓으로 게시한 자는 500만원 이하의 과태료를 부과한다(법 제69조 제1항 제2의2호).

6. 장기요양기관의 의무

1) **급여제공 거부의 금지:** 장기요양기관은 수급자로부터 장기요양급여신청을 받은 때 장기요양급여의 제공을 거부하여서는 아니 된다. 다만, 입소정원에 여유가 없는 경우 등 정당한 사유가 있는 경우는 그러하지 아니하다(법 제35조 제1항). 이를 위반하여 정당한 사유 없이 장기요양급여의 제공을 거부한 자는 1년 이하의 징역 또는 1천만원 이하의 벌금에 처한다(법 제67조 제3항 제1호). 양벌규정(법 제68조).
2) **영리목적 급여비용 감경 등 금지:** 장기요양기관은 정당하게 면제받거나 감경받는 금액 외에 영리를 목적으로 재가 및 시설 급여비용 중 '본인부담금'을 면제하거나 감경하는 행위를 하여서는 아니 된다(법 제35조 제5항). 이 규정을 위반하여 본인부담금을 면제 또는 감경하는 행위를 한 자는 2년 이하의 징역 또는 2천만원 이하의 벌금에 처한다(법 제67조 제2항 제3호). 양벌규정(법 제68조).
3) **영리목적의 소개 · 알선 · 유인행위 등 금지:** 누구든지 영리를 목적으로 금전, 물품, 노무, 향응, 그 밖의 이익을 제공하거나 제공할 것을 약속하는 방법으로 수급자를 장기요양기관에 소개, 알선 또는 유인하는 행위 및 이를 조장하는 행위를 하여서는 아니 된다(법 제35조 제6항). 이를 위반하여 수급자를 소개, 알선 또는 유인하는 행위를 하거나 이를 조장한 자는 2년 이하의 징역 또는 2천만원 이하의 벌금에 처한다(법 제67조 제2항 제4호). 양벌규정(법 제68조).

7. 인권교육

1) **종사자에 대한 인권교육:** 장기요양기관 중 대통령령으로 정하는 기관을 운영하는 자와 그 종사자는 인권에 관한 교육을 받아야 한다(법 제35조의3 제1항).
2) **장기요양급여 수급자에 대한 인권교육:** 장기요양기관 중 대통령령으로 정하는 기관을 운영하는 자는 해당 기관을 이용하고 있는 장기요양급여 수급자에게 인권교육을 실시할 수 있다(법 제35조의3 제2항).
3) **인권교육기관의 지정:** 보건복지부장관은 인권교육을 효율적으로 실시하기 위하여 인

권교육기관을 지정할 수 있다. 이 경우 예산의 범위에서 인권교육에 소요되는 비용을 지원할 수 있으며, 지정을 받은 인권교육기관은 보건복지부장관의 승인을 받아 인권교육에 필요한 비용을 교육대상자로부터 징수할 수 있다(법 제35조의3 제3항).

4) **인권교육기관의 지정 취소:** 보건복지부장관은 지정을 받은 인권교육기관이 다음에 해당하면 그 지정을 취소하거나 6개월 이내의 기간을 정하여 업무의 정지를 명할 수 있다. 다만, 제1호에 해당하면 그 지정을 취소하여야 한다(법 제35조의3 제4항).

① 거짓이나 그 밖의 부정한 방법으로 지정을 받은 경우
② 보건복지부령으로 정하는 지정요건을 갖추지 못하게 된 경우
③ 인권교육의 수행능력이 현저히 부족하다고 인정되는 경우

8. 장기요양요원의 보호

1) **장기요양요원의 고충 해소를 위한 조치:** 장기요양기관의 장은 장기요양요원[2)]이 다음에 해당하는 경우로 인한 고충의 해소를 요청하는 경우 업무의 전환 등 적절한 조치를 하여야 한다(법 제35조의4 제1항).

① 수급자 및 그 가족이 장기요양요원에게 폭언 · 폭행 · 상해 또는 성희롱 · 성폭력 행위를 하는 경우
② 수급자 및 그 가족이 장기요양요원에게 급여 외 행위의 제공을 요구하는 경우

2) **장기요양요원을 보호하기 위한 조치:** 장기요양기관의 장은 장기요양요원에게 다음의 행위를 하여서는 아니 된다(법 제35조의4 제2항).

① 장기요양요원에게 급여 외 행위의 제공을 요구하는 행위
② 수급자가 부담하여야 할 본인부담금의 전부 또는 일부를 부담하도록 요구하는 행위

3) **전문인 배상책임보험 가입:** 장기요양기관은 종사자가 장기요양급여를 제공하는 과정에서 발생할 수 있는 수급자의 상해 등 법률상 손해를 배상하는 "전문인 배상책임보험"에 가입할 수 있다(법 제35조의5 제1항). 공단은 장기요양기관이 전문인 배상책임보험에 가입하지 않은 경우 그 기간 동안 해당 장기요양기관에 지급하는 장기요양급여비용의 일부를 감액할 수 있다(법 제35조의5 제2항).

2) "장기요양요원"이란 장기요양기관에 소속되어 노인등의 신체활동 또는 가사활동 지원 등의 업무를 수행하는 자를 말한다(법 제2조 제5호).

9. 장기요양기관의 폐업 등의 신고

1) **휴·폐업 예정일 30일 전 신고:** 장기요양기관의 장은 폐업하거나 휴업하고자 하는 경우 폐업이나 휴업 예정일 전 30일까지 시·도지사·시장·군수·구청장에게 신고하여야 한다. 신고를 받은 시·도지사·시장·군수·구청장은 지체 없이 신고 명세를 공단에 통보하여야 한다(법 제36조 제1항). 이를 위반하여 폐업·휴업 신고 또는 자료이관을 하지 아니하거나 거짓이나 그 밖의 부정한 방법으로 작성한 사람은 500만원 이하의 과태료를 부과한다(법 제69조 제1항 제4호).
2) **30일 전까지 갱신신청 없으면 자동 폐업:** 시·도지사·시장·군수·구청장은 장기요양기관의 장이 유효기간이 끝나기 30일 전까지 지정 갱신 신청을 하지 아니하는 경우 그 사실을 공단에 통보하여야 한다(법 제36조 제2항).
3) **수급자의 권익 보호 조치:** 장기요양기관의 장은 장기요양기관을 폐업하거나 휴업하려는 경우 또는 장기요양기관의 지정 갱신을 하지 아니하려는 경우 수급자의 권익을 보호하기 위하여 다음의 조치를 취하여야 한다(법 제36조 제3항). 정당한 사유 없이 권익보호를 하지 아니한 사람은 1년 이하의 징역 또는 1천만원 이하의 벌금에 처한다(법 제67조 제항 제3호). 양벌규정(법 제68조).
   ① 해당 장기요양기관을 이용하는 수급자가 다른 장기요양기관을 선택하여 이용할 수 있도록 계획을 수립하고 이행하는 조치
   ② 해당 장기요양기관에서 수급자가 부담한 비용 중 정산하여야 할 비용이 있는 경우 이를 정산하는 조치
   ③ 그 밖에 수급자의 권익 보호를 위하여 필요하다고 인정되는 조치로서 보건복지부령으로 정하는 조치

10. 위반사실 등의 공표

1) **급여비용의 부정청구의 경우:** 보건복지부장관 또는 특별자치시·도지사·시장·군수·구청장은 장기요양기관이 거짓으로 재가·시설 급여비용을 청구하였다는 이유로 장기요양기관의 지정 취소 또는 과징금의 부과 처분이 확정된 경우로서 다음에 해당하는 경우에는 위반사실, 처분내용, 장기요양기관의 명칭·주소, 장기요양기관의 장의 성명, 그 밖에 다른 장기요양기관과의 구별에 필요한 사항으로서 대통령령으로 정하는 사항을 공표하여야 한다. 다만, 장기요양기관의 폐업 등으로 공표의 실효성이 없는 경우에

는 그러하지 아니하다(법 제37조의3 제1항).

① 거짓으로 청구한 금액이 1천만원 이상인 경우

② 거짓으로 청구한 금액이 장기요양급여비용 총액의 100분의 10 이상인 경우

2) **불성실 자료제출의 경우:** 보건복지부장관 또는 특별자치시 · 도지사 · 시장 · 군수 · 구청장은 장기요양기관이 자료제출 명령에 따르지 아니하거나 거짓으로 자료제출을 한 경우나 질문 또는 검사를 거부 · 방해 또는 기피하거나 거짓으로 답변하였다는 이유로 장기요양기관의 지정 취소 또는 과징금의 부과 처분이 확정된 경우 위반사실, 처분내용, 장기요양기관의 명칭 · 주소, 장기요양기관의 장의 성명, 그 밖에 다른 장기요양기관과의 구별에 필요한 사항으로서 대통령령으로 정하는 사항을 공표하여야 한다. 다만, 장기요양기관의 폐업 등으로 공표의 실효성이 없는 경우 또는 장기요양기관이 위반사실 등의 공표 전에 자료를 제출하거나 질문 또는 검사에 응하는 경우에는 그러하지 아니하다(법 제37조의3 제2항).

제 4 절 재가 및 시설급여의 비용

1. 재가 및 시설급여 비용의 청구 및 지급

장기요양기관은 수급자에게 재가급여 또는 시설급여를 제공한 경우 공단에 장기요양급여비용을 청구하여야 한다(법 제38조 제1항). 공단은 장기요양기관으로부터 재가 또는 시설급여 비용의 청구를 받은 경우 이를 심사하여 그 내용을 장기요양기관에 통보하여야 하며, 그 내용을 장기요양기관에 통보하여야 하며, 장기요양에 사용된 비용 중 공단부담금[3]을 해당 장기요양기관에 지급하여야 한다(법 제38조 제2항).

거짓이나 그 밖의 부정한 방법으로 장기요양급여비용을 청구한 자는 3년 이하의 징역 또는 3천만원 이하의 벌금에 처한다(법 제67조).

2. 재가 및 시설급여 비용의 산정

재가 및 시설급여 비용은 급여종류 및 장기요양등급 등에 따라 장기요양위원회의 심의를 거쳐 보건복지부장관이 정하여 고시한다(법 제39조 제1항). 보건복지부장관은 재가 및 시설급여

3) 재가 및 시설급여 비용 중 본인부담금을 공제한 금액.

비용을 정할 때 국가 및 지방자치단체로부터 장기요양기관의 설립비용을 지원받았는지 여부 등을 고려할 수 있다(법 제39조 제2항).

3. 본인부담금

1) **본인일부부담금:** 재가 및 시설급여 비용은 다음과 같이 수급자가 부담한다. 다만, 수급자 중 의료급여수급권자는 그러하지 아니하다(법 제40조 제1항).
   ① **재가급여:** 해당 장기요양급여비용의 15%
   ② **시설급여:** 해당 장기요양급여비용의 20%
2) **본인전부부담:** 다음의 장기요양급여에 대한 비용은 수급자 본인이 전부부담한다(법 제40조 제2항).
   ① 이 법의 규정에 따른 급여의 범위 및 대상에 포함되지 아니하는 장기요양급여
   ② 수급자가 장기요양인정서에 기재된 장기요양급여의 종류 및 내용과 다르게 선택하여 장기요양급여를 받은 경우 그 차액
   ③ 장기요양급여의 월한도액을 초과하는 장기요양급여

4. 가족 등의 장기요양에 대한 보상

공단은 장기요양급여를 받은 금액의 총액이 보건복지부장관이 정하여 고시하는 금액 이하에 해당하는 수급자가 가족 등으로부터 방문요양에 상당한 장기요양을 받은 경우 본인일부부담금의 일부를 감면하거나 이에 갈음하는 조치를 할 수 있다(법 제41조 제1항).

5. 부당이득의 징수

1) **부당이득징수의 사유:** 공단은 장기요양급여를 받은 자 또는 장기요양급여비용을 받은 자가 다음에 해당하는 경우 그 장기요양급여 또는 장기요양급여비용에 상당하는 금액을 징수한다(법 제43조 제1항).
   ① 등급판정 결과 부정한 방법[4]으로 신청한 사실이 확인된 경우
   ② 월한도액 범위를 초과하여 장기요양급여를 받은 경우
   ③ 장기요양급여의 제한 등을 받을 자가 장기요양급여를 받은 경우

4) ①거짓이나 그 밖의 부정한 방법으로 장기요양인정을 받은 경우 또는 ②고의로 사고를 발생하도록 하거나 본인의 위법행위에 기인하여 장기요양인정을 받은 경우.

④ 거짓이나 그 밖의 부정한 방법으로 재가 및 시설급여 비용을 청구하여 이를 지급받은 경우

⑤ 그 밖에 이 법상의 원인 없이 공단으로부터 장기요양급여를 받거나 장기요양급여비용을 지급받은 경우

2) **불법행위 관여자의 연대책임:** 공단은 거짓 보고 또는 증명에 의하거나 거짓 진단에 따라 장기요양급여가 제공된 때 거짓의 행위에 관여한 자에 대하여 장기요양급여를 받은 자와 연대하여 징수금을 납부하게 할 수 있다(법 제43조 제2항).

3) **세대원의 연대책임:** 공단은 거짓이나 그 밖의 부정한 방법으로 장기요양급여를 받은 자와 같은 세대에 속한 자(장기요양급여를 받은 자를 부양하고 있거나 다른 법령에 따라 장기요양급여를 받은 자를 부양할 의무가 있는 자)에 대하여 거짓이나 그 밖의 부정한 방법으로 장기요양급여를 받은 자와 연대하여 징수금을 납부하게 할 수 있다(법 제43조 제3항).

6. 구상권

공단은 제3자의 행위로 인한 장기요양급여의 제공사유가 발생하여 수급자에게 장기요양급여를 행한 때 그 급여에 사용된 비용의 한도 안에서 그 제3자에 대한 손해배상의 권리를 얻는다(법 제44조 제1항). 공단은 장기요양급여를 받은 자가 제3자로부터 이미 손해배상을 받은 때 그 손해배상액의 한도 안에서 장기요양급여를 행하지 아니한다(법 제44조 제2항).

제16장

산업재해보상보험법

1963.11.05. 법률 제1438호 '산업재해보상보험법' 제정
1994.12.22. 법률 제4826호 제13차 전부개정
2007.04.11. 법률 제8373호 제24차 전부개정
2007.12.14. 법률 제8694호 제26차 전부개정
2023.08.08. 법률 제19612호 제71차 일부개정, 2024.02.09. 시행(최신)

제1절 총 칙

1. 보험료[1)]

산재보험법에 따른 보험사업에 드는 비용에 충당하기 위하여 징수하는 보험료나 그 밖의 징수금에 관하여는 '보험료징수법'[2)]에서 정하는 바에 따른다(법 제4조). 보험료징수법은 고용보험과 산업재해보상보험의 보험관계의 성립 · 소멸, 보험료의 납부 · 징수 등에 관하여 필요한 사항을 규정함으로써 보험사무의 효율성을 높이는 것을 목적으로 한다(보험료징수법 제1조).

2. 보험가입자

1) **법의 적용사업:** 이 법은 근로자를 사용하는 모든 사업 또는 사업장에 적용한다(법 제6조 전단).

2) **법의 적용제외사업:** 위험률 · 규모 및 장소 등을 고려하여 대통령령으로 정하는 사업에 대하여는 이 법을 적용하지 아니한다(법 제6조 단서). '대통령령으로 정하는 사업'이란 다음에 해당하는 '사업'을 말한다(령 제2조 제1항).
   ① 공무원연금법 또는 군인연금법에 따라 재해보상이 되는 사업. 다만, 순직유족급여 또는 위험직무순직유족급여에 관한 규정을 적용받는 경우는 제외한다.
   ② 선원법, 어선원 및 어선 재해보상보험법 또는 사립학교교직원 연금법에 따라 재해보상이 되는 사업

1) 이 내용은 사용자가 부담하는 것으로 사무적으로 처리된다. 따라서 사회복지사가 실천현장에서 꼭 필요로 하는 것이 아니라고 보아 자세한 내용은 생략하였다.
2) 이 법은 고용보험 및 산업재해보상보험의 보험료징수 등에 관한 법률을 말한다.

③ 가구 내 고용활동

④ 농업, 임업(벌목업 제외), 어업 및 수렵업 중 법인 아닌 자의 사업으로서 상시근로자 수가 5명 미만인 사업

제 2 절 보험급여의 산정

1. 평균임금

1) 평균임금의 정의: 산재보험법의 평균임금은 근로기준법의 규정을 따른다(법 제5조 제2호). 산재보험법의 '평균임금'이란 이를 산정하여야 할 사유가 발생한 날 이전 3개월 동안에 그 근로자에게 지급된 임금의 총액을 그 기간의 총일 수로 나눈 금액을 말한다. 근로자가 취업한 후 3개월 미만인 경우도 이에 준한다(근로기준법 제2조 제6호).

2) 평균임금의 증감

(1) 평균임금의 전체 근로자 임금 평균액에 연동: 보험급여를 산정하는 경우 해당 근로자의 평균임금을 산정하여야 할 사유가 발생한 날부터 1년이 지난 이후에는 매년 전체 근로자의 임금 평균액의 증감률에 따라 평균임금을 증감한다(법 제36조 제3항 전단).

(2) 평균임금의 소비자물가변동률에 연동: 근로자의 연령이 60세에 도달한 이후에는 소비자물가변동률에 따라 평균임금을 증감한다. 다만, 산정한 금액을 평균임금으로 보는 진폐(塵肺)에 걸린 근로자에 대한 보험급여는 제외한다(법 제36조 제3항 후단).

3) 최고 보상기준과 최저 보상기준: 보험급여(장의비 제외)를 산정할 때 그 근로자의 평균임금 또는 보험급여의 산정 기준이 되는 평균임금이 고용구조 및 인력수요 등에 관한 통계에 따른 상용근로자 5명 이상 사업체의 전체 근로자의 임금 평균액의 1.8배, 즉 '최고 보상기준 금액'을 초과하거나, 2분의 1, 즉 '최저 보상기준 금액'보다 적으면 그 최고 보상기준 금액이나 최저 보상기준 금액을 각각 그 근로자의 평균임금으로 한다. 다만, 최저 보상기준 금액이 시간급 최저임금액에 8을 곱한 금액, 즉 '최저임금액'보다 적으면 그 최저임금액을 최저 보상기준 금액으로 한다. 드러나 휴업급여 및 상병보상연금을 산정할 때에는 최저 보상기준 금액을 적용하지 아니한다(법 제36조 제7항).

2. 업무상의 재해

1) 업무상 재해의 인정 기준: 근로자가 다음에 해당하는 사유로 부상 · 질병 또는 장해가 발생하거나 사망하면 업무상의 재해로 본다. 다만, 업무와 재해 사이에 상당인과관계(相當因果關係)가 없는 경우에는 그러하지 아니하다(법 제37조 제1항).

(1) 업무상 사고

① 근로자가 근로계약에 따른 업무나 그에 따르는 행위를 하던 중 발생한 사고

② 사업주가 제공한 시설물 등을 이용하던 중 그 시설물 등의 결함이나 관리소홀로 발생한 사고

③ 사업주가 주관하거나 사업주의 지시에 따라 참여한 행사나 행사준비 중에 발생한 사고

④ 휴게시간 중 사업주의 지배관리하에 있다고 볼 수 있는 행위로 발생한 사고

⑤ 그 밖에 업무와 관련하여 발생한 사고

(2) 업무상 질병

① 업무수행 과정에서 물리적 인자(因子), 화학물질, 분진, 병원체, 신체에 부담을 주는 업무 등 근로자의 건강에 장해를 일으킬 수 있는 요인을 취급하거나 그에 노출되어 발생한 질병

② 업무상 부상이 원인이 되어 발생한 질병

③ 직장 내 괴롭힘, 고객의 폭언 등으로 인한 업무상 정신적 스트레스가 원인이 되어 발생한 질병

④ 그 밖에 업무와 관련하여 발생한 질병

(3) 출퇴근 재해

① 사업주가 제공한 교통수단이나 그에 준하는 교통수단을 이용하는 등 사업주의 지배 · 관리하에서 출퇴근하는 중 발생한 사고

② 그 밖에 통상적인 경로와 방법으로 출퇴근하는 중 발생한 사고

2) 고의 · 자해행위나 범죄행위의 배제: 근로자의 고의 · 자해행위나 범죄행위 또는 그것이 원인이 되어 발생한 부상 · 질병 · 장해 또는 사망은 업무상의 재해로 보지 아니한다. 다만, 그 부상 · 질병 · 장해 또는 사망이 정상적인 인식능력 등이 뚜렷하게 저하된 상태에서 한 행위로 발생한 경우로서 대통령령으로 정하는 사유가 있으면 업무상의 재해로 본다(법 제37조 제2항).

3) 출퇴근 중의 사고에 대한 특례: 사고 중에서 출퇴근 경로 일탈 또는 중단이 있는 경우에는 해당 일탈 또는 중단 중의 사고 및 그 후의 이동 중의 사고에 대하여는 출퇴근 재해로 보지 아니한다. 다만, 일탈 또는 중단이 일상생활에 필요한 행위로서 대통령령으로 정하는 사유가 있는 경우에는 출퇴근 재해로 본다(법 제37조 제3항).

4) 출퇴근 경로·방법이 일정하지 아니한 직종의 특례: 출퇴근[3] 경로와 방법이 일정하지 아니한 직종으로 대통령령으로 정하는 경우에는 출퇴근 재해를 적용하지 아니한다(법 제37조 제4항).

5) 사망의 추정

(1) 사망추정에 의한 급여지급: 사고가 발생한 선박 또는 항공기에 있던 근로자의 생사가 밝혀지지 아니하거나 항행(航行) 중인 선박 또는 항공기에 있던 근로자가 행방불명 또는 그 밖의 사유로 그 생사가 밝혀지지 아니하면 대통령령으로 정하는 바에 따라 사망한 것으로 추정하고, 유족급여와 장의비에 관한 규정을 적용한다(법 제39조 제1항).

(2) 보험급여 지급 후 생존확인의 경우: 사망의 추정으로 보험급여를 지급한 후에 그 근로자의 생존이 확인되면 그 급여를 받은 자가 선의(善意)인 경우에는 받은 금액을, 악의(惡意)인 경우에는 받은 금액의 2배에 해당하는 금액을 징수하여야 한다(법 제39조 제2항).

제 3 절 보험급여

보험급여의 종류는 ① 요양급여, ② 휴업급여, ③ 장해급여, ④ 간병급여, ⑤ 유족급여, ⑥ 상병(傷病)보상연금, ⑦ 장의비(葬儀費), ⑧ 직업재활급여로 구분된다. 다만, 진폐에 따른 보험급여의 종류는 요양급여, 간병급여, 장의비, 직업재활급여, 진폐보상연금 및 진폐유족연금으로 하고, 건강손상자녀에 대한 보험급여의 종류는 요양급여, 장해급여, 간병급여, 장례비, 직업재활급여로 한다(법 제36조 제1항).

3) '출퇴근'이란 취업과 관련하여 주거와 취업장소 사이의 이동 또는 한 취업장소에서 다른 취업장소로의 이동을 말한다(법 제5조 제8호).

1. 요양급여

1) 요양급여의 지급

(1) **요양급여의 지급요건**: 요양급여는 근로자가 업무상의 사유로 부상을 당하거나 질병에 걸린 경우에 그 근로자에게 지급한다(법 제40조 제1항).

(2) **요양급여의 지급방법**: 요양급여는 산재보험 의료기관에서 요양을 하게 한다. 다만, 부득이한 경우에는 요양을 갈음하여 요양비를 지급할 수 있다(법 제40조 제2항).

(3) **요양급여의 면책**: 부상 또는 질병이 3일 이내의 요양으로 치유[4]될 수 있으면 요양급여를 지급하지 아니한다(법 제40조 제3항).

(4) **요양급여의 범위**(법 제40조 제4항)

① 진찰 및 검사

② 약제 또는 진료재료와 의지(義肢), 그 밖의 보조기의 지급

③ 처치, 수술, 그 밖의 치료

④ 재활치료

⑤ 입원

⑥ 간호 및 간병

⑦ 이송

⑧ 그 밖에 고용노동부령으로 정하는 사항

2) 요양급여의 신청

(1) **당사자의 급여신청**: 요양급여를 받으려는 사람은 소속 사업장, 재해발생 경위, 그 재해에 대한 의학적 소견, 그 밖에 고용노동부령으로 정하는 사항을 적은 서류를 첨부하여 공단에 요양급여의 신청을 하여야 한다. 이 경우 요양급여 신청의 절차와 방법은 고용노동부령으로 정한다(법 제41조 제1항).

(2) **진료기관의 신청대행**: 근로자를 진료한 산재보험 의료기관은 그 근로자의 재해가 업무상의 재해로 판단되면 그 근로자의 동의를 받아 요양급여의 신청을 대행할 수 있다(법 제41조 제2항).

4) '치유'란 부상 또는 질병이 완치되거나 치료의 효과를 더 이상 기대할 수 없고 그 증상이 고정된 상태에 이르게 된 것을 말한다(법 제5조 제4호).

3) 건강보험의 우선 적용

(1) **건강보험 요양급여 등 우선 적용:** 요양급여의 신청을 한 사람은 공단이 이 법에 따른 요양급여에 관한 결정을 하기 전에는 국민건강보험법에 따른 요양급여 또는 의료급여를 받을 수 있다(법 제42조 제1항).

(2) **본인 일부부담금의 청구:** 건강보험 요양급여 등을 받은 사람이 국민건강보험법 또는 의료급여법에 따른 본인 일부 부담금을 산재보험 의료기관에 납부한 후에 이 법에 따른 요양급여 수급권자로 결정된 경우에는 그 납부한 본인 일부 부담금 중 요양급여에 해당하는 금액을 공단에 청구할 수 있다(법 제42조 제2항).

2. 휴업급여

1) **요양으로 취업하지 못한 기간에 대한 보상:** 휴업급여는 업무상 사유로 부상을 당하거나 질병에 걸린 근로자에게 요양으로 취업하지 못한 기간에 대하여 지급하되, 1일당 지급액은 평균임금의 70%에 상당하는 금액으로 한다. 다만, 취업하지 못한 기간이 3일 이내이면 지급하지 아니한다(법 제52조).

2) **부분휴업급여:** 요양 또는 재요양을 받고 있는 근로자가 그 요양기간 중 일정기간 또는 단시간 취업을 하는 경우에는 그 취업한 날 또는 취업한 시간에 해당하는 그 근로자의 평균임금에서 그 취업한 날 또는 취업한 시간에 대한 임금을 뺀 금액의 90%에 상당하는 금액을 지급할 수 있다. 다만, 최저임금액을 1일당 휴업급여 지급액으로 하는 경우에는 최저임금액(감액하는 경우에는 그 감액한 금액)에서 취업한 날 또는 취업한 시간에 대한 임금을 뺀 금액을 지급할 수 있다(법 제53조 제1항).

3) **저소득 근로자의 휴업급여:** 산정한 1일당 휴업급여 지급액이 최저 보상기준 금액의 80%보다 적거나 같으면 그 근로자에 대하여는 평균임금의 90%에 상당하는 금액을 1일당 휴업급여 지급액으로 한다. 다만, 그 근로자의 평균임금의 90%에 상당하는 금액이 최저 보상기준 금액의 80%보다 많은 경우에는 최저 보상기준 금액의 80%에 상당하는 금액을 1일당 휴업급여 지급액으로 한다(법 제54조 제1항).

4) **고령자의 휴업급여:** 휴업급여를 받는 근로자가 61세가 되면 그 이후의 휴업급여는 별도로 산정한 금액(법 제55조 관련 별표 1)을 지급한다. 다만, 61세 이후에 취업 중인 사람이 업무상의 재해로 요양하거나 61세 전에 업무상 질병으로 장해급여를 받은 자가 61세 이후에 그 업무상 질병으로 최초로 요양하는 경우 대통령령으로 정하는 기간에는 〈별표

1)을 적용하지 아니한다(법 제55조).

5) **재요양기간 중의 휴업급여:** 재요양을 받는 사람에 대하여는 재요양 당시의 임금을 기준으로 산정한 평균임금의 70%에 상당하는 금액을 1일당 휴업급여 지급액으로 한다(법 제56조 제1항). 산정한 1일당 휴업급여 지급액이 최저임금액보다 적거나 재요양 당시 평균임금 산정의 대상이 되는 임금이 없으면 최저임금액을 1일당 휴업급여 지급액으로 한다(법 제56조 제2항).

3. 장해급여

1) **장해보상연금 또는 장해보상일시금의 지급:** 장해급여는 근로자가 업무상의 사유로 부상을 당하거나 질병에 걸려 치유된 후 신체 등에 장해가 있는 경우에 그 근로자에게 지급한다(법 제57조 제1항).
2) **장해등급의 재판정:** 공단은 장해보상연금 수급권자 중 그 장해상태가 호전되거나 악화되어 치유 당시 결정된 장해등급이 변경될 가능성이 있는 사람에 대하여는 그 수급권자의 신청 또는 직권으로 장해등급을 재판정할 수 있다(법 제59조 제1항). 장해등급의 재판정 결과 장해등급이 변경되면 그 변경된 장해등급에 따라 장해급여를 지급한다(법 제59조 제2항).
3) **재요양에 따른 장해급여:** 장해보상연금의 수급권자가 재요양을 받는 경우에도 그 연금의 지급을 정지하지 아니한다(법 제60조 제1항). 재요양을 받고 치유된 후 장해상태가 종전에 비하여 호전되거나 악화된 경우에는 그 호전 또는 악화된 장해상태에 해당하는 장해등급에 따라 장해급여를 지급한다.

4. 간병급여

간병급여는 요양급여를 받은 사람 중 치유 후 의학적으로 상시 또는 수시로 간병이 필요하여 실제로 간병을 받는 자에게 지급한다(법 제61조 제1항).

5. 유족급여

1) **유족보상연금 또는 유족보상일시금:** 유족급여는 근로자가 업무상의 사유로 사망한 경우에 유족[5]에게 지급한다(법 제62조 제1항). 유족급여는 유족보상연금이나 유족보상일시금

으로 하되, 유족보상일시금은 근로자가 사망할 당시 유족보상연금을 받을 수 있는 자격이 있는 자가 없는 경우에 지급한다(법 제62조 제2항).

2) **유족보상연금과 일시금의 병급:** 유족보상연금을 받을 수 있는 자격이 있는 사람이 원하면 유족보상일시금의 50%에 상당하는 금액을 일시금으로 지급하고 유족보상연금은 50%를 감액하여 지급한다(법 제62조 제3항).

3) **유족보상연금 수급자의 사망에 따른 일시금:** 유족보상연금을 받던 자가 그 수급자격을 잃은 경우 다른 수급자격자가 없고 이미 지급한 연금액을 지급 당시 각각의 평균임금으로 나누어 산정한 일수의 합계가 1,300일에 못 미치면 그 못 미치는 일수에 수급자격 상실 당시의 평균임금을 곱하여 산정한 금액을 수급자격 상실 당시의 유족에게 일시금으로 지급한다(법 제62조 제4항).

4) 유족보상연금 수급자격자

(1) **유족보상연금 수급자격자의 범위:** '유족보상연금 수급자격자'는 근로자가 사망할 당시 그 근로자와 생계를 같이 하고 있던 유족 중 배우자와 다음에 해당하는 자로 한다. 이 경우 근로자와 생계를 같이 하고 있던 유족의 판단 기준은 대통령령으로 정한다(법 제63조 제1항).

① 부모 또는 조부모로서 각각 60세 이상인 사람

② 자녀로서 25세 미만인 사람

③ 손자녀로서 19세 미만인 사람

④ 형제자매로서 19세 미만이거나 60세 이상인 사람

⑤ ①~④까지의 규정 중 어느 하나에 해당하지 아니하는 자녀 · 부모 · 손자녀 · 조부모 또는 형제자매로서 장애인 중 고용노동부령으로 정한 장애 정도에 해당하는 사람

(2) **태아의 법적 지위:** 근로자가 사망할 당시 태아(胎兒)였던 자녀가 출생한 경우에는 출생한 때부터 장래에 향하여 근로자가 사망할 당시 그 근로자와 생계를 같이 하고 있던 유족으로 본다(법 제63조 제2항).

(3) **유족보상연금 수급권의 순위:** 유족보상연금 수급자격자 중 유족보상연금을 받을 권리의 순위는 배우자 · 자녀 · 부모 · 손자녀 · 조부모 및 형제자매의 순서로 한다(법 제63조 제3항).

---

5) '유족'이란 사망한 자의 배우자(사실상 혼인관계 포함) · 자녀 · 부모 · 손자녀 · 조부모 또는 형제자매를 말한다(법 제5조 제3호).

5) 유족보상연금 수급자격자의 자격상실과 지급정지

(1) 자격상실의 요건: 유족보상연금 수급자격자인 유족이 다음에 해당하면 그 자격을 잃는다(법 제64조 제1항).

① 사망한 경우

② 재혼한 때(사망한 근로자의 배우자만 해당하며, 재혼에는 사실상 혼인 관계 포함)

③ 사망한 근로자와의 친족 관계가 끝난 경우

④ 자녀가 25세가 된 때

⑤ 손자녀 또는 형제자매가 19세가 된 때

⑥ 장애인이었던 자로서 그 장애 상태가 해소된 경우

⑦ 근로자가 사망할 당시 대한민국 국민이었던 유족보상연금 수급자격자가 국적을 상실하고 외국에서 거주하고 있거나 외국에서 거주하기 위하여 출국하는 경우

⑧ 대한민국 국민이 아닌 유족보상연금 수급자격자가 외국에서 거주하기 위하여 출국하는 경우

(2) 자격상실에 따른 승계순위: 유족보상연금을 받을 권리가 있는 '유족보상연금 수급권자'가 그 자격을 잃은 경우에 유족보상연금을 받을 권리는 같은 순위자가 있으면 같은 순위자에게, 같은 순위자가 없으면 다음 순위자에게 이전된다(법 제64조 제2항).

(3) 행방불명자의 자격상실: 유족보상연금 수급권자가 3개월 이상 행방불명이면 연금 지급을 정지하고, 같은 순위자가 있으면 같은 순위자에게, 같은 순위자가 없으면 다음 순위자에게 유족보상연금을 지급한다(법 제64조 제3항).

6. 상병보상연금

1) 상병보상연금의 수급조건: 요양급여를 받는 근로자가 요양을 시작한 지 2년이 지난 날 이후에 다음에 해당하는 상태가 계속되면 휴업급여 대신 상병보상연금을 그 근로자에게 지급한다(법 제66조 제1항).

① 그 부상이나 질병이 치유되지 아니한 상태일 것

② 그 부상이나 질병에 따른 중증요양상태의 정도가 대통령령으로 정하는 중증요양상태 등급 기준에 해당할 것

③ 요양으로 인하여 취업하지 못하였을 것

2) 저소득 근로자의 상병보상연금: 상병보상연금을 산정할 때 그 근로자의 평균임금이

최저임금액에 70분의 100(1.42857)을 곱한 금액보다 적을 때에는 최저임금액의 70분의 100(1.42857)에 해당하는 금액을 그 근로자의 평균임금으로 보아 산정한다(법 제67조 제1항).

3) **고령자의 상병보상연금:** 상병보상연금을 받는 근로자가 61세가 되면 그 이후의 상병보상연금은 〈별표 5〉에 따라 산정한 금액을 지급한다(법 제68조).

4) **재요양기간 중의 상병보상연금:** 재요양을 시작한 지 2년이 지난 후에 부상·질병 상태가 상병보상연금의 수급조건 모두에 해당하는 사람에게는 휴업급여 대신 다음 〈표〉에 따른 중증요양상태등급에 따라 상병보상연금을 지급한다. 이 경우 상병보상연금을 산정할 때에는 재요양 기간 중의 휴업급여 산정에 적용되는 평균임금을 적용하되, 그 평균임금이 최저임금액에 70분의 100을 곱한 금액보다 적거나 재요양 당시 평균임금 산정의 대상이 되는 임금이 없을 때에는 최저임금액의 70분의 100에 해당하는 금액을 그 근로자의 평균임금으로 보아 산정한다(법 제69조 제1항).

중증요양상태등급	상병보상연금
제1급	평균임금의 329일분
제2급	평균임금의 291일분
제3급	평균임금의 257일분

5) **외국인근로자의 보험급여 일시지급:** 대한민국 국민이 아닌 근로자가 업무상의 재해에 따른 부상 또는 질병으로 요양 중 치유되기 전에 출국하고자 하여 보험급여의 일시지급을 신청하는 경우에는 그 신청한 날 이후에 청구사유가 발생할 것으로 예상되는 보험급여를 한꺼번에 지급할 수 있다(법 제76조 제1항).

7. 장례비

장례비는 근로자가 업무상의 사유로 사망한 경우에 지급하되, 평균임금의 120일분에 상당하는 금액을 그 장례(葬禮)를 지낸 유족에게 지급한다. 다만, 장제를 지낼 유족이 없거나 그 밖에 부득이한 사유로 유족이 아닌 자가 장례를 지낸 경우에는 평균임금의 120일분에 상당하는 금액의 범위에서 실제 드는 비용을 그 장제를 지낸 자에게 지급한다(법 제71조 제1항).

8. 직업재활급여

1) **직업재활급여의 종류:** 직업재활급여의 종류는 다음과 같다(법 제72조 제1항).

① 장해급여 또는 진폐보상연금을 받은 사람이나 장해급여를 받을 것이 명백한 사람으

로서 대통령령으로 정하는 '장해급여자' 중 취업을 위하여 직업훈련이 필요한 '훈련대상자'에 대하여 실시하는 직업훈련에 드는 비용 및 직업훈련수당

② 업무상의 재해가 발생할 당시의 사업에 복귀한 장해급여자에 대하여 사업주가 고용을 유지하거나 직장적응훈련 또는 재활운동을 실시하는 경우에 각각 지급하는 직장복귀지원금, 직장적응훈련비 및 재활운동비

2) **직업훈련비용:** 훈련대상자에 대한 직업훈련은 공단과 계약을 체결한 '직업훈련기관'에서 실시하게 한다(법 제73조 제1항). '직업훈련비용'은 직업훈련을 실시한 직업훈련기관에 지급한다. 다만, 직업훈련기관이 장애인고용촉진 및 직업재활법, 고용보험법 또는 근로자직업능력 개발법이나 그 밖에 다른 법령에 따라 직업훈련비용에 상당한 비용을 받은 경우 등 대통령령으로 정하는 경우에는 지급하지 아니한다(법 제73조 제2항).

3) **직업훈련수당:** 직업훈련수당은 직업훈련을 받는 훈련 대상자에게 그 직업훈련으로 인하여 취업하지 못하는 기간에 대하여 지급하되, 1일당 지급액은 최저임금액에 상당하는 금액으로 한다(법 제74조 제1항). 직업훈련수당을 받는 자가 장해보상연금을 받는 경우에는 1일당 장해보상연금액과 1일당 직업훈련수당을 합한 금액이 그 근로자의 장해보상연금 산정에 적용되는 평균임금의 70%를 초과하면 그 초과하는 금액 중 직업훈련수당에 해당하는 금액은 지급하지 아니한다(법 제74조 제2항).

4) **직장복귀지원금:** 직장복귀지원금, 직장적응훈련비 및 재활운동비는 장해급여자에 대하여 고용을 유지하거나 직장적응훈련 또는 재활운동을 실시하는 사업주에게 각각 지급한다. 이 경우 직장복귀지원금, 직장적응훈련비 및 재활운동비의 지급요건은 각각 대통령령으로 정한다(법 제75조 제1항).

9. 특별급여

1) 장해특별급여

(1) 보험가입자의 고의 또는 과실로 발생한 업무상 재해의 경우: 보험가입자의 고의 또는 과실로 발생한 업무상의 재해로 근로자가 대통령령으로 정하는 장해등급에 해당하는 장해를 입은 경우에 수급권자가 민법에 따른 손해배상청구를 갈음하여 장해특별급여를 청구하면 장해급여 외에 대통령령으로 정하는 장해특별급여를 지급할 수 있다. 다만, 근로자와 보험가입자 사이에 장해특별급여에 관하여 합의가 이루어진 경우에 한한다(법 제78조 제1항).

(2) 민법 등의 손해배상에 갈음: 수급권자가 장해특별급여를 받으면 동일한 사유에 대하여 보험가입자에게 민법이나 그 밖의 법령에 따른 손해배상을 청구할 수 없다(법 제78조 제2항).

(3) 가입자로부터 특별급여액 전액을 징수: 공단은 장해특별급여를 지급하면 대통령령으로 정하는 바에 따라 그 급여액 모두를 보험가입자로부터 징수한다(법 제78조 제3항).

2) **유족특별급여:** 보험가입자의 고의 또는 과실로 발생한 업무상의 재해로 근로자가 사망한 경우에 수급권자가 민법에 따른 손해배상청구를 갈음하여 유족특별급여를 청구하면 유족급여 외에 대통령령으로 정하는 유족특별급여를 지급할 수 있다(법 제79조 제1항).

10. 다른 보상이나 배상과의 관계

1) **근로기준법에 따른 재해보상 책임의 면제:** 수급권자가 이 법에 따라 보험급여를 받았거나 받을 수 있으면 보험가입자는 동일한 사유에 대하여 근로기준법에 따른 재해보상 책임이 면제된다(법 제80조 제1항).

2) **민법 등의 손해배상책임 면제:** 수급권자가 동일한 사유에 대하여 이 법에 따른 보험급여를 받으면 보험가입자는 그 금액의 한도 안에서 민법이나 그 밖의 법령에 따른 손해배상의 책임이 면제된다. 이 경우 장해보상연금 또는 유족보상연금을 받고 있는 자는 장해보상일시금 또는 유족보상일시금을 받은 것으로 본다(법 제80조 제2항).

3) **타법에서의 보험급여상당액 공제:** 수급권자가 동일한 사유로 민법이나 그 밖의 법령에 따라 이 법의 보험급여에 상당한 금품을 받으면 공단은 그 받은 금품을 대통령령으로 정하는 방법에 따라 환산한 금액의 한도 안에서 이 법에 따른 보험급여를 지급하지 아니한다. 다만, 수급권자가 지급받은 것으로 보게 되는 장해보상일시금 또는 유족보상일시금에 해당하는 연금액에 대하여는 그러하지 아니하다(법 제80조 제3항).

제 4 절 보험급여의 수급권

1. 신청급여

보험급여는 수급권자의 청구에 따라 지급한다(법 제36조 제2항).

① 휴업급여(부분휴업급여, 저소득근로자의 휴업급여, 고령자의 휴업급여, 재요양기간 중 휴업급여 포함)
② 장해보상일시금 또는 장해보상연금(법 제57조 제5항에 따른 일시금 포함)
③ 간병급여
④ 유족보상일시금 또는 유족보상연금(법 제62조 제4항에 따른 일시금 포함)
⑤ 상병보상연금(저소득근로자의 상병보상급여, 고령자의 상병보상급여, 재요양기간 중 상병보상급여 포함)
⑥ 장의비
⑦ 직업재활급여

2. 보험급여 지급의 제한

1) **보험급여의 제한사유:** 공단은 근로자가 다음에 해당되면 보험급여의 전부 또는 일부를 지급하지 아니할 수 있다(법 제83조 제1항).
   ① 요양 중인 근로자가 정당한 사유 없이 요양에 관한 지시를 위반하여 부상·질병 또는 장해 상태를 악화시키거나 치유를 방해한 경우
   ② 장해보상연금 수급권자가 장해등급 재판정 전에 자해(自害) 등 고의로 장해 상태를 악화시킨 경우
2) **보험급여의 일시 중지:** 공단은 보험급여를 받고자 하는 사람이 다음에 해당되면 보험급여의 지급을 일시 중지할 수 있다(법 제120조 제1항).
   ① 요양 중인 근로자가 공단의 전원 요양 지시를 정당한 사유 없이 따르지 아니하는 경우
   ② 공단이 직권으로 실시하는 장해등급 재판정 요구에 응하지 아니하는 경우
   ③ 보고·서류제출 또는 신고를 하지 아니하는 경우
   ④ 사업장 등의 조사(법 제117조)에 따른 질문이나 조사에 응하지 아니하는 경우: 공단의 소속 직원의 질문에 답변을 거부하거나 조사를 거부·방해 또는 기피한 자에게는 100만원 이하의 과태료를 부과한다(법 제129조 제2항).
   ⑤ 진찰 요구(법 제119조)에 따르지 아니하는 경우

3. 부당이득의 징수

1) **부당이득금액의 환수:** 공단은 보험급여를 받은 자가 다음에 해당하면 그 급여액에 해당하는 금액을 징수하여야 한다. 이 경우 공단이 국민건강보험공단 등에 청구하여 받은

금액은 징수할 금액에서 제외한다(법 제84조 제1항).

① 거짓이나 그 밖의 부정한 방법으로 보험급여를 받은 경우: 이 경우에는 그 급여액의 2배에 해당하는 금액을 징수한다.

② 수급권자 또는 수급권이 있었던 자가 신고의무를 이행하지 아니하여 부당하게 보험급여를 지급받은 경우

③ 그 밖에 잘못 지급된 보험급여가 있는 경우

2) **불법행위자에 대한 처벌:** 거짓이나 그 밖의 부정한 방법으로 보험급여를 받은 자 또는 거짓이나 그 밖의 부정한 방법으로 보험급여를 받도록 시키거나 도와준 자는 2년 이하의 징역 또는 2천만원 이하의 벌금에 처한다(법 제127조 제2항 제1호 및 제2호).

3) **불법행위 가담자의 연대책임:** 보험급여의 지급이 보험가입자 · 산재보험 의료기관 또는 직업훈련기관의 거짓된 신고, 진단 또는 증명으로 인한 것이면 그 보험가입자 · 산재보험 의료기관 또는 직업훈련기관도 연대하여 책임을 진다(법 제84조 제2항).

4. 제3자에 대한 구상권

공단은 제3자의 행위에 따른 재해로 보험급여를 지급한 경우에는 그 급여액의 한도 안에서 급여를 받은 자의 제3자에 대한 손해배상청구권을 대위(代位)한다. 다만, 보험가입자인 2 이상의 사업주가 같은 장소에서 하나의 사업을 분할하여 각각 행하다가 그중 사업주를 달리하는 근로자의 행위로 재해가 발생하면 그러하지 아니하다(법 제87조 제1항).

5. 보험급여 수급권의 지원

근로자의 보험급여를 받을 권리는 퇴직하여도 소멸되지 아니한다(법 제88조 제1항). 보험급여를 받을 권리는 양도 또는 압류하거나 담보로 제공할 수 없다(법 제88조 제2항).

6. 수급권의 시효

① **수급권의 소멸시효:** 이 법에 따른 보험급여를 받을 권리는 3년간 행사하지 아니하면 시효로 말미암아 소멸한다(법 제112조 제1항).

② **시효의 중단:** 소멸시효는 보험급여의 청구로 중단된다. 이 경우 청구가 업무상의 재해 여부의 판단을 필요로 하는 최초의 청구인 경우에는 그 청구로 인한 시효중단의 효력은

다른 보험급여에도 미친다(법 제113조).

7. 사업주의 조력

1) **보험급여 청구절차에 대한 조력:** 보험급여를 받을 자가 사고로 보험급여의 청구 등의 절차를 행하기 곤란하면 사업주는 이를 도와야 한다(법 제116조 제1항).
2) **증빙서류에 대한 조력:** 사업주는 보험급여를 받을 자가 보험급여를 받는 데에 필요한 증명을 요구하면 그 증명을 하여야 한다(법 제116조 제2항).

제17장

고용보험법

1993.12.27. 법률 제4644호 고용보험법 제정
2007.05.11. 법률 제8429호 제18차 전부개정
2023.08.08. 법률 제19591호 제72차 타법개정, 2024.05.17. 시행(최신)

제1절 총 칙

1. 고용보험사업

보험은 목적을 이루기 위하여 '보험사업'으로 고용안정 · 직업능력개발사업, 실업급여, 육아휴직급여 및 출산전후휴가급여 등을 실시한다(법 제4조 제1항).

2. 보험료

1) **보험료징수법의 운용:** 이 법에 따른 보험사업에 드는 비용을 충당하기 위하여 징수하는 보험료와 그 밖의 징수금에 대하여는 고용 · 산재보험료징수법으로 정하는 바에 따른다(법 제6조 제1항).
2) **보험료의 징수 항목과 동일한 사업에 사용:** 고용 · 산재보험료징수법에 따라 징수된 고용안정 · 직업능력개발 사업의 보험료 및 실업급여의 보험료는 각각 그 사업에 드는 비용에 충당한다. 다만, 실업급여의 보험료는 국민연금 보험료의 지원, 육아휴직급여의 지급, 육아기 근로시간 단축 급여의 지급, 출산전후휴가 급여 및 출산전후급여 등의 지급에 드는 비용에 충당할 수 있다(법 제6조 제2항).
3) **자영업자의 보험료는 자영업자를 위한 사업에 충당:** 자영업자인 피보험자로부터 고용 · 산재보험료징수법에 따라 징수된 고용안정 · 직업능력개발 사업의 보험료 및 실업급여의 보험료는 각각 자영업자인 피보험자를 위한 그 사업에 드는 비용에 충당한다. 다만, 실업급여의 보험료는 자영업자인 피보험자를 위한 국민연금 보험료의 지원에 드는 비용에 충당할 수 있다(법 제6조 제3항).

3. 적용범위

1) **근로자를 사용하는 모든 사업:** 이 법은 근로자를 사용하는 모든 '사업'에 적용한다(법 제8조 전단). 다만, 산업별 특성 및 규모 등을 고려하여 대통령령으로 정하는 사업에 대해서는 적용하지 아니한다(법 제8조 단서).

2) **적용제외자:** 다음에 해당하는 자에게는 이 법을 적용하지 아니한다(법 제10조 제1항). 65세 이후에 고용(65세 전부터 피보험 자격을 유지하던 사람이 65세 이후에 계속하여 고용된 경우 제외)되거나 자영업을 개시한 사람에게는 실업급여 및 육아휴직급여를 적용하지 아니한다(법 제10조 제2항).

   ① 소정(所定)근로시간이 대통령령[1])으로 정하는 시간 미만인 자

   ② 공무원. 다만, 별정직공무원, 임기제공무원의 경우는 본인의 의사에 따라 고용보험(실업보험에 한함)에 가입할 수 있다.

   ③ 사립학교교직원 연금법의 적용을 받는 자

   ④ 그 밖에 대통령령으로 정하는 자[2])

3) **외국인근로자에 대한 적용:** 외국인근로자의 고용 등에 관한 법률의 적용을 받는 외국인근로자에게는 이 법을 적용한다. 다만, 실업급여 및 육아휴직급여는 고용노동부령으로 정하는 바에 따른 신청이 있는 경우에만 적용한다(법 제10조의2 제1항).

4) **자영업자에 대한 특례:** 소득 등을 고려하여 대통령령으로 정하는 자영업자는 보험료징수법에서 정한 바에 따라 자기를 피보험자로 하여 이 법(제3장 고용안정 · 직업능력개발사업의 규정만 해당)의 적용을 받을 수 있다(법 제113조).

5) **기초생활 수급자에 대한 특례:** 기초생활보장법(제15조 제1항 제4호)에 따라 자활을 위한 근로기회를 제공하기 위한 사업은 이 법의 적용을 받는 사업으로 본다. 이 경우 해당 사업에 참가하여 유급으로 근로하는 기초생활 수급자는 이 법의 적용을 받는 근로자로 보고, 보장기관(사업을 위탁하여 행하는 경우는 그 위탁기관)은 이 법의 적용을 받는 사업주로 본다(법 제113조의2 제1항).

---

1) "소정근로시간이 대통령령으로 정하는 시간 미만인 자"란 1개월간 소정근로시간이 60시간 미만인 자(1주간의 소정근로시간이 15시간 미만인 자 포함)를 말한다. 다만, 3개월 이상 계속하여 근로를 제공하는 자와 '일용근로자'는 제외한다.

2) 주로 외국인근로자와 별정우체국직원이 해당된다(령 제3조 제2항).

제2절 피보험자의 관리

1. 피보험자격의 취득일

1) **사업장가입자의 자격취득일:** 근로자인 피보험자[3]는 이 법이 적용되는 사업에 고용된 날에 피보험자격을 취득한다. 다만, 다음의 경우에는 각각 그 해당되는 날에 피보험자격을 취득한 것으로 본다(법 제13조 제1항).

① 적용제외 근로자이었던 사람이 이 법의 적용을 받게 된 경우에는 그 적용을 받게 된 날

② 보험관계 성립일 전에 고용된 근로자의 경우에는 그 보험관계가 성립한 날

2) **자영업자의 자격취득일:** 자영업자인 피보험자는 보험관계가 성립한 날에 피보험자격을 취득한다(법 제13조 제2항).

2. 피보험자격의 상실(喪失)일(법 제14조)

① 근로자인 피보험자가 적용제외근로자에 해당하게 된 경우에는 그 적용제외 대상자가 된 날

② 보험관계가 소멸한 경우에는 그 보험관계가 소멸한 날

③ 근로자인 피보험자가 이직(離職)[4]한 경우에는 이직한 날의 다음날

④ 근로자인 피보험자가 사망한 경우에는 사망한 날의 다음날

3. 피보험자격에 관한 신고

1) **근로자의 피보험자격 취득 · 상실 신고:** 사업주는 그 사업에 고용된 근로자의 피보험자격의 취득 및 상실 등에 관한 사항을 고용노동부장관에게 신고하여야 한다(법 제15조 제1항). 이를 위반하여 신고를 하지 아니하거나 거짓으로 신고한 자에게는 300만원 이하의 과태료를 부과한다(법 제118조 제1항 제1호).

2) **피보험자격 취득 · 상실 신고의무자:** 원수급인(元受給人)이 사업주로 된 경우에 그 사업에 종사하는 근로자 중 원수급인이 고용하는 근로자 외의 근로자에 대하여는 그 근로자

3) 이 법에서 '피보험자'란 고용보험에 가입한 근로자나 자영업자를 말한다(법 제2조 제1호).

4) 여기서 '이직(離職)'이란 피보험자와 사업주 사이의 고용관계가 끝나게 되는 것을 말한다(법 제2조 제2호).

를 고용하는 다음의 하수급인(下受給人)이 신고를 하여야 한다. 이 경우 원수급인은 고용노동부령으로 정하는 바에 따라 하수급인에 관한 자료를 고용노동부장관에게 제출하여야 한다(법 제15조 제2항). ① 건설사업자, ② 주택건설사업자, ③ 전기공사업자, ④ 정보통신공사업자, ⑤ 소방시설업자, ⑥ 문화재수리업자

3) **근로자의 직접신고:** 사업주가 피보험자격에 관한 사항을 신고하지 아니하면 대통령령으로 정하는 바에 따라 근로자가 신고할 수 있다(법 제15조 제3항).

4) **자영업자의 신고제외:** 자영업자인 피보험자는 피보험자격의 취득 및 상실에 관한 신고를 하지 아니한다(법 제15조 제7항).

4. 피보험자격의 확인

1) **피보험자격의 확인 청구:** 피보험자 또는 피보험자였던 사람은 언제든지 고용노동부장관에게 피보험자격의 취득 또는 상실에 관한 확인을 청구할 수 있다(법 제17조 제1항).

2) **고용노동부장관의 피보험자격 확인:** 고용노동부장관은 피보험자격의 확인청구에 따르거나 직권으로 피보험자격의 취득 또는 상실에 관하여 확인을 한다(법 제17조 제2항). 확인 결과를 그 확인을 청구한 피보험자 및 사업주 등 관계인에게 알려야 한다(법 제17조 제3항).

3) **불이익 처우의 금지:** 사업주는 근로자가 확인의 청구를 한 것을 이유로 그 근로자에게 해고나 그 밖의 불이익한 처우를 하여서는 아니 된다(법 제105조 제1항). 이 규정을 위반하여 근로자를 해고하거나 그 밖에 근로자에게 불이익한 처우를 한 사업주는 3년 이하의 징역 또는 3천만원 이하의 벌금에 처한다(법 제116조 제2항 제1호). 양벌규정(법 제117조).

5. 피보험자격 이중취득의 제한

근로자가 보험관계가 성립되어 있는 2 이상의 사업에 동시에 고용되어 있는 경우에는 고용노동부령이 정하는 바에 따라 그중 한 사업의 근로자로서의 피보험자격을 취득한다(법 제18조).

제3절 고용안정 · 직업능력개발

1. 통 칙

1) **고용안정 · 직업능력개발사업의 실시:** 고용노동부장관은 피보험자 및 피보험자였던 사람, 그 밖에 취업할 의사를 가진 사람, 즉 '피보험자 등'에 대한 실업의 예방, 취업의 촉진, 고용기회의 확대, 직업능력개발 · 향상의 기회 제공 및 지원, 그 밖에 고용안정과 사업주에 대한 인력 확보를 지원하기 위하여 고용안정 · 직업능력개발사업을 실시한다(법 제19조 제1항).

2) **우선지원 대상기업:** 고용노동부장관은 고용안정 · 직업능력개발사업을 실시할 때에는 근로자의 수, 고용안정 · 직업능력개발을 위하여 취한 조치 및 실적 등 대통령령으로 정하는 기준에 해당하는 기업을 우선적으로 고려하여야 한다(법 제19조 제2항).

'대통령령이 정하는 기준에 해당하는 기업'이란 산업별로 상시 사용하는 근로자의 수가 ① **광업:** 300명 이하, ② **제조업:** 500명 이하, ③ **건설업:** 300명 이하, ④ **운수업 및 통신업:** 300명 이하, ⑤ **제1~4호 외의 산업:** 100명 이하에 해당하는 '우선지원 대상기업'을 말한다(령 제12조 제1항).

3) **중소기업에 대한 우선지원:** 우선지원대상기업에 해당하지 아니하는 기업으로서 일정 기준에 해당하는 기업(중소기업기본법 제2조 제1항 및 제3항)은 우선지원 대상기업으로 본다(령 제12조 제2항).

2. 고용안정사업

1) **고용창출 지원:** 고용노동부장관은 고용환경 개선, 근무형태 변경 등으로 고용의 기회를 확대한 사업주에게 대통령령으로 정하는 바에 따라 필요한 지원을 할 수 있다(법 제20조).

2) 고용조정(雇傭調整)[5] 지원

(1) 고용안정조치 사업주에 대한 지원: 고용노동부장관은 경기의 변동, 산업구조의 변화 등에 따른 사업 규모의 축소, 사업의 폐업 또는 전환으로 고용조정이 불가피하게 된 사업

5) 기업이 노동 수요의 변화에 따라 고용 인원의 수를 삭감하거나 조정하는 일을 고용조정이라 한다. 퇴직 권고, 신규 채용 억제, 배치 이동 따위의 방법을 쓴다. 기업이 살아남기 위해서 이러한 조치를 취하는 것은 불가피한 일이겠으나 이로 인해 근로자들은 실업을 당하게 된다. 이러한 대량실업을 막기 위해 고용보험법은 사업주에 대한 다양한 지원책을 강구하고 있다.

주가 근로자에 대한 휴업, 휴직, 직업전환에 필요한 직업능력개발훈련, 인력의 재배치 등을 실시하거나 그 밖에 근로자의 고용안정을 위한 조치를 하면 그 사업주에게 필요한 지원을 할 수 있다(법 제21조 제1항 전단).

(2) **근로자에 대한 지원**: 이 경우 휴업이나 휴직 등 고용안정을 위한 조치로 근로자의 임금이 대통령령으로 정하는 수준으로 감소할 때에는 대통령령으로 정하는 바에 따라 그 근로자에게도 필요한 지원을 할 수 있다(법 제21조 제1항 후단).

(3) **이직근로자를 고용하는 사업주에 대한 지원**: 고용노동부장관은 고용조정으로 이직된 근로자를 고용하는 등 고용이 불안정하게 된 근로자의 고용안정을 위한 조치를 하는 사업주 또는 근로자에게 필요한 지원을 할 수 있다(법 제21조 제2항).

3) 고용촉진사업

(1) **지역고용촉진사업 지원**: 고용노동부장관은 고용기회가 뚜렷이 부족하거나 산업구조의 변화 등으로 고용사정이 급속하게 악화되고 있는 지역으로 사업을 이전하거나 그러한 지역에서 사업을 신설 또는 증설하여 그 지역의 실업 예방과 재취업 촉진에 기여한 사업주, 그 밖에 그 지역의 고용기회 확대에 필요한 조치를 한 사업주에게 필요한 지원을 할 수 있다(법 제22조).

(2) **고령자 등 고용촉진사업 지원**: 고용노동부장관은 고령자 등 노동시장의 통상적인 조건에서는 취업이 특히 곤란한 '고령자 등'의 고용을 촉진하기 위하여 고령자 등을 새로 고용하거나 이들의 고용안정에 필요한 조치를 하는 사업주 또는 사업주가 실시하는 고용안정 조치에 해당된 근로자에게 대통령령으로 정하는 바에 따라 필요한 지원을 할 수 있다(법 제23조).

(3) **고용촉진시설 지원사업 지원**: 고용노동부장관은 피보험자 등의 고용안정 · 고용촉진 및 사업주의 인력 확보를 지원하기 위하여 상담 시설, 어린이집, 그 밖에 대통령령으로 정하는 고용촉진시설을 설치 · 운영하는 자에게 필요한 지원을 할 수 있다(법 제26조).

3. 직업능력개발

1) **사업주에 대한 지원:** 고용노동부장관은 피보험자 등의 직업능력을 개발 · 향상시키기 위하여 직업능력개발훈련을 실시하는 사업주에게 그 훈련에 필요한 비용을 지원할 수 있다(법 제27조).

2) 피보험자 등에 대한 지원

(1) 직업능력개발훈련비의 지원: 고용노동부장관은 피보험자 등이 직업능력개발훈련을 받거나 그 밖에 직업능력 개발·향상을 위하여 노력하는 경우에는 필요한 비용을 지원할 수 있다(법 제29조 제1항).

(2) 직업능력개발훈련의 실시: 고용노동부장관은 필요하다고 인정하면 대통령령으로 정하는 바에 따라 피보험자 등의 취업을 촉진하기 위한 직업능력개발훈련을 실시할 수 있다(법 제29조 제2항).

(3) 직업능력개발훈련생에 대한 생계비 대부: 고용노동부장관은 대통령령으로 정하는 저소득 피보험자 등이 직업능력개발훈련을 받는 경우 생계비를 대부할 수 있다(법 제29조 제3항).

3) 훈련시설에 대한 지원: 고용노동부장관은 피보험자 등의 직업능력 개발·향상을 위하여 필요하다고 인정하면 직업능력개발훈련 시설의 설치 및 장비 구입에 필요한 비용의 대부, 그 밖에 고용노동부장관이 정하는 직업능력개발훈련 시설의 설치 및 장비 구입·운영에 필요한 비용을 지원할 수 있다(법 제30조).

4) 건설근로자 등의 직업능력개발 지원: 고용노동부장관은 건설근로자 등 고용상태가 불안정한 근로자를 위하여 직업능력 개발·향상을 위한 사업으로 대통령령으로 정하는 사업을 실시하는 사업주에게 그 사업의 실시에 필요한 비용을 지원할 수 있다(법 제32조 제1항).

고용노동부장관은 직업능력 개발·향상을 위한 사업과 관련하여 사업주가 단독으로 직업능력개발 사업을 실시하기 어려운 경우에는 사업주 단체에 대하여도 지원할 수 있다(법 제32조 제2항).

5) 직업능력개발의 촉진: 고용노동부장관은 피보험자 등의 직업능력 개발·향상을 촉진하기 위하여 다음의 사업을 실시하거나 이를 실시하는 자에게 그 사업의 실시에 필요한 비용을 지원할 수 있다(법 제31조 제1항).

① 직업능력개발 사업에 대한 기술지원 및 평가사업

② 기능·기술 장려 사업 및 자격검정사업

③ 그 밖에 대통령령(제51조)으로 정하는 자격검정사업

4. 지방자치단체 등에 대한 지원

고용노동부장관은 지방자치단체 또는 대통령령으로 정하는 비영리법인 · 단체가 그 지역에서 피보험자 등의 고용안정 · 고용촉진 및 직업능력개발을 위한 사업을 실시하는 경우에는 대통령령으로 정하는 바에 따라 필요한 지원을 할 수 있다(법 제34조).

5. 부정행위에 따른 지원의 제한

1) **지원의 제한 및 지급금품의 반환명령:** 고용노동부장관은 거짓이나 그 밖의 부정한 방법으로 고용안정 · 직업능력개발 사업의 지원을 받은 자 또는 받으려는 자에게는 해당 지원금 중 지급되지 아니한 금액 또는 지급받으려는 지원금을 지급하지 아니하고, 1년의 범위에서 지원금의 지급을 제한하며, 거짓이나 그 밖의 부정한 방법으로 지원받은 금액을 반환하도록 명하여야 한다(법 제35조 제1항).
2) **부정지급금액 5배 이하의 징벌적 회수:** 고용노동부장관은 반환을 명하는 경우에는 이에 추가하여 그 거짓이나 그 밖의 부정한 방법으로 지급받은 금액의 5배 이하의 금액을 징수할 수 있다(법 제35조 제2항).
3) **직업능력개발 사업의 부정수급자에 대한 제재:** 거짓이나 그 밖의 부정한 방법으로 직업능력개발 사업의 지원을 받은 자 또는 받으려는 자에 대한 지원의 제한, 반환 및 추가징수에 관하여는 근로자직업능력 개발법 제16조 제4항 · 제5항 및 제25조 제3항 · 제4항을 준용한다(법 제35조 제3항). 그 내용은 3년의 범위에서 직업능력개발훈련의 수강을 제한하거나 지원 또는 융자를 하지 아니하는 것(근로자직업능력 개발법 제16조 제4항), 지급된 훈련비나 지원된 훈련수당 중 거짓이나 그 밖의 부정한 방법으로 지급 또는 지원된 금액의 반환을 명하는 것(근로자직업능력개발법 제16조 제5항) 등이다.
4) **보험료 체납자에 대한 지원거부:** 고용노동부장관은 보험료를 체납한 자에게는 고용노동부장관이 정하는 바에 따라 이 장의 규정에 따른 고용안정 · 직업능력개발사업의 지원을 하지 아니할 수 있다(법 제35조 제4항)

제4절 실업급여

1. 통 칙

1) **실업(失業)[6]급여의 종류:** 실업급여는 구직급여와 취업촉진수당으로 구분한다(법 제37조 제1항). 취업촉진수당의 종류는 다음과 같다(법 제37조 제2항). ① 조기(早期)재취업수당, ② 직업능력개발수당, ③ 광역구직활동비, ④ 이주비

2) **실업급여수급계좌:** 직업안정기관의 장은 수급자격자의 신청이 있는 경우에는 실업급여를 수급자격자 명의의 지정된 "실업급여수급계좌"로 입금하여야 한다. 다만, 정보통신장애나 그 밖에 대통령령으로 정하는 불가피한 사유로 실업급여를 실업급여수급계좌로 이체할 수 없을 때에는 현금 지급 등 실업급여를 지급할 수 있다(법 제37조의2 제1항).

3) **수급권의 보호:** 실업급여를 받을 권리는 양도 또는 압류하거나 담보로 제공할 수 없다(법 제38조 제1항). 지정된 실업급여수급계좌의 예금 중 대통령령으로 정하는 액수 이하의 금액에 관한 채권은 압류할 수 없다(법 제38조 제2항). 또한 실업급여로 지급된 금품에 대하여서는 국가 또는 지방자치단체의 공과금을 부과하지 아니한다(법 제38조의2).

2. 구직급여

1) **구직급여의 수급요건:** 구직급여는 이직한 근로자인 피보험자가 다음의 요건을 모두 갖춘 경우에 지급한다. 다만, 제5호와 제6호는 최종 이직 당시 일용근로자였던 사람만 해당한다(법 제40조 제1항).
   - ① 이직일 이전 "기준기간"인 18개월간 피보험 단위기간이 합산하여 180일 이상일 것
   - ② 근로의 의사와 능력이 있음에도 불구하고 취업(영리를 목적으로 사업을 영위하는 경우 포함) 하지 못한 상태에 있을 것
   - ③ 이직사유가 제58조에 따른 수급자격의 제한 사유에 해당하지 아니할 것
   - ④ 재취업을 위한 노력을 적극적으로 할 것
   - ⑤ 다음의 어느 하나에 해당할 것
     - ㉮ 수급자격 인정신청일 이전 1개월 동안의 근로일수가 10일 미만일 것
     - ㉯ 건설일용근로자로서 수급자격 인정신청일 이전 14일간 연속하여 근로내역이 없을 것

6) 이 법에서 말하는 '실업'이란 근로의 의사와 능력이 있음에도 불구하고 취업하지 못한 상태에 있는 것을 말한다(법 제2조 제3호).

⑥ 최종 이직일 이전 기준기간의 피보험 단위기간 180일 중 다른 사업에서 수급자격의 제한 사유에 해당하는 사유로 이직한 사실이 있는 경우에는 그 피보험 단위기간 중 90일 이상을 일용근로자로 근로하였을 것

2) 피보험 단위기간

(1) 근로자의 피보험 단위기간: 근로자의 피보험 단위기간은 피보험기간 중 임금 지급의 기초가 된 날을 합하여 계산한다(법 제41조 제1항).

(2) 자영업자의 피보험 단위기간: 자영업자인 피보험자의 경우에는 그 수급자격과 관련된 폐업 당시의 적용사업에의 보험기간 중에서 실제로 납부한 고용보험료에 해당하는 기간으로 한다(법 제41조 제1항 단서; 법 제50조 제3항 단서).

(3) 구직급여 수급기간의 공제: 피보험 단위기간을 계산할 때에는 최후로 피보험자격을 취득한 날 이전에 구직급여를 받은 사실이 있는 경우에는 그 구직급여와 관련된 이직일 이전의 임금 지급의 기초가 된 날은 피보험 단위기간에 넣지 아니한다(법 제41조 제2항).

3) 실업(失業)의 인정(認定)[7]

(1) 실업의 신고: 구직급여를 지급받으려는 사람은 이직 후 지체 없이 직업안정기관에 출석하여 실업을 신고하여야 한다(법 제42조 제1항). 실업의 신고에는 구직신청과 수급자격의 인정신청을 포함하여야 한다(법 제42조 제2항).

(2) 실업의 인정: 구직급여는 수급자격자가 실업한 상태에 있는 날 중에서 직업안정기관의 장으로부터 실업의 인정을 받은 날에 대하여 지급한다(법 제44조 제1항).

(3) 실업인정일(失業認定日)에 출석 신고: 실업의 인정을 받으려는 수급자격자는 실업의 신고를 한 날부터 계산하기 시작하여 1주부터 4주의 범위에서 '실업인정일'[8]에 출석하여 재취업을 위한 노력을 하였음을 신고하여야 하고, 직업안정기관의 장은 직전 실업인정일의 다음 날부터 그 실업인정일까지의 각각의 날에 대하여 실업의 인정을 한다. 다만, 다음에 해당하는 사람에 대한 실업의 인정 방법은 고용노동부령으로 정하는 기준에 따른다(법 제44조 제2항).

① 직업능력개발훈련 등을 받는 수급자격자

---

7) '실업의 인정'이란 직업안정기관의 장이 수급자격자가 실업한 상태에서 적극적으로 직업을 구하기 위하여 노력하고 있다고 인정하는 것을 말한다(법 제2조 제4호).

8) 직업안정기관의 장이 지정한 날.

② 천재지변, 대량 실업의 발생 등 대통령령으로 정하는 사유가 발생한 경우의 수급자격자

③ 그 밖에 대통령령으로 정하는 수급자격자

4) **수급자격의 인정:** 구직급여를 지급받으려는 사람은 직업안정기관의 장에게 "수급자격"을 인정하여 줄 것을 신청하여야 한다(법 제43조 제1항). 직업안정기관의 장은 수급자격의 인정신청을 받으면 그 신청인에 대한 수급자격의 인정 여부를 결정하고, 신청인에게 그 결과를 알려야 한다(법 제43조 제2항).

5) 구직급여의 수준

(1) 구직급여와 관련된 용어의 정의

① **임금의 정의:** 이 법에서 '임금'이란 근로기준법에 따른 임금을 말한다. 다만, 휴직이나 그 밖에 이와 비슷한 상태에 있는 기간에 지급받는 금품 중 고용노동부장관이 정하는 금품은 이 법에 따른 임금으로 본다(법 제2조 제5호). 근로기준법의 정의는 '임금'이란 사용자가 근로의 대가로 근로자에게 임금, 봉급, 그 밖에 어떠한 명칭으로든지 지급하는 일체의 금품을 말한다(근로기준법 제2조 제5호).

② **기초일액:** 구직급여의 산정 기초가 되는 '기초일액(基礎日額)'은 수급자격의 인정과 관련된 마지막 이직 당시 평균임금으로 한다. 다만, 마지막 이직일 이전 3개월 이내에 피보험자격을 취득한 사실이 2회 이상인 경우에는 마지막 이직일 이전 3개월간(일용근로자의 경우에는 마지막 이직일 이전 4개월 중 최종 1개월을 제외한 기간)에 그 근로자에게 지급된 임금 총액을 그 산정의 기준이 되는 3개월의 총 일수로 나눈 금액을 기초일액으로 한다(법 제45조 제1항).

③ **기초일액이 통산임금보다 적을 경우:** 산정된 금액이 그 근로자의 통상임금보다 적을 경우에는 그 통상임금액을 기초일액으로 한다. 다만, 마지막 사업에서 이직 당시 일용근로자였던 자의 경우에는 그러하지 아니하다(법 제45조 제2항).

④ **기준보수:** 기초일액을 산정하는 것이 곤란한 경우와 보험료를 '기준보수'를 기준으로 낸 경우에는 기준보수를 기초일액으로 한다. 다만, 보험료를 기준보수로 낸 경우에도 산정한 기초일액이 기준보수보다 많은 경우에는 그러하지 아니하다(법 제45조 제3항).

⑤ **최저기초일액:** 기초일액이 그 수급자격자의 이직 전 1일 소정근로시간에 이직일 당시 적용되던 '최저기초일액'보다 낮은 경우에는 최저기초일액을 기초일액으로 한다(법 제45조 제4항).

⑥ **급여기초 임금일액의 상한액:** 기초일액이 보험의 취지 및 일반 근로자의 임금 수준 등을 고려하여 대통령령으로 정하는 금액인 8만원을 초과하는 경우에는 8만원을 기초일액으로 한다(법 제45조 제5항; 령 제68조 제1항). 고용노동부장관은 이 금액이 적용된 후 물가상승률과 경기변동, 임금상승률 등을 고려하여 조정이 필요하다고 판단되면 해당 금액의 변경을 고려하여야 한다.

(2) **구직급여일액:** 구직급여일액은 다음의 구분에 따른 금액으로 한다(법 제36조 제1항). 구직급여일액이 최저구직급여일액보다 낮은 경우에는 최저구직급여일액을 당해 수급자격자의 구직급여일액으로 한다(법 제46조 제2항).

① 급여의 기초가 되는 임금일액 중 평균임금(법 제45조 제1항), 통상임금(법 제45조 제2항), 기준보수(법 제45조 제3항) 및 급여기초일액의 상한액(법 제45조 제5항; 령 제68조)의 경우에는 당해 수급자격자의 기초일액에 50%를 곱한 금액

② 최저기초일액(법 제45조 제4항)의 경우에는 당해 수급자격자의 기초일액×90%(최저구직급여일액)

(3) **실업인정대상기간 중 근로 등의 신고:** 수급자격자는 실업의 인정을 받으려 하는 기간 즉, '실업인정대상기간' 중에 근로를 제공하거나 창업한 경우에는 그 사실을 직업안정기관의 장에게 신고하여야 한다(법 제47조 제1항). 직업안정기관의 장은 필요하다고 인정하면 수급자격자의 실업인정대상기간 중의 근로제공 또는 창업사실에 대하여 조사할 수 있다(법 제37조 제2항).

6) 구직급여의 수급기간 및 일수

(1) **구직급여의 급여일수:** 구직급여는 이 법에 따로 규정이 있는 경우 외에는 그 구직급여의 수급자격과 관련된 이직일의 다음 날부터 계산하기 시작하여 12개월 내에 소정급여일수를 한도로 하여 지급한다(법 제48조 제1항).

(2) **취업할 수 없는 기간의 가산:** 12개월의 기간 중 임신 · 출산 · 육아, 그 밖에 대통령령으로 정하는 사유로 취업할 수 없는 사람이 그 사실을 수급기간에 직업안정기관에 신고한 경우에는 12개월의 기간에 그 취업할 수 없는 기간을 가산한 기간(4년을 넘을 때에는 4년)에 소정급여일수를 한도로 하여 구직급여를 지급한다(법 제48조 제2항).

(3) **대기기간:** 실업의 신고일부터 계산하기 시작하여 7일간은 대기기간으로 보아 구직급여를 지급하지 아니한다. 다만, 최종 이직 당시 건설일용근로자였던 사람에 대해서는 실업의 신고일부터 계산하여 구직급여를 지급한다(법 제49조).

7) 소정급여일수

(1) **기준급여일수**: 하나의 수급자격에 따라 구직급여를 지급받을 수 있는 날, 즉 '소정급여일수'는 대기기간이 끝난 다음 날부터 계산하기 시작하여 피보험기간과 연령에 따라 별표에서 정한 일수가 되는 날까지로 한다(법 제50조 제1항). 수급자격자가 소정급여일수 내에 임신 · 출산 · 육아, 그 밖에 대통령령으로 정하는 사유로 수급기간을 연장한 경우에는 그 기간만큼 구직급여를 유예하여 지급한다(법 제50조 제2항). 별표의 내용은 〈표 19-1〉과 같다.

〈표 19-1〉 **구직급여의 소정급여일수(법 제50조 제1항 관련 별표)**

이직일 현재 연령 \ 피보험기간	1년 미만	1~3년	3~5년	5~10년	10년 이상
30세 미만	90일	90일	120일	150일	180일
30~50세	90일	120일	150일	180일	210일
50세 이상 및 장애인	90일	150일	180일	210일	240일

비고: 장애인이란 장애인고용촉진 및 직업재활법에 따른 장애인을 말한다.

(2) **훈련연장급여**: 직업안정기관의 장은 수급자격자의 연령 · 경력 등을 고려할 때 재취업을 위하여 직업능력개발훈련 등이 필요하면 그 수급자격자에게 직업능력개발훈련 등을 받도록 지시할 수 있다(법 제51조 제1항). 직업안정기관의 장은 직업능력개발훈련 등을 받도록 지시한 경우에는 수급자격자가 그 직업능력개발훈련 등을 받는 기간 중 실업의 인정을 받은 날에 대하여는 소정급여일수를 초과하여 구직급여를 연장하여 지급할 수 있다. 이 경우 '훈련연장급여'의 지급 기간은 대통령령(제72조)으로 정하는 2년을 한도로 한다(법 제51조 제2항).

(3) **개별연장급여**: 직업안정기관의 장은 취업이 특히 곤란하고 생활이 어려운 수급자격자로서 대통령령이 정하는 사람에게는 그가 실업의 인정을 받은 날에 대하여 소정급여일수를 초과하여 구직급여를 연장 지급할 수 있다(법 제52조 제1항). '개별연장급여'는 60일(령 제73조 제2항)의 범위 내에서 대통령령이 정하는 기간 동안 지급한다(법 제52조 제2항).

(4) **특별연장급여**: 고용노동부장관은 실업의 급증 등 대통령령(제64조)으로 정하는 사유가 발생한 경우에는 60일의 범위에서 수급자격자가 실업의 인정을 받은 날에 대하여 소정급여일수를 초과하여 구직급여를 연장하여 지급할 수 있다. 다만, 이직 후의 생활안정을

위한 일정 기준 이상의 소득이 있는 수급자격자 등 고용노동부령(제97조)으로 정하는 '특별연장급여의 지급이 제외되는 자의 범위'에서 제외되는 수급자격자에 대하여는 그러하지 아니하다(법 제53조 제1항).

8) **국민연금 보험료의 지원:** 고용노동부장관은 구직급여를 받는 기간을 국민연금 가입기간으로 추가 산입하려는 수급자격자에게 국민연금 보험료의 일부를 지원할 수 있다(법 제55조의2 제1항).

9) **미지급 구직급여:** 수급자격자가 사망한 경우 그 수급자격자에게 지급되어야 할 구직급여로서 아직 지급되지 아니한 것이 있는 경우에는 그 수급자격자의 배우자(사실혼 포함) · 자녀 · 부모 · 손자녀 · 조부모 또는 형제자매로서 수급자격자와 생계를 같이하고 있던 사람의 청구에 따라 그 미지급분을 지급한다(법 제57조 제1항).

10) 이직사유에 따른 수급자격의 제한

(1) 본인귀책사유로 인한 제한: 피보험자가 다음에 해당한다고 직업안정기관의 장이 인정하는 경우에는 수급자격이 없는 것으로 본다(법 제58조).

① 중대한 귀책사유(歸責事由)로 해고된 피보험자로서 다음에 해당하는 경우

㉮ 형법 또는 직무와 관련된 법률을 위반하여 금고 이상의 형을 선고받은 경우

㉯ 사업에 막대한 지장을 초래하거나 재산상 손해를 끼친 경우로서 고용노동부령으로 정하는 기준에 해당하는 경우

㉰ 정당한 사유 없이 근로계약 또는 취업규칙 등을 위반하여 장기간 무단결근한 경우

② 자기 사정으로 이직한 피보험자로서 다음에 해당하는 경우

㉮ 전직(轉職) 또는 자영업을 하기 위하여 이직한 경우

㉯ 중대한 귀책사유가 있는 사람이 해고되지 아니하고 사업주의 권고로 이직한 경우

㉰ 그 밖에 고용노동부령으로 정하는 정당한 사유에 해당하지 아니하는 사유로 이직한 경우

(2) 훈련거부 등에 따른 급여의 지급제한: 수급자격자가 직업안정기관의 장이 소개하는 직업에 취직하는 것을 거부하거나 직업안정기관의 장이 지시한 직업능력개발훈련 등을 거부하는 경우에는 구직급여의 지급을 정지한다. 다만, 다음에 해당하는 정당한 사유가 있는 경우에는 그러하지 아니하다(법 제60조 제1항).

① 소개된 직업 또는 직업능력개발훈련 등을 받도록 지시된 직종이 수급자격자의 능력에 부적당한 경우
② 취직하거나 직업능력개발훈련 등을 받기 위하여 주거의 이전이 필요한 경우로서 그 이전이 곤란한 경우
③ 소개된 직업의 임금 수준이 동일지역의 동종의 업무 또는 동일정도의 기능에 대한 통상의 임금의 수준에 비하여 부당하게 낮은 경우
④ 기타 정당한 사유가 있는 경우

(3) **부정행위에 따른 급여의 지급제한**: 허위, 기타 부정한 방법으로 실업급여를 받았거나 받고자 한 사람에 대하여는 당해 급여를 받은 날 또는 받고자 한 날부터의 구직급여를 지급하지 아니한다. 다만, 당해 급여와 관련된 이직 이후에 새로이 수급자격을 취득한 경우 그 새로운 수급자격에 의한 구직급여에 대하여는 그러하지 아니하다(법 제61조 제1항).

(4) **반환명령**: 직업안정기관의 장은 허위, 기타 부정한 방법으로 구직급여를 지급받은 자에 대하여는 지급받은 전체 구직급여의 전부 또는 일부의 반환을 명할 수 있고, 이에 추가하여 당해 허위, 기타 부정한 방법에 의하여 지급받은 구직급여액에 상당하는 금액 이하의 금액을 징수할 수 있다(법 제62조 제1항).

11) **질병 등의 특례**: 수급자격자가 실업의 신고를 한 이후에 질병 · 부상 또는 출산으로 취업이 불가능하여 실업의 인정을 받지 못한 날에 대하여는 당해 수급자격자의 청구에 의하여 구직급여일액에 상당하는 금액의 '상병급여'를 구직급여를 갈음하여 지급할 수 있다. 다만, 구직급여의 지급이 정지된 기간에 대하여는 상병급여를 지급하지 아니한다(법 제63조 제1항).

3. 취업촉진수당

1) **조기재취업수당**: 조기재취업수당은 수급자격자가 안정된 직업에 재취직하거나 스스로 영리를 목적으로 하는 사업을 영위하는 경우로서 대통령령이 정하는 기준에 해당하는 경우에 지급한다(법 제64조 제1항).

2) **직업능력개발수당**: 직업능력개발수당은 수급자격자가 직업안정기관의 장이 지시한 직업능력개발훈련 등을 받는 경우에 그 직업능력개발훈련 등을 받는 기간에 대하여 지급한다(법 제65조 제1항). 구직급여의 지급이 정지된 기간에 대하여는 직업능력개발수당을 지

급하지 아니한다(법 제65조 제2항).

3) **광역구직활동비:** 광역구직활동비는 수급자격자가 직업안정기관의 소개에 따라 광범위한 지역에 걸쳐 구직활동을 하는 경우로서 직업안정기관의 장이 필요하다고 인정하는 경우에 지급할 수 있다(법 제66조 제1항).

4) **이주비:** 이주비는 수급자격자가 취업하거나 직업안정기관의 장이 지시한 직업능력개발 훈련 등을 받기 위하여 그 주거를 이전하는 경우로서 직업안정기관의 장이 필요하다고 인정하는 경우에 지급할 수 있다(법 제67조 제1항).

4. 자영업자인 피보험자에 대한 실업급여 적용의 특례

1) **자영업자인 피보험자의 실업급여 종류:** 자영업자인 피보험자의 실업급여의 종류는 ① 조기(早期)재취업수당, ② 직업능력개발수당, ③ 광역 구직활동비, ④ 이주비 등 실업급여의 취업촉진수당의 종류와 같다. 다만, 훈련연장급여, 개별연장급여, 특별연장급여 등 연장급여와 조기재취업수당은 제외한다(법 제69조의2).

2) **구직급여의 수급요건:** 구직급여는 폐업한 자영업자인 피보험자가 다음의 요건을 모두 갖춘 경우에 지급한다(법 제69조의3).
   ① 폐업일 이전 24개월간 자영업자인 피보험자로서 갖춘 피보험 단위기간이 합산하여 1년 이상일 것
   ② 근로의 의사와 능력이 있음에도 불구하고 취업을 하지 못한 상태에 있을 것
   ③ 폐업사유가 수급자격의 제한 사유에 해당하지 아니할 것
   ④ 재취업을 위한 노력을 적극적으로 할 것

3) **기초일액:** 자영업자인 피보험자이었던 수급자격자에 대한 기초일액은 다음의 구분에 따른 기간 동안 본인이 납부한 보험료의 산정기초가 되는 고시된 보수액을 전부 합산한 후에 그 기간의 총일수로 나눈 금액으로 한다(법 제69조의4 제1항).
   ① **수급자격과 관련된 피보험기간이 3년 이상인 경우:** 마지막 폐업일 이전 3년의 피보험기간
   ② **수급자격과 관련된 피보험기간이 3년 미만인 경우:** 수급자격과 관련된 그 피보험기간

4) **구직급여일액:** 자영업자인 피보험자로서 폐업한 수급자격자에 대한 구직급여일액은 그 수급자격자의 기초일액에 50%를 곱한 금액으로 한다(법 제69조의5).

5) **소정급여일수:** 자영업자인 피보험자로서 폐업한 수급자격자에 대한 소정급여일수는 대기기간이 끝난 다음 날부터 계산하기 시작하여 피보험기간에 따라 구직급여의 〈표 19-2〉 자영업자의 구직급여 소정급여일수에서 정한 일수가 되는 날까지로 한다(법 제69조의6).

〈표 19-2〉 자영업자의 구직급여 소정급여일수(법 제69조의6 관련 별표 2)

구 분	피보험기간			
	1년 이상 3년 미만	3년 이상 5년 미만	5년 이상 10년 미만	10년 이상
소정급여일수	90일	120일	150일	180일

제 5 절 육아휴직급여 · 출산전후휴가급여

1. 육아휴직급여

1) **육아휴직급여의 수급요건:** 고용노동부장관은 육아휴직을 30일 이상 부여받은 피보험자 중 다음의 요건을 모두 갖춘 피보험자에게 육아휴직급여를 지급한다(법 제70조 제1항).
   ① 육아휴직을 시작한 날 이전에 피보험단위기간이 합산하여 180일 이상일 것
   ② 같은 자녀에 대해서 피보험자인 배우자가 30일 이상의 육아휴직을 부여받지 아니하거나 육아기 근로시간 단축을 30일 이상 실시하지 아니하고 있을 것

2) **급여의 지급 제한**
   ① 이직하였을 때는 지급중지: 피보험자가 육아휴직 기간 중에 그 사업에서 이직한 경우에는 그 이직하였을 때부터 육아휴직급여를 지급하지 아니한다(법 제73조 제1항).
   ② 취업한 기간에 대한 급여제한: 피보험자가 육아휴직 기간 중에 취업을 한 경우에는 그 취업한 기간에 대해서는 육아휴직급여를 지급하지 아니한다(법 제73조 제2항).
   ③ 사업주로부터 육아휴직 보상을 받은 경우의 감액: 피보험자가 사업주로부터 육아휴직을 이유로 금품을 지급받은 경우 급여를 감액하여 지급할 수 있다(법 제73조 제3항).
   ④ 부정한 방법으로 급여를 받은 자에 대한 제재: 거짓이나 그 밖의 부정한 방법으로 육아휴직급여를 받았거나 받으려 한 사람에게는 그 급여를 받은 날 또는 받으려 한 날부터의 육아휴직급여를 지급하지 아니한다. 다만, 그 급여와 관련된 육아휴직 이후

에 새로 육아휴직급여 요건을 갖춘 경우 그 새로운 요건에 따른 육아휴직급여는 그러하지 아니하다(법 제73조 제4항).

3) **육아기 근로시간 단축급여:** 고용노동부장관은 육아기 근로시간 단축을 30일(근로기준법 따른 출산전후휴가기간과 중복되는 기간 제외) 이상 실시한 피보험자 중 다음의 요건을 모두 갖춘 피보험자에게 육아기 근로시간 단축급여를 지급한다(법 제73조의2 제1항).

육아기 근로시간 단축급여를 지급받으려는 사람은 육아기 근로시간 단축을 시작한 날 이후 1개월부터 끝난 날 이후 12개월 이내에 신청하여야 한다. 다만, 해당 기간에 대통령령으로 정하는 사유로 육아기 근로시간 단축급여를 신청할 수 없었던 사람은 그 사유가 끝난 후 30일 이내에 신청하여야 한다(법 제73조의2 제2항).

① 육아기 근로시간 단축을 시작한 날 이전에 피보험 단위기간이 합산하여 180일 이상일 것

② 같은 자녀에 대하여 피보험자인 배우자가 30일 이상의 육아휴직을 부여받지 아니하거나 육아기 근로시간 단축을 30일 이상 실시하지 아니하고 있을 것

2. 출산전후휴가급여

1) **출산전후휴가급여의 수급요건:** 고용노동부장관은 출산전후휴가 또는 유산·사산휴가를 부여받은 경우로서 다음의 요건을 갖춘 경우에 출산전후휴가급여 등을 지급한다(법 제75조).

① 휴가가 끝난 날 이전에 피보험단위기간이 합산하여 180일 이상일 것

② 휴가를 시작한 날[9)] 이후 1개월부터 휴가가 끝난 날 이후 12개월 이내에 신청할 것. 다만, 그 기간에 대통령령으로 정하는 사유로 출산전후휴가급여 등을 신청할 수 없었던 사람은 그 사유가 끝난 후 30일 이내에 신청하여야 한다.

2) **출산전후휴가급여의 지급기간:** 출산전후휴가급여 등은 휴가 기간에 대하여 통상임금에 해당하는 금액을 지급한다. 다만, 근로자의 수 등이 대통령령으로 정하는 기준에 해당하는 기업이 아닌 경우에는 휴가기간 중 60일을 초과한 일수[10)]로 한정한다(법 제76조 제1항).

3) **기간제근로자 또는 파견근로자에 대한 적용:** 고용노동부장관은 기간제근로자 또는

9) 근로자의 수 등이 대통령령으로 정하는 기준에 해당하는 기업이 아닌 경우는 휴가 시작 후 60일(한 번에 둘 이상의 자녀를 임신한 경우에는 75일)이 지난 날로 봄.

10) 30일을 한도로 하되, 한 번에 둘 이상의 자녀를 임신한 경우에는 45일을 한도로 한다.

파견근로자가 출산전후휴가기간 중 근로계약기간이 끝나는 경우 근로계약 종료일부터 해당 출산전후휴가 종료일까지의 기간에 대한 출산전후휴가 급여등에 상당하는 금액 전부를 기간제근로자 또는 파견근로자에게 지급한다(법 제76조의2 제1항).

3. 기간제근로자 또는 파견근로자에 대한 적용

고용노동부장관은 기간제근로자 또는 파견근로자가 근로기준법(제74조)에 따른 출산전후휴가기간 중 근로계약기간이 끝나는 경우 근로계약 종료일부터 해당 출산전후휴가 종료일까지의 기간에 대한 출산전후휴가 급여등에 상당하는 금액 전부를 기간제근로자 또는 파견근로자에게 지급한다(법 제76조의2 제1항).

4. 부정행위에 대한 처벌

사업주와 공모하여 거짓이나 그 밖의 부정한 방법으로 고용안정 · 직업능력개발 사업의 지원금, 실업급여 · 육아휴직급여, 육아기 근로시간 단축 급여, 출산전후휴가급여등, 예술인인 피보험자에 대한 실업급여 및 출산전후급여등의 지원금이나 급여를 받은 자와 공모한 사업주는 각각 5년 이하의 징역 또는 5천만원 이하의 벌금에 처한다(법 제116조 제1항). 양벌규정(법 제117조).

제6절 고용보험적용의 특례

1. 예술인에 대한 특례

1) **이 특례를 적용하는 예술인:** 근로자가 아니면서 예술인 등 대통령령[11]으로 정하는 사람 중 "문화예술용역 관련 계약"을 체결하고 다른 사람을 사용하지 아니하고 자신이 직접 노무를 제공하는 "예술인"과 이들을 상대방으로 하여 문화예술용역 관련 계약을 체결한 사업에 대해서는 이 장을 적용한다(법 제77조의2 제1항).
2) **이 특례에서 제외되는 예술인:** 예술인이 다음에 해당하는 경우에는 이 법을 적용하지 아니한다(법 제77조의2 제1항).

11) 고용보험법시행령 제104조의5(예술인인 피보험자의 범위)에 관한 규정임.

① 65세 이후에 근로계약, 문화예술용역 관련 계약 또는 노무제공계약(65세 전부터 피보험자격을 유지하던 사람이 65세 이후에 계속하여 근로계약, 문화예술용역 관련 계약 또는 노무제공계약을 체결한 경우는 제외)을 체결하거나 자영업을 개시하는 경우

② 예술인 중 대통령령[12]으로 정하는 소득 기준을 충족하지 못하는 경우. 다만, 예술인 중 계약의 기간이 1개월 미만인 "단기예술인"은 제외한다.

3) **예술인인 피보험자에 대한 구직급여:** 예술인의 구직급여는 다음의 요건을 모두 갖춘 경우에 지급한다. 다만, 제6호는 최종 이직 당시 단기예술인이었던 사람만 해당한다(법 제77조의3 제1항).

① 이직일 이전 24개월 동안의 피보험 단위기간이 통산하여 9개월 이상일 것

② 근로 또는 노무제공의 의사와 능력이 있음에도 불구하고 취업(영리를 목적으로 사업을 영위하는 경우를 포함한다. 이하 이 장에서 같다)하지 못한 상태에 있을 것

③ 이직사유가 '이직사유에 따른 수급자격의 제한 사유'(법 제58조)에 해당하지 아니할 것. 다만, '전직 또는 자영업을 하기 위하여 이직한 경우'(법 제58조 제2호 가목)에도 불구하고 예술인이 이직할 당시 대통령령으로 정하는 바에 따른 소득감소로 인하여 이직하였다고 직업안정기관의 장이 인정하는 경우에는 '이직사유에 따른 수급자격의 제한 사유'(법 제58조)에 해당하지 아니하는 것으로 본다.

④ 이직일 이전 24개월 중 3개월 이상을 예술인인 피보험자로 피보험자격을 유지하였을 것

⑤ 재취업을 위한 노력을 적극적으로 할 것

⑥ 다음의 요건을 모두 갖출 것

㉮ 수급자격의 인정신청일 이전 1개월 동안의 노무제공일수가 10일 미만이거나 수급자격 인정신청일 이전 14일간 연속하여 노무제공내역이 없을 것

㉯ 최종 이직일 이전 24개월 동안의 피보험 단위기간 중 다른 사업에서 수급자격의 제한 사유에 해당하는 사유로 이직한 사실이 있는 경우에는 그 피보험 단위기간 중 90일 이상을 단기예술인으로 종사하였을 것

---

12) ② 법 제77조의2제2항제2호 본문에서 "대통령령으로 정하는 소득 기준"이란 다음 각 호와 같다.

1. 법 제77조의2제1항에 따른 "예술인"과 사업주가 체결한 예술인 복지법 제4조의4에 따른 "문화예술용역 관련 계약"의 월평균소득(예술인이 문화예술용역 관련 계약에서 지급받기로 한 금액을 계약기간으로 나누어 월 단위로 산정한 금액)이 50만원 이상일 것.
2. 제1호에 따른 소득 기준을 충족하지 못하는 예술인이 둘 이상의 문화예술용역 관련 계약을 체결한 경우로서 같은 기간에 해당하는 문화예술용역 관련 계약의 월평균소득을 합산(본인이 합산하기를 원하는 경우만 해당)하여 그 합계액이 50만원 이상일 것.

4) **예술인인 피보험자의 출산전후급여:** 고용노동부장관은 예술인인 피보험자 또는 피보험자였던 사람이 출산 또는 유산·사산을 이유로 노무를 제공할 수 없는 경우에는 "출산전후급여등"을 지급한다. 다만, 같은 자녀에 대하여 출산전후휴가 급여등 및 출산전후급여등의 지급요건을 동시에 충족하는 경우 등에 대해서는 대통령령으로 정하는 바에 따라 지급한다(법 제77조의4 제1항).

2. 노무제공자인 피보험자에 대한 특례

1) **노무제공자인 피보험자에 대한 적용:** 근로자가 아니면서 자신이 아닌 다른 사람의 사업을 위하여 자신이 직접 노무를 제공하고 해당 사업주 또는 노무수령자로부터 일정한 대가를 지급받기로 하는 "노무제공계약"을 체결한 사람 중 대통령령으로 정하는 직종에 종사하는 "노무제공자"와 이들을 상대방으로 하여 노무제공계약을 체결한 사업에 대해서는 이 장을 적용한다(법 제77조의6 제1항).

2) **적용제외 노무제공자:** 노무제공자가 다음에 해당하는 경우에는 이 법을 적용하지 아니한다(법 제77조의6 제2항).

① 65세 이후에 근로계약, 노무제공계약 또는 문화예술용역 관련 계약을 체결하거나 자영업을 개시하는 경우. 다만, 65세 전부터 피보험자격을 유지하던 사람이 65세 이후에 계속하여 근로계약, 노무제공계약 또는 문화예술용역 관련 계약을 체결한 경우는 제외한다.

② 노무제공자 중 대통령령[13]으로 정하는 소득 기준을 충족하지 못하는 경우. 다만, 노무제공자 중 계약의 기간이 1개월 미만인 "단기노무제공자"는 제외한다.

3) **노무제공자인 피보험자에 대한 구직급여:** 노무제공자의 구직급여는 다음의 요건을 모두 갖춘 경우에 지급한다. 다만, 제6호는 최종 이직 당시 단기노무제공자였던 사람만 해당한다(법 제77조의8 제1항).

① 이직일 이전 24개월 동안 피보험 단위기간이 통산하여 12개월 이상일 것

② 근로 또는 노무제공의 의사와 능력이 있음에도 불구하고 취업(영리를 목적으로 사업을 영위하는 경우 포함)하지 못한 상태에 있을 것

③ 이직사유가 '이직사유에 따른 수급자격의 제한 사유'(법 제58조)에 해당하지 아니할 것. 다만, 전직 또는 자영업을 하기 위하여 이직한 경우(법 제58조제2호가목)에도 불구하고

13) 각주 12)와 같은 내용.

노무제공자로 이직할 당시 소득 감소로 인하여 이직하였다고 직업안정기관의 장이 인정하는 경우에는 수급자격의 제한 사유에 해당하지 아니하는 것으로 본다.

④ 이직일 이전 24개월 중 3개월 이상을 노무제공자인 피보험자로 피보험자격을 유지하였을 것

⑤ 재취업을 위한 노력을 적극적으로 할 것

⑥ 다음의 요건을 모두 갖출 것

㉮ 수급자격의 인정신청일 이전 1개월 동안의 노무제공일수가 10일 미만이거나 수급자격 인정신청일 이전 14일간 연속하여 노무제공내역이 없을 것

㉯ 최종 이직일 이전 24개월 동안의 피보험 단위기간 중 다른 사업에서 준용하는 수급자격의 제한 사유에 해당하는 사유로 이직한 사실이 있는 경우에는 그 피보험 단위기간 중 90일 이상을 단기노무제공자로 종사하였을 것

4) 노무제공자인 피보험자의 출산전후급여: 고용노동부장관은 노무제공자인 피보험자 또는 피보험자였던 사람이 출산 또는 유산 · 사산을 이유로 노무를 제공할 수 없는 경우에는 출산전후급여등을 지급한다. 다만, 같은 자녀에 대하여 출산전후휴가 급여등 또는 출산전후급여등의 지급요건을 동시에 충족하는 경우에 지급한다(법 제77조의9 제1항).

3. 노무제공플랫폼사업자에 대한 특례

노무제공사업의 사업주가 노무제공자와 노무제공사업의 사업주에 관련된 자료 및 정보를 수집 · 관리하여 이를 전자정보 형태로 기록하고 처리하는 시스템, 즉 "노무제공플랫폼"을 구축 · 운영하는 "노무제공플랫폼사업자"와 노무제공플랫폼 이용에 대한 "노무제공플랫폼이용계약"을 체결하는 경우 노무제공플랫폼사업자는 노무제공자에 대한 피보험자격의 취득 등을 신고하여야 한다(법 제77조의7 제1항).

참고문헌

고용노동부(2018), 『2017 고용보험백서』.

국민건강보험공단건강보험심사평가원(2018), 『2017 건강보험통계연보』.

국민연금공단(2018), 『2019 알기 쉬운 국민연금 사업장 실무안내』.

김기원(2002), 사회복지법제론, 서울: 나눔의 집.

朴均省(2001), 行政法總論, 서울: 博英社.

박석돈(2022), 노인복지론, 파주: 양성원.

______(2021), 사회복지법제와 실천, 파주: 수양재.

______(2016), 사회보장론, 고양: 양성원.

______(2023), 사회복지학개론, 파주: 양성원.

윤찬영(2001), 사회복지법제론, 서울: 나남출판사.

이인재 외(2000), 사회보장론, 서울: 나남출판사.

조원탁 외(2009), 사회복지법제론, 파주: 양서원.

韓國法制研究院(1992), "生活保護法制의 運用實態와 改善方向".

한국천주교중앙협의회(2005), 간추린 사회교리.

헌법재판소 1995. 7. 21 93헌가 14 전원재판부.

현외성(2003), 한국사회복지법제론, 파주: 양서원.

岸野駿太(1970), 新社會福祉行政, 東京: 良書普及會.

日最高裁(大)判例, 昭 42, 5, 24.

前田大作・吉田恭雨(1983), 老人福祉・家族福祉, 東京: 勁草書房.

佐藤 進(1980), 社會福祉の 法と 行財政, 東京: 勁草書房.

荒木誠之(1970), 社會保障法讀本, 東京: 有斐閣.

Barker, R. L.(1987), The Social Work Dictionary, NASW.

Compton, B. R.(1980), Introduction to Social Welfare and Social Work, Homewood, Ⅲ: The Dorsey Press.

Dolgoff, R. & Feldstein, D.(1980), Understanding Social Welfare and Social Work, New York: Longman Inc.

Forder, A., et al.(1984), Theories of Welfare, London: R.K.P.

Friedland, W. A., & Apte, R. Z.(1980), Introduction to Social Welfare, 5th ed., Englewood Cliff, N.J.: Prentice-Hall, Inc.

Friedmann, R. R., Gilbert, N., & Shere, M., eds.(1987), Modern Welfare State: A Comparative View of Tends and prospects, Brighton, Sussex: Wheat-sheaf Books. Ltd.

Gordon, S.(1980), Welfare, Justice and Freedom, New York: Columbia University Press.

Gronbjerg, K. A.(march, 1982), "Private in the Welfare State: Recent U.S. Patterns," Social Service Review, Vol. 56, No.1.

Hechscher, G.(1984), The Welfare State and Beyond, Minneapolis: University of Minesota Press.

Higgins, J.(1981), State of Welfare: Comparative Analysis in Social Policy, Oxford: Basil Blackwell & Martine Robertson.

Isaacs, N. E.(1961.7), "The Crime of Reporting", Crime and Delinquency.

Johnson, H. W.(1980), The Social Services: An Introduction, Itasca, Ⅲ.: F.E. Peacock publishers, Inc.

____________(1983), The Social Services An Introduction, Itasca, Ill.: Peacock Pub. Inc.

Kadushin, A.(1980), Child Welfare Services, New York: Macmillan Publishing, Co., Inc.

Klein, R. & O'Higgins, M.(1985), The Future of Welfare, Oxford: Basile Blackwell, Ltd.

Leiby, J.(1985), "Moral Foundation of Social Welfare and Social Work: A Historical View," Social Work, Vol. 30. No. 4.

Loney, M., Boswell, D., & Clarke, J.(1987), Social Policy & Social Welfare, Stony Stratford, Milton Keyne: Open University Press.

NASW(1987), Encyclopedia of Social Work, 18th ed., NASW.

Skidmore, R. A., & Thackeray, M. G.(1982), Introduction to Social Work, 3th ed., Englewood Cliffs, N.J.: Prentice-Hall, Inc.

Spicker, P.(1984), Stigma and Social Welfare, London: Croom Heil, Ltd.

Stack, M. The Meaning of Social Security, 申守植, 社會保障論(서울: 法文社, 1986), p.3. 再引用.

Watson, D.(1985), A Code of Ethics for Social Work, London: RKP.

Zastrow, C.(1982), Social Welfare Institution, Homewood, Ⅲ: Dorsey Press.

찾아보기

저자 약력

■박 석 돈
경북대학교 법정대학 법학과(법학사)
대구대학교 대학원 사회복지학과(철학박사)
Johannes Kepler University (Post-Doc, Austria)
현, 경북대학교 사회복지학과 명예교수
〈저서〉 사회복지서비스법, 사회보장론, 핵심사회복지법제론, 노인복지론, 사회복지개론 외 다수

■유 승 창
일본 나고야대학교대학원 문학박사
현, 고구려대학교 사회복지실천과 교수
〈저서〉 문학으로 보는 일본의 온천문화 외 다수

■이 영 희
충남대학교 대학원 경제학박사
청주대학교 대학원 사회복지학박사
대전과학기술대학교 보건복지과 교수
〈저서〉 사회복지조사론, 사회복지정책론, 사회복지행정론 외 다수

■이 용 환
한서대학교 대학원 사회복지학박사
현, 혜전대학교 사회복지과 교수
〈저서〉 사회복지개론 외 다수

■이 장 희
청주대학교 행정학박사
현, 강동대학교 사회복지과 교수
〈저서〉 정신건강론 외 다수

■이 진 용
대전대학교 대학원 사회복지학박사
현, 한국영상대학교 사회복지과 교수
〈저서〉 사회복지행정론 외 다수

■정 명 희
평택대학교 대학원 사회복지학박사
현, 중원대학교 사회복지학과 교수
〈저서〉 다문화사회의 이해와 복지, 지역사회복지론, 정신건강론 외 다수

■정 은 아
계명대학교 대학원 사회복지학박사
현, 계명대학교 사회복지과 출강
〈저서〉 사회복지의 이해 외 다수

■정 주 석
평택대학교 사회복지대학원 사회복지학석사
경희대학교 대학원 행정학박사
현, 신성대학교 사회복지과 교수
〈저서〉 지역사회복지론, 사회복지행정론, 사회복지조사론 외 다수

■한 신 애
온석대학원대학교 사회복지학박사
현) 온석대학원대학교 사회복지학과 교수, 세한대학교 사회복지상담학과 교수, 새소망복지센터 대표
〈저서〉 인간행동과사회환경, 사회복지행정론, 정신건강론 외 다수

[제3판]

사회복지법제와 실천

1판 1쇄 발행 — 2020년 2월 14일
2판 1쇄 발행 — 2021년 9월 1일
3판 1쇄 발행 — 2024년 8월 26일

저 자 - 박석돈 유승창 이영희 이용환 이장희
이진용 정명희 정은아 정주석 한신애
발 행 인 - 강성민
발 행 처 - 수양재
주 소 - 경기도 파주시 검산로 173번길 29-12
전 화 - 031-946-3863(代)
팩 스 - 031-946-3864
이 메 일 - syjpub@naver.com
출판등록 - 2016년 6월 3일 제 406-2016-000069 호

ISBN 979-11-89457-33-4

정가 24,000원